기업결합법 II

리걸플러스+ 65

기업결합법 II

이준보 · 고재종 지음

한국학술정보㈜

머리말

제1권에서는 독점규제및공정거래에관한법률을 중심으로 기업결합을 어떻게 하며, 기업 결합을 할 때에는 어떠한 법적 규제를 받는지에 대하여 살펴보았다. 반면 제2권에서는 기업을 결합한 이후의 기업, 즉 결합기업에서 발생할 수 있는 다양한 법률문제를 회사법 을 중심으로 검토하고자 하였다.

먼저, 결합기업이라 함은 우리나라에서는 아직까지 생소한 용어이다. 하지만 독일 주 식법에서는 이에 대한 명확한 개념을 규정하고 있다. 즉, 법률상 독립한 기업으로서 그 상호 간에 과반수 피참가기업 및 과반수 참가기업, 종속기업 및 지배기업, 콘체른 기업, 상호참가기업 또는 기업계약의 당사자 관계에 있는 기업을 말한다.

이러한 결합기업 간에도 다양한 법률문제가 발생할 수 있는데, 우리나라에서는 아직까 지 이에 대한 논의가 적극적으로 이루어지고 있지 못하다. 따라서 본서에서는 미국, 독일 및 일본에서 논의되고 있는 내용을 중심으로 결합기업에서 발생하는 다양한 법률문제를 검토하고자 하였다. 구체적으로 보면 다음과 같다.

제1장, 서론, 제2장은 결합기업의 개념으로 결합기업의 형성, 결합기업의 문제점을 통 하여 결합기업에 대한 개념을 정리하였다. 더불어 우리나라 현행법상으로는 결합기업의 규제와 관련된 규정이 어떤 것들이 있는지 살펴보았다. 제3장에서는 독일 주식법에 규정 되어 있는 결합기업의 개념, 콘체른의 형성방법, 콘체른 규제와 그 문제점 등을 고찰하였 다. 제4장에서는 미국 결합기업의 규제로 지배·종속기업 간의 거래, 지배·종속기업 간 의 사업기회, 주주대표소송, 지배·종속기업 간의 기업 공시 등을 살펴보았다. 제5장에서 는 일본의 결합기업 규제로, 일본 현행법상 결합기업의 규제, 결합기업 규제에 대한 최근 논의, 결합기업 규제를 위한 전통적 이론의 재구성 등을 살펴보았다. 그리고 마지막으로 우리나라 결합기업 규제를 위한 향후 개선 방향을 제시하고자 하였다.

결합기업의 문제는 기업결합이 증가하는 현실을 감안할 때 우리나라도 이제는 이에 대한 대비를 할 필요가 있다. 이러한 점에서 본서는 그 의미가 크다고 할 수 있다. 본서를 토대로 하여 이론적인 측면에서 향후 더 많은 발전이 있기를 기대한다.

제2권도 제1권과 마찬가지로 내용 면뿐만 아니라 형식적인 측면에 있어서 실수를 하지 않으려고 많은 노력을 하였으나, 잘못된 부분이 있을 것이라 생각한다. 이에 대해서는 독자 여러분들의 아낌없는 비판을 바란다. 그리고 제1권에 이어 본서의 출간에 도움을 주신 모든 분들께 다시 한번 감사의 말씀을 드린다.

2012. 6. 30.
저자 씀

CONTENTS

머리말   4

제1장 결합기업의 의의   15

1. 결합기업의 개념   17
2. 결합기업의 형성방법   18
  1) 자본참여를 수단으로 하는 지배   18
  2) 계약 또는 정관 규정에 의한 지배   19
  3) 기타의 기업 지배수단   20
  4) 종속의 추정   20
3. 지배·종속관계의 판단기준   21
  1) 상법의 기준   21
  2) 공정거래법상의 기준   22
  3) 주식회사의 외부감사에 관한 법률상의 기준   26
4. 결합기업의 문제점   28
  1) 종속기업 주주 및 일반채권자의 이익침해의 문제   28
  2) 지배기업 소수주주 및 채권자의 이익침해의 문제   29

제2장 우리나라 현행법상 결합기업의 규제 현황   31

제1절 결합기업과 회사법상의 규제   33

1. 서설   33
  1) 결합기업과 회사법상의 문제   33
  2) 구체적인 문제   36
2. 결합기업의 성립과 관련한 규정   36
  1) 모자회사 관계의 형성   36
  2) 비모자회사 관계의 형성   40
  3) 영업 전부의 임대·경영위임 등   41
  4) 다른 회사 주식의 취득에 대한 절차상의 규제   44
3. 결합기업의 이사 등의 의무와 관련한 규정   46

　　　1) 선관주의의무와 충실의무　　　　　　　　　　　46
　　　2) 기업비밀 준수의무　　　　　　　　　　　　　　52
　　　3) 경업금지의무　　　　　　　　　　　　　　　　54
　　　4) 회사의 기회 및 자산 유용의 금지　　　　　　59
　　　5) 이사 등의 자기거래 제한　　　　　　　　　　64
　　　6) 이사의 경영판단의 원칙　　　　　　　　　　　72
　　4. 결합기업과 관련한 주주 및 회사 채권자의 보호 규정　　76
　　　1) 결의반대주주의 주식매수청구권　　　　　　76
　　　2) 주주의 대표소송　　　　　　　　　　　　　　83
　　　3) 채권자 보호절차　　　　　　　　　　　　　　97

제2절 결합기업과 공정거래법상의 규제　　　　　　98

　　1. 기업결합의 의의　　　　　　　　　　　　　　　98
　　　1) 개념　　　　　　　　　　　　　　　　　　　98
　　　2) 기능　　　　　　　　　　　　　　　　　　　99
　　2. 규제의 대상　　　　　　　　　　　　　　　　　99
　　3. 규제의 내용　　　　　　　　　　　　　　　　100
　　　1) 경쟁제한적 기업결합의 금지　　　　　　　100
　　　2) 탈법행위의 금지　　　　　　　　　　　　　118
　　　3) 주식 상호 보유의 제한　　　　　　　　　　119
　　4. 기업결합의 신고 및 심사　　　　　　　　　　120
　　　1) 기업결합의 신고　　　　　　　　　　　　　120
　　　2) 경쟁제한성의 심사요청 및 결과통과　　　122
　　5. 위반행위의 효과　　　　　　　　　　　　　　122
　　　1) 시정조치　　　　　　　　　　　　　　　　122
　　　2) 이행강제금　　　　　　　　　　　　　　　123
　　　3) 벌칙　　　　　　　　　　　　　　　　　　124

제3절 결합기업과 연결재무제표 준칙상 규제　　　125

　　1. 서설　　　　　　　　　　　　　　　　　　　125
　　2. 연결재무제표　　　　　　　　　　　　　　　127
　　　1) 의의　　　　　　　　　　　　　　　　　　127

CONTENTS

2) 연결재무제표의 작성자   130

3) 작성방법   132

제4절 소결   151

제3장 독일의 결합기업 규제   153

제1절 결합기업에 대한 일반적 고찰   155

1. 결합기업에서의 기업개념   155

1) 서설   155

2) 콘체른법과 기업개념   156

2. 콘체른법상의 지배기업과 종속기업   161

1) 지배기업의 경우   161

2) 종속기업의 경우   164

3. 기업개념의 정리   164

제2절 콘체른의 역사와 형성 이유   166

1. 콘체른의 형성   166

1) 콘체른의 태동   166

2) 콘체른의 법전화   167

3) 그 이후 발전   167

2. 콘체른 형성의 이유   170

제3절 콘체른의 형성방법   172

1. 서설   172

2. 계약콘체른   172

1) 지배계약에 의한 콘체른   172

2) 기타의 계약에 의한 콘체른   175

3. 사실상의 콘체른   179

　　　1) 사실상의 콘체른의 의의 179
　　　2) 사실상의 콘체른의 종류 183
　　　3) 자본참가에 의한 사실상의 콘체른 186
　　　4) 자본참가 콘체른과 콘체른의 주주 188
　　4. 기타의 콘체른의 형태 189

제4절 계약콘체른과 사실상의 콘체른 규제의 문제점　192

　　1. 서설 192
　　2. 계약콘체른의 경우 192
　　　1) 종속기업의 보호제도와 지배기업의 책임 192
　　　2) 계약콘체른 규제의 문제점 205
　　3. 사실상의 콘체른의 경우 212
　　　1) 종속기업의 보호제도와 지배기업의 책임 212
　　　2) 사실상의 콘체른 규제의 문제점 216
　　　3) 보호시스템상 당사자의 독립성 220
　　　4) 주식법에 의한 보호제도로서의 당사자책임 221

제5절 콘체른 규제의 개선논의　224

　　1. 종속성 개념의 명확화 224
　　2. 종속보고서의 개선 225
　　3. 콘체른 형성단계에서의 규제 227
　　4. 변태적 사실상의 콘체른 228

제6절 소결　231

제4장 미국의 결합기업 규제　233

제1절 총설　235

CONTENTS

제2절 지배·종속관계의 형성   **237**

  1. 서설   237

  2. 지배·종속관계의 형성의 태동   237

    1) 회사법상 유한책임   237

    2) 회사의 다른 회사의 지분 취득   238

    3) 회사결합 시 사원의 유한책임   239

  3. 지배·종속관계의 형성의 발전   240

  4. 지배·종속관계의 형성의 문제점   241

    1) 통일된 지배·종속관계법의 부존재   241

    2) 실재법의 한계   242

제3절 지배기업과 종속기업 간의 거래   **244**

  1. 서설   244

  2. 지배기업의 지배주주와 임원의 충실의무   245

    1) 회사법상 이사 내지 임원의 충실의무   245

    2) 지배주주의 충실의무   248

    3) 겸임이사의 충실의무   254

  3. 공정거래기준의 전개   259

    1) 서설   259

    2) 공정거래의무의 개념과 주체   260

    3) 공정거래의 판단기준   277

    4) 공정거래의무의 위반에 대한 책임   285

제4절 지배·종속기업 간의 사업기회   **288**

  1. 회사기회의 법리   288

    1) 회사기회의 의의   288

    2) 회사기회 법리의 적용기준   291

    3) 회사기회 법리의 결정 요소   302

    4) 회사기회의 취득 한계   305

  2. 회사기회의 법리와 이사의 경업행위   306

　　　1) 회사기회와 이사 경업행위의 관계　　　306
　　　2) 이사의 경업행위에 대한 법원의 처지와 ALI의 규정　　　307
　　　3) 이사 취임 중의 경업준비행위　　　310
　　　4) 회사의 비밀정보와 기업비밀　　　311
　　3. 소결　　　312

제5절 주주대표소송 및 다중대표소송　　　314

　　1. 주주대표소송　　　314
　　　1) 의의　　　314
　　　2) 요건　　　315
　　　3) 특별소송위원회의 결정에 의한 소의 각하 신청　　　319
　　　4) 피고 적격　　　320
　　2. 다중대표소송　　　320
　　　1) 의의　　　320
　　　2) 최근의 판례　　　322
　　　3) 요건　　　329
　　3. 증권 클래스 액션　　　330

제6절 지배·종속기업 간의 기업공시　　　333

　　1. 서설　　　333
　　2. 미국의 연결납세제도　　　333
　　3. 연결납세제도와 연결재무제표　　　336
　　4. 증권거래위원회의 규칙에 의한 연결재무제표　　　338

제7절 소결　　　340

제5장 일본의 결합기업 규제　　　343

제1절 총설　　　345

CONTENTS

제2절 법률상의 결합기업 규제   **346**

  1. 서설   346

  2. 최초 일본 회사법상의 규제 논의   348

    1) 지배주주와 경업행위의 허용 여부   348

    2) 이익상반거래의 제한의 한계   353

    3) 현행 감사의 독립성의 보장   355

    4) 대표소송의 계속 문제   361

  3. 결합기업의 공시 제도로 연결계산제도   377

    1) 서설   377

    2) 연결회계   379

제3절 결합기업의 규제를 위한 전통적 이론의 재구성   **385**

  1. 서설   385

  2. 법인격 의의의 재구성   386

  3. 회사지배이론의 재구성   387

    1) 회사지배의 개념   387

    2) 회사지배권 행사의 요건과 한계   390

  4. 결합기업의 경우 지배권의 행사요건   392

    1) 콘체른의 지휘의 특성   392

    2) 콘체른 지휘계획서   394

    3) 주식매수청구권   398

  5. 지휘계획서의 준수에 관한 검토   399

    1) 콘체른 지휘보고서의 도입   399

    2) 감사와 정보공시 제도의 충실   400

    3) 콘체른 지휘계획서 부준수의 경우의 구제   401

제6장 우리나라의 결합기업 규제의 문제점과 개선방향   **407**

제1절 결합기업에 관한 법적 검토의 방법론   **409**

　　1. 서설　　　　　　　　　　　　　　　　　　409

　　2. 문제의 접근방식　　　　　　　　　　　　409

　　　1) 독일형 접근방식　　　　　　　　　　409

　　　2) 미국형 접근방식　　　　　　　　　　410

　　3. 소결　　　　　　　　　　　　　　　　　　410

제2절 결합기업의 범위　　　　　　　　412

　　1. 결합기업 해당성의 문제　　　　　　　　412

　　2. 거래의 공정성 판단　　　　　　　　　　412

제3절 현행법규의 적용상의 문제점과 해결방안　　　414

　　1. 서설　　　　　　　　　　　　　　　　　　414

　　2. 현행상법상 규제제도의 개선　　　　　　415

　　　1) 선관주의의무 및 충실의무의 확대　　415

　　　2) 감독기관의 실질적 독립성 확보　　　416

　　　3) 주주의 감독·시정권 및 정보접근권의 충실　　417

　　　4) 대표소송의 적용 범위 확장 필요　　419

　　3. 공정거래법과 결합기업 규제의 개선　　420

제4절 새로운 회사법이론의 도입　　　　421

　　1. 서설　　　　　　　　　　　　　　　　　　421

　　2. 회사 개념의 수정　　　　　　　　　　　　421

　　3. 회사지배 이론의 수정　　　　　　　　　422

　　　1) 회사지배 개념의 경우　　　　　　　422

　　　2) 회사지배 요건의 경우　　　　　　　423

제7장 결론　　　　　　　　　　　425

참고문헌　　　　　　　　　　　　429

제1장 결합기업의 의의

1. 결합기업의 개념

우리나라에는 아직까지 결합기업에 대한 직접적인 규정을 두고 있지 않지만, 기업은 다수의 회사 등으로 구성된 그룹기업을 형성하고 모자관계에 있는 회사들도 많이 볼 수 있다. 일반적으로 모자관계에 있는 회사 등 지배·종속관계에 있는 기업을 결합기업이라고 할 수 있다.

이와 관련하여 독일 주식법 제15조에 의하면, "결합기업(verbundene Unternehmen)이란 법상 독립한 기업으로서 그 상호 간에 과반수 피참가기업 및 과반수 참가기업, 종속기업 및 지배기업, 콘체른 기업, 상호참가기업 또는 기업계약의 당사자의 관계에 있는 기업을 말한다(독일 주식법 제15조)"고 명시적인 규정을 두고 있다.[1] 예컨대, A기업이 B기업 및 C기업을 지배하고 있는데 B기업과 C기업 사이에는 아무런 결합관계도 없는 경우, A기업과 B기업 또는 A기업과 C기업만이 결합기업이고 B기업과 C기업은 결합기업이 아니라고 한다.

이러한 결합기업은 경제법 내지 공정거래법의 영역에서 언급되는 기업결합과도 구별하여야 할 것이다. 기업결합이란 기업 간의 자본적·인적·조직적인 결부를 통하여 기업활동을 단일한 관리체제 하에 통합시킴으로써, 개별 기업의 경제적인 독립성을 소멸시키는 기업 간의 결합 과정 또는 형태를 말한다.[2] 이와 관련하여 공정거래법 분야에서 기업결합을 규제하고 있는데, 공정거래법상의 기업결합의 규제 목적이라 함은 일정한 거래분야에서 경쟁을 실질적으로 제한하는 경쟁제한적인 기업결합을 규제하는 것으로서[3] 국민경제의 전체적인 조화를 그 목적으로 한다.[4] 반면, 결합기업은 상법의 영역 속에서, 경제법에서처럼 기업이 결합하는 것 자체를 규제하는 것이 아니라, 일단 기업결합을 인정하여 기업이 결합한 결과 형성된 결합기업의 존재를 긍정하면서 지배기업의 소수주주와 일

---

1) Verbundene Unternehmen sind rechtlich selbständige Unternehmen, die im Verhältnis zueinander in Mehrheitsbesitz stehende Unternehmen und mit Mehrheit beteiligte Unternehmen(§ 16), abhängige und herrschende Unternehmen(§ 17), Konzernunternehmen(§ 18), wechselseitig beteiligte Unternehmen(§ 19) oder Vertragsteile eines Unternehmensvertrags(§§ 291, 292) sind(AktG § 15; vom 6.9.1965/nach dem Stand des Gesetzes vom 18.05.2004);
http://www.gesetze－im－internet.de/bundesrecht/aktg/gesamt.pdf

2) 권오승, 『경제법』(법문사, 2010), 165쪽.

3) 권오승, 위의 글, 165쪽.

4) 경제법은 국민경제의 이익을 기초로 하여 국가와 기업 간의 수직적인 불평등관계에 의한 기업의 규제를 통하여 개개 경제 주체의 이익을 초월한 국민경제의 전체적인 조화를 이념으로 한다[이균성·홍승인·김동훈(이하 이균성 등), 『기업법강의』(인텔에듀케이션, 2004), 87쪽].

반 채권자, 종속기업과 그 주주 및 일반 채권자의 보호에 중점을 두고 그들의 보호와 관련하여 발생하는 문제점의 지적과 더불어 향후 개선방안을 검토하고자 함에 있다고 할 수 있다. 따라서 이하에서는 먼저 기업결합의 형성과 관련한 공정거래법상의 논의에 대하여 살펴보고, 이후 그렇게 결합한 기업에 발생되는 법률문제를 상법 내지 회사법상에서는 어떻게 해결할 수 있는지를 검토한다.

2. 결합기업의 형성방법

우리나라의 현행 회사법에는 결합기업의 형성방법에 대한 규정을 두고 있지 않지만, 독일의 경우는 이에 대한 명문의 규정을 두고 있다. 다만, 우리나라 독점규제 및 공정거래에 관한 법률(이하 공정거래법이라함)에 의하면, 결합의 수단에 따라 피결합회사의 주식 내지 지분의 취득, 임원 겸임 또는 임원의 파견(인적 결합), 합병 또는 영업양수(고정자산의 양수 포함), 신회사의 설립 등의 방법에 따른 기업결합을 규제의 대상으로 하고 있다(공정거래법 제7조). 공정거래법상 기업 결합 형성방법에 대해서는 제1권에서 살펴보았으므로, 이하에서는 독일 주식회사법상 결합기업을 형성하는 방법을 중심으로 살펴보기로 한다.[5]

1) 자본참여를 수단으로 하는 지배

자본참여는 지배기업의 영향력 행사 가능성을 높이는 가장 전형적이고 조직적인 종속기업의 지배 수단이 된다. 독일 주식법 제17조 제2항에 의하면, 다수 자본을 차지당한 기업은 이를 차지한 지배기업에 대하여 그 종속성이 추정된다고 하고 있는데, 여기서 자본의 다수참여란 결국 의결권의 다수참여를 의미한다고 할 수 있다.

즉 사원권 내지 의결권을 통한 기업에의 참여는 실제로 결합기업 형성의 중요한 기초가 되며,[6] 만약 어떤 기업이 다른 기업의 업무집행기관 또는 감독기관의 인적 구성을 결정할 위치에 있다면 그 기업은 다른 기업에 대한 지배적 영향력이 있다고 할 수 있다.[7]

---

5) R. 리프만(R. Liefmann)은 콘체른이 형성되는 방식으로 ① 자본참가, ② 경영자 파견 및 자본교환, ③ 수 개 기업이 계약에 의해 이익협동관계를 형성하는 이익공동체, ④ 위임경영과 경영임대차를 들고 있다.

6) Christine Windbichler, Arbeitsrecht im Konzern, C.H.Beck(April 2002), S.6.

다만, 이에 의할 경우에는, 1인 주식회사 내지 유한회사도 이 이론을 동일하게 적용할 수 있는가 하는 문제가 제기될 수 있다. 그런데 1인 주식회사란 인적 결합체라기보다 고도로 분산되어 있는 유휴자금의 결집에 의한 기업자본의 기능적 통일체로 파악할 수 있다는 면을 강조한다면, 사원의 단복(單複) 또는 다소(多少), 즉 사원 수의 많고 적음은 중요하지 않고(이른바 지분 복수주의의 처지), 또한 이론적으로도 균등한 비율적 단위의 형식을 취하는 주식·지분의 면에서는 '주식·지분＝사원', 따라서 '복수의 주식·지분＝다수의 사원'으로 파악함으로써 그 사단성을 인정할 수 있다.[8] 이처럼 1인 주식회사를 지분 복수주의의 처지에 따른다고 한다면, 1인 회사에서 구성원인 사원이 1인이더라도 다수 지분을 확보함으로써 의결권을 지배하고, 그로 인하여 1인 회사의 업무집행기관 또는 감독기관의 인적 구성을 하여 지배·종속기업 관계가 성립될 수 있다고 하겠다.

또한 소수의 자본의 참여에 의한 지배, 즉 소극적 지배도 지배·종속관계를 형성하는 기초가 될 수 있는가에 대해서는 논란이 있다. 독일의 소극적 지배설에 의하면, 지배기업은 다른 기업의 현실적인 업무결정들을 방해할 수 있는 위치에 있기만 하면 그것으로 충분하다고 하나, 지금까지의 공식 자료들과 공적인 논거들로부터 그러한 소극적 지배설을 뒷받침할 어떠한 점도 발견되지 않는다.[9] 그렇지만 만약 소수 자본참여 내지 의결권으로 그 주주가 주주총회에서 확실하고 지속적인 다수를 구성할 수 있다면 이러한 소수 자본참여 내지 의결권만으로도 지배의 수단으로 충분하다고 하겠다.

2) 계약 또는 정관 규정에 의한 지배

어떤 기업이 다른 기업에 대하여 다수 참여를 통하여 지배적인 영향력을 행사할 실제적인 가능성 외에 계약에 의하여 지배적 영향력을 행사할 가능성도 있다. 이러한 예로 기업 지배계약을 들 수 있는데, 이러한 계약의 효력이 발생할 경우에는 그 주식회사의 업무집행이 다른 기업에 종속될 수 있다. 그 외에 정관 내에 규정을 통하여 제3자의 영향력이 기업 지배상태에 이르게 될 수도 있다.

---

7) Großkomm, AktG/Würdinger, 3. Aufl., 1975, § 17 Anm 6.

8) 이균성 등, 앞의 책, 249쪽.

9) Peters/H. Werner, BB, 1976, S.393, 394.

3) 기타의 기업 지배수단

어떤 한 기업의 지배의 수단이 단독으로는 종속관계를 형성하는 근거가 될 수 없지만, 여러 가지 복합적 지배수단에 의하여 종속관계를 형성하는 것도 가능하다고 하겠다.[10] 그러나 여러 가지 지배수단의 복합이 종속관계의 구성요건을 충족시키는 요소는 아니다. 왜냐하면 법상 종속과 통일적인 지배 간에 존재하는 인위적인 구분이 이것에 의하여 희석되기 때문으로, 단지 확정적인 지배수단만이 지배관계의 근거가 될 수 있기 때문이다.

종속은 또한 현실적으로 존재하여야만 한다. 어떤 기업이 다른 기업 전체에 대하여 영향력을 행사할 수 있는 가능성이 있을 때 종속관계가 존재한다고 말할 수 있다. 즉 종속이라는 개념은 '광범위하고 일반적인 성질'[11]을 가진다고 할 수 있다. 왜냐하면 종속관계에 있는 경우라 하더라도 그 기업의 이사회 또는 업무집행자가 다른 기업의 대주주인 것을 이용하여 오로지 자기 기업의 이익만을 위해 영향력을 행사하거나 어떤 행동을 하는 것을 결정하는 것을 가능한 한 방지하여야 하기 때문이다.

4) 종속의 추정

독일 주식법 제17조 제2항에서와 같이 "다수 자본을 차지당한 기업은 그 종속성이 추정된다"는 규정에 따라 종속상태의 추정은 다수 참여 자본과 관련된다. 따라서 만약 이러한 추정에 대하여 자본의 다수를 참여한 기업이 지배적인 영향력을 행사하고 있지 않다는 사실을 입증할 경우에는 종속의 추정은 부인될 수 있다. 다만, 이러한 입증이 단지 자본의 다수 참여에 의하여 생성된 인사정책적인 결정을 통한 영향력 행사 가능성의 부인만으로 충분한 것인지, 아니면 그것을 넘어 기타의 지배 가능성도 부인되어야 하는 것인지에 대해서는 아직까지 논란이 있다.

다만, 독일 주식법 제17조 제2항의 의미와 목적은 단순히 지배·종속관계 구성요건의 충족이라는 외관만에 의하여 판단하는 것이 아니라, 동조 제1항의 예외를 인정한 것이라고 볼 수 있다. 즉 ① 자본의 다수를 참여한 기업의 주식 중 상당한 부분이 의결권 없는 우선주라면 기업 지배의 추정은 부인될 수 있는 것이며, ② 자본의 다수 참여 기업이 자기의 의결권을 단지 다른 주주와 함께 행사하도록 의무화하고 있는 동료계약(Konsortialvertrag)

---

10) Meik, BB, 1991, S.2442f.

11) G. Hueck in Baumbach/hueck, AktG, § 17 Rdn 2.

을 체결한 경우라면, 위의 예와 마찬가지로 지배의 추정은 부인될 수 있다는 사실을 고려하여 종속 여부를 판단하여야 할 것이다.[12]

3. 지배·종속관계의 판단기준

1) 상법의 기준

(1) 주주총회의 지배

상법은 기업활동에 관한 가장 기본적인 법률이다. 그럼에도 불구하고 상법은 기업들 간의 지배·종속관계를 판단할 수 있는 직접적인 기준을 두고 있지는 않다. 그러나 실제로 기업의 중요한 의사결정은 주주총회와 이사회를 통해서 이루어지므로 지배회사가 되기 위해서는 주주총회와 이사회를 지배하지 않으면 안 된다.

현재 우리 상법은 주주총회에서 의사결정을 하기 위해서는 주주총회 보통결의요건을 최소한 넘어야 한다. 그런데 주주총회 보통결의는 상법 제368조 제1항에 따라 "주주총회에 참석한 주주의 의결권의 과반수와 발행주식 총수(의결권 있는 주식을 의미)의 4분의 1 이상 수이어야 한다"고 규정하고 있는바, 최소한 발행주식 총수의 4분의 1 이상을 만족하여야 한다. 이러한 조건을 만족한다는 것은 어떤 회사가 최소한 종속회사의 발행주식 수의 25% 이상을 확보하여야 그 종속회사를 지배할 수 있다는 것을 의미한다고 할 수 있다. 왜냐하면 지배·종속관계에서 발행주식 총수의 4분의 1을 가진 지배회사에 대항하기 위해서는 또 다른 지분 25% 이상이 주주총회에 참석하여야 하는 것을 의미하는데, 이는 1995년 상법의 개정 시 의사정족수를 발행주식 총수의 4분의 1 이상으로 낮춘 사실을 감안할 때 거의 불가능하다고 할 수 있다. 따라서 최소한의 기준인 발행주식 총수의 25% 이상이라는 기준이 지배·종속관계를 판단할 수 있는 최소한의 기준이 될 수 있다고 본다.[13]

---

12) 권영애, 「독일상법상의 결합기업」, 『연세법학(제3집)』(연세대 법률문제연구소, 1995.11.), 755쪽.
13) 김원희, 「지배·종속 기준의 통일가능성에 관한 연구」, 『국제회계연구(제25집)』(한국국제회계학회, 2009.3.31.), 122~123쪽.

(2) 이사회의 지배

지배회사가 종속회사를 지배를 하기 위해서는 이사회에서도 이사회의 이사 25% 이상의 지지를 확보하여야 할 것으로 보인다. 왜냐하면 이사회의 결의 방법을 보면, 상법 제391조에 따라 "이사의 과반수의 출석과 출석이사의 반수 이상으로 결의를 한다"고 규정하고 있기 때문이다. 하지만 실제로는 이사가 이사회에 참석하지 않는 경우는 거의 없을 것으로 보인다. 만약 이사가 해외 출장 중이라고 하더라도 상법 제391조 제2항에 따라 "동영상 등 통신수단에 의하여 이사회 결의에 참석할 수 있다"고 규정하고 있으므로 실제로 거의 대부분의 이사가 참석한다고 보아야 할 것이다. 그렇다면 지배회사가 종속회사를 지배하기 위해서는 이사 총수의 반수 이상을 확보하여야 할 것으로 보인다.

나아가, 이러한 이사 총수의 과반수를 확보한다는 것은 이사 선임과 관련하여 반수 이상의 지배회사에 우호적인 이사를 선임시켜야 할 것이다. 그런데 이사 선임은 주주총회의 보통결의사항이므로 위에서 언급한 바와 같이 최소한 우호적 지분 25% 이상을 확보하여야 할 것이다. 그런데 이러한 25% 이상의 지분이란 주주총회 소집의 현실을 감안할 때 25%의 영향력 이상을 행사할 수 있으며, 나아가, 임원 전원을 선임하는 것도 가능할 수 있다. 어쨌든 이사회와 관련 지배회사가 되기 위해서는 우호적인 이사 반수 이상을 확보하여야 한다고 할 수 있을 것으로 보인다.[14]

2) 공정거래법상의 기준

독점규제및공정거래에관한법률(이하 공정거래법)에 의하면, 지배회사를 판단하는 기준으로 지분율기준, 지배적 영향력기준, 기타 기준 등을 제시하고 있는바 이에 대하여 살펴보면 다음과 같다.

(1) 지분율 기준

공정거래법 제2조 제2호에 의하면, '기업집단'이라 함은 동일인이 다음 각 목의 구분에 따라 대통령령이 정하는 기준에 의하여 사실상 그 사업내용을 지배하는 회사의 집단을 말한다고 규정하고 있다.

---

14) 김원희, 위의 글, 123~124쪽.

여기에서 "대통령령이 정하는 기준에 의하여 사실상 그 사업내용을 지배하는 회사"라 함은 동일인이 단독으로 또는 다음 각 목[15]의 어느 하나에 해당하는 자(이하 '동일인 관련자'라 한다)와 합하여 당해 회사의 발행주식[16] 총수의 100분의 30 이상을 소유하는 경우로서 최다 출자자인 회사를 의미한다고 규정함으로써(동법 시행령 제3조 제1호), 지배회사의 판단기준을 직접적으로 규정하고 있다.

즉 지배회사는 동일인 단독으로 또는 동일인 관련자와 합하여 다른 회사의 의결권 있는 발행주식 총수의 100분의 30 이상을 소유한 경우로서 최다 출자자인 회사이다. 이러한 기준은 현실적으로 매우 강력한 것이라고 할 수 있다. 왜냐하면 어떤 회사가 다른 회사 지분 30%를 가지고 지배하는 것을 막기 위해서는 30% 이상의 지분이 필요하기 때문이다.

그런데 이러한 숫자를 주주총회의 성립과 관련하여 보면, 주주총회에 발행주식 총수의 60% 이상이 참석하여야 한다. 이는 1995년 개정 상법이 주주총회 의사정족수를 폐지한 취지를 감안하면 현실적이 못 된다고 할 수 있다. 따라서 30% 이상의 지분을 가진 자로서 최대 출자자인 경우에는 현실적으로 지배회사가 될 가능성이 매우 크다고 할 수 있으므로, 특별한 반대 증거가 없는 한 지배회사로 보는 것이 타당하다고 본다.[17]

(2) 지배적 영향력 기준

또한 공정거래법 시행령 제3조 제2호에 의하면, 어떤 회사가 다른 회사에 대해 지배적 영향력을 가지는 경우로 다음 네 가지를 규정하고 있다. 즉 ① 동일인이 다른 주요 주주와의 계약 또는 합의에 의하여 대표이사를 임면하거나 임원의 100분의 50 이상을 선임하거나 선임할 수 있는 회사(가목), ② 동일인이 직접 또는 동일인 관련자를 통하여 당

---

15) 다음 각 목이라 함은 ① 배우자, 6촌 이내의 혈족, 4촌 이내의 인척(이하 '친족'이라 한다)(가목), ② 동일인이 단독으로 또는 동일인 관련자와 합하여 총출연금액의 100분의 30 이상을 출연한 경우로서 최다 출연자가 되거나 동일인 및 동일인 관련자 중 1인이 설립자인 비영리법인 또는 단체(법인격이 없는 사단 또는 재단을 말한다. 이하 같다)(나목), ③ 동일인이 직접 또는 동일인 관련자를 통하여 임원의 구성이나 사업 운용 등에 대하여 지배적인 영향력을 행사하고 있는 비영리법인 또는 단체(다목), ④ 동일인이 이 호 또는 제2호의 규정에 의하여 사실상 사업내용을 지배하는 회사(라목), ⑤ 동일인 및 동일인과 나목 내지 라목의 관계에 해당하는 자의 사용인(법인인 경우에는 임원, 개인인 경우에는 상업사용인 및 고용 계약에 의한 피용인을 말한다)(마목)을 말한다.

16) 「상법」 제370조(의결권 없는 주식)의 규정에 의한 의결권 없는 주식을 제외한다. 이하 이 조, 제3조의2(기업집단으로부터의 제외), 제17조의5(채무보증금지대상의 제외요건), 제17조의8(대규모내부거래의 이사회 의결 및 공시) 및 제18조(기업결합의 신고 등)에서 같다.

17) 김원희, 앞의 글, 124쪽.

해 회사의 조직변경 또는 신규사업에의 투자 등 주요 의사결정이나 업무집행에 지배적인 영향력을 행사하고 있는 회사(나목), ③ 동일인이 지배하는 회사(동일인이 회사인 경우에는 동일인을 포함한다. 이하 이 목에서 같다)와 당해 회사 간에 다음의 1[18]에 해당하는 인사교류가 있는 회사(다목), ④ 통상적인 범위를 초과하여 동일인 또는 동일인 관련자와 자금·자산·상품·용역 등의 거래를 하고 있거나 채무보증을 하거나 채무보증을 받고 있는 회사, 기타 당해 회사가 동일인의 기업집단의 계열회사로 인정될 수 있는 영업상의 표시행위를 하는 등 사회통념상 경제적 동일체로 인정되는 회사(라목)를 말한다.

이 중 두 가지(가목과 다목) 경우는 인사에 관한 사항이다. 즉 대표이사의 임면권, 50% 이상의 임원선임권, 임원 겸직을 포함한 인사교류 등이 있으면 지배적 영향력을 미치는 것으로 규정하고 있다.

어쨌든 공정거래법상 지배적 영향력 행사가 가능한가에 대한 위의 규정은 결국 이사회의 지배 여부에 의하여 판단된다고 볼 수 있다. 기업에서 대표이사의 비중을 감안하면 대표이사의 임면 권한을 가진다는 것은 사실상 그 기업의 이사회뿐만 아니라 그 기업 자체를 지배하는 것과 다름없으며 50% 이상의 임원 선임권을 가지는 것도 그 회사의 이사회를 지배하는 것이다. 또 피지배회사의 임원이 지배회사로 복직하거나 지배회사의 계열사로 옮길 수 있는 것은 사실상 지배회사가 피지배회사에 상당한 정도의 영향력을 행사할 때만 가능하다. 따라서 공정거래법의 지배적 영향력 판단기준 중 인사에 관한 기준은 결국 피지배회사의 이사회 지배기준이라고 볼 수 있다.[19]

(3) 기타 기준

위에서 언급한 공정거래법 시행령 제3조 제2호의 가목과 다목에서의 지배적 영향력 행사 기준과 더불어 나목과 라목에서는 특별한 지배적 영향력 행사 기준을 규정한 것이라고 할 수 있다.

즉 '나목'의 경우는 주요 의사결정이나 업무집행에 지배적 영향력을 행사하고 있는 회사를 지배회사로 규정하는 것이고, '라목'의 경우는 통상적인 범위를 초과한 거래, 채무

---

18) 다음의 1이란 ① 동일인이 지배하는 회사와 당해 회사 간에 임원의 겸임이 있는 경우, ② 동일인이 지배하는 회사의 임·직원이 당해 회사의 임원으로 임명되었다가 동일인이 지배하는 회사로 복직하는 경우(동일인이 지배하는 회사 중 당초의 회사가 아닌 회사로 복직하는 경우를 포함한다), ③ 당해 회사의 임원이 동일인이 지배하는 회사의 임·직원으로 임명되었다가 당해 회사 또는 당해 회사의 계열회사로 복직하는 경우를 말한다.

19) 김원희, 앞의 글, 124~125쪽.

의 보증채무, 영업상의 표시행위 등 사회통념상 경제적 동일체로 인정되는 회사를 지배회사로 규정하고 있다.

먼저, '나목'과 관련하여 주요 의사결정과 업무집행에 지배적 영향력을 행사한다는 것은 종속회사의 주주총회나 이사회에 지배적 영향력을 미치는 것으로 해석될 수 있다. 왜냐하면 주주총회와 이사회는 관계 회사에 있어서 최고의사결정기구라고 할 수 있고, 기타 의사결정기구가 존재한다고 하더라도 그것은 실무상 의무결정기구에 불과하고 법률상으로 임의기구에 해당되기 때문이다. 따라서 지배적 영향력 행사란 지배회사가 종속회사의 주주총회나 이사회에 대한 지배적 영향력 행사 유무에 의하여 판단하여야 할 것이다. 나아가, 지배회사는 종속회사의 지분 25% 이상을 보유하여야 할 것이다. 그래야만 종속회사의 주주총회에서 임원선임권을 행사하고, 그 결과 이사회에서 의사결정에 영향력을 행사할 수 있기 때문이다.[20]

다음으로 '라목'에서는 채무보증 여부를 지배적 영향력의 판단기준으로 삼고 있다. 이것은 회계학이나 주식회사의 외부 감사에 관한 법률(이하 외감법) 및 기업회계 기준서에서도 전혀 고려되지 않는 기준이다. 하지만 현대 회계학 및 우리나라 기업회계기준도 기업실체이론[21]을 따르므로 자본과 채권은 기업에 대한 지분임과 동시에 청구권이다.

다만, 자본과 채권은 기업에 대해 가지는 청구권의 우선순위에서 차이가 날 뿐이다. 즉 기업에 대해서 채권자가 먼저 원리금 회사를 위한 청구를 할 수 있고, 자본가는 잔여재산에 대한 청구권을 행사할 수 있을 뿐이다. 회사가 채권자의 청구권 행사에 응하지 못하는 경우 자본주의 잔여재산청구권은 효력을 가지지 못하며 회사의 채무보증자가 채권자의 청구에 응하게 된다. 채무보증자가 채권자의 청구에 응하지 못할 경우 채권자는 회사 자산 또는 회사의 소유권을 넘겨받게 된다. 이렇게 볼 때 회사에 대해 책임을 지는 순서가 주주 – 채무보증자 순으로 정해진다고 볼 수 있다.

주주와 채무보증자의 책임을 비교하여 보면, 주주는 주식회사의 본질에 따라 주주유한

---

20) 김원희, 위의 글, 125쪽.

21) 기업실체이론은 회계 주체와 관련된 이론이다. 먼저, 자본주이론이란 회계 주체는 자본주, 즉 소유주이며 회계상의 처리나 판단은 모두 자본주의 관점에서 이루어져야 한다는 이론이다. 이 이론에 의하면, 자산은 자본주가 소유하는 재산이며, 자본주가 채권자에게 진 채무가 부채를 의미하며, 자산과 부채의 차액은 자본주에 귀속될 순재산이라는 견해이다. 반면 기업실체이론은 회계의 주체가 자본주나 기타 이해관계자들로부터 독립된 인격의 존재로서 기업실체가 되며, 기업실체가 소유하는 경제적 자원이 자산이며, 부채 및 자본은 자산에 대한 청구권, 즉 지분이라고 한다. 전자의 이론에 의하면 자산과 부채의 동질성을 강조하는 데 반하여 후자의 이론은 부채와 자본을 동질적으로 보고 전자인 부채를 채권자지분, 후자인 자본을 출자자 지분을 구분하는 '지분개념의 통일성'을 강조하는 견해이다[정종암, 『현대재무회계이론』(박영사, 2000) 158~159쪽].

책임을 지지만 채무보증자는 무한책임을 진다. 즉 주주는 자신이 투자한 지분의 범위 내에서만 책임을 지게 되지만, 채무보증자는 자신이 보증한 범위 내에서 회사가 진 채무 모두가 완전히 상환될 때까지 책임을 지게 되는 것이다. 따라서 주주는 채무와 자신의 지분을 비교해서 채무의 가치가 크면 지분을 포기하고 지분의 가치가 크면 채무를 이행하는 방법을 택할 수 있다. 반면 채무보증자는 주주가 이행하지 못한 채무에 대해 자신이 보증한 범위 내에서 끝까지 책임을 져야 하는 것이다. 채무보증자에게는 주주와 같은 선택권은 없다.

채무보증의 경우에는 의무만 발생할 뿐 회사에 대해 어떠한 청구권도 없다. 이는 합리적 의사결정을 하는 사람이면 하지 않을 그런 행위이다. 그렇기 때문에 일반적으로 채무보증은 회사의 제1대 주주 또는 제2대 주주가 하는 것이 보통이고, 제3자가 거액의 회사채무를 보증하는 경우는 매우 드물다고 하여야 할 것이다. 따라서 일정 수준 이상의 지분을 가진 대주주 중 지분과 채무보증액의 합계액이 가장 큰 주주가 회사를 지배하는 것으로 보는 것이 타당하다고 하겠다.[22]

3) 주식회사의 외부감사에 관한 법률상의 기준

주식회사외부감사에관한법률(이하 외감법) 제1조의2 제2호에 의하면, "「연결재무제표」란 주식회사와 다른 회사(조합 등 법인격이 없는 기업을 포함한다)가 대통령령으로 정하는 지배·종속의 관계에 있는 경우 지배하는 회사(주식회사만을 말한다. 이하 '지배회사'라 한다)가 작성하는 다음 각 목의 서류[23]를 말한다"고 규정하고 있다. 따라서 지배·종속관계에 있는 회사는 연결재무제표를 작성하여야 한다.

여기에서 말하는 '대통령령으로 정하는 지배·종속의 관계'란 주식회사가 경제활동에서 효용과 이익을 얻기 위하여 다른 회사(조합 등 법인격이 없는 기업을 포함한다)의 재무정책과 영업정책을 결정할 수 있는 능력을 가지는 경우로서 그 주식회사(이하 '지배회사'라 한다)와 그 다른 회사(이하 '종속회사'라 한다)의 관계를 말한다. 이 경우 지배·종속의 관계는 동법 제13조 제1항 제1호에 따른 회계처리기준(이하 '한국채택국제회계기준'이라 한다) 또는 동법 제13조 제1항 제2호에 따른 회계처리기준에 따라 판단하도록

---

22) 김원희, 앞의 글, 125~126쪽.

23) 다음 각 목의 서류란, ① 연결재무상태표, ② 연결손익계산서 또는 연결포괄손익계산서, ③ 그 밖에 대통령령으로 정하는 서류를 말한다.

하고 있다.

나아가, 한국채택국제회계기준을 적용하지 아니하는 지배회사에 대하여 제1항을 적용할 때에는 금융위원회의설치등에관한법률에 따른 증권선물위원회(이하 '증권선물위원회'라 한다)가 정하여 고시하는 기준에 해당하는 종속회사는 종속회사가 아닌 것으로 간주하고 있다(동법 시행령 동조 제4항). 또한 위의 규정 속에서 지배·종속의 관계가 연속적으로 발생하는 경우에는 한국채택국제회계기준을 적용하는 회사 중 연결재무제표를 작성하는 지배회사의 범위는 한국채택국제회계기준에서 정하는 바에 따르도록 규정하였다(동법 시행령 동조 제5항). 뿐만 아니라 제1항에 따른 지배·종속의 관계가 연속적 또는 순환적으로 발생하는 경우 한국채택국제회계기준을 적용하지 아니하는 회사 중 연결재무제표를 작성하는 지배회사의 범위는 증권선물위원회가 정하는 바에 따르도록 하였다(동법 시행령 동조 제6항).

이 외에도, 이러한 회계처리기준은 기업회계와 감사인의 감사에 통일성과 객관성이 확보될 수 있도록 하여야 하며(외감법 제13조 제2항), 회사도 위의 기준에 따라 재무제표 또는 연결재무제표를 작성하도록 의무화하였다(동조 제3항). 또한 금융위원회는 위의 업무를 전문성을 갖춘 민간법인이나 단체에 위탁도 할 수 있도록 규정하였다(동법 제4항). 만약 이를 위탁하였을 경우 금융위원회는 이해관계인의 보호, 국제적 회계처리기준과의 합치 등을 위하여 필요하다고 인정되면 증권선물위원회의 심의를 거쳐 위의 업무를 위탁받은 민간법인 또는 단체(이하 회계기준제정기관)에 대하여 회계처리기준의 내용을 수정할 것을 요구할 수 있다. 이 경우 회계기준 제정기관은 정당한 사유가 없으면 이에 따라야 한다(동조 제5항).

이처럼 지배·종속관계에 대하여 규율하는 규정이 존재하는 현행 외감법에는 이에 대한 판단을 할 수 있는 구체적인 기준이 존재하지 않는다. 하지만 동법이 개정 전에는 이에 대하여 일곱 가지 유형을 제시하고 있었다. 즉 ① 주식회사가 다른 회사의 의결권 있는 주식 또는 출자지분(이하 이 조에서 '주식 등'이라 한다)의 100분의 50을 초과하여 소유하는 경우, ② 주식회사가 다른 회사의 의결권 있는 주식 등의 100분의 30을 초과하여 소유하면서 당해 다른 회사의 최다 출자자인 경우, ③ 지배회사와 종속회사(제1호 또는 제2호의 규정에 의한 지배회사 및 종속회사에 한하며, 종속회사의 종속회사를 포함한다. 이하 이 호에서 같다)가 합하거나, 종속회사와 종속회사가 합하여 다른 회사의 의결권 있는 주식 등의 100분의 30을 초과하여 소유하면서 당해 다른 회사의 최다 출자자인 경우, ④ 주식회사가 계약 또는 전환사채·신주인수권부사채 등의 권리행사에 의하여 의결권 있는 주식 등의 100분의 50을 초과하여 그 의결권을 행사할 수 있는 권한이 있는 경우, ⑤ 주식회사가 계약 등에 의하여 다른 회사의 이사회 또는 이에 준하는 의사결정기구의 구성원의 반수 이상을 임면할 수 있는 권한이 있는 경우, ⑥ 주식회사가 계약 등에 의하여 다른 회사의 주주총회 또는 이에 준하는 의사결정기구의 의사결정에 있어서 반수 이상의 의결권을 행사할 수 있는 권한이 있는 경우, ⑦ 기타 주식회사가 다른 회사의 재무 또는 영업에 관한 중요한 사항을 결정할 수 있는 권한이 있는 경우로서 금융위원회가 정하는 경우의 유형을 제시하고 있었으나 현행법에서는 이러한 규정을 삭제하였다. 따라서 현행법상 지배·종속관계는 위의 상법 내지 공정거래법상의 기준을 통해서 판단하여야 할 것으로 보인다.

4. 결합기업의 문제점

이처럼 결합기업을 형성하였을 경우, 다시 말하면 지배·종속기업관계를 형성하였을 경우 그 관계 속에서 발생하는 복잡한 문제를 독자적인 법 실체, 즉 독립한 법인격을 인정하고 그에 대한 법적 보호를 하는 전통적인 회사법 이론에 의할 경우에는 어려움이 많다. 특히, 지배기업의 소수주주 및 일반채권자, 종속기업과 그 주주 및 일반채권자[24]를 어떻게 보호해 줄 것인지가 가장 큰 문제가 된다고 하겠다. 구체적으로 살펴보면 다음과 같다.

1) 종속기업 주주 및 일반채권자의 이익침해의 문제

종속기업 내지 기업집단 내의 한 기업의 이사는 기업집단 전체의 이익을 최대화하기 위하여 자기 자신에게는 불이익하고 자신의 희생하에 불이익한 행위를 하는 경우가 많다.[25] 즉 지배기업의 거래에 있어서 통상의 시장에서보다 지배기업에 유리한 조건에서 거래를 하고(불공정한 자기거래) 또는 지배기업을 위하여 다른 집단기업을 위하여 자기

---

24) 이를 콘체른 외 주주 또는 국외주주라고 한다.
25) 종속기업의 이사는 그 선임·해임의 결정권이 지배기업에 속하도록 하고, 재임될 것을 바라며, 자발적으로 지배기업의 이익을 위하여 노력을 하는 경향이 있다고 한다[Takahashi, *Konzern und Unternehmensgruppe in Japan – Regelung nach dem deutschen Miodell?*, Tübingen(1994), Fn. 1, S.8].

의 유리한 거래를 포기하는 경우(회사의 기회의 침해) 등이 있다.

이러한 불이익은 장기적인 관점으로 보면 지배기업 기타 집단기업으로부터 발생하게 되는 경우가 많다. 물론, 기업집단에 속함에 따라서 독립·독보적인 동 업종 기업에 비하여 원재료조달이나 판매비용을 경감할 수 있으며, 신용이 증대되는 장점 또한 존재한다. 따라서 지배기업과 종속기업 간의 이익·불이익의 관계를 밝혀 양 회사 간의 균형을 확보할 필요가 있음에도 불구하고, 현행 회사법에서는 이에 대한 특별한 규정을 두고 있지 않다.[26] 그 결과 지배·종속기업 간의 이익상반에 의한 불이익이 발생한다면 제1차적으로 종속기업의 주주에 의한 배당가능이익이 감소하게 될 것이고, 부수적으로 종속기업이 도산하는 경우에는 채권자의 담보재산이 감소하여 재산상 이익을 침해하는 문제가 발생할 수도 있다. 따라서 종속기업의 주주 및 일반채권자를 보호할 수 있는 법제도를 마련하여야 할 것으로 보인다.

2) 지배기업 소수주주 및 채권자의 이익침해의 문제

결합기업에 관한 이익보호의 필요성은 주로 종속기업(콘체른 하위기업)에 있어서 문제가 되지만, 지배기업(콘체른 상위회사)에서도 문제가 없는 것은 아니다. 즉 콘체른 내의 중요한 종속기업이 경영위험에 빠지는 경우 이것을 구제하기 위하여 지배기업의 자산을 이전하고, 지배기업에 의한 채무인수 등이 이루어지는 경우가 있다. 이러한 경우 지배기업의 소수주주나 채권자의 이익보호가 문제된다.[27]

또한 지배기업의 중요한 사업의 일부를 실질적으로 자회사에 의하여 행하는 경우 지배기업의 소수주주는 자회사의 사업에 대하여 의결권 기타 주주로서의 권리를 행사할 수가 없는 경우도 있다. 따라서 종속기업의 소수주주 및 일반채권자 보호와 더불어 지배기업의 소수주주 및 일반채권자를 보호하기 위한 문제도 함께 고찰하여야 할 것으로 보이며, 양자 간의 조화가 무엇보다도 중요하다고 하겠다.

---

26) 江頭憲治郎, 『結合企業法の立法と解釋』(有斐閣, 1995), 7頁.

27) 조기의 기업결합에 있어서 상위회사의 소수파 주주를 보호할 필요성에 대해서는 다음을 참조[森本滋, 「取締役の利益相反取引」, 『金融法の課題と展望(石田·西原·高木還暦記念)』(1990), 315쪽 이하; 野田博, 「傳統的な會社法と企業結合法 – 特に結合企業間の利益相反取引を對象として – 」, 『商事法務(1400號)』(1995), 16~17頁].

제2장 우리나라 현행법상
결합기업의 규제 현황

제1절 결합기업과 회사법상의 규제

1. 서설

1) 결합기업과 회사법상의 문제

결합기업, 즉 지배·종속관계에 있는 기업은 법적으로 그 독립성을 유지하면서, 경제적으로 단일체를 형성하고, 종속회사는 지배회사의 통일된 지휘체계를 따르게 된다. 이처럼 결합기업은 법적 형식을 취하면서도 경제적 단일체라는 점으로 인하여 지배·종속관계에 있는 두 기업은 첨예한 대립이 끊임없이 발생하고 있다.

통상 결합된 기업은 지배·종속관계, 즉 콘체른을 형성한 이후 주로 발생하며, 기업연합(Kartell)[1]과는 구별하여야 할 것이다. 기업연합이란 시장지배를 목적으로 복수의 기업 간의 결합으로 카르텔 참가기업(카르텔 기업)은 법률적으로 독립성을 가지고 있으므로, 시장지배라는 목적 이외에는 상호 간에 경제적인 독립성을 가지고 있는 형태를 말하는 것으로, 기업이 실제로 결합하는 콘체른과는 구별된다.

따라서 기업연합(카르텔)은 시장지배라는 측면에서 공정거래법상의 문제가 된다고 할 수 있다. 물론 카르텔 기업이라고 회사법상의 문제가 없는 것은 아니다. 즉 기업연합은 기업의 영업활동상 중대한 제한이 되는 것으로 주로 상법 제374조 제1항 제2호의 "영업 전부의 임대 또는 경영 위임, 타인과 영업의 손익 전부를 같이하는 계약 기타 이에 준할 계약의 체결, 변경 또는 해약"의 적용상 문제가 될 수 있다.

이와는 달리 결합기업의 문제는 회사법상의 문제가 그 중심이 된다고 하여야 할 것이다. 즉 결합기업의 문제, 콘체른 기업에 대한 문제는 결합기업의 형성을 한 이후 발생하

---

1) 기업연합이라고도 하며 한 상품 또는 상품군의 생산이나 판매를 일정한 형태로 제한하거나 독점할 목적으로 조직된 회사나 개인의 연합체를 말한다.

는 여러 가지 법률문제를 회사법에 어떻게 반영하여 해결할 것인가가 주로 논의된다고 할 수 있다. 물론, 콘체른도 그 규모가 커짐에 따라 시장지배적 경향이 점차적으로 증가할 경우 그 한도 내에서 공정거래법상의 문제가 제기될 수도 있다. 그러나 이러한 시장지배적 경향은 콘체른 자체에 내재하는 불가피한 속성이라고는 할 수 없다. 따라서 콘체른과 관련하여 제기되는 본질적인 문제는 회사법적인 것이라고 하여야 할 것이다.

또한 비트러스트적 콘체른도 존재할 수 있지만, 비콘체른적 트러스트는 존재할 수 없다. 왜냐하면 트러스트는 콘체른적 특성과 카르텔적 특성을 함께 가지고 있기 때문이다. 그러한 의미에서 트러스트도 회사법적인 문제가 먼저 제기된다고 할 수 있다. 다만, 트러스트와 관련하여 제기된 문제는 트러스트의 콘체른적 측면에서 발생한다는 점으로부터 콘체른의 회사법적 문제를 검토하는 것과 동시에 트러스트의 회사법상의 문제도 함께 논하게 될 수밖에 없다. 따라서 결합기업과 회사법상의 문제는 콘체른과 회사법의 문제라고 할 수 있겠다.

☞ 카르텔, 트러스트, 콘체른의 비교

1. 개념
(1) 카르텔(Kartell)

카르텔(기업연합)은 법률적 · 경제적으로 독립한 동종 사업자들 간에 상호 경쟁의 제한이나 시장통제를 목적으로 거래조건 등에 관하여 공동행위를 하는 것(가격카르텔, 판매지역카르텔, 생산량카르텔 등)을 말하며, 동종의 수평적 결합이라 할 수 있다. 카르텔 참가기업들은 법적 · 경제적 독립성을 유지하며, 오직 협정사항을 자발적으로 지켜야 비로소 카르텔은 경제적 효력을 지닐 수 있다. 이러한 의미에서 카르텔을 이른바 신사협정이라고도 한다. 우리나라에서 카르텔은 공정거래법에 따라 원칙적으로 금지되어 있다.[2]

---

2) 카르텔의 장점으로는 산업 전체의 이윤을 크게 떨어뜨리는 원인이라고 여겨지는 '파괴적인' 경쟁을 저지할 수 있다는 점이다. 즉 가격을 고정시키고, 회원 사이에 판매량을 할당하거나 판매지역과 생산활동을 배정하고, 각 회원들에게 최소한의 이익을 보장하며, 회원들 간에 판매 · 리베이트 · 할인 · 기간 등의 조건을 합의할 수 있다. 반면, 단점으로는 카르텔이 형성되면 소비자들은 경쟁가격보다 더 높은 가격을 지불해야 한다는 점을 들 수 있다. 즉 카르텔은 비효율적인 기업들도 살아남을 수 있도록 해 주지만, 비용절감으로 인한 가격하락을 막기 위해 기술개발을 피하게 한다. 따라서 카르텔이 유지되는 한 어느 정도의 가격안정을 기대할 수 있지만, 참여기업 간에 이해 다툼이 일어나기 쉽고, 카르텔이 무너지면 격심한 가격변동이 일어나는 점을 들 수 있다.

(2) 트러스트(Trust)

트러스트(기업합동)란 19세기 말 미국에서 유래한 것으로 시장을 지배할 목적으로 동종(수평적) 혹은 이종(수직적) 기업이 자본적 결합에 의해 완전히 하나의 기업이 된 형태로 각 기업들은 법적·경제적 독립성을 상실하게 된다. 예를 들면, 둘 이상의 기업이 결합하여 당사회사 모두가 소멸하고 별도의 새로운 기업을 만들거나(新設合倂), 하나의 회사는 존속하되 다른 회사의 권리·의무를 승계하는 경우(吸收合倂)를 들 수 있다. 이러한 트러스트는 독점의 가장 강력한 형태로 그 경제적 효력 역시 가장 강력하다고 할 수 있다.

(3) 콘체른(Konzern)

콘체른(기업결합)이란 독일에서 유래한 것으로 대기업이 자본지배를 목적으로 여러 산업에 속한 중소기업의 주식을 보유하거나 이들에게 자금을 대여하여 금융적으로 결합한 기업집중형태(수평·수직·자본적 결합)로, 결합된 기업이 법률적으로는 독립성을 유지하는 별개의 기업으로 존재하나 경제적·경영상으로는 결합을 주도한 특정기업의 지배하에 놓이게 됨으로써 사실상 독립성을 잃게 되는 것을 말한다(소위 재벌, 기업그룹, 기업집단 등). 이러한 콘체른은 그 기업집중의 목적에 따라 산업 콘체른, 판매 콘체른, 금융 콘체른 등으로 구별된다.

2. 세가지 형태 간의 구별

	카르텔	트러스트	콘체른
목적	경쟁제한, 시장통제	시장지배	자본지배
독립성 유지	법적·경제적 독립성 유지	법적·경제적 독립성 완전상실	법적 유지, 경제적 상실
결합 정도	약함	강함	경제적 결합
존속 여부	협정기간 후 자동해체	완전동일체	자본적 지배
구속력	협정조건에만 제한	완전내부간섭, 지배	경영활동구속, 지휘

2) 구체적인 문제

콘체른과 관련하여 회사법상 야기되는 문제에 대한 구체적인 예를 들면, 콘체른 지휘의 책임, 이사의 경영금지의무, 이사의 자기거래 등을 들 수 있다. 먼저, 자기 주식의 취득에 대해서는 1984년 상법 개정 시 신설하여 자회사에 의한 모회사의 주식 취득의 금지, 주식의 상호 보유의 규제(상법 제369조 제3항) 등으로 일단 해결하였다(상법 제342조의2). 나아가, 독일법에 규정되어 있는 콘체른 지휘의 책임과 관련하여 사실상 콘체른에 있어서 콘체른 지휘자는 콘체른 회사의 이사로 의제함으로써 해결할 수 있었고, 계약콘체른에 있어서 콘체른 지휘권의 대가는 계약상 합의에 따라 문제를 해결할 수 있었다. 이외에도 주주의 권리행사에 관한 이익공여금지(상법 제467조의2), 감사의 자회사 이사·사용인 겸임 금지(상법 제411조), 감사의 자회사 조사권(상법 제412조의4), 영업보고서에 기업결합 상황의 기재(상법 시행령 제6조의3) 등이 결합기업과 관련된다고 할 수 있다. 이하에서는 결합기업과 관련되는 규정을 먼저 살펴본다.

2. 결합기업의 성립과 관련한 규정

우리나라에 있어서 결합기업을 형성하는 방법으로 대표적이라고 할 수 있는 자본참여의 방법으로는 모자회사 관계의 형성을 통한 주식의 상호 보유, 비모자회사 관계의 형성에 의한 주식의 상호 보유를 들 수 있고, 양 회사 간의 계약에 의한 방법으로는 영업의 임대, 경영의 위임 등을 통한 지배·종속관계의 형성 등을 들 수 있다.

1) 모자회사 관계의 형성

모자회사 관계란 "다른 회사 발행주식 총수의 100분의 50을 초과하는 주식을 가진 회사(이하 '모회사'라 한다)의 주식은 다음의 경우를 제외하고는 그 다른 회사(이하 '자회사'라 한다)가 이를 취득할 수 없다"(제342조의2 제1항)는 규정에 의하여 모회사가 되는 회사가 자회사가 되는 회사의 주식을 100분의 50을 초과하여 소유한 경우를 말한다. 이러한 모자관계가 형성될 경우 자회사는 모회사의 주식을 취득할 수 없는 것을 원칙으로 하고 있다.

이처럼 주식의 상호 보유3)는 자기 주식의 취득과 마찬가지로 실질적으로 출자를 환급하는 결과가 되어 자본충실의 원칙에 반하고, 회사는 기업위험을 부담하는 외에 주가변동에 따른 위험을 이중으로 부담하게 되며, 또 임원 등 회사의 내부자에 의한 투기거래로 악용될 우려가 있는 등 여러 가지 폐해가 발생할 수 있으므로4) 1984년 동 규정이 처음 상법에 도입되기 전부터 제한된다고 해석하여 왔다.5)

(1) 자회사의 설립에 의한 경우

예를 들면, A회사가 발기인이 되어 금전출자 또는 현물출자로 B회사를 설립하고 그 주식의 과반수를 초과하여 인수하는 경우를 들 수 있다.

먼저, 금전출자의 경우 다액의 출자라면, 그 회사의 주주 내지 회사 보호의 견지에서 그러한 출자를 중요한 자산의 처분으로 보고 이사회의 결의가 필요하다고 한다(제393조 제1항). 또한 그 출자가 현물출자인 경우라 하더라도 금전출자의 경우와 마찬가지로 주주 보호의 견지에서 영업의 전부 또는 중요한 일부의 현물출자라면, 영업양도의 경우에 준하여, 주주총회의 특별결의의 절차를 밟아야 하고 그 결의에 반대하는 주주에 대하여 주식매수청구권을 인정하여야 한다(제374조 제1항 제1호, 제374조의2 유추적용).

나아가, 중요한 영업용 재산의 현물출자이면 '중요한 자산의 처분'(제393조 제1항)의 경우에 준하여 이사회의 결의가 있어야 한다. 이 외에도 영업, 특히 영업 전부의 현물출자의 경우에는 주주 보호를 위한 주주총회의 특별결의와 함께, 채권자 보호절차(제527조의5)도 밟아야 할 것으로 보인다. 이러한 채권자 보호절차는 회사합병의 경우에 준하여야 할 것으로 본다.

또한 상법에 규정은 두고 있지 않지만, 모자회사, 특히 '완전모자회사' 관계의 형성이

---

3) 주식의 상호 보유(cross-ownership)란 두 개 회사가 서로 상대방 회사의 주식을 소유하는 것을 말한다. 예컨대, A회사는 B회사의 주식을, B회사는 A회사의 주식을 소유하는 경우가 이에 해당하며, 이것을 특히 단순 상호 보유 또는 직접 상호 보유라고 한다.1) 이 외에도 3개 이상의 회사가 순차적(A회사는 B회사의 주식을, B회사는 C회사의 주식을, C회사는 다시 A회사의 주식을 소유하는 경우) 또는 행렬식(A회사는 B회사와 C회사의 주식을, b회사는 A회사와 C회사의 주식을, C회사는 A회사와 B회사의 주식을 소유)으로 다른 회사의 주식을 소유하는 경우가 있는데, 이를 각각 고리형 상호 보유와 매트릭스 상호 보유라고 한다. 후자의 두 유형은 직접 상호 보유에 대응하는 의미로 간접 상호 보유라고 부른다[정찬형, 『상법강의(상)』(박영사, 2004), 650쪽].

4) 정찬형, 위의 책, 645쪽.

5) 유진희, 「기업결합에 관한 회사법 규정」, 『서강법학연구』(서강대학교 법학연구소, 1999.2.), 202쪽.

채권자 사해 기타의 법인격의 남용에 해당하거나 또는 자회사가 모회사의 일부(형해)에 지나지 않는 경우에는, 모회사가 된 회사의 채권자는 법인격부인의 법리에 의하여 자회사의 재산을 강제집행할 수도 있으며 또는 민법상의 사해행위 취소의 규정(민법 제406조, 제407조)에 의하여 자회사의 설립을 취소하거나 또는 모회사가 보유하는 자회사의 주식에 대한 강제집행을 할 수 있다고 해석한다.

(2) 반수가 넘는 주식취득에 의한 경우

주식시장 또는 장외시장에서의 주식을 취득하는 방법으로 취득 대가가 금전 또는 회사의 영업 기타의 재산(현물)인 경우 위 (1)의 자회사의 설립의 경우와 같이 그 주식을 취득하는 회사의 주주·채권자 등의 보호를 위한 법규의 유추적용 또는 해석 적용이 인정된다.

또 다른 방법으로 다른 회사가 발행하는 신주의 반수가 넘는 주식을 인수하는 방법이다. 신주인수권에 의하여 반수가 넘는 주식을 취득하는 경우에는 신주를 발행하는 회사(자회사가 될 회사)의 주주 보호를 위하여, 그 신주를 인수하는 회사(모회사가 될 회사)는 제3자의 신주인수권에 관한 신기술의 개발·재무구조의 개선 등 경영상의 필요와 정관의 정함, 즉 상법상의 요건(제418조 제2항)을 구비한 경우이어야 한다. 그리고 신주 취득의 대가가 금전 또는 회사의 영업 기타의 현물인 경우 위 (1)의 자회사 설립의 경우와 같은 신주를 인수하는 회사의 주주·채권자 보호를 위한 법규의 유추적용 등이 인정된다.

신주를 발행하는 회사의 기존 주주의 신주인수권을 양수하여 신주를 인수하는 경우 그 대가와 관련하여 (1)의 자회사의 설립의 경우와 같은 신주를 인수하는 회사의 주주·채권자 보호를 위한 법규의 유추적용 등이 인정된다.

(3) 반수가 넘는 주식에 상당하는 현물출자를 받고 신주를 발행하는 경우

회사가 과반수를 초과하여 주식에 상당하는 현물출자를 받고 신주를 발행하는 경우 신주를 발행하는 회사(모회사가 될 회사)는 주주 보호의 견지에서 정관상의 발행예정주식(제289조 제1항 제3호)의 범위 내에서 신주를 발행하여야 할 것이다. 나아가, 신주를 발행하는 회사는 주식의 현물출자에 관하여 자본충실에 의한 채권자 보호의 견지에서 이사회 또는 주주총회의 결정, 법원 선임의 검사인의 조사 또는 공인 감정인의 감정, 법원의 변경처분의 준수 등의 법정의 요건(제416조 제4호, 제422조)을 충족하여야 한다.

만약 신주의 발행이 위법 부당하여 불이익을 받을 염려가 있는 주주는 회사에 대하여 신주발행의 유지청구를 할 수 있으며(제424조), 이사와 통모하여 현저히 불공정한 발행가액으로 신주를 인수한 자는 회사에 대하여 그 차액을 지급할 의무가 있고, 또 그 인수인과 이사는 회사에 대한 손해배상책임이 있다(제424조의2).

(4) 회사의 분할·분할합병에 의한 경우

분할되는 회사가 분할 또는 분할합병으로 인하여 설립되는 회사의 주식을 취득하는 경우(제530조의2, 제530조의12)가 이에 해당한다.

이 경우 분할되는 회사의 주주 보호를 위하여 간이분할·소규모 분할의 경우(제530조의11 제2항－제527조의2, 제527조의3)를 제외하고, ① 분할계획서·분할합병계약서에 대한 주주총회(아울러, 수종의 주식이 발행되고 있는 경우 종류주주총회)의 특별결의를 요하며(제530조의3), ② 총회의 결의반대주주에게는 주식매수청구권이 인정된다(제530조의11 제2항－제522조의3). 또한 회사의 분할 또는 분할합병에 의한 신설회사 또는 존속회사는 원칙적으로 분할·분할합병 전의 회사의 채무에 관하여 분할되는 회사와 연대하여 배상할 책임이 있다(제530조의9).

나아가, 분할에 관한 이해관계자의 보호를 위하여, ① 분할되는 회사와 분할합병의 상대방 회사는 분할계약서·분할합병계약서 등의 서류의 사전·사후의 공시의무가 있고, 주주와 회사채권자는 그 열람 및 등본·초본의 교부청구권이 있으며(제530조의7), ② 또한 주주와 회사채권자 등은 회사분할 무효의 소를 제기할 수 있다(제530조의11 제1항－제236조).

(5) 주식의 포괄적 교환·포괄적 이전에 의한 완전모자회사 관계의 형성

주식의 포괄적 교환이란 회사(완전모회사가 되는 회사)가 다른 회사(완전자회사가 되는 회사)의 발행주식 총수와 자기 회사의 주식을 교환함으로써, 완전자회사가 되는 회사의 주주가 가지는 그 회사의 주식은 주식을 교환하는 날에 주식교환에 의하여 완전모회사가 되는 회사에 이전하고 그 완전자회사가 되는 회사의 주주는 그 완전모회사가 되는 회사가 주식교환을 위하여 발행하는 신주의 배정을 받는 것을 말한다(제360조의2).[6]

주식의 포괄적 교환의 경우 당사회사가 모두 존속하고 당사회사의 재산의 감소도 자본액의 감소도 생기지 않아 어느 회사의 채권자에게도 불이익을 가져오지 않으므로 채권자보호절차를 요하지 않는다. 그러나 완전자회사가 되는 회사에서는 소수 주주가 배제되고 완전모회사가 유일한 주주가 되고, 완전모회사가 되는 회사에서는 완전자회사가 되는 회사의 주주를 모두 모회사의 주주로 수용함으로써 당사회사의 주주관계에 중대한 영향을 미치게 되므로 주주에 대한 영향이 경미한 간이주식교환·소규모 주식교환의 경우를 제외하고, ① 당사회사의 주식교환계약서에 대한 주주총회의 특별결의와 ② 결의반대 주주의 주식매수청구권이 인정된다(제360조의3 제1항·제2항, 제360조의5, 제360조의10). 주주 기타 이해관계인의 이익보호를 위하여, ① 당사회사의 주식교환계약서 등의 사전·사후 공시의무가 인정되고(제360조의4, 제360조의12), ② 주주 기타 이해관계인은 주식교환 무효의 소를 제기할 수 있다(제360조의14).

반면, 주식의 포괄적 이전이란 회사가 스스로 완전자회사가 되는 회사가 되어 완전모회사(지주회사)를 설립하는 하나의 방법으로 완전자회사가 되는 회사의 주주가 소유하는 그 회사의 주식은 주식이전에 의하여 설립하는 완전모회사에 이전하고 그 완전자회사가 되는 회사의 주주는 그 완전모회사가 주식이전을 위하여 발행하는 주식의 배정을 받음으로써 그 완전모회사의 주주가 되는 것을 말한다(제360조의15).

이러한 주식의 포괄적 이전의 경우는 사전에 완전모회사가 될 회사가 존재하지 않는다는 점에서 주식의 포괄적 교환의 경우와 다르지만, 그 경제적 기능이 동질적인 것이므로 법 규제도 유사하며, ① 완전자회사가 될 회사의 주주 보호를 위한 주식이전계획서에 대한 주주총회의 특별결의와 ② 결의반대주주의 주식매수청구권이 인정되며(제360조의16, 제360조의22 - 제360조의5), ③ 주식이전계획서 등의 사전·사후의 공시(제360조의17), ④ 주주 등의 주식이전 무효의 소(제360조의23) 등이 인정된다.

2) 비모자회사 관계의 형성

모자회사 관계에 있지 않는 회사 사이에도 일정 비율의 주식의 상호 보유를 할 수 있다. 즉 회사, 모회사 및 자회사 또는 자회사가 다른 회사의 발행주식 총수의 10분의 1을 초과하는 주식을 가지고 있는 경우가 있는데, 이러한 경우를 비모자회사 관계라고 할 수 있다. 이 경우 그 다른 회사가 가지고 있는 회사 또는 모회사의 주식은 의결권이 없다

---

6) 정찬형, 앞의 책, 701쪽.

(상법 제369조 제3항). 예를 들면, A회사가 B회사의 발행주식 총수의 10분의 1을 초과하는 주식을 가지고 있는 경우에 B회사가 가지고 있는 A회사의 주식은 의결권이 없다. 또한 A회사와 B회사가 모자회사 관계에 있는 경우에 A회사와 B회사를 합하여 또는 B회사가 단독으로 C회사의 발행주식 총수의 10분의 1을 초과하는 주식을 가지고 있는 경우에 C회사가 가지고 있는 A회사의 주식은 의결권이 없다. 만일 A회사와 B회사가 모두 상대방의 발행주식 총수의 10분의 1을 초과하는 주식을 보유하고 있다면 두 회사 모두 상대방의 주식에 대하여 의결권의 행사를 하지 못한다.

주식의 상호 보유로 인하여 의결권이 제한되는 주식에 있어서 의결권 이외에 다른 주주권도 제한되는가에 관해서는 견해가 대립하고 있다. 법의 취지에 비추어 의결권과 의결권을 전제로 하는 권리(예를 들면, 소수주주에 의한 주주총회 소집청구권) 이외에는 주주권이 제한되지 않는다고 본다.[7]

의결권의 유무를 결정하는 시기는 상대방 회사가 10분의 1을 초과하는 주식을 취득한 때라는 견해가 있지만,[8] 여기에서 문제되는 것은 주주로서의 권리행사이므로 명의개서 여부를 기준으로 의결권의 유무를 결정하는 것이 옳다고 본다.[9]

의결권이 제한되는 주식은 주주총회의 결의에 있어서 발행주식의 총수에 산입되지 아니하고(상법 제371조 제1항), 상법 제369조 제3항에 위반하여 의결권이 행사되는 경우 주주총회 결의취소의 소의 사유가 된다(상법 제376조 제1항).

3) 영업 전부의 임대·경영위임 등

상법 제374조 제1항 제2호에는 영업 전부의 임대 또는 경영위임, 타인과 영업의 손익 전부를 같이하는 계약의 체결, 기타 이에 준할 계약의 체결·변경 또는 해약을 하는 경우를 규정하고 있다. 지배기업과 종속기업과의 관계에서도 이 규정을 적용하여 당사자 간의 계약에 의하여 영업 전부의 임대·경영위임 등을 할 수 있다. 만약 이러한 영업 임대 내지 경영 위임계약을 체결함으로써 지배기업이 종속기업의 경영권 행사 등에 관여할

---

7) 이기수, 『회사법학』(박영사, 1997), 446쪽; 이태로·이철송, 『회사법강의』(박영사, 1999), 390쪽; 정동윤, 『회사법』(법문사, 2001), 310쪽; 그 밖에 의결권을 제외한 다른 공익권은 모두 행사할 수 있다고 보는 견해[최기원, 『신회사법론』(박영사, 1996), 602쪽]와 의결권을 제외한 다른 공익권은 모두 행사할 수 없다고 보는 견해[손주찬, 「개정상법 제369조에 관한 해석론과 입법론」, 『고시계』(1984.5.), 135쪽]가 있다.

8) 손주찬, 「개정상법상 주식상호보유에 관한 규제」, 『월간고시』(1984.5.), 45쪽.

9) 이태로·이철송, 앞의 책, 389쪽; 최기원, 앞의 책, 603쪽.

수 있게 된다. 물론 이러한 계약을 체결하기 위해서는 주주총회의 특별결의를 받아야 한다.

(1) 영업 전부의 임대

'영업 전부의 임대'란 객관적 의의의 영업, 즉 영업용 재산과 재산적 가치가 있는 사실관계가 합하여 이루어진 조직적·기능적 재산으로서, 영업의 소유의 법 관계에는 영향을 주지 않고 경영의 법적 관계가 전면적으로 임차인에게 이전하는 법 현상으로, 이에 의하여 임차인은 경영권행사의 주체·영업활동에 의한 권리의무의 귀속자 및 영업이윤의 제1차적 귀속자로서의 지위를 승계하고, 임대인은 약정된 임대료만을 취득(물권의 채권화경향)하는 경우를 말한다. 이처럼 회사의 영업임대계약에 주주총회의 특별결의를 요구하는 이유는 영업의 전부를 임대하는 회사는 더 이상 그 회사 본래의 사업 목적인 영업을 할 수 없게 됨으로써 주주의 이해관계에 중대한 영향을 미치기 때문이다. 이에 반하여 영업을 임대한 회사는 그 재산적 기초가 불안해질 위험성이 있기 때문에 영업임대계약의 체결에 주주총회의 특별결의를 요구하는 것이라고 보는 견해도 있는데,[10] 동 견해는 영업임대계약의 체결 이외에 변경, 해약에도 주주총회의 특별결의가 필요한 이유를 설명하기가 어렵다는 지적이 있다.[11]

(2) 영업 전부의 경영위임

'영업 전부의 경영위임'이란 객관적 의의의 영업 전부에 대한 경영을 타인에게 위임하는 것을 말하는데, 영업활동에 의한 권리의무의 귀속자(상인)로서의 지위가 위임인에게 귀속하고 수임인은 그러한 지위를 갖지 못하는 점에서 영업의 임대차와는 다르다고 할 수 있다.

경영위임계약에는 영업상의 손익이 누구에게 귀속하는가에 따라 경영관리계약과 경영위임계약으로 구분할 수 있다. 경영관리계약(Betriebsfuhrungsvertrag)이란 수임인이 경영권 행사의 주체로서의 지위만을 갖는 계약을 말하며 경영위임계약(Betriebsüberlassungsvertrag)이란 수임임이 경영권 행사의 주체 및 기업이윤의 제1차적 귀속자로서의 지위를 갖는 계약을 말한다. 달리 표현하면, 전자는 영업상 손익이 위임인에게 귀속하고 수임인

---

10) 이태로·이철송, 위의 책, 533쪽.

11) 유진희, 「기업결합에 관한 회사법 규정」, 『서강법학연구』(서강대학교 법학연구소, 1999.2.), 195쪽.

은 그 활동에 대한 대가를 위임인으로부터 받고, 후자는 영업상의 손익이 수임인에게 귀속하고 수임인이 위임인에게 보수를 지급하는 형태의 계약으로서 위임인이 수임인에 대하여 기업의 경영에 관한 포괄적 대리권을 수여하는 경우가 일반적이다.[12]

이러한 영업 전부의 경영위임에 대하여 주주총회의 특별결의를 필요로 하는 것은 영업의 임대차와 마찬가지로 스스로의 기업경영을 포기하기 때문이라고 한다.

(3) 손익공동계약

'타인과 영업의 손익 전부를 같이하는 계약'(손익공동계약: Gewinngemeinschaftsver-trag)이란 수 개의 기업 간에 그 법적 동일성을 유지하면서 일정 기간의 영업상의 손익에 관하여 공동관계를 설정하는 계약을 말한다.[13] 이를 위해서는 보통 주식의 상호 보유가 따르며, 관계회사는 모두 경제적 통일체를 이룬다.[14] 여기에서 손익이란 개개의 거래상 손익이 아니라 일정 기간에 있어서 손익을 의미하는 것이다.[15]

이러한 손익공동계약을 체결하게 되면 상대방과 이익 및 손실을 분배하여야 하기 때문에 상대방의 영업 실적에 따라서 회사의 재산적 기초가 불안하게 될 가능성이 크다. 따라서 손익공동계약에 주주총회의 특별결의를 요구하는 것이다.[16]

(4) 기타 이에 준하는 계약

'기타 이에 준하는 계약'이란 손익공동계약에 준하는 계약을 말하는데, 판매카르텔 등과 같이 회사가 타인의 계산으로 자기의 영업을 하는 계약을 말한다.[17] 예를 들면, 다른 기업과 영업의 이익만을 분배하는 계약(이익공동계약, Gewinngemeinschaftsvertrag) 등이 이에 속한다.

이와 관련 독일 주식법 제291조에 의하여 인정되는 지배계약(Beherrschungsvertrag)

---

12) 유진희, 위의 글, 196쪽.

13) 정동윤, 앞의 책, 870쪽.

14) 동지:『주식상법(Ⅱ-하)』, 156~157쪽; 구체적으로 손익공동체라는 조합이 형성된다고 한다(유진희, 앞의 글, 196쪽).

15) 유진희, 위의 글, 196쪽.

16) 유진희, 위의 글, 196쪽.

17) 정찬형, 앞의 책, 740쪽.

또는 이익제공계약(Gewinnabfuhrungsvertrag)도 상법 제374조 제1항 제2호에서 의미하는 기타 이에 준할 계약이 될 수 있는가 하는 논의가 있을 수 있다. 여기에서 지배계약이란 회사가 그 회사의 지휘를 다른 기업에 종속시키는 기업계약을 말하며, 이익제공계약이란 회사가 자기의 이익의 전부를 다른 기업에 제공할 의무를 부담하는 계약을 말한다(독일 주식법 제291조 제1항). 통상 계약체결 시에 이 두 계약은 동시에 하나로 체결되는 경우가 많다.[18]

생각건대, 독일 주식법은 한편으로는 지배계약 또는 이익제공계약을 이용한 지배·종속관계의 형성을 인정하면서, 다른 한편 이로 인하여 침해되는 종속기업 및 그 소수주주와 채권자의 이익을 보호하기 위하여 많은 제도적 장치를 두었다.

그러나 우리나라의 현행 회사법에는 이러한 경우에 종속기업과 그 이해관계인을 보호할 수 있는 제도가 미비하기 때문에 지배계약 또는 이익제공계약을 인정하는 경우에 지배기업에 대하여 그 권한에 상응하는 책임을 묻기 어렵다. 따라서 이러한 종류의 계약은 우리나라에서는 인정될 수 없고, 상법 제374조 제1항 제2호에서 의미하는 기타 이에 준할 계약에도 포함되지 않는다고 본다.

4) 다른 회사 주식의 취득에 대한 절차상의 규제

(1) 서설

회사가 다른 회사의 발행주식 총수의 10분의 1을 초과하여 취득한 때에는 그 다른 회사에 대하여 지체 없이 이를 통지하여야 한다(상법 제342조의3). 이 규정은 기업의 지배관계에 영향을 미칠 수 있는 대량의 주식을 은밀하게 취득하는 것을 막기 위하여 1995년 상법 개정 시 도입되었다.

자본시장과금융투자업에관한법률[19]에서는 주권상장법인의 주식 등을 대량 보유[20]하게 된 자는 그날부터 5일 이내[21]에 그 보유상황, 보유목적,[22] 그 보유주식 등에 관한 주요

---

18) 유진희, 「계약상의 콘체른 - 독일주식법을 중심으로 - 」, 『안암법학』(1995), 548쪽.

19) 동법은 법률 제11040호 일부개정 2011.08.04.에 의하여 기존의 증권거래법 등을 개정한 것이다.

20) 본인과 그 특별관계자가 보유하게 되는 주식 등의 수의 합계가 그 주식 등의 총수의 100분의 5 이상인 경우를 말한다.

21) 대통령령으로 정하는 날은 산입하지 아니한다.

22) 발행인의 경영권에 영향을 주기 위한 목적 여부를 말한다.

계약내용, 그 밖에 대통령령으로 정하는 사항을 대통령령으로 정하는 방법에 따라 금융위원회와 거래소에 보고하여야 하며, 그 보유주식 등의 수의 합계가 그 주식 등의 총수의 100분의 1 이상 변동된 경우23)에는 그 변동된 날부터 5일 이내에 그 변동내용을 대통령령으로 정하는 방법에 따라 금융위원회와 거래소에 보고하여야 한다. 이 경우 그 보유목적이 발행인의 경영권에 영향을 주기 위한 것24)이 아닌 경우와 전문투자자 중 대통령령으로 정하는 자의 경우에는 그 보고내용 및 보고시기 등을 대통령령으로 달리 정할 수 있다(동법 제147조 제1항).

(2) 통지의 방법과 시기

통지의 방법에 관해서는 아무런 제한이 없으므로 어떠한 방법으로 하든 취득한 주식의 종류와 수를 통지하기만 하면 된다. 통지의무는 다른 회사의 발행주식 총수의 10분의 1을 초과하여 취득함과 동시에 발생하며, 10분의 1을 계산할 때에는 자회사가 소유하는 주식도 포함된다.25)

입법 취지에 비추어 '지체 없이' 통지하여야 한다는 의미는 상대방 회사가 명의개서를 하여 방어 대책을 취할 수 있도록 주주총회일 전에 여유를 두고, 즉 최소한 취득회사의 주주명부 폐쇄의 공고일 이전에는 통지해야 한다고 해석하는 견해가 있다.26) 하지만 이 규정의 입법 취지가 은밀하게 취득한 주식에 의하여 기습적인 의결권 행사를 막기 위한 것이기는 하지만 명문의 규정이 있음에도 불구하고 이렇게 해석해야 하는지는 의문이다.

(3) 통지의무 위반의 효과

이처럼 다른 회사의 발행주식 총수의 10분의 1을 초과하여 취득을 하게 되면 지체 없이 통지하여야 하는데, 통지의무를 게을리 하였다고 하여 주식취득 자체의 효력에 영향을 미치는 것은 아니다. 다만, 그에 대한 의결권의 행사를 할 수 없을 뿐이라고 한다.27)

---

23) 그 보유주식 등의 수가 변동되지 아니한 경우, 그 밖에 대통령령으로 정하는 경우를 제외한다.

24) 임원의 선임·해임 또는 직무의 정지, 이사회 등 회사의 기관과 관련된 정관의 변경 등 대통령령으로 정하는 것을 말한다.

25) 이기수, 앞의 책, 445쪽; 이태로·이철송, 앞의 책, 399쪽; 정동윤, 앞의 책, 250쪽.

26) 이태로·이철송, 위의 책, 398쪽; 정동윤, 위의 책, 250쪽.

27) 이기수, 앞의 책, 445쪽; 이태로·이철송, 앞의 책, 398쪽; 정동윤, 앞의 책, 251쪽.

물론 이에 관해서는 상법에 명문의 규정이 존재하는 것은 아니다. 그럼에도 불구하고 이렇게 해석하지 않으면 이 제도를 도입한 의미가 없게 되므로 통상 의결권 행사가 제한된다고 해석하게 된다.

3. 결합기업의 이사 등의 의무와 관련한 규정

결합기업의 형성·유지와 관련하여 현행 회사법상 직접적인 규정은 두고 있지 않더라도 결합기업을 형성 내지 유지하는 과정에서 관련 기업의 이사가 법령 또는 정관에 위반한 행위를 하거나 그 임무를 해태한 때에는 회사에 대하여 연대하여 손해를 배상할 책임을 진다는 기존의 규정은 그대로 적용될 수 있다(상법 제399조 제1항). 특히, 법령 또는 정관에 위반한 행위를 하지 않았다 하더라도 임무해태를 한 경우에는 그 책임을 지우는데, 그 근거로는 이사의 선관주의의무와 충실의무 위반, 경업금지의무 위반, 회사와의 자기거래 제한 등을 들 수 있다. 또한 업무집행지시자 등 사실상의 이사(de facto director)도 이사와 연대하여 책임을 지도록 하였다(상법 제401조의2).[28] 이러한 사실상의 이사도 이사로 보고 이사의 책임을 지도록 하는데, 이는 이사인 지배회사의 지배주주 등이 지위를 남용하는 것을 방지하고자 함에 있다.[29] 다만, 이사 아닌 지배주주에 대하여 이러한 규정을 적용할 수 있는가에 대해서는 향후 논의되어야 할 것이다. 이하에서는 이사가 임무해태 등으로 인하여 결합기업에서 분쟁이 발생할 경우 이를 해결하기 위하여 적용될 수 있는 현행법상 이사의 의무를 살펴본다.

1) 선관주의의무와 충실의무

(1) 선관주의의무

"회사와 이사의 관계는 민법상의 위임에 관한 규정을 준용한다"라는 상법 제382조 제

---

28) 업무집행지시자 등이라 함은 ① 회사에 대한 자신의 영향력을 이용하여 이사에게 업무집행을 지시한 자, ② 이사의 이름으로 직접 업무를 집행한 자, ③ 이사가 아니면서 명예회장, 회장, 사장, 부사장, 전무, 상무, 이사 기타 회사의 업무를 집행할 권한이 있는 것으로 인정될 만한 명칭을 사용하여 회사의 업무를 집행한 자를 말한다.

29) 이철송, 앞의 책, 599~600쪽.

2항에 따라 위임관계라고 할 수 있다. 따라서 이사는 "위임의 본지에 따라 선량한 관리자의 주의로서 위임사무를 처리하여야 한다"는 민법 제681조의 규정에 따라 선관주의의무를 진다고 할 수 있다.

하지만 상법상 이사의 선관주의의무와 민법상의 선관주의의무[30]가 같은 내용의 의무인가에 대해서는 구체적으로 살펴볼 필요가 있다. 먼저, 민법상의 수임인은 위임의 본지에 따라 사무를 처리하여야 한다(민법 제681조)고 규정하고 있는 데 반하여, 상법상 상행위에 대한 수임인은 위임의 본지에 반하지 않는 범위 내에서 위임받지 아니한 행위를할 수 있다(상법 제49조)고 규정하고 있다.[31] 또한 민법상의 수임인은 개별적이고 구체적으로 위임된 사항에 관하여 위임의 본지에 따라 사무를 처리하는 데 대하여, 회사의 이사는 회사의 업무집행에 관하여 포괄적이고 정형화된 기관인 이사회의 구성원으로서의 기능을 가진다는 점에서 차이가 있다. 즉 이사는 영리법인인 주식회사 이사회의 구성원으로서 적극적으로는 영업이익을 최대한 발생하도록 하여야 하며, 소극적으로는 영업손실이 발생할 경우 그 손해를 최소한이 되도록 업무를 결정하여야 할 의무가 있는 자이다. 또한 주의의무의 정도도 개별 기업의 영업 종류와 규모, 근로자의 수나 기업의 경쟁력 등 여러 가지 사정을 고려하여 결정되어야 할 것이다. 이러한 점을 고려하여 본다면, 상법상의 선관주의의무란 민법상의 사회통념상 일반적으로 요구되는 주의의무의 정도를 넘어선 기업 경영과 관련한 고도의 주의의무가 인정되어야 하는 것이 아닌가 한다. 따라서 민법상 선관주의의무와는 구별되어야 할 것으로 보인다.

둘째, 이사의 감시의무도 선관주의의무의 내용에 포함되는가가 문제될 수 있다. 상법상에는 이에 관한 규정을 두고 있지 않지만, 학설[32] 및 판례[33]는 이를 포함시키고 있다. 따라서 이사는 서로 다른 이사의 업무집행을 감시할 의무를 진다고 하며, 이때의 이사에는 회사에 상근하지 아니하고 그 경영 내용에 관여하지 아니한 이사도 포함된다고 한다.[34]

---

30) 민법상 선관주의의무란 수임인의 직업 및 전문성 또는 거래관행 등에 비추어 사회통념상 일반적으로 요구되는 정도의 의무를 말한다[이은영, 『채권각론』(박영사, 2000), 567쪽]. 반면 프랑스법에 의하면, 선관주의의무란 '선량한 家父의 주의의무(diligentia bonipatris familias)'에 상당하는 것으로 주의 깊고 근면하며, 양심적이며 정직한 通常人으로서 주의의무라고 한다[井上 明, "英法上の忠實義務と佛法上の善良な家父の注意をつくすべき義務", 『成城法學』(45號), 77쪽].

31) 이와 관련하여 상법 제49조가 민법 제681조의 특칙인가에 대하여 논란이 있다. 왜냐하면 표현방식상으로는 상법의 규정 범위가 더 넓은 것처럼 보이나, 실질적인 면에서 양자는 거의 차이가 없기 때문이다[정찬형, 『상법강의(상)』(박영사, 2001), 198쪽].

32) 이철송, 『회사법강의(제9판)』(박영사, 2001), 578쪽; 정동윤, 『회사법』(법문사, 2000), 429쪽.

33) 대판 1985.6.25, 84다카1954.

34) 정동윤, 앞의 책, 430쪽.

나아가, 이처럼 선관주의의무와 관련 이사의 감시의무를 인정한다면 그 범위와 한계는 어디까지로 하여야 하는가에 대한 문제 또한 대두된다. 먼저, 이사의 감시의무의 범위와 관련하여 상법의 규정에 따라 단지 이사회에 부의된 사항에 대해서만 그 의무를 이행하여야 하는가의 문제를 들 수 있다. 생각건대, 이사도 이사회의 구성원으로서 선관주의의무 내지 업무감독의 효과적 수행 등을 근거로 하여 이사회에 상정되지 아니한 사항이라 하더라도 회사의 업무 전반이라는 관점에서 감시의무를 이행하여야 한다고 본다.[35] 대법원 판례도 "평이사는 이사회의 일원으로서 이사회를 통하여 대표이사를 비롯한 업무담당이사의 업무집행을 감시하는 것이 통상적이기는 하나, 평이사의 임무는 단지 이사회에 상정된 의안에 대하여 찬성 여부의 의사를 표시하는 데 그치지 않으며, 대표이사를 비롯한 업무담당이사의 전반적인 업무집행을 비롯한 업무담당이사의 전반적인 업무집행을 감시할 수 있는 것"이라 하며 이사의 적극적·능동적 감시의무를 인정하고 있다.[36] 둘째로, 이사의 감시의무의 한계 문제로 이사에게 대표이사나 업무담당이사의 모든 업무에 대하여 전반적인 감시의무를 이행토록 하여야 하는가이다. 학설의 경우는 이사에게 대표이사나 업무담당이사의 모든 업무에 대하여 전반적인감시의무를 요구하는 것이 불가능하고 비현실적으로 다른 이사의 업무집행이 위법함을 알았거나 알 수 있었을 경우 또는 위법하다고 의심할 만한 사유가 있는 경우에 한하여 감시의무를 진다고 한다.[37] 대법원 판례도, "업무담당이사의 업무집행이 위법하다고 의심할 만한 사유가 있었음에도 불구하고 평이사가 감시의무를 위반하여"라고 판시함으로써[38] 학설의 경우와 마찬가지로 소극적으로 해석하고 있다.[39]

(2) 충실의무

이사의 충실의무는 상법 제382조의3에 따라 "이사는 법령과 정관의 규정에 따라 회사를 위하여 그 직무를 충실하게 수행하여야 한다"고 함으로써 1998년 새롭게 도입된 제도이다. 이는 당시 상법상의 규정만으로 이사의 적정한 임무수행을 기대하는 것이 어려

---

35) 정동윤 위의 책, 430쪽; 이철송, 앞의 책, 579쪽; 정찬형, 앞의 상법강의(상), 844쪽.

36) 대판 1985.6.25, 84다카1954.

37) 정동윤, 앞의 책, 430쪽.

38) 대판 1985.6.25, 84다카1954.

39) 또한 최근 들어 기업의 사회적 책임과 관련한 기업의 자선단체나 학술단체 등에 증여하는 행위 또는 자선사업 행위 및 정치헌금 행위도 허용되고 있는데 이와 관련하여서도 이사의 책임추궁의 문제가 거론되고 있다[이균성·홍승인·김동훈, 『기업법강의』(인텔에듀케이션, 2003), 277~278쪽].

우므로 보다 엄격한 의무를 부과하여야 할 필요에 의하여 명문화한 것이다. 하지만 이 제도는 비록 영미법상의 제도를 수용하여 규정한 것이지만 선관주의의무와 관계를 명확히 밝히지 않음으로써 양자의 관계와 관련하여 그 의미를 파악하는 데 많은 논란의 대상이 되고 있다.[40]

먼저, 상법상 경업금지의무(제397조), 자기거래의 제한(제398조), 이사의 보수결정에 관한 규정(제388조)과 자본시장과금융투자업에관한법률의 내부자거래 제한규정(동법 제172조 이하) 등을 수임인의 선관주의의무로 파악하는 것은 무리라고 보고 영미법상의 충실의무와 같은 의미로 파악해야 한다는 견해(이질설)가 있다.[41] 또한 동 견해는 동 제도의 도입 취지가 영미법상 이사회 중심주의로부터 이사의 책임과 의무를 강화하고자 한 것이므로 동 견해를 취함이 타당하다고 한다.[42]

반면, 이사의 충실의무가 선관주의의무에 비하여 그 책임을 특별히 가중하였다고 볼 수는 없으며, 충실의무는 당사자의 신뢰를 기초로 한 계약에 있어서 수임인(이사)은 위임자를 위하여 충실하게 위임사무를 처리할 의무로[43] 단지 추상적인 선관주의의무의 내용을 구체적으로 명확하게 한 정도에 불과하므로 선관주의의무와 크게 다를 바 없다고 하는 견해(동질설)도 있다.

대법원 판례도 "고의 또는 중대한 과실로 인한 임무해태의 행위라 함은 이사의 직무상 충실의무 및 선관주의의무를 위반한 행위"라 하여 선관주의의무와 충실의무를 구별하고 있지 않는 것 같다.[44]

하지만 위 판례는 이사의 충실의무가 도입되기 10년 전의 것으로 1998년 새로이 도입된 이사의 충실의무를 선관주의의무와 구별되는지 판단하는 것은 곤란하다. 오히려, 사견

---

40) 이사의 이익상반거래나 경업행위가 가장 전형적인 충실의무 위반이 될 것이고, 그 외에 자본조달수단을 이용한 부당이득이나 경영방어권, 회사기회의 이용행위 등 이사가 자신의 이익과 회사의 이익이 충돌하는 상황에 스스로를 위치시켜서는 안 될 의무(conflict of duty and interest)라면 모두 충실의무의 범주에 들어가는 것이라고 한다(L. C. B., Gower, *Principles of Modern Company Law*, 5th, ed., London: Steven & Sons, 1992, p.576).

41) 정동윤, 앞의 책, 432쪽.

42) 또한 선관주의의무는 이사의 직무를 수행함에 있어 배려하여야 하는 주의의 정도에 관해서 규정한 것인 반면, 충실의무는 이사가 그 지위를 이용하여 회사 이익을 희생하면서 자기의 이익을 꾀해서는 안 될 의무라고 구별하기도 하고, 선관주의의무는 이사가 회사의 기관으로서 행한 행위의 문제이지만, 충실의무는 회사의 기관으로서 행한 행위와 관계없는 경우도 많다고 하여 구별하는 견해도 있다[田中誠二, 『三訂會社法細論(上卷)』(有斐閣, 1993), 633頁 이하: 神崎克郎, "取締役の忠實義務", [吉永先生古稀紀念 進展する企業法 · 經濟法], 1982 88頁 재인용].

43) 森淳二郎, "取締役の善管注意義務と忠實義務", 「商法の爭點(Ⅰ)」(有斐閣, 1993), 136頁.

44) 대판 1985.11.12, 84다카2490.

으로는 충실의무의 규정이 존재하지 않았기 때문에 선관주의의무의 일환으로 파악한 것이 아닌가 하는 생각이 든다. 그리고 동 규정을 도입한 취지가 이사의 의무를 엄격하게 하기 위한 것이라고 본다면 위 규정의 취지를 살려서 양자를 구별하고 영미법상의 규정처럼 경업금지의무, 자기거래제한 등은 이사의 충실의무로 파악함이 타당하다고 본다.

☞ **영미법상 신인의무(Fiduciary duty)[45]**

1. 개념

영미법상 신인의무는 원래 판례법에서 파생된 의무로 현재는 그 일부 내용이 각 주회사법 또는 증권법과 같은 연방법에 수용되어 규율되고 있다. 영미에서 이사는 주주 및 회사의 수탁자(trustee)와 유사한 지위를 갖는다고 이해하며, 이사의 신인의무는 신탁(trust)에 있어서 수탁자의 의무로부터 유추되기도 한다.[46] 신탁의무는 그 적용범위가 매우 넓으며, 주로 이사와 관련하여 문제가 되고 있지만, 경우에 따라서는 이사 아닌 경영자급의 임원(managing officer)이나 주주(주로 지배주주)에게도 이 의무가 부과되기도 한다.

영미법상 신인의무는 크게 주의의무(duty of care)와 충실의무(duty of loyalty)로 구별할 수 있다.[47] 주의의무는 우리나라의 선관주의의무와 유사하나, 충실의무의 경우 비록 우리 상법상에도 규정은 두고 있지만 영미법상의 제도와 약간 차이가 있다.

2. 주의의무

이사가 회사의 업무를 집행함에 있어서 기울여야 할 의무를 말한다. 어느 정도의 주의를 요하는가에 대해 판례는 "자신이 합리적으로 생각하여 회사에 최선의 이익이라고 생각하고 또한 평균인(ordinary prudent person)과 같은 상황에서라면 취했을 것과 같은 동일한 방법으로 성실히(in good faith) 사무를 처리할 것"을 요구한다.[48]

---

45) 이철송, 앞의 책, 610~612쪽.

46) Henn Harry G. & Alexander, John R., Laws of Corporations, 3rd ed., West Publishing co.(Minnesota), 1983, p.626.

47) Henn Harry G. & Alexander, John R., op.cit., p.621, 625; Carry, William L. & Eisenberg, Melvin A., Case and Materials on Corporations(unabridged, 7th ed.), 1995, p.471, 556.

48) Selheimer v. Manganese Corp. of America, Sup. Ct. of Penn. 1966, 423 Pa. 563, 224 A. 2d 634;

그러나 실제 경영상의 판단에 있어 그 결과에 대한 확실한 예측은 기대하기 어렵기 때문에 이사의 행위에 불성실(bad faith), 사기(fraud), 위법(illegality), 회사와의 이익충돌(conflict of interests)과 같은 사실의 증명이 없는 한 이사의 경영판단(business judgement)은 존중되어야 하며, 비록 이로 인해 회사에 손실이 발생했더라도 이사의 책임을 물을 수 없다는 것이 판례법의 원칙이다.[49] 이를 경영판단의 법칙이라고 한다. 마치 공법학에서 통치행위는 사법심사의 대상으로 삼지 않는 것에 비유할 수 있다.

3. 충실의무

이사의 충실의무는 이사와 회사 간의 이해 충돌을 해결하기 위하여 회사와 수탁자적 관계에 있는 이사는 최대의 성실을 기울여 회사의 이익을 위하여 최선을 다하여야 하며, 수탁자로서의 우월한 지위를 이용함으로써 회사나 주주들에게 손해를 발생시키는 행위를 해서는 안 된다는 것을 의미한다.[50] 따라서 만약 이사의 이해와 회사의 이해가 충돌할 때에는 충실의무의 위반 여부에 대하여 엄격한 심사를 받을 수밖에 없게 된다.[51] 그러한 예로는 이사가 회사의 영업 부류에 속하는 거래를 하여 회사의 영업 기회를 침해하는 경우(usurpation of corporate opportunity), 비록 다른 상황의 경우와 중복하는 경향이 있지만 이사가 회사와 거래를 함으로써 양자의 이해관계가 상반하는 경우(conflicting interest), 이사가 회사의 주식이나 사채를 매매함에 있어서 내부정보를 이용하여 개인적 이득을 취하는 경우, 소수파 주주를 부당하게 압박(oppression)하는 경우, 회사의 지배권 형성 주식의 매도(이른바, 지배권의 매도) 시에 이사가 예외적으로 충실의무를 지는 경우 등을 들 수 있다.[52]

N.Y. Bus. Corp. Law §717; Calif. Corp. Code §309(a); MBCA §8.30(a).

49) Kamin v. America Express Co., Sup. Ct., Special Term, N.Y. Country, 387.Y. S.2d 993(1st Dept 1976); Shlenky Wrigley, 95 Ⅲ. App.2d 173, 237 N.E. 2d 776(1968); Auerbach v. Bennet, N.Y. App.47 N.Y. 2d 619, 419 N.Y.S. 2d 920, 393 N.E. 2d 994(1979).

50) 강희갑, 미국회사법에 있어서 주식회사의 경영진의 충실의무론, 『사회과학논총(제5집)』(명지대학교 사회과학연구소, 1990.12.), 8쪽.

51) Henn & Alexander, *Laws of Corproations & Other Business Enterprises*, West Publishing Co., 1983, p.628 et seq.

52) 黑木松男, アメリカ會社法における會社の機會の理論の新展開(1), 『創価法學(第24卷 1号)』(1995), 1~2頁; Henn & Alexander, Ibid., pp.628~661.

2) 기업비밀 준수의무

(1) 의의

기업비밀(trade secret)이란 기업조직 또는 사업에 관한 공지되지 아니한 정보로서 당해 기업이 배타적으로 관리할 수 있고, 그 기업 또는 제3자가 경제적 가치를 가지고 이용할 수 있는 것이라고 정의할 수 있다. 이 속에는 특허권과 같이 법으로 보호되는 것뿐만 아니라, 생산·판매 등의 사업 활동, 사업계획 및 기업의 내부조직에 관한 정보도 포함되며, 때로는 경영자의 신상에 관한 것도 기업의 경쟁력과 관계될 때에는 기업비밀이 될 수 있다. 오늘날과 같은 정보화 시대에 기업비밀은 기업의 경쟁력을 구성하는 가장 중요한 경제적 자원이라고 할 수 있다. 따라서 기업비밀은 회사가 배타적으로 누리는 권리(exclusive right)의 하나로 보아야 한다.[53]

이사들은 회사의 최고경영자들로서 항상 기업비밀에 접근할 수 있고, 때로는 기업비밀의 적용을 창출하기도 한다. 이사가 기업비밀을 침해한 경우에는 부정경쟁방지법에 의한 벌칙 및 손해배상책임을 지겠지만, 상법 제382조의4에서도 "이사는 재임 중뿐만 아니라 퇴임 후에도 직무상 알게 된 회사의 영업상 비밀을 누설하여서는 아니 된다"고 규정함으로써 명문으로 이사의 비밀유지의무를 인정하고 있다.[54]

이러한 의무에는 기업비밀을 지킬 의무(수비의무)와 기업비밀을 사익을 위하여 이용하지 않을 의무(비밀이용 금지의무)로 나눌 수 있다.

(2) 수비의무

이사는 자신이 지득한 회사의 기업비밀을 공개하지 않아야 함은 물론 타인에 의해서도 공개되지 아니하도록 주의를 기울여야 한다. 회사 내에서 비밀로 선언된 것은 그 내용이 명백하지만, 그 밖의 기업비밀이란 외관적인 표지를 가지고 존재하는 것이 아니므로 공개되어서는 안 되는 것이 무엇인지는 이사가 경영자로서 성실성을 가지고 합리적으로 판단하여야 한다.

---

53) Russell B. Stevenson, Jr., Corporations & Information, The Johns Hopkins Univ. Press, 1980. p.5; William E. Knepper, Liability of Corporate Officers and Directors, 3rd ed., The Allen Smith co., 1978, p.56; 이철송, 「회사법강의」(박영사, 2010), 666쪽.

54) 이철송, 위의 책, 607쪽.

기업비밀의 범위로는 ① 극히 제한된 소수주주만이 열람 가능하도록 한 회계장부(상법 제466조 제1항), ② 상법 제448조 제1항에 의하여 공시되기 전까지의 재무제표의 내용, ③ 자본시장법 제161조에 의하여 공시되기 전까지의 상장법인이 투자자보호를 위하여 공시해야 할 사항(예를 들면, 합병·증자 등)은 기업비밀에 속한다. 하지만 주주총회와 이사회의 의사록, 주주명부, 재무제표 등은 기업비밀이라고 할 수 없다.[55]

이러한 수비의무는 이사 상호 간 또는 이사와 감사 간에는 존재하지 않는다. 하지만 성격에 따라서는 일정한 시기까지 다른 이사나 감사에게도 공개하지 않아야 할 경우가 있다.[56]

나아가, 이러한 수비의무는 회사에 존재하는 적법한 권리·사실관계에 대해서만 발생한다. 범죄행위나 기타 위법한 행위에 대해 수비하는 것은 오히려 자기의 이익을 방어해야 할 경우, 소송에서 기업비밀을 증언해야 할 경우에는 수비의무를 지지 아니한다.[57]

(3) 비밀이용금지

기업비밀의 내용에 따라서는 이사가 사익을 추구하는 데 이용할 만한 것도 있다. 상법에서 이사의 경업(상법 제397조)이나 자기거래(상법 제398조)를 제한하는 것은 이사가 기업비밀을 이용할 가능성이 있음을 의식한 것이다. 경업이나 자기거래 이외에도 어떤 방법으로든 이사는 기업비밀을 사익을 위하여 이용할 수 없다. 설령 회사에 금전적인 손해를 가하지 않는다 하더라도 대외적인 신뢰를 손상시키거나 주주·채권자 등의 손실을 야기할 수 있으므로 역시 금지된다.[58]

---

55) 이철송, 위의 책, 607~608쪽.
56) 예를 들면, 국가기밀과 관련된 기업비밀(특수병기의 개발), 고도의 경쟁성을 갖는 기업비밀[사운(社運)을 건 대형공사의 수주교섭]과 같은 것은 경영진 내부에서도 제한된 인원 사이에 비밀이 유지되어야 한다 (Mertens, in Kölner Kommentar, §93 Rn. 78ff). 또한 주주총회에서 주주가 이사에 대해 질문권을 가지므로 회사의 업무와 재산상태에 대하여 질문할 수 있고 이사는 이에 대한 설명을 할 의무가 있다고 본다 (우리 상법에는 규정이 없음)(이철송, 위의 책, 608쪽).
57) 이철송, 위의 책, 608쪽.
58) 이철송, 위의 책, 608~609쪽.

3) 경업금지의무

(1) 서설

기업그룹 내에 있어서 지배회사의 종속회사에 대한 경업금지의무를 인정할 필요성이 문제가 되는 이유는 어떤 사업 분야에 있어 종속회사의 영업이 선행하여, 후에 지배회사(내지 다른 종속회사, 즉, 자매회사)에 의하여 그와 동일한 영업의 부류에 속하는 사업의 전개가 이루어지는 경우 지배회사가 그 지위를 이용하여 얻은 정보(예를 들면, 노하우, 고객정보 등)를 이용하여 영업을 행함에 의하여, 선행 종속회사의 이익이 침해될 가능성이 있기 때문이다.[59]

현행법 하에서는 먼저, 그 영업을 행한 종속회사의 이사가 경업지배회사·자매종속회사의 대표이사에 취임한 경우에는 상법 제397조(이사의 경업금지)의 규정의 적용을 받을 수 있다. 그러나 이것만으로는 규제의 범위가 너무 협소하고, 종속회사의 소수주주의 이익이 침해받을 가능성이 있음을 부정할 수 없다.

지배회사 자신의 종속회사에 대한 관계를 합명회사의 사원 내지 합자회사의 무한책임사원에 상당한 지위를 가지고 있는 것으로 본다면 그와 관련한 경업금지의무(상업 제17조, 제198조, 제269조)를 유추하는 경우가 발생할 수도 있다.

이와 관련하여 예방적이고 포괄적인 「법률의 규정에 의한 경업금지의무」의 규정을 가지고 있는 독일도 1983년 연방통상법원이 이러한 유형의 기업그룹의 지배기업의 경업금지의무를 문제로 삼은 경우가 있다.[60] 이하에서는 일단 상법상 규정되어 있는 이사의 경업금지의무에 대하여 살펴본다.

(2) 경업금지의무의 의의

상법 제397조 제1항에 의하면, 이사는 이사회의 승인이 없으면 자기 또는 제3자의 계산으로 회사의 영업 부류에 속한 거래를 하거나 동종 영업을 목적으로 하는 다른 회사의 무한책임사원이나 이사가 되지 못한다고 규정하고 있다.[61] 이러한 규정을 둔 취지는 이

---

59) 지배회사의 영업이 선행하여 후에 종속회사에 의하여 그와 동일한 영업의 부류에 속한 사업의 전개가 행하여진 경우에 대해서는 지배회사의 이사가 당해 경업종속회사의 대표이사가 되는 경우에도 경업금지의무에 관한 규정이 적용된다고 한다[鈴木竹雄・竹內昭夫, 「合社法」(內斐閣, 1994), 29頁].

60) BGHZ 89, 162.

사가 그의 지위에 기하여 지득하게 된 회사의 영업에 관한 비밀을 이용하여 회사의 이익을 배제 또는 침해하고 자기의 이익을 도모하는 행위를 하는 것을 금지하기 위함이다.[62]

(3) 경업금지의무의 내용

① 경업금지

이사회의 승인을 받아야 할 거래는 회사의 영업의 부류에 속하는 거래이다. 이것은 회사가 장래 계획하고 있는 영업이 아니라, 회사가 현재 실제로 수행하고 있는 영업으로서 회사와 이사 또는 제3자와의 사이에 시장에서 경합관계가 생겨 이익의 충돌을 초래할 수 있는 영업거래를 말한다.

회사 정관 소정의 목적사업이라 하더라도 현재 회사가 그 사업을 시행하고 있지 않으면, 즉 장래의 사업으로 계획한 것이거나 이미 폐지한 사업의 경우에는 이사가 그 사업에 속하는 거래를 할 수 있고 구태여 이사회의 승인을 받을 필요는 없다고 본다. 그러나 현재 개업 준비에 착수하지 않은 사업이라도 회사의 신규 사업의 개시가 어느 정도 확실하게 된 시점부터는 이사회의 승인대상이 되며, 일시적으로 휴지하고 있는 사업도 같다고 본다.[63]

또한 '자기 또는 제3자의 계산'이란 누구의 명의로 영업을 하든 불문하고 행위의 경제상의 효과가 자기 또는 제3자에게 귀속하는 것을 의미한다. 즉 경업행위로부터 발생한 권리·의무가 누구에게 귀속하는가는 문제되지 아니하고 그 경제적 이익이 누구에게 귀속하는가가 중요하다.[64]

② 특정지위 취임금지

또한 상법 제397조 제1항에 따라, "이사는 동종 영업을 목적으로 하는 다른 회사의

---

61) 상법상 경업금지의무가 인정되는 경우로는 상업사용인(상법 제17조), 영업양도인(상법 제41조), 대리상(상법 제89조), 합명회사의 사원(상법 제198조), 합자회사의 무한책임사원(상법 제269조, 제198조), 주식회사의 이사(상법 제397조) 및 유한회사의 이사(상법 제567조, 제397조) 등을 규정하고 있다.

62) 이러한 의무의 취지에 대해서는 견해의 대립이 있다. 즉 법정책임설, 선관주의의무설, 충실의무설의 대립이 있다[최준선, 이사의 경업금지의무, 『고시계』(96.9), 72쪽]. 영미법뿐만 아니라 독일에서는 이사의 경업금지의 법적 근거를 충실의무 내지 충성의무(Treue-und Loyalitatspflicht)라고 보는 것이 일반적인 견해이다(Gunter Henn, Handbuch des Aktienrechts, 5 Aufl, 1994, Rdn.568; Gotz Hueck, Gesellschaftsrecht, 1983, §23 Ⅳ 4).

63) 최준선, 앞의 글, 75~76쪽.

64) 최준선, 위의 글, 76쪽.

무한책임사원 또는 이사의 겸임이 금지된다"고 규정하여 이사가 특정지위에 취임하는 것을 금지하고 있다.

여기서 '다른 회사'란 아직 영업을 개시하지 못한 채 공장의 부지를 매수하는 등 영업의 준비 작업을 추진하는 회사도 포함한다.[65] 이 점에서 실제 거래를 수행하여야 요건이 충족되는 경업금지와 다르다.[66] 특정지위의 취임은 모든 다른 회사의 이사 또는 무한 책임사원의 겸임이 전적으로 금지되는 것이 아니라, 동종 영업을 목적으로 하는 다른 회사의 무한책임사원 또는 이사의 겸임이 금지된다는 것을 의미한다.[67] 다만, 현행 상법상 대표이사 외의 이사는 이사회의 구성원에 지나지 않는데, 이사의 특정지위 취임을 구태여 금지시킬 필요가 있는가 하는 의문이 제기되고 있다.

그리고 대표이사가 특정지위에 취임하면 결국은 제3자의 계산으로 회사 영업의 부류에 속하는 거래를 하게 되는데, 이는 상법 제397조 제1항이 적용되는 만큼, 이를 제2항[68]에서 중복하여 규정할 필요는 없지 않은가 생각할 수 있다. 또한 이사가 이른바 사외이사라고 하더라도 이사회에 참여하여 대표이사의 직무집행을 감사·감독을 하는 경우에는 그러한 지위에 기하여 대표이사로부터 중요한 정보를 얻을 수 있는바, 이런 기회를 통하여 지득한 정보를 악용할 여지가 충분히 있으므로 이사의 특정지위 취임을 금지시킬 필요는 충분하다고 하겠다.

또한 대표이사가 다른 회사의 무한책임사원 또는 이사로 취임한 경우에는 타 회사의 직무집행행위에 대하여 제1항에 따라 일일이 이사회의 승인을 받아야 한다는 결과가 된다. 이렇게 되면 실제로 그 다른 회사의 직무를 수행할 수 없게 된다. 따라서 겸직 자체에 대하여 처음부터 이사회의 승인을 얻도록 하는 것이 옳다고 본다.

③ 경업의 허락

이사가 경업금지의무를 부담하는 것은 회사의 이익보호가 유일한 목적이다. 따라서 회사가 회사의 이익을 해하지 아니하는 것으로 판단되는 경우에는 그 의무를 면제할 수 있다고

---

65) 대법원 1990.11.2, 90마745 결정; 대법원 1993.4.9, 92다53583 판결.

66) 이태로·이철송, 앞의 책, 678쪽.

67) 이 점에서 영업의 종류와 관계없이 모든 다른 회사의 무한책임사원이나 이사 또는 다른 상인의 사용인도 될 수 없는 상업사용인의 경업금지의무(상법 제17조 제1항)와 다르고, 대리상(상법 제89조 제1항), 합명회사의 사원(상법 제198조 제1항), 합자회사의 무한책임사원(상법 제269조)과 같다.

68) 제397조 제2항은 "이사가 제1항의 규정에 위반하여 거래를 한 경우에 회사는 이사회의 결의로 그 이사의 거래가 자기의 계산으로 한 것인 때에는 이를 회사의 계산으로 한 것으로 볼 수 있고 제3자의 계산으로 한 것인 때에는 그 이사에 대하여 이로 인한 이득의 양도를 청구할 수 있다"고 규정하고 있다.

본다. 이와 관련하여 현행 상법은 그 면제의 방법으로 이사회의 승인을 요구하고 있다.

거래의 승인은 원칙적으로 구체적 거래에 대하여 하여야 하지만, 일정한 범위 내의 포괄적 승인도 가능하다고 본다. 다만, 이사회는 구법시대의 주주총회에 비하여 기동성 있게 개최될 수 있으므로 포괄적인 승인의 범위도 구법시대보다도 제한적으로 해석하는 것이 정당하다고 본다.

나아가, 이사회의 승인은 사후 승인으로도 가능하다는 견해도 있으나,69) 개정 상법상의 해석으로는 승인은 사전에 이루어져야 하고 사후의 추인은 허용되지 않는다고 생각한다.70) 구법시대에는 승인 없이 행한 경업행위의 결과 회사에 준 손해에 대해서는 상업 제400조에 따라 본래 총주주의 동의로 이사의 책임을 면제할 수 있었다. 그러나 개정법 하에서는 이사회의 승인을 받도록 하는 요건을 정하고 있으며, 이러한 이사회의 승인은 주주총회의 승인과는 본질적으로 차이가 있는 점, 이사회의 승인을 얻었다고 하더라도 회사에 손해가 있는 때에는 손해배상책임을 면할 수 없고,71) 또한 사후 추인을 하였더라도 개입권이 소멸할 뿐인 점에서 사후적 승인(추인)은 허용되지 않는다고 한다.

(4) 의무위반의 효과

이사가 경업금지의무를 위반하여 경업거래를 하였을 경우 그 거래 자체는 유효하며, 상대방의 선의·악의도 불문한다. 다만, 회사가 그 이사의 경업금지의무 위반으로 인하여 손해를 입은 때에는 그에게 손해배상을 청구할 수 있고(상법 제399조 제1항),72) 이사가 만약 의무를 위반하였을 경우에는 이사로서의 지위를 해임할 수도 있다(상법 제385조 제2항). 이 밖에 이사회의 결의로 개입권을 행사할 수 있다(상법 제397조 제2항). 또한 이러한 경업금지위반이 회사법상 특별배임죄(상법 제662조 제1항)에 해당하는 경우에는 형사상 책임을 질 수도 있다.73)

① 개입권의 의의 및 행사

개입권(Einrittsrecht)은 이사가 경업금지의무에 위반하여 자기를 위하여 행한 경업행위

---

69) 최기원, 앞의 책, 732쪽.
70) 이태로·이철송, 앞의 책, 674쪽; 채이식, 앞의 책, 590쪽.
71) 최기원, 앞의 책, 732쪽.
72) 독일 주식법의 경우에는 손해배상이나 개입권 중 선택할 수 있도록 하고 있다[AktG §88(2)].
73) 서울고법 1982.1.13, 82노2105.

는 회사를 위하여 한 것으로 간주할 수 있고, 제3자의 계산으로 한 것인 때에는 그 이사에 대하여 그로 인한 취득한 이득을 양도할 것을 청구할 수 있는 회사의 권리를 말한다. 이를 탈취권이라고도 한다. 현행 상법이 이러한 개입권을 인정한 취지는 경업행위에 의한 회사의 손해는 대부분이 기대이익의 상실이라는 소극적인 형태로 나타나므로 그 손해액의 입증이 어려워서 이를 구제함과 동시에, 특히 이사가 회사의 거래처를 침탈하여 거래한 경우에는 그 거래처를 상실할 염려가 있으므로 그 거래처를 유지하고자 함에 있다. 그렇지만 개입권의 행사가 이사의 경업금지의무위반으로 인하여 회사가 손해를 입었을 것까지는 요구하지 않는다.

이러한 개입권의 법적 성질은 이사회의 결의에 따른 회사의 일방적인 의사표시로 행사하는 형성권이다. 따라서 대표이사가 직접 그 뜻을 이사에게 통지하면 족하고 거래 상대방에게 이를 통지할 필요까지는 없다.

② 개입권 행사효과

개입권의 행사는 회사의 일방적인 의사표시에 의하여 이루어지고 개입권을 행사하면 이사는 그 성립된 거래의 효과를 전부 회사에 귀속시킬 의무를 부담한다. 이사의 경업금지의무는 회사의 내부관계상의 의무이고 개입권은 상대방의 의사와는 관계없이 일방적으로 행사할 수 있다. 또 거래의 상대방인 제3자의 선의·악의를 불문한다. 개입권 행사의 효과는 채권적인것(통설의 입장)으로 회사와 이사와의 내부관계에서만 효과가 발생하고, 제3자에 대하여는 그 효과가 발생하지 않는다. 회사가 이사의 상대방에 대하여 직접 계약 당사자가 되는 것도 아니다.[74] 따라서 개입권 행사의 효과로 이사는 취득한 물품 또는 채권을 회사에 양도할 의무를 부담한다. 대신 회사는 이사가 부담한 채무를 변제하는 동시에 지출한 비용을 전보할 의무를 부담하여야 한다.

한편 이사가 제3자의 계산으로 거래한 경우에는 이사는 그 제3자로부터 받은 보수를 양도하여야 하고, 거래 자체로부터 발생한 이득을 양도할 필요는 없다.[75] 거래 자체로 인한 이득을 청구할 수 있다면 제3자의 권리에 영향을 미치기 때문이다.

③ 겸직제한을 위반한 경우

이사가 동종 영업을 하는 다른 회사의 무한책임사원 또는 이사의 취임 제한을 위반한

---

74) 정동윤, 앞의 책, 414쪽; 일최판 1949.6.4.
75) 이태로·이철송, 앞의 책, 678쪽; 독일 주식법 제88조 제2항 제2문.

경우에는 손해배상을 청구할 수밖에 없다. 회사의 개입권은 행사할 수 없다. 상법 제397조 제2항에서 "제1항의 규정에 위반하여 '거래'를 한 경우 회사에게 개입권을 인정한다"고 되어 있기 때문이다.

4) 회사의 기회 및 자산 유용의 금지

(1) 서설

현행 상법 제397조의2에 새로이 회사의 기회 및 자산 유용의 금지에 대한 규정이 도입되었는데, 이 제도 또한 우리나라에서 실제로 벌어지고 있는 대규모 기업집단 내 지배주주의 사익추구 등 현실적인 문제에 대한 해결책을 마련하고자 하는 데에서 그 논의가 시작됨으로써, 결합기업의 문제와 많은 관련을 갖고 있다고 할 수 있다. 원래 동 규정은 미국법률협회(American Law Institute, 이하 ALI)가 1994년에 발표한 회사지배구조의 원칙(Principles of Corporate Governance: Analysis and Recommendations) 제5.05의 규정을 모델로 하여 도입한 것이다.[76] 이하에서 현행 상법에 규정되어 있는 내용을 살펴본다.

(2) 상법상의 규정

현행 상법 제397조의2 제1항에 의하면, "이사는 이사회의 승인 없이 현재 또는 장래에 회사의 이익이 될 수 있는 다음 각 호의 어느 하나에 해당하는 회사의 사업기회를 자기 또는 제3자의 이익을 위하여 이용하여서는 아니 된다. 이 경우 이사회의 승인은 이사 3분의 2 이상의 수로써 하여야 한다"고 규정하고 있다. 위에서 다음 각 호라 하면, ① 직무를 수행하는 과정에서 알게 되거나 회사의 정보를 이용한 사업기회(동조 제1호), ② 회사가 수행하고 있거나 수행할 사업과 밀접한 관계가 있는 사업기회(동조 제2호)를 말한다. 또한 제2항에 의하면, "만약 위 제1항의 규정을 반하여 회사에 손해를 발생시킨 이사 및 이를 승인한 이사는 연대하여 손해를 배상할 책임이 있으며 이로 인하여 이사 또는 제3자가 얻은 이익은 손해로 추정한다"라고 규정하고 있다.

---

76) 천경훈, 「개정상법상 회사기회유용 금지규정의 해석론 연구」, 『상사법연구(제30권 제2호)』(한국상사법학회, 2011.6.), 144쪽.

(3) 회사기회의 의미

먼저, 현재 또는 장래에 회사의 이익이 될 수 있는 회사의 사업기회가 무엇이며 사업기회의 유용이 무엇인가에 대해서는 의문의 여지가 있으나, 예를 들면, 로펌에 고용된 변호사가 로펌을 찾아온 의뢰인을 밖에서 따로 만나 상담하고 개인적으로 수임료를 받았다면, 그것은 로펌의 사업기회를 유용한 것이라고 할 수 있다. 반면 그가 자기 집 주변에 상가건물을 사서 임대수입을 올리고 있다면 로펌의 사업기회와는 아무런 관계가 없다고 할 수 있다.[77]

이를 감안하여 현행 상법에서는 이러한 사업기회를 구체적으로 명시하고 있다. 즉 ① 직무를 수행하는 과정에서 알게 되거나 회사의 정보를 이용한 사업기회(동조 제1호), ② 회사가 수행하고 있거나 수행할 사업과 밀접한 관계가 있는 사업기회(동조 제2호)를 말한다고 규정하고 있다.

이 중 제1항 제1호와 관련해서 회사에게 우선권을 부여하는 이유는 이사는 회사에 대한 충실의무를 지는 자로서 직무를 행하는 과정에 사업의 기회를 알게 되었다면, 개인이 아니라 회사의 기관으로서 이를 알게 된 것이므로 그 사업기회는 마땅히 회사에 우선권을 주어야 한다는 것이다.

다음으로 제2호에서 우선권을 주는 이유는 첫째로, 회사와 회사가 수행하는 사업과의 관계가 밀접할수록 회사는 그 사업기회를 이용하여 이익을 얻을 가능성이 높아지는데, 만약 이사에게 이러한 기회를 부여할 경우는 이사는 그 기회를 이용하여 자신 또는 제3자의 이익으로 할 가능성이 많아지기 때문이다. 그런데 이사는 회사에 대한 충실의무가 있으므로 만약 이러한 경우가 발생한다면 회사의 이익을 우선시하여야 하는바, 그렇지 않은 경우 회사와의 사이에 이해가 상반될 수 있기 때문이다. 둘째로, 회사와 현재 내지 장래의 사업과 밀접한 사업기회라면 회사가 그 기회를 이용하여 사업화하는 것이 사회·경제적으로 더 효율적일 가능성이 높기 때문이다.

---

77) Michael Bergert, "The Corporate Opportunity Doctrine and Outside Business Interests", 56 Unov. of Chicago L. Rev., 827에서도 의사와 병원 관계에 대하여 비슷한 예를 소개하고 있다(천경훈, 위의 글, 159쪽).

(4) 절차적인 요소로 이사회의 승인

① 서설

어떤 사업기회가 본 조 소정의 회사기회에 해당된다면 이를 이용하고자 하는 이사는 이사회의 승인을 얻어야 한다. 이러한 이사회의 승인은 누가 어떠한 절차에 따라서 행할까? 이하에서 그 구체적인 내용을 살펴본다.

② 보고의 주체

이사회 승인을 위하여 보고하는 주체는 회사의 기회를 이용하고자 하는 이사이다. 이러한 이사는 회사의 기회를 이용하고자 하는 당해 이사뿐만 아니라 다른 이사도 보고하여야 할 의무가 있는가? 통상 이사는 다른 이사의 업무집행을 전반적으로 감사를 해야 하는 지위에 있으며, 만약 이러한 업무집행이 위법하다고 의심할 만한 사유가 있음에도 불구하고 이를 방치하여 회사에 손해를 발생케 하였을 경우에는 그에 대한 책임을 져야 한다.[78] 따라서 다른 이사들은 당해 이사가 회사의 기회를 이용하여 위법한 행위를 한다고 판단될 경우에는 이사회의 소집 및 그에 대한 보고, 승인을 받도록 할 의무가 있다고 할 수 있다.

다만, 지배주주도 이러한 의무를 지는가에 대해서는 논란의 여지가 있다. 예를 들면, 지배주주 일가가 직·간접적으로 지분의 전부 또는 대부분을 소유하는 별도 법인(신설법인 내지 기존 법인의 주식을 취득함으로써 소유하게 된 법인)이 자연스럽게 그 회사의 기회를 이용하여 사업을 영위하는 경우를 들 수 있다. 이렇게 될 경우 별도 법인은 이익을 실현하게 될 것이다. 이 경우 지배주주가 회사의 이사직을 겸하고 있는 경우에는 당연 이사로 그에 대한 책임을 지게 될 것이다. 하지만 회사의 이사직을 겸하고 있지 않는 지배주주의 경우에는 현행 상법 제398조(이사 등과 회사 간의 거래)에서 '주요주주'도 이사회의 승인을 받지 않는 한 회사와 거래를 할 수 없다고 규정한 것과는 달리 지배주주에 대하여 아무런 규정을 두고 있지 않아 문제가 될 수 있다. 따라서 이에 대해서는 책임을 진다는 견해와 지지 않는다는 견해의 대립이 있다.[79] 하지만 향후 이 부분에 대해서는 입법적인 논의가 있어야 할 것으로 보인다.

---

78) 이철송, 『회사법강의』(박영사, 2010), 602쪽.
79) 천경훈, 앞의 글, 184쪽.

③ 보고의 대상 및 내용

당해 이사가 회사의 기회를 이용하려고 할 경우 이사회의 승인을 받아야 하고, 이러한 승인을 얻기 위해서 이사는 그 기회를 회사에 알리고 그에 관한 정보를 이사회에 제공하여야 한다. 다만, 이러한 정보를 알리는 것이 이사의 보고의무에 해당하는가에 대해서는 상법상 아무런 규정을 두고 있지 않다. 하지만 승인을 받기 위해서는 당연히 보고하여야 할 것으로 보인다. 물론 이러한 보고는 법적 의무는 아니므로, 보고를 하지 않은 상태에 이사회의 승인이 있다면 이사의 정보에 대한 보고의무는 존재하지 않으므로 이러한 승인 자체는 효력이 있다고 하여야 할 것이다.

나아가, 보고를 한다면 누구에게 하여야 하는 것일까? 이사회에 보고를 하게 하는 이유는 회사의 이사회에서 그 기회를 회사가 이용할 것인지를 검토하게 하기 위함이다. 따라서 이사회에 보고하여야 할 것으로 본다. 물론 이에 대해서는 다른 이사들 또는 법령·정관상 이사회 소집권자 및 관련자 등에게 보고하여야 한다는 견해도 있다.[80]

또한 이사에게 보고한다면 무엇을 보고하여야 할까? 이사의 보고 내용에 대해서는 현행 상법 제397조의2 제1항에 따라 '해당 거래에 관한 중요한 사실'이다. 이는 당해 이사 및 기타 관련자들의 이해관계에 관한 모든 정보를 말한다고 할 수 있다. 예를 들면, 동 사업기회의 예상 매출, 수익, 현금 흐름, 시장 동향, 전망 등을 검토 분석한 자료 등을 들 수 있다.[81]

④ 이사회 승인 방법

이사회의 승인 방법은 현행 상법 제397조의2 제1항 단서에 따라 이사 3분의 2 이상의 수로 하여야 한다. 여기서 '이사 3분의 2 이상'이란 재적이사 중에서 이해관계가 있어 결의에 참석할 수 없는 이사를 제외한 재적이사의 3분의 2 이상을 의미한다고 할 수 있다. 이처럼 엄격한 요건을 요구하게 된 것은 이사 등이 자기거래를 통하여 회사 재산을 빼돌리는 경우가 많았는데, 이러한 것을 방지하기 위함이라고 한다.[82]

다음으로 이러한 승인은 사전에 받아야 하는가의 문제이다. 이사 등의 자기거래에서는 사전에 승인받도록 명시하고 있는데, 여기에서는 아무런 언급을 하고 있지 않아 문제가 될 수 있다. 생각건대, 현행 상법이 개정되기 전 이사 등의 자기거래의 경우 '미리'라는

---

80) 천경훈, 위의 글, 185~186쪽.
81) 천경훈, 위의 글, 185~187쪽.
82) 고창현, 「개정상법의 주요 내용과 기업대응 세미나」(대한상공회의소 주최, 2011.5.26.) 토론문, 2쪽.

규정이 없는 경우를 보면, 당시에는 원칙상 사전 승인을 받는 것이 원칙이라고 하면서 판례가 사후 추인의 가능성을 인정한 바 있다. 또한 문리적으로도 이에 대하여 사후 추인을 허용함이 불가능한 것도 아니다. 이에 대해서는 향후 입법론상 검토를 하여야 할 것으로 보인다.[83]

(5) 이사회 승인의 효과

① 승인의 의미

위의 절차에 따라 이사회의 승인을 받으면 회사의 기회를 이용할 수 있게 된다. 따라서 이러한 승인을 받지 못하면 회사의 기회를 이용할 수 없게 된다고 할 수 있다. 그럼에도 불구하고 회사의 기회를 이용했다면 그러한 행위는 무효라고 할 수 있는가? 이는 이사 등의 자기거래 무효설, 상대적 무효설, 유효설의 대립과 동일하게 해석할 수는 없다고 본다. 왜냐하면 자기거래와 달리 회사기회의 유용에서 문제되는 것은 그 기회를 이용한 사업활동 일체로서 법인설립, 주식양도, 신주인수, 계약체결, 인력채용, 계약이행 등 다양한 유형의 법률행위 및 사실행위를 포괄하게 되기 때문이다. 따라서 이사회 승인 여부는 기회이용에 대한 행위의 효력과는 무관하고 오로지 이사들에게 책임을 지울 것인가와 관련된다고 하여야 할 것이다.[84]

② 위반에 대한 책임

동법 제2항에 의하면, "만약 위 제1항의 규정에 반하여 회사에 손해를 발생시킨 이사 및 이를 승인한 이사는 연대하여 손해를 배상할 책임이 있으며 이로 인하여 이사 또는 제3자가 얻은 이익은 손해로 추정한다"는 규정에 따라 이사 및 이를 승인한 이사가 연대하여 손해배상책임을 지도록 하고 있다.

다만, '제1항에 위반하여'란 제1항의 '이사회의 승인 없이'를 의미하게 되는데, 이는 제2항의 '승인한 이사'와는 배치된다. 따라서 제2항에서의 '승인한 이사'를 제1항에 따라 이사회의 승인을 받기 위하여 이사회 안건으로 부의된 경우 이를 승인한 이사를 의미하는 것이 아니라, 제1항을 위반하여 이사회 승인 없이 회사기회를 유용하는 것을 알면서도 이를 교사·방조·지원한 이사를 의미하는 것으로 해석하여야 한다는 견해도 있다.[85]

---

83) 천경훈, 앞의 글, 192쪽.
84) 천경훈, 위의 글, 194쪽.

하지만, 이에 대해서는 제1항의 승인과 제2항의 승인을 달리 해석함은 부자연스러워 보이며, 입법자의 의도 또한 성실의무를 위반하여 이를 승인한 이사를 규율하고자 함에 있다고 보면, 오히려 현행 상법 제399조 제2항인 "전항의 행위가 이사회의 결의에 의한 것인 때에는 그 결의에 찬성한 이사도 전항의 책임이 있다"는 의미의 규정이 아닐까 한다. 이에 대해서는 향후 입법적 검토가 이루어져야 할 것으로 보인다.[86]

③ 손해배상액의 제한

개정 상법 제400조 제2항은 일정한 경우 정관에서 정하는 바에 따라 이사의 회사에 대한 책임을 연봉의 6배(사외이사의 경우 3배)로 제한할 수 있도록 하고, 예외적으로 "이사가 고의 또는 중대한 과실로 손해를 발생시킨 경우와 제397조(경업금지), 제397조의2(회사기회 및 자산 유용의 금지), 제398조(이사 등과 회사 간의 거래)에 해당하는 경우에는 그러하지 아니한다"고 규정하고 있다. 따라서 이사회의 승인 없이 회사기회를 유용한 이사 및 이를 알면서도 교사·방조·지원한 이사는 이 예외에 따라 책임제한을 인정하지 않는다. 그러나 이에 대해서는 이미 전술한 바와 같이 "승인한 이사"에 대하여 논란이 있어서 예외 사유의 적용에 있어서 애매모호함이 있다고 하겠다.[87]

5) 이사 등의 자기거래 제한

(1) 서설

이사 등의 자기거래 제한의 규정(상법 제398조)도 사실상 이사, 즉 종속회사의 지배주주에 대하여 적용될 수 있다. 현행 상법 제398조는 2011. 4. 14. 개정하여 2012. 4. 15 부터 시행되는데, 동 규정은 개정 전 상법에 비하여 자기거래의 주체를 확대함으로써 지배주주도 동 규정의 적용을 받도록 하였다. 이하에서는 개정된 현행 상법 제398조의 내용을 살펴본다.

---

85) 고창현, 앞의 토론문, 2쪽.
86) 천경훈, 앞의 글, 204~205쪽.
87) 천경훈, 위의 글, 205쪽.

(2) 이사 등의 자기거래의 의의

이사 등의 자기거래란 이사가 자기 또는 제3자의 계산으로 회사와 하는 거래, 곧 재산적 법률행위를 말한다. 예컨대, 회사의 제품 기타 재산의 양수·회사에 대한 자기의 제품 기타 재산의 양도·회사로부터의 금전차용 등이 이에 해당된다. 우리 상법 제398조에 의하면, "자기 또는 제3자의 계산으로 회사와 거래를 하기 위해서는 미리 이사회에서 해당 거래에 관한 중요사실을 밝히고 이사회의 승인을 받아야 한다. 이 경우 이사회의 승인은 이사 3분의 2 이상의 수로써 하여야 하고, 그 거래의 내용과 절차는 공정하여야 한다"고 하여 원칙상 이사와 회사 간의 거래를 금지하지만, 예외적으로 이사회의 승인이 있는 경우에 한하여 자기거래를 할 수 있다고 규정하고 있다.

이처럼 이사 등의 자거거래를 제한하는 취지는 어떤 거래든 거래의 쌍방 당사자는 필히 반대의 이해를 가지므로 이사 등이 회사와 거래를 한다면 본인의 이익을 위하여 회사의 손실을 초래할 수 있는 불공정한 거래를 할 소지가 많다. 특히, 이사가 지배주주이거나 그의 특수관계자라면 자기거래를 통하여 회사재산을 흡인(siphoning off)해 가는 도관으로 활용함으로써 다른 주주들의 배당 기회와 회사채권자의 담보재산을 탈취하는 비행을 저지를 가능성이 많다. 따라서 회사재산을 건전하게 지킬 뿐만 아니라 회사채권자와 주주를 보호하기 위해서 이사의 자기거래를 엄격히 제한하고자 함에 있다.

하지만 거래의 성질상 이사와 회사 간에 거래를 하였다 하더라도 그 거래가 반드시 불공정한 것만은 아니다. 따라서 예외적으로 이사회의 승인을 얻어 회사와의 자기거래를 할 수 있다고 규정하고 있는 것이다. 이처럼 자기거래를 이사회의 승인을 받도록 함으로써 자기거래임을 공개하고, 이에 대하여 이사회의 사전적 감시 및 사후적 책임 추궁(상법 제399조)을 용이하게 하고자 함에 있다.[88]

(3) 적용범위

① 원칙

상법 제398조의 규정을 보면, '이사 등이 회사와 하는 모든 거래'가 이에 해당하는 것 같이 생각되나, 형식상 이사 등과 회사 간의 모든 거래가 이에 해당하는 것이 아니라 그 실질에 의하여 '이사와 회사 간의 이해충돌을 생기게 할 염려가 있는 모든 재산상의 법

---

88) 정찬형, 앞의 책, 836쪽.

률행위'가 이에 해당한다(통설).[89] 예를 들면, 채권계약, 물권계약, 회사가 이사를 상대로 하는 채무면제와 같은 단독행위, 채권양도의 승인·사무관리와 같은 준법률행위도 이에 포함된다. 뿐만 아니라 회사의 거래로 인한 결과적인 이득이 이사에 귀속되는 간접거래도 이에 포함된다. 예를 들면, 회사가 이사의 채권자와 이사의 채무에 대한 보증 또는 담보설정계약을 체결하거나 그 채무를 인수하는 것 등을 들 수 있다.[90] 실질적으로 이사와 회사 간에 이해충돌을 생기게 할 염려가 있는 거래라면, 형식상 이사와 회사 간의 거래이든 회사와 제3자 간의 거래이든 불문하고 동 규정이 적용된다고 하겠다.

나아가, '이사 등'이란 ㉠ 이사 또는 주요 주주(제398조 제1호), ㉡ 제1호의 자의 배우자 및 직계존비속(동조 제2호), ㉢ 제1호의 자의 배우자의 직계존비속(동조 제3호), ㉣ 제1호부터 제3호까지의 자가 단독 또는 공동으로 의결권 있는 발행주식 총수의 100분의 50 이상을 가진 회사 및 그 자회사(동조 제4호), ㉤ 제1호부터 제3호까지의 자가 제4호의 회사와 합하여 의결권 있는 발행주식 총수의 100분의 50 이상을 가진 회사(동조 제5호)를 말한다. 동 규정은 종래 이사와 회사 간의 자기거래로 되어 있던 것을 이사의 범위를 확대하여 주요 주주, 친인척, 모자회사, 비모자회사 간에도 자기거래를 할 수 없도록 제한하였다는 점에서 그 의미가 있다.

물론 여기서 이사란 상근, 비상근을 구별하지 않고 모든 이사를 말한다. 청산인도 마찬가지이다(상법 제542조 제2항, 제398조). 또한 이사와 같은 권한을 갖는 상법 제386조 제1항의 퇴임이사, 제386조 제2항의 일시이사 그리고 법원의 가처분에 의하여 선임된 직무대행자(상법 제407조 제1항)도 여기에서 말하는 이사에 포함된다. 그러나 일단 이사의 지위에서 물러난 퇴임이사는 이에 해당되지 아니하며, 재임 시에 투자한 것을 반환하는 거래도 제한대상에 포함되지 아니한다.[91]

이외에도 '자기 또는 제3자의 계산으로'라고 규정하고 있는바, 이는 누구의 이름으로 회사의 상대방이 되어 거래를 하였느냐는 묻지 아니한다. 다만, '자기 또는 제3자의 계산' 범위에 대해 우리 상법은 외국의 입법례처럼 이사와 일정한 가족관계, 출자관계 등 이해관계 있는 자를 한정적으로 나열하여 이들과 회사와의 거래를 이사의 자기거래로 보는 열거주의를 취하지 않고 있어 해석상 문제가 될 수 있다.

우선, 이사가 제3자의 대리인으로 또는 제3자의 위탁을 받아 회사와 거래하는 것, 이

---

89) 정찬형, 위의 책, 837쪽; 정희철, 앞의 책, 487쪽; 정동윤, 앞의 책, 439쪽.
90) 대판 1974.1.15, 73다955; 동 1974.10.31, 73다954.
91) 대판 1989.9.13, 88다카9098.

사가 제3자와 회사의 거래를 중개하는 것 또는 이사가 제3자에게 위탁을 하여 회사와 거래를 하는 것 등은 모두 자기거래에 해당한다고 할 수 있다.[92]

나아가, 2개 회사의 겸임이사에 의한 거래의 경우, 예컨대 갑이 A회사와 B회사의 이사를 겸하고 있는데, A·B가 거래를 하면 자기거래에 해당하느냐가 문제된다. 대법원 판례에 의하면, A와 B의 대표이사를 겸하고 있는 갑이 A·B 간의 계약을 체결할 때에는 쌍방에 대해 자기거래가 된다는 데에는 의문이 없다고 한다.[93] 즉 A의 대표이사와 B의 이사를 겸하고 있는 갑이 A를 대표하여 B와 계약을 체결할 때에는 B회사에 대하여 자기거래가 될 것이다. 그러나 이 경우에는 A에 대해서도 자기거래가 되고, 갑이 A·B의 대표이사가 아닌 이사라 하더라도 A·B의 거래는 자기거래라고 보아야 할 것이다. 이 경우에도 거래의 공정을 해할 우려가 다분히 있기 때문이다.[94]

☞ **자기거래의 제한 범위[95]**

1. 거래의 성격에 따른 범위

상법이 자기거래를 제한하는 취지가 회사와 이사 등의 이익이 충돌되어 회사의 이익이 희생되는 것을 방지하려는 것이므로, 회사와 이사 등의 이익이 충돌할 우려가 있는 거래는 이사회의 승인을 받아야 하나, 거래의 성질상 이익충돌의 염려가 없는 거래는 이사회의 승인을 요하지 않는다고 해야 할 것이다(통설의 입장). 통설 및 판례가 이사회의 승인을 요하지 않는 거래라고 하는 예로는 회사에 대한 부담이 없는 증여, 상계, 채무의 이행, 약관에 의하여 정형적으로 체결되는 거래(운수, 예금, 보험계약 등) 등을 들 수 있다. 약관에 의하지 않더라도 일상생활 용품의 구입같이 통상적인 거래조건에 따라 이루어지는 거래도 마찬가지로 해석해야 할 것이다.

그러나 회사가 이사를 상대로 하는 채무의 이행·상계 등은 이로 인해 회사의 재산상황이 현저히 악화되는 수도 있고 채무 존부 자체에 관한 다툼이 있거나 회사 측에 항변권이 존재할 수도 있으므로 일률적으로 승인을 요하지 않는다고는 할 수 없으며, 약관에 의하여 체결되는 계약이라도 금융기관에서의 거액의 대출같이 계약

---

92) 이철송, 앞의 책, 649쪽.

93) 대판 1969.11.11, 69다1374; 동 1996.5.28, 95다12101, 12118.

94) 김성배, "미국법상 이사의 이익충돌거래와 충실의무 - 겸임이사를 둔 회사 간의 거래를 중심으로-", 「비교사법(제9권 제2호)」(한국비교사법학회, 2002.8.), 285~312쪽.

95) 이철송, 앞의 책, 651~652쪽.

체결 자체가 특혜를 의미하고 회사가 위험을 부담할 때에는 역시 이사회의 승인을 요한다고 본다.

2. 회사에 불이익이 없는 거래

회사에 대한 무이자·무담보의 자금대여, 회사채무의 보증, 회사의 명의로 해 두었던 명의신탁의 해지 등과 같이 행위의 객관적 성질로 보아 회사에 불이익이 없는 거래는 제한받는 자기거래에 포함되지 아니한다. 그러나 실질적·결과적으로 회사에 불이익이 없다거나 불이익이 예상되지 않는다 하여 제한을 벗어나는 것은 아니다.[96] 자기거래의 제한은 회사의 현실적인 손해를 방지하는 뜻도 있지만, 손해의 위험을 차단하려는 뜻이 크기 때문이다.

3. 1인 주주인 이사의 거래

1인 주주와 회사는 이해관계가 일치하여 양자의 거래는 이익충돌의 염려가 없으므로 이사회의 승인을 요하지 않는다는 견해가 있다. 하지만 회사의 재산은 모든 회사채권자에 대한 책임재산이 되므로 1인 주주라 하더라도 회사와 이해관계가 일치된다고 할 수 없으며, 따라서 1인 주주인 이사라 하더라도 제398조의 예외가 될 수 없다.

4. 어음행위

자기거래가 어음행위일 때, 제398조에 포함되느냐에 대해서는 견해의 대립이 있다. 어음행위는 거래의 수단에 불과하여 성질상 이해의 충돌을 초래하는 행위가 아니므로 이사회의 승인을 요하지 않고, 회사와 이사 간에 인적 항변의 문제가 생길 뿐이라는 견해가 있다. 그러나 어음행위는 원인관계와는 다른 새로운 채무를 발생시키고, 항변의 절단, 채무의 독립성 등으로 어음행위자에게 더욱 엄격한 책임이 따르는 거래이므로 이사회의 승인을 필요로 한다고 본다(통설).[97]

---

96) 일본 최고재 1964.1.28, 민집 18권 제1호 180쪽(불이익이 없으면 제한받지 않는다는 견해를 취하고 있다).
97) 대판 2004.3.25, 2003다64688; 동 1994.10.11, 94다24626.

② 예외적 허용

다만, 이사 등과 회사 간의 행위가 이해충돌을 생기게 할 염려가 있는 재산상의 행위이더라도 이사는 이사회의 승인이 있는 때에는 유효하게 그러한 행위를 할 수 있다. 승인기관은 이사회에 한하고, 이사회의 승인은 사전에 해당 거래에 관한 중요한 사실을 밝히고 받아야 한다. 나아가, 이사회의 승인요건은 이사 3분의 2 이상의 수로써 하여야 한다. 또한 거래의 내용과 절차는 공정하여야 한다(상법 제398조).

먼저, 이사회의 승인과 관련해서는 정관의 규정에 의해서도 주주총회의 결의사항으로 할 수 없다.[98] 다만, 자본금 10억 원 미만의 소규모 회사에서 이사가 1인인 경우 이사회가 없으므로 주주총회의 승인이 있어야 한다(상법 제383조 제4항). 또한 이는 주주만의 이익을 위한 것이 아니고 회사의 이익을 위한 것이므로, 총주주의 동의에 의해서도 이사회의 승인을 갈음할 수 없다고 본다.

둘째, 승인방법은 원칙적으로 개개의 거래에 관하여 중요한 사실을 밝히고 개별적으로 하여야 한다.[99] 다만, 반복하여 이루어지고 있는 동종의 거래에서는 종류·기간·금액의 한도 등을 정하여 합리적인 범위 내에서의 포괄적인 승인이 예외적으로 가능하다고 한다. 나아가, 이사회의 승인은 자기거래의 유효요건에 불과하므로 이사의 책임까지 면제되는 것은 아니다. 따라서 이사회의 승인이 있는 이사의 자기거래로 인하여 회사에 손해가 발생하였다면 당사자인 이사 및 승인결의에 찬성한 이사는 연대하여 손해배상을 할 책임을 부담한다.[100] 우리나라의 대법원 판례도 "주식회사의 대표이사가 그의 개인적인 용도에 사용할 목적으로 회사 명의의 수표를 발행하거나 타인이 발행한 약속어음에 회사 명의의 배서를 해 주어 회사가 그 지급책임을 부담하고 이를 이행하여 손해를 입은 경우에는 당해 주식회사는 대표이사의 위와 같은 행위가 상법 제398조 소정의 이사 등과 회사 간의 거래행위가 이해 상반된다 하더라도 이사회의 승인 여부에 불구하고 동법 제399조 소정의 손해배상청구권을 행사할 수 있음은 물론이고 대표권의 남용에 따른 불법행위를 이유로 한 손해배상청구권도 행사할 수 있는 것이다"고 판시하고 손해배상책임을 부담한다고 하였다.[101]

---

98) 그 이유는 상법 제398조에 주주총회의 결의로 할 수 있다는 유보조항이 없고, 주주총회의 승인에 대해서는 승인한 자에 대한 책임추궁이 불가능하기 때문이다(이철송, 앞의 책, 614쪽). 반대 견해(채이식, 앞의 책, 559쪽).

99) 정찬형, 앞의 책, 451쪽; 정희철, 앞의 책, 488쪽; 정동윤, 앞의 책, 442쪽 등.

100) 손주찬, 앞의 책, 846쪽; 정동윤, 위의 책, 443쪽; 이철송, 앞의 책, 616쪽.

101) 대판 1989.1.31, 87누760.

셋째, 승인시기는 사전에 확정하여야 하며 사후의 추인은 인정되지 않는다. 사후의 추인을 인정하는 견해(대판 1992.2.11, 91다42685)[102]도 있으나, 이를 인정하게 되면 제3자의 지위가 불안정하게 될 뿐만 아니라, 추인을 예상하여 자기거래가 무절제하게 이루어질 우려가 있어 바람직하지 않다고 본다.[103] 다만 판례는 사전승인뿐 아니라 사후승인도 가능하다는 처지에서, 이사회의 승인 없는 경우 이는 민법상 무권대리의 경우와 동일하게 취급되므로 무권대리의 추인의 방법에 의하면 되고, 사후추인을 배제하는 규정도 없다는 점에서 사후추인도 인정한 바 있다.

넷째, 거래의 공정성과 관련해서는 미국법에서 자기거래에 관해 이사회 등의 승인 이외에 거래가 회사에 대하여 공정하고 합리적(fair, just and reasonable)일 것을 별도의 유효요건으로 하고 있는 규정을 수용한 것으로 보인다.[104] 즉 미국에서는 자기거래에 관해 이사회의 승인을 요구하는 뜻은 결국 불공정한 자기거래를 방지하고자 함에 있으므로 절차적인 요건으로 이사회의 승인과 더불어 실질적인 요건으로 거래의 공정성을 요구하고 있는데,[105] 이러한 취지를 우리나라 현행 상법이 새로이 도입한 것으로 보인다.

(4) 위반의 효과

상법 제398조에 위반한 행위의 효력에 대해서는 회사의 이익보호와 거래안전을 어떻게 조화할 것인가가 문제인데, 이에 대해서는 유효설, 무효설, 상대적 무효설 견해의 대립이 있으며, 다수설의 경우는 상대적 무효설의 입장을 취하고 있다.[106]

먼저, 유효설의 견해는 상법 제398조가 효력규정이 아니라 업무집행의 결정방법을 정한 명령적 규정이라고 해석하여 이에 위반한 거래도 유효하다고 한다. 다만, 이사의 대내적 책임의 문제가 생긴다고 한다. 그 이론적 근거로 제시하는 것은 이사회의 승인 여부는 순수한 회사 내부의 사정인데, 이에 따라 대외적 행위의 효력이 좌우되는 것은 거래의 안전에 비추어 부당하다는 것이다.[107]

---

102) 김용태, 『전정 상법(상)』(원광대학교 출판국, 1984), 369쪽.
103) 손주찬, 『상법(상)』(박영사, 2003), 767쪽; 최기원, 앞의 책, 446쪽; 정동윤, 앞의 책, 611쪽.
104) 일본도 자기거래의 내용이 위법하거나 공정하지 못할 경우에는 이를 승인한 이사회의 결의는 무효이므로 승인 없는 자기거래와 같다고 해석하여 동일한 결론을 내리고 있다[山口正義, 「株主權法理の展開」(文眞堂, 1991), 364頁].
105) 이철송, 앞의 책, 654~655쪽.
106) 정찬형, 앞의 책, 841~842쪽; 정희철, 『상법학(상)』(박영사, 1989), 489쪽; 손주찬, 앞의 책, 84쪽.
107) 동설에 대하여 회사의 불이익이 구제되기 어려우므로 거래의 상대방인 악의의 제3자에 대해서는 권리

둘째, 무효설의 견해는 회사의 이익보호에 역점을 두어 이사회의 승인 없는 자기거래는 무효라고 한다. 그리고 선의의 제3자는 선의취득 규정에 의하여 보호되면 이로써 족하다고 한다. 그러나 선의취득의 법리가 적용되지 않는 거래, 예를 들면 부동산물권에 관한 거래, 지명채권을 부담하는 거래 등에 있어서는 보호될 수 없으므로 여전히 거래의 안전에 문제가 있다고 한다.

셋째, 상대적 무효설의 견해(통설 및 판례)는 자기거래가 회사와 이사 간에는 무효이나, 자기거래에 관련되는 선의의 제3자 사이에서는 유효라고 한다. 그리고 증명책임을 회사에게 부담시킨다. 즉 "당해 이사가 이사회의 승인을 얻지 못함으로써 그 행위가 무효라고 주장하는 것은 그 규정상 당연하지만, 회사 이외의 제3자와 이사가 회사를 대표하여 자기를 위하여 한 거래에 대해서는 거래 안전의 견지에서 선의의 제3자를 보호할 필요가 크므로 회사는 그 거래에 대하여 이사회의 승인을 받지 못한 것 이외에 상대방인 제3자가 악의라는 사실까지도 주장·입증하여야 비로소 그 거래가 무효라는 사실을 상대방인 제3자에게 주장할 수 있다고 해석해야 옳을 것이다"라고 판시하여,[108] 제3자가 악의라는 사실을 회사가 주장·입증하여야 그 거래가 무효가 된다고 한다.

다만, 거래의 무효는 회사만이 주장 가능하며, 이사나 제3자(예를 들면, 전득자)는 무효를 주장할 수는 없다고 하여야 할 것이다.[109] 나아가, 선의의 제3자와 관련하여 대법원 판례는 "제3자가 선의이긴 하나 이사회의 결의가 필요한 사실과 이사회의 결의가 없었다는 사실을 알지 못한 데에 중대한 과실이 있는 경우에는 악의인 경우와 같이 자기거래는 제3자에 대해서도 무효이다"라고 함으로써 제3자에게 중과실이 있는 경우도 무효라고 판시하였다.[110]

(5) 상장회사의 특례

① 금지되는 거래

상장회사는 주요 주주 및 그 특수관계인(제542조의8 제2항 제6호)·이사(업무집행지시자 등 포함)·감사를 상대방으로 하거나 그를 위하여 신용공여를 해서는 안 된다(제

남용금지의 원칙에 의하여 무효를 주장하거나 악의의 항변을 할 수 있다고 하여 그 단점을 보완하므로 결과적으로 후술하는 상대적 무효설과 차이가 없다(이철송, 앞의 책, 655쪽).
108) 대판 1973.10.31, 73다954; 동지 1974.1.15, 73다955 등.
109) 서울 민지판 1984.5.18, 83나292.
110) 대판 2004.3.25, 2003다64688.

542조의9 제1항). 여기서 신용공여란 ㉠ 금전 등 경제적 가치가 있는 재산의 대가, ㉡ 채무이행의 보증, ㉢ 자금 지원적 성격의 증권 매입, ㉣ 그 밖에 거래상의 신용위험이 따르는 직접적·간접적 거래로서 대통령령으로 정하는 거래를 말한다. 신용공여는 일반적으로 다른 거래에 비하여 회사의 자본충실을 해하고 재무의 건전성을 해할 위험이 크다고 보아 금지한 것이다.

다만 복리후생을 위한 이사·감사에 대한 금전대여 등, 다른 법령에서 허용하는 신용공여, 따라서 만약 이에 위반하여 신용을 공여한 자에 대해서는 벌칙이 부과된다(제624조의2). 회사의 경영건전성을 해칠 우려가 없는 금전대여 등의 신용공여는 할 수 있다(동조 제2항).

② 이사회 승인으로 가능한 거래

한편, 대통령령으로 정하는 상장회사[11]는 최대주주, 그 특수관계인 및 그 상장회사의 특수관계인을 상대방으로 하거나 그를 위하여 일정한 거래(금지된 거래 제외)를 하려는 경우에는 이사회 승인을 얻어야 한다. 그 일정한 거래는 단일 거래규모가 대통령령으로 정하는 규모 이상인 거래(해당 회사의 최근 사업연도 말 현재의 자산총액 또는 매출총액의 100분의 1 이상인 거래)와 사업연도 중에 특정인과의 거래총액이 대통령령으로 정하는 규모[12] 이상이 되는 경우의 해당 거래이다(제542조의9 제3항 - 시행령 제14조 제4항 내지 제7항). 이 경우 상장회사는 이사회 승인결의 후 최초의 정기 주주총회에 그 거래에 관한 사항을 보고하여야 한다(동조 제4항). 또한 상장회사가 경영하는 업종에 따른 일상적 거래로서 약관에 따라 정형화된 거래, 이사회가 승인한 거래총액의 범위 안에서 이행하는 거래의 경우에는 이사회의 승인 없이 할 수 있으며, 특히 승인된 거래총액 안에서 이행하는 거래에 대해서는 그 내용을 주주총회에 보고하지 않을 수 있다(동조 제5항).

6) 이사의 경영판단의 원칙

(1) 의의

회사에 대한 임무해태로 인한 손해배상책임과 관련하여, 미국 판례법상의 경영판단의

---

111) 최근 사업연도 말 현재의 자산총액이 2조 원 이상인 상장회사를 말한다.
112) 해당 회사의 최근 사업연도 말 현재의 자산총액 또는 매출총액의 100분의 5 이상인 거래를 말한다.

원칙(business judgment rule)이 인정될 수 있다. 경영판단의 원칙 또는 '경영판단 불개입의 원칙'은 이사가 경영적인 판단에 따라 임무를 수행한 경우 비록 그 판단이 후일에 빗나가서 현명한 것이 아니었다고 인정되고 결과적으로 회사에 손해를 가져오게 되었다고 하더라도, 그 판단이 판단의 과정·내용 등에 관하여 어느 정도 성실하고 합리적으로 이루어졌다고 할 수 있는 일정한 조건이 충족된 때에는, 법원이 그 경영적인 판단의 당부에 대해 사후적으로 개입하여 이사의 선관주의의무 위반으로 인한 임무해태의 책임을 지울 수 없다는 원칙을 말한다.

(2) 인정 여부

이처럼 미국 판례법상 인정되는 경영판단의 원칙을 상법의 해석론으로 인정할 수 있겠는가 하는 것은 논란의 대상이 되고 있다. 기업의 성장과 번영이 혁신과 모험 없이는 어렵다는 점에서, 그 적용의 전제조건 내지 내용까지 고스란히 수용하는 것은 곤란하지만, 경영진의 경영상 판단을 될 수 있는 대로 존중하려는 발상 그 자체는 받아들일 만한 것이다.

그렇다면, 이사가 사전적으로 선관주의의무를 다하였고 그것을 토대로 사후적으로 합리적으로 의사결정을 함으로써, 그 판단이 당시의 여러 가지 상황에 비추어 또한 기업경영에 관한 전문적인 식견과 능력을 가진 경영자의 처지에서 보아 명백히 불합리하거나 부적절한 것이 아니었다고 평가될 수 있으면, 그러한 경영상의 판단을 존중하고 그에 관하여 회사에 대한 이사의 면책을 인정하여도 무방하다고 본다.

다만, 이와 관련하여 이사 내지 경영진의 독선과 자의에 대하여 면죄부를 보장하여 줄 염려가 있기 때문에, 그러한 감시·감독에 관한 실효성 있는 제도의 확립과 그 정상적 운용이 동시에 보장되어야 한다는 점에 유의할 필요가 있다.

(3) 적용범위

경영판단의 원칙은 어디까지나 이사의 임무해태의 한계를 설정하는 이론일 뿐이지 법령 또는 정관 위반의 행위까지 면책시키는 이론이 아니다. 판례도 "이사의 법령위반행위에 대해서는, 이사가 임무를 수행함에 있어서 선관주의의무를 위반하여 임무해태로 인한 손해배상책임이 문제되는 경우에 고려될 수 있는 경영판단의 원칙은 적용될 여지가 없다"고 한다(대판 2006.11.9, 2004다41651).

(4) 적용 요건

경영판단의 원칙은 아직 우리 상법상 규정된 것은 아니므로, 미국의 판례법상 인정되고 있는 요건을 참고할 필요가 있는데, 그 요건은 다음과 같다. 즉 회사의 경영에 관한 판단을 하였을 것,[113] 이사에게 개인적인 이해관계가 없었을 것, 합리적인 정보에 의한 판단이었을 것,[114] 회사에 최선의 이익이 된다고 믿었을 것,[115] 재량의 남용이나 회사 자금의 낭비라고 인정되는 결정이 아니었을 것[116] 등이 그것이다.

최근 우리나라의 대법원도 회사의 이사가 관계회사에 자금을 대여하고 관계회사의 유상증자에 참여한 결과 회사에 손해가 발생한 사안과 관련하여 경영판단의 원칙을 적용하기 위한 기준을 설시한 바 있다. 그 내용을 살펴보면, 이사의 행위가 법령에 위반하지 않았을 것, 합리적으로 이용 가능한 범위 내에서 필요한 정보를 충분히 수집·조사하고 검토하는 절차를 거쳤을 것, 이러한 정보를 근거로 회사의 최대이익에 부합한다고 합리적으로 신뢰하면서 신의성실에 따라 경영상의 판단을 내렸을 것, 그 내용이 현저히 불합리하지 않은 것으로서 통상의 이사를 기준으로 할 때 합리적으로 선택할 수 있는 범위 안에 있을 것 등을 제시하고 있다(대판 2007.10.11, 2006다33333).

(5) 효과

경영판단의 원칙은 실체법적으로는 이사의 임무해태로 인한 책임의 한계를 설정하는 이론이다. 즉 경영자로서의 합리적인 판단에 의해 회사에 최선의 이익이라고 생각되는 방법으로 임무를 수행했다면 이를 임무해태라고 평가할 수 없다는 것이다.

그러나 영미법에서의 경영판단의 법칙은 이와 같은 단순한 실체법적인 의미 외에 소송법적인 의미도 가진다. 즉 이사가 경영에 관하여 어떠한 결정을 내렸다면 이것은 일단 사익을 위한 것이 아니라 제반 사정을 정확하게 숙지한 상태에서 회사에 최선의 이익이 될

---

113) Smith v. Ban Gorkom, 488 A. 2d 858(Del. 1985).
114) Charles M. Elson, "Fairness Opinion: Are They Fair or Should We Care?", 53 Ohio State L. J. 951, 954~955, 1992; 590 N.E.2d 587, 591~592(Ind. App 1992).
115) 강대섭, 이사의 책임과 경영판단의 원칙, 「창원대학교 사회과학연구」 제7집, 2000, 49쪽.
116) Cramer v. General Tel & Elec Corp, 582 F. 2d 259, 275(3d Cir. 1978).

것이라는 믿음에 기해 이루어진 것으로 추정되며, 따라서 대표소송에서 원고인 주주가 이사의 책임을 묻고자 할 때에는 이러한 추정을 깨뜨리는 사실을 주장·증명해야 하고, 만약 이것이 증명되면 이사 측에서 거래의 공정성을 증명할 책임을 지게 된다는 것이다.

만약 이러한 소송법적 측면을 고려하지 않고 실체법적인 측면만을 본다면, 애당초 제399조의 책임을 과실책임이라고 보는 우리 상법의 해석에 있어서 이사책임의 한계를 설정하는 것은 수임인으로서의 선관주의의무의 위반 여부 및 그 요소로서의 과실유무의 판단에 의해서도 충분히 해결할 수 있을 것이다.

☞ **대법원 2006.11.9. 선고 2004다41651 판결**

이사가 임무를 수행함에 있어서 법령을 위반한 행위를 한 때에는 그 행위 자체가 회사에 대하여 채무불이행에 해당하므로, 그로 인하여 회사에 손해가 발생한 이상 손해배상책임을 면할 수 없고, 위와 같은 법령을 위반한 행위에 대해서는 이사가 임무를 수행함에 있어서 선량한 관리자의 주의의무를 위반하여 임무해태로 인한 손해배상책임이 문제 되는 경우에 고려될 수 있는 경영판단의 원칙은 적용될 여지가 없다. 다만, 여기서 법령을 위반한 행위라고 할 때 말하는 '법령'은 이사가 임무를 수행함에 있어서 법령을 위반한 행위를 한 때에는 그 행위 자체가 회사에 대하여 채무불이행에 해당하므로, 그로 인하여 회사에 손해가 발생한 이상 손해배상책임을 면할 수 없고, 위와 같은 법령을 위반한 행위에 대해서는 이사가 임무를 수행함에 있어서 선량한 관리자의 주의의무를 위반하여 임무해태로 인한 손해배상책임이 문제 되는 경우에 고려될 수 있는 경영판단의 원칙은 적용될 여지가 없다. 다만, 여기서 법령을 위반한 행위라고 할 때 말하는 '법령'은 일반적인 의미에서의 법령, 즉 법률과 그 밖의 법규명령으로서의 대통령령, 총리령, 부령 등을 의미하는 것인바, 종합금융회사 업무운용지침, 외화자금거래취급요령, 외국환업무·외국환은행신설 및 대외환거래계약체결 인가공문, 외국환관리규정, 종합금융회사 내부의 심사관리규정 등은 이에 해당하지 않는다.

회사의 이사가 법령에 위반됨이 없이 관계회사에게 자금을 대여하거나 관계회사의 유상증자에 참여하여 그 발행 신주를 인수함에 있어서, 관계회사의 회사 영업에 대한 기여도, 관계회사의 회생에 필요한 적정 지원자금의 액수 및 관계회사의 지원이 회사에 미치는 재정적 부담의 정도, 관계회사를 지원할 경우와 지원하지 아니할 경우 관계회사의 회생가능성 내지 도산가능성과 그로 인하여 회사에 미칠 것으로 예상되는 이익 및 불이익의 정도 등에 관하여 합리적으로 이용 가능한 범위 내에서 필요한 정보를 충분히 수집·조사하고 검토하는 절차를 거친 다음, 이를 근거로 회사의 최대 이익에 부합한다고 합리적으로 신뢰하고 신의성실에 따라 경영상의 판단을 내렸고, 그 내용이 현저히 불합리하지 않은 것으로서 통상의 이사를 기준으로 할 때 합리적으로 선택할 수 있는 범위 안에 있는 것이라면, 비록 사후에 회사가 손해를 입게 되는 결과가 발생하였다 하더라도 그 이사의 행위는 허용되는 경영판단의 재량범위 내에 있는 것이어서 회사에 대하여 손해배상책임을 부담한다고 할 수 없다.

4. 결합기업과 관련한 주주 및 회사 채권자의 보호 규정

1) 결의반대주주의 주식매수청구권

(1) 서설

현행 상법상 반대주주의 주식매수청구권은 제374조 제1항이 정하는 영업양도 등과 합병, 분할합병, 주식의 포괄적 교환·이전의 승인을 위한 주주총회 특별결의에 있어서만 반대주주의 주식매수청구권을 인정하고 있다. 또한 2011. 5. 23. 법률 제10696호의 상법 개정으로 지배주주의 매도청구권(제360조의 24)의 규정과 더불어 소수주주의 매수청구권의 규정(제360조의 25)이 신설되었다. 하지만 이러한 규정으로는 결합기업의 형성하는 과정에서 주주나 회사채권자의 이익을 충분히 보호할 수 있다고는 보지 않는다. 따라서 결합기업관계를 감안한 별도의 규정을 둘 필요가 있다. 이하에서는 반대주주의 주식매수청구권에 대하여 살펴본다.

(2) 반대주주의 주식매수청구권의 의의

즉 결합기업의 형성을 반대하는 결의반대주주의 주식매수청구권(the appraisal right of disseters)이란 주주의 이해관계에 중대한 영향을 미치는 일정한 의안이 주주총회에서 상정되어 결의가 이루어질 때, 그 결의에 반대하는 주주가 자신이 소유하는 주식을 회사로 하여금 매수하게 할 수 있는 권리를 말한다.[117] 이러한 결의반대주주의 주식매수청구권 (the appraisal right of dissenter, the shareholder's cash-out right; Abfindungsrecht)을 인정하는 것은 그 결의에 반대하는 소수주주에게 그가 출자금을 회수하고 회사를 떠날 수 있도록 하기 위함이다.[118]

물론 이러한 반대주주의 주식매수청구권은 정관에 주식의 양도를 제한하는 규정을 둔 회사에서 이사회가 주식의 양도를 승인하지 않을 경우 주주에게 인정되는 주식매수청구권(상법 제335조의6)과는 구별하여야 한다. 비록 현행 상법 제335조의6이 반대주주의 주식매수청구권에 해당하는 상법 제374조의2의 규정을 준용하도록 하고 있지만, 상법 제335조의6에서의 매수청구권이란 주식의 환가방법으로서 인정된 것이며, 제374조의2에서의 매수청구권은 다수파 주주의 의사결정으로부터 소수자 주주의 이익을 보호하고자 함에 있다는 점에서 차이가 있다.[119]

(3) 법적 성질

주식매수청구권은 다음에서 언급되는 행사요건을 갖춘 경우 주주에게 인정되는 권리로서, 그 주주가 그 권리를 일방적으로 행사하면 회사는 그 주식을 매수할 의무가 생기는 권리라고 할 수 있으므로 형성권의 일종이라고 할 수 있다.[120]

다만, 주식매수청구권의 행사와 관련하여서는 당해 주식에 관한 매매계약이 성립한다는 견해[121]와 회사에 대하여 매수가격의 협의의무가 생기게 할 뿐이라는 견해[122]의 대립

---

117) 이철송, 앞의 책, 478쪽.

118) 이 외에도 소수주주의 보호제도로는 각종 소수주주권이 있으며, 대주주의 다수결원칙에 대한 횡포를 억제하기 위한 대표적인 소수주주권으로는 소수주주가 이사·감사의 해임청구권, 이사 선임시의 집중투표제도 등을 들 수 있다.

119) 이철송, 앞의 책, 478쪽.

120) 이태로·이철송, 앞의 책, 462쪽; 정찬형, 앞의 책, 743쪽.

121) 정동윤, 앞의 책, 238, 360쪽; 최기원, 앞의 책, 413쪽; 이태로·이철송, 앞의 책, 462쪽; 정찬형, 앞의 책, 743쪽.

이 있다. 생각건대, 후자에 의하면, 회사에 매수가격 협의의무를 생기게 할 따름이며, 회사는 2월 이내에 매수가격을 협의·결정하여야 한다고 한다. 하지만 주식매수청구권은 권리자인 주주의 의사표시로 효력이 발생하는 형성권으로 상대방인 회사의 승낙의 의사표시는 필요 없다고 하여야 할 것이다. 따라서 상법 제374조의2 제2항에서 "회사는 주식매수청구를 받은 날로부터 2월 이내에 그 주식을 매수하여야 한다"는 의미는 2월 이내에 매수가격을 협의하여 결정하여야 한다는 의미로 해석할 것이 아니라 주식매수청구권의 행사에 의하여 당해 주식에 관한 매매계약이 성립하고 회사는 2월 이내에 이 계약을 이행(주식대금의 지급)해야 한다는 의미로 해석하여야 할 것으로 본다.[123]

(4) 발생요건

① 주주의 반대 의사 존재

주식매수청구권은 회사의 영업양도 등 합병 및 분할합병에 관한 주주총회의 결의사항에 반대하는 주주에게 인정된다.[124] 즉 주주가 ㉠ 회사의 영업의 전부 또는 중요한 일부의 양도, ㉡ 영업 전부의 임대 또는 경영위탁, 타인과 영업의 손익 전부를 같이하는 계약 기타 이에 준하는 계약의 체결·변경 또는 해약, ㉢ 다른 회사의 영업 전부의 양수 등의 행위를 할 때의 필요한 특별결의사항(제374조 제1항)에 반대하는 경우(제374조의2 제1항 전단), 합병 승인의 특별결의사항(제522조 제1항·제3항)에 반대하는 경우(제522조의3 전단) 및 분할합병 승인의 특별결의사항(제530조의2 제2항·제3항)에 반대하는 경우(제530조의11 제2항)에 인정된다. 그러나 회사가 해산한 후에 영업을 양도하거나 회사정리법상 정리계획의 일환으로 영업양도나 합병을 하는 경우에는 주식매수청구권을 행사할 수 없다.[125] 왜냐하면 만약 이때에 주식매수청구권을 인정하면 채권자 보호를 기할 수 없기 때문이다.[126]

---

122) 정희철, 앞의 책, 460쪽.

123) 유진희, 앞의 글, 200쪽.

124) 다만, 의결권 없는 주식을 보유하고 있는 주주도 주식매수청구권을 행사할 수 있는가에 대해서 자본시장법에서는 의결권 없는 주주에게도 인정하나(동법 제165조의5 제1항), 상법에서는 분할 합병의 경우 의결권 없는 주주에게도 의결권을 부여함으로써 결과적으로 주식매수청구권도 부여하고 있을 뿐, 그 밖의 경우에 관해서는 명문의 규정을 두고 있지 않다. 상법이 주식매수청구권의 행사요건으로 사전 반대의 통지만 요구하고 주주총회에 출석하여 반대할 것을 요건으로 하지 않는 것은 의결권 없는 주주에게도 매수청구권을 인정하기 위한 취지로 이해해야 한다(이철송, 앞의 책, 481쪽).

125) 이태로·이철송, 앞의 책, 459쪽.

126) 이태로·이철송, 위의 책, 339~340쪽.

② 서면에 의한 통지

주식매수청구권을 행사하려는 주주는 이에 관한 '이사회의 결의가 있는 때'에 주주총회 전에 회사에 대하여 서면으로 그 결의에 반대하는 의사를 통지하여야 한다(제374조의2 제1항 전단, 제522조의3 제1항 전단, 제530조의11 제2항). 이때 이사가 1인인 소규모 주식회사의 경우에는 주식매수청구권을 행사하려는 주주는 '주주총회의 소집통지가 있는 때'에 주주총회 전에 회사에 대하여 서면으로 그 결의에 반대하는 의사를 통지하여야 한다(제383조 제4항). 또한 간이합병의 경우에는 소멸회사의 총주주의 동의가 있는 경우를 제외하고 합병계약서를 작성한 날로부터 2주 내에 주주총회의 승인을 얻지 아니하고 합병한다는 뜻을 공고하거나 주주에게 통지하여야 하는데(상법 제527조의2 제2항) 주식매수청구권을 행사하고자 하는 주주는 이러한 공고 또는 통지를 한 날로부터 2주 내에 회사에 대하여 서면으로 합병에 반대하는 의사를 통지하여야 한다(상법 제522조의2 제2항 전단).

주식매수청구권을 행사하려는 주주에 대하여 이와 같은 통지를 하게 하는 이유는 매수청구의 예고를 함으로써 회사에 대하여 그러한 의안제출 여부를 재고하도록 하고, 또 그 결의성립을 위한 대책을 강구할 수 있도록 하기 위해서이다.[127] 이러한 서면반대 통지는 주주권의 행사이므로 통지 당시에 주주권을 행사할 수 있는 주주만이 할 수 있으며, 이는 주주총회일 이전에 회사에 도달하여야 하고, 이러한 사실은 주주가 입증하여야 한다.[128]

(5) 청구절차

① 주식매수 청구권자 및 청구방법

주식매수 청구권자는 회사에 대하여 주주의 권리를 행사할 수 있는 주주로서, 사전에 당해 회사에 대하여 서면으로 반대의 의사를 통지한 자이다.[129] 이러한 자에는 의결권 없는 주식을 가진 주주도 포함된다. 왜냐하면 의결권 없는 주식을 가진 주주도 영업의 양도나 합병에 대하여 중대한 이해관계를 가질 뿐만 아니라, 주주총회의 참석이나 의결

---

127) 이태로·이철송, 앞의 책, 460쪽.

128) 이태로·이철송, 위의 책, 460~461쪽.

129) 일본 회사법 제116조는 주주가 사전 반대의사의 통지를 하고 또한 주주총회에 출석하여 반대할 것을 요구하고 있으나, 우리 증권거래법 제191조 제1항(현행 자본시장법 제165조의 5)은 1991년 개정으로 반대주주가 주주총회에 출석하여 반대하는 것은 불필요한 절차라고 하여 이를 삭제하였고, 1995년 개정 상법은 이러한 증권거래법과 동일하게 입법하였다. 따라서 우리 상법상 주주는 일본과 달리 다시 주주총회에 참석하여 반대의사를 표시할 필요가 없다고 하겠다(정찬형, 앞의 책, 743~744쪽).

권의 행사는 주식매수청구권을 행사하기 위한 요건은 아니므로 이들도 주식매수청구권을 갖는다고 하여야 할 것이다(자본시장법 제165조의 5).[130] 이때 '회사에 대하여 주주의 권리를 행사할 수 있는 주주'란 영업의 전부양도의 경우에는 양도회사(상법 제374조 제1항 제1호) 및 양수회사(동조 동항 제3호)의 주주이고, 영업의 일부양도의 경우에는 양도회사의 주주이며(동조 동항 제1호), 회사합병의 경우에는 소멸회사 및 존속회사(제522조 제1항)의 주주이고, 회사의 분할합병의 경우에는 분할 전 회사 및 분할 후 회사(제530조의2 제1~3항)의 주주를 의미한다.[131]

주식매수청구권자인 결의반대주주는 총회의 결의일로부터(간이합병의 경우에는 소멸회사가 주주총회의 승인을 얻지 아니하고 합병한다는 뜻을 공고하거나 주주에게 통지한 날로부터 2주간이 경과한 날로부터) 20일 이내에 주식의 종류와 수를 기재한 서면으로 회사에 대하여 자기가 소유하고 있는 주식의 매수를 청구할 수 있는데(상법 제374조의2 제1항 후단, 제522조의3 제1항 후단, 제530조의11 제2항), 이러한 사전 반대통지와 매수청구의 2단계의 의사표시는 동일인에 의하여 이루어져야 한다. 따라서 매수청구권자가 사전반대 통지 후 그 소유주식을 양도한 경우에는 그 양수인은 매수청구권까지 양도받는 것이 아니라고 해석되므로 매수청구를 할 수 없다고 본다.[132]

② 매수가격의 결정

주식의 매수가격의 결정은 주주와 회사 간의 협의에 의하여 결정한다(상법 제374조의2 제3항). 만약 협의가 이루어지지 않는 경우에는 회사 또는 주식의 매수를 청구한 주주는 법원에 대하여 매수가액의 결정을 청구할 수 있다(동조 제4항). 이때 법원은 회사의 재산상태 그 밖의 사정을 참작하여 공정한 가액으로 이를 산정하여야 한다(동조 제5항).

여기에서 협의란 그 자체가 쌍방의 의사가 있을 때 가능한 것이므로 어느 일방에 협의의 의사가 없으면 거칠 수 없는 절차이다. 하지만 협의는 구속력 있는 절차는 아니므로 이를 생략하고 다음 단계의 결정절차를 거치는 것도 가능하다. 협의란 반대주주가 집단을 구성하여야 하는 것을 의미하는 것이 아니라 회사가 주주 개개인의 개별적인 약정에 의하여 정하는 것이다. 그러나 실제는 회사가 가격을 제시하고 주주들이 개별적으로 수락 여부를 결정하게 된다.[133]

---

130) 이태로·이철송, 앞의 책, 540쪽.

131) 정동윤, 앞의 책, 360쪽; 정찬형, 앞의 책, 744조.

132) 그러나 이사회에서 영업양도 등이 결의되고, 그 계획이 공표된 후에 주식을 취득한 주주는 주식매수청구를 할 수 있다는 견해가 있다(이태로·이철송, 앞의 책, 460쪽; 정찬형, 위의 책, 744쪽 주 2).

나아가, 법원의 결정과 관련해서는 언제까지 청구하여야 하는가에 대하여 아무런 규정을 두고 있지 않다. 하지만 상법 제374조의2 제2항의 규정에 따라 회사의 매수기간(매수청구일로부터 2월)은 동시에 반대주주의 권리행사기간을 의미하는 것으로 보아 이 기간 내에 제소해야 한다고 한다.[134] 또한 법원의 매수가격을 결정할 때에는 회사의 재산상태 그 밖의 사정을 참작하여 공정한 가격으로 이를 산정하도록 하고 있다(상법 제374조의2 제5항). 여기에서 '공정한 가격'이라 함은 영업양도나 합병 등 결의사항의 예정에 의하여 영향을 받기 전의 주식의 가치를 산정한 가격을 말한다.[135] 구체적인 금액은 그 주식의 시장가치(market value), 자산가치(asset value), 수익가치(earnings value) 그리고 배당가치(dividend value) 등 제반 요소를 고려하여 결정하여야 할 것이다.[136]

주권상장법인의 경우에도 자본시장법 제165조의5(주식매수청구권의 특례) 제3항 규정에 따라 주식의 매수가격은 주주와 해당 법인 간의 협의로 결정하도록 규정하고 있다. 다만, 협의가 이루어지지 아니하는 경우의 매수가격은 이사회 결의일 이전에 증권시장에서 거래된 해당 주식의 거래가격을 기준으로 하여 대통령령으로 정하는 방법[137]에 따라 산정된 금액으로 하며,[138] 해당 법인이나 매수를 청구한 주주가 그 매수가격에 대해서도

---

133) 이철송, 앞의 책, 484~485쪽.

134) 일본의 경우에는 결의의 효력발생일로부터 30일 이내 협의가 이루어지지 않을 경우 이 기간이 종료한 때로부터 30일 내에 법원에 가격결정을 청구할 수 있다고 규정함으로써 결국 회사가 매수하여야 할 기간(60일) 내에 이 절차가 종료하도록 하고 있다(일본 회사법 제117조 제2항).

135) 대판 2006.11.23, 2005마958; 특별한 사정이 없는 한 주식의 가치는 영업양도 등에 의하여 영향을 받기 전의 시점을 기준으로 수익가치를 판단하여야 하는데, 이때 미래에 발생할 추정이익 등을 고려하여 수익가치를 산정하여야 한다(이철송, 앞의 책, 485).

136) 이는 'Delaware block approach'라고 하여 델라웨어 주의 판례가 개발한 방법으로, 다른 주에서도 이를 따르고 있다[Piemonte v. New Boston Carten Corp. Supreme Court, 377 Mass. 719, 389 N.E. 2d 1145(1979)].

137) 동법 시행령 제176조의7 제1항에 의하면, "대통령령으로 정하는 경우란 이사회 결의 사실이 공시된 날의 다음 날까지 해당 주식의 취득계약이 체결된 경우를 말한다"고 규정하고 있다.

138) 대통령령으로 정하는 방법에 따라 산정된 금액이란 동법 시행령 제176조의7 제2항에 규정하고 있다. 즉 동법 제165조의5 제3항 단서에서 '대통령령으로 정하는 방법에 따라 산정된 금액'이란 다음 각 호의 금액을 말한다.
  1. 증권시장에서 거래가 형성된 주식은 다음 각 목의 방법에 따라 산정된 가격의 산술평균가격
  가. 이사회 결의일 전일부터 과거 2개월(같은 기간 중 배당락 또는 권리락으로 인하여 매매기준가격의 조정이 있는 경우로서 배당락 또는 권리락이 있은 날부터 이사회 결의일 전일까지의 기간이 7일 이상인 경우에는 그 기간)간 공표된 매일의 증권시장에서 거래된 최종시세가격을 실물거래에 의한 거래량을 가중치로 하여 가중산술평균한 가격
  나. 이사회 결의일 전일부터 과거 1개월(같은 기간 중 배당락 또는 권리락으로 인하여 매매기준가격의 조정이 있는 경우로서 배당락 또는 권리락이 있은 날부터 이사회 결의일 전일까지의 기간이 7일 이상인 경우에는 그 기간)간 공표된 매일의 증권시장에서 거래된 최종시세가격을 실물거래에 의한 거래량을 가중치로 하여 가중산술평균한 가격

반대하면 법원에 매수가격의 결정을 청구할 수 있다고 규정하고 있다. 나아가, 동법의 시행령에서는 주주와 회사 간에 협의가 이루어지지 않으면 매수가격은 합병 등을 위한 이사회의 결의일 이전에 증권시장에서 거래된 당해 주식의 2월간, 1월간 및 7일간의 평균가격을 재차 평균한 가액으로 한다고 규정하고 있다(동 시행령 제176조의7 제2항).

(6) 회사의 주식매수와 처분

결의반대주주가 주식매수청구권을 행사한 경우에 회사는 그 매수청구를 받은 날로부터 2월 이내에 그 주식을 매수하여야 한다(상법 제374조의2 제2항, 제530조 제2항). 이때 회사는 예외적으로 자기 주식을 취득할 수 있는데(상법 제341조 5호), 회사가 이와 같이 취득한 자기 주식은 상당한 시기에 처분하도록 하고 있다(상법 제342조).

나아가, 주권상장법인인 경우에는 자본시장법 제165조의5 제1항에 따라 매수한 주식은 대통령령으로 정하는 기간 이내에 처분하도록 하고 있다. 다만, 주주에게 배당할 이익으로 주식을 소각하려는 경우에는 제165조의3(같은 조 제2항 각 호 외의 부분 후단 및 같은 조 제3항 제1호는 제외한다)에 따라야 하며, 이 경우 같은 조 제2항 제2호를 적용함에 있어서는 '소각하기 위하여 취득할 주식가액의 총액'을 '소각할 주식가액의 총액'으로 하고, 같은 조 제2항 제3호를 적용함에 있어서는 '주식을 취득하려는 기간, 이 경우 그 기간은'을 '주식을 소각하려는 날, 이 경우 그 날은'으로 하며, 같은 조 제3항 제2호를 적용함에 있어서는 '소각을 위하여 취득할 자기 주식의 금액'을 '소각할 자기 주식 가액의 총액'으로 하도록 하고 있다(자본시장법 제165조의5 제4항).

(7) 매수의 효력 발생

매수의 효력발생시기에 관해서는 명문의 규정은 두고 있지 않지만, 매수의 대금이 주주에게 지급되는 때에 동시이행적으로 주식을 회사에 이전한다고 한다.[139]

　다. 이사회 결의일 전일부터 과거 1주일간 공표된 매일의 증권시장에서 거래된 최종시세가격을 실물거래에 의한 거래량을 가중치로 하여 가중산술평균한 가격

　2. 증권시장에서 거래가 형성되지 아니한 주식은 제176조의5 제1항 제2호 나목에 따른 가격을 의미하는 것으로 규정하고 있다.

[139] 이와 관련 우리나라의 규정은 없으나, 일본의 경우에는 "주식매수청구에 의한 주식매수는 당해 주식의 대금지급시기에 효력을 발생한다"라고 규정하고 있다.

2) 주주의 대표소송

(1) 서설

대표소송이란 지배주주와 그 영향하에 있는 이사들의 경영을 전횡하여 회사에 손실이 발생하였을 경우, 회사가 이와 관련된 지배주주나 이사들을 상대로 손해배상을 청구하는 경우가 거의 없다. 대표소송이란 이러한 경우 주주들이 회사를 위하여 제기하는 소송이라고 할 수 있다.

그런데 이러한 대표소송이 결합기업, 즉 지배·종속관계에 있는 회사에 있어서도 문제가 될 수 있다. 예를 들면, 기업결합을 하기 전에 대표소송이 제기되어 소송이 진행되고 있는 도중에, 주식교환이나 주식이전 등을 통하여 지배·종속관계가 형성되어 결합기업이 되었다면, 과연 기업이 결합되기 전에 제기되었던 대표소송을 계속할 수 있을지가 문제 될 수 있다. 이러한 경우 종속기업의 주주 등의 보호를 위해서는 대표소송의 계속을 인정할 필요가 있다. 어쨌든 이와 관련하여 상법상의 대표소송에 대하여 먼저 살펴본다.

(2) 대표소송의 의의

① 개념

주주의 대표소송이란 "소수주주가 회사를 위하여 이사 등의 책임을 추궁하기 위하여 제기하는 소송"을 말한다. 이사와 회사 간의 소송에 관해서는 감사나 감사위원회가 회사를 대표하여 회사가 스스로 소를 제기하여야 하는데(상법 제394조, 동법 제415조의2 제6항) 감사나 감사위원회와 이사 간의 정실관계로 그 실현을 기대하기가 어렵다. 그런데 이는 회사와 주주의 이익을 해하는 것이므로 상법은 소수주주에게 회사를 대위하여 이사의 책임을 추궁하는 소를 제기할 수 있도록 한 것이다.[140]

동 제도는 미국 형평법상의 제도를 도입한 것인데, 미국에서는 처음에 주주 한 명이 모든 주주를 대표하는 소송을 생각한 형평법상의 대표당사자소송(class suit) 내지 대표소송(representative suit)의 하나이었으나, 그 후 주주가 회사를 대위하여 이 소송을 제기한다는 관념에서 발생하여 대표소송(derivative suit)이라는 명칭이 생겨났다.[141] 하지만 우

---

140) 정찬형, 앞의 책, 860쪽.
141) 주주대표소송은 다(정동윤, 앞의 책, 465~466쪽).

리나라의 대표소송은 미국의 제도와 차이가 있다. 즉 미국의 경우에는 반드시 이사의 책임추궁만을 위하여 인정되는 것은 아니고, 때로는 지배주주나 기타 제3자의 책임추궁을 위해서도 이용될 수 있고,[142) 회사가 명목상의 피고(nominal defendant)로 된다는 점에서 우리나라의 대표소송제도와는 차이가 있다.

② 법적 성질

원래 주주는 회사재산에 대하여 직접적인 이해관계를 갖지 않고 일반적·추상적인 이해관계만을 가질 뿐이므로, 회사의 대외적 거래와 관련하여 손해가 발생하였을 경우 직접 또는 대위하여 소송을 제기할 지위에 있지 않다.[143) 그렇다고 하여 이에 대하여 아무런 조치도 하지 못한다는 것은 문제가 있다. 따라서 이에 대한 예외로서 일정한 요건을 갖춘 경우 주주에게도 소송을 제기할 수 있도록 제도적 보장을 한 것이 대표소송제도라고 할 수 있다.

물론 대표소송을 제기한 주주는 회사의 대표기관으로서 회사의 권리를 주장하는 것이며, 판결의 효과도 주주에게 귀속되는 것이 아니라 회사에 직접 귀속된다. 다만, 제소주주는 그 판결의 반사적 효과로서 대표소송을 제기한 것과 같은 효과를 누릴 수 있게 된다. 즉 대표소송은 주주의 개별적인 이익을 위한 것이 아니고 회사와 주주 전체의 이익을 위한 것이므로 주주의 공익권의 일종으로 볼 수 있다.[144)

(3) 당사자

① 원고

대표소송의 원고는 소제기 시에 발행주식 총수의 100분의 1 이상의 주식을 가진 주주이다. 대표소송을 제기하는 소수주주가 보유하여야 할 이러한 주식의 비율은 '소제기 시'에만 유지하면 되고, 그의 보유주식이 제소 후 발행주식 총수의 100분의 1 미만으로 감소하더라도 제소의 효력에는 영향이 없다. 이는 대표소송의 제기를 쉽게 하고 또한 이러한 소를 가능한 한 유지시킴으로써 소수주주권을 강화하여 주주들의 효율적인 경영감시

---

142) Carry, William L. & Eisenberg, Melvin A., op.cit., p.886.

143) 대판 1978.4.25, 78다90; 대판 2001.2.28, 2000마7839.

144) 이처럼 주주는 회사의 경영에 이해관계를 가지고 있지만, 회사의 재산관계에 대해서는 단순히 사실상·경제상 또는 일반적·추상적 이해만을 가질 뿐, 구체적 또는 법률상의 이해를 가지지 아니한다. 그러므로 이사가 행한 제3자와의 거래관계에 주주가 직접 개입하여 이행을 구하거나 계약의 무효를 주장하는 일은 있을 수 없다(이철송, 앞의 책, 665쪽).

를 유도하고 또한 기업경영의 투명성을 보장하기 위하여 1998년 개정상법을 신설한 것이다.[145]

상장회사의 경우에는 영세한 주주도 대표소송을 제기할 수 있도록 제소 자격을 발행주식 총수의 1만분의 1 이상을 보유한 주주로 완화하였다(상법 제542조의6 제6항). 제소 당시에 소수주주의 요건을 구비한 이상 제소 후에는 지주수가 100분의 1 이하로 감소하여도 무방하다(상법 제403조 제5항). 그러나 주식을 전혀 보유하지 않게 된 경우에는 당사자적격이 없으므로 소를 각하하여야 한다. 다만, 다른 주주 또는 회사가 이미 공동소송참가를 한 경우에는 그 참가인에 의하여 소송은 계속된다. 판례는 주주인 원고가 제소요건을 결여할 경우 각하 판결이 선고되기 이전에 회사가 공동소송참가를 하는 것은 적법하다고 한다.[146] 대표소송 제기권은 위에서 언급한 바와 같이 공익권이므로 원고인 주주가 주식을 양도하더라도 양수인이 소송에 참가 또는 인수(민사소송법 제81조 · 제82조)하는 것은 아니다. 회사에 파산이 선고된 경우에는 파산관재인이 당사자적격을 가지므로(채무자회생및파산에관한법률 제395조) 주주는 대표소송을 제기하지 못한다.[147]

② 피고

이사 또는 이사이었던 자이다.[148] 또한 이사가 아닌 업무집행지시자 등도 상법 제403조의 적용에 있어서 이사로 보게 되고(상법 제401조의2 제1항), 이사와 연대하여 그 책임을 지므로 피고가 될 수 있다고 하겠다.[149]

(4) 소제기의 요건

① 이사의 책임

대표소송은 이사의 회사에 대한 책임을 추궁하기 위한 소송이므로 이사의 제3자에 대한 책임(상법 제401조)을 추궁하기 위하여서나 주주 자신의 손실 회복을 위해서 제기할 수 없다.

이사의 회사에 대한 책임 추궁의 범위는 상법 제399조(법령 · 정관위반 또는 임무해태

---

145) 정찬형, 앞의 책, 923쪽.
146) 대판 2002.3.15, 2000다9086.
147) 대판 2002.7.12, 2001다2617.
148) 미국의 경우에는 회사를 명목상 피고로 인정하고 있다.
149) 정찬형, 앞의 책, 862쪽.

로 인한 책임)에 의한 책임과 제428조(신주발행 시 이사의 인수담보책임)에 의한 책임 등 이사의 지위에 기한 책임을 추궁하기 위해서만 대표소송을 제기할 수 있다는 견해[150]와 널리 회사와 이사 간의 거래상 채무이행의 청구에 관해서까지 대표소송을 제기할 수 있다는 견해로 나누어져 있다.[151] 대표소송은 원래 이사의 행위로 인한 회사 손실이 동료 임원의 비호 아래 방치되는 것을 막기 위한 제도로서 책임의 종류에 따라 그 필요성이 달라지는 것은 아니므로 이사가 회사에 대하여 부담하는 책임의 범위를 제한할 필요가 없다고 본다. 따라서 이사의 거래상 책임도 대표소송으로 추궁할 수 있다고 보아야 한다.[152]

마지막으로 이사의 회사에 대한 책임 추궁의 대상은 이사의 지위에 있는 동안에 발생한 모든 책임이 대표소송의 대상이 된다. 따라서 이사가 퇴임하더라도 그가 재직 중에 발생한 책임은 그 대상이 된다고 하겠다(통설). 또 이사가 취임 전에 부담한 채무도 그가 취임 후에 회사가 권리행사를 게을리 할 수 있으므로 대표소송의 대상이 된다고 하겠다.[153]

② 주주의 제소 청구

발행주식 총수의 100분의 1 이상에 해당하는 주식을 가진 주주는 회사에 대하여 이유를 기재한 서면으로 이사의 책임을 추궁하는 소의 제기를 청구하여야 한다. 그런데 회사가 이사를 상대로 하는 소송은 감사(감사위원회를 두는 경우에는 감사위원회)가 대표하므로 청구는 감사에게 하여야 한다(상법 제394조 제1항).[154]

만약 회사(감사)가 이러한 청구를 받은 날로부터 30일 이내에 소를 제기하지 않을 때에는 소수주주는 즉시 회사를 위하여 직접 소를 제기할 수 있다. 다만, 이러한 30일의 경과로 인하여 회사에 회복할 수 없는 손해가 생길 염려가 있는 경우에는 예외적으로 그 소수주주는 즉시 소를 제기할 수 있다(상법 제403조 제4항). '회복할 수 없는 손해가 생길 염려'가 있다고 함은 곧 시효가 완성한다든지, 이사가 도피하거나 재산을 처분하려는 등 법률상 또는 사실상 이에 대한 책임 추궁의 불가능 또는 무익해질 염려가 있는 경우를 의미한다.[155]

---

150) 강위두·임재호, 「상법강의(상)」(형설출판사, 2006), 578쪽; 정희철, 「상법학」(박영사, 1989), 398쪽.

151) 서돈각·정완용, 앞의 책, 472쪽; 손주찬, 앞의 책, 821쪽; 정동윤, 전게 회사법, 467쪽; 이병태, 앞의 책, 701쪽; 이철송, 앞의 책, 666쪽 등.

152) 일 최고재, 2009.3.10, 「金融商事判例(第1315号)」(2009.5.1.), 46頁.

153) 이철송, 앞의 책, 667쪽.

154) 감사는 두지 않는 소규모 회사의 경우에는 대표이사에게 청구하여야 한다(상법 제409조 제4항).

(5) 절차상의 문제

① 관할권의 문제

대표소송은 회사의 본점소재지 지방법원의 관할에 전속한다(상법 제403조 제7항, 제186조). 따라서 본래 회사가 직접 제기할 경우의 관할은 무시된다. 대표소송에 관해서는 제소권자가 제한되어 있고 전속관할이 있으나, 회사가 제기하여야 할 소송을 주주가 대신한다는 것뿐이고 이로 인해 소가 형성의 소로 변하는 것은 아니며, 소의 성질은 본래 회사가 이사에 대해 제기할 수 있는 이행의 소 그대로이다.[156]

② 소송고지와 소송참가

대표소송의 실질적인 당사자는 회사인데, 주주와 이사의 통모에 의하여 대표소송이 부당하게 수행될 우려가 있으므로 상법은 회사의 참가를 허용하고(상법 제404조 제1항), 참가의 기회를 보장하기 위하여 소송고지 제도를 두고 있다. 주주가 대표소송을 제기한 때에는 지체 없이 회사에 대하여 소송의 고지를 하여야 한다(상법 제404조 제2항). 일반적으로 소송고지는 고지자의 자유이나 대표소송의 고지는 법상의 의무이다. 주주가 고지하지 아니한 경우 주주는 회사에 대하여 손해배상책임을 진다.[157] 불고지의 경우 판결의 효력에는 영향이 없다는 견해도 있으나, 회사가 실제의 당사자란 점을 생각한다면 판결의 효력이 회사에 미치지 않는다고 보아야 한다.[158]

회사의 고지의 유무에 불구하고 주주의 대표소송에 참가할 수 있다(상법 제404조 제1항). 참가의 성격에 대해서는 견해의 대립이 있다. 공동소송적 보조참가로 보는 견해도 있으나, 대표소송은 제3자 소송담당의 형태로서 회사가 기판력을 받으며 당사자적격을 가지고 또한 회사가 재심을 청구할 수 있는 점을 보면 공동소송참가(민사소송법 제83조)라고 봄이 타당하다.[159]

참가 역시 이사를 상대로 한 소송행위이므로 감사가 회사를 대표한다(상법 제394조). 회사가 참가하는 대신 별도로 소를 제기할 수 있는가? 이를 허용한다면 중복제소를 허용하는 것과 같으므로 별도의 소를 제기할 수 없다고 본다(민사소송법 제259조).

---

155) 이철송, 앞의 책, 667쪽.
156) 이철송, 위의 책, 669쪽; 정찬형, 앞의 책 924쪽.
157) 방순원, 「민사소송법(상)」(한국사법행정학회, 1989.10.), 163쪽.
158) 이철송, 앞의 책, 669쪽.
159) 대판 2002.3.15, 2000다9086.

③ 주주의 담보제공

이사가 대표소송을 제기하는 주주의 악의를 소명하여 청구할 때에는 법원은 주주에게 상당한 담보를 제공할 것을 명할 수 있다(상법 제403조 제7항, 제176조 제3항·제4항). 주주의 악의란 피고인 이사를 해할 것을 알고 제소함을 의미한다. 그리고 담보제공이란 원고가 패소할 경우 피고인 이사가 대표소송의 수행으로 입은 손해를 배상할 것을 담보하기 위함이다.

피고가 소송비용의 담보제공을 신청한 경우 담보액을 산정하기 위해서는 소송물의 가격을 산정해야 하는데, 이때 소송물의 가격은 피고가 대표소송에서 전부 패소할 경우 실제로 지급할 의무가 생기는 손해배상액이 아니라, 인지규칙상의 대표소송의 소가(5천만 100원)를 말한다.[160]

④ 소의 취하, 청구의 기각·화해 등

제소주주는 소송물에 관해 처분권이 없으므로 법원의 허가가 없으면 취하·포기·화해 등을 할 수 없다(제403조 제6항). 법문에서는 청구의 인낙도 할 수 없다고 규정하나, 청구의 인낙은 이사가 하는 것이므로 금할 이유가 없다.

⑤ 재심의 소

이사의 책임을 추궁하는 소가 제기된 경우에 원고와 피고의 공모로 인하여 소송의 목적인 회사의 권리를 사해할 목적으로 판결을 하게 한 때에는 회사 또는 주주는 확정된 종국판결에 대하여 재심의 소를 제기할 수 있다(상법 제406조 제1항). 이사의 책임을 추궁하는 소는 소송참가제도가 있음에도 불구하고 원고와 피고와의 공모에 의하여 불공정한 결과가 발생할 염려가 크므로 민사소송법에도 재심의 제도가 있으나(민사소송법 제451조) 그것만으로는 충분하지 않기 때문에 상법은 이에 관해서 특칙을 둔 것이다.[161]

재심의 소는 당사자가 판결이 확정된 후 재심의 사유를 안 날로부터 30일 내에 제기하여야 하며, 판결 확정 후 5년을 경과한 때에는 재심의 소를 제기하지 못한다(민사소송법 제466조). 이 재심의 소를 제기한 주주도 승소의 경우에는 회사에 대하여 변호사 보수의 청구권을 가지고, 패소의 경우에는 악의가 없는 한 책임이 없다(상법 제406조 제2항, 제405조).

---

160) 대판 2009.6.25, 2008마1930.
161) 정찬형, 앞의 책, 926쪽.

(6) 효과

① 판결의 효력

대표소송은 제3자의 소송담당의 한 경우이므로 원고인 주주가 받은 판결의 효력은 당연히 회사에 미치게 된다(민사소송법 제204조 제3항). 또 원고인 주주가 받은 판결의 효력에 대하여 다른 주주도 동일한 주장을 하지 못하며, 피고인 이사도 원고인 주주에게 반소를 제기할 수 없다.[162]

② 소송비용의 문제

대표소송에서 주주가 승소한 경우에는 소송비용 및 '소송으로 인하여 지출한 비용 중 상당한 금액'의 지급을 청구할 수 있다(상법 제405조 제1항, 제406조 제2항). 이 금액의 범위에 대해서는 해석상 다툼이 있다. 일부 학설은 이 규정이 말하는 비용이란 변호사 보수를 뜻하는 것으로 해석한다.[163] 그런데 변호사 보수는 대법원 규칙(변호사비용의소송비용산입에관한규칙)이 정하는 범위 안에서 당연히 소송비용으로 취급하므로(민사소송법 제109조 제1항) 위와 같이 해석한다면 상법 제405조 제1항은 무의미해진다. 대표소송으로 인한 주주의 비용지출은 회사의 이익을 위하여 지출한 것이므로 소송비용·변호사비용에 국한할 것이 아니고 회사가 직접 소송을 제기하였더라면 지출되었을 모든 유형의 비용을 포함하는 뜻으로 새기는 것이 옳다. 회사가 주주에게 소송비용을 지급하면 피고였던 이사를 상대로 구상권을 갖는다(상법 제405조 제1항).

반면 대표소송에서 주주가 패소한 경우에는 원칙적으로 회사에 대해 손해배상책임을 지지 아니한다(상법 제405조 제2항). 대표소송을 제기하는 주주에게 무거운 위험부담을 주는 것은 대표소송 제기의 동기를 위축시킬 것이기 때문이다. 그러나 주주가 악의인 경우에는 회사에 대해 손해배상책임을 진다(상법 제405조 제2항). 악의란 회사를 해할 것을 알고 부적당한 소송을 수행한 경우를 말한다. 따라서 승산 없는 소송임을 알고 제기한 경우는 물론이고, 불성실하게 소송을 수행하여 패소하게 된 경우에도 손해배상책임이 있다고 보아야 한다.[164]

---

162) 정희철, 앞의 책, 500쪽; 정동윤, 앞의 책, 470쪽.

163) 강위두·임재호, 앞의 책, 582쪽; 정찬형, 앞의 책, 659쪽; 정희철, 앞의 책, 500쪽.

164) 이철송, 앞의 책, 672~673쪽.

(7) 다중대표소송제도에 대한 도입 논의

① 다중대표소송제도의 개념

다중대표소송이란 직접 자회사 기타 종속회사의 주식을 소유하고 있지 않는 모회사 주주가 종속회사가 입은 손해를 구제하기 위하여 종속회사를 위하여 제기하는 대표소송을 말한다.165) 엄밀하게 말하면, 모회사 주주가 자회사(subsidiary)를 위하여 제기하는 경우를 2중대표소송(double derivative action), 손회사(second-tier subsidiary)를 위하여 제기하는 경우를 3중대표소송(triple derivative action), 공통의 지배를 받는 계열회사로서 그런 계층구분이 의미가 없는 회사를 위하여 제기하는 경우를 다중대표소송(multiple derivative action)으로 구분하며, 이들의 총칭을 다단계대표소송이라고 한다.166)

통상 모자회사에 있어서 각 회사의 이사에 의하여 손해가 발생한 경우에는 모회사의 주주는 모회사의 이사를 상대로, 자회사의 주주는 자회사의 이사를 상대로 하여 대표소송을 제기하게 된다(상법 제403조 이하). 그런데 모회사의 지배로 인하여 자회사가 손해를 입은 경우, 그 손해의 이해관계자들은 어떤 방법으로 구제를 할 것인가가 문제된다.

먼저, 손해의 직접적인 관계자인 자회사의 다른 주주나 채권자는 모회사 또는 모회사 이사를 상대로 손해배상을 청구할 수 있는가 하는 문제이다. 또한 반대의 경우로 모회사의 주주가 자회사를 위하여 자회사 이사를 상대로 배상을 청구할 수 있는가 하는 점도 문제가 될 수 있다. 그런데 이와 관련하여 현행법상 대표소송 관련 규정을 적용하여 해결함에는 한계가 있다.167) 이러한 점에서 다중대표소송제도의 도입에 대하여 논의가 되고 있다.

② 관련 사건 사례의 소개

㉠ 서울고법 2003. 8. 22, 2002 나 13764 사건 사례
ⓐ 사건의 개요
P사는 S사의 발행주식의 80.55%를 소유한 순수지주회사이고, S사는 1996년 이후 주

---

165) P. I. Blumberg, *The Law of Corporate Groups - Procedural Problems in the Law of Parent and Subsidiary Corporations, Little, Brown and Company,* 1983, p. 350: 김동훈, "주주대표소송의 이용범위 확대", 「외법논집」(한국외국어대학교 법학연구소, 2002. 12), 18쪽.

166) 김동훈, 위의 글, 18쪽.

167) 반면 독일의 경우에는 이러한 유형의 소송이 허용되고 있다(김정호, "사원의 개별소권", 「법학논집(제27권)」(고려대학교 법학연구원, 1992), 307-310쪽).

로 부동산 임대 등의 사업만을 영위하고 있는 회사로서 1993. 5. 27. '중소기업 등의 장외거래에 관한 규정'에 의하여 장외 등록(코스닥등록)을 하였다가 1999. 10. 30. 주식분산기준 미달로 그 등록이 취소된 회사이다(S사도 P사 발행주식의 19.99% 소유).

원고 X는 P사 발행주식 73,000주중 21,350주(29.25%)를 소유한 주주이고, 법률적 문제가 된 기간 동안 피고 갑과 을은 P사의 이사 및 대표이사로 재직(동시에 S사의 이사 및 대표이사로도 재직)한 자이며, 피고 병은 P사의 이사로, 피고 정은 P사의 감사(동시에 S사의 이사로도 재직)로 재직한 자이다.

S사의 이사회는 S사 주식의 유동성확보 및 주주의 투자이익보호 등을 목적으로 S사를 장외등록 하기로 결정하고 장외등록 주간사를 소외 C증권사로 선정하였는데, C증권사는 S사의 재무제표, 영업실적 및 미래가치 등을 종합적으로 평가하고 당시 시행되던 '공모주식의 인수가액 결정에 관한 기준'에 따라 S사 주식의 1주당 가격을 23,000원으로 산정하였다. 이에 따라 S사의 이사회는 1993. 5. 13, S사의 장외등록을 결의한 후, 같은 해 5. 27. 1주당 가격을 23,000원으로 정하여 S사를 장외등록 하였다.

피고 갑, 을, 병은 P사의 이사회 의결을 거쳐 P사가 보유하고 있던 S사의 주식중, 1993. 5. 23. C증권사에 20,000주를 1주당 23,000원에, 1994. 3. 14.부터 동년 3. 19.까지 소외 S개발 주식회사(이하 'S개발'이라고 함)에 1주당 16,200원 내지 16,300원에 합계 50,700주를 매도하였고, 같은 해 4. 19. 80,000주를 피고 갑에게, 50,000주를 피고 을에게, 50,000주를 소외 A에게, 100,000주를 소외 B에게 각 1주당 16,300원에 매도하였다가, 같은 해 5. 6. 주식 양도계약을 체결하여 다시 P사의 소유로 환원하였다.

S사는 1971년부터 P사에 대하여 대여금 등 채권을 가지고 있었는데, 원금 및 이자 일부만을 변제받았을 뿐 1,322,044,501원의 채권 전액을 회수하기 위한 조치를 취하지 않아 정기 회계감사에 여러 차례 지적을 받게 되자 P사에 대하여 그 상환을 요구하였고, 이에 피고 갑, 을, 병은 1993. 2. 21. P사의 이사회를 개최하여 S사에 대한 위 채무를 P사가 보유하고 있는 S사의 주식을 매각하여 변제하기로 결의하였다. 결의에 따라 P사의 대표이사인 피고 갑을 대리하여 피고 정이 1995. 3. 3. 공증인가 D합동법률사무소 1995년 증서 제399호로 액면 1,332,044,051원, 수취인 및 채권자 S사 대표이사 갑으로 된 약속어음 공정증서를 작성하여 S사에 교부하였고, S사는 위 약속어음 공정증서에 기하여 P사가 소유하고 있던 S사의 주식 71,586주에 대한 강제집행을 신청하였다. 집행법원이 선정한 감정평가사의 감정가격인 1,399,927,000원을 최저 감정가격으로 정하여 진행된 강제집행절차에서 피고 무는 1995. 4. 19. 위 S사 주식 71,586주 전부를 1,399,506,300

원(1주당 19,550원)에 낙찰받았다. 피고 무가 낙찰받은 위 S사 주식들은 그 후 100여명의 소유로 분산되었다가 1999. 10. 30. S사의 코스닥 등록이 취소되면서 소액투자자보호를 위하여 자사주를 매입하라는 금융감독원 통보에 따라 S사가 그 중 60,843주를 매입하였다.

한편 피고 을은 S사의 대표이사로 재직하던 중 보증금 및 임대료 5억 7천만 여원을 회사에 입금하지 않고 횡령한 바 있다.[168]

ⓑ 동 사건 사례에 대한 판결 내용

동 사건 사례는 세 가지의 쟁점사항을 포함하고 있다. 첫째, S사의 장외등록 및 S사의 주식매도와 관련된 판단, 둘째, P사의 S사에 대한 채무변제와 관련된 판단, 셋째, 이중대표소송에 대한 판단의 문제가 포함되어 있다.[169] 여기에서는 세 번째의 문제와 관련해서만 살펴본다.

동 사건 사례에 대한 고등법원의 판단에서는 지배회사 이사회에 대한 제소청구 또는 지배회사 이사를 상대로 한 대표소송만으로는 첫째, 종속회사 이사의 부정행위로 인한 지배회사의 간접적인 손해액을 평가하기 어렵고, 둘째, 종속회사의 주식을 여러 회사가 나누어 소유하고 있는 경우 각 지배회사마다 대표소송이 제기되는 결과를 초래할 수 있으며, 셋째, 이중대표소송을 허용하지 않으면 지배회사 및 종속회사에 대한 경영권을 모두 지배하고 있는 경영진이 종속회사를 통하여 부정행위를 함으로써 책임을 회피하는 수단으로 이용할 위험이 존재하는 등의 부작용이 발생하는 난점을 극복하기 어렵다고 지적하며 이중대표소송의 필요성을 역설하고 있다. 반면에 이중대표소송을 인정하는 경우에는 종속회사의 경영진이나 주주들의 이사들의 부정행위를 시정하지 못하는 때 종속회사 이사들의 부정행위를 억제할 수 있는 효과를 기대할 수 있다고 한다. 종속회사의 손해는 종국적으로 지배회사 주주의 손해로 귀속되므로 이중대표소송을 통하여 종속회사의 손해를 회복함으로써 간접적으로 지배회사 및 지배회사 주주의 손해를 경감하는 효과를 기대할 수도 있다고 한다. 그러면서 고등법원 판례는 우리 상법의 해석에서도 대표소송을 제기할 수 있는 주주의 개념에 '회사인 주주의 주주'를 포함함으로써 이중대표소송을 인정할 수 있다고 한다.[170]

---

168) 손영화, "모회사 주주의 대표소송과 이사의 경영판단", 「상사판례연구」(2004. 12), 6-7쪽.
169) 손영화, 위의 글, 10-15쪽.
170) 손영화, 위의 글, 14-15쪽.

ⓛ 동 사건 사례에 대한 대법원의 판단

동 사건 사례와 관련하여 대법원은 다음과 같이 판시하였다.171) 즉, 원고가 제기한 이른바 이중대표소송에 대하여 "어느 한 회사가 다른 회사의 주식의 전부 또는 대부분을 소유하여 양자 간에 지배종속관계가 있고, 종속회사가 그 이사 등의 부정행위에 의하여 손해를 입었다고 하더라도, 지배회사와 종속회사는 상법상 별개의 법인격을 가진 회사이고, 대표소송의 제소자격은 책임추궁을 당하여야 하는 이사가 속한 당해 회사의 주주로 한정되므로, 종속회사의 주주가 아닌 지배회사의 주주는 상법 제403조, 제415조에 의하여 종속회사의 이사 등에 대하여 책임을 추궁하는 이른바 이중대표소송을 제기할 수 없다고 할 것이어서, P사의 주주의 지위에서 S사의 대표이사인 피고 을에 대하여 책임추궁을 구하는 원고의 이 부분 소는 원고적격이 흠결되었다고 할 것이다."고 판시하여 고등법원에서 판단한 이중대표소송의 제기가 가능함을 전제로 원고적격을 인정한 부분에 관하여 주주의 대표소송에 있어서의 원고적격에 관한 법리를 오해하여 판결에 영향을 미친 위법이 있다고 판시하고 있다.172)

③ 도입의 필요성과 입법론

㉠ 도입의 필요성

위의 사건 사례를 계기로 다중대표소송제도의 도입 여부에 대하여 우리나라에서도 많은 논의가 이루어졌다. 즉, 다중대표소송제도의 도입을 할 필요가 있다는 도입필요설과 굳이 이를 도입하지 않더라도 현행법의 해석으로도 가능하다는 도입불필요설의 견해가 있다. 구체적으로 보면 다음과 같다.

먼저, 다중대표소송의 필요성 여부가 부각된 것은 순수지주회사의 허용에 따라 지주회사 주주의 지위가 허구화할 우려가 커진데서 비롯된 측면이 강하다. 즉, 지주회사 특히 순수지주회사의 주주로서는 그 이익의 원천인 동시에 손실위험의 주요인이 되는 것은 바로 자회사의 사업활동이다. 그런데 현행 상법상 주주는 주주권자로서 지주회사에 대한 관리·감독은 할 수 있지만(상법 제385조, 제399조, 제402조, 제403조 등), 실질적인 사업활동의 주체인 자회사에 대하여는 직접적인 관리·감독을 할 수 없게 된다.173)

---

171) 대법원 2004. 9. 23, 2003 다 49221.

172) 손영화, 앞의 글, 17-18쪽.

173) 김동훈, 앞의 글, 20쪽.

만약 자회사 이사의 행위로 인하여 자회사에 손해가 발생한 경우에는 자회사의 이사회 및 감사 등이 당해 이사를 상대로 손해배상을 청구하여야 하겠지만(상법 제391조, 제394조), 이사회의 구조와 당사자 간의 업무연락관계 등을 고려하면당해 이사를 상대로 손해배상을 청구한다는 것은 실제로 거의 불가능하다고 하겠다. 따라서 그 대안으로 자회사 주주가 주주대표소송을 제기하는 방법이 마련되어 있는 것이다(상법 제403조 이하). 그러나 자회사 주주가 이사들과의 관계라는 구조적 이유나 능력부족으로 인하여 그러한 책임추궁에 소극적인 경우에는 해당 손해와 관련하여 구제를 받기가 그렇게 쉬운 것만은 아니다. 결국 이 손해와 관련하여 모회사가 그 발행주식의 100%를 소유하고 있는 완전자회사의 경우라면 모든 손해를, 비완전자회사의 경우라면 형태와 관계없이 상당한 손해를 모회사가 책임을 지게 된다. 여기서 그 손해의 궁극적인 이해당사자인 지주회사 주주의 이익을 보호하기 위한 구제절차의 강구의 필요성이 제기되는 것이다.[174)

그 구제방법으로 우선 생각될 수 있는 것은, 자회사의 사업활동에 대해 관리감독의무를 부담하는 모회사 이사가 그 의무를 게을리 하였음을 이유로 모회사 주주가 손해배상을 청구하는 대표소송을 제기하는 방법이 있다. 모회사 주주는 자회사에 대한 관리·감독을 포함한 모회사 사업 전체에 대하여 모회사 이사에게 위임을 한 것이므로, 이사가 그 임무를 게을리 하고 자회사에 관한 책임을 추궁하는 소송을 제기하지 않을 경우에는 그 자체가 이사의 선관주의의무 위반에 해당한다고 볼 수 있기 때문이다.[175) 그러나 이 방법은 자회사가 소수인 경우에는 타당할 수 있으나 자회사의 수가 다수인 경우에는 모회사 이사에게 과중한 관리·감독의무의 부과를 전제로 한다는 점에서 무리가 있다고 생각된다.[176)

또한 이를 인정한다고 하더라도 모회사 이사에 대한 책임추궁 만으로는 문제가 완전히 해결될 수 없는 상황도 존재한다. 우선 모회사 이사가 자회사 이사에게 직접 업무상 지시를 했거나 모회사의 자회사 주주로서의 권리를 부적절하게 행사한 경우에는 모회사 이사는 모회사에 대하여 의무위반의 책임이 있음이 명백하므로, 모회사 주주는 대표소송에 의하여 그 책임을 추궁할 수 있다. 그러나 법률상 자회사 이사는 독자적으로 의사결정을 하도록 되어 있으므로 모회사 이사가 자회사 이사에게 사실상 영향력을 행사했더라도 이에 따라야 하는 것은 아니다. 그러므로 모회사 이사가 관리감독의무를 이행하고 있는 한

---

174) 김동훈, 위의 글, 20쪽.

175) 川濱昇, "支柱會社の機關", 「支柱會社の法的諸問題」(資本市場法制硏究會, 1995), 74쪽.

176) 김동훈, 앞의 글, 20-21쪽.

자회사 이사의 행위로 인해 생긴 자회사의 손해에 대해서는 책임을 추궁할 수 없게 된다. 또한 자회사 이사의 위법행위가 일상 업무로서 행해진 것이거나 은폐된 경우에는 모회사 이사의 감시의무 위반은 인정되지 않을 가능성이 높다. 모회사 이사를 상대로 대표소송을 제기할 경우 입증의 곤란도 문제된다. 이 때 요증사실은 자회사 이사의 의무위반, 이로 인한 자회사의 손해 발생, 자회사 이사에 대한 대표소송 불제기라는 모회사 이사의 결정이 선관주의의무 위반에 해당한다는 것, 대표소송 불제기로 인한 모회사의 손해 등이 될 것인데, 이는 그 자체로 입증이 매우 어려울 뿐만 아니라 입증에 많은 시간·비용이 소요되어 절차의 낭비를 초래하게 된다. 한편 자회사 이사로서도 직접 당사자로서 참가할 수 없으므로 충분한 방어를 하지 못하게 될 염려도 있다.177) 이상의 점에서 우리 상법에 다중대표소송의 도입을 긍정적으로 검토할 필요가 있다고 한다 178)

하지만, 이와는 달리 다중대표소송제도를 군이 도입할 필요가 없다는 견해도 있다. 이에 대한 근거로는 우선 지배회사와 종속회사는 서로 독립된 법인격을 가짐에도 불구하고 지배회사 주주가 종속회사 이사의 책임을 묻는 소송을 제기할 수 있다는 것은 모회사와 자회사 사이의 독립된 법인격을 부인하는 결과가 됨으로서 지배회사와 종속회사가 통합된 하나의 주체가 되기 때문에 법인격에 대한 혼란으로 인해 주주, 채권자 및 거래 상대방 등의 피해가 발생할 수 있다고 한다.179) 둘째, 다중대표소송제도는 미국 형평법상 판례에 의하여 형성된 법리로 성문화된 외국의 입법례가 전무할 뿐만 아니라 현행 각 법률에 의하여 운용되고 있는 제도를 활용하더라도 동일한 효과를 거둘 수 있기 때문에 이를 인정할 합리적인 근거가 없다고 한다.180) 셋째, 지배회사의 주주는 종속회사 주주에 비해 실질적으로 적은 수의 지분으로도 자회사의 이사에 대해 대표소송을 제기할 수도 있게 되기 때문에 지배회사 주주와 종속회사 주주 간에 소제기 평등권의 침해가 있을 수 있다.181) 넷째, 다중대표소송의 대상이 되는 회사의 손해는 이사의 법령위반행위에 기인한 것은 물론이고 정관위반, 임무해태 등으로 인한 모든 회사의 손해를 적용대상으로 하기

---

177) 山田泰弘, 앞의 책, 254-255쪽.

178) 김동훈, 앞의 글, 21쪽.

179) 회사의 채권자 및 소수주주 보호를 확대해 가는 것은 세계 각국의 주식회사들이 갖는 공통적인 과제이다(Wolfgang Zöller(이기수역), "독일주식법상 결합기업에 관한 법과 그 발전", 「상사법연구(제10집)」(한국상사법학회, 1992), 151쪽).

180) 전국경제인연합회(CEO-REPORT), "이중대표소송제도 도입의 문제점", 2006. 7., 9-10쪽.

181) 위의 보고서, 9-10쪽; 권재열, "이중대표소송 허부에 대한 비교법적 검토", 「비교사법(제11권 제2호)」(한국비교사법학회, 2004), 470쪽; 최진이, "지배회사 주주의 종속회사 이사 등에 대한 이중대표소송 허용에 관한 연구", 「기업법연구(통권 제38호)」(한국기업법학회, 2009. 9), 21쪽.

때문에 적용범위가 넓고, 지배회사의 일정 지분만 보유하면, 종속회사의 이사를 상대로 동시다발적인 소송이 제기될 수 있기 때문에 남소로 인한 폐해가 있다고 한다.[182] 이 외에도 종속회사의 손실이 발행하게 되면 지배회사의 손해는 자회사의 자산 가치의 감소로 인한 주식가치의 하락이라는 간접손해의 형태로 나타나기 때문에 자회사 손실로 인해 지배회사에 손해가 발생한 것이라는 인과관계의 입증이 어렵기 때문에 다중대표소송을 인정하는데 문제가 있다고 한다.[183]

ⓛ 입법적 논의

다중대표소송제도의 입법화에 대한 논의는 참여정부 시절 2006년 10월 4일 법무부가 상법개정안을 입법예고하면서부터이다. 그러나 재계가 이에 반발하여 압력을 행사하자 2007년초 법무부는 상법쟁점조정위원회를 중심으로 재검토하게 되었고, 그 결과 동 제도에 관한 규정을 삭제함으로써 입법화의 시도는 실패하였다. 이에 2009년 2월 10일 일부 국회의원을 중심으로 다시 동 제도의 도입을 추진하는 상법개정안(의안번호 1803753)을 발의하기도 하였으나, 현행 상법에 입법화 하는 것은 실패하였다.[184]

④ 소결

이상에서 다중대표소송제도의 도입 여부에 대하여 살펴본 바와 같이, 학설 뿐만 아니라 대법원 판례도 동 제도의 도입 여부에 대하여 많은 논의가 이루어지고 있다. 과연 동 제도의 도입이 필요한 것인가? 생각건대, 다중대표소송제도란 지배주주와 경영진의 불법 행위로 인해 회사가 손해를 입었을 경우 사후적으로 이를 회복하기 위한 추가적인 규제가 아니라 절차적인 보완책이라고 할 수 있다. 또한 전술한 바와 같이 공익소송인 주주 대표소송은 원고인 주주들이 자발적으로 참여할 유인이 크지 않은 근본적인 한계를 안고 있다. 특히 주주대표소송에 대한 법원의 판단이 매우 엄격하게 이루어지고 있는 점 등을 고려할 때 동 제도가 도입될 경우 남소의 가능성에 대한 지적을 하는 재계의 주장은 기우에 불과한 것이 아닌가 한다. 오히려 비상자회사에서 배임·횡령이나 계열사 부당지원, 회사기회의 유용 등이 끊이지 않고 있는 우리나라 기업현실에 비추어 동 제도는 비상장 회사를 이용한 지배주주의 사익추구 행위를 견제할 수 있는 거의 유일한 수단이라고도

---

182) 최진이, 위의 글, 21쪽.

183) 최진이, 위의 글, 21쪽.

184) 이승희, ""실효성있는 이중(다중)대표소송 제도 도입 방안", 「ERRI-이슈&분석」(경제개혁연구소, 2009. 9. 29), 4쪽.

할 수 있다.[185) 따라서 향후 동 제도의 입법화에 대하여 재검토할 필요가 있다고 본다.

3) 채권자 보호절차

모자회사 관계의 형성방법으로 자회사 설립을 하는 경우 회사가 영업, 특히 현물출자를 하는 경우 주주보호를 위한 주주총회의 특별결의와 더불어 채권자를 보호하기 위한 회사의 합병에 준하는 채권자 보호절차를 밟아야 하고(제527조의5), 회사의 분할의 경우도 주주의 보호와 더불어 채권자를 보호하기 위하여 분할계약서·분할합병계약서의 열람 및 등본, 초본의 교부청구권(제530조의7) 및 회사분할 무효의 소(제530조의11 제1항－제236조)를 인정하고 있다.

반면, 주식의 포괄적 교환·포괄적 이전의 경우 당사회사가 모두 존속하고 당사회사의 재산의 감소도 자본액의 감소도 생기지 않으므로 어느 회사의 채권자에게도 불이익을 가져오지 않으므로 채권자 보호절차를 요하지 아니한다.

---

185) 이승희, 위의 글, 13쪽.

제2절 결합기업과 공정거래법상의 규제

공정거래법에서는 결합기업에 대한 직접적인 규제 규정은 존재하지 않는다. 하지만 결합기업을 형성하기 위해서는 기업을 결합하여야 하는바, 이러한 기업결합에 대한 규제에 대하여 독점규제및공정거래에관한법률(이하 공정거래법)에서 많은 규정을 두고 있다. 따라서 이하에서는 공정거래법상 기업결합에 대하여 살펴본다.

1. 기업결합의 의의

1) 개념

기업결합이라 함은 기업 간의 자본적·인적·조직적인 결부를 통하여 기업활동을 단일한 관리체제하에 통합시킴으로써 개별기업의 경제적인 독립성을 소멸시키는 기업 간의 결합 과정 또는 형태를 말한다.[186]

이러한 기업결합은 광의의 기업결합과 협의의 기업결합으로 구분할 수 있다. 먼저, 광의의 기업결합은 어떤 형태로든 복수의 사업자가 경제적인 측면에서 공통된 의사에 의하여 항구적으로 또는 일시적으로 합체되는 것을 말하며, 이에 대한 예로는 카르텔·트러스트·콘체른 등이 있다. 반면 협의의 기업결합이란 주식취득·합병·임원 겸임·영업양수 등을 통해 기업조직상 실질적으로 합체가 이루어지는 것을 말한다. 좁은 의미의 기업결합은 복수의 기업이 지속적으로 통일적인 의사결정하에 놓이게 되므로 강한 결합이 되는데, 광의의 기업결합에 해당되는 카르텔의 경우는 각 기업이 법적 독립성을 유지한 채로 결합하는 점에서 약한 결합이라고 할 수 있다.[187]

---

186) 권오승, 『경제법』(법문사, 2010), 165쪽.

이 외에도 기업결합의 개념은 실질적 기업결합 개념(Materieller Zusammenschluss-begriff)과 형식적 기업결합 개념(Formeller Zusammenschlussbegriff) 및 이를 절충한 개념으로 구분하는 경우도 있다. 전자는 추상적인 정의를 나타내는 포괄적 규정을 두는 방법이고, 후자는 구체적이고 확정적으로 개별적 구성요건을 규정하는 방법이라고 할 수 있다. 물론 양자를 결합한 절충의 형태도 있다.[188]

우리나라의 경우에는 기업결합에 대한 개념을 규정하고 있는 법은 없다. 다만, 공정거래법 제7조 제1항에 의하면, "누구든지 직접 또는 특수관계인을 통하여 일정한 거래분야에서 경쟁을 실질적으로 제한하는 기업결합 행위를 하여서는 아니 된다"고 규정하면서 기업결합에 대하여 언급을 하고 있을 뿐이다.

2) 기능

이러한 기업결합은 순기능적 측면과 역기능적 측면을 동시에 가지고 있다. 전자로는 기업결합을 통하여 경쟁력이 소진된 기업이 소유·지배·경영의 주체를 혁신하여 기업의 경쟁력을 강화시키고 기업의 생산성과 자원배분의 효율성을 제고할 수 있다. 반면 후자로는 독과점 형성과 경제력 집중 심화를 초래할 수 있으며 적대적 기업결합이 성행할 경우 경영자들은 경영권방어 및 단기적 경영성과에 치중하게 됨으로써 장기적으로 산업발전의 위축과 실물투자 경시풍조가 만연할 우려도 있다는 것이다.[189]

따라서 기업결합은 기업의 이익증진과 더불어 시장의 공정한 시장질서를 파괴할 수도 있다. 이러한 순기능과 역기능적 측면을 적절히 통제하기 위한 법제도가 독점규제및공정거래에관한법률(이하 공정거래법)이라고 할 수 있다.

2. 규제의 대상

공정거래법상 규정하고 있는 기업결합[190]의 내용을 살펴보면, 경제적 일체로서 일정한

---

187) 김동훈·김은경·김봉철, 「공정거래법」(한국외국어대학교 출판부, 2011.8.), 175쪽.

188) 박종민·주기종, "기업결합개념의 정립을 위한 비교법적 고찰", 「기업법연구」(한국기업법학회, 2003.12.), 127~128쪽.

189) 이남기·이승우, 『경제법』(박영사, 2001), 108쪽.

190) 기업결합의 유형으로는 ① 결합하는 기업 상호 간의 관계에 따라 수평적 기업결합, 수직적 기업결합 및

거래분야에서 경쟁을 실질적으로 제한하는 기업결합(동법 제7조 제3항)과 불공정한 방법에 의한 기업결합(동조 동항)을 들 수 있다.

3. 규제의 내용

1) 경쟁제한적 기업결합의 금지

(1) 경쟁제한적 기업결합금지의 목적

위에서 살펴본 바와 같이 기업결합은 순기능과 역기능 양 측면이 모두 존재하지만, 기업결합을 규제하는 가장 중요한 목적을 든다면 기업의 집중화를 초래하여 결과적으로 경쟁의 위협이 되는 것을 방지하기 위한 기업의 과도한 집중화 현상(concentration)을 방지하는 데 있다고 할 수 있다. 이와 관련 공정거래법은 일정한 거래분야에서 경쟁을 실질적으로 제한하는 기업결합을 금지하고 있다.[191]

(2) 경쟁제한적 기업결합의 주체

공정거래법은 누구든지 직접 또는 대통령령이 정하는 특수관계인을 통하여 일정한 거래분야에서 경쟁을 실질적으로 제한하는 기업결합을 하여서는 안 된다고 규정하여 경쟁제한적 기업결합을 원칙적으로 금지하고 있다(제7조 제1항).[192] 이처럼 규제대상 기업결합의 주체를 '누구든지'로 규정하고 있으므로 공정거래법의 적용을 받는 사업자 모두가 그 주체가 될 수 있다고 할 수 있다.[193] 또한 공정거래법은 사업자가 직접적으로 행하는

혼합결합으로 분류할 수 있고, ② 결합의 수단에 따라 주식의 취득, 임원의 겸임, 합병, 영업양수, 새로운 회사 설립에의 참여 등이 있고, ③ 결합된 조직의 형태에 따라 지주회사, 카르텔, 트러스트 및 콘체른 등으로 나눌 수 있다[권재열, 「독점규제법상 기업결합의 규제에 관한 소고」, 『사법행정』(2001.3.), 11쪽].

191) 이기수, 『경제법』(세창출판사, 2000), 97~97쪽.

192) 1996년 개정 이전에는 자본금 또는 자산총액을 기준으로 하여 규제대상을 제한하였지만 개정법에서는 자본금 또는 자산총액의 기준을 삭제함으로써 규제대상을 모든 회사로 확대하여 정하고 있다[김영곤, 「기업결합의 규제에 관한 연구」, 『법학논총: 白川吳再煥敎授 정년기념논문집』(조선대학교 법학연구소, 1998), 63~64쪽].

193) 권오승, 『경제법』(법문사, 1999), 179쪽; 홍대식, 「독점규제법상 기업결합의 규제」, 『경제법의 제문제』(법원도서관, 2000), 300쪽.

기업결합 및 특수관계인을 통하여 이루어지는 기업결합도 규제하고 있다. 여기서 특수관계인이라 함은 회사 또는 회사 이외의 자와 ① 당해 회사를 지배하고 있는 자, ② 동일인 관련자(단, 기업집단으로부터의 제외의 규정(영 제3조의2 제1항)에 의하여 동일인 관련자로부터 분리된 자를 제외), ③ 경영을 지배하려는 공동의 목적을 가지고 당해 기업결합에 참여하는 자를 말한다(동법 시행령 제11조). 구체적으로 살펴보면 다음과 같다.

① 당해 회사를 사실상 지배하고 있는 자

공정거래법은 당해 회사를 사실상 지배하고 있는 자의 판단기준을 따로 정하고 있지 않다. 다만, 기업집단의 범위와 관련하여 동일인이 사실상 그 사업 내용을 지배하는 회사의 판단기준만을 동법 시행령 제3조에 규정하고 있을 뿐인데, 이때 '동일인'이 바로 당해 회사를 사실상 지배하고 있는 자에 해당한다고 할 수 있다. 따라서 당해 회사를 사실상 지배하고 있는 자는 회사일 수도 있고 자연인이나 기타 법인일 수도 있는데, 동법 시행령 제3조에 따르면 단독으로 또는 동일인 관련자와 합하여 당해 회사의 발행주식 총수의 100분의 30 이상을 소유하면서 최다 출자자인 자이거나, 대표이사의 임면 또는 임원의 100분의 50 이상을 선임하거나 선임할 수 있는 자, 주요 의사결정이나 업무집행에 지배적 영향력을 행하고 있는 자, 자신이 지배하는 회사와 당해 회사 간에 임원 겸임 등의 인사교류가 있는 자 또는 사회통념상 경제적 동일체로 인정되는 등의 회사로서 당해 회사의 경영에 대하여 지배적인 영향력을 행사하고 있다고 인정되는 자가 일응 '당해 회사를 지배하고 있는 자'에 해당된다고 할 수 있다.[194)]

② 동일인 관련자

동일인 관련자라 함은 동일인과 다음 각 호의 1에 해당하는 관계에 있는 자를 말한다(동법 시행령 제3조 제1호)고 규정하고 있다. 즉 배우자, 6촌 이내의 혈족, 4촌 이내의 인척(이하 '친족'이라 한다)(가목), 동일인이 단독으로 또는 동일인 관련자와 합하여 총출연금액의 100분의 30 이상을 출연한 경우로서 최다출연자가 되거나 동일인 및 동일인 관련자 중 1인이 설립자인 비영리법인 또는 단체(법인격이 없는 사단 또는 재단을 말한다. 이하 같다)(나목), 동일인이 직접 또는 동일인 관련자를 통하여 임원의 구성이나 사업 운용 등에 대하여 지배적인 영향력을 행사하고 있는 비영리법인 또는 단체(다목), 동일인이 이 호 또는 제2호의 규정에 의하여 사실상 사업내용을 지배하는 회사(라목), 동일

---

194) 권오승, 앞의 책, 166~167쪽.

인 및 동일인과 나목 내지 라목의 관계에 해당하는 자의 사용인(법인인 경우에는 임원, 개인인 경우에는 상업사용인 및 고용계약에 의한 피용인을 말한다)(마목)을 말한다.[195]

③ 경영을 지배하려는 공동의 목적을 가지고 당해 기업결합에 참여하는 자

그 밖에 경영을 지배하려는 공동의 목적을 가지고 새로운 회사 설립에 참여하는 자가 이에 해당한다. 예컨대, 합작기업의 설립에 참여하는 복수의 사업자가 여기에 해당하며, 이 경우에는 새로운 회사설립에의 참여는 별도의 기업결합으로서 동법의 규제를 받게 된다.[196]

(3) 경쟁제한적 기업결합금지의 심사기준

① 원칙

공정거래위원회가 고시한 「기업결합심사기준」(1999.4.15. 제정)[197]에 따르면, 경쟁제한적 기업결합에 해당하기 위해서는, 먼저 기업결합 당사회사 간에 이 심사기준에 규정된 지배관계가 형성되어야 하며, 그 기업결합이 일정한 거래분야에서 경쟁을 실질적으로 제한하여야 한다.[198]

② 지배관계 형성의 판단기준

합병 또는 영업양수의 경우에는 당해 행위로 지배관계가 형성되나, 주식취득, 임원 겸임 또는 회사 신설의 경우에는 취득회사 등[199]이 그 기업결합으로 인하여 피취득회사에 대하여 다음 1 내지 3에 규정한 사항을 고려하여 지배관계 형성 여부를 판단한다. 상당한 영향력을 행사할 수 있게 되는 경우에는 당사회사 간에 지배관계가 형성된다.[200]

이러한 지배관계의 형성 여부는 취득회사 등의 주식소유비율에 의하여 판단된다고 할 수 있다. 기업결합 심사기준에 의하면, 취득회사 등의 주식소유비율이 50% 이상인 경우 지배관계가 형성된다고 할 수 있지만, 반드시 위의 요건을 만족하여야 하는 것은 아니다. 주식소유비율이 50% 미만이더라도 ㉠ 각 주주의 주식소유비율, 주식분산도, 주주 상호

---

195) 권오승, 위의 책, 167쪽.
196) 권오승, 위의 책, 167쪽.
197) 가장 최근에 개정된 것은 2009.8.20. 공정거래위원회 고시 제2009-39호에 의하여 개정되었다.
198) 기업결합 심사기준 Ⅳ.
199) 여기서 취득회사 등이라 함은 취득회사 및 취득회사의 특수관계인을 말한다.
200) 기업결합 심사기준 Ⅴ.

간의 관계, ㉡ 피취득회사가 그 주요 원자재의 대부분을 취득회사로부터 공급받고 있는 지의 여부, ㉢ 취득회사 등과 피취득회사 간의 임원 겸임 관계, ㉣ 취득회사 등과 피취 득회사 간의 거래관계, 자금관계, 제휴관계 등의 유무 등을 종합적으로 고려하여, 취득회 사 등이 피취득회사의 경영 전반에 실질적인 영향력을 행사할 수 있는 경우에 지배관계 가 형성된다고 한다. 또한 2 이상의 회사가 공동으로 다른 회사의 주식을 취득하는 경우 에는 ㉠ 취득회사 각각의 주식소유비율, 격차 및 상호 간의 관계, ㉡ 주식취득의 목적 및 주식취득에 따른 계약관계도 추가로 고려하도록 하고 있다.201)

임원의 겸임의 경우에는 ㉠ 취득회사 등의 임·직원으로서 피취득회사의 임원 지위를 겸임하고 있는 자의 수가 피취득회사의 임원 총수의 1/3 이상인 경우, ㉡ 겸임자가 피취 득회사의 대표이사 등 회사의 경영 전반에 실질적인 영향력을 행사할 수 있는 지위를 겸 임하는 경우를 종합적으로 고려하여 취득회사 등이 피취득회사의 경영 전반에 실질적인 영향력을 행사할 수 있는 경우 지배관계가 형성되는 것으로 보고 있다. 이 외에도 주식 소유에 대한 지배관계 판단기준이 적용 가능한 경우에는 이를 준용하도록 하고 있다.202) 나아가, 신설회사에의 참여 경우에 지배관계 형성 여부에 대해서는 주식소유에 대한 지 배관계 판단기준을 준용한다.203)

③ 일정한 거래분야의 획정

기업결합이 경쟁제한적인 기업결합에 해당하는지를 판단하기 위해서는 지배관계의 형 성과 더불어 일정한 거래분야에서 경쟁을 실질적으로 제한하는 행위를 하여야 한다. 여 기서 일정한 거래분야란 경쟁관계가 성립될 수 있는 거래분야를 말하는데, 이를 강학상 관련시장(relevant market)이라고 한다.204) 이러한 관련시장은 상호 경쟁관계에 있는 사 업자로 구성되며, 관련시장을 획정하기 위해서는 상호 경쟁관계에 있는 사업자들의 범위 를 획정하지 않으면 안 된다. 그런데 만약 관련시장의 범위를 확대해 나가면 시장구조는 독점에서 과점으로, 과점에서 경쟁으로 변모해 나가게 된다. 따라서 기업결합의 경쟁제한 성을 판단함에는 먼저 관련시장을 합리적으로 획정하여야 한다.205) 이를 위하여 기업결 합 심사기준에 의하면, 그 판단기준을 제시하고 있다.

---

201) 기업결합 심사기준 Ⅴ. 1.
202) 기업결합심사기준, Ⅴ. 2.
203) 기업결합심사기준, Ⅴ. 3.
204) 권재열, 「시장지배적 지위의 남용금지」, 『사법행정』(한국사법행정학회, 2001), 8~10쪽.
205) 권오승, 앞의 책, 194쪽.

㉠ 상품시장의 획정 기준

우리나라의 경우 상품시장의 획정은 미국의 가이드라인이 채용하고 있는 가설적인 독점가 이론을 수용하고 있다. 즉 공정거래위원회의 기업결합 심사기준에 의하면, "일정한 거래분야는 거래되는 특정한 상품 또는 용역의 가격이 상당기간 어느 정도 의미 있는 수준으로 인상될 경우 동 상품의 대표적 구매자가 이에 대응하여 구매를 전환할 수 있는 상품의 집합을 말한다"고 규정하고 있고,[206] 기업결합 심사기준에 따르면, 특정한 상품이나 용역이 동일한 거래분야에 속하는지는 다음과 같은 사항을 종합적으로 고려하여 판단하도록 하고 있다.[207]

- 상품이나 용역의 기능 및 효용의 유사성
- 상품이나 용역의 가격의 유사성
- 구매자들의 대체가능성에 대한 인식 및 그와 관련한 구매 행태
- 판매자들의 대체가능성에 대한 인식 및 그와 관련한 경영의사 결정 행태
- 통계법 제17조(통계자료의 분류) 제1항의 규정에 의하여 통계청장의 고시하는 한국 표준산업분류
- 거래단계(제조, 도매, 소매 등)
- 거래 상대방

한편 대법원은 이외에도 사회적·경제적으로 인정되는 업종의 동질성 및 유사성과 기술 발전의 속도, 그 상품의 생산을 위하여 필요한 다른 상품 및 그 상품을 기초로 생산되는 다른 상품에 관한 시장의 상황, 시간적·경제적·법적 측면에서의 대체의 용이성도 함께 종합적으로 고려하여야 한다고 판시하고 있다.[208]

㉡ 지역시장의 획정

우리나라 공정거래법 제7조는 "누구든지 직접 또는 특수관계인을 통하여 일정한 거래분야에서 경쟁을 실질적으로 제한하는 기업결합을 하여서는 아니 된다"는 규정에 따라 경쟁제한적인 기업결합인지를 판단하기 위해서는 일정한 거래분야, 즉 상품시장의 획정과 더불어 지역시장의 획정이 선행되어야 한다고 한다. 또한 기업결합 심사기준에서는

---

206) 기업결합 심사기준 Ⅵ. 1. 가.
207) 기업결합 심사기준 Ⅵ. 1, 2009.08.20. 공정거래위원회 고시 제2009-39호.
208) 대판 2008.5.29, 2006두6659.

관련 지역시장을 "우리나라의 지역시장은 다른 모든 지역에서의 당해 상품 또는 용역의 가격은 일정한데, 특정한 지역에서만 상당한 기간 어느 정도 의미 있는 가격인상이 이루어질 경우 당해 지역의 대표적 구매자가 이에 대응하여 구매를 전환할 수 있는 지역 전체를 말한다"고 언급하고 있다.209)

나아가, 관련 지역시장을 획정하기 위해서는 특정한 지역이 동일한 거래분야에 속하는지를 다음의 사항을 고려하여 판단하도록 하고 있다.

- 상품의 특성(상품의 부패성, 변질성, 파손성 등) 판매자의 사업 능력(생산 능력, 판매망의 범위 등)
- 구매자의 구매지역 전환 가능성에 대한 인식 및 그와 관련한 구매자들의 구매지역 전환 행태
- 판매자의 구매지역 전환 가능성에 대한 인식 및 그와 관련한 경영 의사 결정 행태
- 시간적·경제적·법제적 측면에서의 구매지역 전환의 용이성

그런데 이를 상품의 제조·유통 단계별로 살펴보면, 제조 단계의 경쟁은 전국적 또는 세계적인 범위로 이루어지고 있는 것이 일반적이나, 도·소매와 같은 유통 단계에서는 세계시장이나 전국 단위에서 유효한 경쟁이 일어나기 어려우므로, 전국이 아닌 지역 시장을 별도로 구분하여 관련시장으로 획정할 수도 있다.

④ 경쟁의 실질적 제한

㉠ 개념

경쟁의 실질적 제한이라 함은 일정한 거래분야의 경쟁이 감소하여 특정 사업자 또는 사업자 단체의 의사에 따라 어느 정도 자유로이 가격·수량·품질 기타 거래조건 등의 결정에 영향을 미치거나 미칠 우려가 있는 상태를 말한다(제2조 제8호의2). 이처럼 경쟁의 실질적 제한이란 어떤 특정 사업자 또는 사업자단체에 의한 시장지배력의 형성 또는 강화로 인하여 유효경쟁을 기대하기가 어려운 상태를 초래하는 것이라고 할 수 있다.210)

이를 기업결합에 적용하여 '경쟁을 실질적으로 제한하는 기업결합'이라 함은 당해 기업결합에 의해 일정한 거래분야에서 경쟁이 감소하여 특정한 기업 또는 기업집단에 의하

---

209) 기업결합 심사기준 Ⅵ. 2, 2009.08.20. 공정거래위원회 고시 제2009-39호.
210) 대판 1995.5.12, 94누13794 판결.

여 일정한 거래분야에서 경쟁이 감소하여 특정한 기업 또는 기업집단이 어느 정도 자유로이 상품의 가격·수량·품질 기타 거래조건 등의 결정에 영향을 미치거나 미칠 우려가 있는 상태를 상당히 강화하는 기업결합을 말하고, '경쟁제한성' 또는 '경쟁을 실질적으로 제한한다'라고 함은 그러한 상태를 초래하거나 그러한 상태를 상당히 강화하는 것을 의미한다.211)

여기서 시장지배 상태의 초래 내지 유효 경쟁이 존재하는가를 판단하는 기준으로는 시장구조기준(market structural criteria)과 시장성과기준(market performance criteria)이 있다. 전자는 시장의 구조를 중심으로 유효경쟁의 존재 여부를 판단하는 것으로서 그 구체적인 세부적 판단기준으로서는 시장점유율, 사업자의 수 또는 규모, 신규진입의 가능성 등이 있다. 후자는 시장에서 나타난 개별사업자의 이행성과의 정도를 중심으로 유효경쟁의 존부를 판단하는 것으로서 시장에서의 성과가 진보적인가, 생산고와 가격의 관계, 생산능력과 생산량과의 관계, 이윤수준, 판매비의 지출 등을 구체적인 판단기준으로 삼는다.

생각건대, 기업결합을 심사함에 있어서는 위 두 가지 기준을 함께 적용하는 것이 바람직하다. 왜냐하면 시장구조기준은 사업자의 수나 시장구조만으로는 경쟁의 존부를 제대로 판단할 수 없으며 반면에 시장성과기준은 시장구조기준에 비하여 복잡하다는 단점이 있기 때문이다. 대법원도 "시장에서 실질적으로 시장지배력이 형성되었는지는 해당 업종의 생산구조, 시장구조, 경쟁상태 등을 고려하여 개별적으로 판단하여야 한다"고 판시하고 있는데,212) 이는 시장구조기준과 시장성과기준을 둘 다 참작하여야 한다는 입장을 취하고 있는 것으로 보인다. 다만, 두 가지 기준을 모두 적용함에 있어서 시장구조기준의 적용을 원칙으로 하되 시장성과기준을 보조적으로 고려하여 유효경쟁의 존부를 판단하는 것이 타당하다.213) 미국의 판례도 종래 구조기준과 성과기준 중 어느 하나만을 고집하지 않고 양자를 종합적으로 적용하여 이른바 합리의 원칙(rule of reason)을 확립하였으나, 최근에는 구조기준에 입각한 증거법칙인 추정성의 원칙(prima facie rule)을 발전시켜 나가고 있다214)

어쨌든 우리나라 기업결합 심사기준에 의한 경쟁제한성의 판단기준을 보면 다음과 같다.

---

211) 기업결합 심사기준 Ⅱ. 6.
212) 대판 1995.5.12, 94누13794 판결.
213) 권오승, 앞의 책, 192~194쪽.
214) Report of the Attorney General's national Committee, pp.318~338; Standard Oil Company of New Jersey v. U.S., 221 U.S. 1, 31 S. Ct. 502, 55 L. Ed. 619(1911) and U.S. v. American Tobacco Co., 221 U.S. 106, 31 S. Ct. 632, 55 L. Ed. 663(1919).

ⓛ 경쟁제한성의 판단기준

ⓐ 수평형 기업결합

수평형 기업결합이란 경쟁자 사이의 기업결합으로 어느 기업이 동일한 지역 시장에서 동일하거나 비슷한 제품을 생산·판매하는 것과 같이 직접적으로 서로 경쟁 관계에 있는 기업을 취득하는 경우를 말한다.

이러한 수평형 기업결합이 경쟁을 실질적으로 제한하는지에 대해서는 기업결합 전후의 시장집중상황, 결합당사회사 단독의 경쟁제한 가능성, 경쟁사업자 간의 공동행위 가능성, 해외경쟁의 도입수준 및 국제적 경쟁상황, 신규진입의 가능성, 유사품 및 인접시장의 존재 여부 등을 종합적으로 고려하여 심사한다.215)

ⅰ) 시장의 집중상황

기업결합 후 일정한 거래분야의 시장집중도 및 그 변화 정도가 이 심사기준 Ⅱ.1.(5)(가)의 요건에 해당하지 않는 경우에는 기업결합으로 인해 경쟁이 실질적으로 제한될 가능성이 있다. 다만, 시장집중도 분석은 기업결합이 경쟁에 미치는 영향을 분석하는 출발점으로서의 의미를 가지며, 경쟁이 실질적으로 제한되는지는 시장의 집중상황과 함께 다음의 사항을 종합적으로 고려하여 판단하도록 하고 있다.

시장의 집중도를 평가함에 있어서는 최근 수년간의 시장집중도의 변화 추세를 고려한다. 최근 수년간 시장집중도가 현저히 상승하는 경향이 있는 경우에 시장점유율이 상위인 사업자가 행하는 기업결합은 경쟁을 실질적으로 제한할 가능성이 높아질 수 있다. 이 경우 신기술개발, 특허권 등 향후 시장의 경쟁관계에 변화를 초래할 요인이 있는지를 고려하여야 한다.216)

ⅱ) 결합당사회사 단독의 경쟁제한 가능성

결합당사회사 단독의 경쟁제한 가능성이란 결합회사가 결합 이후 시장점유력을 이용 혹은 남용하여 가격을 인상하고 생산량을 감소하는 방법으로 다른 경쟁자와는 무관하게 일방적으로 경쟁저해적인 행동을 하는 경우를 말하며, 단독효과(Unilateral effects) 내지 일방효과라고도 한다. 이러한 효과에 대한 규정은 2007년 이전 기업결합 심사기준에서는

---

215) 기업결합 심사기준 Ⅶ－1.
216) 기업결합 심사기준 Ⅶ－1－가.

없었으나, 새로이 개정되면서 신설된 것이다.

즉 2007년 개정된 기업결합 심사기준에 의하면, 기업결합 후 당사회사가 단독으로 가격인상 등 경쟁제한 행위를 하더라도 경쟁사업자가 당사회사 제품을 대체할 수 있는 제품을 적시에 충분히 공급하기 곤란한 등 사정이 있는 경우에는 당해 기업결합이 경쟁을 실질적으로 제한할 수 있다는 전제하에, 경쟁제한성을 판단하기 위해서는 ㉮ 결합당사회사의 시장점유율 합계, 결합으로 인한 시장점유율 증가폭 및 경쟁사업자와의 점유율 격차, ㉯ 결합당사회사가 공급하는 제품 간 수요대체가능성의 정도 및 동 제품 구매자들이 타 경쟁사업자 제품으로의 구매 전환 가능성, ㉰ 경쟁사업자의 결합당사회사와의 생산능력 격차 및 매출증대의 용이성, ㉱ 대량 구매사업자의 존재 여부 등을 종합적으로 고려하여 판단하여야 한다고 규정하고 있다.217)

iii) 경쟁사업자 간의 공동행위의 가능성

수평형 기업결합은 기본적으로 관련시장에서 경쟁자의 수를 감소시키고, 경쟁자의 재산을 취득회사의 재산과 결합하는 방법으로 산업의 구조를 변화시키게 된다. 이러한 과정 속에서 새로이 결합한 기업과 기존에 남아 있는 기업과의 사이에 가격, 수량, 거래조건 등 경쟁조건에 관하여 일종의 협조적인 행위를 하여 경쟁적인 환경을 변화시키게 되는 경우가 있는데, 이처럼 새로이 결합하는 기업과 남아 있는 기업과의 협조적 행위에 의하여 발생되는 효과를 경쟁사업자 간의 공동행위라고 한다. 이러한 효과를 협조효과라고도 한다.

이러한 협조효과와 관련하여 2007년 개정 기업결합 심사기준에서 언급을 하고 있다.218) 즉 "기업결합에 따른 경쟁자의 감소 등으로 인하여 사업자 간의 가격·수량·거래조건에 관한 명시적·묵시적 공동행위가 이루어지기 쉽거나 그 공동행위의 이행 여부에 대한 감독 및 위반자에 대한 제재가 가능한 경우에는 경쟁을 실질적으로 제한할 가능성이 높아질 수 있다"고 하여 경쟁사업자 간의 공동행위의 가능성을 규정하고 있다.219) 이에 따라 공동행위가 이루어지기 쉽거나 그 공동행위의 이행 여부에 대한 감독 및 위반

---

217) 개정 후 심사기준 Ⅷ−1−나.

218) 미국의 경우에는 협조적 상호작용(coordinated interaction)이라는 용어를 사용하고 있다. 즉 협조적 상호작용이란 "각각의 회사가 다른 기업들의 반응을 수용한 것만으로는 그들에게는 이익이 되는 기업집단들에 의한 일련의 행동(Coordinated interaction is comprised of actions by a group of firms that are profitable for each of them only as a result of the accommodating reactions of the others)"이라고 규정하고 있다(1997 Merger Guidelines § 2.1.; http://www.justice.gov/atr/hmerger/11251.htm).

219) 개정 후 심사기준 Ⅷ−1−다.

자에 대한 제재가 가능한 경우에는 경쟁저해적인 결과가 초래될 가능성이 높다고 한다.[220] 물론 공동행위가 용이한가를 판단하기 위해서는 다음의 사항을 고려하여 판단하도록 규정하고 있다.

첫째, 경쟁사업자 간의 공동행위의 용이성의 판단으로 이 경우에는 ㉮ 시장상황, 시장거래, 개별사업자 등에 관한 주요 정보가 경쟁사업자 간에 쉽게 공유될 수 있는지,[221] ㉯ 관련시장 내 상품 간 동질성이 높은지,[222] ㉰ 가격책정이나 마케팅 방식 또는 그 결과가 경쟁사업자 간에 쉽게 노출될 수 있는지, ㉱ 관련시장 또는 유사시장에서 과거 부당한 공동행위가 이루어진 사실이 있는지, ㉲ 경쟁사업자, 구매자 또는 거래방식의 특성상 경쟁사업자 간의 합의가 쉽게 달성될 수 있는지 등을 고려하여야 한다.[223]

둘째, 이행 감독 및 위반자 제재의 용이성으로 이 경우에는 ㉮ 공급자와 수요자 간 거래의 결과가 경쟁사업자 간에 쉽고 정확하게 공유될 수 있는지,[224] ㉯ 장기계약을 통해 대규모의 수요를 충당하는 대량구매자가 없는지,[225] ㉰ 결합당사회사를 포함해 공동행위에 참여할 가능성이 있는 사업자들이 상당한 초과생산능력을 보유하고 있는지 등을 고려

---

220) 성공적인 협조는 일반적으로 경쟁자들 사이에 ① 협조에 가담하고 있는 집단에서 참가자들 모두에게 이익이 되는 협조의 조건(terms)에 대한 합의, ② 그러한 협조된 상호 작용을 약화시키는 이탈자에 대한 색출과 위반 기업에 대한 응징의 수단을 가지는 것을 필요로 한다(미국 가이드라인 §2.1). 이러한 조건들은 G. Stingler가 1964년 발표한 담합의 3가지 조건에 기초를 둔 것이다. G. Stingler의 과점이론은 하버드 학파로 대변되는 구조론적 분석을 비판하면서 배분적 효율성에 주안점을 두는 시카고학파(행태론자)의 관점에서 성공적인 담합의 조건으로 이탈자에 대한 색출과 그 응징을 강조하고 있다[신영수, "의식적 병행행위의 규제 논거", 「경쟁법연구 제11권」(한국경쟁법학회, 2005), 305쪽].

221) 경쟁기업의 판매 가격과 수량에 관한 정보를 쉽게 수집할 수 있는 경우 경쟁자의 행동을 보다 정확하고 쉽게 예측할 수 있으며, 또한 경쟁자가 협조적 행동을 취하고 있는지를 파악하는 것도 용이할 수 있다(곽상현, 앞의 "수평결합에 대한 경쟁제한성 판단기준", 183쪽).

222) 경쟁기업이 판매하는 상품이 동일한 경우 그들 사이에 협조적 행동을 함에 있어서는 가격조건만을 고려하면 되고 그 경우 과점시장에서 그들의 행동을 일치하기가 용이하지만 상품이 그 성질상 차별성이 있을 경우 협조적 행동의 조건은 다차원적이 되고 그리고 담합은 훨씬 더 어려워진다[F. M. Scherer & D. Ross, 「Industrial Market Structure and Economic Performance」(Rand McNally & Co,U.S., 1990), p.279].

223) 위 심사기준 Ⅶ-1-다-(1).

224) 협조적 행위로부터 이탈하는 위반자에 대한 이행감독과 그 제재가 신속한 경우 위반에 대한 동기는 줄어들고, 그리고 협조적 행위는 성공 가능성이 높다 할 것이다. 위반자에 대한 색출과 응징은 반드시 경쟁법 위반의 방법으로만 행하여지는 것이 아니라 경쟁기업들 사이에 존재하는 경영방식과 전형적인 거래의 성격에 의하여 행하여질 수 있다(곽상현, 앞의 "수평결합에 대한 경쟁제한성 판단기준", 185쪽).

225) 대량구매자가 장기계약을 체결하고 있고 그래서 그러한 계약에 의하여 판매되는 양이 그 시장의 어느 기업 전체 생산량에서 차지하는 비중이 많은 경우 기업들은 협조적 행위에서 이탈할 동기를 가지게 된다. 그러나 이러한 이탈은 장기적인 안목에서 협조적 행위를 하는 것보다 이탈을 하는 것이 거래의 기간, 규모의 면에서 충분하게 이익적인 한편, 구매자들이 거래 상대방을 교체할 가능성이 있는 경우에 발생할 수 있다(1997 merger guidelines, §2.12; http://www.justice.gov/atr/hmerger/11251.htm).

하여야 한다.226)

셋째, 결합상대회사가 결합 이전에 상당한 초과 생산능력을 가지고 경쟁사업자들 간의 공동행위를 억제하는 등 경쟁적 행태를 보여 온 사업자인 경우에도 결합 후 공동행위로 인해 경쟁이 실질적으로 제한될 가능성이 높다.227)

iv) 해외경쟁의 도입 수준 및 국제적 경쟁 상황

첫째, 해외경쟁의 도입가능성을 평가함에 있어서는 ㉮ 일정한 거래분야에서 수입품이 차지하는 비율의 증감 추이, ㉯ 당해 상품의 국제가격 및 수급상황, ㉰ 우리나라의 시장 개방의 정도 및 외국인의 국내투자현황, ㉱ 국제적인 유력한 경쟁자의 존재 여부, ㉲ 관세율 및 관세율의 인하 계획 여부, ㉳ 국내 가격과 국제 가격의 차이 또는 이윤율 변화에 따른 수입 증감 추이, ㉴ 기타 각종 비관세장벽을 고려하여야 한다.228)

둘째, 당사회사의 매출액 대비 수출액의 비중이 현저히 높고 당해 상품에 대한 국제시장에서의 경쟁이 상당한 경우 및 경쟁회사의 매출액 대비 수출액의 비중이 높고 기업결합 후 당사회사의 국내 가격인상 등에 대응하여 수출 물량의 내수 전환 가능성이 높은 경우에는 기업결합에 의하여 경쟁을 실질적으로 제한할 가능성이 낮아질 수 있다.229)

v) 신규진입의 가능성

당해 시장에 대한 신규진입이 가까운 시일 내에 용이하게 이루어질 수 있는 경우에는 기업결합으로 감소되는 경쟁자의 수가 다시 증가할 수 있으므로 경쟁을 실질적으로 제한될 가능성이 낮아질 수 있다.230)

신규진입의 가능성을 평가함에는 ㉮ 법적·제도적인 진입장벽의 유무,231) ㉯ 필요 최소한의 자금 규모, ㉰ 특허권 기타 지적재산권을 포함한 생산기술 조건, ㉱ 입지조건, ㉲ 경쟁사업자의 유통계열화의 정도 및 판매망 구축비용, ㉳ 제품차별화의 정도 등을 고려

---

226) 위 심사기준 Ⅶ-1-다-(2).
227) 위 심사기준 Ⅶ-1-다-(3).
228) 위 심사기준 Ⅶ-1-라-(1).
229) 위 심사기준 Ⅶ-1-라-(2)(3).
230) 위 심사기준 Ⅶ-1-마-(1).
231) 일반적으로 정부의 규제, 면허 등과 같은 법적, 제도적 진입규제가 진입장벽으로서는 가장 강력하고 효과적이다. 이에 대한 예로는 어느 산업에 대한 환경적·장소적 규제, 통신과 제약산업에서의 정부 승인, 특허와 같은 지적재산권 등을 들 수 있다[Hovenkamp, op.cit., p.538; Hospital Corp., of Am. v. FTC, 807 F. 2d 1381, 1387(7th Cir. 1986) cert. denied, 481 U.S. 1038, 107 S. Ct. 1975(1987)].

하여야 한다.232) 다만, 다음의 경우에 해당하는 회사가 있는 경우에는 신규진입이 용이한 것으로 볼 수 있다. 즉 ㉮ 당해 시장에 참여할 의사와 투자 계획 등을 공표한 회사, ㉯ 현재의 생산시설에 중요한 변경을 가하지 아니하더라도 당해 시장에 참여할 수 있는 등 당해 시장에서 상당기간 어느 정도 의미 있는 가격인상이 이루어지면 중대한 진입비용이나 퇴출비용의 부담 없이 가까운 시일 내에 당해 시장에 참여할 것으로 판단되는 회사의 경우에는 신규진입이 용이한 것으로 볼 수 있다고 한다.233)

vi) 유사품 및 인접시장의 존재

기능 및 효용 측면에서 유사하나 가격 또는 기타의 사유로 별도의 시장을 구성하고 있다고 보는 경우에는 생산 기술의 발달 가능성, 판매 경로의 유사성 등 그 유사 상품이 당해 시장에 미치는 영향을 고려하여야 한다.

또한 거래 지역별로 별도의 시장을 구성하고 있다고 보는 경우에는 시장 간의 지리적 근접도, 수송 수단의 존재 및 수송 기술의 발전 가능성, 인접시장에 있는 사업자의 규모 등 인근 지역시장이 당해 시장에 미치는 영향도 고려하여야 한다.

ⓑ 수직형 결합의 경우

수직형 기업결합(Vertical merger)은 동종의 산업이나 업종에 속하지만 원재료 공급관계와 같이 거래 단계를 달리하는 기업 간의 결합을 말한다. 이러한 수직형 기업결합에는 원재료(input product)를 공급하는 기업을 취득하는 상위취득과 완성품(output product)을 구매할 수 있는 기업을 취득하는 하위취득 2가지를 기본 형태로 한다.234)

이러한 수직형 기업결합에 대하여 우리나라 공정거래법 제7조 제1항에 의하면, "수직형 기업결합을 포함한 모든 기업결합에 관하여, 누구든지 직접 또는 특수관계인을 통하여 주식취득, 임원 겸임, 합병, 영업양수 등 방법으로 일정한 거래분야에서 경쟁을 실질

---

232) 앞의 심사기준 Ⅶ−1−마−(2).

233) 위 심사기준 Ⅶ−1−마−(3). 미국 가이드라인에서는 상대적으로 적은 위험과 비용으로 자원을 재분배하는 방법으로 공급대응을 할 수 있는 유동적 진입자(uncommitted entry)를 시장획정의 단계에서 고려하도록 규정하고 있는 반면, 진입과 퇴출에 상당한 매몰비용이 드는 비유동적 진입자(committed entry)를 경쟁제한성 판단 단계에서 분석하도록 하면서, 그러한 분석을 위해서는 ① 결합 이전 수준의 가격에서 이익을 창출할 수 있는 진입이 일어날 가능성이 있는지(likelihood of entry), ② 진입이 일어나기 위하여 어느 정도의 시간이 소요되는지(timeless of entry), ③ 진입이 일어나는 경우 그 규모나 성격 면에서 경쟁저해성을 상쇄하거나 억제하기에 충분한지(sufficiency of entry)를 분석하도록 규정하고 있다(1997 merger guidelines, §3.1; http://www.justice.gov/atr/hmerger/11251.htm).

234) 상위취득은 전방결합(forward intergration), 하위취득은 후방결합(backward intergartion)이라고도 한다.

적으로 제한하는 행위를 하여서는 아니 된다"고 규정하여, 수직형 기업결합의 경우에 대해서도 일정한 거래분야, 즉 관련시장에서 경쟁을 실질적으로 제한하는 결합을 금지하고 있다. 따라서 어떤 수직형 기업결합이 공정거래법 제7조 제1항 소정의 규제 대상인지를 판단하기 위해서는 다른 형태의 결합과 마찬가지로 먼저 그 결합과 관련된 시장을 획정하고, 나아가 당해 기업결합의 경쟁제한성을 판단하여야 할 것이다. 그런데 경쟁제한성에 대한 판단은 기업결합 심사기준에서 열거하고 있으므로 그 기준을 중심으로 시장의 봉쇄효과, 경쟁사업자 간 공동행위 가능성 등을 살펴본다.

ⅰ) 시장의 봉쇄효과

시장의 봉쇄효과란 수직형 기업결합을 통해 당사회사가 경쟁관계에 있는 사업자의 구매선 또는 판매선을 봉쇄하거나 다른 사업자의 진입을 봉쇄함으로써 경쟁을 실질적으로 제한하는 효과를 말한다.

이러한 시장의 봉쇄 여부는 다음 사항들을 고려하여 판단하여야 한다. 즉 ㉮ 원재료 공급회사(취득회사인 경우 특수관계인 등을 포함한다)의 시장점유율 또는 원재료 구매회사(취득회사인 경우 특수관계인 등을 포함한다)의 구매액이 당해 시장의 국내 총공급액에서 차지하는 비율, ㉯ 원재료 구매회사(취득회사인 경우 특수관계인 등을 포함한다)의 시장점유율, ㉰ 기업결합의 목적, ㉱ 수출입을 포함하여 경쟁사업자가 대체적인 공급선·판매선을 확보할 가능성, ㉲ 경쟁사업자의 수직계열화 정도, ㉳ 당해 시장의 성장 전망 및 당사회사의 설비 증설 등 사업계획, ㉴ 사업자 간 공동행위에 의한 경쟁사업자의 배제가 능성, ㉵ 당해 기업결합에 관련된 상품과 원재료 의존관계에 있는 상품시장 또는 최종산출물 시장의 상황 및 그 시장에 미치는 영향, ㉶ 수직형 기업결합이 대기업 간에 이루어지거나 연속된 단계에 걸쳐 광범위하게 이루어져 시장진입을 위한 필요최소 자금 규모가 현저히 증대하는 등 다른 사업자가 당해 시장에 진입하는 것이 어려울 정도로 진입장벽이 증대하는지를 말한다.[235]

ⅱ) 경쟁사업자 간 공동행위 가능성

수직형 기업결합의 결과로 경쟁사업자 간의 공동행위 가능성이 증가하는 경우에는 경쟁을 실질적으로 제한할 수 있다. 경쟁사업자 간의 공동행위 증가는 다음 사항들을 고려하여 판단한다. 다음 사항이란 ㉮ 결합 이후 가격정보 등 경쟁사업자의 사업 활동에 관

---

235) 앞의 심사기준 Ⅷ-2-가.

한 정보 입수가 용이해지는가, ㉯ 결합당사회사 중 원재료 구매회사가 원재료 공급회사들로 하여금 공동행위를 하지 못하게 하는 유력한 구매회사였는가, ㉰ 과거 당해 거래분야에서 부당한 공동행위가 이루어진 사실이 있었는가 등을 고려하여야 한다.[236]

ⓒ 혼합형 기업결합

혼합형 기업결합이란 밀접한 시장에서 활동하고 통상적으로 동일한 고객 집단에게 같은 용도로 구입되는 상품류나 보완재를 공급하는 기업들 간의 결합에 중점을 두는 기업결합이다. 이러한 혼합형 기업결합은 수직형 기업결합처럼 관련시장의 집중도에 직접적으로 영향을 주지 않기 때문에 시장점유율의 합산에 포함되지 않는다. 다시 말하여, 혼합형 기업결합은 수평형 기업결합과 달리 동일한 관련시장에서의 직접적인 경쟁의 손실을 가져오지 않기 때문에 일반적으로 경쟁의 현저한 방해를 가져오지는 않는다고 평가된다.[237]

따라서 혼합형 기업결합을 규제하기 위해서는 경쟁제한성 판단근거를 수평형 기업결합보다 상세하게 제시하여야 한다. 그럼에도 불구하고 우리나라 기업결합 심사기준에서는 혼합형 기업결합에 대한 경쟁제한성 판단기준으로 잠재적 경쟁의 저해효과, 경쟁사업자 배제효과, 진입장벽 증대효과를 제시하고 이를 종합적으로 고려하여 심사하도록 하고 있을 뿐 그 기준의 내용이 어떠한 기능을 하는가 등에 대해서는 세부적인 설명을 두고 있지 아니한다.

ⅰ) 잠재적 경쟁의 저해

기업결합 심사기준에 의하면, "혼합형 기업결합이 일정한 거래분야에서 잠재적 경쟁을 감소시키는 경우에는 경쟁을 실질적으로 제한할 수 있다"고 규정하고 있다.[238] 이러한 잠재적 경쟁의 감소 여부는 다음 사항들을 고려하여 판단한다. 즉 ㉮ 상대방 회사가 속해 있는 일정한 거래분야에 진입하려면 특별히 유리한 조건을 갖출 필요가 있는가, ㉯ 당사회사 중 하나가 상대방 회사가 속해 있는 일정한 거래분야에 대해

✔ 생산기술, 유통경로, 구매계층 등이 유사한 상품을 생산하는 등의 이유로 당해 결합이 아니었더라면 경쟁제한 효과가 적은 다른 방법으로 당해 거래분야에 진입하였을 것으로 판단될 것,

✔ 당해 거래분야에 진입할 가능성이 있는 당사회사의 존재로 인하여 당해 거래분야의 사업자들이 시장지배력을 행사하지 않고 있다고 판단될 것

---

236) 앞의 심사기준 Ⅶ－2－나－(1)(2)(3).

237) 이기수·유진희, 「경제법」(세창출판사, 2009), 103~104쪽.

238) 앞의 심사기준 Ⅶ－3.

위 둘 중의 하나에 해당하는 잠재적 경쟁자인가를 고려하여야 한다.[239]

ⅱ) 경쟁사업자의 배제

기업결합 심사기준에 의하면, "당해 기업결합으로 당사회사의 자금력, 원재료 조달 능력, 기술력, 판매력 등 종합적 사업 능력이 현저히 증대되어 당해 상품의 가격과 품질 외의 요인으로 경쟁사업자를 배제할 수 있을 정도가 되는 경우에는 경쟁을 실질적으로 제한할 수 있다"고 규정하고 있다.[240]

ⅲ) 진입장벽의 증대

위의 기업결합 심사기준은 "당해 기업결합으로 시장진입을 위한 필요 최소 자금 규모가 현저히 증가하는 등 다른 잠재적 경쟁사업자가 시장에 새로 진입하는 것이 어려울 정도로 진입장벽이 증대하는 경우에는 경쟁을 실질적으로 제한할 수 있다"고 규정함으로써 진입장벽의 증대를 경쟁제한의 판단기준으로 제시하고 있다.[241]

(4) 경쟁의 실질적 제한의 추정

원칙적으로 기업결합이 일정한 거래분야에서 경쟁을 실질적으로 제한하는가에 관해서는 공정거래위원회가 입증하여야 한다. 그러나 현실적으로 기업결합의 경쟁제한성을 입증하는 것은 그리 쉽지 않다. 그래서 기업결합규제의 실효성을 높이기 위하여 1996년 개정 공정거래법은 독일의 경쟁제한금지법의 입법례에 따라 경쟁의 실질적 제한에 해당될 개연성이 높은 경우 기업결합의 경쟁제한성을 추정하는 규정을 신설하였다(제7조 제4항).

그리하여 기업결합이 다음의 첫째 또는 둘째 요건 중의 하나에 해당하는 경우에는 일정한 거래분야에서 경쟁을 실질적으로 제한하는 것으로 추정한다. 첫째, 시장지배적 사업

---

239) 앞의 심사기준 Ⅶ－3－가. 하지만 미국 연방대법원 및 항소법원에서는 잠재적 경쟁이론의 공통의 적용 요건으로 ① 당해 시장이 집중적일 것, ② 잠재적 경쟁자의 수가 적을 것 이외에 실제적 경쟁이론의 적용을 위해서는 ① 취득기업이 당해 결합 이외에 시장에 진입할 수 있는 수단으로서 경쟁제한성이 덜한 수단을 가지고 있을 것, ② 그와 같은 수단이 궁극적으로 당해 시장의 집중을 완화시켰을 상당한 개연성이 있을 것과 잠재적 경쟁이론과 관련하여 ① 취득기업이 인식된 잠재적 경쟁자일 것, ② 시장 밖에 있는 취득기업의 존재가 당해 시장의 친경쟁적 행태를 조장할 것이라는 요건의 충족을 제시하고 있다[신영수, "잠재적 경쟁이론의 내용과 실제 적용", 「경쟁법연구(제10권)」(한국경쟁법학회, 2004), 163~172쪽].

240) 앞의 심사기준 Ⅶ－3－나.

241) 앞의 심사기준 Ⅶ－3－다.

자의 요건에 해당하는 기업결합의 경우 ① 기업결합의 당사회사의 시장점유율(계열회사의 시장점유율을 합산한 점유율을 말함)의 합계가 시장지배적 사업자의 추정요건에 해당하고, ② 그 시장점유율의 합계가 당해 거래분야에서 제1위이며, ③ 그 시장점유율의 합계와 시장점유율이 제2위인 회사(당사회사를 제외한 회사 중 제1위인 회사를 말함)의 시장점유율과의 차이가 그 시장점유율의 합계의 25% 이상이면 일정한 분야에서 경쟁을 실질적으로 제한하는 것으로 추정한다(제7조 제4항 제1호).242) 둘째, 자산총액 또는 매출액의 규모가 2조 원 이상인 회사, 즉 대규모회사(시행령 제12조의2)가 직접 또는 특수관계인을 통하여 행한 기업결합이 ① 중소기업기본법에 의한 중소기업의 시장점유율이 2/3 이상인 거래분야에서의 기업결합이고, ② 당해 기업결합으로 5% 이상의 시장점유율을 가지게 되면 일정한 분야에서 경쟁을 실질적으로 제한하는 것으로 추정한다(제7조 제4항 제2호). 이러한 추정은 대규모회사가 중소기업들로 이루어진 시장에 침투하여 그 시장에서의 대기업과 중소기업 간의 불균형을 심화시키고 경제력의 집중을 강화하는 것을 방지하기 위하여 마련한 것이다.243)

(5) 경쟁제한적 기업결합금지의 예외

① 서설

공정거래법상 일정한 거래분야에서 경쟁을 실질적으로 제한하는 기업결합은 원칙적으로 금지된다. 그러나 어느 기업결합이 설령 경쟁제한적인 효과를 가지고 있다고 해도 공정거래위원회가 ㉠ 당해 기업결합 외의 방법으로는 달성하기 어려운 효율성 증대효과가 경쟁제한적으로 인한 폐해보다 큰 경우 또는 ㉡ 회생이 불가한 회사와의 기업결합으로서 일정한 요건에 해당하는 경우라고 인정하는 기업결합은 예외적으로 허용된다(제7조 제2항 제1문). 이처럼 경쟁제한적 기업결합이 오히려 국민경제적인 이익을 가져다주거나 공익적 목적을 실현하는 데 필요하다고 인정되는 경우에는 예외적으로 허용하고 있다.

---

242) 다만, 이러한 추정조항이 경쟁제한성의 판단에 실제로 도움이 되지 못하므로 위의 3가지 요건을 모두 만족하지 못하더라도 그중 하나의 요건만 충족하면 경쟁제한성이 추정되는 것으로 하는 것이 바람직하다고 한다(권오승, 앞의 책, 207쪽).

243) 금지된 기업결합의 사례로는 1982년 동양화학공업주식회사가 과산화수소 부분의 경쟁회사인 한국과산화공업주식회사의 주식을 50%(150만 주) 취득한 것과 PVC생산제품에 이용되는 PVC안정제 생산업체로서 그 산업분야의 1위 업체인 송원산업주식회사가 동 산업분야의 2위 업체인 대한정밀화학주식회사의 주식을 취득한 것에 대하여 공정거래법 제7조 위반을 이유로 시정명령을 내린 바 있다[공정위, 1982.1.13. 심결, 시정명령 제82 - 1호 경제기획원, 공정거래법 심결집(1982.4.1.), 153쪽 이하; 공정위, 1982.12.15. 의결, 제82 - 24호, 경제기획원, 공정거래법 심결집(Ⅱ)(1983.4.1.), 9쪽 이하].

기업결합이 이와 같은 예외적 경우에 해당하는가는 당해 기업결합이 경쟁제한적이라고 판단된 후에야 비로소 문제가 된다. 그러므로 당해 기업결합의 경쟁제한성을 심사한 결과 경쟁제한적인 효과가 없거나 근소하다고 판단된다면 이상과 같은 예외적 경우에 해당하는가를 살펴볼 필요가 없다.[244] 당해 기업결합이 효율성의 증대 또는 도산기업의 구제에 관련한 요건을 충족하는지에 대한 입증은 당해 사업자가 하여야 한다(제7조 제2항 제2문).

② 효율성증대를 위한 기업결합

공정거래위원회가 당해 기업결합 이외의 방법으로는 달성하기 어려운 효율성 증대효과가 경쟁제한으로 인한 폐해보다 큰 경우라고 인정하는 기업결합에 대해서는 기업결합의 제한규정을 적용하지 아니한다(제7조 제2항 제1호). 공정거래위원회가 고시한 기업결합 심사기준에 의한 기업결합으로 인한 효율성 증대효과라 함은 생산·판매·연구개발 등에서의 효율성 증대효과 또는 국민경제 전체에서의 효율성 증대효과를 말한다. 효율성 증대효과의 발생 여부는 다음 사항을 고려하여 판단한다.

첫째, 생산·판매·연구개발 등에서의 효율성 증대효과는 ㉠ 규모의 경제·생산설비의 통합·생산공정의 합리화 등을 통하여 생산비용을 절감할 수 있는지, ㉡ 판매 조직을 통합하거나 공동 활용하여 판매비용을 낮추거나 판매 또는 수출을 확대할 수 있는지, ㉢ 시장정보의 공동활용을 통해 판매 또는 수출을 확대할 수 있는지, ㉣ 운송·보관 시설을 공동 사용함으로써 물류비용을 절감할 수 있는지, ㉤ 기술의 상호 보완 또는 기술인력·조직·자금의 공동 활용 또는 효율적 이용 등에 의하여 생산기술 및 연구능력을 향상시키는지, ㉥ 기타 비용을 현저히 절감할 수 있는지를 고려하여 판단한다.

둘째, 국민경제 전체에서의 효율성 증대효과는 ㉠ 고용의 증대에 현저히 기여하는지, ㉡ 지방경제의 발전에 현저히 기여하는지, ㉢ 전후방 연관산업의 발전에 현저히 기여하는지, ㉣ 에너지의 안정적 공급 등 국민경제생활의 안정에 현저히 기여하는지, ㉤ 환경오염의 개선에 현저히 기여하는지를 고려하여 판단한다. 기업결합의 예외를 인정하기 위해서는 이상에서 살펴본 효율성 증대효과가 기업결합에 따른 경쟁제한의 폐해보다 커야 한다.

또한 기업결합의 효율성 증대효과를 인정받기 위해서는 다음 요건을 모두 충족하여야 한다. 즉 효율성 증대효과는 당해 기업결합 이외의 방법으로는 달성하기 어려운 것이어야 하며 이에 대한 판단은 ㉠ 기업결합이 아닌 다른 방법으로는 설비의 확장·자체 기

---

244) 홍대식, 앞의 글, 348~349쪽.

술의 개발 등 효율성을 증대시키기가 어려워야 하며, ⓛ 생산량을 감소시키거나 서비스의 질을 저하시키는 등 경쟁제한적인 방법을 통하여 비용을 절감하는 것이 아닐 것이라는 기준에 의하도록 하고 있다.

나아가, 이러한 효율성 증대효과는 가까운 시일 내에 발생할 것이 명백하여야 하며, 단순한 예상 또는 희망사항이 아니라 그 발생이 거의 확실한 정도임이 입증될 수 있는 것이어야 한다. 다만, 당해 결합이 없었더라도 달성할 수 있었을 효율성 증대 부분을 포함하지 아니한다.245)

③ 회생이 불가한 회사의 구제를 위한 기업결합

공정거래위원회가 상당기간 대차대조표상의 자본총계가 납입자본금보다 적은 상태에 있는 등 회생이 불가능한 회사와의 기업결합으로서 ㉠ 기업결합을 하지 아니하면 회사의 생산설비 등이 당해 사정에서 계속 활용되기 어렵고 ⓛ 당해 기업결합보다 경쟁제한성이 적은 다른 기업결합이 이루어지기 어려운 경우에 해당한다고 인정한다면 그 기업결합에 대해서는 기업결합의 제한규정을 적용하지 않는다(제7조 제2항 제2호, 시행령 제12조 제4호). 이와 같은 경쟁제한적 기업결합금지의 예외는 주로 미국에서 발전되어 온 파단기업이론(failing company doctrine)에 근거하는 것이다. 이 이론은 설령 어느 기업결합이 경쟁제한적이기 때문에 공정거래법의 규제를 받는 대상이 된다고 해도 그 기업결합이 그 기업의 도산에 따른 시장에서의 퇴출(exit)을 방지하기 위하여 이용 가능한 유일한 방법이라면 일정한 요건하에 예외를 인정하여 허용하자는 것이다.246)

이러한 기업결합을 통해 도산기업을 인수함으로써 생산과 고용유지 등 추가적인 경제적 이익을 얻을 수 있다. 그러나 어느 기업이 효율성이 없기 때문에 그 기업을 퇴출시키는 것이 보다 합리적임에도 불구하고 이를 회피하려는 수단으로 이용되지 않도록 하여야 한다. 이에 관해서는 공정거래위원회의 기업결합 심사기준이 자세한 기준을 제시하고 있다.

공정거래위원회의 기업결합 심사기준에 따르면, 공정거래법 제7조 제2항 제2호에서의 '회생이 불가한 회사'라 함은 회사의 재무구조가 극히 악화되어 지급불능의 상태에 처해 있거나 가까운 시일 내에 지급불능의 상태에 이를 것으로 예상되는 회사를 말하며, 이에 대해서는 ㉠ 상당한 기간 대차대조표상의 자본 총액이 납입 자본금보다 작은 상태에 있는 회사인지, ⓛ 상당한 기간 영업이익보다 지급이자가 많은 경우로서 그 기간 중 경상

---

245) 기업결합 심사기준, Ⅷ – 1.
246) 홍대식, 앞의 글, 353쪽.

손익(ordinary profit and loss)[247]이 적자를 기록하고 있는 회사인지, ⓒ 채무자회생및파산에관한법률 제34조 및 제35조의 규정에 따른 회생절차 개시의 신청 또는 동법 제294조 내지 제298조의 규정에 따른 파산 신청이 있는 회사인지, ⓔ 당해 회사에 대하여 채권을 가진 금융기관이 부실채권을 정리하기 위하여 당해 회사와 경영의 위임계약을 체결하여 관리하는 회사인지 등을 고려하여 판단한다. 물론 기업결합의 예외를 인정받기 위해서는 회생이 불가한 회사로 판단되는 경우에도 다음의 요건에 해당되어야 한다. 즉 ⓐ 기업결합을 하지 아니하는 경우 회사의 생산설비 등이 당해 시장에서 계속 활용되기 어렵고, ⓑ 당해 기업결합보다 경쟁제한성이 적은 다른 기업결합이 이루어지기 어려운 경우에 해당되어야 한다.[248]

2) 탈법행위의 금지

누구든지 제7조(기업결합의 제한) 제1항, 제8조의2(지주회사 등의 행위제한 등) 제2항부터 제5항까지, 제8조의3(채무보증제한기업집단의 지주회사 설립제한), 제9조(상호출자의 금지 등), 제10조의2(계열회사에 대한 채무보증의 금지) 제1항 또는 제11조(금융회사 또는 보험회사의 의결권 제한)의 규정의 적용을 면탈하려는 행위를 하여서는 아니 된다(공정거래법 제15조 제1항). 예컨대, 취득자가 제3자의 명의로 회사의 주식을 소유하게 되는 경우에는 취득자의 명의로 명의개서가 되지 않았다고 하더라도 탈법적인 주식취득으로 보아야 할 것이다.[249]

나아가, 제1항의 규정에 의한 탈법행위의 유형 및 기준은 대통령령으로 정하고 있다(동법 제15조 제2항). 첫째, 공정거래법 제10조의2(계열회사에 대한 채무보증의 금지) 제1항의 규정에 의한 채무보증제한 기업집단에 속하는 회사가 행하는 ① 동법 제10조의2(계열회사에 대한 채무보증의 금지) 제2항의 규정에 의한 국내금융기관에 대한 자기 계열회사의 기존의 채무를 면하게 함이 없이 동일한 내용의 채무를 부담하는 행위, ② 다른 회사로 하여금 자기의 계열회사에 대하여 채무보증을 하게 하는 대신 그 다른 회사

---

247) 경상손익이라 함은 기업활동에 있어서 경상적이고 계속적인 활동을 통해 발생하는 수익과 비용을 말한다.
248) 공정거래위원회는 1994년 12월 한화기계주식회사가 삼미정공주식회사의 주식 80%를 취득한 것과 1996년 12월 창원특수강주식회사가 삼미종합특수강주식회사 관련 공장의 영업을 양수한 것에 대하여 구 공정거래법 제7조 제1항 단서와 동법 시행령 제13조 및 제14조에 의거하여 기업결합의 예외를 인정한 바 있다[이동규, 『독점규제 및 공정거래에 관한 법 개론』(행정경영자료서, 1997), 214~217쪽].
249) 권오승, 앞의 책, 206쪽.

또는 그 계열회사에 대하여 채무보증을 하는 행위에 해당하는 행위, 둘째, 동법 제9조(상호출자의 금지 등) 제1항에 따른 상호출자제한 기업집단에 속하는 회사가 행하는 ① 자본시장과금융투자업에관한법률 시행령 제103조(신탁의 종류) 제1호에 따른 특정금전신탁을 이용하여 신탁업자로 하여금 자기의 주식을 취득하거나 소유하고 있는 계열회사의 주식을 취득하거나 소유하도록 하고 신탁업자와의 계약 등을 통하여 해당 주식에 대한 의결권을 사실상 행사하는 행위, ② 자기의 주식을 취득하거나 소유하고 있는 계열회사의 주식을 타인의 명의를 이용하여 자기의 계산으로 취득하거나 소유하는 행위에 해당하는 행위, 셋째, 그 밖에 제2호 또는 제2호의2의 행위에 준하는 행위로서 공정거래위원회가 정하여 고시하는 행위는 탈법행위에 해당되고 그러한 행위는 금지된다.

3) 주식 상호 보유의 제한

공정거래법은 일정 규모 이상의 자산총액 등 대통령령이 정하는 기준에 해당되어 제14조(상호출자제한 기업집단 등의 지정) 제1항의 규정에 따라 지정된 기업집단(이하 '상호출자제한 기업집단'이라 한다)에 속하는 회사는 자기의 주식을 취득 또는 소유하고 있는 계열회사의 주식을 취득 또는 소유하여서는 아니 된다(동법 제9조 제1항 본문). 그러나 상법에서와 마찬가지로 회사의 합병 또는 영업 전부의 양수, 담보권의 실행 또는 대물변제의 수령에 의한 주식의 상호 보유는 허용되며(동조 동항 단서), 이에 해당하여 출자를 한 회사는 당해 주식을 취득 또는 소유한 날부터 6개월 이내에 이를 처분하여야 한다. 다만, 자기의 주식을 취득 또는 소유하고 있는 계열회사가 그 주식을 처분한 때에는 그러하지 아니하다(동조 제2항). 이 외에도 동법 제3항에 의하면, 상호출자제한 기업집단에 속하는 회사로서 중소기업창업지원법에 의한 중소기업창업투자회사는 국내 계열회사주식을 취득 또는 소유하여서는 아니 된다고 규정하고 있다.

공정거래법 제9조에 위반하여 주식을 취득한 경우에는 동법 제66조 제1항 제5호의 벌칙 규정이 적용된다. 또한 공정거래위원회는 위반행위의 금지, 주식의 처분, 법위반 사실의 공표 등 시정조치를 명할 수 있고(동법 제16조 제1항), 시정조치를 명한 경우에는 그 명령을 받은 날로부터 법위반 상태가 해소될 때까지 당해 주식 전부에 대하여 의결권을 행사할 수 없다(동법 제18조 제2항). 이 경우에도 취득행위의 사법적 효력에 관해서는 아무 규정이 없지만, 경제력 집중의 억제를 목적으로 하는 법의 취지에 비추어 취득행위 자체가 무효라고 본다.

4. 기업결합의 신고 및 심사

1) 기업결합의 신고

(1) 신고의무자 및 신고의 대상

공정거래법은 기업결합이 경쟁제한적인 기업결합에 해당하는가를 심사하기 위하여 동법 제12조에 규정한 일정한 요건에 해당하는 기업결합은 공정거래위원회에 신고하여야 한다. 이러한 신고의무를 부과하는 것은 경쟁제한적인 기업결합에 대하여 효율적으로 감시를 하기 위함이다. 동법 제12조에 의하면, 자산총액 또는 매출액의 규모(계열회사의 자산총액 또는 매출액을 합산한 규모를 말함)가 2천억 이상인 회사(이하 기업결합 신고 대상회사라 함) 또는 기업결합신고 대상회사의 특수관계인이 ① 다른 회사의 발행주식 총수(상법 제370조의 규정에 의한 의결권 없는 주식을 제외함)의 20%(주권상장법인의 경우에는 15%) 이상을 소유하게 되는 경우, ② 임원 겸임의 경우(이 경우에는 신고의무자는 대규모회사에 한함), ③ 다른 회사와 합병하거나 다른 회사의 영업을 양수하는 경우 또는 ④ 새로 설립되는 회사 주식의 20% 이상을 인수하는 경우에는 공정거래위원회에 신고하여야 한다(동법 제12조 제1항, 동법 시행령 제18조 제2항). 이때 주식의 소유 또는 인수의 비율을 산정하거나 최다 출자자가 되는지를 판단함에 있어서는 당해회사의 특수관계인이 소유하고 있는 주식을 합산한다(동법 제12조 제5항).

기업결합 신고의무자가 2 이상인 경우에는 공동으로 신고하여야 한다. 다만, 공정거래위원회가 신고의무자가 소속된 기업집단에 속하는 회사 중 하나의 회사를 기업결합 신고대리인으로 정하여 그 대리인이 신고한 경우에는 그러하지 않다(제12조 제10항). 이상의 규정에 의하여 신고를 하고자 하는 자는 공정거래위원회가 정하는 바에 의하여 신고의무자 및 상대방 회사의 명칭·매출액·자산총액·사업내용과 당해 기업결합의 내용 및 관련시장 현황 등을 기재한 신고서에 신고 내용을 입증하는 데 필요한 관련서류를 첨부하여 공정거래위원회에 제출하여야 한다(제12조 제1항, 영 제18조 제4항). 그러나 관계 중앙행정기관의 장이 다른 법률의 규정에 의하여 미리 당해 기업결합에 관하여 공정거래위원회와 협의한 경우에는 신고의무가 발생하지 않는다(제12조 제4항).

(2) 신고기간

기업결합의 신고는 당해 기업결합일부터 30일 이내에 이를 하여야 한다고 함으로써 사후신고를 원칙으로 한다. 다만, 기업결합의 당사회사 중 1 이상의 회사가 대규모회사인 경우에는 합병계약을 체결한 날 등 대통령령이 정하는 날부터 기업결합일 전까지의 기간 내에 이를 신고하여야 한다(제12조 제6항). 기업결합일이라 함은 기업결합의 유형에 따라 다르다. ① 다른 회사의 주식을 소유하게 되거나 주식소유비율이 증가하는 경우에는 ㉠ 주식회사의 주식을 양수하는 경우에는 주권을 교부받은 날,250) ㉡ 주식회사의 신주를 유상취득하는 경우에는 주식대금의 납입기일의 다음 날, ㉢ 주식회사 외의 회사의 지분을 양수하는 경우에는 지분양수의 효력이 발생하는 날, ㉣ 가목 내지 다목에 해당하지 아니하는 경우로서 감자 또는 주식의 소각 그 밖의 사유로 주식소유비율이 증가하는 경우에는 주식소유비율의 증가가 확정되는 날, ② 임원 겸임의 경우에는 임원이 겸임되는 회사의 주주총회 또는 사원총회에서 임원의 선임이 의결된 날, ③ 영업양수의 경우에는 영업양수대금의 지불을 완료한 날,251) ④ 다른 회사와의 합병의 경우에는 합병등기일, ⑤ 새로운 회사설립에 참여하는 경우에는 배정된 주식의 주식대금의 납입기일의 다음 날이 기업결합일이다(동법 시행령 제18조 제8항).

그러나 기업결합이 경쟁질서에 미치는 영향이 큰 경우에는 예외적으로 사전신고를 요구하고 있다. 이는 기업결합이 경쟁제한적인가를 신중하게 검토하여 그러한 기업결합을 사전에 막을 필요가 있기 때문이다. 즉 ① 다른 회사의 주식을 소유하게 되거나 최다 출자자가 되는 경우에는 취득하려는 주식의 소유자와 계약·합의 등을 한 날, ② 합병·영업양수가 있는 경우에는 합병계약을 체결한 날 또는 영업양수계약을 체결한 날, ③ 새로운 회사설립에 참여하는 경우에는 회사설립의 참여에 대한 주주총회 또는 이에 갈음하는 이사회의 의결이 있는 날에 의한 기업결합의 경우에는 기업결합의 당사회사 중 1 이상의 회사가 대규모회사인 경우에는 합병계약을 체결한 날 등 대통령령이 정하는 날(30일)부터 기업결합일 전까지의 기간 내에 이를 신고하여야 한다(동법 제12조 제6항; 동법 시행령 제18조 제10항). 이처럼 사전신고를 하여야 하는 자는 신고 후 30일이 경과할 때

---

250) 다만, 주권이 발행되어 있지 아니한 경우에는 주식대금을 지급한 날을 말하며, 주권을 교부받기 전 또는 주식대금의 전부를 지급하기 전에 합의·계약 등에 의하여 의결권 기타 주식에 관한 권리가 실질적으로 이전되는 경우에는 당해 권리가 이전되는 날을 말한다.

251) 다만, 계약체결일부터 90일을 경과하여 영업양수 대금의 지불을 완료하는 경우에는 당해 90일이 경과한 날을 말한다.

까지 각각 주식소유, 합병등기, 영업양수계약의 이행행위 또는 주식인수행위를 하여서는 아니 된다. 다만, 공정거래위원회가 필요하다고 인정하는 때에는 그 기간을 단축하거나 그 기간의 만료일 다음 날부터 기산하여 90일의 범위 안에서 그 기간을 연장할 수 있다 (동법 제12조 제7항).

2) 경쟁제한성의 심사요청 및 결과통과

공정거래법은 기업결합이 사후신고 대상이기는 하나 그 기업결합이 경쟁제한적인가를 미리 알 수 있는 제도적 장치를 마련하고 있다. 즉 기업결합을 하고자 하는 자는 공정거래법에 규정된 신고기간(제12조 제7항) 이전이라도 당해 행위가 경쟁을 실질적으로 제한하는 행위에 해당하는지에 대하여 심사를 공정거래위원회에 요청할 수 있다(제12조 제8항). 이러한 심사요청을 받은 경우 공정거래위원회는 30일 이내에 그 결과를 요청한 자에게 통지하여야 한다. 다만, 공정거래위원회가 필요하다고 인정할 때에는 그 기간의 만료일 다음 날부터 기산하여 60일의 범위 안에서 그 기간을 연장할 수 있다(제12조 제9항). 이와 같은 공정거래법이 임의적 사전심사 요청제도를 인정함에 따라 사후신고의 대상이 되는 기업결합을 하는 자, 말하자면 경쟁에 미치는 영향이 적은 기업결합을 하는 자가 신속하게 기업결합을 할 수 있을 뿐만 아니라 사전에 기업결합에 대한 심사가 이루어짐으로 인하여 기업결합이 종결된 후에 그것을 해체하는 경우를 피할 수 있도록 하였다.

5. 위반행위의 효과

1) 시정조치

공정거래위원회는 기업결합의 제한규정에 위반하거나 위반할 우려가 있는 행위가 있는 때에는 기업결합의 당사회사에 대해서도 시정조치를 명할 수 있다. 또한 기업결합의 당사회사에 대한 시정조치만으로는 경쟁제한으로 인한 폐해를 시정하기 어렵거나 기업결합 당사회사의 특수관계인이 사업을 영위하는 거래분야의 경쟁제한으로 인한 폐해를 시정할 필요가 있는 때에는 그 특수관계인에 대해서도 시정조치를 명할 수 있다(독점규제법 제16조 제1항). 이는 결합의 직접 당사자가 아니더라도 결합으로 인하여 계열회사 등 특수관

계인이 속한 관련시장에서의 경쟁제한의 효과가 나타날 수 있음을 염두에 둔 것이다.[252]

시정조치의 유형으로는 ① 당해 행위의 중지, ② 주식의 전부 또는 일부의 처분, ③ 임원의 사임, ④ 영업의 양도, ⑤ 사정명령을 받은 사실의 공표, ⑥ 기업결합에 따른 경쟁제한의 폐해를 방지할 수 있는 영업방식 또는 영업 범위의 제한,[253] ⑦ 공시의무의 이행 또는 공시내용의 정정, ⑧ 기타 법 위반 상태의 시정을 위하여 필요한 조치가 있다(독점규제법 제16조 제1항).

이 경우 기업결합의 사전신고가 의무화되어 있는 경우에는 공정거래위원회는 신고 후 30일 내에 시정조치를 하며, 90일을 초과하지 않는 범위 내에서 연장이 가능하다(동법 제16조 제1항, 제12조 제7항). 또한 시정조치의 이행확보를 위하여 공정거래위원회로부터 주식처분 명령을 받은 자는 그 명령을 받은 날로부터 당해 주식에 대하여 의결권을 행사할 수 없다(동법 제18조 제1항).[254]

2) 이행강제금

이행강제금은 행정상 의무의 불이행시에 일정 액수의 금전이 부과된다는 사실을 미리 알림으로써 의무 이행의 확보를 도모하기 위한 제도이다. 동 제도는 1999년 공정거래법의 개정 시 도입된 것으로 현행 공정거래법 제17조의3 제1항에 규정을 두고 있다. 즉 "공정거래위원회는 제7조(기업결합의 제한) 제1항을 위반하여 제16조(시정조치 등)에 따라 시정조치를 받은 후 그 정한 기간 내에 이행을 하지 아니하는 자에 대하여 매 1일당 다음 각 호의 금액에 1만분의 3을 곱한 금액을 초과하지 아니하는 범위 안에서 이행강제금을 부과할 수 있다. 다만, 제7조(기업결합의 제한) 제1항 제2호의 기업결합을 한 자에 대해서는 매 1일당 200만 원의 범위 안에서 이행강제금을 부과할 수 있다"라고 규정하고 있다.

---

252) 이에 따라 예컨대, A사와 B사 간의 결합 시 A·B 간에는 경쟁제한의 우려가 없는 반면, A의 자회사인 A´와 B의 자회사인 B´가 동일한 관련 시장에서 서로 경쟁하고 있어 경쟁제한의 폐해가 나타날 경우 당해 자회사에 대해서도 시정조치를 할 수 있다[공정거래위원회, 2007.7.3. 보도자료; 신현윤, 『경제법』(법문사, 2010), 179쪽; 권오승, 앞의 책, 201쪽].

253) 직접 금지 방식의 시정조치를 부과하기 명백히 곤란한 경우에는 기업결합에 따른 경쟁제한의 폐해를 방지하기 위하여 가격변경 금지, 원료 구매 시 경쟁입찰 방식의 채택 등 시정 명령을 발할 수 있다. 공정거래위원회는 2005년 7월 20일 하이트맥주(주)의 진로(주) 인수 건에서 시정조치로서 5년간 소비자 물가상승률 이상의 가격인상 금지, 유통망에 대한 부당한 영향력 행사를 제한하는 구체적 방안의 수립·추진, 영업조직 및 인력의 분리 운영 등을 명한 바 있다(신현윤, 앞의 책, 179쪽).

254) 신현윤, 앞의 책, 178~179쪽; 정호열, 『경제법』(박영사, 2010), 256쪽.

이행강제금 제도는 이미 건축법, 농지법 등에서 채택하고 있으며, 외국도 이와 유사한 제도가 시행 중에 있다.[255] 동 제도는 이미 행하여진 위법행위에 대한 제재로서 부과되는 과징금이나 과태료, 벌금 등과는 그 성격을 달리한다.[256] 즉 경쟁제한적인 기업결합에 대한 시정조치는 주식매각, 일부 사업양도 등 작위 명령의 형태로 이루어지지만, 동 제도는 규제의 실효성을 강화하기 위하여 부당이득 환수 또는 징벌적 성격이 강한 1회성의 과징금 부과보다는 시정조치의 불이행의 경과일에 비례하여 강제금이 부과된다는 점에서 차이가 있다.

3) 벌칙

(1) 형사처벌

경쟁제한적 기업결합(동법 제7조 제1항) 및 불공정한 방법에 의한 기업결합(동조 제3항)을 한 자, 이에 대한 탈법행위를 한 자(동법 제15조) 그리고 주식처분 명령을 받은 자가 당해 주식에 대하여 의결권을 행사한 경우(동법 제18조)에는 3년 이하의 징역 또는 2억 원 이하의 벌금의 부과되며, 징역형과 벌금형은 병과가 가능하다(동법 제66조 제1항 제2호·제7호 후단). 그리고 공정거래위원회의 시정조치에 응하지 아니한 자에 대해서는 2년 이하의 징역 또는 1억 5천만 원 이하의 벌금이 처하는바, 양자의 병과는 불가능하다(동법 제67조 제6호).[257]

(2) 과태료

기업결합 신고의무자가 신고를 하지 아니하거나 허위의 신고를 한 경우, 사전신고 시 기업결합 실행행위 유보기간을 지키지 아니한 경우 등에는 사업자에 대해서는 1억 원 이하 그리고 임원이나 종업원 등에 대해서는 1천만 원 이하의 과태료를 부과한다(동법 제69조의2 제1항 제2호). 과태료는 사업자와 임원, 종업원 등에 병과할 수 있다.[258]

---

255) 미국의 경우 적절하지 않은 M&A로 판명되어 연방거래위원회나 법무부 독점금지국으로부터 동의 명령을 받은 후에도 이행하지 않아 민사소송이 제기되었을 때에는 연방법원이 클레이튼법, 연방거래위원회법에 의하여 이행을 지체한 날로부터 1일당 5,500불 또는 11,000불의 이행강제금 부과를 판결할 수 있다(신현윤, 앞의 책, 180쪽).

256) 박해식, "과징금의 법적 성격", 「공정거래법강의Ⅱ(권오승 편)」(법문사, 2000), 603쪽.

257) 정호열, 앞의 책, 262쪽.

제3절 결합기업과 연결재무제표 준칙상 규제

1. 서설

재무제표는 개별재무제표와 연결재무제표로 구분할 수 있다. 개별재무제표란 법적인 실체를 중심으로 개별기업이 재무상태, 경영성과, 현금흐름 등의 재무정보를 정보이용자들에게 제공하기 위하여 작성하는 재무제표로서, 일반적으로 재무제표라 함은 개별재무제표를 말한다. 이와는 달리 연결재무제표는 지배회사와 종속회사로 구성되는 경제적 실체의 재무정보를 정보이용자들에게 제공하기 위하여 지배회사가 작성하는 재무제표를 말한다(연결재무제표준칙 제1장 3. 가).259)

지배·종속관계에 있는 회사들의 경우 재무상태와 경영성과를 전체적으로 평가하기 위해서는 개별재무제표를 독립적으로 분석하는 것으로는 충분하지 않고 연결회사 간의 내부거래를 제거한 후 결합하여 작성된 연결재무제표를 분석하는 것이 타당하다. 즉 지배회사의 투자주식 계정과 종속회사들의 자본 계정을 상계 제거하고, 지배회사와 종속회사들 간의 채권·채무를 상계 제거하고, 상품거래 등에 내재된 미실현이익을 제거한 후에 작성된 연결재무제표가 개별재무제표에 비하여 기업에 대해 목적에 적합한 재무정보를 제공한다고 할 수 있다.

---

258) 정호열, 앞의 책, 262쪽.

259) 정규언, 「연결재무제표의 주재무제표와 연결납세제도 도입에 관한 연구」, 『상장협 연구보고서 2003 – 4』 (한국상장회사협의회, 2003.12.), 6쪽.

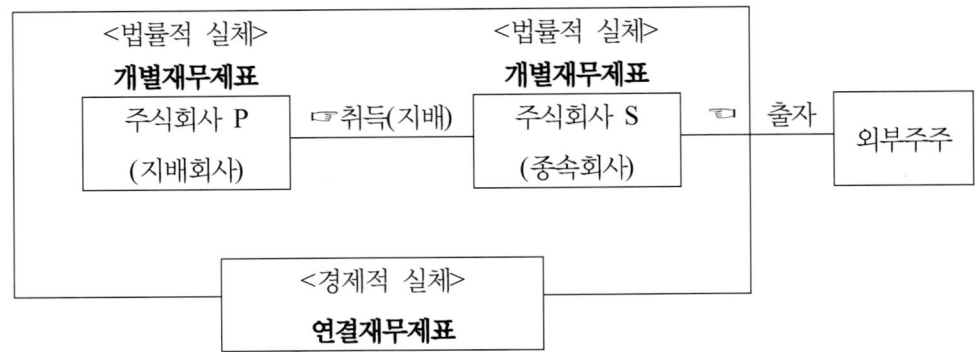

연결재무제표와 개별재무제표 작성대상 비교[260]

상법상에서도 재무제표와 관련한 규정이 존재한다. 즉 재무제표(financial statement)란 주식회사의 결산을 위해 작성하고 주주총회의 승인을 받아 확정되는 회계서류라고 규정하고 있다. 또한 "이사는 결산기마다 다음 각 호의 서류와 그 부속명세서를 작성하여 이사회의 승인을 받아야 한다"고 규정하고 있다.

다만, 2011년 개정으로 인하여 그동안 규정하고 있던 다음 각 호의 서류에 기존 대차대조표와 손익계산서 이외 그 밖에 회사의 재무상태와 경영성과를 표시하는 것으로 대통령령으로 정하는 서류를 포함시켰다. 나아가, 제2항을 신설하여 "대통령령으로 정하는 회사의 이사는 연결재무제표도 작성하여 이사회의 승인을 받아야 한다"는 규정을 두었다. 이러한 규정을 둔 취지는 정보이용자에게 종속기업을 포함한 연결실체의 재무상태와 경영성과 등을 보고하게 하여 그들의 경제적 의사결정에 유용한 정보를 제공하게 하고자 함에 있다.[261]

이러한 규정은 그동안 공정거래법 제2조 제2호에서 규정하고 있는 기업집단에 대하여 그 소속회사의 재무제표를 결합한 기업집단결합재무제표의 작성을 의무로 규정(기업회계기준 제6조 제2항)하고 있었는데, 외부감사에관한법률 제1조의3이 삭제됨에 의하여 기업집단 결합재무제표[262]도 2012년 사업연도부터 폐지될 예정이다. 물론 이러한 폐지의 근

---

260) 황인태·강선민, 「연결재무제표의 주재무제표화 논의와 과제」, 『상장협연구(제52호)』(한국상장회사협의회, 2006 춘계호) 참조.

261) 연결재무제표와 지배기업 개별대차대조표의 차이는 개별 대차대조표에서는 투자계정으로 나타나는 종속기업에 대한 투자액이 연결대차대조표에서는 종속기업의 자산과 부채로 표시된다. 즉 연결대차대조표에서는 지배기업의 개별 대차대조표에 비하여 종속기업의 자산과 부채만큼 증가하고 종속기업에 대한 투자액만큼 자산이 감소하게 된다(정규언, 앞의 글, 9쪽).

262) 결합재무제표(combined financial statements)란 기업집단의 재무상태와 경영성과 및 현금흐름 등의 재무정보를 회계정보의 이용자에게 제공하기 위하여 기업집단이 작성하는 재무제표를 말한다(기업집단결합재무제표준칙 제3조 가).

거는 결합재무제표의 작성이 국내에만 존재하고 외국의 경우에는 존재하지 않는 제도이며, 계열사 간의 지급보증 금지, 기업 지배구조 개선 등으로 그 필요성이 감소되었기 때문이라고 한다.263) 따라서 이하에서는 연결재무제표만을 살펴보기로 한다.

2. 연결재무제표

1) 의의

연결재무제표(consolidated financial statement)라 함은 위에서 언급한 바와 같이 지배기업과 그 종속기업으로 구성되는 경제적 실체(이하 연결실체)의 재무상태와 경영성과 및 현금흐름 등에 관한 재무정보를 회계정보의 이용자에게 제공하기 위하여 지배기업이 작성하는 재무제표를 말한다.

이러한 연결재무제표와 관련해서는 1998년 4월 1일 '연결재무제표준칙'이 처음으로 만들어졌으며, 이후 2000년 3월 22일에 '연결재무제표준칙'의 전문이 개정되었다. 나아가, 정부의 2002년 11월 7일 회계제도 개혁안의 발표에 따라 2003년 10월에 기업회계기준서 공개 초안 03 - 17호로 '연결재무제표'가 공표되었으며, 현재도 그 논의가 계속되고 있다.264) 이러한 회계기준은 IFRS의 국제회계기준의 도입과 더불어 그에 맞추어 개정이 진행되고 있다. 그 구체적인 내용은 다음과 같다.

☞ **국제회계기준의 의무 도입**265)

1. 서설

우리나라는 2011년 이후 자산 2조 원 이상 기업에 대하여 국제회계기준(IFRS: International Financial Reporting Standard)을 의무적으로 도입하고, 2013년 이후

---

263) 금융감독위원회의 2008.7.29. 보도자료('주식회사의 외부감사에 관한 법률 개정안 등 입법예고')(http://www.fsc.go.kr).

264) 현재도 주식회사의외부감사에관한법률의 적용대상기업 중 자본시장과금융투자업에관한법률에 따른 주권상장법인의 회계처리 및 재무제표의 작성과 표시를 위해 한국이 채택한 국제회계기준의 적용을 선택한 기업('한국채택국제회계기준 적용선택기업')의 회계처리에 적용하기 위하여 새로운 기준에 대한 논의가 진행되고 있다(기업회계기준서 제1110호 - 연결재무제표).

265) http://www.facebook.com/note.php?note_id=191579874222019&comments

에는 모든 상장사가 의무적으로 이 기준을 도입할 예정이다. 이 경우 IFRS에서 주된 공시장부인 연결재무제표가 연결기준이 된다. 예를 들면, 공정가치 평가(Fair Valuation)로 10년 전 100억 원에 산 땅이 200억 원으로 올랐다면 장부에는 200억 원을 기재하는 것이 옳다는 것이 IFRS 견해다. 그래야만 기업이 갖고 있는 현재 가치를 보다 쉽게 투자자들이 알 수 있다는 것이다. 이처럼 현재 시점에서 기업이 갖고 있는 자산가치를 적정한 시장가격으로 표시하는 IFRS 원칙을 '공정가치 평가'라고 한다.

2. IFRS

IFRS(International Financial Reporting Standard)란 영국에 근거지를 두고 있는 국제회계기준 이사회(IASB)가 국제적으로 통용될 수 있는 회계언어를 통일하기 위해 제안한 회계처리 기준이다. 회계기준은 그동안 미국이 내세웠던 일반회계기준(US GAAP)과 영국·유럽연합을 중심으로 한 IFRS로 크게 양분돼 있었다.

먼저, IASB(International Accounting Standards Board)란 IFRS를 제정하는 위원회를 말한다. 상임위원 12명과 비상임위원 2명으로 구성돼 있으며, 대부분 회계학 전문교수나 회계법인 대표 등이다. 한국은 IASB 위원을 아직 파견하지 못하고 있다. 반면 GAAP(Generally Accepted Accounting Principle)란 IFRS와 대척점에 있는 회계기준이라고 생각하면 된다. 그동안 각종 새로운 금융상품이나 기업의 신규 활동이 등장할 때마다 각국 회계기준을 정하는 위원회가 일일이 새로운 판례를 만들면서 쌓아 온 회계언어 체계라고 볼 수 있다.

양자의 큰 차이점은 GAAP가 규칙 중심(Rule-based) 회계언어라고 하면, IFRS는 원칙 중심 회계언어라는 점이다. 즉 GAAP가 지향하는 규칙 중심 회계가 그때그때 등장하는 새로운 회계 해석이나 판례에 따라 발전해 온 체계라면, IFRS의 원칙 중심 회계는 몇 가지 중점적 원칙을 정해 두고 새로운 현상이 나타나면 그를 적절히 해석해서 장부를 처리하는 체계다. 또한 규칙 중심 회계체계에서는 장부 작성자가 일일이 회계·감독당국에서 해석을 받는 수동적 위치였지만, 원칙 중심 회계체계에서는 스스로 회계원칙을 이해해서 판단해야 하는 능동적 위치로 바뀌고, 규칙 중심 회계체계가 객관식이었다면, 원칙 중심 회계체계는 논술형 시험이라고 볼 수 있다.

3. 연결재무제표의 의무화 도입에 따른 영향

연결재무제표 의무화 IFRS가 도입되면 자회사를 둔 모기업은 반드시 연결재무제표를 만들어 분기마다 45일 이내에 공시해야 한다. 또한 계열사는 분기별로 개별 재무제표를 만들어야 한다.

특정 회사의 ○○○ 상무에 의하면, "현재는 회사별로 1년에 한 번씩 재무제표를 90일 이내에 만들어 공시하면 되지만 IFRS가 도입되면 계열사는 분기별로 개별 재무제표를 만들고 모든 모기업은 이를 연결해 연결재무제표를 만들어야 하기 때문에 재무재표 공시 일정이 빨라질 것"이라고 추측하고 있다. 한국의 코스피 상장사 611개 중 64%(390개사), 코스닥 상장사 977개 중 30%(296개사)가 향후 연결재무제표 의무 작성 대상기업에 포함된다.

4. 기업역량 공정가치

기업역량 공정가치(Fair Value)와 관련 영국 최대 통신사인 BT(브리티시텔레콤)는 2004년 영국 회계기준 대신에 IFRS를 적용해 재무제표를 작성하였는데, 그 결과에 대하여 일반 투자자들은 충격에 휩싸였다. 왜냐하면 불과 1년 전까지 BT의 자기자본은 30억 파운드에 달하였던 것이, 무려 11억 파운드의 자본잠식 상태로 나타났기 때문이었다. "외면만 바뀌었을 뿐 기업 내용에는 변화가 없다"는 내용의 애널리스트들의 분석 덕분에 주가에는 큰 영향이 없었지만 BT는 재무구조 개선을 위해 총력을 다하고 있다. IFRS가 2011년 전면 시행되면 한국에 나타날 주요 장면 중 하나다. IFRS는 모든 회사의 자산을 공정한 가치로 평가하도록 의무화하고 있기 때문이다. 따라서 자산과 부채의 실체가 적나라하게 드러나게 된다. 이에 따라 IFRS 도입 이후 기업 경영진들이 직면하게 되는 임무 중 하나는 '재무구조 안정화'가 될 전망이다. BT의 사례처럼 IFRS 도입 이후 자본잠식이 이뤄질 수도 있고 매출인식 기준이 바뀌면서 건설사의 경우 실적이 주는 것처럼 보일 수 있기 때문이다. IFRS 도입 초기에는 경영진이 최대한 보수적 재무제표를 꾸려 가려는 노력을 기울일 가능성이 클 것으로 예상된다.

2) 연결재무재표의 작성자

(1) 지배·종속관계에 있는 지배기업

지배·종속관계가 있는 경우에 지배기업은 연결재무제표를 작성하여야 하며, 지배·종속관계가 연속적으로 성립하는 경우에는 최상위 지배기업이 연결재무제표를 작성하여야 한다(연결재무제표준칙 제6조 가·나).266) 또한 상장법인, 협회등록법인 또는 금융보험업을 영위하는 법인이 한 회사의 종속회사이면서 동시에 다른 회사의 지배회사인 경우에는 당해 회사와 그 종속회사로 구성되는 연결실체에 대한 연결재무267)제표를 추가로 작성하여야 한다. 만약 지배·종속관계가 순환하는 형태로 성립하는 경우에는 직전 사업연도말 자산 규모가 최대인 회사가 연결재무제표를 작성한다.268)

여기에서 지배·종속관계라 함은 주식회사가 경제활동에서 효용과 이익을 얻기 위하여 다른 회사(조합 등 법인격이 없는 기업을 포함한다)의 재무정책과 영업정책을 결정할 수 있는 능력을 가지는 경우로서 그 주식회사(이하 지배회사라고 한다)와 그 다른 회사(이하 종속회사)의 관계를 말한다(주식회사외부감사에관한법률 시행령 제1조의3). 이 경우 지배·종속관계의 판단은 금융위원회가 증권선물위원회의 심의를 거쳐 정한 회사의 회계처리기준에 의한다. 다만, 그 적용방법으로는 국제회계기준위원회의 국제회계기준을 채택하여 정한 회계처리기준(외부감사에관한법률 제13조 제1항 제1호) 또는 그 밖에 동법에 정한 회계처리기준(동조 동항 제2호)에 의하도록 하고 있다.

나아가, 이러한 회계처리기준은 기업회계와 감사인의 감사에 통일성과 객관성이 확보될 수 있도록 하여야 하며(동조 제2항), 회사도 위의 기준에 따라 재무제표 또는 연결재무제표를 작성하도록 의무화하였다(동조 제3항). 뿐만 아니라 금융위원회는 위의 업무를 전문성을 갖춘 민간법인이나 단체에 위탁할 수도 있다(동법 제4항). 만약 이를 위탁하였다 하더라도 금융위원회는 이해관계인의 보호, 국제적 회계처리기준과의 합치 등을 위하여 필요하다고 인정되면 증권선물위원회의 심의를 거쳐 위의 업무를 위탁받은 민간법인 또는 단체(이하 회계기준제정기관)에 대하여 회계처리기준의 내용을 수정할 것을 요구할 수 있

---

266) 다만, 최상위 지배회사가 외국법인인 경우에는 내국법인 중 최상위 지배회사가 연결재무제표를 작성한다(연결재무제표준칙 6. 나. 단서).

267) 예를 들면, 갑회사의 종속회사인 을회사가 병회사의 지배회사이고 동시에 병회사가 갑회사의 지배회사인 경우를 들 수 있다.

268) 연결재무제표준칙 6.

다. 이 경우 회계기준 제정기관은 정당한 사유가 없으면 이에 따라야 한다(동조 제5항).

(2) 제외 대상

위의 기준에 해당하는 회사라 하더라도 다음과 같은 회사의 경우에는 회계감사의 대상에서 제외된다. 즉 ① 한국채택국제회계기준을 적용하지 아니하는 지배회사에 대한 위에서 언급한 동법 시행령 제1항을 적용할 때 금융위원회의설치등에관한법률에 따른 증권선물위원회(이하 증권선물위원회)가 정하여 고시하는 기준에 해당하는 종속회사는 종속회사가 아닌 것으로 본다는 규정에 따라 위의 요건을 만족하는 경우 연결재무제표를 작성 대상에서 제외된다(동법 시행령 제1조의3 제4항).

② 공공기관의운영에관한법률에 따라 공기업 또는 준정부기관으로 지정받은 주식회사 중 주권상장법인(자본시장과금융투자업에관한법률에 따른 주권상장법인을 말한다)이 아닌 회사는 외부감사의 대상에서 제외된다. 또한 외부감사에관한법률 제2조 제2호에서의 '대통령령으로 정하는 주식회사'가 아닌 경우에도 외부감사의 대상에서 제외된다. 그러한 경우로는 ㉠ 지방자치단체가 자본금의 2분의 1 이상을 출자한 주식회사, ㉡ 자본시장과금융투자업에관한법률에 따른 투자회사, ㉢ 기업구조조정투자회사법에 따른 기업구조조정투자회사, ㉣ 은행법에 따른 은행으로부터 당좌거래의 정지처분 중에 있는 주식회사(다만, 채무자회생및파산에관한법률에 따라 회생 절차의 개시가 결정된 주식회사는 제외한다), ㉤ 청산 중이거나 1년 이상 휴업 중인 주식회사, ㉥ 상법에 따라 합병절차가 진행 중인 회사로서 해당 사업연도 내에 소멸될 주식회사, ㉦ 위 제1호부터 제6호까지의 규정에 준하는 사유로 증권선물위원회가 외부감사를 실시할 필요가 없다고 인정하지 지정하는 주식회사가 아닌 경우에는 외부 회계감사의 대상에서 제외된다.

③ 동법 시행령 제2조에 의하면 외부감사의 대상으로 다음을 들고 있다. 따라서 이에 해당하지 않는 경우에는 연결재무제표 작성 대상에서 제외된다고 하겠다. ㉠ 직전사업연도 말의 자산총액의 100억 원 이상인 주식회사(그 주식회사가 분할하거나 다른 회사와 합병하여 새로운 회사를 설립한 경우에는 설립시의 자산 총액이 100억 원 이상인 주식회사를 말한다), ㉡ 주권상장법인(자본시장과금융투자업에관한법률에 따른 주권상장법인을 말한다)과 해당 사업연도 또는 다음 사업연도 중에 주권상장법인이 되려는 주식회사, ㉢ 직전 사업연도 말의 부채총액의 70억 원 이상이고 자산총액이 70억 원 이상인 주식회사(그 주식회사가 분할하거나 다른 회사와 합병하여 새로운 회사를 설립한 경우에는

설립 시의 부채 총액이 70억 원 이상이고 자산총액이 70억 원 이상인 주식회사를 말한다), ㉣ 직전 사업연도 말의 종업원(동 시행령 제1조의4 제2항 제2호 후단에 따른 종업원을 말한다)[269]에 해당하는 자는 연결재무제표의 작성 대상에서 제외된다.

3) 작성방법

(1) 작성기준일

연결재무제표 작성기준일은 지배기업의 회계연도 종료일(결산일)로 하며(연결재무제표준칙 제7조 가), 종속기업의 결산일이 연결재무제표 작성기준일과 일치하지 않는 경우에는 종속기업은 연결재무제표 작성을 위한 재무제표를 작성하여야 한다(동조 나). 만약 종속회사의 회계연도 종료일과 연결재무제표 작성기준일과의 차이가 3월 이내인 경우에는 연결재무제표 작성을 위하여 종속회사 회계연도 종료일의 재무제표를 이용할 수 있다. 이 경우 종속회사의 회계연도 종료일과 연결재무제표 작성기준일 사이에 발생한 중요한 거래나 사건을 연결재무제표 작성 시 반영하며 그 내용과 이의 조정 내용을 주석으로 공시한다(동조 다).

(2) 연결재무제표의 종류와 형식

연결재무제표는 연결대차대조표, 연결손익계산서, 연결자본변동표 및 연결현금흐름표로 구성된다. 이러한 연결재무제표는 당해 회계연도분과 직전 회계연도분을 비교하는 형식으로 작성한다. 구체적으로 보면, 연결대차대조표는 보고식 또는 계정식으로 작성하며 그 양식 사례는 아래 1 내지 아래 4와 같으며, 연결손익계산서는 보고식으로 작성하며 그 양식 사례는 아래 5 및 아래 6과 같다. 또한 연결자본변동표는 아래 7, 연결현금흐름표는 아래 8, 9와 같다.

위의 연결대차대조표와 연결현금흐름표에 대한 규정에도 불구하고 지배회사가 개별재무제표를 기업회계기준 제90조에 규정한 업종별 회계처리준칙의 양식 사례에 의하여 작

---

269) 종업원은 근로기준법 제2조 제1항 제1호에 따른 근로자 중 ① 일용근로자, ② 3개월 이내의 기간을 정하여 근로하는 사람, ③ 파견근로자보호등에관한법률 제2조 제5호에 따른 파견근로자를 제외한 사람을 말한다.

성한 경우 연결재무제표도 업종별 회계처리준칙의 양식 사례에 의하여 작성할 수 있다.[270]

[아래 1]

연결대차대조표(보고식)

제×기 19××년×월×일 현재
제×기 19××년×월×일 현재
회 사 명(단위: 원)

과목		제×(당)기 금액	제×(전)기 금액
자 산			
Ⅰ. 유 동 자 산		×××	×××
(1) 당 좌 자 산	물		
1. 현 금 및 현 금 등 가	물		
2. 단 기 금 융 상	품		
3. 유 가 증	권		
4. 매 출 채	권		
대 손 충 당	금		
5. 단 기 대 여	금		
대 손 충 당	금		
6. 단 기 대 출 채 권[1]			
7.			
(2) 재 고 자 산			
1. 상	품		
2. 제	품		
3. 반 제	품		
4. 재 공	품		
5. 원 재	료		
6. 저 장	품		
7.			
Ⅱ. 고 정 자 산		×××	×××
(1) 투 자 자	산		
1. 장 기 금 융 상	품		
2. 투 자 유 가 증	권		
3. 장 기 대 여	금		
대 손 충 당	금		
4. 장 기 성 매 출 채	권		
현 재 가 치 할 인 차	금		
대 손 충 당	금		

___

270) 연결재무제표준칙 8.

과목	제×(당)기	제×(전)기
	금액	금액
5.　　　투　　자　　부　　동　　산		
6.　　장　기　대　출　채　권[2]		
7.　　　　　보　　　증　　　금		
8.　　이　연　법　인　세　차		
9.　―――――――――――――		
(2)　　　　유　　형　　자　　산		
1.　　　　　　　토　　　　　　지		
2.　　　　　　　건　　　　　　물		
감　가　상　각　누　계　액		
3.　　　　　　구　　　축　　　물		
감　가　상　각　누　계　액		
4.　　기　　계　　장　　치		
감　가　상　각　누　계　액		
5.　　　　　　　선　　　　　　박		
감　가　상　각　누　계　액		
6.　차　량　운　반　구		
감　가　상　각　누　계　액		
7.　건　설　중　인　자　산		
8.　―――――――――――――		
(3)　　　　무　　형　　자　　산		
1.　　　　　영　　　업　　　권		
2.　　　　　　　　　부의영업권		
3.　　산　　업　　재　　산　　권		
4.　　　　광　　　업　　　권		
5.　　　　어　　　업　　　권		
6.　　　　차　　　지　　　권		
7.　　　　창　　　업　　　비		
8.　　　　개　　　발　　　비		
9.　―――――――――――――		
Ⅲ. 기　타　금　융　업　자　산[6]	×××	×××
자　　　산　　　총　　　계	×××	×××
부　　　　　　　　　　　채		
Ⅰ.　　　유　　　동　　　부　　　채	×××	×××
1.　　매　　입　　채　　무		
2.　　단　　기　　차　　입　　금		
3.　　미　지　급　법　인　세		
4.　　미　지　급　배　당　금		
5.　유　동　성　장　기　부　채		
6.　단　기　금　융　예　수　금3)		
7.　　×　　×　　충　　당　　금		
8.―――――――――――――――		

과목	제×(당)기	제×(전)기
	금액	금액
Ⅱ.　　고　　　정　　　부　　　채	×　×　×	×　×　×
1.　　　　　　　사　　　　　　　채		
사　　채　　발　　행　　차　　금		
2.　　장　　기　　차　　입　　금		
3.　　장　기　성　매　입　채　무		
현　재　가　치　할　인　차　금		
4.　　　×　　×　　충　　당　　금		
5.　　장　기　금　융　예　수　금[4]		
6.　　책　　임　　준　　비　　금[5]		
7.　　이　　연　　법　　인　　세　　대		
8.　　───────────		
Ⅲ.　기　타　금　융　업　부　채[6]	×　×　×	×　×　×
부　　　채　　　총　　　계	×　×　×	×　×　×
자　　　　　　　　　　　　　본		
Ⅰ.　　　　자　　　　본　　　　금	×　×　×	×　×　×
1.　보　통　주　자　본　금		
2.　우　선　주　자　본　금		
Ⅱ.　연　결　자　본　잉　여　금	×　×　×	×　×　×
Ⅲ.　연　결　이　익　잉　여　금	×　×　×	×　×　×
(또는　　　　　　　　연결결손금)		
(연결당기순이익　또는　연결당기순손실:　×　×　×)		
(외　부　주　주　지　분　초　과　손　실　액:　×　×　×)		
Ⅳ.　연　결　자　본　조　정	×　×　×	×　×　×
1.　주　식　할　인　발　행　차　금		
2.　배　당　건　설　이　자		
3.　　자　　기　　주　　식		
4.　미　교　부　주　식　배　당　금		
5.　투　자　유　가　증　권　평　가　이　익		
(또　는　투　자　유　가　증　권　평　가　손　실)		
6.　해　외　사　업　환　산　대		
(또　는　해　외　사　업　환　산　차)		
7.　───────────		
Ⅴ.　외　부　주　주　지　분	×　×　×	×　×　×
자　　　본　　　총　　　계	×　×　×	×　×　×
부　채　와　자　본　총　계	×　×　×	×　×　×

1) 업종별회계처리준칙에서 정의하는 대출채권 중 기간이 단기인 대출채권을 말한다.

2) 업종별회계처리준칙에서 정의하는 대출채권 중 기간이 장기인 대출채권을 말한다.

3) 업종별회계처리준칙에서 정의하는 예수금 중 기간이 단기인 예수금을 말한다.

4) 업종별회계처리준칙에서 정의하는 예수금 중 기간이 장기인 예수금을 말한다.

5) 보험업회계처리준칙에서 정의하는 책임준비금을 말한다.

6) 금융·보험업의 자산·부채는 유동자산·부채와 고정자산·부채로 구분함을 원칙으로 하되 그 구분이 불가능한 경우에 한하여 기타 금융업자산 및 기타 금융업부채로 분류할 수 있다.

[아래 2]

연결대차대조표(계정식)

제×기 19××년×월×일 현재
제×기 19××년×월×일 현재

회 사 명(단위: 원)

과목	제×(당)기 금액	제×(전)기 금 액	과목	제×(당)기 금 액	제×(전)기 금 액
자　　　　산			**부　　　　채**		
Ⅰ. 유 동 자 산	×××	×××	**Ⅰ. 유 동 부 채**	×××	×××
(1) 당 좌 자 산			1. 매 입 채 무		
1. 현 금 및 현 금			2. 단 기 차 입 금		
등 　 가 　 물			3. 미 지 급 법 인 세		
2. 단 기 금 융 상 품			4. 미 지 급 배 당 금		
3. 유 가 증 권			5. 유 동 성 장 기 부 채		
4. 매 출 채 권			6. 단 기 금 융 예 수 금[3]		
대 손 충 당 금			7. × × 충 당 금		
5. 단 기 대 여 금			8. ················		
대 손 충 당 금					
6. 단 기 대 출 채 권[1]			**Ⅱ. 고 정 부 채**	×××	×××
7. ················			1. 사 　 채		
(2) 재 고 자 산			사 채 발 행 차 금		
1. 상 　 품			2. 장 기 차 입 금		
2. 제 　 품			3. 장 기 성 매 입 채 무		
3. 반 제 품			현 재 가 치 할 인 차 금		
4. 재 공 품			4. × × 충 당 금		
5. 원 재 료			5. 장 기 금 융 예 수 금[4]		
6. 저 장 품			6. 책 임 준 비 금[5]		
7. ················			7. 이 연 법 인 세 대		
Ⅱ. 고 정 자 산	×××	×××	8. ················		
(1) 투 자 자 산					
1. 장 기 금 융 상 품					

과목	제×(당)기 금액	제×(전)기 금액	과목	제×(당)기 금액	제×(전)기 금액
2. 투 자 유 가 증 권			Ⅲ. 기 타 금 융 업 부 채[6]	×××	×××
3. 장 기 대 여 금					
대 손 충 당 금			부 채 총 계	×××	×××
4. 장 기 성 매 출 채 권					
현 재 가 치 할 인 차 금					
대 손 충 당 금			자 본		
5. 투 자 부 동 산			Ⅰ. 자 본 금	×××	×××
6. 장 기 대 출 채 권2)			1. 보 통 주 자 본 금		
7. 보 증 금			2. 우 선 주 자 본 금		
8. 이 연 법 인 세 차					
9. ·············			Ⅱ. 연 결 자 본 잉 여 금	×××	×××
(2) 유 형 자 산			Ⅲ. 연 결 이 익 잉 여 금	×××	×××
1. 토 지			(또 는 연 결 결 손 금)		
2. 건 물			(연결당기순이익 또는 연결		
감 가 상 각 누 계 액			당기순손실: ×××)		
3. 구 축 물			(외 부 주 주 지 분		
감 가 상 각 누 계 액			초과손실액: ×××)		
4. 기 계 장 치					
감 가 상 각 누 계 액					
5. 선 박			Ⅳ. 연 결 자 본 조 정	×××	×××
감 가 상 각 누 계 액			1. 주식할인발행차금		
6. 차 량 운 반 구			2. 배 당 건 설 이 자		
감 가 상 각 누 계 액			3. 자 기 주 식		
7. 건 설 중 인 자 산			4. 미 교 부 주 식 배 당 금		
8. ·············			5. 투 자 유 가 증 권 평 가 이 익		
(3) 무 형 자 산			(또는 투자유가증권평가손실)		
1. 영 업 권			6. 해 외 사 업 환 산 대		
2. 부 의 영 업 권			(또 는 해 외 사 업 환 산 차)		
3. 산 업 재 산 권			7.. ················		
4. 광 업 권					
5. 어 업 권					
6. 차 지 권					
7. 창 업 비					
8. 개 발 비					
9. ·············					
Ⅲ. 기 타 금 융 업 자 산[1]	×××	×××	Ⅴ. 외 부 주 주 지 분	×××	×××
자 산 총 계	×××	×××	자 본 총 계	×××	×××
			부 채 와 자 본 총 계	×××	×××

1) 업종별회계처리준칙에서 정의하는 대출채권 중 기간이 단기인 대출채권을 말한다.

2) 업종별회계처리준칙에서 정의하는 대출채권 중 기간이 장기인 대출채권을 말한다.

3) 업종별회계처리준칙에서 정의하는 예수금 중 기간이 단기인 예수금을 말한다.

4) 업종별회계처리준칙에서 정의하는 예수금 중 기간이 장기인 예수금을 말한다.

5) 보험업회계처리준칙에서 정의하는 책임준비금을 말한다.

6) 금융·보험업의 자산·부채는 유동자산·부채와 고정자산·부채로 구분함을 원칙으로 하되 그 구분이 불가능한 경우에 한하여 기타 금융업자산 및 기타 금융업부채로 분류할 수 있다.

[아래 3]

연결대차대조표(요약보고식)

제×기 19××년×월×일 현재
제×기 19××년×월×일 현재

회 사 명(단위: 원)

	제×(당)기	제×(전)기
자　　　　　　　　　　　　　　산		
Ⅰ.　　유　　동　　자　　산	×××	×××
1.　현 금 및 현 금 등 가 물		
2.　단 　기 　금 　융 　상 　품		
3.　　유 　　가 　　증 　　권		
4.　　매 　　출 　　채 　　권		
5.　단 　기 　대 　여 　금		
6.　단 　기 　대 　출 　채 　권1)		
7.　　재 　　고 　　자 　　산		
8.　────────────		
Ⅱ.　　고 　　정 　　자 　　산	×××	×××
(1)　　투 　　자 　　자 　　산		
1.　장 　기 　금 　융 　상 　품		
2.　투 　자 　유 　가 　증 　권		
3.　장 　기 　대 　여 　금		
4.　장 　기 　성 　매 　출 　채 　권		
5.　투 　자 　부 　동 　산		
6.　장 　기 　대 　출 　채 　권2)		
7.　이 　연 　법 　인 　세 　차		
8.　────────────		
(2)　　유 　　형 　　자 　　산		
1.　　　토 　　　지		
2.　　　건 　　　물		
3.　　구 　　축 　　물		
4.　기 　계 　장 　치		
5.　건 　설 　중 　인 　자 　산		

	제×(당)기	제×(전)기
6. ────────		
(3) 무 형 자 산		
1. 영 업 권		
2. 부 의 영 업 권		
3. ────────		
Ⅲ. 기 타 금 융 업 자 산[6]	×××	×××
자 산 총 계	×××	×××
부 채		
Ⅰ. 유 동 부 채	×××	×××
1. 매 입 채 무		
2. 단 기 차 입 금		
3. 유 동 성 장 기 부 채		
4. 단 기 금 융 예 수 금[3]		
5. ────────		
Ⅱ. 고 정 부 채	×××	×××
1. 사 채		
2. 장 기 차 입 금		
3. 장 기 성 매 입 채 무		
4. 퇴 직 급 여 충 당 금		
5. 장 기 금 융 예 수 금[4]		
6. 책 임 준 비 금[5]		
7. 이 연 법 인 세 대		
8. ────────		
Ⅲ. 기 타 금 융 업 부 채[6]	×××	×××
부 채 총 계	×××	×××
자 본		
Ⅰ. 자 본 금	×××	×××
Ⅱ. 연 결 자 본 잉 여 금	×××	×××
Ⅲ. 연 결 이 익 잉 여 금	×××	×××
(또 는 연 결 결 손 금)		
(연결당기순이익 또는 연결당기순손실: ×××)		
(외 부 주 주 지 분 초과손실액: ×××)		
Ⅳ. 연 결 자 본 조 정	×××	×××
Ⅴ. 외 부 주 주 지 분	×××	×××
자 본 총 계	×××	×××
부 채 와 자 본 총 계	×××	×××

1) 업종별회계처리준칙에서 정의하는 대출채권 중 기간이 단기인 대출채권을 말한다.

2) 업종별회계처리준칙에서 정의하는 대출채권 중 기간이 장기인 대출채권을 말한다.

3) 업종별회계처리준칙에서 정의하는 예수금 중 기간이 단기인 예수금을 말한다.

4) 업종별회계처리준칙에서 정의하는 예수금 중 기간이 장기인 예수금을 말한다.

5) 보험업회계처리준칙에서 정의하는 책임준비금을 말한다.

6) 금융·보험업의 자산·부채는 유동자산·부채와 고정자산·부채로 구분함을 원칙으로 하되 그 구분이 불가능한 경우에 한하여 기타 금융업자산 및 기타 금융업부채로 분류할 수 있다.

[아래 4]

연결대차대조표(요약계정식)

제×기 19××년×월×일 현재
제×기 19××년×월×일 현재

회 사 명(단위: 원)

자 산	제×(당)기	제×(전)기	부 채	제×(당)기	제×(전)기
I. 유 동 자 산	×××	×××	I. 유 동 부 채	×××	×××
1. 현금및현금등가물			1. 매 입 채 무		
2. 단 기 금 융 상 품			2. 단 기 차 입 금		
3. 유 가 증 권			3. 유 동 성 장 기 부 채		
4. 매 출 채 권			4. 단 기 금 융 예 수 금[3]		
5. 단 기 대 여 금			5. ————		
6. 단 기 대 출 채 권[1]			II. 고 정 부 채	×××	×××
7. 재 고 자 산			1. 사 채		
8. ————			2. 장 기 차 입 금		
			3. 장 기 성 매 입 채 무		
II. 고 정 자 산	×××	×××	4. 퇴 직 급 여 충 당 금		
(1) 투 자 자 산			5. 장 기 금 융 예 수 금[4]		
1. 장 기 금 융 상 품			6. 책 임 준 비 금[5]		
2. 투 자 유 가 증 권			7. 이 연 법 인 세 대		
3. 장 기 대 여 금			8. ————		
4. 장 기 성 매 출 채 권			III. 기 타 금 융 업 부 채[6]	×××	×××
5. 투 자 부 동 산					
6. 장 기 대 출 채 권[2]			부 채 총 계	×××	×××
7. 이 연 법 인 세 차					

	제×(당)기	제×(전)기		제×(당)기	제×(전)기
8. ———			자　본		
(2) 유 형 자 산			Ⅰ. 자 본 금		
1. 　토　　　지			Ⅱ. 연결자본잉여금	×××	×××
2. 　건　　　물			Ⅲ. 연결이익잉여금	×××	×××
3. 구 축 물			(또 는 연 결 결 손 금)	×××	×××
4. 기 계 장 치			(연결당기순이익 또는 연		
5. 건 설 중 인 자 산			결당기순손실: ×××)		
6. ———			(외 부 주 주 지 분 초 과		
(3) 무 형 자 산			손 실 액: ×××)		
1. 　영　업　권					
2. 부 의 영 업 권			Ⅳ. 연 결 자 본 조 정	×××	×××
3. ———			Ⅴ. 외 부 주 주 지 분	×××	×××
Ⅲ. 기 타 금 융 업 자 산[6]	×××	×××	자 본 총 계	×××	×××
자 산 총 계	×××	×××	부 채 와 자 본 총 계	×××	×××

1) 업종별회계처리준칙에서 정의하는 대출채권 중 기간이 단기인 대출채권을 말한다.

2) 업종별회계처리준칙에서 정의하는 대출채권 중 기간이 장기인 대출채권을 말한다.

3) 업종별회계처리준칙에서 정의하는 예수금 중 기간이 단기인 예수금을 말한다.

4) 업종별회계처리준칙에서 정의하는 예수금 중 기간이 장기인 예수금을 말한다.

5) 보험업회계처리준칙에서 정의하는 책임준비금을 말한다.

6) 금융·보험업의 자산·부채는 유동자산·부채와 고정자산·부채로 구분함을 원칙으로 하되 그 구분이 불가능한 경우에 한하여 기타 금융업자산 및 기타 금융업부채로 분류할 수 있다.

[아래 5]

연결손익계산서

제×기 19××년×월×일부터19××년×월×일까지
제×기 19××년×월×일부터19××년×월×일까지

회 사 명(단위: 원)

과목	제×(당)기	제×(전)기
	금액	금액
Ⅰ. 매출액	×××	×××
Ⅱ. 매 출 원 가	×××	×××
1. 기 초 상 품(또 는 제 품) 재 고 액		
2. 당 기 매 입 액		
(또 는 제 품 제 조 원 가)		
3. 기 말 상 품(또 는 제 품) 재 고 액		
Ⅲ. 매 출 총 이 익	− ×××	− ×××
(또 는 매 출 총 손 실)		
Ⅳ. 판 매 비 와 관 리 비	×××	×××
1. 급 여		
2. 퇴 직 급 여		
3. 복 리 후 생 비		
4. 임 차 료		
5. 접 대 비		
6. 감 가 상 각 비		
7. 무 형 자 산 상 각 비		
8. 세 금 과 공 과		
9. 광 고 선 전 비		
10. 연 구 비		
11. 경 상 개 발 비		
12. 대 손 상 각 비		
13.	−	−
Ⅴ. 영 업 이 익	×××	×××
(또 는 영 업 손 실)		
Ⅵ. 영 업 외 수 익	×××	×××
1. 이 자 수 익		
2. 배 당 금 수 익		
3. 임 대 료		
4. 유 가 증 권 처 분 이 익		
5. 유 가 증 권 평 가 이 익		
6. 외 환 차 익		
7. 외 화 환 산 이 익		
8. 지 분 법 평 가 이 익		
9. 투 자 유 가 증 권 감 액 손 실 환 입		
10. 투 자 자 산 처 분 이 익		
11. 유 형 자 산 처 분 이 익		
12. 사 채 상 환 이 익		
13. 법 인 세 환 급 액		

과목	제×(당)기	제×(전)기
	금액	금액
14.		
Ⅶ.　　영　업　외　비　용	×××	×××
1.　　　이　　　자　　　비　　　용		
2.　기　타　의　대　손　상　각　비		
3.　유　가　증　권　처　분　손　실		
4.　유　가　증　권　평　가　손　실		
5.　재　고　자　산　평　가　손　실		
6.　　　외　　　환　　　차　　　손		
7.　외　환　환　산　손　실		
8.　　　　기　　　　부　　　　금		
9.　지　분　법　평　가　손　실		
10.　투　자　유　가　증　권　감　액　손　실		
11.　투　자　자　산　처　분　손　실		
12.　유　형　자　산　처　분　손　실		
13.　사　채　상　환　손　실		
14.　법　인　세　추　납　액		
15.	—	—
Ⅷ.　　경　　상　　이　　익	×××	×××
(또　는　경　상　손　실)		
Ⅸ.　　특　　별　　이　　익	×××	×××
1.　자　산　수　증　이　익		
2.　채　무　면　제　이　익		
3.　　보　　험　　차　　익		
4.		
Ⅹ.　　특　　별　　손　　실	×××	×××
1.　　재　　해　　손　　실		
2.	—	—
.　법　인　세　비　용　차　감　전　순　이　익	×××	×××
(또　는　법　인　세　비　용　차　감　전　순　손　실)		
.　　법　　인　　세　　비　　용	×××	×××
ⅩⅢ..　총　당　기　순　이　익	×××	×××
(또　는　당　기　순　손　실)		
ⅩⅣ.　외　부　주　주　지　분　순　이　익	(−)×××	(−)×××
(또　는　외　부　주　주　지　분　순　손　실)		
ⅩⅤ.　연　결　당　기　순　이　익	×××	×××
(또　는　연　결　당　기　순　손　실)		
(주　당　경　상　이　익: ×××원)		
(주당순이익: ×××원)		

[아래 6]

연결손익계산서(요약식)

제×기 19××년×월×일부터19××년×월×일까지
제×기 19××년×월×일부터19××년×월×일까지

<u>회 사 명</u>(단위: 원)

		제×(당)기	제×(전)기
I.	매출액	×××	×××
II.	매출원가	×××	×××
III. 매 출 총 이 익 (또 는 매 출 총 손 실)		×××	×××
IV. 판 매 비 와 관 리 비[1)]		×××	×××
1. 급 여			
2. 퇴 직 급 여			
3. 복 리 후 생 비			
4. 임 차 료			
5. 접 대 비			
6. 감 가 상 각 비			
7. 무 형 자 산 상 각 비			
8. 세 금 과 공 과			
9. 광 고 선 전 비			
10. 연 구 비			
11. 경 상 개 발 비			
12. 대 손 상 각 비			
13.		×××	×××
V. 영 업 이 익 (또 는 영 업 손 실)		×××	×××
VI. 영 업 외 수 익		×××	×××
1. 이 자 수 익			
2. 배 당 금 수 익			
3. 임 대 료			
4. 외 환 차 익			
5. 외 화 환 산 이 익			
6.			

Ⅶ. 영 업 외 비 용		×××	×××
1. 이 자 비 용			
2. 외 환 차 손			
3. 외 화 환 산 손 실			
4. 기 부 금			
5. _____			
Ⅷ. 경 상 이 익 (또 는 경 상 손 실)		×××	×××
Ⅸ. 특 별 이 익		×××	×××
1. 자 산 수 증 이 익			
2. 채 무 면 제 이 익			
3. 보 험 차 익			
4. _____			
Ⅹ. 특 별 손 실		×××	×××
1. 재 해 손 실			
2. _____			
. 법 인 세 비 용 차 감 전 순 이 익 (또 는 법 인 세 비 용 차 감 전 순 손 실)		×××	×××
. 법 인 세 비 용		×××	×××
XⅢ. 총 당 기 순 이 익 (또 는 당 기 순 손 실)		×××	×××
XⅣ. 외 부 주 주 지 분 순 이 익 (또 는 외 주 주 주 지 분 순 손 실)		(−)×××	(−)×××
XⅤ. 연 결 당 기 순 이 익 (또 는 연 결 당 기 순 손 실)		×××	×××

(주 당 경 상 이 익: × × × 원)
(주당순이익: × × × 원)

1) 판매비와 관리비를 일괄하여 기재할 수 있음.

[아래 7]

연결자본변동표

제×기 19××년×월×일부터19××년×월×일까지
제×기 19××년×월×일부터19××년×월×일까지

회 사 명(단위: 원)

과목	자 본 금	연 결 자본잉여금	연 결 이익잉여금	연결 자본조정	외부주주 지분	총계
19××. 1. 1.(전기 초)	×××	×××	×××	×××	×××	×××
유상 증자(감자)	×××	×××				×××
연결당기순이익(손실)			×××			×××
외부주주지분초과손실액(환입)						
배당금			(×××)			(×××)
자기주식 취득			(×××)			(×××)
연결자본조정의 변동				(×××)		(×××)
외부주주지분 변동				×××		×××
…………………					×××	×××
…………………						×××
기타						×××
						×××
19××. 12. 31.(전기 말)	×××	×××	×××	×××	×××	×××
19××. 1. 1.(당기 초)	×××	×××	×××	×××	×××	×××
유상 증자(감자)	×××	×××				×××
연결당기순이익(손실)			×××			×××
외부주주지분초과손실액(환입)						
배당금			(×××)			(×××)
자기주식 취득			(×××)			(×××)
연결자본조정의 변동				(×××)		(×××)
외부주주지분 변동				×××		×××
…………………					×××	×××
…………………						×××
기타						×××
						×××
19××. 12. 31.(당기 말)	×××	×××	×××	×××	×××	×××

[아래 8](직접법)

연결현금흐름표

제×기 19××년×월×일부터 19××년×월×일까지
제×기 19××년×월×일부터 19××년×월×일까지

회 사 명(단위: 원)

과목	제×(당)기		제×(전)기	
		금액		금액
Ⅰ. 영 업 활 동 으 로 인 한 현 금 흐 름		×××		×××
가. 매 출 등 수 익 활 동 으 로 부 터 의 유 입 액				
나. 매입 및 종업원에 대한 유 출 액				
다. 이 자 수 익 유 입 액				
라. 배 당 금 수 익 유 입 액				
마. 이 자 비 용 유 출 액				
바. 미 지 급 법 인 세 의 지 급				
사.				
Ⅱ. 투 자 활 동 으 로 인 한 현 금 흐 름		×××		×××
1. 투 자 활 동 으 로 인 한 현 금 유 입 액				
가. 단 기 금 융 상 품 의 처 분				
나. 유 가 증 권 의 처 분				
다. 토 지 의 처 분				
라.				
2. 투 자 활 동 으 로 인 한 현 금 유 출 액				
가. 현 금 의 단 기 대 여				
나. 단 기 금 융 상 품 의 취 득				
다. 유 가 증 권 의 취 득				
라. 토 지 의 취 득				
마. 개 발 비 의 지 급				
바.				
Ⅲ. 재 무 활 동 으 로 인 한 현 금 흐 름		×××		×××
1. 재 무 활 동 으 로 인 한 현 금 유 입 액				
가. 단 기 차 입 금 의 차 입				
나. 사 채 의 발 행				
다. 보 통 주 의 발 행				
라. 연결자본거래로인한현금유입액1)				
마.				
2. 재 무 활 동 으 로 인 한 현 금 유 출 액				
가. 단 기 차 입 금 의 상 환				
나. 사 채 의 상 환				
다. 유 상 감 자				
라. 연결자본거래로인한현금유출액1)				
마.				

과목	제×(당)기		제×(전)기	
	금액		금액	
Ⅳ. 연결재무제표 작성대상 범위의 변동으로 인한 현금의 증가(감소)		×××		×××
Ⅴ. 현 금 의 증 가(감 소)(Ⅰ + Ⅱ + Ⅲ + Ⅳ)		×××		×××
Ⅵ. 기 초 의 현 금		×××		×××
Ⅶ. 기 말 의 현 금		×××		×××

1) 지배·종속관계가 성립된 이후에 지배회사가 연결대상회사 이외의 주주로부터 당해 종속회사의 주식을 추가로 취득하거나 지배회사가 연결대상회사 이외의 주주에게 종속회사의 주식을 처분한 후에도 당해 종속회사가 계속하여 연결대상에 속하는 경우에는 연결재무제표상 자본거래에 해당되므로 이를 재무활동으로 인한 현금유입액 또는 현금유출액으로 표시한다.

[아래 9](간접법)

연결현금흐름표

제×기 19××년×월×일부터 19××년×월×일까지
제×기 19××년×월×일부터 19××년×월×일까지

회 사 명(단위: 원)

과목	제×(당)기		제×(전)기	
	금액		금액	
Ⅰ. 영 업 활 동 으 로 인 한 현 금 흐 름				
1. 연 결 당 기 순 이 익(손 실)		×××		×××
2. 현 금 의 유 출 이 없 는 비 용 등 의 가 산				
가. 감 가 상 각 비				
나. 퇴 직 급 여				
다.				
3. 현 금 의 유 입 이 없 는 수 익 등 의 차 감				
가. 사 채 상 환 이 익				
나.				
4. 영 업 활 동 으 로 인 한 자 산·부 채 의 변 동				
가. 재 고 자 산 의 감 소(증 가)				

과목	제×(당)기	제×(전)기
	금액	금액
나. 매 출 채 권 의 감 소(증 가)		
다. 이 연 법 인 세 차 의 감 소(증 가)		
라. 매 입 채 무 의 증 가(감 소)		
마. 미 지 급 법 인 세 의 증 가(감 소)		
바. 이 연 법 인 세 대 의 증 가(감 소)		
사. _____		
Ⅱ. 투 자 활 동 으 로 인 한 현 금 흐 름		
1. 투 자 활 동 으 로 인 한 현 금 유 입 액	×××	×××
가. 단 기 금 융 상 품 의 처 분		
나. 유 가 증 권 의 처 분		
다. 토 지 의 처 분		
라. _____		
2. 투 자 활 동 으 로 인 한 현 금 유 출 액		
가. 현 금 의 단 기 대 여		
나. 단 기 금 융 상 품 의 취 득		
다. 유 가 증 권 의 취 득		
라. 토 지 의 취 득		
마. 개 발 비 의 지 급		
바. _____		
Ⅲ. 재 무 활 동 으 로 인 한 현 금 흐 름		
1. 재 무 활 동 으 로 인 한 현 금 유 입 액	×××	×××
가. 단 기 차 입 금 의 차 입		
나. 사 채 의 발 행		
다. 보 통 주 의 발 행		
라. 연결자본거래로인한현금유입액1)		
마. _____		
2. 재 무 활 동 으 로 인 한 현 금 유 출 액		
가. 단 기 차 입 금 의 상 환		
나. 사 채 의 상 환		
다. 유 상 감 자		
라. 연결자본거래로인한현금유출액1)		
마. _____	×××	×××
Ⅳ. 연결재무제표 작성대상 범위의 변동으로 인한 현금의 증가(감소)		
Ⅴ. 현 금 의 증 가(감 소)(Ⅰ + Ⅱ + Ⅲ + Ⅳ)	×××	×××
Ⅵ. 기 초 의 현 금	×××	×××
Ⅶ. 기 말 의 현 금	×××	×××

1) 지배·종속관계가 성립된 이후에 지배회사가 연결대상회사 이외의 주주로부터 당해 종속회사의 주식을 추가로 취득하거나 지배회사가 연결대상회사 이외의 주주에게 종속회사의 주식을 처분한 후에도 당해 종속회사가 계속하여 연결대상에 속하는 경우에는 연결재무제표상 자본거래에 해당되므로 이를 재무활동으로 인한 현금유입액 또는 현금유출액으로 표시한다.

(3) 회계정책의 적용 등

연결재무제표는 각 연결대상회사가 기업회계기준에 준거하여 작성한 개별재무제표를 기초로 작성한다. 따라서 개별재무제표상 기업회계기준을 위배한 사항이 있는 경우에는 이를 수정한 후의 개별재무제표를 기초로 하여 연결재무제표를 작성하고 그 내용을 주석으로 기재한다.

해외에 소재하는 종속회사의 경우 당해 국가의 회계기준에 의하여 작성된 재무제표가 기업회계기준에 준거하여 작성된 재무제표와 중요한 차이가 발생하는 경우에는 기업회계기준에 따라 재무제표를 재작성한 후 연결재무제표를 작성하여야 한다. 다만, 중요한 차이가 발생하지 않는 경우에는 이를 재작성하지 아니할 수 있다.

해외에 소재하는 종속회사 및 지분법 적용대상회사의 외화표시 재무제표 환산은 기업회계기준 제69조의 규정을 준용한다. 종속회사가 소유하고 있는 지배회사의 주식은 연결대차대조표상 '자기주식'의 과목으로 하여 자본 조정에 기재하고, 이에 대한 회계처리는 기업회계기준 제31조 및 제33조의 규정을 준용한다. 연결재무제표의 작성 시 통상 유사한 거래 및 유사한 상황하에서의 거래에 대해서는 연결대상회사 간에 동일한 회계처리방법을 적용하여야 한다. 다만, 연결대상회사 간 다른 회계처리방법의 적용으로 인하여 발생하는 차이가 중요하지 않은 경우에는 다른 회계처리방법을 적용할 수 있다. 지배·종속관계가 연속적으로 성립하는 경우에는 지배관계의 지위가 낮은 회사에서 높은 회사로 순차적으로 연결절차를 수행한다.[271]

해외종속회사의 결산일이 지배회사의 결산일과 다른 경우 해외종속회사의 재무제표는 지배회사의 결산일의 환율 및 지배회사의 회계연도 평균환율을 적용하여 환산한다.[272]

---

271) 연결재무제표준칙 9.
272) 연결재무제표준칙 9-1. 이하 구체적인 연결재무제표의 작성 방법에 대해서는 연결재무제표준칙 10 이하를 참조.

제4절 소결

이상으로 우리나라에서의 결합기업과 관련한 분쟁이 발생할 경우 적용 가능한 법 제도를 검토하였다. 하지만 위에서 본 규정들은 기본적으로 각각의 독립한 법인격체, 즉 지배기업은 지배기업 내에서의 법적 규제, 종속기업은 종속기업 내에서의 법적 규제에 대한 문제를 해결하기 위한 것이다.

반면 결합기업의 문제에 있어서는 각각 독립된 법인격체로서의 문제가 아니라 지배·종속기업 상호 간의 관계 속에서 여러 가지 복잡한 문제가 발생하고 있다는 사실을 인식하고 그러한 관계 속에서 문제의 해결을 하고자 함에 있다. 즉 양자 간의 관계 속에서 경영의 효율성 및 지배의 공정성확보를 목적으로 규율하여야 한다고 본다. 나아가, 이러한 규제 속에서는 특히, 지배기업의 소수주주 및 일반채권자, 종속기업과 그 주주 및 일반채권자, 즉 콘체른 외 주주의 보호 문제를 중심으로 하여야 한다고 본다.

물론 공정거래법상에도 결합기업을 형성하기 전 단계인 기업결합에 대한 여러 가지 규제 규정을 두고 있다. 하지만 이는 국민경제 전체의 이익보호라는 관점에서의 기업결합의 규제를 의미하는 것으로, 결합기업에서 보호하고자 하는 콘체른 외 주주의 문제에 대하여 직접적으로 관심을 기울이지 않고 있다. 따라서 다음 장에서는 결합기업과 관련하여 발생하는 분쟁을 어떻게 해결하는지 각국의 법 제도를 검토하고 마지막으로 결합기업과 관련하여 상법 등에서 논의할 때 검토하여야 할 문제를 제시하기로 한다.

제3장 독일의 결합기업 규제

제1절 결합기업에 대한 일반적 고찰

1. 결합기업에서의 기업개념

1) 서설

이미 앞에서 언급하였지만, 독일 주식법 제15조에서는 '결합기업(verbundene Unternehmen)'이라는 표제 아래 다수참가 기업과 피참가 기업(제16조), 지배·종속 기업(제17조), 콘체른 기업(제18조), 상호참가 기업(제19조) 및 기업계약의 당사자 기업 등 여러 가지 형태의 결합기업을 규정하고 있다.[1] 이처럼 콘체른적 기업결합에 관하여 처음으로 규정하게 된 것은 독점위원회(Monopolkommission)에 의하여 정의된 기업집중(Unternehmenskonzentration)이라는 용어를 사용한 이후라고 할 수 있다.[2]

그러나 '기업' 자체의 개념은 명백하게 정의하고 있지 않다. 물론 이러한 개념에 대해서는 1965년의 독일 주식법이 시행된 MNBVC 이후부터 지금까지 논의가 계속되고 있다.[3] 그럼에도 불구하고 결합기업의 개념에 대한 정의를 하지 못하는 것은 결합기업에 대한 많은 문제점이 있어 사실상 개념 정의를 회피하고 있기 때문이라고 한다.[4]

다만, 위에서 언급한 바와 같이 독일 주식법에서는 결합기업에 대한 개념을 직접적으로 정의를 하고 있지 않음에도 불구하고 제15조 내지 제19조의 5개 조문을 규정하고 있

---

1) Verbundene Unternehmen sind rechtlich selbständige Unternehmen, die im Verhältnis zueinander in Mehrheitsbesitz stehende Unternehmen und mit Mehrheit beteiligte Unternehmen(§ 16), abhängige und herrschende Unternehmen(§ 17), Konzernunternehmen(§ 18), wechselseitig beteiligte Unternehmen(§ 19) oder Vertragsteile eines Unternehmensvertrags(§§ 291, 292) sind(AktG § 15 Verbundene Unternehmen; vom 6.9.1965/nach dem Stand des Gesetzes vom 18.05.2004).

2) Günter Heenn, *Hansbuch des Aktienrechts*, Verlagsgruppe Huthig Jehle Rehm GmbH, 1994, S.97.

3) 독일의 경우 Geßler에 의하면, 1965년 당시 주식회사의 약 70%가 콘체른적 결합을 하고 있었다(Günter Henn, a.a.O., S.97).

4) Emmerich · Sönnenschein, *Konzernrecht*(1989), S.44.

다.[5] 나아가, 동 조문에서는 콘체른[6]적 기업이라는 용어를 사용하고 있는데, 이 개념을 결합기업의 유형을 망라한 하나의 집합개념 또는 유개념(類概念), 즉 상위개념(Oberbegriff)으로 이해하고 있다.[7] 따라서 이하에서는 콘체른적 기업을 중심으로 그 내용을 살펴본다.

2) 콘체른법과 기업개념

(1) 기능적 기업이론

독일에서는 콘체른에 관한 법과 관련된 기업이 무엇인가에 관하여 견해의 대립이 있다. 그중에서, Knopff의 기능적 기업이론(funktionaler Unternehmensbe griff)[8]은 기업가적인 기능으로서의 계획력과 결정력의 보유자 또는 담당자를 기업이라고 한다. 따라서 지배기업을 위하여 시장전략적으로 계획하고 결정하는 모든 자는 기업에 해당한다고 할 수 있다.[9]

이 견해는 법에 의해 보호되는 주주나 채권자의 이익의 침해를 배제하기 위하여 회사와 대립하여 개인적 이익을 추구하는 자는 일반적 권리 주체로서의 속성만 구비하면 충분하다는 사실을 전제로 하고 있다. 즉 종속기업의 콘체른 외의 주주와 채권자의 보호의 관점에서 주식회사에 영향력을 행사하는 자로서의 결정적인 특징(bestimmte Merkmale)을 가지고 있는가는 중요하지 않고 그 자에 의해 추구되는 이익이 결정적인 요소라는 것이다.[10]

---

5) 독일 주식법 제15조에서 결합기업으로 열거된 각 기업의 결합은 한정적인 것으로, 이에 해당하지 않는 기업결합의 경우는 기본적으로 독일 주식법의 결합기업에 속하지 않는다. 그러나 예외적으로 주식법 제319조의 편입기업은 비록 제15조에서 특별히 열거되고 있지 않았지만, 주식법의 의미에서의 결합기업에 포함시키고 있다(E. Geßler, **BB** 1965, §15 Rdn, 5; H. Würdinger, Aktienrecht, §65, S.288).

6) 콘체른(Konzern)이란 원래 'Concern'이란 영어에서 유래한 독일의 경제학적 용어로, 법학적으로도 결합기업의 대표명칭으로 사용되고 있다(E. Geßler, in Geßler · Hefermehl, **AktG**, §18 Rdn, 6ff; M. R. Theisen, **Der Konzern**, S.19). 그러나 경영학과 법학에서의 시각은 서로 차이가 있다. 경영학적으로 콘체른은 다수 기업을 위한 통일적인 경영체로 파악되지만, 법학에서는 이와 달리 콘체른의 실질을 법률적으로 독립된 기업으로서 고유의 법인격을 가지지 않는 복합적인 조직체로서 보는 것이 지배적인 견해이다(E. Geßler, a.a.O., 7ff; M. Lutter, FS für W. Stimpel, S.825, 826ff; H. Würdinger, in Großkomm, **AktG**, § 18 Anm. 4).

7) U. Hüffer, **Aktiengesetz**, §15 Rdn. 1.

8) Kropff, BB 1965, S.1285 ff.; Brauksiepe, BB 1966, S.871; Mohring, **NJW** 1967, S.1.

9) Emmerich · Sonnenschein, a.a.O., S.43.

반면에, Kohler는 주식법적 관점이 아닌 경제조직법적 관점에서 기업을 "경제적 계획력과 결정력의 사적 담당자 내지 다수의 경영이 결합되는 경제적 단일체"라고 한다.[11] 이러한 Kohler의 견해는 추가적 특징이 존재하지 않더라도 기업가적 계획력과 결정력의 담당자에게 이미 주식회사에 대한 지휘력의 행사를 인정하고 그 밖의 다른 콘체른의 구성요건을 요구하고 있지 않는 Knopff의 견해와 구별된다.

이 Kohler의 견해에 대해서는, 자본회사(Kapitalgesellschaft)라고 하여도 피지배기업으로부터 이익을 얻는 것만을 목적으로 한다면 그것은 기업이라고 할 수 없다는 지적이 있다.[12] 또한 기능적 기업이론은 비현실적인 구분이며, 독일 주식법 제18조 제2항에서 규정하는 수평적 콘체른(Gleichordnungskonzern)의 개념과도 일치하지 않으며, 기업의 존재가 그때그때 존재하는 기업결합의 형태 또는 종류에 의존하는 것이 아니라는 점을 간과하였다는 비판이 있다.[13]

(2) 기능적 기업이론의 수정설

기능적 기업이론을 수정한 이 견해[14]는, 기능적 기업이론의 핵심이 되는 기업가로서의 계획력·결정력, 곧 기업가적 의사가 시간적·공간적으로 귀속될 수 있는 조직(Einrichtungen)을 갖출 것을 요구하고 있다. 즉 평균적으로 존재하는 경제적 단일체의 표현으로서 외부적 조직(Veranstaltung)이 최소한 요구된다고 한다. 따라서 이 견해에 의하면, 대주주라고 하더라도 투자 문제, 세금 문제, 인사 문제 등을 결정하는 경영(Geschaftsbetrieb oder Gewerbebetrieb)을 하여야 기업이 될 수 있다고 한다.

반면에, 2개의 기업 또는 회사에 참가하고 스스로는 기업이 되지 않으면서 그 기업 또는 양 회사의 힘을 단일 지휘 아래 결합할 수도 있다는 점을 지적하면서,[15] 계획력과 결정력을 기업개념의 구성요소라고 할 수 없다고 한다. 또한 독일 주식법이 법적으로 독립된 기업을 그 귀결점(Anknüpfungspunkt)으로 선택한 것은 기업 개념이 순수한 활동적

---

10) Kropff, **BB** 1965, S.1285 ff.

11) Kohler, **JZ** 1953, S.716.

12) Hans · Peter Müller · Klaus Rieker, Der Unternehmensbegriff des Aktiengesetzes 1965, **Die Wirtschaftsprufung**(1967, 4, 15), S.198.

13) 노일석, 「결합기업에 있어 기업개념」, 『기업법의 현대적 과제』(조세통람사, 1992), 52쪽.

14) Müller · Rirker, a.a.O., S.199; Schafer, **BB** 1966, S.231; Gessler, **BB** 1965, S.678 Rasch, **Konzernrecht**, 3. Aufl., S.263; Raisch, **JZ** 1966, S.544 ff.

15) Müller · Rieker, a.a.O., S.199.

측면에서만 설명할 수 없다는 점을 시인한 것이라고 한다.[16] 다시 말하면, 결합기업에 관한 규제에서 '기업'을 그 대상으로 하는 것은 회사에 대한 영향력의 행사는 그것이 기업가적 영향력의 행사라야 다른 자의 기업가적인 이익을 도모하도록 함으로써 회사의 이익을 해할 수 있기 때문이라고 한다.[17]

또한 고유한 경제적 이익을 가진 실체(Gebilde)가 존재하는 경우에만 기업의 존재를 인정하는 견해도 있다.[18] 그 근거로, 주식회사가 지배기업의 이익만을 위해 법률행위를 하는 것을 방지하려는 독일 주식법 제311조 이하의 규정을 들고 있다. 즉 지배주주는 스스로 기업으로서의 조직을 유지하는 경우에만 결합기업과 관련된 지배기업이 될 수 있다고 한다. 만약 지배주주가 기업조직을 유지하고 있지 않으면서 종속기업에 대한 영향력 행사를 하는 경우에는 지배기업이 될 수 없다. 다만, 독일 주식법 제117조의 이사 또는 감사의 손해배상의무(Schadenersatzpflicht)[19]를 질 수는 있을 것이다.

그리고 결합기업의 기업이 되기 위해서는 독자적이며 경제적 이익을 추구하는 요건을 갖추어야 한다는 견해도 있다. 이에 의하면, 하나의 주식회사에 대해서만 지배적 지위를 가지고 있고 그러한 지배적 지위에서 영향력을 행사하는 대주주는 기업이 될 수 없으며, 만약 기업이 되려면 대주주는 주식회사와는 독립된 이익 획득을 위한 조직을 유지하여야 한다고 한다. 그러나 이 경우에도 주주가 두 개 이상의 주식회사에 대하여 지배적 영향력을 행사하고 있고 다른 조직은 가지고 있지 않는 경우 반드시 기업으로 인정할 수 없는가 하는 문제가 제기되고 있다. Würdinger는 이러한 경우의 주주에게도 기업성을 인정하지만,[20] Müller와 Rieker는 그러한 해석은 결국 기능적 기업이론과 마찬가지 결론이 되어 부당하다고 하며, 대주주는 두 개의 회사에 지배적 영향력을 행사할 수 있는 자신의 고유한 조직을 가지고 있는 경우에만 기업이 될 수 있다고 한다.[21]

---

16) Müller · Rieker, a.a.O., S.199.

17) Würdinger도 "주주가 고유한 이익을 가지는 자신의 영업을 하는 경우에는 회사의 이익과 충돌할 수 있다. 그러한 경우에 지배주주는 그에게 귀속되는 주식회사에 대한 영향력을 회사를 해치면서 자신의 이익을 위해 행사할 수 있게 된다"고 한다(Würdinger, Aktien und Konzernrecht, 2 Aufl., S.263).

18) Müller · Rieker, a.a.O., S.199.

19) Wer vorsätzlich unter Benutzung seines Einflusses auf die Gesellschaft ein Mitglied des Vorstands oder des Aufsichtsrats, einen Prokuristen oder einen Handlungsbevollmächtigten dazu bestimmt, zum Schaden der Gesellschaft oder ihrer Aktionäre zu handeln, ist der Gesellschaft zum Ersatz des ihr daraus entstehenden Schadens verpflichtet. Er ist auch den Aktionären zum Ersatz des ihnen daraus entstehenden Schadens verpflichtet, soweit sie, abgesehen von einem Schaden, der ihnen durch Schädigung der Gesellschaft zugefügt worden ist, geschädigt worden sind(AktG § 117 Schadenersatzpflicht(1); vom 6.9.1965/nach dem Stand des Gesetzes vom 27.11.2003).

20) Würdinger, a.a.O., S.263.

(3) 제도적 기업이론

제도적 기업이론(institutioneller Unternehmensbegriff)이란, 기업으로 인정되기 위해서는 영업조직이 있어야 한다는 견해이다. 독자적인 영업조직을 가지고 있을 때 종속기업의 희생 아래 자신의 기업가적 이익을 도모하게 된다는 것은 명백하다. 그것은 종속기업과 영업 분야가 같은 경우에만 한정되는 것은 아니다. 영업을 하고 있는 기업 간에는 적어도 재정적 관계의 형성과 같이 항상 영향력을 미칠 가능성이 존재한다.

그렇지만 영업과 기업의 동일시는 독일 주식법이 규제하고자 하는 취지에서 벗어나는 위험한 상황의 일부에 지나지 않는다고 할 수 있다. 다시 말하여, 상법상의 상인 개념에 포함된 영업개념에서 기업개념을 이끌어 내는 것은 기업의 개념을 지나치게 축소시켜 콘체른법이 요구하는 기업개념을 충족시킬 수 없다는 비판이 있다.[22]

(4) 목적론적 기업이론

목적론적 이론(teleologischer Unternehmensbegriff) 내지 신수정이론에서의 기업 개념이란, 기업이 어떠한 목적에 기여하는가에 대한 고찰에서 출발하여야 한다고 한다. 따라서 개인은 비록 종속기업을 지휘하기 위하여 개인적 영향력을 이용하였다고 하더라도 기업성이 인정될 수 없다고 한다. 또한 어떤 개인이 여러 개의 기업에 결정적 이익을 위한 영향력 행사의 가능성이 있으면 그로 인해 기업들 간에 잠재적으로 이익이 충돌할 수 있으므로 그러한 개인에 대해서는 기업성을 인정할 수 있다고 한다. 즉 어떤 영향력 행사의 주체가 그 영향력을 행사함에 있어서 회사의 이익 이외의 다른 기업의 이익을 위해 그 영향력을 행사할 경우에 그러한 자의 기업성이 인정된다는 것이다. 지배 주체가 회사의 참여 외에 다른 기업에 밀접한 이해관계를 가지는 경우도 기업가적 이익 충돌의 위험은 존재하므로 마찬가지라고 한다.

이 이론은 콘체른법의 제정 목적에 상응하여 콘체른의 특수위험에서 파생하는 모든 결정적인 분쟁사례를 포섭할 수 있을 정도로 기업개념이 매우 광범위하게 파악되며, 다음에 언급하는 1977년 연방대법원의 VEBA/Gelsenberg 판결 이래 널리 인정되고 있는 이론이라고 할 수 있다.[23]

---

21) Müller · Rieker, a.a.O., S.201.
22) Müller · Rieker, a.a.O., S.198.

(5) 독일 연방대법원의 견해

독일 연방대법원이 콘체른법의 기업개념 문제를 처음으로 다룬 판결은 1977년 VEBA/Gelsenberg 판결이라고 할 수 있다.[24] 그 후 계속되는 판결에서 사원이 회사 외에서 기업가적으로 활동하는가를 기준으로 기업성을 결정하였다. 따라서 회사에 참여하고 있는 사원이 회사 외의 다른 경제적 이익에 구속될 수밖에 없어서 그 이익을 위하여 회사에 불리한 영향력을 행사한 때에는 그 사원은 법적인 형식을 묻지 않고 콘체른법상의 기업이라고 한다. 또한 콘체른에서 말하는 기업의 법적 독립성과 관련된 권리능력을 갖출 필요도 없다고 한다.[25] 이러한 처지에서는, 자본회사, 조합, 사단, 재단, 개인상인, 인적회사 등이 위의 조건을 충족한다면 콘체른법의 의미에서의 기업이 될 수 있다고 할 수 있는 것이다.[26]

이러한 연방대법원의 견해는 오늘날 독일의 다수 학설의 지지를 받고 있다.[27] 개인적 사원과 기업가적 사원의 구분에 관하여 실제로 중요한 것은 어떠한 경우에 사원에게 콘체른법이 보호하려는 이익충돌이 있는가이며, 사원의 법적인 형식이나 사원이 회사에 참가하는 이외에 상법상의 의미의 영업을 행하는가는 중요하지 않다고 한다. 회사 이외의 다른 기업을 소유하고 있는가 또는 어느 한 회사의 이익을 위해 다른 회사의 이익을 해하게 될 정도로 사원이 회사 간에 대립되는 이해관계를 가짐으로써 사원의 다른 회사에의 참가가 위험을 야기할 정도인가가 중요한 것이 된다.

다만, 문제가 되는 것은 회사 이외의 기업가적 활동이 어떤 특징을 보여야 하는가이다. 다시 말하여, 연방대법원의 견해처럼 다양한 참가기업 간의 이익충돌의 위험에 콘체른법이 적용될 정도로 회사 이외의 경제적 이익에의 구속이 있어야 하는가이며, 이에는 견해의 대립이 있다.

---

23) Emmerich · Sonnenschein, a.a.O., S.47.

24) *BGHZ* 69, 334.

25) Müller · Rieker, a.a.O., S.202.

26) 그 예로는, 독일 민법상의 조합의 형식 내지 정신적 단체(Idealvereine)의 형식을 취하는 의결권 콘소시움(Stimmrechtskonsortien)이나 다수의 회사에 결정적으로 참여하는 독일 민법상의 조합을 들 수 있다(Emmerich · Sonnenschein, a.a.O., S.46).

27) Dierdorf, Herrschaft und Abhangigkeit einer Aktiengesellschaft auf schuldvertraglicher und tatsachlicher Grundlage(1978), S.26ff.; Zollner, *AG* 1978, S.40; Fleck, *WM* 1986, S.1205; Koppensteiner · Kolner, *Kommentar*, §15 Anm. 21ff.; Koppensteiner. *ZGR* 1979. S.91; Lutter · Timm, *BB* 1978, S.836; Semler, *FS für Goerderler*(1987), S.551(569ff.); H. Westermann, *FS für H. Westermann*(1974), S.536.

사원의 다른 기업에의 참가가 다른 기업에서 사실상 지휘를 하는 것이어야 한다는 견해[28]와 다른 회사에의 결정적 참가, 즉 다른 회사에의 영향력 행사를 가능하게 하는 참가이기만 하면 그것으로 족하다는 견해[29]로 나누어지고 있다. 콘체른법에서의 이익의 충돌이 후자의 경우에는 이미 존재한다고 볼 수 있지만, 전자의 경우에는 의문의 여지가 있다. 즉 전자의 견해는 회사 이외의 다른 기업에 대하여 다수의 참가가 있는 경우에는 항상 결정적 참가가 있다는 결과를 초래하게 된다. 그러나 주주의 주주총회 참여율이 저조한 통상적인 회사에서는 과반수 이하의 참가로도 영향력 행사를 가능하게 하는 결정적 참가가 될 수 있으며, 의결권 구속계약에 의해 다른 회사의 지휘기관을 선임함으로써 그 회사를 지배를 할 수 있는 경우에도 영향력 행사가 가능한 참가가 될 수 있다. 이처럼 지배력의 사실상의 행사가 존재하기만 하면 기업의 특징을 인정하려는 것은 기업에 관련된 잠재적인 이익충돌 가능성을 배제한다는 점에서 타당하지 않다고 한다.

2. 콘체른법상의 지배기업과 종속기업

1) 지배기업의 경우

어떠한 자가 지배기업이 될 수 있는가에 대해서 콘체른법에서는 아무런 규정을 두고 있지 않다. 다만, 독일의 경쟁제한방지법(Gesetz gegen Wettbewerbsbeschränkungen)에 기업결합의 경우의 기업개념에 대한 언급이 있다. 하지만 결합기업에서의 기업 개념과 기업결합에서의 기업 개념은 구별되어야 한다. 즉 기업결합에서의 기업은 사적 소비행위, 종속적인 노동행위 및 고권적인 행위에 관한 기업가적인 활동을 구별하기 위한 것이다. 어쨌든 그것에 의하면, 자연인이나 인적 단체가 한 기업에 다수로서 참여를 하는 경우에는 당연히 경쟁법상의 기업이 될 수 있다. 민사회사나 사단도 활동의 종합적인 성격에 따라 기업이 될 수 있고, 공법상의 법인이나 공공시설도 기업이 될 수 있는 것이다.[30]

다음에는 결합기업에서의 지배기업이 될 수 있는 것에 관하여 구체적으로 검토한다.

---

28) H. Würdinger, *Aktienrecht und das Recht der verbundenen Unternehmen*(1981), S.281ff.

29) Emmerich · Sonnenschein, a.a.O., S.47.

30) 권오승, 『기업결합규제법론』(법문사, 1987), 77쪽.

(1) 자연인 등의 기업성

자연인이나 법인, 상법상·민법상의 인적 단체, 민법상의 조합 등은 콘체른법상의 지배기업의 담당자가 될 수 있다. 다만, 민법상의 조합의 경우 의결권 행사의 조정을 위하여 사적 주주 간에 체결된 조합은 이익충돌이 없으므로 기업이 될 수 없으며, 순수한 수평적 콘체른의 지휘기관도 기업이 될 수 없다.

또한 상인성만으로는 기업의 존재를 인정할 수 없고, 역으로 기업개념이 상인성을 전제로 한다고도 할 수 없다. 따라서 개인상인이 사적 재산으로 보유하고 있는 회사의 지분도 참가의 정도를 계산함에 있어서 영업용 재산에 포함된다면, 개인상인도 콘체른법상의 기업이 될 수 있을 것이다. 개인상인의 영업상의 필요와 종속기업의 이해관계가 충돌할 수 있으므로, 이러한 경우 자유직업인, 수공업자 등도 기업가 될 수 있다.[31]

그 밖의 한 명 또는 다수의 사원을 통해 다른 회사의 참가지분을 관리하는 인적 회사로서의 법적 형식을 취하고 있는 지주회사도 다수의 다른 회사에 결정적으로 참가하고 있는 경우에는 기업이 될 수 있다. 다만, 주식회사의 참가가 한 회사에 제한된 경우 지주회사가 기업성을 가지고 있는가가 명확치 않기 때문에 이 경우의 기업성은 인정될 수 없다고 하여야 한다는 견해가 있다. 그러나 지주회사는 형식적으로는 하나의 피참가회사에 대한 지분의 집행을 하는 것처럼 보이지만, 실질적으로는 다수의 이익충돌의 가능성이 있는 기업을 지배하고 있으므로, 피참가회사로 하여금 다수의 자회사를 지배하도록 하는 경우에는 지주회사의 기업성이 인정된다고 할 것이다.[32]

(2) 국가 등의 기업성

국가, 지방자치단체, 그 밖의 공공단체 등이 사기업에 참가하는 경우 그러한 공공단체의 사법상의 기업과의 관계가 콘체른법의 적용을 받는가가 문제가 된다.

독일에서는 사법상의 기업에 참가하는 공공단체 등이 콘체른법의 적용을 받는가에 대한 특별한 규정이 없다. 다만, 재정원칙법(HGrG)에 공공단체의 피참가 사기업에 대한 감사권에 관한 규정이 있고, 연방재정규칙이나 지방정부재정규칙은 연방이나 지방정부의

---

31) Müller · Rieker는 그러한 자의 활동과 그 보조수단은 경제적 영업에 해당하지 않으므로 그러한 자유직업가 등은 기업이 될 수 없다고 한다(Müller · Rieker, a.a.O., S.202).

32) W. Müller, *AG* 1981. S.306.; Koppensteiner, a.a.O., §15 Anm.35.; Lutter. *ZHR* 151(1987). S.444(452).

중요한 이해관계를 위하여 부득이한 경우에만 사법적 형식의 기업 참가를 허용하고 있다. 그런데 이러한 연방이나 지방의 재정에 관한 법 내지 규칙은 어디까지나 행정기관 내에서의 의미를 가질 뿐이고, 그것으로부터 사적 콘체른법의 공공단체에의 적용문제에 대한 해결책은 인정되지 않는다.[33]

그리고 학설상으로도 연방이나 지방자치단체와 같은 공법상의 법인은 사법상의 기업과는 비교될 수 있는 성격의 것이 아니라는 이유로, 사기업에 참가하고 있는 공공단체에 대하여 콘체른법의 적용은 거의 부인되고 있다.[34] 그러나 기업가적으로 행동하는 것이 아니라 전적으로 공공의 목적을 추구하는 경우에는 그러한 관계에 공법을 적용하여야 하므로 콘체른법의 적용을 할 수 없지만, 사기업에 참가하여 기업가적으로 행동하는 경우에 사적 콘체른법의 적용이 가능하다는 견해가 있다. 다시 말하여, 국가가 사기업에 참가하는 경우에는 전적으로 공공적 목적만 추구하는 것이라고 할 수 없고, 경제적 원칙에 따라 기업을 지휘하는 경우가 있다는 것이다. 이러한 경우 공공단체, 사기업의 구성원인 다른 사원, 사기업의 채권자 등의 이익의 합리적 조정을 위해서는 콘체른법의 적용이 필요하며, 이는 오늘날 독일의 판례뿐만 아니라 대다수의 학설에서도 지지되고 있다.[35]

(3) 노동조합의 기업성

1976년 5월 4일의 공동결정법과 관련하여 많은 법적 문제점이 제기되었다. 공동결정법이 적용되는 모든 자본회사의 감사회에는 적어도 2인 내지 3인의 노동조합의 대표가 선임되어야 한다. 여기서 만약 노동조합이 공동결정법의 적용을 받는 감사회에 대한 영향력 행사를 하는 경우 노동조합이 기업가적으로 활동하는 것이 아닌가 하는 지적이 있는 것이다.

이에 대하여, 독일의 노동조합 단체나 개별 노동조합은 사단법인 형식을 취하고 있으며, 모든 노동조합은 광범위하게 자본적 소유를 하고 있으므로 노동조합도 기업이 될 수 있다고 한다.[36] 그러므로 노동조합이 자금정책과 관련하여 기업에 영향력을 행사하여 그

---

33) Emmerich · Sonnenschein, a.a.O., S.50.

34) Emmerich · Sonnenschein, a.a.O., S.50; Müller · Rieker는 공적 단체는 그 참가의 집행에 경제적으로 설치되고 운영되는 영업을 가지고 있지 않으므로 기업이 될 수 없다고 한다. 공적단체의 참가 집행은 통상 재산관리의 성격을 가질 뿐이라고 한다(Müller · Rieker, a.a.O., S.202).

35) Dierdorf, *Herrschaft und Abhängigkeit einer Aktiengesellschaft auf schuldvertraglicher und tatsächlicher Grundlage*(1978), S.29; Koppensteiner, a.a.O., §15 Anm. 39ff.

36) H. Werner, *ZGR* 1976, S.447; Koppensteiner, a.a.O., §15 Anm. 33, §17 Anm. 55.; H.Westermann,

기업이 공동결정 기타 상황에 따라 노동조합에 종속적이 된다면 독일 주식법 제311조 (Schranken des Einflusses; vom 6.9.1965/nach dem Stand des Gesetzes vom 18.05. 2004) 이하의 규정이 적용된다고 한다.[37]

2) 종속기업의 경우

결합기업으로 인정되기 위해서는, 이상과 같이 다른 회사에 참가하는 자가 기업으로서의 속성을 가져야 한다. 따라서 종속기업도 기업성을 갖추어야 한다.

종속기업에 관해서는 기업개념을 가능한 한 광범위하게 해석되어야 한다고 한다. 이러한 해석은 종속기업에 의한 지배기업의 주식취득을 금지하는 규정(독일 주식법 제71d조의 2문), 종속기업이 가지고 있는 지배기업의 주식에 대한 의결권 행사의 금지에 관한 규정(독일 주식법 제71b조, 제71d조의 4문) 등으로부터 가능하다고 한다.[38]

이러한 점을 고려하면, 종속기업의 기업성은 독립적인 권리능력자이기만 하면 부여될 수 있는 것이며, 지배기업의 참가의 정도는 지배기업의 경우처럼 그렇게 중요한 문제는 아니라고 생각된다.

3. 기업개념의 정리

독일의 경우 관련 법규에서는 기업이라는 용어를 사용하면서도, 의식적으로 그 개념정의를 포기할 정도로 모든 경우에 적용될 수 있는 기업이라는 개념을 정립하는 것은 매우 어려운 일이라고 할 수 있다. 그러나 위에서 살펴본 이론을 중심으로 기업에 관한 개념을 다음과 같이 정의할 수 있다.

먼저, 지배기업의 기업성은 일정한 영업시설을 갖추었는가나 기업가적 의사를 가지고 시장전략적으로 계획하고 결정하는가에 의하여 결정할 것이 아니라, 종속기업의 관점, 즉 그 종속기업에의 참가가 이익의 충돌을 가져오는가에 의하여 결정하여야 할 것이다. 이

FS für Westermann. S.563.

37) Emmerich · Sonnenschein, a.a.O., S.53; 다만, 독일 주식법 §§ 329 bis 336의 규정은 폐지되었다(AktG §§ 329 bis 336; vom 6.9.1965/nach dem Stand des Gesetzes vom 18.05.2004).

38) Emmerich · Sonnenschein, a.a.O., S.54.

경우 그 영향력 행사에 의한 이익충돌의 현실화까지는 필요하지 않고 영향력 행사의 가능성으로 인한 이익충돌의 가능성만으로 충분하다고 할 것이다.

반면에, 종속기업과 관련된 기업성은 지배기업의 기업성에 비하여 거의 문제가 되지 않는다고 할 수 있다. 왜냐하면, 종속기업의 경우는 독립적 권리능력자이기만 하면 기업성을 구비하고 있는 것이라고 할 수 있기 때문이다.

나아가, 개별 법규에서 그 법규의 적용을 받는 기업은 어떤 법적 형식을 갖추어야 하는가에 관한 요건을 충고하면 당연히 그 기업성이 인정되므로 더욱 문제가 없다.

제2절 콘체른의 역사와 형성 이유

1. 콘체른의 형성

1) 콘체른의 태동

콘체른의 시작은 1871년 독일 제국을 건설하고, 공업 혁명의 영향에 따라 대기업이 성립하게 되면서부터라고 할 수 있다. 이 시기에 있어서 콘체른의 형성은 매우 환영을 받았으며, 또한 적극적으로 장려되었다. 그 이후 콘체른은 다양한 부문으로 확장되었으며, 가장 강력한 카르텔로 발전을 하게 되었다.

물론 그에 따라 여러 가지 다양한 법적 문제가 제기되기도 하였지만, 그 당시에는 거의 논의되지 않았고 제1차 세계대전 이후에야 비로소 논의가 시작되었다. 즉 1920년대에 이르러서 입법자들이 관심을 갖기 시작하였다. 그렇다고 하여 당시 그러한 문제에 대하여 크게 걱정하거나 고민을 한 것은 아니었다. 왜냐하면 당시에는 콘체른의 형성으로 인한 폐해보다는 콘체른의 이익이 우선되어야 한다는 사고방식이 폭넓게 지배하고 있었기 때문이었다.

콘체른의 규제와 관련하여 법적으로 처음 규정된 것은 1937년 주식법(AktG)의 §15조를 들 수 있는데, 그 당시의 법은 콘체른에 관하여 포괄적으로 규정한 것이 아니라 단지 개별적인 문제에 대하여 규제하는 규정을 두었을 뿐이다. 따라서 매우 불완전한 규정이라고 할 수 있고, 콘체른화로 인하여 발생하였던 특별한 위기 상황에 대해서는 법적으로 해결할 수 없었다. 그러던 것이 1945년 이후 연합국의 점령 정책의 일부인 '집중배제(Dekonzentration)'에 따른 경제가 지배되면서, IG Farben(화학 콘체른)의 해체·분할에 대하여 관심을 갖게 되었다.

물론 경제의 전체적인 측면에서 보면, 집중배제 정책의 영향은 그렇게 큰 것은 아니라고 할 수 있다. 따라서 입법자들도 이에 대한 입법 의지가 그렇게 절실하게 나타나지 않았다. 그러던 것이 그 이후 경제의 부흥에 따라서 다시 한번 기업통합이 증가하게 되었는데, 그때가 되어서야 비로소 입법자들은 입법에 대한 필요성을 느끼게 되었으며, 또한 조세법상의 약간의 규율은 지속적으로 콘체른의 형성을 촉진하게 되었다.[39]

2) 콘체른의 법전화

위에서 언급한 배경에 따라 콘체른법의 포괄적인 법전화(Kodifikation)가 필요하다는 확신도 점차적으로 확산되어, 1958년경 참사관이 초안을 제출하였다. 이 초안이 추구하고자 하는 바는 사실상의 기업결합에 대항하는 것이었다. 이러한 취지에 따라서 지배계약(Beherrschungsvertrag)이 존재하는 경우에 한정하여 콘체른 이익에 우위를 인정하였다.

이러한 조치는 지배계약만이 종속 주식회사의 이익에 반하는 지시를 하더라도 그것을 정당화할 수 있게 된다는 결론에 의한 것이다. 사실상 콘체른은 이러한 형태의 업무집행을 하는 것을 금지하도록 한 것이었다. 위의 규정을 엄격하게 검토하여 보면, 이러한 조치는 결국 불이익에 대한 보충의 모델이라고 할 수밖에 없었다. 따라서 곧바로 비난의 대상이 되었다. 이에 입법자는 1965년의 AktG에 이를 채용하게 되었고(AktG §311), 그 결과 사실상의 콘체른도 종속주식회사에 대한 불이익한 지시가 허용되게 되었다. 다만, 불이익은 반드시 보충되도록 하였다.[40]

3) 그 이후 발전

위와 같은 포괄적인 법전화가 이루어진 이후에는 콘체른법에 대한 개정은 개별적으로만 이루어졌다. 그러한 개정 내용 중에서 중요한 것을 살펴보면, 1994년 조직변경법의문제처리를위한법률(Gesetz zur Bereinigung des Umwandlungsrecht)을 들 수 있다. 이 법률은 독일 주식법(AktG) §§293a-293g에 규정을 하였다. 동 규정의 내용은 기업계약의 체결에 관한 보고 및 검사의무에 대한 것이었다. 나아가, 2001년에는 이것보다 대규모 개정이 이루어졌으며, 현재의 법 규정의 내용이라고 할 수 있다. 그 내용은 AktG §§327a-f에 새로이 규정되었다. 이러한 규정의 내용은 이른바 squeese out의 준칙이 포

---

39) 小川浩三, 『ドイツ株式法』(信山社, 2011), 135~136頁.
40) 小川浩三, 위의 책, 136~137頁.

함된 것이었다. 이 준칙에 의하면, 어떤 주식회사에서 95%의 지분을 보유하는 지배주주는 소수주주의 주식을 취득할 수 있도록 허용한 것이었다. 따라서 이러한 결과에 따르면, 소수주주는 주식회사로부터 퇴출될 수밖에 없다. 다만, 그들에게는 그에 대한 대가로 보상금의 지급을 보장하여 주었다.[41)

┌─ ☞ 조직변경법
│
│ ### 1. 조직변경법의 규율대상
│
│   회사의 법적 형식은 자유로이 선택할 수 있다. 그 경우 발기인은 일정한 모티브를 가지고 선택하게 된다. 하지만 시간의 경과와 더불어, 선택한 일정한 법형식을 변경하는 경우도 있다. 이러한 경우 기업의 법적 구조는 그 상황의 변화에 적절하게 대응하지 않으면 안 된다. 경우에 따라서 회사계약의 단순한 변경으로 충분할 수도 있지만, 다른 한편으로는 회사를 완전히 새로이 신설하는 경우도 있다. 또한 어떠한 경우에는 기존의 법형식의 변경까지도 고려하여야 하는 경우도 있다. 자본의 수요가 증대하게 된다면, 주식회사로의 조직변경이 의미를 갖게 될 수 있다. 이처럼 '법의 옷'의 교체로 해결될 수도 있지만, 또 다른 한편으로는 구조 전환을 하여야 하는 경우도 있다. 예를 들면, 기업 정책적인 측면에서 복수의 기업을 하나의 기업으로 정리하는 것이 필요한 경우도 있는 반면 그 반대로 일체의 기업이 복수의 기업으로 나누어지는 경우도 존재한다.
│
│   이러한 모든 경우가 조직변경법의 대상이 된다고 할 수 있다. 즉 기업은 항상 그 동일성을 유지하지만 그 기업이 영위하는 법형식은 변화된다고 하겠다.
│
│ ### 2. 1994년 조직변경법
│
│   조직변경법의 제1의 법원은 1994년 10월 28일 조직변경법의문제처리를위한법률(Gesetz zur Bereinigung des Umwandlungsrecht, 이하 UmwG 내지 조직변경이라 함)이다.[42) 물론 이 법률이 편찬 전부터 다양한 기업의 조직 변경에 대해서는 이미 알려져 있었다. 예를 들면, 주식회사의 합병은, 1884년에 ADHGB(독일 일반 상법전)에 먼저 도입되었었다. 또한 법형식의 변경도 인정되고 있었다. 예를 들면, GmbHG

---

41) 小川浩三, 위의 책, 137頁.

42) 동법의 가장 최근의 개정으로는 2011년 7월 11일 제1조가 개정되었다(http://www.gesetze – im –

(유한회사법)에서는 주식회사의 유한회사로의 조직변경에 대해서 규정하고 있었다.

그러나 전체적인 측면에서 보면, 이러한 조직변경 관련법은 통일적으로 규정되지 못하고 많은 개별법의 형태로 흩어져 있었다. 이처럼 통일적·체계적으로 파악하기가 어려웠던 기업의 조직변경에 대해서 종지부를 찍은 것이 바로 기업의 조직변경법(UmwG)이라고 할 수 있다. 동 법률은 복수의 영역을 하나의 형태로 통일하고 체계화하였다는 점에서 그 의미가 크다. 즉 조직변경법의 완결체라고 할 수 있다. 물론 동법은 유럽공동체위원회의 지령에 영향을 받아 제정되었다고 할 수 있다.

3. 조직변경법의 체계

UmbG는 조직변경을 4가지로 구분하여 규정하고 있다. 즉 동법 제1조 제1항에 의하면, 합병(durch Verschmelzung), 분할(durch Spaltung(Aufspaltung, Abspaltung, Ausgliederung), 재산양도(durch Vermögensübertragung) 및 형식 변경(durch Formwechsel)으로 구분하여 규정하고 있다.

물론 그 내용에 대해서는 합병의 경우 동법 §2ff 이하, 분할은 동법 §123ff 이하, 재산양도는 동법 UmwG §174ff 이하 및 형식 변경은 동법 제§190ff 이하에서 세부적이고 구체적으로 규정하고 있다. 예를 들면, 동법 §§60에 의하면, 주식회사가 관여하는 합병에 대해서 규율하고 있다. 다른 종류의 조직변경도, 그것이 법률에 규정되어 있다면 허용된다. 다만, 조직변경법에 의하면, 조직변경의 경우에 대하여 4가지로 한정하여 열거하고 있다. 물론 조직변경이 UmwG에서만 인정되는 것은 아니다. 즉 HGB에서도 인정되고 있다. 예를 들면, 민법상 조합으로 그것이 영리활동을 하면, 합명회사가 성립할 수 있다고 규정하고 있다(HGB §§105 Abs. 1ff).[43]

기업의 조직변경 이유는 다양하다. 그것은 경제적 내지 기술적 진보를 목적으로 하는 경우도 있다. 그러한 예로 SAP(소프트웨어기업)의 경우를 보면 알 수 있다. 또한 자본수요를 증가시키기 위해서 기업을 유한회사로부터 주식회사로 조직변경을 하여야 한다. 이는 필요한 재산을 자본시장으로부터 조달하기 위해서이다. 이 외에도 다양한 자원을 하나로 결속시키는 것을 목적으로 조직변경을 하는 경우도 있다. 즉

---

internet.de/umwg_1995/BJNR321010994.html#BJNR321010994BJNG036800000).

43) 제105조 제1항에 의하면, "Eine Gesellschaft, deren Zweck auf den Betrieb eines Handelsgewerbes unter gemeinschaftlicher Firma gerichtet ist, ist eine offene Handelsgesellschaft, wenn bei keinem der Gesellschafter die Haftung gegenüber den Gesellschaftsgläubigern beschränkt ist"라고 규정하고

합병의 경우를 들 수 있고, 그에 대한 예로는 제조업의 Thyssen과 Fried, Kruppe AG가 합병하여 Thyssen - Kruppe가 된 경우를 들 수 있다. 이와는 달리 분할의 경우에는 기업의 규모를 단축하게 된다[예를 들면, USA의 AT & T(통신기업)의 분할의 경우].

2. 콘체른 형성의 이유

콘체른 형성의 이유는 통상 경제적 성질의 것이라고 할 수 있다. 개별적 기업은 스스로가 보유하고 있는 자원을 하나로 합할 수 있다. 그 결과 생산과정의 합리화를 이룰 수 있으며, 이전보다 훨씬 풍부한 내용의 상품을 공급하는 것이 가능하게 됨으로써 그에 따른 상당한 상승효과를 가져올 수 있게 된다. 이처럼 콘체른은 시장의 변동에 유연하게 대처하는 것이 가능하게 되고, 모든 콘체른 구성 부분도 하나의 목표를 위하여 일관되게 움직이는 것이 가능하게 된다.

이러한 영향력은 세법 부분에서도 나타난다. 세법상에서 콘체른기업은 통상 일체적으로 과세를 하게 된다. 즉 콘체른 구성 부분의 이익은 모회사에서만 파악되면 그것으로 충분하고, 개별적 기업 자신은 그 이익을 위한 추가적인 납세를 할 필요가 없다는 것이다.

그렇다고 콘체른기업이 문제가 없는 것은 아니다. 즉 개별 기업에 그 독립성이 남아 있다고 하는데 그 이유는 무엇일까? 이처럼 경제적 일체성을 갖는 경우라면 합병에 의해서도 역시 가능하다. 그럼에도 불구하고 양자를 달리 취급하고 있기 때문이다. 이에 관해서도 그 이유가 매우 다양하다. 특히, 책임법상으로 콘체른은 합병에 비하여 유리하다고 할 수 있다. 왜냐하면 합병기업과는 달리 콘체른의 각 기업은 그 스스로 행위능력을 가지고 있고 독립한 책임을 부담함으로써, 콘체른 기업 전체를 하나의 기업을 파악하는 것은 아니기 때문이다. 그중에 특히 리스크가 있어 책임을 부담하고 있는 기업의 분리는 그 의미가 매우 크다고 할 수 있다.

나아가, 권력관계에서도 차이가 있다. 두 개의 주식회사가 합병을 하기 위해서는 주주총회에서 대표되는 기초자본금의 3/4에 해당하는 특별 다수에 의한 결의가 필요하다.[44]

있다(http://www.gesetze - im - internet.de/bundesrecht/hgb/gesamt.pdf).
44) AktG §65 Abs. 1 UmwG.

그렇지만 콘체른 형성에 있어서는 합병에 비하여 그 비율이 낮기 때문이다. 즉 일방의 기업이 상대방 회사의 자본의 51%를 보유하고 있으면 충분하며, 이 단순 다수만으로 종속하는 주식회사에 대하여 지배적 영향력을 행사하는 것이 가능하기 때문이다.45)

---

45) 小川浩三, 앞의 책, 137~138頁.

제3절 콘체른의 형성방법

1. 서설

위에서 결합기업의 개념을 콘체른적 기업을 중심으로 살펴보았다. 이하에서는 콘체른적 기업과 관련하여 그 형성방법을 살펴보기로 한다. 독일의 경우 콘체른기업의 형성방법은 기업계약(Unternehmensvertrag), 특히 지배계약(Beherrschungsvertrag)에 의한 계약콘체른(Vertragskonzern)과 그러한 계약에 의하지 않는 사실상 콘체른(Faktische Konzern)[46)]으로 나눌 수 있다. 특히, 사실상 콘체른은 위의 계약콘체른에서 다루어지는 문제 이외에도 많은 문제점이 제기되고 있으며, 이에 대해서는 입법 내지 판례를 통하여 해결을 하고자 노력하고 있다. 이하에서는 그 구체적인 내용을 살펴보고자 한다.

2. 계약콘체른

1) 지배계약에 의한 콘체른

(1) 지배계약의 의의

지배계약(Beherrschungsvertrag)이란 주식회사(또는 주식합자회사)가 그 회사의 지휘를 다른 기업에 종속시키는 것을 말한다(주식법 제291조).[47)] 이 계약에 의하여 지배기업은

---

46) 이에 대한 대표적인 예로는 자본참가에 의한 경우를 들 수 있다.

47) Unternehmensverträge sind Verträge, durch die eine Aktiengesellschaft oder Kommanditgesellschaft auf Aktien die Leitung ihrer Gesellschaft einem anderen Unternehmen unterstellt(Beherrschungsvertrag) oder sich verpflichtet, ihren ganzen Gewinn an ein anderes Unternehmen abzuführen(Ge-

종속기업의 이사회에 대하여 회사의 지휘에 관한 지시를 할 수 있게 된다. 하지만 대개의 경우에는 지배기업의 지시권이 이 계약에 의하여 발생하는 것이 아니라, 지배기업이 종속기업에 대하여 가지고 있는 지분에 의하여 이미 존재하고 있던 사실상의 힘이 이 계약에 의하여 적법한 권한으로 변한다고 한다.

이러한 지배계약은 민법상의 전형계약과는 구별된다. 하지만 어떠한 형태의 계약을 체결하더라도 계약상대방으로 하여금 업무집행상의 조치에 관한 지시에 복종하도록 하는 효과를 수반하는 것이라면 원칙적으로 지배계약이라고 할 수 있다.

그런데 실제 어떤 계약이 지배계약이 되는지를 결정하기에는 많은 어려움이 따른다. 따라서 지배계약으로서의 효력을 갖도록 하기 위해서 주주총회에서 '지배계약'을 승인하고 상업등기부에 이를 지배계약으로 등기하도록 하고 있다. 만약 이러한 승인과 등기를 하지 않는 경우에는 계약의 명칭 여하, 회사에 대한 구속 여부를 불문하고, 주식법 제308조의 의미에서의 지배계약으로서의 지시권(Leitungsmacht)의 효력을 발생시키는 것은 아니라고 한다.[48]

(2) 지시권의 범위

지배계약에 의하여 지배기업은 피지배기업의 이사회에 대하여 그 회사의 지휘에 관한 지시를 할 수 있는 권한을 취득한다. 계약에 별다른 정함이 없는 한, 지배기업은 그 자신의 이익 또는 지배기업 및 피지배기업 내지 콘체른에 의하여 결합되어 있는 제3의 기업의 이익을 위해서라면 그것이 피지배기업에 불리한 경우라 하더라도 지시를 할 수 있다(주식법 제308조 제1항).[49] 나아가, 회사에 불리한 지시를 하더라도 민법상의 손해배상책임과 주식법 제117조 제1항(이사 또는 감사의 회사에 대한 손해배상책임)[50]의 책임은

---

winnabführungsvertrag)(AktG § 291(1))(http://www.gesetze – im – internet.de/bundesrecht/aktg/gesa-mt.pdf).

48) 김건균, 「서독 주식법상의 결합기업」, 『조사월보』(한국산업은행, 1976.11.7.), 14~15쪽.

49) Besteht ein Beherrschungsvertrag, so ist das herrschende Unternehmen berechtigt, dem Vorstand der Gesellschaft hinsichtlich der Leitung der Gesellschaft Weisungen zu erteilen. Bestimmt der Vertrag nichts anderes, so können auch Weisungen erteilt werden, die für die Gesellschaft nachteilig sind, wenn sie den Belangen des herrschenden Unternehmens oder der mit ihm und der Gesellschaft konzernverbundenen Unternehmen dienen(AktG § 308(1)).

50) Wer vorsätzlich unter Benutzung seines Einflusses auf die Gesellschaft ein Mitglied des Vorstands oder des Aufsichtsrats, einen Prokuristen oder einen Handlungsbevollmächtigten dazu bestimmt, zum Schaden der Gesellschaft oder ihrer Aktionäre zu handeln, ist der Gesellschaft zum Ersatz des ihr daraus entstehenden Schadens verpflichtet. Er ist auch den Aktionären zum Ersatz des ihnen daraus

지지 않는다.

또한 지배기업의 지시권이라고 할 때 그 권리는 피지배기업의 이사회에 대하여 인정되는 권리로 회사의 종업원에 대하여 인정되는 것은 아니다. 하지만 실제로는 종속기업의 이사회에 내려진 지시는 결국 회사의 종업원에 대하여 지시하게 됨으로써 사실상 종업원에 대한 지시와 마찬가지라고 할 수 있다.

하지만, 이러한 지배기업의 지시권은 피지배기업의 감사회까지 구속하는 것은 아니다. 따라서 이사회가 지배기업으로부터 어떤 거래를 행하도록 지시를 받았는데 그 내용이 주식법 제111조(감사의 권리와 의무) 제4항[51])에 의한 감사회의 동의를 요하는 사항인 경우에는 종속기업의 감사회는 그 지시에 대한 동의를 하지 않을 수 있다. 하지만 실제로는 감사회가 상당한 기간 내에 그 동의를 하지 않는 경우 종속기업의 이사회는 이러한 사실을 지배기업에 통지하여야 하며, 만일 지배기업이 앞선 지시와 동일한 지시를 반복하게 되면 그 경우에는 종속기업 감사회의 동의는 더 이상 불필요하게 된다. 물론 이 경우에도 그에 대한 견제수단이 전혀 없는 것은 아니다. 이러한 경우 지배기업의 지배기업 감사회의 동의를 받아야만 종속기업에 대한 동일한 지시의 반복이 허용된다(주식법 제308조 제3항).[52])

이러한 지배기업의 지시권은 피지배기업의 이사회의 권한에 속하는 일체의 사항에 대하여 미친다. 따라서 제품의 전환, 공장시설의 확장, 제품의 판매, 원료의 구입 등과 같은 업무집행조치에 대하여 지시를 할 수 있음은 물론이고 사채발행을 통한 타인의 자금조달, 증자를 위한 주주총회 의안 작성 등과 같은 자기자본의 조달을 위한 조치에 대해서도 그

---

entstehenden Schadens verpflichtet, soweit sie, abgesehen von einem Schaden, der ihnen durch Schädigung der Gesellschaft zugefügt worden ist, geschädigt worden sind[AktG §117(1)].

51) Maßnahmen der Geschäftsführung können dem Aufsichtsrat nicht übertragen werden. Die Satzung oder der Aufsichtsrat hat jedoch zu bestimmen, daß bestimmte Arten von Geschäften nur mit seiner Zustimmung vorgenommen werden dürfen. Verweigert der Aufsichtsrat seine Zustimmung, so kann der Vorstand verlangen, daß die Hauptversammlung über die Zustimmung beschließt. Der Beschluß, durch den die Hauptversammlung zustimmt, bedarf einer Mehrheit, die mindestens drei Viertel der abgegebenen Stimmen umfaßt. Die Satzung kann weder eine andere Mehrheit noch weitere Erfordernisse bestimmen[AktG § 111 Aufgaben und Rechte des Aufsichtsrats(1); vom 6.9.1965/nach dem Stand des Gesetzes vom 27.11.2003].

52) Wird der Vorstand angewiesen, ein Geschäft vorzunehmen, das nur mit Zustimmung des Aufsichtsrats der Gesellschaft vorgenommen werden darf, und wird diese Zustimmung nicht innerhalb einer angemessenen Frist erteilt, so hat der Vorstand dies dem herrschenden Unternehmen mitzuteilen. Wiederholt das herrschende Unternehmen nach dieser Mitteilung die Weisung, so ist die Zustimmung des Aufsichtsrats nicht mehr erforderlich; die Weisung darf, wenn das herrschende Unternehmen einen Aufsichtsrat hat, nur mit dessen Zustimmung wiederholt werden[AktG § 308(3); vom 6.9.1965/nach dem Stand des Gesetzes vom 27.11.2003].

지시를 할 수 있다. 그러나 그 지시는 공공의 이익 또는 회사채권자의 이익을 위한 보호를 하기 위한 강행규정, 예컨대, 주주의 납입의무의 면제금지(주식법 제66조 제1항[53])와 같은 규정 등에 위반하는 내용의 것이어서는 안 된다.[54] 다만, 주식법 제291조 제3항은 피지배기업이 지배계약에 기하여 행하는 급부는 동법 제57조(출자의 반환금지, 이자지급 금지), 제58조(당해연도 잉여금의 처분) 및 제60조(이익배당)에 저촉되는 것으로 보지 않는다고 규정하고 있다.[55]

2) 기타의 계약에 의한 콘체른

주식법 제292조(다른 형태의 기업결합, Andere Unternehmensverträge)에는 기타의 기업계약의 종류와 그 개념이 규정되어 있다. 이 규정의 의미는 이들 계약도 기업계약에 해당되어 계약의 체결, 변경 및 종료에 관한 주식법 제293조(주주총회의 동의, Zustimmung der Hauptversammlung) 내지 제299조(지시위원회, Ausschluß von Weisungen)의 규정이 준용되고 또 계약당사자인 기업은 주식법 제15조(결합기업, Verbundene Unternehmen)에 의하여 결합으로 되므로 결합기업에 관한 규정이 이들 기업에도 준용된다는 점에 있다.

(1) 영업의 임대차

영업의 임대차계약(Betriebspachtvertrag)이란 주식회사(또는 주식합자회사)가 그 영업을 타인에게 임대하는 계약을 말한다(주식법 제292조 제1항 제3호).[56] 이 계약에 의하여

---

53) Die Aktionäre und ihre Vormänner können von ihren Leistungspflichten nach den §§ 54 und 65 nicht befreit werden. Gegen eine Forderung der Gesellschaft nach den §§ 54 und 65 ist die Aufrechnung nicht zulässig[AktG §66(1)].

54) Die Aktionäre und ihre Vormänner können von ihren Leistungspflichten nach den §§ 54 und 65 nicht befreit werden. Gegen eine Forderung der Gesellschaft nach den §§ 54 und 65 ist die Aufrechnung nicht zulässig(AktG § 66 Keine Befreiung der Aktionäre von ihren Leistungspflichten; vom 6.9.1965/nach dem Stand des Gesetzes vom 27.11.2003).

55) Leistungen der Gesellschaft auf Grund eines Beherrschungs oder eines Gewinnabführungsvertrags gelten nicht als Verstoß gegen die §§ 57, 58 und 60. Zurück[AktG § 291(3); vom 6.9.1965/nach dem Stand des Gesetzes vom 27.11.2003].

56) Unternehmensverträge sind ferner Verträge, durch die eine Aktiengesellschaft oder Kommanditgesellschaft auf Aktien den Betrieb ihres Unternehmens einem anderen verpachtet oder sonst überläßt(Betriebspachtvertrag, Betriebsüberlassungsvertrag)[AktG § 292(1) ③; vom 6.9.1965/nach

임대회사는 그 영업의 점유권과 이용권을 임차인에게 이전하고, 임차인은 그 영업을 자기의 이름으로 또 자기의 계산으로 운영하고 그에 대한 대가로 임차료를 지급한다. 그러나 임차인이 임대차의 대상인 영업을 반드시 스스로 운영하여야 할 필요는 없고 임대인에게 이를 위탁하여 운영하는 것도 가능하다.57)

이러한 점을 고려하여 볼 때, 임대차계약상 임차회사도 자기의 명의로 임대회사의 영업을 이용하는 권리를 취득한다고 할 수 있으므로 콘체른적 결합의 법적 기초를 발생시킬 가능성이 있다.58) 그렇지만 영업의 임대차 모두가 반드시 콘체른적 결합을 하는 것은 아니다.

예를 들면, 콘체른적 결합 외에서 이루어진 임대차는 영업 그 자체에 영향을 미치지 못하지만 임차인은 영업의 중대한 변경을 가하는 것이 아닌 영업인수를 하는 것이라는 점에서 임대차계약 당시에 있어서 영업의 상태·조직·고객관계 등 그 모든 것이 영업의 기초가 되고 있는 경우를 들 수 있다. 반면 임대인은 계약기간 중에는 경업금지의무를 부담하고, 계약기간 만료 후에는 영업의 반환을 받지만, 스스로 영업을 하지 않는다. 즉 이러한 경우에는 영업의 주체가 교체되거나 영업 그 자체를 변경시키는 것은 아니라고 할 수 있다.

이에 대하여 콘체른 내에서 이루어지는 임대차에 있어서 임대차계약의 목적은 임대인의 영업을 임차인의 영업에 편입하는 것으로 영업주체의 교체라고 할 수 있다. 따라서 이 경우의 임대차계약은 임대차의 목적물을 파괴하는 경향이 있다고 한다. 이러한 계약을 정확하게 이해하기 위해서는 계약이 임대회사와 다수파 주주인 지배기업 사이에 체결된 것이라는 점을 인식할 필요가 있지만, 자본참가에 의한 회사지배가 임대차계약의 법적 기초가 되므로 임대인이 임대 목적물의 반환을 받는 것은 별개의 문제라고 할 수 있다.59)

콘체른적 임대차에 있어서는 통상 콘체른 외의 주주를 위하여 배당보증(Dividenten-garantie)이 이루어진다.60) 이러한 배당보증에는 절대보증(starre Garantie)과 상대보증(bewegliche Garantie)이 있다.61) 전자는 임차회사가 임대회사의 자본 내지 재산을 정확

---

dem Stand des Gesetzes vom 27.11.2003].

57) 김건균, 앞의 글, 25쪽.

58) Mestmäcker, *Verwaltung, Konzerngewalt und Recht der Aktionäre*, 1958, SS.316~317; 靑木英夫, 앞의 책, 5頁 주 10 재인용.

59) Mestmäcker, a.a.O., S.317~318.

60) Mestmäcker, a.a.O., S.318.

61) Mestmäcker, a.a.O., S.318.

한 비율에 따라 배당을 보증하는 것이다. 반면 후자는 임차회사가 배당을 하는 경우에 그것에 준하여 배당이 보증되기는 하지만,[62] 절대보증과는 달리 그 최저액만이 보증된다는 점에서 차이가 있다.[63]

배당보증부 임대차계약에 있어서도 중요한 점은 이익이 임차회사와 임대회사와의 사이에 배분되는 것은 아니기 때문에 배당보증이라는 방법으로 임대회사의 다수파 주주(임대회사)와 소수파 주주(콘체른 외 주주) 사이의 법률관계를 규율하게 된다는 점이다.[64] 임차회사는 콘체른 외 주주[65]에게만 배당금을 지급하므로[66] 임대회사는 임대료의 지급을 받는 연금회사(Rentengesellschaft)가 되는 것이 아니라, 임차회사에 대하여 직접청구권을 가지고 있지 않은 콘체른 외 주주를 위하여 지급할 임대료를 관리하는 것에 불과한 것이라고 할 수 있다.[67] 다시 말하면, 임대회사의 영업은, 임대회사의 다수파 주주, 곧 콘체른 주주(임차회사)와 관련한 영업 중에 편입되는 것이기 때문이라고 한다.[68]

(2) 경영의 위임

경영위임계약(Betriebsüberlassungsvertrag)이란 주식회사(또는 주식합자회사)가 그 기업의 경영을 타인에게 위임하는 계약을 말한다(주식법 제292조 제1항 제3호).[69] 특히, 콘체른 계약에 의한 경영 위임의 특색은 수임자가 위임자와는 독립하여 자기를 위하여 자기의 판단에 따라 행동을 한다는 점이다. 위임계약은 위임회사의 영업을 콘체른에 편입하는 것을 내용으로 하지만 그 범위에 있어서 콘체른 계약으로 하는 임대차계약과 차이가 없는 것이라고 할 수 있다.[70] 따라서 경영위임계약에 있어서도 위임회사의 소수파 주주(콘체른 외 주주)에게 배당보증이 이루어지는 것이다.[71]

---

62) 임차회사의 배당과 동률인 것에 한하지 않고, 그 이상의 경우도 있고, 그 미만의 경우도 있다.

63) 예를 들면, 임대회사가 최근 5년간에 이루어진 배당은 최저액으로 약정된다(Mestmäcker, a.a.O., S.318).

64) Mestmäcker, a.a.O., S.318.

65) 콘체른 외 주주란 피지배기업 또는 이익을 공여하는 회사의 주주 중에서 계약상대방이 되는 주주를 제외한 나머지 모든 주주를 말하며, 국외주주라고도 한다(außenstehende Aktionäre).

66) Mestmäcker, a.a.O., S.318.

67) Mestmäcker, a.a.O., S.318.

68) Mestmäcker, a.a.O., S.318.

69) AktG §292(1) 제3호에 의하면, "den Betrieb ihres Unternehmens einem anderen verpachtet oder sonst überläßt(Betriebspachtvertrag, Betriebsüberlassungsvertrag)"라고 규정하고 있다.

70) 수임자는 이른바 자기를 위한 수임자(procurotor in rem suam)라고 할 수 있다(Friedländer, a.a.O., S.103).

(3) 이익협동계약

이익협동계약(Gewinngemeinschaftsvertrag)이란 주식회사(또는 주식합자회사)가 이익 또는 그 개개의 영업 부분의 이익의 전부 또는 일부를 공동의 이익분배를 위하여 다른 기업 또는 그 개개의 영업 부분의 이익과 합병할 의무를 부담하는 계약을 말한다(주식법 제292조 제1항 제1호).[72]

이러한 계약에 의하여 당사자 간의 조합관계, 즉 이익협동관계(gewinngemeinschaft)가 성립한다.[73] 이익협동관계는 일반적으로 2인 이상의 자가 자신들의 이익을 공동의 목적으로 하기 위하여 계약에 따라 결합하는 것을 의미하지만 콘체른 계약상 이익협동계약은 통일적 지휘에 따른 것으로 법률상 독립한 두 개 이상의 기업이 행한 영업의 결과를 완전하게 합산하는 것이 필요하다.[74] 그러나 실제로는 계약적 결합을 강화하기 위하여 주도적 회사가 다른 회사에 참가하거나, 주식의 상호 보유가 이루어지거나 또는 특별한 지주회사가 설립되는 경우가 많다.[75] 이러한 이익협동관계에 있어서는 참가기업은 대등한 관계에 있는 수평적 콘체른과 상하관계에 있는 수직적 콘체른 두 가지가 있다.

수직적 콘체른으로 한 이익협동관계에 있어서 지배기업의 지배는 종속기업에 대하여 자본참가에 의하여 발생한다.[76] 이 경우 지배적 콘체른기업이 종속적 콘체른 기업에 일정한 금액의 배당보증을 하게 된다. 즉 종속기업의 주주에게 직접적으로 이 보증을 행하게 된다.[77] 다만, 수직적 콘체른으로 한 이익협동관계는 영업의 임대차·경영의 위임과의 구별이 문제가 될 수 있다. 그 이유는 후자에 있어서도 배당보증이 이루어지는 경우가 있으며, 구체적인 계약에 있어서 어떠한 내용의 계약이 체결되었는가가 명확하지 않

---

71) 판례에 의하면, A주식회사와 B주식회사와의 계약에 의하여 A회사는 B회사의 영업을 B회사의 상호를 사용, 즉 B회사 기관의 협력을 받아 자기의 계산으로 행하는 것이다. A회사는 B회사의 영업재산을 관리하고 그 채무를 지급하는 등 확정임대료 및 이익배당의 지급을 계약상 의무로 한다. 이 계약은 이익협동계약의 명칭으로 체결된 것이지만, 전형적인 경영위임계약이라고 할 수 있다(RG 142. 223ff).

72) Unternehmensverträge sind ferner Verträge, durch die eine Aktiengesellschaft oder Kommanditgesellschaft auf Aktien sich verpflichtet, ihren Gewinn oder den Gewinn einzelner ihrer Betriebe ganz oder zum Teil mit dem Gewinn anderer Unternehmen oder einzelner Betriebe anderer Unternehmen zur Aufteilung eines gemeinschaftlichen Gewinns zusammenzulegen(Gewinngemeinschaft[AktG § 292(1) ①; vom 6.9.1965/nach dem Stand des Gesetzes vom 27.11.2003].

73) 김정균, 앞의 글, 24쪽.

74) Rasch, a.a.O., S.88.

75) Rasch, a.a.O., S.89.

76) Mestmäcker, a.a.O., S.323.

77) Rasch, a.a.O., S.91.

는 경우가 많기 때문이다. 또한 수직적 콘체른으로 한 이익협동관계는 그 특질로서 지배기업에 취득한 이익의 전부를 인도하고, 종속기업은 그 대가로 일정한 보상을 받게 된다. 그렇다고 하여 협동관계에 참가하는 콘체른 기업의 전부가 공동으로 기업위험을 부담하여야 하는 것은 아니며, 지배기업만이 기업위험을 인수하는 것도 가능하다고 하겠다.[78]

반면 수평적 콘체른으로 한 이익협동관계에 있어서는 이 관계에 참가하는 콘체른 기업의 전부가 공동으로 기업위험을 인수하게 되는데, 인수한 위험의 분담 비율(Gewinn-schlussel)은 각 콘체른 기업의 수익능력에 따라서 결정된다.[79]

3. 사실상의 콘체른

1) 사실상의 콘체른의 의의

(1) 개념

독일 주식법은 콘체른의 전형으로서 계약콘체른을 염두에 두고 있으나, 실제로는 오히려 지배계약을 체결하지 않고 지배기업과 종속기업 간 사실상의 세력관계를 기초로 지배기업이 배후에서 영향력을 행사함으로써 종속회사를 지배하는 경우가 많이 있었다.[80] 이처럼 지배계약이 존재하지 않는 콘체른을 사실상 콘체른이라고 할 수 있다. 하지만 이 개념 또한 명확한 것은 아니다.

다만, 독일 주식법 제311조(영향력 행사의 한계, Schranken des Einflusses)에 의하면, 지배기업은 종속회사의 불이익을 보상하지 않는 한, 종속회사인 주식회사 또는 주식합자회사로 하여금 불이익한 법률행위를 하도록 하거나 불이익한 조치의 작위 또는 부작위를 유발하기 위하여 자기의 영향력을 행사할 수 없도록 규정하고 있는데,[81] 이에 근거하여

---

78) Mestmäcker, a.a.O., S.332.

79) Mestmäcker, a.a.O., S.322.

80) 신현윤, 「기업결합법론」(법문사, 1999), 132쪽.

81) Besteht kein Beherrschungsvertrag, so darf ein herrschendes Unternehmen seinen Einfluß nicht dazu benutzen, eine abhängige Aktiengesellschaft oder Kommanditgesellschaft auf Aktien zu veranlassen, ein für sie nachteiliges Rechtsgeschäft vorzunehmen oder Maßnahmen zu ihrem Nachteil zu treffen oder zu unterlassen, es sei denn, daß die Nachteile ausgeglichen werden(AktG § 311(Schranken des Einflusses)(1); vom 6.9.1965/nach dem Stand des Gesetzes vom 27.11.2003).

지배계약이 존재하지 않는 콘체른을 사실상 콘체른으로 보고 동법의 적용대상으로 파악하고 있다. 즉 동 규정에 의하면, 지배기업이 종속기업에 대하여 영향력행사를 하기 위해서는 "종속회사의 불이익을 전보하여야 한다"는 요건을 제시하고, 그러한 요건을 갖춘경우에 한하여 종속회사인 주식회사 또는 주식합자회사로 하여금 불이익한 법률행위를하도록 하거나 불이익한 조치의 작위 또는 부작위를 유발하기 위하여 자기의 영향력을행사할 수 있음을 언급하였다.

이러한 사실은 사실상 콘체른이 당초부터 종속회사의 소수주주 및 채권자에 대한 불이익한 결과를 전제로 하고 있는 것이 아니라, 계약콘체른처럼 지배기업의 종속회사 손실에 대한 포괄적인 보상의무 또는 소수주주에 대한 보상의무 등 종속회사의 불이익을 전제하였다는 점을 알 수 있다. 다시 말하면, 소수주주 및 채권자의 보호도 개별적이고 직접적으로 한 것이 아니라, 단지 지배회사가 종속회사에 대하여 개별적으로 불이익한 영향력을 행사할 경우 지배기업은 종속회사 자체에 대하여 불이익 보상의무를 지게 되는데, 이를 통하여 간접적으로 종속회사 소수주주 및 채권자의 보호를 도모하고 있다고 할 수있다.[82]

(2) 불이익의 전보

① 불이익전보의 의의와 법적 성질

원칙상 지배기업을 통한 불이익한 영향력의 행사는 그 자체가 위법한 것이라고 할 수있지만, 주식법 제311조 제1항에 따라 불이익을 전보하는 경우에는 정당화되어 손해배상책임을 면제하게 된다.

이러한 불이익전보에 대한 법적 성질과 관련한 지배적인 견해는 주식법 제317조의 손해배상책임과 구별하고 있다.[83] 즉 전자는 회사가 입은 불이익을 그와 동일한 가치를 갖는 이익의 보장을 통해 보충하고 동시에 종속회사의 재산 이익을 보장하는 것으로, 불이익은 행위 시점에서의 상황을 기초로 사전적(ex ante)으로 확정된다고 한다. 반면, 후자는 당초의 법률행위 또는 조치와 상당인과관계를 가지는 추후의 모든 결과를 함께 고려하게 되는데, 이러한 점에서 상호 간에 차이가 있다고 한다.[84] 다시 말하면, 불이익전보

---

82) 정대근, 『기업결합에 따른 종속회사의 소수주주보호에 관한 연구』(부산대학교 박사학위논문, 1998), 128쪽.
83) U. Bälz, Einheit und Vielheir im Konzern, *FS für Raiser*, 1974, s. 287, 308; E. Geßler, Leitungsmacht und Verantwortlichkeit im faktischen Konzern, *FS für Westermann*, 1974, S.145, 160f.; B. Kropff, *Münchener Kommentar*, §311 Rn. 218ff.

는 회사가 행한 급부에 대하여 회사가 본래 수령해야 할 상당한 반대급부와 회사가 현실로 수령한 반대급부의 차액을 보충하기 위한, 일종의 추가적 반대급부로서 손해와 구별된다고 할 수 있다.[85]

② 불이익전보의 전제 요건

불이익전보의 전제 요건으로는 첫째, 지배기업의 영향력 행사를 종속회사에 불이익한 법률행위 또는 조치의 작위 또는 부작위를 유발하여야 하며, 둘째, 불이익이 발생하여야 하고, 셋째, 불이익이 확정되어야 한다. 구체적으로 살펴보면 다음과 같다.

먼저, 지배기업의 영향력 행사를 종속회사에 불이익한 법률행위 또는 조치의 작위 또는 부작위를 유발하여야 한다. 여기에서 '법률행위 또는 조치'와 관련하여 법률행위가 조치의 한 형태인지, 이와 더불어 법률행위의 부작위도 영향력 행사의 대상이 되는지가 문제 된다. 주식법에는 이러한 법률행위와 조치를 구분하고 있다. 하지만 그 구별과 관련한 구체적인 언급은 하고 있지 않다. 따라서 이에 관한 구별은 주식법 제311조의 보호 목적에 따라 파악하여야 할 것으로 보인다.[86] 그에 의하면, 주식법 제311조와 제317조에서의 법률행위와 조치의 구분은 중요하지 않으며, 종속회사의 재산 상황이나 이익 상황에 영향을 미칠 수 있는 모든 행위의 업무 수행이 법률행위나 조치에 해당한다고 하여야 할 것이다. 이렇게 해석한다면, 법률행위의 부작위도 지배기업의 영향력 행사 대상에 포함될 수 있다고 본다.[87] 또한 위의 요건에서 '유발'이라 함은 지배기업이 자신의 영향에 근거하여 종속회사의 행위를 결정하려 시도하는 것을 전제로 한다고 할 수 있으며, 이러한 개념은 원칙적으로 주식법 제308조의 계약콘체른에서의 지배기업의 지시 개념과도 일치한다고 할 수 있다.[88] 다만, 사실상의 콘체른의 경우(주식법 제311조)에는 계약콘체른의 경우(주식법 제308조)와 비교하여 지배기업의 어떠한 지시권과 종속회사의 복종의무도 인정되지 않는다는 점에서 차이가 있다.[89] 이러한 유발을 인정하기 위해서는 지배기업의 영향력 행사와 종속회사의 의사결정 간의 인과관계가 요구되며, 유발의 대상으로는 원칙

---

84) 신현윤, 앞의 책, 160쪽; 정대근, 「독일주식법상 사실상콘체른에 있어서 불이익전보」, 『법학연구』(부산대학교 법학연구소, 2002.12.), 74~75쪽.

85) 신현윤, 위의 책, 160쪽.

86) B. Kropff, *Münchener Kommentar*, §311 Rn. 136; Hüffer, a.a.O., §311 Rn. 24.

87) Emmerich/Sonnerschein/Habersack, *Konzernrecht*, 7 Aufl., 2001, S.404.

88) Emmerich/Sonnerschein/Habersack, a.a.O., S.401.

89) 정대근, 앞의 글, 75쪽.

상 종속회사이지만 반드시 종속회사의 이사회에 대하여 행하여질 필요는 없다. 기타 유발에 대한 입증책임은 원칙상 종속회사에서 지나 종속회사와 지배회사 간의 세력관계를 감안할 때 통상 종속회사의 채권자나 국외 주주가 입증하게 된다고 하겠다.[90]

둘째, 불이익이 발생하여야 한다. '불이익'의 개념에 대해서는 명확하게 규정한 것은 없다. 하지만 종속관계에 기인하여 종속회사의 이사회가 통상의 독립된 회사의 양심적인 업무에 대한 지휘자로서의 주의의무를 위반함으로써 종속회사의 재산상황이나 이익상황의 감소 내지 구체적인 위험이 발생한 것을 불이익이라고 한다.[91]

만약 이러한 불이익을 산정할 수 없는 경우에는 주식법 제311조 제2항에 따른 보상의 규정도 적용할 수 없다고 할 것이다. 이러한 경우에는 법률행위나 조치의 유발에 대한 법률효과가 회사의 만일의 손해가 수치로 나타내어질 수 있는지에 의하여 결정되므로, 그러한 범위 내에서 지배기업은 주식법 제317조에 의하여, 종속회사의 이사회는 제93조 제2항에 따른 손해배상책임을 부담하게 된다고 하겠다. 나아가, 이러한 불이익 전보의 대상의 되는가는 행위 시점의 상황을 기초로 사전적으로 판단되어야 한다.[92] 따라서 상당한 주의를 다하였음에도 불구하고 법률행위나 조치의 착수시점에서 예견할 수 없었던 사후적인 사정에 의하여 생긴 불이익한 위험이라면, 그러한 위험에 대해서는 종속회사가 부담한다고 할 수 없다.[93]

셋째, 불이익이 확정되어야 한다. 하지만 법률행위나 조치의 불이익을 확정하기 위해서는 그에 대한 성격을 조사하여야 하는데, 그에 대한 조사가 그렇게 쉬운 일은 아니다. 어쨌든, 원칙상 이러한 판단을 위해서는 세법상의 기준이 이용된다. 즉 법률행위의 불이익한 성격은 비교 가능한 기준에 의해 판단되어야 하며, 급부와 반대급부 사이에 객관적인 불균형이 존재하는 경우에는 불이익한 성격이 있는 것으로 판단된다.[94]

---

90) 정대근, 위의 글, 76쪽.
91) 정대근, 위의 글, 78쪽.
92) 신현윤, 앞의 책, 160쪽.
93) 신현윤, 위의 책, 168쪽.
94) 보다 세부적인 내용에 대해서는 다음을 참조(정대근, 앞의 글, 79~81쪽).

(3) 불이익 전보의 방식과 내용

불이익의 전보는 법률행위 또는 조치의 유발로 인하여 발생한 종속회사의 재산 및 수익 상태에 대한 불이익한 효과에 대해 동등한 가치를 갖는 이익을 부여함으로써 이루어진다. 즉 이러한 이익에 대하여 법적인 규정은 존재하지 않지만, 통상 대차대조표상의 불이익을 상쇄시키기에 적합한 모든 금전적 가치를 갖는 이익을 의미한다고 할 수 있다.[95]

불이익전보의 방식으로는 지배기업이 불이익에 대한 현실적 전보 방법(주식법 제311조 제1항)과 개별적인 불이익의 전보가 영업연도 내에 현실적으로 이루어지는 것을 대신하여 종속기업에 불이익이 가해졌던 영업연도 말에 어떠한 이익에 의하여 그 불이익을 전보할 것인지에 대하여 계약으로 확정하는 방법(주식법 제311조 제2항)이 있다. 후자의 경우 종속회사의 청구권의 만기는 연기될 수 있다. 다만, 전보청구권의 행사는 지배기업에 의하여 유발된 조치의 불이익한 효과를 상쇄시켜야 하므로, 이익의 평가 시에 만기가 연기된 경우에는 당연히 이를 고려하여야 한다.[96]

만약 지배기업이 자신의 영향력 행사로 인해 종속회사가 입은 불이익을 전보하지 않았다면, 이 경우 지배기업은 주식법 제317조(지배기업과 그의 법정대리인의 연대책임, Verantwortlichkeit des herrschenden Unternehmens und seiner gesetzlichen Vertreter)에 따라 손해배상의무를 지고, 종속회사는 주식법 제93조(임원의 주의의무와 연대책임, Sorgfaltspflicht und Verantwortlichkeit der Vorstandsmitglieder)에 근거한 청구권을 행사할 수 있는 권리를 갖게 된다고 하겠다. 나아가, 종속회사가 주식법 제317조에 근거하여 종속회사가 손해배상청구가 이행되지 않는 경우에는 주식법 제256조 제5항 제1문 제2호[97]에 따라 연도결산서가 무효로 될 수 있다.[98]

2) 사실상의 콘체른의 종류

현재 논의되고 있는 견해에 의하면, 사실상 콘체른을 '단순한 사실상 콘체른(ein einfacher faktische Konzern)'과 '변태적 사실상 콘체른(ein qualifizierter faktische

---

95) Emmerich/Habersack, *Kommentar zum Aktien – und GmbH – Konsernrecht*, §311 Rn. 62ff.

96) Emmerich/Habersack, a.a.O., S.416.

97) 제2호란 "Posten unterbewertet sind und dadurch die Vermögens – und Ertragslage der Gesellschaft vorsätzlich unrichtig wiedergegeben oder verschleiert wird"를 말한다.

98) 정대근, 앞의 글, 82~83쪽.

Konzern)'으로 구별한다. 전자는 경영판단의 결정의 규율을 위해서만 그 지배력이 제한되어 있는 경우라 할 수 있고, 후자는 개별 기업들이 매우 강력하게 콘체른 내에서 결합되어 있으며 통일적인 지배가 점차 단일기업의 형태를 보이는 경우라고 할 수 있다. 그러나 실무상 알려진 콘체른 구조의 다양성[99]과 적용된 개념의 상대적인 불확실성 때문에 그 한계를 설정하기는 매우 어렵다. 따라서 그 한계 설정에 관하여 매우 많은 논란이 있다.[100]

특히, 변태적 사실상 콘체른에 대해서는 지배기업이 지휘권에 의하여, 때에 따라, 종속기업에 손해를 발생케 한다 하더라도 종속기업을 지속적·포괄적으로 지휘하는 경우에 발생할 수 있다고 한다(통설).[101] 이러한 변태적인 콘체른(der qualifizierte Konzern)의 특징을 파악하는 것과 관련하여, 독일 연방대법원은 주식법상의 계약콘체른의 상황을 비교하면서 그 해결점을 찾으려고 노력하고 있다.[102]

실무적인 관점에서 살펴본 한 견해에 의하면, 콘체른의 개별적인 기업들이 영업의 한 분야처럼 업무가 수행될 때에 변태적 콘체른이 존재한다고 하는데,[103] 이러한 견해는 몇몇 학자들이 계약콘체른 내에서 비교가능성을 검토하기 위하여 도입되었다고 한다.[104] 그 외에 경영·경제적인 조직에의 유추적용이론이 제시되고 이와 관련하여 파생된 개념들에 의한 구분도 있다.[105] 결국 포괄적인 콘체른 지배를 통하여 독일 주식법 제311조 이하의 기업 재산보호의 체계가 유명무실하게 된다면, 그 부분이 변태적 콘체른에 해당하는 부분이라고 개념을 지웠다.[106] 이처럼 변태적 콘체른에 대한 다양한 특성들이 중첩

99) Windbichler, a.a.O., S.18.

100) Strohn, *Die Verfassung der Aktiengesellschaft im faktischen Konzern*, S.98ff; K. Schmidt, *GmbHR* 1979, S.130; Lutter, *ZGR* 1982, S.263ff; Lutter·Timm, *ZGR* 1983, S.280ff; Zollner, in Baumbach· Hueck, *GmbHG Konzern* Rn 29ff.

101) Vgl. etwa Säcker, *ZHR* 151(1987), 56, 63; Ulmer, *ZHR* 148(1984), 391, 422; ders, *NJW* 1986, 1579, 1584; Konzern, RdA 1984, 65, 70; Hommelhoff, oben Anm.(26), SS.123ff., 146; Kort, *Der Abschluß von Beherrschungs und Gewinnabführungsvertragen im GmbH－Recht*, 1986, SS.28ff.

102) BGH *WM* 1979, S.937ff "Gervais"; *BGHZ* 95. 330 "Autokran"; *BGHZ* 107. 7 "Tiefbau"; *BGHZ* 115. 187 "Video"; *BGH ZIP* 1993. S.589 "TBB".

103) Zoller in Baumbach·Hueck, *GmbHG* Anh §1 Rn 30; Emmerich, *AG* 1987, S.5; Lutter, *ZGR*, 1982 S.264; Konzen, *RdA*, 1984, S.70; Assmann, *JZ*, 1986, S.884; Emmerich · Sonnenschein, *Konzernrecht*, S.344.

104) K. Schmidt, *Gesellschaftsrecht*, S.806; Konzen, a.a.O., S.70; Assmann, a.a.O., S.884; Ulmer, *GmbHR*, 1990, S.433; Hommelhoff, *DB*, 1992, S.309.

105) Decher, Personelle *Verflechtungen*, S.44ff; Geitzhaus, *GmbHR*, 1989, S.457ff; Scheffler, DB, 1985, S.2007.

106) Hommelhoff, *Konzernleitungspflicht*, S.134ff.

되어 적용되고, 다소간 그 특성들의 커다란 간접 증거적 효과에 중점을 두면서, 가능한 한 법적인 효과에 따른 관점에 근거한 주식법적 변태 콘체른의 규정에 대한 고찰을 그 출발점으로 하는 마지막의 견해가 가장 유력하게 인정받고 있다고 할 수 있다.[107]

또한 변태적인 사실상 콘체른(qualifizierter faktishcer Konzern)에서도 계약콘체른의 경우와 비슷한 상황이 발생하는 경우도 있다. 즉 독일 주식법 제311조 이하의 재산보호 규정이 적용되지 않을 경우에는 독일 주식법 제302조(불이익의 인수, Verlustübernahme)와 제303조(신뢰보호, Gläubigerschutz),[108] 제305조(배상, Abfindung)와 제304조(적절보상, Angemessener Ausgleich)가 유추적용될 가능성이 있었기 때문이다.[109]

이러한 조치는 지배기업이 콘체른화로 인하여 나타나는 불이익한 규정에 규제받지 않으면서도 계약콘체른에서와 같이 동일한 지배·종속의 상황이 나타나도록 다른 주주와 채권자 보호규정을 유추적용함을 방지하게 하고자 함이었다. 이렇게 함으로써 법의 의의와 목적과도 부합된다고 하였다.[110]

나아가, 연방최고법원도 1993년 3월 19일자 판결에 따라, 동 규정의 유추적용에 있어서 포괄적인 지배라는 객관적인 상황만을 전제로 하는지(상황책임; Zustandshaftung) 혹은 추가로 질서에 적합한 업무수행의 원칙에 위배되는 주관적인 특징을 필요로 하는지(행위책임: Verhaltenshaftung)에 관한 논쟁에 대하여 변태적인 사실상 콘체른의 경우에도 행위책임의 원칙이 적용되어야 한다고 판시하였다.[111]

---

107) Deilmann, a.a.O. S.59; Lutter, *AG*, 1990, S.180.

108) K. Schmidt, *Gesellschaftsrecht*, S.806f; Flume, *Juristische Person*, S.127f; Decher, *DB*, 1990, S.2007.

109) Krieger, *in Hoffmann − Becking*, Müchener Handbuch Bd 4. §69 Rn 22; Timm, *NJW*, 1987, S.983f; Deilmann, a.a.O., S.131ff.; Sacker, *ZHR*, 151(1987), S.64; Ebenroth, *AG*, 1990, S.193; Decher, *DB*, 1990, S.2007.

110) Timm, *NJW*, 1987, S.980f; Deilmann, *Die Entstehung des qualifizierten faktischen Konzerns*, S.128f; 이에 대하여 유추적용을 위하여 필요한 법 자체가 흠결되었다고 주장하는 견해가 있다[Kolner Komm·Koppensteinern §311 Rn 24. ders. in Ulmer(Hrsg), *Probleme des Konzernrechts*, S.87ff].

111) Lutter, *JZ*, 1992, S.580ff.

3) 자본참가에 의한 사실상의 콘체른

(1) 서설

자본참가는 콘체른 관계에 있어서 중요한 요소라고 할 수 있다. 자본참가에 의하여 부여되는 의결권을 가지고 자본참가 회사 내지 다수파 주주는 피참가회사를 자본다수결에 의하여 지배하고, 이것을 콘체른이 통일적 지휘에 따르도록 하는 것이다. 따라서 이하에서는 지배계약이 존재하지 않는 사실상 콘체른의 가장 일반적인 형태인 자본참가에 의한 콘체른을 살펴보기로 한다.

(2) 자본참가의 종류

자본참가에 의한 콘체른은 일방적 자본참가에 의하는 것과 상호적 자본참가에 의하는 것으로 구분할 수 있다.[112)]

일방적 자본참가(einseitige Beteilgung, participation simple unique)는 수 개의 회사 중에서 하나의 회사만이 다른 회사에 참가하는 것으로, 예를 들면, A회사가 B회사 내지 B·C·D의 3개 회사의 과반수의 주식을 소유하는 경우로, 수직적 콘체른을 형성한다. 상호적 자본참가(wechselseitige Beteilgung, participation reciproque)는 2개의 회사가 상호 간에 달리 참가하는 것으로, 예를 들면, A회사 및 B회사가 서로 상호 간에 과반수의 주식을 가지고, 지배를 교환하는 경우로, 수평적 콘체른을 형성한다.[113)]

나아가, 환상적(環狀的) 자본참가(participation en circuit)라고 하는 것도 있다. 이것은 회사가 다른 회사에 대하여 순차로 일방적 자본참가를 형성하고, 그것이 최초의 회사에 귀착하는 것을 말한다. 예를 들면, A회사는 B회사에, B회사는 C회사에, C회사는 D회사에, 그리고 D회사는 A회사에 과반수 참가를 하는 경우로 이것도 수평적 콘체른을 형성한다고 할 수 있다.

---

112) Escarra, *courts de droit commercial, nouvelle ed.*, 1952, pp.588~589; 靑木英夫, 앞의 책, 10頁 주 47 재인용.
113) 수평적 콘체른과 수직적 콘체른에 대해서는 4. 기타의 콘체른의 형태에서 살펴본다.

(3) 1인 회사

자본참가의 극단적 경우로서 지배기업이 피지배기업의 모든 주식을 보유하는 것을 말한다. 여기에서 피지배기업을 1인 회사(one man company, Einmangesellschaft)라고 한다. 우리나라의 상법도 2001년 상법의 개정을 통하여 명백히 1인 회사(주식회사와 유한회사의 경우)의 성립과 존속을 인정하고 있다. 1인 회사의 경우 콘체른 외 주주는 존재하지 않고 또한 독립된 법인격을 가진 회사인 이상 그 권리·의무는 지배기업과 독립된 별개의 것이라고 할 수 있지만, 1인 회사의 채권자 보호라는 면에서 특수한 콘체른 법적 문제가 제기된다.[114]

(4) 지주회사

회사가 다른 회사를 지배하기 위하여 다른 회사의 주식의 취득 내지 주식을 소유하는 경우가 있는데, 이것을 목적으로 하거나 또는 주된 목적으로 하는 회사를 지주회사(holding company, Holdingsgesellschaft)라고 한다.

독일의 경우 19세기에 개별 기업들이 공동의 이익을 추구하기 위하여 단일 기업집단 체제에 귀속시킨 조직 형태인 콘체른을 형성하였는데, 지주회사는 이러한 콘체른을 유지하기 위한 수단으로 도입되었고, 제1차·제2차 세계대전을 거치면서 점차적으로 증가하였다. 그 결과 제2차 세계대전 이후 독일은 금융자본의 카르텔 및 콘체른이 성행하여 독과점 폐해가 급증하였다. 따라서 독일은 이에 대한 규제가 필요하게 되었고, 이를 위하여 1957년에 경쟁제한금지법(GWB)[115]을 제정하여 경쟁제한적 기업결합을 금지시켰다. 다만, 이때에도 지주회사에 대해서는 규제를 위한 별도의 규정을 두지는 않았다.

통상 독일의 대기업들은 순수지주회사 체제를 선호하고 있는바, 그러한 예로 Tyssen AG, Siemanschuckerwerke AG, Daimler 등 세계적 기업들을 들 수 있다. 반면 사업지주회사의 경우는 핵심 주력회사가 자회사 지분을 직접 보유하고 핵심 주력회사와 사업관련성이 적은 다양한 사업 분야의 자회사를 보유하는 형태를 취하고 있다. 또한 독일에서는 지주회사의 자회사 지분율이 50% 이상일 경우에는 단일의 경제적 실체로 간주하여

---

114) 靑木英夫, 앞의 책, 11頁.

115) 동법은 Gesetz gegen Wettbewerbsbeschränkungen을 말하며, 그 구체적인 내용은 다음을 참조 (http://www.gesetze-im-internet.de/bundesrecht/gwb/gesamt.pdf).

연결납세제도의 혜택을 부여하고 있다.[116]

(5) 의결권 구속계약

자본참가에 의한 콘체른과 관련된 중요한 것으로, 타인 소유의 주식의 의결권을 이용하여 형성하는 콘체른이 있다. 주식회사의 주주총회의 결의에 필요한 정도의 주식을 소유하고 있지 않은 주주는 다른 주주와의 협력에 의하여 회사를 지배할 수가 있다. 이 협력을 통하여 주주총회의 결의에 필요한 주식의 의결권을 확보함으로써 안정되게 회사를 지배할 수 있다. 즉 주주 간에 사전에 의결권의 행사에 관한 계약을 체결하여 회사의 지배를 할 수 있는 것이다.

이러한 지배의 안정을 계기로 회사의 콘체른에 편입하는 것이 가능하며, 이와 관련된 계약으로 의결권 구속계약(Abstimmungsvertrag)이 있다.[117] 의결권 구속계약을 무효라고 하는 견해도 없지는 않지만, 주주의 사적 이익추구를 위하여 부여된 의결권의 행사에 대하여 주주 상호 간에 계약을 체결하는 것을 부정할 이유는 없다고 본다. 그러므로 의결권구속계약은 원칙적으로 유효하다고 하여야 할 것이며, 다만 개별적·구체적인 경우 예외적으로 무효가 되는 수는 있을 수 있을 것이다.[118]

4) 자본참가 콘체른과 콘체른의 주주

자본참가 콘체른은 콘체른 형성 그 자체를 직접적인 목적으로 하는 계약은 존재하지 않지만, 계약콘체른에 대하여 사실상의 콘체른으로서의 실체가 인정되는 것이 있다. 이러한 사실상의 콘체른의 지휘는 콘체른 회사를 지배하는 데 필요한 의결권을 수단으로 하여 행사하게 된다. 이 경우 콘체른 지휘를 목적으로 하는 계약적 기초는 존재하지 않는다. 따라서 콘체른 지휘의 대가로서 특별히 콘체른 외의 주주를 보호하기 위한 법적인

---

116) 고동수, 『기업구조조정 촉진을 위한 지주회사 관련제도의 개선 방향』(KIET산업연구원 연구보고서, 2008.12.), 36~37쪽.

117) 이에 대해서는 靑木英夫, 「議決權(拘束)契約」, 『獨協法學(1號)』, 41頁 이하 참조.

118) 예를 들면, 의결권 구속계약에 의하여 의결권 행사의 방향의 결정권을 보유하고 있는 자는 자기 주식·상호 보유주식의 의결권의 휴지의 규정(상법 제369조 제2·3항)의 적용을 받는 경우 내지 이것과 동일시할 수 있는 경우(이사회의 지시에 따라 의결권을 행사하는 등), 의결권 구속계약에 따른 특정의 자에게 의결권의 대리행사가 수권된 것이 상법 제368조 제3항의 규정에 위반되는 경우, 의결권 구속계약이 계약당사자 일방 의사의 자유 내지 경제적 자유를 현저히 침해하는 경우 등을 들 수 있다.

구제책은 존재하지 않는 것이다.

기존의 회사법 규정에 의하면, 콘체른 외 주주의 보호는 주주평등의 원칙, 다수파 주주의 의결권남용을 이유로 하는 주주총회 결의의 하자에 대한 주장,[119] 이사의 의무 등 회사법상의 일반적인 구제방법을 들 수 있다. 그러나 이러한 보호책은 극단적으로 말하면, 비콘체른적 회사에서의 구제방법이고 콘체른 외 주주의 보호를 위한 것은 아니다. 따라서 사실상의 콘체른의 경우 법적으로 보호받을 수 있는 방법은 없다고 한다.

그러나 사실상 자본참가가 법적으로 허용되고 있고 허용된 자본참가의 결과로 발생하는 회사의 지배권 자체도 위법한 것은 아니다. 이처럼 사실상의 콘체른을 인정하는 경우에는 콘체른 외의 주주의 이익보호를 위한 제도적 장치를 마련하여야 하는 것이다.

4. 기타의 콘체른의 형태

계약콘체른과 사실상의 콘체른 외에도, 기업결합의 밀도와 관련하여 구분할 수도 있다. 즉 주식법은 콘체른을 수직적 콘체른(제18조 제1항)[120]과 수평적 콘체른(제18조 제2항)[121]으로 구분하기도 한다. 대체로 수직적 콘체른이 수평적 콘체른보다 많으며, 전자는

---

119) 주주총회에서의 의결권의 남용을 이유로 한 결의의 하자를 주장하는 소에 관해서는, 결의취소설과 결의 무효 확인설이 대립하고 있다. 콘체른 관계에 있는 의결권의 남용은 콘체른 이익의 부당한 추구라는 점에서 의결권 남용이라고 할 수도 있지만, 통상 주주평등의 원칙을 근거로 한 결의무효 확인의 소의 방법이 이용된다. 반면에, 결의의 내용이 명백한 경우에는 콘체른 이익을 우선하고 그 결과 무효가 발생되는 결의를 콘체른 지휘자가 성립시킨다고는 생각지 않는다. 콘체른 지휘자(콘체른 회사의 다수파 주주)는 그 의사에 따라 이사를 선임하고 이사회를 지배하며 콘체른 이익의 추구를 고려할 뿐이다. 이사 선임결의에 대해서는 무효나 취소(또는 해임)의 소가 제기될 수 있으므로(상법 제407조 제1항), 선임결의에서 의결권 남용은 통상 의결권행사 방법의 남용의 문제로 귀착되어 결의취소의 소에 의하여야 할 것이다. 그 예로 다수파 주주가 부당하게 다수의 대리인을 총회에 출석시켜 소수파 주주의 자유로운 의결권행사에 사실상 영향을 미치게 되는 경우를 들 수 있다.

120) Sind ein herrschendes und ein oder mehrere abhängige Unternehmen unter der einheitlichen Leitung des herrschenden Unternehmens zusammengefaßt, so bilden sie einen Konzern; die einzelnen Unternehmen sind Konzernunternehmen. Unternehmen, zwischen denen ein Beherrschungsvertrag(§ 291) besteht oder von denen das eine in das andere eingegliedert ist(§ 319), sind als unter einheitlicher Leitung zusammengefaßt anzusehen. Von einem abhängigen Unternehmen wird vermutet, daß es mit dem herrschenden Unternehmen einen Konzern bildet(AktG § 18(Konzern und Konzernunternehmen)(1); vom 6.9.1965/nach dem Stand des Gesetzes vom 27.11.2003).

121) Sind rechtlich selbständige Unternehmen, ohne daß das eine Unternehmen von dem anderen abhängig ist, unter einheitlicher Leitung zusammengefaßt, so bilden sie auch einen Konzern; die einzelnen Unternehmen sind Konzernunternehmen[AktG § 18(Konzern und Konzernunternehmen)(2); vom

각각의 콘체른 구성회사가 콘체른 상위회사에 종속되는 것을 특징으로 한다. 여기서 그 종속관계가 직접적인가 간접적인가, 콘체른이 어떻게 조직되어 있는가 하는 것은 문제가 되지 않는다.[122]

수평적 콘체른은 어떠한 참가기업도 다른 기업에 종속되지 않는다는 점에서 수직적 콘체른과 다르다. 따라서 수평적 콘체른에서는 참가기업 중의 하나가 다른 참가기업을 지배함으로써 통일적 지휘가 이루어지는 것이 아니라, 이와는 다른 방법에 의하여 통일적 지휘가 이루어진다. 먼저, 기업 간의 인적결합을 생각할 수 있고, 그 밖에 영업정책에 관한 계약상의 협정의 체결이나 공동기관, 예컨대 공동고문 또는 공동위원회의 설치에 의해서도 통일적 지휘가 이루어질 수 있다. 이처럼 수평적 콘체른의 형태는 매우 다양하다. 계약에 의하여 각 기업이 영업정책을 같이 추구할 의무를 지는 이익관계공동체(Interessengemeinschaft)도 이에 속한다. 주식법 제292조 제1항 제1호의 이익공동체(Gewinngemeinschaft)는 이해관계공동체의 특수한 경우라고 할 수 있다.[123] 또한 수평적 콘체른의 경우 카르텔과 밀접한 관련이 있는 공통의 요소가 있기 때문에 이러한 기업결합은 독과점을 형성할 수 있는데, 이러한 경우 독일 독과점경쟁방지법(GWB) 제1조도 원칙적으로 적용될 수 있다.[124]

수직적 콘체른은 종속을 통한 상위기업과 하위기업 간의 관계를 규정하고 있는 주식법 제18조 제1항을 들 수 있다.[125] 즉 종속기업의 정책이 지배기업의 지시에 따라 지배기업

6.9.1965/nach dem Stand des Gesetzes vom 27.11.2003].

122) 수직적 콘체른과 수평적 콘체른의 구별은 지배·종속기업이 서로 통일된 지배 아래 있으며 법적으로는 독립하지만 실질적·경제적으로 지배·종속관계에 있는 기업 및 지배·종속관계에 있지 않는 기업군과 관련하여 주로 문제 된다(Geßler in Geßler·Hefermehl, *AktG* §18 Rn 67ff; Mestmäcker in Immenga·Mestmäcker, *GWB* §23 Rn. 62).

123) 유진희, 「결합기업의 개념과 통지의무」, 『기업구조의 재편과 상사법; 晦明 박길준 교수 화갑기념논문집』(1998), 323쪽.

124) Vereinbarungen zwischen miteinander im Wettbewerb stehenden Unternehmen, Beschlüsse von Unternehmensvereinigungen und aufeinander abgestimmte Verhaltensweisen, die eine Verhinderung, Einschränkung oder Verfälschung des Wettbewerbs bezwecken oder bewirken, sind verboten(GWB §1); 이에 대해서는 논란이 있다[Windbichler, *Arbeitsrecht im Konzern*, S.15. v Bar. BB 1980, S.1189; Immenga in Immenga·Mestmäcker, *GWB* §1 Rn 30. Mestmäcker. *AcP* 168(1968), S.258ff; 반대 견해 GK – GWB/ Müller – Henneberg §1 Rn. 16; 권영애, 앞의 글 논문, 778쪽 주 80 재인용].

125) Sind ein herrschendes und ein oder mehrere abhängige Unternehmen unter der einheitlichen Leitung des herrschenden Unternehmens zusammengefaßt, so bilden sie einen Konzern; die einzelnen Unternehmen sind Konzernunternehmen. Unternehmen, zwischen denen ein Beherrschungsvertrag(§ 291) besteht oder von denen das eine in das andere eingegliedert ist(§ 319), sind als unter einheitlicher Leitung zusammengefaßt anzusehen. Von einem abhängigen Unternehmen wird vermutet, daß es mit dem herrschenden Unternehmen einen Konzern

의 정책과 동일하게 수행된다는 것은, 종속회사의 의사 결정 내지 집행이 자유로운 내부의 의사결정이라고 하기보다는 지배기업의 지시에 따른 외부적 의사결정에 의한 것으로, 지배기업과 종속기업은 콘체른 내지 콘체른 기업을 형성한다. 특히, 지배계약이 성립하거나 지배기업에 편입되어 지배기업의 지시권의 행사에 따르는 경우 종속기업은 지배기업과 콘체른을 형성하는 것으로 추정된다. 이는 1965년 독일 주식법 내에서 최초로 포괄적인 규정으로 수용되었으며, 이와 관련하여 생성된 이익분쟁이 콘체른 회사법의 형성 동기가 되었다고 한다.126)

---

bildet[AktG § 18(Konzern und Konzernunternehmen)(1); vom 6.9.1965/nach dem Stand des Gesetzes vom 27.11.2003].

126) Immenga, *RabelsZ* 48(1984), S.48, 49ff.

제4절 계약콘체른과 사실상의 콘체른 규제의 문제점

1. 서설

위 제3절에서 지배·종속기업과 관련한 계약콘체른과 사실상의 콘체른에 대하여 살펴 보았다. 즉 지배기업과 종속기업은 지배기업의 통일적 지배하에 있어야 하고, 이러한 지 배권은 또한 실질적으로 행사되어야 하며, 지배상태하에 있어서 기업의 업무집행이 행하 여졌는지에 의하여 파악되어야 한다. 이하에서는 독일에서 지적하고 있는 계약콘체른과 사실상의 콘체른의 문제점에 관하여 살펴보고자 한다.

2. 계약콘체른의 경우

1) 종속기업의 보호제도와 지배기업의 책임

계약콘체른이란 지배기업과 종속기업(AktG § 17 Abhängige und herrschende Unternehmen, AktG § 18 Konzern und Konzernunternehmen) 사이에 '지배계약(Be-herrschungsvertrag)'이 체결됨으로써 성립한다고 할 수 있다. 지배계약의 체결에는 지배 기업과 종속기업 모두 주주총회에 의한 동의를 얻어야 한다. 즉 종속기업은 주주총회에 있어서 대자본의 4분의 3 이상의 다수에 의한 동의가 있어야 하며(주식법 제293조 제1 항),[127] 주식회사 내지 주식합자회사인 경우는 지배기업도 주주총회의 동의가 요구된다

---

127) Ein Unternehmensvertrag wird nur mit Zustimmung der Hauptversammlung wirksam. Der Beschluß bedarf einer Mehrheit, die mindestens drei Viertel des bei der Beschlußfassung vertretenen Grundkapitals umfaßt(AktG § 293(Zustimmung der Hauptversammlung)(1); vom 6.9.1965/nach dem Stand des Gesetzes vom 27.11.2003).

고 한다(동조 제2항).[128] 또한 계약은 서면에 의할 것을 요구하고 있다(동조 제3항).[129] 다시 말하면, 지배계약은 서면에 의한 주주총회의 승인으로 성립되고(주식법 제293조), 등기를 함으로써 그 효력이 발생하게 된다(동법 제294조). 지배계약은 법인세법상 일종의 연결납세 신고제도의 일환인 '기관회사성(Organschaft)'[130]을 구비하기 위하여 여러 가지의 '이익공여계약(Gewinnabführungsvertrag)'[131]과 함께 체결되는 경우가 많다. 그렇지만 반대로 이익공여계약을 체결할 경우에 반드시 계약콘체른을 전제로 하여야 하는 것은 아니라고 한다.[132]

지배기업은 서면에 의하여 계약을 체결함으로써 종속기업의 이사회에 대하여 지시를 할 수 있는 권리가 부여되고, 종속기업 이사는 그 지시에 따라야 한다. 설령 그 지시가 불이익한 내용이라 하더라도 지배기업의 지시 내지 콘체른의 이익에 따라야 하며 이를 거절하지 못한다(동법 제308조 제1항). 하지만 이러한 계약콘체른은 종속기업의 소수주주 및 채권자에게 불리하게 되는 경우가 많아 독일 주식법은 이하의 경우처럼 종속기업의 소수주주 및 채권자의 보호규정을 정하고 있다.

(1) 종속기업 소수주주의 보호

지배기업은 종속기업의 소수주주에 대하여 상당한 보상을 해주어야 하는 의무를 부담한다(주식법 제304조).[133] 더욱이, 이것과는 별개로 상당한 대가를 지급하여 소수주주의 주식을 취득할 의무를 부담한다(동법 제305조).[134] 만약 소수주주를 보호하기 위한 보상

---

128) Ein Beherrschungs oder ein Gewinnabführungsvertrag wird, wenn der andere Vertragsteil eine Aktiengesellschaft oder Kommanditgesellschaft auf Aktien ist, nur wirksam, wenn auch die Hauptversammlung dieser Gesellschaft zustimmt(AktG § 293(2)).

129) Der Vertrag bedarf der schriftlichen Form(AktG § 293(2)).

130) 법률상 독립의 인격을 가지고 있으나, 지배계약·이익공여계약에 의하여 다른 회사의 기관회사로 되지만, 납세의무의 주체로 되지 않음으로써 지배·종속기업 간에 있어서 배당 이중과세를 면하게 되는 특전을 누리게 된다(佐藤誠, 앞의 글, 132頁 주 6).

131) 이익공여계약도 주식회사 내지 주식합자회사가 그 총이익을 다른 기업에 공여할 의무가 있는 계약이다. 주식회사 내지 주식합자회사가 그 기업을 다른 기업의 계산으로 행하는 것을 수용하는 계약도 이익공여계약이라고 할 수 있다(주식법 제291조 제1항). 공여되는 이익의 산정에 관한 계약의 자유는 그 최고한도를 정하여 제한되고, 자본의 유지가 보장된다(동법 제301조).

132) Prantl, a.a.O.(Fn. 1), S.12; Emmerich·Sonnenschein, *Konzernrecht*, 4. A., München, 1992, S.7.

133) 지배계약과 함께 이익공여계약이 존재하는 경우는 주식증권면에 응하여 정하여진 반복적 금전급부에 따라 상당한 보상을 요구하고, 이익공여계약이 없는 경우에는 보상지급을 위하여 정하여진 액에 따라서 매년 일정한 이익지분을 담보(배당보증)할 것을 요구한다. 또한 상당한 보상이 정하여지지 않는 지배계약은 무효이다(동조 제3항).

내지 반환의 상당성에 대하여 다툼이 있는 경우 콘체른 외 주주는 법원에 상당한 보상 내지 반환을 동법 제306조가 규정한 절차에 따라서 신청 할 수가 있다. 보상 내지 반환의 '상당성'은 회사의 종래 수익상황 및 장래 수익상황(동법 제304조 제2항) 내지 계약에 관하여 총회의 의결시점에 있어서 회사의 재산 및 수익상황(동법 제305조 제3항 제2문)이 고려되어야 한다.

또한 지배계약 내지 이익공여계약에 관한 총회의 의결시점에서 콘체른 외 주주가 존재하지 않는 경우는 상당한 보상을 정할 것이 필요하지 않지만(동법 제304조 제1항 제3문) 그 후 최소 1인의 콘체른 외 주주가 참가하는 것으로 되면 당해 영업연도 말에 그 계약은 종료된다(동법 제307조)고 규정하고 있다.[135]

이 외에도 종속기업의 소수주주를 보호하기 위하여 지배회사와 종속회사 간에 경업금지의무를 따라야 하는가도 논의의 대상이 되고 있다. 왜냐하면 독일법상 주식회사에 있어서 이사의 회사에 대한 경업금지의무(Wettbewerbsverbot)는 주식법상 명문의 규정을 두고 있지만,[136] 주주의 회사에 대한 경업금지의무에 대해서는 아무런 규정도 두고 있지 않기 때문이다.[137] 그렇지만 회사에 대한 지배적 영향력을 가지고 있는 주주가 회사와 경업관계에 있는 경우에는 종속회사 및 그 소수주주의 이익이 현저한 위험에 처할 수 있다는 점에 있어서, 법규제상의 문제가 있다고 지적되고 있다.[138]

이와 관련하여 독일에서는 아직까지 종속회사의 지배주주인 지배기업(지배회사)이 당해 회사에 대하여 경업금지의무를 부담하는가 그렇지 않는가에 대한 문제에 대해 많은 논란이 제기되고 있는 상태이다.[139] 나아가, 지배회사인 지배주주의 경업금지의무를 인정하는 입장에서도 당해 의무가 존재하는 것은 주주 상호 간 인적인 결합을 가지고 있는

---

134) 지배계약의 상대방 기업이 주식회사 내지 주식합자회사인가 아닌가, 독립의 기업인가 다른 회사에 종속되어 현금반환 내지 상대방회사의 주식의 부여가 이루어진다.

135) 지배계약의 내용, 상당한 보상의 결정에 참가하지 않는 외부주주를 보호하기 위함이다.

136) 현행 독일 주식법(Aktiengesetz) 제88조 제1항에 의하면 감사회의 승인이 되면, 이사가 상업(Handelsgewerbe)을 영위하는 것, 회사의 사업 분야에 있어서 자기 내지 타인의 계산에 따라 거래를 할 것 및 다른 상사회사에서 업무집행기관의 구성원이나 개인적인 책임을 부과하는 사원이 되는 것을, 금지하고 있다[田中亘, 「取締役の社外活動に關する規制の構造(9)」, 『法學協會雜誌(財団法人法學協會事務所, 第120卷 第11号)』(2003), 2238頁].

137) Burgard, Das Wettbewerbsverbot des herrschenden Aktionärs, Festschrift für Lutter, s. 1033, 1035(2000).

138) Burgard, a.a.O., Fn. 6, S.1041.

139) Koppensteiner in Kölner Kommentar zum Aktiengesetz, Vor §311Rn. 28(1987); Emmerich/Habersack, Aktien - und GmbH - Konzernrecht Kommentar, 2. Auflage, Vor §311 Rn. 7(2001); Kropff, Münchener Kommentar Aktiengesetz,Vor §311 Rn. 65(2000).

주식회사의 경우에 한정된다고 하는 방법과, 모든 주식회사에 있어서 당해 의무가 인정된다고 하는 방법으로 나누어져 있다.[140] 또한 지배주주의 경업금지의무가 회사에 대하여 인정할 것인가 부정할 것인가라는 관점보다도 오히려 기업그룹 내지 콘체른 본연의 자세라는 관점에서 경업 규제를 검토할 필요가 있다는 지적도 있다.[141] 다만, 이러한 논의는 결국 종속회사의 소수주주를 보호한다는 관점에서 논의되어야 할 것이며, 종속회사의 소수주주에게 불이익을 주는 경우에는 경업금지의무를 부담하도록 하여야 할 것이나, 불이익을 주지 않는 경우라면 경업을 금지할 필요는 없다고 하겠다.

☞ **종속회사 소수주주의 불이익의 구체적인 내용**

종속회사가 파산 내지 청산의 상황에 직면하여 장래적으로 기업활동을 계속하는 상황에 있는 경우, 그 종속회사와 지배회사 내지 당해 그룹 내의 다른 종속회사와의 경업활동을 한다는 점을 인정한다면, 이상의 점에서는 당해 종속회사 및 그 소수주주에 대하여 불이익을 가져올 수 있다는 점을 지적하고 있다. 구체적인 내용을 보면 다음과 같다.

우선 종속회사의 기밀정보를 다른 회사가 이용할 수 있다는 점을 들 수 있다. 즉 일반적으로 개별 회사는 경쟁에 살아남기 위해서 회사의 기밀정보, 예를 들면, 산업 기술 면이나 경영에 관한 것 혹은 장래 행할 예정인 거래에 관한 정보 등을 획득, 생산 내지 보유하고 있다. 그렇지만 지배회사는 종속회사가 보유하고 있는 그러한 유용한 정보에 쉽게 접근할 수 있는 입장에 있다. 따라서 지배회사가 종속회사와 경업을 하는 한편 그러한 정보를 자신을 위하여 이용하는 경우나, 동일한 그룹 내의 경업관계에 있는 다른 종속회사에서 지배회사가 그 정보를 이용하는 경우, 당해 종속회사는 그룹 내의 경쟁에 있어서 매우 어려운 상황에 처할 수 있는 위험이 존재하게 된다.[142]

그중에서도 종속회사가 새로운 사업 내지 거래에서 우위를 차지할 수 있을 것으로 예상되는 상황에 있어서는, 그 사업기회를 종속회사에 귀속시키거나 혹은 경업관계에 있는 지배회사 내지 다른 종속회사가 그것을 획득하는 것에 대하여 지배회사의 일방적인 의사에 따라서 좌우되기가 쉽다는 점이 문제로 지적되고 있다.[143] 이

---

140) Kropff, a.a.O., Fn. 8, Vor §311 Rn. 62.
141) Geiger, a.a.O., Fn. 3, S.116; Kropff, a.a.O., Fn. 8, Vor §311 Rn. 63.

때, 만약 종속회사가 그 사업기회를 놓치게 되면 그것은 당해 종속회사에서 큰 손실을 초래하고, 특히, 그 종속회사가 보유하고 있는 기밀정보가 지배회사 내지 다른 종속회사에 이용되는 경우에는 당해 종속회사의 소수주주에 대한 보호가 문제될 수 있다.[144]

둘째, 하나의 기업그룹 내에 있어서 그 복수의 구성 회사가 경업관계에 있는 경우, 지배회사와 종속회사 관계 혹은 경업하고 있는 종속회사 관계가 당해 사업에 대해서 이익상반의 관계에 있다는 점이 문제될 수 있다.[145] 즉 종속회사의 경영이 지배회사의 지휘 아래 행하여진 경우,[146] 종속회사는 반드시 자신에게 최선이 되는 경영이 의도적으로 행하여지지 않을 우려가 있다.[147] 이렇게 될 경우 당해 종속회사는 경쟁하는 사업에 있어서 경쟁상의 불이익을 입을 위험성에 노출될 수밖에 없을 것이다.

셋째, 지배회사가 경업관계에 있는 복수의 종속회사 중 한 회사와 거래를 하게 될 때, 만약 종속회사 간에 가격경쟁이 행하여지고 있는 경우라면, 지배회사는 거래조건의 결정 자체에 대하여 특정 종속회사에 지배적인 영향력을 행사하더라도 자기에게 유리한 조건에서 당해 거래를 할 수 있다는 점이 지적되고 있다.[148] 이러한 경우에 관련 종속회사가 지배회사의 한 사업 부문에 특화되거나 또는 지배회사 이외의 자와의 거래를 할 능력을 상실하게 되는 경우라면 당해 거래 상대방에게 선택되지 않은 종속회사는 존속의 위험에 놓이게 된다.[149] 또한 만일 지배회사와 거래를 체결한 종속회사라고 하더라도 거래조건 자체가 불리하게 되어 있다면 결국 관련 종속회사는 손실을 초래하지 않을 수 없게 된다.

요컨대, 기업그룹에 있어서 경업활동에 따라 발생하는 종속회사 및 그 소수주주에 대한 불이익 내지 그 위험성은 통상 독립한 기업 간의 경업관계에는 보이지 않는 것으로 생각된다.

---

142) Liebscher, Konzernbildungskontrolle, S.247(1995); Geiger, a.a.O., Fn. 3, S.65; Burgard, a.a.O., Fn. 6, S.1041.

143) Liebscher, a.a.O., Fn. 12, S.247f.

144) 이것은 후에 채택한, 이른바 '회사의 사업기회'에 관한 문제에서 다루어진다.

145) Geiger, a.a.O., Fn. 3, S.65.

146) 현행 독일 주식법에서는 지배회사가 그 영향을 행사한 종속회사에 대하여 불이익을 부여한 경우에, 그 불이익을 보상하는 의무를 지배회사에 부담시키고 있지만(동법 제311조), 지배회사가 종속회사에 대하여 지배적 영향력을 행사하는 것 자체가 위법인지에 대해서는 견해의 대립이 있다[Hüffer,

☞ 소수주주에게 이익이 되는 경업의 허용

1. 서설

어떤 기업그룹 내에서 경업활동을 할 때, 어떤 이로운 점이 존재한다면, 그것에 대한 배려 또한 필요하다. 우선, 기업활동 자체를 법이 가능한 한 넓게 인정하여 개별 기업의 합리적인 행동을 기대하는 것이 보다 좋은 방법이라고 생각되면, 관련한 문제에 직면하여 당해 경업활동을 인용하는 것 자체도 커다란 의미가 있다고 본다. 이하에서는 기업그룹 내에서 경업활동을 인정하는 경우 이점이 있는 경우를 검토하여 본다.

2. 기업그룹의 전략

먼저, 기업그룹이 지배회사에 있어서 통일적으로 지휘 내지 경영된다는 점을 전제로 하면, 어떤 업종에 있어서 경업관계에 있는 복수의 기업활동을 그 통일적 지휘에 따라서 규제를 받게 되므로 합리적인 행동을 하게 될 것이고, 그 결과 동 기업그룹의 효율성을 향상시키게 된다는 이점을 가져올 것이다.[150]

구체적으로 보면, 경업관계에 있는 그룹 구성회사 간에, 독립한 기업 간의 경쟁을 하는 것과 마찬가지로, 경쟁을 하도록 지배회사가 유도한다면,[151] 각 회사는 경영면이나 기술면 등에 관하여 경쟁력의 향상을 기대할 수 있을 것이다.[152] 그렇게 되면, 그 산업 자체의 시장에서 당해 기업 그룹이 경쟁상 우위에 서는 것으로 연결될 것이다. 따라서 그룹 전체의 이익이라는 점에서 볼 때, 자원이 효율적으로 잘 배분되는 것처럼 지배회사의 지시에 따라서, 그러한 경업회사 간에서 사업기회나 거래 관계의 배분이 행하여지고, 경우에 따라서는 경업회사에 대하여 통폐합을 하는 결과가 초래될 수도 있을 것이다.[153]

다른 한편으로, 복수의 종속회사가 경업관계에 있다고 하더라도 지배회사의 지휘하에서 그러한 종속회사 간에는 시장의 분리 내지 직접 운영하는 제품의 개별화도 발생할 것으로 보인다.[154] 이렇게 되면 종속회사는 자신에게 부여된 분야에 전념하여 성과를 거두게 될 것이고, 이는 결국 기업 그룹 전체로서의 시장에 있어서 지위가 강화되게 될 것이다.[155]

Aktienfesetz, 4 Auflage, §311 Rn. 6ff.(1999)].

147) Geiger, a.a.O., Fn. 3, S.65f; Burgard, a.a.O., Fn. 6, S.1041.

3. 경업기업의 매수

기업그룹 내에서 경업을 금지한다고 하는 것은 그룹 구성회사 중에서 어떤 회사와 경업관계에 있는 그룹 외의 회사를 그 그룹에 있어서 지배회사 등이 매수하는 행위의 금지도 포함된다.[156] 이를 역으로 살펴보면, 경업이 인정되는 경우라면 그러한 그룹 내의 외부에 있는 경업회사를 매수하는 행위에 의해서 어떤 이점이 취득된다는 것을 의미한다.

일반적으로 말하면, 기업매수는 피매수회사가 가진 자산을 새로운 매수자의 지배하에 두는 효과가 있다.[157] 이러한 점을 토대로 하여 그룹 구성회사에 대하여 경업활동을 행하는 그룹 외부의 회사를 매수하여 당해 그룹에 흡수되는 이점으로는 다음을 들 수 있다. 즉 ① 당해 경업분야에 있어서 기업그룹 전체로서 시장 점유율의 증가, ② 피매수회사가 가진 노하우나 특허, 상표의 획득, ③ 피매수회사의 개선(Sanierung) 등을 들 수 있다.[158]

우선 ①에 대해서는, 단순히 그 분야에서 활동하는 그룹 내의 회사의 수가 증가하는 것뿐만 아니라 종래 그 기업 그룹과 당해 분야에 있어서 경쟁관계에 있는 회사를 편입하는 효과도 있다. 또한 ②의 경우 경업회사가 가진 지적재산을 획득하여 이용할 수 있다는 것은 기업그룹 전체 내지 그 구성회사의 대외적인 경쟁력을 강화시키는 데 큰 의미가 있다는 점이다. 마지막으로 ③은 구체적으로 피매수회사가 매수측에서 보면 잠재적인 능력을 가지고 있는 경우 그 회사의 경영이나 조직에 개입하여 그 잠재능력을 끌어내는 것,[159] 또는 피매수회사와 경업관계에 있는 그룹 구성회사를 개선하기 위하여 피매수회사를 이용 내지 착취하게 되는 것이다.[160] 그런데 이것은 피매수회사에 있어서 이점이 아니고 매수를 한 기업그룹의 측면에서의 이점

---

148) Hommelhoff, Die Konzernleitungspflicht, S.7(1982).

149) Liebscher, a.a.O., Fn. 12, S.248; Geiger, a.a.O., Fn. 3, S.120.

150) Seydel, a.a.O., Fn. 21, S.175.

151) 이러한 한도 내에서는 그룹을 구성하는 종속회사에 어느 정도의 독립성을 인정하는 상황이 발생한다고 생각한다(Geiger, a.a.O., Fn 3, S.104).

152) vgl. Kropff, a.a.O., Fn. 8, Vor §311 Rn. 65.

153) Kropff, a.a.O., F. 8, Vor §311 Rn. 65.

154) 시장의 분리 내지 제품의 차별화가 이루어진다는 것은 이른바 직접적인 경업관계의 종료라고 할 수 있다(Kropff, a.a.O., Fn. 8, Vor §311 Rn. 66).

155) vgl. Seydel, a.a.O., Fn. 21, S.79.

이라는 점, 그리고 피매수회사를 우대하고 그 반면 매수하는 그룹 내에 있어서 피매수회사와 경업하는 종속회사를 차별한다는 두 가지 측면이 모두 포함되어 있다.

4. 기업그룹 내에서 경업의 귀결과 문제점

이상에서 볼 때, 기업그룹 내에서 경업활동이 행하여진 경우에는 최종적으로는 그러한 경업관계에 있는 그룹 구성회사 간, 말하자면, 직접적인 생존 경쟁은 해소될 수 있다는 합리적인 추론이 성립된다. 아마, 기업 그룹 전체가 지배회사의 통일적 지휘에 따라 경업하는 회사 간의 활동 영역을 분리하고 또한 경업관계를 형성하고 있는 회사 중에서 하나의 회사를 특별히 성장시키기 위하여 다른 회사를 희생하는 모습으로 가는 경우에는, 경업회사는 그룹 전체의 이익이 되도록 재편성 내지 조정될 수도 있다고 하겠다.[161]

다만, 그럴 경우에 그 희생이 되는 종속회사에서는 소수주주의 보호가 문제로 되고 또한 경업하는 회사 간에서 활동 영역이 분리되는 점에서 직접적으로는 경쟁관계가 해소된다고 하더라도 그러한 회사의 장래적인 성장이 방해된다는 문제가 남아 있다. 특히, 그룹 구성회사와 경업하는 그룹 외부 회사가 매수되는 경우에는 상술한 바에 의하면, 그 피매수회사가 매수된 그룹 내에 있어서 종속회사로 된 후에 불이익을 입을 가능성이 있다고 한다. 그래서 종전에 그룹 내에 있어서 종속회사 소수주주의 보호뿐만 아니라, 피매수회사인 종속회사의 소수주주보호도 문제가 된다는 점이 지적되고 있다.

---

156) Seydel, a.a.O., Fn. 21, S.171.

157) Mütter/Birke, Das Seydel, übernahmenrechtliche Behinderungsverbot, WM 2001, 705, 707.

158) vgl. Uwe H. Schneider/Burgard, Übernahmeangebote und Konzerngrundung, DB 2001, 963~964.

159) 매수측과 피매수측과의 경쟁관계에 있는 경우에도, 매수측이 그 사업에 대하여 독자적인 지식이나 방법 또는 거래관계를 가지고 있을 것이다. 따라서 그것을 활용함에 의하여 단순히 경영이 개선되는 것 이상으로 피매수회사의 기업가치가 높아지는 효과가 있을 수도 있다는 점에서 경업관계에 있다는 점이 중요한 의미를 가지고 있다고 생각한다.

160) Uwe H. Schneider/Burgard, a.a.O., Fn. 32, S.964.

161) vgl. Lutter?Tim, Konzernrechtlicher Präventivschutz im GmbH－Recht, NJW 1982, 409, 412f.

(2) 종속기업의 채권자 보호

종속기업은 일정 한도의 법정준비금(Gesetzliche Rücklage)을 적립할 의무가 있다(주식법 제300조). 반면, 지배기업은 계약의 존속기간 중에 종속기업에서 발생한 모든 기간 동안의 손실액을 보상하여야 한다(동법 제302조 제1항). 또한 계약종료의 경우에 있어서 채권자는 지배기업에 대하여 담보제공을 요구할 수 있는 권리가 인정된다(동법 제303조)고 규정하고 있다. 이 외에도 주식법 제301조에서 이익 인도의 최고액에 대하여 규정하고 있다. 이하 구체적으로 살펴본다.

① 법정준비금의 적립

일반적으로 적립해야 할 법정준비금에 대한 기준은 주식법 제150조에서 규정하고 있다.[162] 하지만 동법은 이익인도계약, 부분이익인도계약 및 지배계약이 체결된 경우에는 사실상 그 의미가 상실된다. 왜냐하면 동 계약에 의하여 종속회사의 이익이 지배기업으로 이전되어, 원칙적으로 종속회사의 연도잉여금이 감소되거나 소멸되어 법정준비금에 적립될 금액은 아주 적은 금액이 되거나 전혀 없는 상태에 이르기 때문이다.[163] 따라서 주식법 제300조 내지 제309조의 규정을 두어 우선적으로 종속회사가 지배계약이나 이익인도계약에 있어서 최소한 종속회사의 대차대조표상의 초기 재산을 보장하도록 하고 있으며, 이 중 주식법 제300조에는 법정준비금의 적립 의무를 규정하고 있다.[164]

즉 주식법 제300조 제1호에 의하면, 법정준비금으로 혹은 정관상의 준비금으로 적립되어야 할 금액에 대하여 최저한도로 두 가지의 경우를 규정하고 있다. 첫째는 주식법 제150조 제2항에 의한 금액으로서 전년도 이월손실금을 공제한 연도잉여금의 최소 5%이며, 둘째는 주식법 제300조 제1호에 규정된 것으로 계약개시시점의 준비금과 보다 높은 법정 또는 정관상의 준비금의 차이의 20%에 달하는 금액이다. 주식법 제150조 제2항에 있어서 준비금의 적립은 시간적 제한을 정하고 있지 않아, 주식법은 제300조 제1호에서 별도의 최저한도를 마련해 놓은 것이다. 이들 두 가지 최저한도 가운데 항상 높은

---

162) 동법은 대차대조표상 자산의 일부를 기본 자본의 10% 또는 정관에서 정한 그 이상의 비율에 달할 때까지 전년도 이월손실금을 공제한 연도잉여금 중 최소 5%를 적립하도록 하고 있다(주식법 제150조).

163) Emmerich/Habersack, *Konzernrecht*, 9 Aufl., S.300.

164) 주식법 제300조의 규정 가운데 실제적인 의미를 갖는 것은 지배계약과 독립해서 또는 함께 체결된 이익인도계약과 지배계약만 체결된 경우이고, 일부이익인도계약의 경우는 실제 중요하지 않기 때문에 무시될 수 있다고 한다(Emmerich/Habersack, Kommentar, Aktien – und GmbH – Konzernrecht, 6 Aufl., §300, Rn. 18f).

금액이 준비금으로 적립되어야 한다. 제300조 제1호는 이익인도계약이 존재하는 경우에 법정준비금으로 연간 적립할 수 있는 금액은 이익인도가 없었다면 존재했을 연도잉여금에서 전년도 이월손실액을 공제한 것으로부터 연도잉여금을 산정할 수 있다고 규정하여 연도잉여금 산정에 있어서 이익인도계약을 제거하고 있다. 이익인도계약의 체결 없이 지배계약만 체결된 경우, 소위 분리된 지배계약에서는 이익인도계약이 존재하는 경우의 원칙이 준용된다(주식법 제300조 제3호).[165]

② 이익인도액의 제한

이익인도계약(일부이익인도계약)에 따라 인도할 이익을 정하는 것은 원칙상 계약에 맡겨져 있음을 근거로 하여, 지배회사는 종속회사에 대하여 계약을 근거로 항상 과도한 이익인도를 요구할 것이고, 그에 따라 종속회사는 필연적으로 손실계상을 하지 않으면 안되게 되어 있다. 이렇게 될 경우 종속회사는 주식법 제300조가 보호하고자 하는 대차대조표상의 초기 재산이 위협을 받을 수밖에 없게 된다.[166]

그럼에도 불구하고 개별회사에서 금지되어 있는 은폐된 이익배당(주식법 제57조, 제58조, 제60조)에 대하여 지배계약이나 이익인도계약이 체결된 경우에는 이를 명문으로 허용하고 있다(주식법 제291조 제3항). 또한 판례와 다수설[167]에 따르면, 계약 전의 비밀준비금을 해소하여 지배기업으로 이전하는 것도 허용하고 있다.[168]

이에 주식법 제301조 제1문의 규정을 두어 지배회사의 과도한 이익인도 요구로부터 종속회사의 대차대조표상 초기 재산을 보호하고자 하였다. 즉 이익인도계약(일부이익인도계약)이 존재하는 경우, 지배회사는 이익인도금액에 대한 당사자가 합의한 계약이 존재함에도 불구하고 대차대조표 원칙을 근거로 산출된 연도잉여금을 한도로 인도 청구를 할 수 있도록 하였다. 다만, 이 연도잉여금에서 전년도 이월손실금과 주식법 제300조에 따른 법정준비금이 적립되어 있으면 이에 대해서는 이익인도를 청구할 수 있도록 하였다(주식법 제301조 제2문). 물론 이러한 예외가 인정된다고 하더라도 이익인도계약(일부이

---

165) 정대근, 「독일주식법상 기업결합에 따른 종속회사 채권자 보호」, 『법학연구(통권 제69호)』(부산대학교 법학연구소, 2011.8.), 279~280쪽.

166) 정대근, 위의 글, 280쪽.

167) BGHZ 135, 374(378f); BFHE 201, 225; OLG düsseldorf, AG 1990, S.490, 493 - DAB/Hanza; Hüffer, Aktiengesetz, Kommentar, 8 aufl., §301 Rn. 4; Krieger, Münchener Handbuch des Gesellschafts Band 4; Aktiengesetz, 3 aufl., §71 Rn. 22 Sonnenschein, Der Aktienrechtliche Vertragskonzern im Unternehmensrechts, ZGR 1981, 441f.

168) 정대근, 앞의 글, 281쪽.

익인도계약)의 존속 중 임의준비금의 적립에 대한 의욕을 현저하게 박탈하는 것은 아니며 또 자본 유지의 원칙에 반하는 것도 아니다.169)

③ 손실인수의무

독일법에서는 종속회사에 발생한 손실을 다른 콘체른 기업이 인수할 의무는 없다. 따라서 만약 종속회사에 발생한 손실을 인수하기 위해서는 특별한 법적 근거가 존재하여야 한다. 이에 독일에서는 주식법 제302조의 규정을 두어 이익인도계약과 지배계약이 존재하는 경우에 종속회사의 회사재산을 통하여 그 채권자와 국외주주를 보호할 목적으로 지배기업에 대하여 계약 존속 중 발생한 종속회사의 손실을 인수할 의무를 부여할 수 있도록 하였다.

동 규정에 대해서는 학설과 판례가 서로 다른 입장을 취하고 있다. 학설은 이러한 전보를 이익인도계약과 지배계약이 지배기업에 열어 놓은 광범위한 사원권으로 인정하는 데 반하여,170) 판례는 대체적으로 계약콘체른의 특징인 자본유지라는 법적 시스템의 실태를 중시한다(주식법 제291조 제3항).171)

이러한 지배기업의 손실인수의무는 지배기업이 자신에 의하여 손실이 야기된 것이 아니라는 사실을 입증을 하더라도 회피할 수 없다. 오히려 주식법 제302조와 관련되는 한, 지배기업은 종속회사의 모든 손실 부담 및 종속회사의 기업위험까지 인수하여야 한다.172) 물론 이러한 의무는 계약의 효력발생(주식법 제204조 제2항)과 더불어 개시되고 계약기간 동안에만 존재한다. 따라서 사전계약상의 손실에 대해서는 인수의무의 대상이 될 수 없다고 하겠다.

이러한 지배기업의 손실인수의무에 대하여 종속회사에게는 손실인수청구권이 인정된다. 손실인수청구권이란 연도결손금이 발생한 영업연도의 종료와 더불어 성립하고 종속회사 기관에 의하여 즉시 청구될 수 있다.173) 대차대조표의 확정과 더불어 성립되는 것이 아니다. 이는 지배기업이 대차대조표의 확정을 주저함으로써 시간이 경과되어 손실의 전보를 회피하려는 것을 방지하기 위함이다. 물론 이러한 청구권은 상법 제10조에 따른 상업등기에의 계약종결등기가 공시된 것으로 간주되는 날로부터 10년 내에 행사하여야

---

169) Habersack, Festvergüttung des stillen Gesellschafters, FS Happ., S.49.

170) Hommelhoff, Der Verlustausgleich im Mehrmütter‐Vertragskonzern, FS Goerdeler, 226ff.

171) BGHZ, 168, 285(289f.).

172) BGHZ 116, 37(41f.).

173) LG Bochum AG 1987, 324(325); Emmerich/Habersack, Kommentar, §302 Rn.

한다(주식법 제302조 제4항).

그러나 종속회사 채권자에게는 이러한 직접청구권이 인정되지 않는다. 다만, 종속회사의 채권자는 종속회사의 손실전보청구권을 압류할 수 있다(민사소송법 제829조, 제835조). 물론 종속회사가 채권자에게 동 청구권을 양도할 수는 있는데(주식법 제398조), 이 경우 종속회사는 등가의 반대급부를 받아야 한다(민법 제134조).

그 밖에 주식법 제302조 제3항에 의하면, 종속회사는 엄격한 요건하에서 손실전보청구권의 전부 또는 일부를 포기하거나 화해할 수 있다. 엄격한 요건이라 하면, 3년의 차단기간을 원칙적으로 유지하는 것과 특별결의의 방법에 의한 국외주주의 동의이다. 이 경우 특별결의는 결의 시 대표되는 국외주주의 단순 다수결로 충분하며, 결의 시 대표되는 기본 자본의 1/10에 달하는 지분을 가진 소수가 의사록에 특별결의에 반대한다는 의사를 표시하지 않아야 한다.[174]

④ 담보제공

주식법 제303조는 주식법 제302조 제1항에 근거한 지배기업의 손실인수의무가 지배계약이나 이익인도계약의 종료와 더불어 끝나므로 종속회사의 생존능력이 보장되어 있는지와 상관없이 종속회사의 채권자에게는 단지 종속회사의 재산만이 책임재산이 된다는 점을 고려한 것이다. 그러므로 지배회사는 채권자 보호를 위해 필요한 전보를 담보를 제공하거나 보증계약을 인수하여야 한다.[175]

채권이 상법 제10조에 따른 상업등기부에 콘체른 계약 종결등기가 공고된 것으로 간주되기 전에 성립되고 채권자가 등기 공고 후 6월 이내에 이러한 담보제공을 목적으로 지배기업에 신고한 경우는 지배기업은 지배계약이나 이익인도계약이 종결하는 경우에 종속회사 채권자에게 담보를 제공하여야 한다(주식법 제303조 제1항). 그러나 이 경우 지배기업은 담보제공의무를 간단한 보증계약의 인수를 통해 회피할 수 있다(주식법 제303조 제3항). 실제 실무상으로도 주식법 제303조 제1항에 근거한 지배기업의 담보제공의무는 사실상 주식법 제303조 제3항에 따른 보증계약인수를 통해 완전히 배제된 상태이다. 나아가, 자신의 채권에 다른 방식으로 충분히 보장되는 우선변제권을 가진 채권자는 어떠한 담보제공청구권도 갖지 못한다(주식법 제303조 제2항).[176]

---

174) 정대근, 「독일주식법상 기업결합에 따른 종속회사 채권자 보호」, 『법학연구(통권 제69호)』(부산대학교 법학연구소, 2011.8.), 283쪽.

175) 정대근, 위의 글, 283~284쪽.

176) 정대근, 위의 글, 284쪽.

(3) 지배기업 법정대리인의 책임

지배기업의 법정대리인(개인상인의 경우는 기업소유자)은 종속기업의 지시권의 부여와 관련하여 종속기업에 대하여 통상의 양심적 영업지휘자(gewissenhaften Geschäftsleiters) 로서의 의무를 다하여야 한다(주식법 제309조 제1항). 그렇지만 지배기업이 개인상인인 경우를 제외하고 지배기업 자체에 대한 책임과 관련해서는 주식법상에 특별한 규정을 두고 있지 않다. 그 이유는 지배기업은 일반 법원칙으로써 해결할 수 있으므로 계약에 따른 책임을 부담하도록 주식법상 특별한 입법을 할 필요가 없기 때문이라고 한다.177) 만약 이러한 주의의무에 위반한 자는 그와 관련 손해에 대하여 연대하여 배상할 책임 (Gesamtschuldner verpflichtet)을 부담한다(동조 제2항 제1문).178) 또한 위의 주의의무위반에 대하여 다툼이 있는 경우에는 입증책임이 전환되어 주의의무를 위반한 그 자가 입증을 하여야 한다(동조 제2항 제2문). 손해배상청구권은 통상 회사에 귀속하지만, 개별 주주도 또한 행사할 수 있다(동조 제4항 제1문). 나아가, 회사의 채권자는 회사로부터 변제를 받을 수 없는 한도에서 배상청구권을 행사할 수가 있다(동조 제4항 제3문)고 규정하고 있다.

(4) 기업 기관구성원의 책임

기업의 이사회 및 감사회의 구성원은 업무집행과 관련하여 적절하고 양심적인 영업지휘자(ordentlichen und gewissenhaften Geschäftsleiters)로서의 주의의무를 다하여야 한다(주식법 제93조, 제116조). 그런데 만약 기업의 이사회 및 감사회의 구성원이 이에 위반하여 주식법 제308조 내지 계약상 허용되지 않는 지시에 따름으로써 회사에 손해를 발생시킨 경우에는 지배기업의 법정대리인과 연대하여 손해배상책임을 부담한다(주식법 제310조 제1항). 또한 침해행위가 제308조 제2항에 의하여 거절할 수 없는 지시에 의한 경우에는179) 기업의 기관구성원의 배상책임은 발생하지 아니한다(동조 제3항). 이 경우

---

177) 慶應義塾大學商法硏究會譯, 『西獨株式法(第3版)』(1982), 480頁.

178) 이러한 연대책임은 지배기업의 모든 법정대리인이 지는 것이 아니라, 불이익한 법률행위나 조치를 유발한 자들만이 연대책임을 진다[정대근, 「독일주식법상 사실상콘체른에서의 책임구조」, 『법학연구(통권 제63호)』(부산대학교 법학연구소, 2010.2.), 629쪽].

179) 이사회는 자기의 의견에 따라 당해 지시가 지배기업의 이익 내지 콘체른 이익에 도움이 되지 않는다고 판단한 경우에도 그 지시가 이러한 이익에 도움이 되지 않는가에 대한 명백한 경우가 아니라면 지시에 따른 것을 거절할 수 없다.

에도 지배기업의 법정대리인의 경우와 마찬가지로 회사채권자는 회사로부터 변제를 받지 못한 한도 내에서 기관구성원에 대한 배상청구권을 행사할 수 있다(동조 제4항).

2) 계약콘체른 규제의 문제점

지배계약이 체결되고, 소수주주·채권자에 대하여 보호 조치를 조건으로 지배기업에 콘체른 지시권을 인정하는 계약콘체른 규제는 결합기업에 있어서 경영의 효율과 지배의 공정한 균형을 도모하는 것을 목적으로 한 규제로서 평가된다. 그러나 그 규제의 내용이 위의 목적에 적합한 것인가에 대해서는 의문의 여지가 있으며, 그에 대한 구체적인 검토가 필요하다고 한다.

(1) 보호규정 발동의 유무와 시기에 관한 자유재량

지배기업은 지배계약의 체결에 의하여 종속기업에 대하여 지시권을 취득하여, 합법적으로 콘체른에 대한 통일적 지휘를 행할 수가 있다. 그런데 이러한 지배계약을 체결할지는 지배기업의 재량에 따른 판단에 의하여 좌우된다고 할 수 있다. 지배기업이 지배계약을 체결하지 않는다고 하더라도 사실상 영향력을 행사함으로써 계약콘체른 규제의 경우 인정될 수 있는 의무와 책임을 회피하고 지배의 목적을 달성하는 것이 가능하기 때문이다.[180]

그럼에도 불구하고 독일에서 지배계약을 체결하려고 하는 것은 법인세법상의 기관회사성을 취득하는 인센티브가 있기 때문이다.[181] 또한 1997년 법인세법이 개정되어 세법상의 우대조치를 받기 위해서는 기관회사성의 존재를 필요로 한다는 요건이 새로이 추가되었기 때문이기도 하다. 그러나 문제는 그 이후 새로운 지배계약의 체결이 격감되었다는 사실이다.[182]

어쨌든, 지배계약의 체결에 따라 적극적으로 종속기업을 통제하고 기업집단 전체로서

---

180) 사실상 콘체른에서는 지배적 영향력의 행사는 금지되지만, 종속기업의 영업연도 말에 이러한 영향력 행사에 의한 손실이 보상된다면 지배기업에 손해배상의 책임은 발생하지 않는다. 그 결과, 종속기업의 소수주주는 사실상 콘체른 규제상의 보호를 받을 수 없다[Prantl, a.a.O.(Fn. 1), S.92~93].

181) Emmerich·Sonnenschein, a.a.O., S.47.

182) 神作俗之, 「純粹持株會社における株主保護-ドイツ法を中心として-(上)」, 『商事法務(第1429號)』(1996), 9頁.

의 부를 최대한 축적하는 것을 지시할 수 있는 지시권의 보장은 지배기업으로서는 매우 매력적인 것이어서 적극적으로 활용되고 있다. 또한 일정기간 동안 지배계약이 체결되지 않은 채로 사실상 강한 영향력이 행사되는 상태가 유지되고 종속기업의 주식의 가치가 하락하는 결과가 초래되고 있는 경우에는 지배계약이 체결된 것으로 추정된다.[183]

이와 관련하여, 소수주주에게는 지배기업에 의하여 감소된 회사의 가치를 기준으로 하여 직접 그 반환을 청구하거나 또는 보상청구권의 행사를 하는 것이 인정되지 않는다. 반면에, 지배기업은 소수주주의 불이익에 대한 보상을 면하는 것과 함께 자기에게 유리한 보상이나 반환의 지급을 결정할 수 있는 이중의 이익을 취득하게 된다. 이러한 점에서, 계약콘체른 규제에서의 보호조치는 소수주주에 의해서도 발동될 수 있는가가 명확하지 않고, 또한 발동된다고 하여도 이미 그 시기가 늦는다는 문제가 있다.

(2) 보상·반환의 방식에 관한 지배기업의 선택권

지배계약상으로 지배기업은 피지배기업의 콘체른 외의 주주에 대하여 '상당한 보상(angemessener Ausgleich)'을 보장하여야 한다는 주식법 제304조에 따라 지배계약의 체결 여부와 관계없이 소수주주에 대한 보상의무가 인정되고 있다. 보상의 방식에는 2가지 종류가 있는데, 그것은 지배계약의 내용과 관련이 있다. 먼저, 이익공여계약이 존재하는 경우 처음부터 회사에 이익이 발생되지 않으므로 주주에게 배당청구권도 인정되지 않는다. 따라서 이 경우에는 주식의 권면액을 기준으로 한 반복적인 금전급부(Geldleistung)만 문제가 된다.

반면에, 지배계약이 존재하는 경우에는 피지배기업에 이익이 발생할 가능성이 있고, 따라서 이익배당이 행하여질 가능성이 있으므로, 그 보상은 일정한 연이익지분(jährlicher Gewinnanteil)의 보장이라는 형태로 정하여진다(배당보증). 이 경우의 지분의 산정방식으로는 제304조 제2항 제1문의 정액산정방식[184]과 동조 제2항 제2문의 가변적 산정방식[185]이 예정되어 있다. 이 방식 중에서 어떤 방식에 의할 것인가는 계약으로 정하여지

---

183) 지배계약의 체결에 수반하여 보상의 상당성 판단기준은 계약 당시의 회사 재산과 수익 상황에 의하고, 만약 이것이 저하된 시점에서 지배계약을 체결하는 것이 지배기업에도 유리하다고 할 수 있다[Prantl, a.a.O.(Fn. 1), S.93].

184) 종래의 수익상황 내지 장래의 수익예상에 상당한 상각과 가액수정(Wertberichtigung)을 가한 예상배당 금액을 매년 지급하는 방식을 말한다(주식법 제154조).

185) 지배기업이 주식회사 내지 주식합자회사인 때에는 대등의 권면액을 가진 회사의 주식에 귀속하는 이익 분에 의하여 산정된다. 대등의 권면액은 양 회사의 합병 시에 적당한 교환비율로 정하여진다. 지배기업

며, 만약 보상에 관한 정함이 전혀 없는 경우에는 그 계약은 무효가 된다. 일반적으로 이 방식에 대한 선택권은 지배기업에 있으므로, 소수주주는 그 선택권이 없다. 이러한 사실은 양자의 권한행사에 관한 의견이 합치하는 경우는 문제가 되지 않지만, 사실상 그것은 거의 불가능하다고 할 수 있다.

반환(Abfindung)도 주식법 제305조 제2항 각 호에 따라 다음의 세 종류의 방법이 인정된다.[186] 즉 ① 계약의 상대방이 종속적이 아닌 경우, 예를 들면 다수참가를 인정하지 않는 내국의 주식회사 내지 주식합자회사인 경우 당해 회사의 자기 주식의 부여, ② 계약의 상대방이 종속적인 경우나 다수참가를 인정하는 주식회사 내지 주식합자회사인 경우, 예를 들면 내국의 주식회사 내지 주식합자회사에 종속하는 경우 그 지배기업 내지 다수참가를 하는 회사의 주식의 부여 내지 현금의 지급, ③ 기타의 경우, 즉 계약상대방이 주식회사 내지 주식합자회사가 아니고 그 본거지가 외국인 경우 현금의 지급의 방법이 그것이다.

그런데 위 ①에 대해서는 현금지급의 방법이 주주의 이익에 부합되는 경우에도 현금지급 방법의 선택이 인정되지 않은 점에 대한 비판이 있다.[187] 또한 지배기업의 주식시장 가격이 콘체른 형식에 의하여 상승함에도 불구하고 이익배당이 오히려 하락하는 경우도 있다. 그래서 종속기업이 탈퇴하는 주주에 대해서는 그 선택에 따라 다른 기업에 재투자할 수 있도록 현금지급의 방법을 바라는 경우도 있다.[188] 이 밖에도, 주주에게 반환하는 방식의 선택권을 부여할 것을 주장하는 견해도 있지만,[189] 주식법은 주주에게 예외적인 선택권만 규정하고 있을 뿐이고,[190] 주식반환과 현금지급의 결정은 지배기업의 재

의 이익배당의 액에 대응한 보상액이 변동하는 산정방식이다.

186) 보유된 이익이 시장가치를 높이는 데 사용되는 것은 보장되지 않고, 시장가치의 상승이 당해 회사에 있어서 발생하는 것도 보장되지 않는다[Prantl, a.a.O.(Fn. 1), S.94].

187) Prantl,, a.a.O.(Fn. 1), S.95.

188) Albach, Pobleme der Ausgleichzahlung und Abfindung bei Gewinnabführungsverträgen nach dem Aktiengesetz 1965, *AG*, 11. Jg.,(1966), S.180~186; 佐藤誠, 앞의 글, 137頁.

189) Mestmäcker, Zur Systematik des Rechts der verbundenen Unternehmen im neuen Aktienrecht, in: Kurt H. Biedenkopf·Helmut Coing·Ernst－Joachim Mestmäcker(Hrsg.), Das Unternehmen in der Rechtsordnung und Ausgleich im aktienrechtlichenBeherrschungsvertrag, Köln u.a.(1972), S.17~22; Falkenhausen, Verfassungsrechtliche Grenzen der Mehrheitsherrschaft nach dem Recht der Kapitalgesellschaften, Karlsrule,(1967), S.64(佐藤誠, 위의 글, 137頁 주 26 재인용).

190) 주식법 제305조 제5항 제3문에는 계약상 반환이 정하여져 있지 않은 경우 계약의 상대방이 종속기업 내지 다수참가를 하는 회사의 주식의 부여를 정하지 않는 한, 현금지급에 의할 것을 규정하고 있다. 또한 편입에 관한 주식법 제320조 제5항도 탈퇴주주에게는 주회사의 자기 주식이 부여되는 것은 아니라는 취지를 규정하고 있다. 주회사가 종속기업인 경우에 한하여 주주에게 주회사의 자기 주식에 의한 반환이 현금지급의 선택권을 부여하고 있는 것에 지나지 않는다.

량에 위임되어 있다. 그러나 지배기업이 반환에 있어서 부담을 최소화할 수 있는 보상 내지 반환의 방식의 선택에 관하여 지배기업의 우월적 지위를 인정하려면 그것을 정당화 하는 사유가 존재하여야 할 것이다.191)

(3) 상당성의 평가에 대한 문제점

보상의 '상당성'에 관한 결정을 위한 기준은 정액산정방식과 가변적 산정방식이 있다.

먼저, 정액산정방식의 경우 그 결정기준은 '종래의 수익상황 및 장래의 수익예상'이다 (주식법 제304조 제2항 제1문). 종래의 수익상황 평가에는 산정의 기준으로 삼는 기간이나 종래의 연도이윤 정산에서 통상적인 것이라고 할 수 없는 수익이나 지출의 한정이나 적립된 비밀준비금의 참작에 관하여 재량의 여지가 있고, 장래의 수익예상에 관하여서도 계약의 체결 시에 처음부터 산정하여야 하지만, 특히 장기의 계약에서는 주관적 예상까지 포함되지는 않는다.192)

이와는 달리, 지분의 산정과 관련된 가변적 산정방식의 경우 그 결정기준은 대등의 권면액으로, 이는 계약의 체결 시를 기준으로서 한 비율에 의하지 않으면 안 된다(제304조 제2항 제3문). 그러므로 이 경우에는 종속기업 및 지배기업 쌍방의 상황의 평가가 필요한데, 이는 기업평가 내지 주식평가가 곤란하게 되고, 재량의 여지는 정액산정에 비하여 이중으로 된다고 할 수 있다. 또한 이러한 사실은 반환의 경우에도 마찬가지 문제가 제기된다(제305조 제3항). 지배기업에서의 평가 곤란과 재량 여지는 결국 지배기업에 유리한 결정을 할 수 있는 기회가 제공된다는 것을 의미한다. 비록 지배계약의 체결에는 종속기업의 주주총회의 특별결의를 필요로 한다고 명시하고 있지만, 지배기업은 스스로 그 동의를 얻을 수 있을 만큼의 의결권을 가지고 있는 경우가 대부분이므로, 주주총회에 특별결의에 의한 견제의 의미가 미약하다고 할 수 있다.

다만, 종속기업의 소수주주에게는 '상당성'의 판단과 관련하여 법원 내지 법원이 위탁한 감정인(Gutachter)의 결정에 대한 이의가 있는 경우 법원에 상당한 보상 내지 상당한 반환의 결정을 구하는 신청을 할 수 있다(제306조). 그렇지만 이와 관련하여 다음과 같은 문제가 지적되고 있다.193)

---

191) Prantl, a.a.O.(Fn.1), S.96.

192) Prantl, a.a.O.(Fn. 1), S.96~97.

193) Prantl, a.a.O.(Fn. 1), S.105~108.

첫째, 법원은 보상액의 산정과 관련하여 주식의 상장 여부를 고려하지 않는다는 점이다.[194] 주식상장이 반드시 상당한 보상에 대한 결정적인 의미가 있는 것은 아니지만, 그래도 상당한 범위에서 그것을 고려하는 것이 건전한 조치라고 할 수 있다. 왜냐하면, 주식상장을 고려하지 않는다는 것은 보상의 하한으로서의 기능도 인정되지 않으므로 소수주주의 보상청구권이 현저히 침해되는 결과를 초래할 수 있기 때문이다. 또한 계약콘체른 규제에서의 보호규정의 발동시기도 지배계약이 체결되기 전에 종속기업에 대한 주식평가와 관련하여 지배기업의 영향력의 행사로 그 가치가 저하될 가능성이 충분하다는 점을 고려하면, 종속기업이 상장회사인 경우 주식의 상장가격이 보상의 하한으로 추정되는 기능이 있다고 해석할 수 있는 것이다.[195]

둘째, 학설상 상당한 보상의 결정에서 중재가치 내지 당사자의 합의가치가 결정기준이 된다는 점에 대해서는 다툼이 없다.[196] 또한 이 주관적 평가에 대해서도 법원은 기업의 객관적 가치 내지 보편적 가치에 근거를 두고 판단하여야 하는 것이며,[197] 독일 공인회계사 협회도 '기업의 객관적 가치는 산정된다'는 견해를 따르고 있다.[198] 그러나 이에 따르면, 실제상 객관적 가치는 보상청구권자의 한계가치, 곧 매각되지 않는 경우의 가치로 보아야 하는데, 이 또한 지배기업에 유리하게 된다는 점이 지적되고 있다.

셋째, 종속기업과 지배계약을 체결함으로써 지배기업에 발생하는 기업가치의 증가, 곧 이른바 시너지효과(Verbundeffekten)[199]가 보상의 산정과 관련하여 산입되지 않는다는 점이 지적되고 있다. 요컨대, 이러한 산정방법은 지배기업에만 유리하도록 되어 있다고 법원은 지적한다.[200]

---

194) OLG Hamburg, Beschluß v. 17. August 1979, in: AG, 25 Jg.,(1980), S.163~165; LG Frnakfurt, Beschluß v. 16. Mai 1984, in AG, 30 Jg.,(1985), S.58~59.

195) 다만, 종속기업의 주식의 시장가격이 어떠한 이유로 본래의 가치 이상으로 상승하였다는 것을 지배기업 측이 입증한 경우에는 추정이 번복된다. 이러한 점에 관하여 1994년 4월 27일 연방헌법법원은 기업계약 및 편입에 따른 상당한 보상 내지 상당한 반환의 산정에서 시장가치가 예외적으로 주식의 거래가치를 반영하고 있지 않는 경우를 제외하고, 시장가치를 하한으로 참작하지 않는 것은 소유권을 보장하는 독일기본법(헌법) 제14조 1항에 반하는 취지의 판시를 하였다[BVerfG, Beschluß v. 27.4.1999, in: AG, 12. Jg.,(1999), S.566~572].

196) Großfeld, *Unternehmens und Anteilsbewertung im Gesellschaftsrecht*, 2. A., Köln(1987), S.20.

197) LG München, Beschluß v. 25. Januar 1990, in: AG, 35. Jg.,(1990), S.405.

198) Prantl, a.a.O.(Fn. 1), S.106; Institut der Wirtschaftsprüfer(Hrsg.), *WP－Handbuch* 1992, Bd. Ⅱ, 10. A., Düsseldorf(1992), S.12.

199) 종래 독립하여 영업하고 있는 회사의 고객이나 노하우를 이용하는 등의 결합에 의하여 발생하는 상승효과를 의미한다.

200) Prantl, a.a.O.(Fn. 1), S.107~108.

(4) 손해배상책임의 추급상의 문제점

지배기업의 임원 내지 법정대리인은 그 지시권의 실행과 관련하여 주의의무를 게을리하여 회사에 손해가 발생한 경우 연대하여 종속기업에 대하여 배상할 책임을 진다. 주의의무를 게을리 한 것에 대한 입증책임은 지배기업의 법정대리인 등이 부담하지만, 그 불이익한 지시가 콘체른의 이익에는 도움이 된다는 사실을 입증하면 그 책임을 면할 수 있다. 그럼에도 불구하고, 지배기업의 법정대리인에 대한 책임추궁을 하기 위해서는 종속기업의 이사회가 콘체른 이익에 도움이 되지 않는다는 사실을 반대로 입증하여야 한다.

그러나 지배기업과의 관계에 따라 이사회가 이를 입증한다는 것은 사실상 기대하기 어렵다. 따라서 종속기업의 주주에게도 이 청구권의 행사를 할 수 있도록 하고 있으나, 이 또한 그렇게 쉬운 일이 아니다.[201] 왜냐하면 주의의무에 관하여 입증책임이 전환하는 것과 관계없이, 원고인 주주는 손해가 발생하면 이것이 지배기업의 지시로 인한 것이라는 점을 입증하여야 하나 이러한 사실에 대한 입증은 그렇게 쉬운 일이 아니기 때문이다.

또한 원고인 주주는 소권의 남용을 방지하기 위하여 비용리스크(비용의 대체금 및 패소의 경우 재판·절차비용)를 부담하여야 하는데, 이는 사실상 소송제기의 가능성을 제한하는 것이라고 할 수 있다.[202] 이에 대하여, 소송비용에 관하여 주식법 제247조(AktG § 247 Streitwert)를 확대 적용하는 것이 타당하다고 주장하는 견해가 있다.[203] 이처럼 소송비용의 부담이 경감된다면 소수주주의 소송제기 가능성은 매우 높아진다고 하여야 할 것이다. 그러나 회사를 위하여 청구권을 행사한다는 점에서 소수주주가 적극적으로 소송을 제기할 수 있는 인센티브가 발생할 가능성은 많지 않다.

종속기업의 임원도 주의의무의 위반이 있는 경우 지배기업의 법정대리인과 연대하여 손해배상책임을 부담한다. 따라서 종속기업의 이사회는 지배기업의 지시가 위법한 것일 경우에는 이 지시를 거부하지 않으면 안 된다. 다만, 주식법 제308조 제2항에 따라 거부하지 않은 지시에 의하여 발생한 손해의 경우는 이 범위에서 제외된다. 즉 지시가 콘체

---

201) Prantl, a.a.O.(Fn. 1), S.110.

202) Prantl, a.a.O.(Fn. 1), S.111.

203) 주식법 제147조에 의하면, 소수주주가 회사의 이사회 및 감사회의 구성원에 대하여 손해배상청구를 하여 회사가 패소한 경우 회사가 부담하는 소송비용을 변상할 의무가 소수주주에게 있다. 이에 대하여 주식법 제247조를 확대 적용할 것을 주장하는 학설은 제147조를 독립회사에 대한 적용으로 한정하고, 콘체른 관계에 있는 회사에서는 소수주주의 지급능력에 대응하여 소송비용 부담 부분의 산정에 관한 제247조를 적용하여야 한다고 한다[Koppensteiner, Kommentierung zu §§15－22 *AktG*, in: Kölner, Kommentar zum Aktiengesetz, Wolfgnag Zöllner(Hrsg.), Bd. 6, 2. A.(1987), §309 Rdn. 33, Köln u.a.].

른이익과 직접적인 관련이 있음이 명백하지 않다는 사실을 입증함으로써 책임을 면하게 된다고 할 수 있다. 그렇지만 '명백하지 않다'는 사실의 법적 의미가 명확하지 않으므로 위법한 지시에 의한 경우에도 책임을 면하는 경우가 있다는 지적이 있다.204) 감사회의 책임과 관련해서도 위와 같은 문제가 발생할 수 있다.205)

(5) 지배계약종료와 주주보호상의 흠결

지배계약의 종료와 관련하여, 주식법 제303조에 의한 담보제공이 요구되는 점이 회사 채권자의 경우와 상이하지만 주주의 재산적 이익에는 특별한 보호제도를 두고 있지 않다. 비록 지배계약의 종료에 의하여 종속기업의 소수주주가 가지고 있는 보상 내지 반환을 수령하는 권리가 침해되지 않도록 소수주주의 종류주주총회의 결의를 그 요건으로 하고 있지만(폐지의 경우 주식법 제296조 제2항, 그리고 해약고지에 의하여 종료한 경우 제297조 제2항), 종류주주총회의 결의 이전에 지배계약이 종료될 가능성이 있으므로, 소수주주의 보호가 불충분하다는 지적이 있다.206)

이처럼 만약 그 의사에 반하여 계약이 종료된 경우 종속기업의 소수주주는 자기의 재산상의 지위를 보호하기 위한 수단을 부여받지도 못한 채 보상청구권을 상실하게 되는 경우가 있다.207) 이에 관한 지배적 견해에 의하면, 이러한 규정(주식법 제300~302조)은 종속기업의 지배적 계약의 종료 후 생존능력을 보상하는 것은 아니기 때문이라고 한다.208)

또한 계약이 종료 후 종속기업은 독립하여 영업을 할 수 있는 능력이 거의 없으므로, 주주는 계약종료에 있어서 계약의 체결 시점보다 더 악화된 재산상의 지위를 갖게 된다. 나아가, 계약이 종료한 후에도 자본참가에 의한 지배·종속관계가 해소되지 않고 사실상 콘체른 관계가 존속한다면, 계약종료에 따라 지배·종속관계의 형식적 보호는 종료하지만 지배기업의 영향력은 계속하여 존재한다고 할 수 있다. 따라서 계약이 종료된 이후의

---

204) Prantl, a.a.O.(Fn. 1), S.112.

205) Koppensteiner, a.a.O.(Fn. 41), § 310 Rdn. 5.

206) 소수주주의 종류주주총회의 결의에 의하여 계약을 종료할 수 있는 것은 다음의 경우이다. 계약기간의 만료에 따라 종료된 경우와 중대한 사유로 해약고지가 있는 경우(주식법 제297조 제1항), 지배기업 측에서 해약고지를 하는 경우 등이다. 또한 지배적 학설에 의하면 종속기업이 도산한 경우에도 지배계약·이익공여계약은 종료된다[Prantl, a.a.O.(Fn. 1), S.115~116].

207) 법정준비금의 적립(제300조), 이익공여의 최고한도(제301조) 및 손실의 인수(제302조) 등이다.

208) Koppensteiner, a.a.O.(Fn. 41), Vorb. §§300 Rdn. 6, §303 Rdn. 2; Prantl, a.a.O.(Fn. 1), S.115~116.

주주의 보호를 위한 제도적 장치 또한 마련되어야 한다고 한다.

3. 사실상의 콘체른의 경우

1) 종속기업의 보호제도와 지배기업의 책임

사실상 콘체른을 규제하기 위해서는 지배기업과 종속기업과의 사이에 지배·종속관계 (Abhängigkeitsverhältnis)가 존재하여야 한다. 이러한 사실상 콘체른의 규제는 주식법 제 311조부터 제318조까지에 언급하고 있다. 이러한 규제에 있어서 보호의 대상은 종속기업의 고유의 이익, 좀 더 정확하게 말하면, 재산적 이익이라고 할 수 있다.[209] 또한 위 규제의 의미(concept)도 회사 재산의 구성 및 총자산에 관련하여 독립하고 있는 경우에 비하여 불공평하면 안 된다고 한다.[210] 뿐만 아니라 종속기업의 소수주주도 직접적으로 재산적 보호를 받을 수 있는 것이 아니고, 지분을 보유하고 있는 지배기업의 재산의 보호에 의하여 간접적으로 재산적 보호를 받는다고 한다. 이러한 과정에서 많은 문제가 도출한다고 보아야 한다. 이하에서는 그 구체적인 내용을 살펴본다.

(1) 지배적 영향력의 행사의 한계

주식법 제311조 제1항에 의하면, 지배계약은 없지만 지배기업이 종속적인 주식회사 내지 주식합자회사에 대하여 그 영향력을 행사할 수 있는데, 그러한 행위가 불이익한 것이면 그것에 대하여 종속기업 주주 등에게 보상하여야 한다. 설령 그러한 행위를 하지 않았다고 하더라도 불이익한 행위가 되지 않도록 하여야 한다. 다만, 종속기업의 영업연도 말까지 그 불이익이 보상되는 경우 그 범위에서 제외됨으로써, 그 불이익이 보상되는 경우에는 종속기업에 불이익한 영향력 행사가 아니다. 이러한 사실은 결국 지배기업이 종속기업에 대하여 영향력을 행사할 때에는 종속기업에 대하여 불이익한 행위가 되지 않는 범위 내에서만 가능하다는 것을 의미한다.

---

209) Prantl, a.a.O.(Fn. 1), S.68.

210) Vgl. Koppensteiner, a.a.O.(Fn. 41), Vorb. §311 Rdn. 4.

(2) 불이익 전보

독일 주식법 제311조 제1항에 의하면, 사실상 콘체른에 대하여 지배기업은 종속기업의 불이익을 전보하지 않는 한, 종속기업인 주식회사 내지 주식합자회사로 하여금 불이익한 법률행위를 하도록 하거나 불이익한 조치의 작위 또는 부작위를 유발하기 위하여 자기의 영향력을 행사할 수 없도록 규정하였다.

그런데 이러한 사실상의 콘체른은 위에서 언급한 계약콘체른과는 종속기업의 채권자 및 소수주주의 보호 방법에 있어서 차이가 있다. 즉 계약콘체른이 소수주주 및 채권자에 대하여 종속기업의 불이익을 전제로 한 개별적이고 직접적인 보호라고 한다면 사실상의 콘체른은 지배기업의 종속기업에 대한 개별적인 불이익한 영향력 행사 시 지배기업의 종속기업 자체에 대한 불이익 전보 의무를 통하여 간접적으로 종속기업 채권자 및 소수주주를 보호한다는 점에서 차이가 있다.[211]

어쨌든 이러한 불이익을 전보하기 위해서는 다음의 요건을 만족하여야 한다. 우선 지배기업이 종속회사에 대하여 불이익한 법률행위 또는 조치를 유발하여야 한다. 이러한 유발을 인정하기 위해서는 지배기업의 영향력 행사와 종속회사의 의사결정 사이에 인과관계가 있어야 한다.[212] 나아가, 지배기업이나 지배기업과 콘체른 결합된 기업에게는 이익이 되나 종속회사에게 명백히 불이익이 되는 행위에 대해서는 그 행위가 지배기업에 의하여 유발된 것으로 추정하도록 하였다. 이 외에도 불이익이 전보되어야 할 이익의 형태는 대차대조표상의 불이익을 상쇄시키기에 적합한 금전적 가치를 갖는 모든 이익이라고 할 수 있으나, 명문으로 규정된 것은 아니다.[213]

한편 지배기업이 자신의 영향력 행사로 인해 종속회사가 입은 불이익을 전보하지 않는 경우에 지배기업은 주식법 제317조에 따라 손해배상의무를 부담하게 되고, 이 즉시 종속회사의 이사회는 주식법 제93조에 근거하여 이러한 청구권을 행사하여야 할 의무를 진다. 또한 주식법 제317조에 근거한 종속회사의 손해배상청구가 실행되지 않는 경우에는 주식법 제256조 제5항 제1문 제2호에 따라 종속회사의 연도결산서가 무효로 될 수도 있다.[214]

---

211) 정대근, 「독일주식법상 기업결합에 따른 종속회사 채권자 보호」, 『법학연구(통권 제69호)』(부산대학교 법학연구소, 2011.8.), 285쪽.

212) Koppensteiner, Kölner Kommentar zu Aktiengesetz, 3 Aufl., §311 Rn. 6; Hüffer, Aktiengesetz, Kommentar, 8 Aufl., §301 Rn. 24; Kieger, Münchener Handbuch, §69 Rn. 74.

213) Emmerich/Habersack, Konzernrecht, S.424~425.

214) BGHZ 124, 111; BGHZ 137, 378(384); 정대근, 「독일주식법상 기업결합에 따른 종속회사 채권자 보호」, 『법학연구(통권 제69호)』(부산대학교 법학연구소, 2011.8.), 285~286쪽.

(3) 종속보고서 제도

종속기업의 주주가 지배기업이 어떠한 불이익한 행위를 하였는지를 용이하게 탐지하기가 매우 어려우며, 후술하는 손해배상책임도 입증의 곤란에 의하여 그 책임을 추궁하기가 쉽지 않다. 이러한 문제를 해결하기 위하여 종속기업의 이사회로 하여금 지배기업의 영향력 행사에 관하여 영업연도 경과 후 3월 내에 결합기업과의 사이의 특별한 보고서(즉 종속보고서)를 작성하도록 의무로 규정하고 있다(주식법 제312조 제1항 제1문). 이사회는 이러한 보고서를 작성함에 있어서 양심적이고 성실한 해명의 원칙에 적합하도록 해야 하는 주의사항에 따라 보고서를 진실에 부합되고 완전하게 작성하여야 한다(동법 제312조 제2항).

이 보고서에는 회사가 전년도에 지배기업 자신 또는 지배기업과 결합되어 있는 기업과의 사이에 행한 모든 법률행위와 지배기업의 권유에 의하거나 또는 지배기업 자신의 이익을 위하여 회사가 행한 모든 법률행위 및 회사가 취하였거나 취하지 아니한 조치 등의 사항을 기재하여야 한다. 법률행위에 관해서는 그 급부 및 반대급부를, 조치에 관해서는 그 이유와 회사의 이익 및 불이익을 기술하여야 하고, 불이익의 보상에 관해서는 그것이 당해 영업연도에 실제로 행하여졌는가 또는 회사에게 어떠한 이익에 대한 청구권이 부여되었는가를 기술하여야 한다.[215]

나아가, 이 보고서의 결론부분에는 법률행위에 대한 반대급부의 상당성, 보상의 상당성에 관하여 총체적인 표시를 하지 않으면 안 된다. 동법 제313조에는 결산검사에 의한 종속보고서의 검사와 그 결과 이사회에 관한 보고의무를, 동법 제314조에는 감사회에 의한 종속보고서의 검사 및 총회에서의 결과보고 및 검사보고서에 대한 의견 보고의무를 정하고 있다. 더욱이 주주는 법원에 의하여 선임된 특별검사인에 의한 검사를 청구할 수도 있다(동법 제315조). 다만, 이익공여계약이 있는 경우 지배계약이 있는 경우와 마찬가지의 종속기업의 소수주주 등의 보호권리가 인정되고,[216] 지배기업이 종속기업에 불이익한 영향력을 행사하는 경우에는 지배기업 스스로의 이익이 감소된다는 점을 감안하여 동법 제312조부터 제315조의 규정의 적용이 배제된다고 하겠다(동법 제316조).

---

215) 유진희, 앞의 글, 21쪽.

216) 이익공여계약만의 체결은 계약콘체른 형성을 의미하지는 않지만, 주식법 제300조부터 제307조의 규정은 이익공여계약만이 체결되는 경우에도 적용된다.

(4) 지배기업 및 법정대리인의 책임

주식법 제317조 제1항에 의하면, 지배기업은 지배계약이 존재하지 않는 종속기업에 대하여 불이익한 영향력을 행사한 경우, 당해 불이익이 종속기업의 종속보고서에 기재되고 영업연도 말에 그 보상이 이루어지지 않는 경우에는, 종속기업에 대한 손해배상의무를 부담하여야 한다. 주주가 직접 손해를 받은 경우에는 그 한도 내에서 지배기업은 직접 당해 주주에 대한 손해배상의무가 인정된다. 지배기업의 법정대리인 또한 지배기업과 연대하여 손해배상책임을 진다(동조 제3항). 다만, 종속적이 아닌 회사의 통상적 내지 양심적 영업지휘자인 경우에는 당해 행위를 행하였는가에 상관없이 이러한 손해배상책임을 지지 않는다(동조 제2항).

(5) 종속기업의 기관구성원으로서의 책임

주식법 제318조 제1항에 의하면, 종속기업의 이사회 구성원은 지배기업의 영향력 행사에 의한 불이익한 법률행위 내지 불이익한 조치를 종속보고서에 기입하는 것을 게을리 한 경우 또는 그것에 의하여 받은 불이익은 보상되지 않는다는 취지의 기재를 하는 것을 게을리 한 경우에는 지배기업 및 그 법정대리인과 연대하여 손해배상책임을 진다.

또한 감사회 구성원은 종속보고서를 검사하여 주주총회에 그 검사 결과를 보고할 의무가 있는데, 이를 위반한 경우에도 마찬가지의 배상책임을 진다(동조 제2항). 만약 주의의무 위반에 대한 논란이 있는 경우에는 주의의무를 위반하지 않았다는 사실을 이사회 내지 감사회의 구성원이 입증하여야 한다.

2) 사실상의 콘체른 규제의 문제점

(1) 종속성 개념의 불명확

사실상의 콘체른과 관련해서는 특별한 규제 규정이 없으므로, 기존의 콘체른에 관한 일정한 보호의 시스템이 적용된다. 또한 소수주주 보호에 있어서 중요한 점은 어떠한 사태가 소수주주의 재산상의 지위를 침해한 것으로 포착할 수 있는가(보호제도의 적용범위)와 그 보호규정을 발동하는 요건사실의 명확성, 입증 가능성 등을 들수 있다.

그런데 이러한 문제의 해결을 위한 전 단계로 주식법 제311조 이하의 적용요건에 의하면, 회사의 '종속성'이 그 전제가 되어야 한다.[217] 주식법 제17조 제1항 및 제18조 제1항 제1문에 의하면, 회사의 종속성은 지배기업에 의한 직접적·간접적인 지배적 영향력의 행사 가능성과 통일적 지휘에 그 기초를 두고 있는 것이다. 즉 지배기업이 종속기업을 통일적 지휘 아래 총괄할 수 있도록 지배기업에 의한 영향력의 행사 가능성이 인식되는 경우 사실상의 콘체른 존재가 인정된다. 지배적 영향력의 사실상의 행사는 필요하지 않다.[218] 따라서 종속성의 요건을 정의하기 위한 결정적인 개념요소는 지배적 영향력 및 통일적 지휘이다. 그런데 주식법은 이를 명시하지 않고 해석에 일임을 하고 있다.

1941년 제국법원(Reichsgericht)의 판결에 의하면, 지배적 영향력은 "어떤 기업이 계약 내지 사실상의 관련에 기인하여 다른 기업을 자기의 의사에 따르게 하는 것이 가능하고 또한 그 사실을 관철시킬 수 있는 경우"에 존재하는 것으로 하고 있다.[219] 이에 대하여, 학설은 제17조 제2항의 규정에 비추어, 지배적 영향력을 광범위하게 해석을 한다. 즉 다수참가에 의하여 종속성이 추정된다는 점으로부터 지배적 영향력은 단순히 다수참가가 인정되기만 하면 추정된다고 한다.[220]

---

217) 예를 들면, 제312조는 지배계약이 체결되지 않으면, 지배기업은 종속기업에 대하여 영향력을 행사할 수 없다는 취지의 규정이다. 그러므로 지배계약에 의한 지배·종속관계가 있을 것을 필요로 한다고 한다. 그 이하의 규정도 마찬가지이다. 그러나 제18조 제1항은 지배기업과 종속기업이 통일적 지휘 아래 총괄되고 있다면 지배·종속관계가 성립한다고 한다. 즉 사실상의 콘체른이 되기 위해서는 통일적인 관계가 있고 또한 그것에 의한 지배적 영향력행사 가능성이 필요하다고 일반적으로 해석한다[Prantl, a.a.O.(Fn. 1), S.74].

218) Prantl, a.a.O.(Fn. 1), S.74.

219) RG, Urteil v. 21.04.1941, in: RGZ, 167. Bd.(1942), S.40~55.

220) Prantl, a.a.O.(Fn. 1), S.75. 다수참가에 의하여 감사회 구성원의 과반수 내지 그것을 통하여 이사회 구성원의 과반수를 선임할 수 있다. 이사나 감사는 재선임의 희망에 의하여 지배적 기업의 이익을 추구하는 경향이 있고, 그러한 지배적 영향력의 행사 가능성이 발생하게 된다. 즉 지배적 영향력의 행사 가능

자본참가와 병행하여 단순한 사실상 관계, 예를 들면 장기간의 납품계약 내지 신용계약 또는 인사 면에서의 결합(겸임관계) 등이 종속성의 기초가 되는 것인가가 논란의 대상이 되고 있다. 어느 정도의 사실상의 관계가 종속성의 요건이고 또한 사실상의 관계와 병행하여 자본참가도 존재하여야 하지만, 이에 관해서도 의견이 대립하고 있으므로 그 개념을 판단하는 데 어려움이 있다.221) 나아가, 통일적 지휘의 개념도 완화하여 해석하는 것이 일반적인데, 종속기업이 지배기업의 중앙집권적인 재무관리에 따라야 하는 것인가가 매우 중요한 지표가 된다.222)

또한 종래 자본참가에 의한 계약콘체른 내지 사실상의 콘체른 관계에 있었지만, 지분의 매각에 의한 자본참가 관계가 해소된 경우라고 하더라도 반드시 지배·종속관계가 해소되는 것은 아니고 존속되는 경우도 있다. 이러한 경우 종속기업의 주주 보호에 대해서도 검토할 필요가 있다.

실제적으로는, 결산검사인이 종속보고서의 작성 요건인 종속관계의 존재 여부를 검토하여, 이것이 명확한 경우에만 주주는 주식법 제311조 이하의 보호 규정의 적용을 받을 수 있다고 한다.223) 또한 콘체른 외의 주주의 보호와 관련해서는, 결산검사인이 종속성의 개념을 보다 광범위하게 해석하는 것이 중요하다고 한다. 문제는 결산검사인이 이 보호기능을 항상 실현할 수 있는가이다. 이것은 결산검사인이 다수참가가 아닌 경우에 종속성을 입증할 능력이 있는지가 결산검사인이 어느 정도 통상 그 선임에 관하여 결정권이 있는 지배기업에 대한 독립성을 유지하고 있는가 또한 종속보고서를 작성할 수 있는가에 달려 있다.224)

(2) 종속보고서의 작성과 검사

주식법 제312조 제1항에 의하면, 종속기업의 이사회는 영업연도의 최초의 3월 내에

성은 회사의 기관선임과 밀접한 관련이 있다.

221) 콘체른 지휘의 내용은 기업의 규모나 결합의 강도, 경합의 목적 등에 대응하고 있는 것이다. 그러나 단순히 자본참가상의 배분만이 아니라, 통일적 지휘에 의한 지배적 영향력의 행사 가능성이라는 실질적 기준을 이용하는 것이 콘체른 규제의 유연한 운용에 도움이 된다고 생각한다. 그러나 그 실질적 기준이 너무 애매모호하다는 점이 독일 주식법의 단점이라고 할 수 있다.

222) Koppensteiner, *Kölner Kommentar zum Aktiengesetz*, 2. Aufl., §15 Rdn. 19(1986).

223) Prantl, a.a.O.(Fn. 1), S.76; Institut der Wirtschaftsprüfer(Hrsg.), *WP-Handbuch* 1992, Bd. Ⅱ, 10. A., Düsseldorf(1992), S.458~459.

224) Prantl, a.a.O.(Fn. 1), S.76.

종속보고서를 작성하여야 할 의무가 있다. 사실상의 콘체른에서는 지배기업이 종속기업에 대하여 불이익한 영향력의 행사를 하는 것은 허용되지 아니한다. 이를 위반하여 종속기업에 손실이 발생된 경우에는, 지배기업은 그것에 대한 손해배상의 의무를 부담한다. 그러나 영업연도 말에 종속기업의 손실을 보상한 경우에는 그 범위 내에서 제외된다.

종속기업의 주주 및 채권자에 대하여 지배기업이 어떠한 영향력을 행사하였는가, 또 그것에 따라 어떠한 손해가 발생하였는가, 그 손실이 보상되는가 등에 관한 정보를 입수하여 지배기업에 의하여 자기의 재산상 지위가 악화되는 것으로부터 자신을 보호할 수 있는가를 종속보고서에 의해서는 파악할 수가 없다. 따라서 지배·종속기업 간의 법률행위에 있어서 급부와 반대급부의 상당성이 확보되어야 하는 것 내지 지배기업의 조치로 인한 불이익과 그것에 대하여 보상이 확정되고 정량화될 수 있는가가 중요하다.

불이익 판정의 기준시점은 영향력에 의한 행위의 실행시점 내지 부작위의 결정시점이다.[225] 그러나 실제로 행위의 결정시점에서 당해 영향력이 종속기업에게 불이익한 것인가를 예견하기가 곤란한 경우가 적지 않다. 왜냐하면 '독립된 회사의 통상적 또는 양심적인 영업지휘자로서의 행위'도 항상 정확하게 결정할 수 있는가가 확실치 않고,[226] 이 기준이 콘체른 형성에 의한 적극적인 효과를 정량화할 가능성도 결여되어 있기 때문이다. 이러한 문제를 해결하기 위해서, 학설은 시장가격 외에 그것이 존재하지 않는 경우의 기준 등과 관련하여 여러 가지의 의견을 제시하고 있다.[227] 그러나 이러한 의견은 상당성의 판정과 관련하여 재량의 여지가 많은 방안을 제공하는 것에 불과하다고 하겠다.[228]

더욱이, 이미 행해진 행위 내지 조치의 결과에 대한 평가나 장기적 판정을 필요로 하는 정책적 여건[229]에 관한 영향력 행사의 결과를 구체화하고 정량화하는 것 등은 해결이 불가능한 문제라고 할 수 있다. 왜냐하면 이것도 광범위한 재량의 여지가 있기 때문이다. 종속기업의 이사회가 회사 경영의 효율성과 공정성의 조정을 도모하기 위해서는 이 재량

---

225) Prantl, a.a.O.(Fn. 1), S.77; 독립된 회사의 영업지휘자도 행위의 결정시점에 존재하는 사정을 기초로 하여 판단하여야 하는 이상, 종속기업에서도 마찬가지로 해석된다.

226) 시장성이 있는 제품에 관한 거래에서는 비교적 용이하게 판단되지만, 시장성이 없는 거래의 경우 또는 당해 거래와 비교할 수 있는 거래가 존재하지 않는 경우도 있다. 미국법에서의 겸임이사가 존재하는 회사 간의 거래에 대하여 '공정성'의 판단기준은 이른바 '독립당사자 간의 거래(at arm's length bargain)' 기준이라고 하지만, 이것도 마찬가지의 문제가 있다(江頭憲治郎, 앞의 글, 41頁 주 16).

227) Prantl, a.a.O.(Fn. 1), S.78; Albach, *Die Rechtsverhältnisse verbundener Unternehmen*, in: Neue Betriebswirtschaft, 19. Jg.(1966), S.203~206.

228) Prantl, a.a.O.(Fn. 1), S.78.

229) 예를 들면, 판매정책, 공급정책, 인사정책, 투자정책 내지 금융정책 등의 영역이다[Prantl, a.a.O.(Fn. 1), S.79].

의 여지와 관련한 행사 시스템이 마련될 경우 반드시 문제를 해결할 수 있는가에 대해서도 의문의 여지가 있다. 그러나 이사회 구성원에 대한 인사권은 지배기업에 속하고, 자사의 주주와 채권자의 재산상의 이익보호를 위한 재량권의 행사도 보장되어 있지 않다.[230] 이러한 점은 종속보고서의 보호효과가 실제로 현저히 제한될 가능성이 있다는 것을 나타낸다.

따라서 주식법은 이러한 가능성에 대처하기 위하여 결산검사인(주식법 제313조)과 감사회(제314조)에 의한 검사를 받도록 하고 있다. 특히, 입법자는 결산검사인의 기능을 중시하고 있다.[231] 결산검사인의 검사(동법 314조)는, 한편으로는 종속보고서의 정확한 작성을 촉진하고, 그것에 따라 영향력 행사의 상당성을 위반한 경우의 불이익 보상 내지 부정에 대한 대책으로서의 주식법 제315조, 제317조, 제318조의 실효성을 보장하는 것이고, 다른 한편으로는 불이익의 미보상을 방지하기 위해서 소수주주에 의한 견제가 가능하도록 하는 예방적 보호기능을 할 수 있는 것이다. 결산검사인이 분명히 회사관계에 익숙한 전문지식이 있는 제3자인 점을 감안하면 결산검사인은 그러한 역할을 할 수 있는 적당한 인물이라고 한다.

그러나 결산검사인이 검사하는 대상은 사실 기재의 정확성 여하이지만, 종속보고서의 완전성은 그 검사의 대상이 아니다(제313조 제1항 제2문 제1호).[232] 또한 결산검사인의 업무 수행에는 실무적으로 이사회의 경우와 마찬가지로 급부와 반대급부의 상당성 판단이 매우 곤란하다. 따라서 결산검사인에게는 광범위한 재량권이 인정되어 있다고 할 수 있다.[233] 그러나 결산검사인이 어느 정도로 소수주주와 채권자의 보호를 위하여 기대되는 역할을 할 수 있을 것인가는 지배기업에 대한 지위의 독립성과 관련될 수밖에 없다.

또한 감사회도 종속보고서를 독자적으로 검사하고 검사의 결과를 주주총회에 보고하여야 하며, 당해 보고서에는 결산검사인의 종속보고서의 검사결과에 대해서도 의견을 제시하여야 한다(제314조 제2항). 감사회에 의한 검사는 결산검사인에 의한 검사와는 달리 종속보고서의 기재의 정확성뿐만 아니라 완전성에 대해서도 그 영향이 미친다.[234] 그렇

---

230) 이사회 구성원은 종속보고서의 작성에 관한 주의의무를 게을리 하면, 회사에 대하여 손해배상의무를 부담한다. 그러나 소수주주에 의하여 이러한 책임추궁은 실제로 매우 곤란하고, 이사회 구성원에 의한 제소방해의 위협도 적지 않다[Prantl, a.a.O.(Fn. 1), S.84~87].

231) Prantl, a.a.O.(Fn. 1), S.80.

232) Prantl, a.a.O.(Fn. 1), S.80; Kropff, a.a.O.(Fn. 2), S.414. 다만, 검사의 과정에 종속보고가 불완전하다는 것을 확인한 경우에는 이 점도 보고하여야 한다(제313조 제2항 제2문).

233) 법률행위의 경우는 종속기업의 급부가 부당하게 고액인가가 검사되는 것에 불과하다(제313조 제1항 제2문 제2호). 조치의 경우 검사인은 이사회의 판단과 본질적으로 다른 판단을 하고 있는가를 확정하여야 한다(제313조 제1항 제2문 제3호).

234) Prantl, a.a.O.(Fn. 1), S.81~82.

지만 감사회의 검사의 의의는 종속보고서의 보호 목적에 어느 정도 관련이 있는 것으로 평가된다.235) 즉 직무수행에 필요한 전문지식이 부족한 경우에도 가능하고,236) 감사회의 구성과 관련하여 감사의 선임과 해임에 대한 지배기업의 영향력의 행사 가능성으로 감사회가 그 직무수행에서 종속기업의 이익보다도 지배기업의 이익을 염두에 두고 있다는 점을 완전히 배제할 수 없다. 법률이 예정하는 기능을 수행하기 위해서는 감사회의 지위의 독립성과 함께 감독에 필요한 정보가 확보되어야 한다.

소수주주는 종속보고서에 관하여 자기의 이익을 보호하기 위한 직접적인 참가권이 없다. 종속보고서의 열람권이 부여되어 있지 않기 때문이다. 주식법 제315조에 의하면, 각 주주는 지배기업 내지 결합기업에 대하여 거래관계의 검사를 위해서는 특별검사인의 선임을 법원에 청구하여야 한다. 또한 그 전제로, 이사회, 감사회 내지 결산검사인이 보고서 내지 검사활동에서 법률위반의 인식과 함께 주주에게는 그것에 대한 이의제기권을 인정하여야 할 것이다. 이처럼 소수주주의 보호의 실효성은 그 보호시스템의 담당자인 이사회, 감사회, 결산검사인이 그 직무를 어느 정도 공정하게 수행하는 것과 관련이 있다고 할 수 있다.237)

3) 보호시스템상 당사자의 독립성

종속보고서를 중심으로 하는 보호시스템의 실효성은 그 당사자(감사회, 이사회, 결산검사인)의 지배기업에 대한 독립성과 관련이 있는데, 이에 대하여 다음과 같은 점을 검토하여야 한다.

먼저, 감사회에 관해서는 그 선임·해임에서의 영향력을 인정하고, 지배기업과의 겸임관계로부터 중립적인 검사활동을 할 수 있도록 하여야 한다.238) 감사회가 지배기업에 의하여 지배되는 경우 감사회의 구성도 일차적으로는 지배기업에 좌우되게 된다. 이렇게 될 경우 문제는 외부적 감독기관으로서 결산검사인이 콘체른 외의 주주의 보호를 위한 감사를 할 수 있는가이다.

---

235) Prantl, a.a.O.(Fn. 1), S.82.

236) 최근 테크놀로지와 관련된 기업에서는 감사인의 전문적 지식을 필요로 하는 경우도 있다[Charkham, *Keeping Good Company: A study of corporate governance in five countries*(1994), Oxford, p.22].

237) Prantl, a.a.O.(Fn. 1), S.82.

238) 공동결정법이 적용되는 주식회사에서의 피용자대표를 제외하고 주주총회에서 선임되지만, 그 선임은 실질적으로 의결권을 배경으로 하여 지배기업에 의하여 좌우되고 있다[Prantl, a.a.O.(Fn. 1), S.83].

결산검사인도 이와 마찬가지로 지배기업에 의하여 지배되는 종속기업의 주주총회에 따라 선임된다는 사실을 고려하여야 한다. 즉 실질적으로 검증대상인 자가 검사할 자를 선임하고 해임할 수 있는 검사 시스템의 유효성은 의심의 여지가 있다. 분명히, 검사인이 해임을 불안해하지 않는 경우에는 검사인의 선임이나 해임에 대하여 지배기업의 지배는 종속보고서의 보호 효과에 영향을 미치지 않는다고 할 수 있다. 그러나 이것은 증가하고 있는 기업집중 및 다수파 주주가 소수파 주주의 이익의 옹호자로서의 활동을 하는 검사인을 전부 선임하지는 않는다는 점을 고려하여 볼 때 의문이 있다.[239]

이러한 종속성에도 불구하고, 보호 시스템이 기능하기 위해서는 보호 시스템의 당사자의 책임이 소수주주의 이익에 적합한 행동을 하도록 작용할 것인가가 문제되는 것이다.

4) 주식법에 의한 보호제도로서의 당사자책임

주식법 제317조는 지배기업 및 그 법정대리인의 연대책임을 규정하고 있다. 책임의 요건은 종속기업으로 하여금 불리한 법률행위를 하게 하거나, 종속기업에 불이익한 조치를 취하고 동시에 그 불이익의 보상을 행하지 않고 또는 보상에 상당한 이익을 구할 법률상의 청구권을 부여하지 않는 경우이다. 청구권자는 종속기업이지만, 주주도 이러한 권리를 행사할 수 있고, 회사로부터 변제가 이루어지지 않는 한 채권자도 행사할 수 있다(동법 제317조 제4항에 의한 제309조 제4항 준용).

이에 관한 입증책임은 원고가 부담한다. 원고는 회사가 종속하고 있다는 것, 지배기업의 측이 영향력 행사를 하였다는 것 및 보상되지 않는 손해가 발생하였다는 사실을 입증하여야 한다.[240] 그렇지만 지배기업의 영향력 행사가 있었다는 사실에 대한 입증은 실제로 거의 성공할 가능성이 없다고 할 수 있다.[241] 왜냐하면 지배기업의 영향력 행사는 대개 구두로 이루어지고 기록되지 않으며, 설령 영향력 행사가 기록된다고 하더라도 그 정보에 접근하기 위한 지위의 독립성에 대하여 믿을 수 없는 이사회에만 있고, 소수주주에게는 그러한 지위가 인정되지 않기 때문이다.[242] 주식법 제315조에 의한 특별검사제도를

---

239) Pahike, *Der vertragliche und faktische Konzern: Strukturanalyse und Diskussion der konzernrechtlichen Schutzvorschriffen*(1986), Frankfurt, S.166.

240) Prantl, a.a.O.(Fn. 1), S.85.

241) Prantl, a.a.O.(Fn. 1), S.85.

242) 종속기업의 주주에게 직접 개시되지 않는 이유는 보고서의 기재에 구체적인 내용을 요구하는 것과 기업비밀을 관한 요건이 포함되도록 하기 때문이라고 한다(高橋, 앞의 글, 44~48頁).

정보입수를 위하여 이용하는 것을 생각하여 볼 수 있지만, 특별검사는 상술한 보호 시스템, 즉 경우에 따라서는 지배기업에 종속된 인물이 이의를 제기하는 경우에 불과하기 때문에 주주가 통상 자기의 청구권을 행사하기 위하여 불가피한 정보를 입수한다는 것은 매우 곤란한 것이다.

또한 주주가 입증을 하더라도 지배기업, 그 법정대리인은 "종속적이 아닌 회사의 통상적 내지 양심적 영업지휘자도 당해 법률행위를 하거나 또는 일정한 법적 조치를 하지 아니하면 안 되었다"는 점을 입증하여 그 책임을 면할 수도 있다(제317조 제2항). 종속기업의 통상적ㆍ양심적인 영업지휘자의 행위는 객관화도 정량화도 곤란하기 때문에 법원의 판단에서 그 재량의 폭이 스스로 확대되고 피고 측에 유리하게 될 수밖에 없다는 점이 지적되고 있다.243)

나아가, 제318조는 지배기업, 그 법정대리인의 책임과 마찬가지로, 종속기업의 이사회 및 감사회의 연대책임에 관하여 규정하고 있다. 이 규제의 유효성은 원고인 주주의 절차상의 리스크와 비용 리스크에 의하여 판단된다. 또한 주의의무의 위반에 관한 입증책임은 이사회 및 감사회에 있다. 이러한 점에서 원고의 절차상의 리스크는 경감된다고 말할 수 있지만, 주주에게는 정보취득 수단이 결여되어 있다는 점에서 입증의 부담이 무겁다고 할 수 있다. 비용 리스크라는 점은 원고인 주주가 사전에 소송비용을 지급하지 않으면 안 되며, 만약 원고인 주주가 패소한 경우에는 모든 비용을 스스로 부담하여야 한다.244) 이 비용 규정은 권리남용의 방지를 위한 것이다.245) 그러나 권리남용이 아님에도 불구하고 손해배상청구권의 행사 자체가 저해되는 것은 비판의 대상이 되지 않을 수 없다.246)

마지막으로, 종속보고서의 검사와 관련한 결산검사인의 책임에 대해서는 주식법은 특별한 규정을 두고 있지 않다. 결산검산에 관해서는 연말결산 검사에서의 민사책임 및 형사책임에 관한 규정이 적용된다. 즉 독일 상법전(HGB) 제323조 제1항에 의하면, 결산감사인, 그 종업자 및 감사를 할 때 협력하여야 할 감사회의 법정대표자는 양심적인 내지 공평한 감사와 비밀유지에 대한 의무를 부담한다. 만약 이에 위반한 경우에는 그것에 대한 손해배상책임을 진다, 다만, 제2항에 따라 양심적 내지 공평한 검사와 비밀유지에 대

---

243) Prantl, a.a.O.(Fn. 1), S.85~86.

244) Prantl, a.a.O.(Fn. 1), S.87.

245) Prantl, a.a.O.(Fn. 1), S.87; Kropff, a.a.O.(Fn. 2), S.405.

246) 비용 리스크를 경감하기 위하여 주식법 제247조의 확대 적용을 주장하는 견해가 있는 것도 계약콘체른의 경우와 마찬가지이다(高橋, 앞의 글, 69~70頁 주 49).

한 의무를 위반한 경우 손해배상책임에 관한 배상액은 백만 유로에 한정된다.[247] 또한 주식법 제403조(허위보고에 대한 벌칙)[248] 제404조 제1항 제2호(비밀 준수 의무위반에 대한 벌칙)[249]도 적용된다. 그러나 청구권자는 지배기업 내지 그것을 결합한 기업으로, 종속기업의 주주는 제외된다. 그 밖에도, 주주는 일반적으로 민법상의 불법행위를 이유로 손해배상청구권(민법전 제823조 제2항,[250] 제824조[251] 및 제826조[252])을 행사할 수 있지만, 실제로 그 실효성이 있는가에 대해서는 의문의 여지가 있다. 결산검사인에게 광범위한 재량의 여지가 인정되고 있지만, 지배기업 측의 이익을 추구하는 검사에 대해 의무위반의 사실에 대한 입증은 거의 불가능한 일이라고 할 수 있기 때문이다.[253]

이상에서 살펴본 바와 같이, 절차 리스크(입증의 곤란성) 및 비용 리스크에 대하여 주주에게 인정된 책임추궁제도가 위협적인 것이 아니라면, 지위의 독립성이 불충분한 자에 의존하는 보호제도의 기능 또한 문제가 있다고 하지 않을 수 없다.

---

247) Die Ersatzpflicht von Personen, die fahrlässig gehandelt haben, beschränkt sich auf eine Million Euro für eine Prüfung. Bei Prüfung einer Aktiengesellschaft, deren Aktien zum Handel im amtlichen Markt zugelassen sind, beschränkt sich die Ersatzpflicht von Personen, die fahrlässig gehandelt haben, abweichend von Satz 1 auf vier Million Euro für eine Prüfung. Dies gilt auch, wenn an der Prüfung mehrere Personen beteiligt gewesen oder mehrere zum Ersatz verpflichtende Handlungen begangen worden sind, und ohne Rücksicht darauf, ob andere Beteiligte vorsätzlich gehandelt haben[HGB § 323(2)].

248) AktG § 403(Verletzung der Berichtspflicht)(1)(2); vom 6.9.1965/nach dem Stand des Gesetzes vom 27.11.2003.

249) Mit Freiheitsstrafe bis zu einem Jahr, bei börsennotierten Gesellschaften bis zu zwei Jahren, oder mit Geldstrafe wird bestraft, wer ein Geheimnis der Gesellschaft, namentlich ein Betriebs−oder Geschäftsgeheimnis, das ihm in seiner Eigenschaft als ① miitglied des Vorstands oder des Aufsichtsrats oder Abwickler, ② Prüfer oder Gehilfe eines Prüfers bekanntgeworden ist, unbefugt offenbart; im Falle der Nummer 2 jedoch nur, wenn die Tat nicht in § 333 des Handelsgesetzbuchs mit Strafe bedroht ist(AktG § 404 Verletzung der Geheimhaltungspflicht; vom 6.9.1965/nach dem Stand des Gesetzes vom 27.11.2003).

250) Die gleiche Verpflichtung trifft denjenigen, welcher gegen ein den Schutz eines anderen bezweckendes Gesetz verstößt. Ist nach dem Inhalte des Gesetzes ein Verstoß gegen dieses auch ohne Verschulden möglich, so tritt die Ersatzpflicht nur im Falle des Verschuldens ein[BGB § 823(2)].

251) ① Wer der Wahrheit zuwider eine Tatsache behauptet oder verbreitet, die geeignet ist, den Kredit eines anderen zu gefährden oder sonstige Nachteile für dessen Erwerb oder Fortkommen herbeizuführen, hat dem anderen den daraus entstehenden Schaden auch dann zu ersetzen, wenn er die Unwahrheit zwar nicht kennt, aber kennen muß. ② Durch eine Mitteilung, deren Unwahrheit dem Mitteilenden unbekannt ist, wird dieser nicht zum Schadensersatze verpflichtet, wenn er oder der Empfänger der Mitteilung an ihr ein berechtigtes Interesse hat[BGB § 824(1)(2)].

252) Wer in einer gegen die guten Sitten verstoßenden Weise einem anderen vorsätzlich Schaden zufügt, ist dem anderen zum Ersatze des Schadens verpflichtet(BGB § 826).

253) Prantl, a.a.O.(Fn. 1), S.87.

제5절 콘체른 규제의 개선논의

 이상으로 지배기업과 종속기업 간의 법적 규제에 대한 문제점을 살펴보았다. 독일에서는 이러한 문제점에 대한 해결책을 찾고자 1996년 11월 22일에 공포된 주식법 등의 개정을 지향하는 기업분야에있어서감독및투명화를위한법률(KontraG)[254]에 의하여 관련법제도의 개선을 시도하였다. 이하에서는 그에 관한 구체적인 내용을 검토하기로 한다.

1. 종속성 개념의 명확화

 독일에서는 지배기업과 종속기업 간의 법적 규제에 관한 문제점에 대한 해결책을 찾고자 1996년 11월 22일에 공포된 주식법 등의 개정을 지향하는 기업분야에있어서감독및투명화를위한법률(KontraG)[255]에 의하여 관련 법제의 개선을 시도하였다. 그 결과, 가장 최근에 개정된 독일 주식법은 2003.11.27. 내지 2004.5.18.부터 발효하도록 하고 있다.
 이와 관련하여 지배계약은 일정한 기간 동안 사실상의 콘체른 관계가 계속되고 종속기업의 가치가 저하된 후에 체결되는 경우가 많으므로, 그 이전의 단계에서 소수주주·채권자의 보호가 이루어질 필요가 있다. 이를 위하여 사실상의 콘체른에서는 보호시스템이 적시에 발동되는 것이 불가피하다. 그런데 종전의 주식법은 단순히 제311조(Schranken des Einflusses) 이하의 사실상의 콘체른에 관한 규제와 제291조(Beherrschungsvertrag, Gewinnabführungsvertrag) 이하의 계약콘체른에 관한 규제와 구별하는 것에 지나지 않으며, 지배계약의 경우의 적절한 보호는 할 수 없다. 계약콘체른의 규제는 지배계약의 체결에 의하여 발동되고,[256] 이와 관련된 주식법 제311조 이하의 규정은 '종속성'을 전제

---

254) Gesetz zur Kontrolle und Transparenz im Unternehmensbereich.

255) Gesetz zur Kontrolle und Transparenz im Unternehmensbereich.

256) 지배계약의 유효요건으로서 주주총회에 있어서 특별결의에 의한 승인(주식법 제293조), 효력발생요건

로 하고 있는데, 이 개념 자체가 명확한 것은 아니므로 제311조 이하의 적용 유무를 결정하는 것이 매우 어렵다는 사실이 지적되었다.

이와 관련하여 주식법의 개정을 위한 기업법위원회는 다음의 제안을 하였다. 즉 종속성 개념에 대하여 주식법 제17조[257])의 정의를 그대로 채용하지만, 통일적 지휘는 필요하지 않다는 것이다.[258]) 왜냐하면 상업등기부 내지 협동조합 등기부에 등기된 주주 내지 제3자 및 법인인 주주 내지 제3자가 지배적 영향력을 행사할 경우 공시법상의 규제를 받도록 하고 있으며, 다수주주인 경우에는 등기에 의하여 지배적 영향력의 행사가 추정되기 때문이다. 또한 종속성의 확정을 용이하게 하기 위하여, 내국에 있는 1개의 주식회사가 다른 회사의 4분의 1 이상의 주식을 소유하게 된 경우 그 사실의 확인을 위하여 지체 없이 서면으로 통지를 하여야 한다는 요건(제20조 제1항)[259])을 그 10분의 1로 인하여야 한다고 하였다. 나아가, 사실상 콘체른의 존재를 확정하기 위해서는 결산검사인이 종속보고서에서 통일적 지휘의 존부를 확정하는 것과 병행하여 소수주주에게 통일적 지휘의 존재를 증명하도록 하였다. 따라서 현행 주식법은 주주의 보호에 충실한 것이라고 생각되지만, 통일적 지휘나 종속성에 관한 개념이 불명확하여 문제가 해소될 것 같지는 않다.[260])

2. 종속보고서의 개선

종속기업의 소수주주 및 채권자 보호의 시스템에서 당사자의 책임에 대한 추급 가능성을 담보하는 것이 종속보고서라고 할 수 있다. 그러나 종속보고서에는 그 기능 및 검사

으로서 상업등기부에 등기(동법 제294조)가 필요하다.

257) Abhängige Unternehmen sind rechtlich selbständige Unternehmen, auf die ein anderes Unternehmen(herrschendes Unternehmen) unmittelbar oder mittelbar einen beherrschenden Einfluß ausüben kann(AktG § 17 Abhängige und herrschende Unternehmen; vom 6.9.1965/nach dem Stand des Gesetzes vom 18.05.2004).

258) Prantl, a.a.O.(Fn. 1), S.122~123.

259) Sobald einem Unternehmen mehr als der vierte Teil der Aktien einer Aktiengesellschaft mit Sitz im Inland gehört, hat es dies der Gesellschaft unverzüglich schriftlich mitzuteilen. Für die Feststellung, ob dem Unternehmen mehr als der vierte Teil der Aktien gehört, gilt § 16 Abs. 2 Satz 1, Abs. 4[AktG § 20(Mitteilungspflichten)(1); vom 6.9.1965/nach dem Stand des Gesetzes vom 18.05.2004].

260) Unternehmensrechtskommission, a.a.O.(Fn. 2), S.744.

당사자의 지배기업에 대한 종속성이나 주주의 접근권이 흠결되어 있다는 문제점이 지적되고 있다.

따라서 기업법위원회는 주식법상의 종속보고서의 제도를 그대로 유지하면서 그 충실을 기하려고 노력하였다.[261] 즉 지분의 과반수에 의한 다수참가에도 불구하고 지배기업의 지분이 25% 이상인 자본회사(주식회사·주식합자회사) 및 두수주의에 의한 과반수를 유지하고 있거나 업무집행권을 가진 합자회사의 유한책임사원이 참가하고 있는 인적 회사와의 관계를 종속보고서에 보고하도록 하였다. 또한 종속기업에 이익이 없이 회사의 조직변경을 야기하는 영향력 행사는 인정하지 않고, 이에 위반한 경우 손해배상의무가 발생하며, 불이익한 거래에 대한 보상은 직접적으로 이루어져야 한다. 즉 주식법 제311조 제2항에 의하면, 영업연도 중에 사실상 보상이 이루어지지 않는 경우 지체 없이 불이익이 발생한 영업연도 말까지 불이익에 대하여 어떠한 이익으로 보상할 것인가를 정하여야 하고, 종속기업은 이에 대한 보상청구권을 가지는 것이다.[262] 만약 지배적 대주주가 이러한 책임을 면하려면 반대급부가 상당하다는 점, 허용되는 영향력행사 내지 불이익한 거래가 아니라는 점 등에 대하여 입증하여야 한다.

그러나 종속보고서의 작성과 관련하여, 불이익 및 정량화의 문제 내지 작성자의 지배기업의 종속성의 문제가 또한 남아 있다.[263] 즉 '종속기업의 이익'은 단순히 경제적으로 독립한 회사를 기준으로 하고 있기 때문에 콘체른 전체로서의 효율성은 저해된다. 또한 주주와 결합기업 간의 관계를 그대로 종속보고서에 직접 개시하는 것은 책임추급의 실효성을 높이는 장점을 가지고 있으나, 기업비밀이 유출되는 문제가 있으며, 개별 주주가 그 내용을 이해할 수 있는 전문적인 지식을 가지고 있지 않다는 것도 문제인 것이다.[264] 이

---

261) Prantl, a.a.O.(Fn. 1), S.122~123; Unternehmensrechtskommission, a.a.O.(Fn. 92), S.738~740.

262) Ist der Ausgleich nicht während des Geschäftsjahrs tatsächlich erfolgt, so muß spätestens am Ende des Geschäftsjahrs, in dem der abhängigen Gesellschaft der Nachteil zugefügt worden ist, bestimmt werden, wann und durch welche Vorteile der Nachteil ausgeglichen werden soll. Auf die zum Ausgleich bestimmten Vorteile ist der abhängigen Gesellschaft ein Rechtsanspruch zu gewähren[AktG § 311(Schranken des Einflusses)(2); vom 6.9.1965/nach dem Stand des Gesetzes vom 18.05.2004].

263) Prantl, a.a.O.(Fn. 1), S.123.

264) 독일의 개정 주식법에서는 기업계약 심사의 경우 전문적인 감사를 통해 심사할 수 있도록 규정하였다 [AktG §293b(Prüfung des Unternehmensvertrags(1); vom 6.9.1965/ nach dem Stand des Gesetz vom 18.05.2004]. 또한 일본에서도 이와 관련하여 감사는 회사관계에 관하여 일정 정도의 전문적 지식을 가진 중립적 감사가 소수주주의 청구에 따른 감사를 하고 감사 결과의 보고를 하는 것이 바람직하다고 하는 주장이 있다[森淳二朗, 「株式會社法の柔構造化-一本マスト型から三本マスト型の會社法へ-」, 『商法·經濟法の諸問題(川又良也先生還曆記念)』(商事法務研究會, 1994), 69頁 이하].

에 대하여, 주주에 대한 공시는 필요 없지만, 종속보고서의 기재내용을 충실히 하여야 한다는 주장이 있다. 그러한 예로, 주식법 제312조 제1항 제2문265)이 요구하고 있는 것과 함께 '콘체른 결합에 관련된 종속기업의 이익에 영향을 미치는 행위 내지 조치'도 종속보고서에 기재하도록 하여야 한다는 것이다.

3. 콘체른 형성단계에서의 규제

독일의 주식법에 의한 사실상의 콘체른의 규제는 이미 지배·종속관계에 있는 회사에서 통일적 지휘를 총괄하고 있는 상태를 전제로 한 정적인 규제라고 할 수 있다. 그러나 콘체른은 동태적인 구조를 가지고 있다. 즉 지배권 획득을 위한 단계적인 일시의 모든 지분의 취득, 지배적 영향력 또는 사실상의 콘체른에서의 통일적 지휘력의 행사, 계약콘체른에서의 통일적 지휘의 행사 등으로 전개되는 것이다. 만약 둘째 내지 셋째의 단계에서의 규제가 충분하지 않는 경우에는, 그 이전의 단계에서의 규제를 중요시하고, 종속성 (과반수 참가로 추정된다)보다 오히려 일정한 자본참가에 의한 지배적 영향력의 행사의 시작단계(콘체른 형성단계)에서의 규제가 필요할 수도 있다.266)

콘체른 형성단계에서의 규제는 여러 가지가 있을 수 있지만,267) 대표적인 형태로는 주식공개매수와 관련된 EC지령안에서와 같이 일정한 비율의 주식을 취득할 경우 잔여 주식에 대해서도 매수의무를 인정하도록 하는 경우를 들 수 있다.268) 이와 관련하여 독일

---

265) Besteht kein Beherrschungsvertrag, so hat der Vorstand einer abhängigen Gesellschaft in den ersten drei Monaten des Geschäftsjahrs einen Bericht über die Beziehungen der Gesellschaft zu verbundenen Unternehmen aufzustellen. In dem Bericht sind alle Rechtsgeschäfte, welche die Gesellschaft im vergangenen Geschäftsjahr mit dem herrschenden Unternehmen oder einem mit ihm verbundenen Unternehmen oder auf Veranlassung oder im Interesse dieser Unternehmen vorgenommen hat, und alle anderen Maßnahmen, die sie auf Veranlassung oder im Interesse dieser Unternehmen im vergangenen Geschäftsjahr getroffen oder unterlassen hat, aufzuführen. Bei den Rechtsgeschäften sind Leistung und Gegenleistung, bei den Maßnahmen die Gründe der Maßnahme und deren Vorteile und Nachteile für die Gesellschaft anzugeben. Bei einem Ausgleich von Nachteilen ist im einzelnen anzugeben, wie der Ausgleich während des Geschäftsjahrs tatsächlich erfolgt ist, oder auf welche Vorteile der Gesellschaft ein Rechtsanspruch gewährt worden ist[AktG § 312(Bericht des Vorstands über Beziehungen zu verbundenen Unternehmen)(1); vom 6.9.1965/nach dem Stand des Gesetzes vom 27.11.2003].

266) Prantl, a.a.O.(Fn. 1), S.147.

267) 佐藤誠, 앞의 글, 153頁.

268) 早川勝, 「企業結合に關するヨロッパ會社法と株式公開買付規制の調整」, 『ジュリスト(1104號)』

에서는 연방주식거래소 전문위원회에 의한 '주식공개매수기준(Übernahmenkodex)'이 1995년 7월 14일에 작성되어, 그해 10월 1일부터 발효되었다.269) 이 기준에 의하면, 매수대상 회사의 의결권의 50%를 초과하는 주식을 취득한 경우, 그 기준치를 초과한 후 18개월 이내에 그 과반수 주식을 가진 주주와 대상회사가 주식법 제291조(Beherrschungsvertrag, Gewinnabführungsvertrag)에 의한 기업계약을 체결하는 결의를 하는 등 소수주주의 보호조치를 하지 않는 경우에는 그 과반수 주식을 가진 주주는 그 후 3월 내에 대상회사의 다른 모든 유가증권 보유자에 대하여 잔여주식의 공개매수를 신청하여야 한다. 이러한 규제는 소수주주의 보호를 위한 것임에도 불구하고, 회사법이 기업집중에 대한 중립성을 지키는 것이며, 자원의 효율적 분배에도 도움이 된다고 한다.270)

콘체른의 형성단계에서 이러한 규제가 이루어지면 종속기업의 소수주주나 채권자의 보호 문제는 개선될 것이다. 다만, 주식이 광범위하게 분산되어 있는 경우 과반수 미만의 주식취득으로도 실질적으로 회사를 지배하는 것은 가능한데, 이러한 경우에도 의무적 공개매수를 인정하는 것은 사적 자치의 원칙을 위반하고 과도한 간섭이라고 할 수 있을 것이다.

4. 변태적 사실상의 콘체른

주식법 제311조(Schranken des Einflusses) 이하의 사실상의 콘체른의 규제에는 스스로 한계가 있다. 그러나 독일의 사실상의 콘체른에는 결합의 내부 상태가 계약콘체른에 해당할 정도로 종속기업의 이익에 중대한 영향을 미치도록 지배기업의 영향력이 극도로 광범위하게 행사됨으로써 제311조 이하에 의한 보상을 중심으로 하는 보호시스템이 제기능을 다할 수 없는 경우가 있다.

이러한 사실상의 콘체른 유형에 착안하여 '변태적 사실상의 콘체른(Qualifizierter faktischer Konzern)'271)이라고 하는 판례법상의 이론이 등장하였다.272) 이 법리는 사실

(1997), 54, 57頁.

269) 公開買付基準은 AG 1995, 572f.를 참조

270) Prantl, a.a.O.(Fn. 1), S.226.

271) 이는 특수한 사실상의 콘체른이라고도 한다.

272) 변태적 사실상의 콘체른에 관한 논의는 사실 유한회사 콘체른에서의 특수한 사례에 관한 판결을 근거로 한다(Autokran: BGH, Urteil v. 16.09.1985, in: BGHZ 95. BD., S.330~349; Tierbau: BGH,

상의 콘체른의 경우 지배기업이 종속기업에 대하여 계속적·포괄적인 영향력을 행사함으로써 지배기업의 지시와 그 결과를 개별적으로 파악하는 것이 불가능하고, 제311조 이하의 보호시스템이 기능할 수 없는 경우 지배계약이 존재하지 않아도 계약콘체른에서와 같은 주주·채권자의 보호조치를 취할 수 있기 때문에 유용한 것이다.[273] 이로써, 소수주주 등은 지배기업에 의한 불이익 보상이 아니라 주식법 제302조(AktG § 302 Verlustübernahme; vom 6.9.1965/nach dem Stand des Gesetzes vom 18.05.2004), 제303조(AktG § 303 Gläubigerschutz; vom 6.9.1965/nach dem Stand des Gesetzes vom 18.05.2004)에 의한 손실인수 내지 담보제공 및 제304조(AktG § 304 Angemessener Ausgleich; vom 6.9.1965/nach dem Stand des Gesetzes vom 18.05.2004), 제305조(AktG § 305 Abfindung; vom 6.9.1965/nach dem Stand des Gesetzes vom 18.05.2004)에 의한 콘체른 외의 주주(사원) 보상과 반환 청구권에 의한 보호를 받을 수 있다.

이는 원래 유한회사에서 포괄적 콘체른이 되지 못하도록 사실상의 콘체른 종속기업의 채권자 보호를 위한 판례로 형성된 것이다. 그런데 학설은 주식회사 콘체른에서도 이 법리가 마찬가지로 적용될 수 있다고 하고 있다.[274] 다만, 문제는 '단순' 사실상의 콘체른과 '변태적' 사실상의 콘체른을 어떻게 구별할 것인가에 있다.[275]

연방법원의 초기 판결에 의하면, 변태적 사실상의 콘체른과 관련된 책임에 관하여 지휘권의 '계속적·포괄적인' 행사가 중시되었다. 즉 "기업집단에서 개별 회사의 고유한 이익을 고려하지 못하고 콘체른 이익이 결정적인 역할을 한다"는 것이 사실상 추정되고, 이와 관련되어 변태적 사실상의 콘체른이 인정된다는 것이다.[276] 그러나 그렇게 해석할 경우에는 거의 모든 사실상의 콘체른이 '변태적' 사실상 콘체른이 된다는 지적이 강하게 대두되었다. 따라서 연방법원은 그 이후의 판결에서는, "종속기업의 계속적·포괄적 지휘가 책임요건은 아니고, 종속기업의 고유한 이익을 고려하여야 하는 것도 아니며, 전체

Urteil v. 20.02.1989, in: BGHZ 107. Bd., S.7~23).

273) 江頭憲治郎, 앞의 책, 308頁.

274) 그러므로 판례상 실제로 적용되는 것은 "거의 도산한 종속유한회사가 지배기업에 대하여 자기의 채권 변제를 청구하는 경우의 사안이고", 주식회사 콘체른에의 적용 및 소수주주보호의 규정(제304조에 의한 상당한 보상청구권과 제305조에 의한 반환청구권)의 적용은 학설상 논의가 되고 있는 것이다(江頭憲治郎, 앞의 책, 308頁).

275) Prantl, a.a.O.(Fn. 1), S.89~90.

276) 전게 Autokran 판결 및 Tiefbau 판결 참조. 이 외에도, Video 판결(BGH, Urteil v. 23. September 1991, in BGHZ, 115, Bd., S.187~203)도 같다.

로서 이에 부가하여 불이익이 개별의 보상에 의하여 보전될 수 없는 것과는 달리 지배기업의 사원에 의한 지휘권의 행사가 책임요건이라고 할 수 있다"고 판시하였다.[277]

현행법상 이른바 변태적 사실상의 콘체른에서 종속기업은 주식법 제311조 이하의 법적 효과가 적용된다고 할 수 있다. 그러나 변태적 사실상의 콘체른 법리는 그 요건·효과가 명확하게 확립되어 있다고 말할 수 없고, 사실상 콘체른이 계약콘체른과 마찬가지의 규제에 따른다면, 소수주주 및 채권자의 적절한 보호가 이루어질 수 없는 경우도 있을 수 있다. 이러한 사실은 어떤 의미에서는 계약의 유무에 의하여 지휘권 행사의 가부를 결정하고, 또 그것에 따라 주주·채권자의 보호조치를 획일적으로 규제하는 것에는 문제가 있다는 것을 의미한다.

---

277) TBB판결: BGH, Urteil v. 29.03.1993, in: ZIP, 14. Jg., S.589~595.

제6절 소결

이상으로 결합기업에 관하여 포괄적인 규제를 하고 있는 독일의 주식법의 규제 내용을 살펴보았다. 그 규제의 가장 큰 특징은 결합기업의 규제를 지배계약의 유무에 의하여 구별한다는 점이다. 이러한 사실은 결합기업 간의 지배·종속관계를 정면으로 파악하여 지배에 의한 경영의 효율성 촉진과 그 폐해에 대한 배려를 법률상 명확히 하려고 하는 점에서 그 의미가 크다고 할 수 있다.

그러나 '회사지배'와 관련하여 주주총회에서의 자본 다수결에 의한 과반수의 찬성으로 감사회와 그것을 통한 이사회의 구성원을 선임·해임할 수 있는가로써 종속기업의 업무 집행에 대한 영향력의 행사가 있었는가를 판단하지 않는데, 이는 문제가 아닐 수 없다. 따라서 지배계약에 의한 '사실상의 측면에서의 종속기업에 대한 지배'를 법적 영역으로 끌어들여야 할 것이며, 지배기업의 지배권 행사를 인식하고, 그것에 관한 요건, 의무, 책임 등에 대한 합리적인 규제가 필요하다. 또한 지배계약에 의한 콘체른이 아닌 경우의 이해조정 기준은 콘체른 실태의 다양성과 관계없이 법규제에 유연하게 대응할 수 있도록 독립한 기업을 염두에 둔 것이어야 한다고 지적되고 있다.[278]

종속기업의 소수주주 보호에 관련하여 현행법상 모든 문제를 근본적으로 해결할 수 있는 대책은 아직까지 존재하지는 않는 것 같다. 다시 말하면, 결합기업의 경영의 효율성과 지배의 공정성이 양립하도록 하는 관점에서 콘체른의 지휘를 법적으로 완전히 파악하지 못하고 있다는 것이다.

또한 최근에는 지주회사와 종속기업 간에 콘체른 전체의 이익을 위하여 금융상의 콘체른이 형성되고, 금융시장과 경영자시장에서의 관계를 제외하고 판매시장이나 공급시장과의 관계에서는 영향력을 행사하지 못한다는 점이 지적되고 있다.[279] 이러한 점을 인식한

---

278) 확실히 이러한 경우의 종속기업에 대한 불이익한 영향력의 행사는 위법이 되지만, 지배기업 및 그 법정 대리인과 회사 임원의 책임추궁은 실제로는 용이하지 않다(佐藤誠, 앞의 글, 157頁).

279) Theisen M.R., *Die Finanzwirtschaft der Holding*, in: Lutter, M. [Hrsg.]: Holding – Handbuch: Recht, Management, Steuern, Köln 1995, S.363.

기업은 적극적으로 지휘권능을 인정할 지배계약을 체결하는 경향이 있고, 지배계약이 없는 경우에는 종속기업의 경영에 대하여 과도한 영향력을 행사하는 것을 자제해 가고 있다. 그러나 계약콘체른의 규제에도 여러 가지 문제점이 있다. 또한 사실상의 콘체른 관계에 있는 종속기업의 주주가 지배기업 등에 대하여 손해배상청구 소송을 제기할 수 없는 점, 증거자료의 수집이나 입증이 곤란한 점, 비용 리스크 등으로 인한 제도적인 문제가 많고, 실제로는 그것으로 인하여 피해가 발생하고 있는가도 정확히 파악되지 못하고 있다. 다만, 지배기업의 통상적인 영향력 행사로 인하여 종속기업의 주주에게 명백한 손해를 입혔다면 변태적 사실상의 콘체른의 법리 등에 의하여 해결하면 그것으로 충분한 것이 아닌가 하고 있다.

다른 한편으로, 경영의 효율성과 관련하여 최근의 학설상 기업집단의 내부질서에 대한 점검을 필요로 하는 점은 주목할 만한 가치가 있다.[280] 이것은 콘체른 내부의 거래에서 임원의 겸임관계가 있고 쌍방대리의 문제가 되는 경우 민법상의 자기계약(Selbstkontra-hieren) 금지규정(BGB 제181조)을 적용하도록 하고, 개별적인 거래에는 허락을 받도록 함으로써 콘체른 내부에서의 거래의 효율적인 운용을 할 수 있다고 한다. 이러한 점은 집단기업 간의 거래의 수요·특수성과 함께 주식법상 포괄적인 콘체른 규제에 의한 주주·채권자의 보호가 시도되고 있는 점에 착안하여, "주식법상 포괄적인 기업결합법제가 이익충돌의 위험에 대처할 보호조치가 구체적으로 마련되어 있는가를 면밀히 검토하고, 그것이 긍정되고 있는 한, 결합기업의 거래의 현실에 비추어 경직된 규제를 배제하고 쌍방대리 금지의 일반규정을 한정적으로 해석할 필요가 있다"[281]고 하고 있다.

또한 사실상의 콘체른에서의 불이익 보상이나 계약콘체른에서의 보상과 반환의 상당성 판단 또는 지배기업 및 그 법정대리인과 회사 임원의 책임추궁에 관한 재판에서 지배기업에 유리하게 판단되는 경향이 있으며, 법원은 경영의 효율성을 전제로 하여 판단하지 못한다는 점이 지적되고 있다. 그러므로 현행법상의 판단기준[282]이나 절차·비용 리스크에 비추어 법원에 '효율성'과 '공정성'의 균형을 확보하기 위한 역할에 대하여 과도한 기대를 하는 것은 무리가 있다고 한다.

---

280) Timm, Mehrfachvertretung im Konzern, *AcP* 193(1993), S.423.

281) 野田博, 앞의 글, 16頁.

282) 사실상 콘체른에서의 불이익 보상이나 손해배상에 관한 상당성의 판단은 종속기업이 독립성을 유지하고 있는 경우를 기준으로 하여 이루어지지만, 이러한 기준은 콘체른에 속함으로써 종속기업이 받은 이익은 고려되지 않는다. 또한 그 자료의 부족 또는 흠결로 인하여 종속기업의 보상 내지 배상이 불가능한 경우도 있다. 따라서 법원의 판단이 신중하게 됨으로써, 오히려 결과적으로 상당한 보상이 어렵게 되고, 나아가 손해배상이 실현되지 않는 경우도 있을 수 있다.

제4장 미국의 결합기업 규제

제1절 총설

　미국에서는 지배·종속관계에 있는 회사의 경우, 즉 콘체른 기업에서 지배기업의 영향력 행사에 대한 종속기업의 소수주주와 채권자를 보호하기 위한 포괄적 법제는 존재하지 않는다. 그렇다고 하여 이 문제를 등한시하고 있지는 않다. 미국법상 종속기업의 소수주주의 보호 문제는 회사법상 이사와 임원이 회사에 대하여 수임자로서 부담하는 충실의무(fiduciary duty of loyalty)의 법리 중에서 도출된다.

　미국의 판례법상 지배주주(controlling Shareholder)도 일단 일정한 경우 회사 및 소수주주에 대하여 충실의무를 부담한다는 법리가 확립되어 있고,[1] 지배·종속기업 간에 이사의 겸임관계가 존재하지 않는 경우에도 마찬가지의 법리의 적용이 있다. 또한 종속기업에 속한 업종과 관련하여 지배기업에 의한 종속기업의 사취가 행하여질 개연성이 크다는 인식 아래 각 주 내지 연방의 각종 기업법보다는 개별적·구체적으로 그 사안의 해결을 도모하고 있다.[2] 따라서 미국법의 규제의 분석에 있어서도 주로 각 주 회사법 및 판례법에 있어서 이사 혹은 지배주주의 충실의무 법리에 의한 종속기업 소수주주의 보호에 초점을 두고 검토를 한다.

　특히, 충실의무위반과 관련한 이사 내지 지배주주 행위의 유형은 여러 가지로 분류되는데,[3] 그중 결합기업의 운영과 관련한 문제는 지배·종속기업 간의 거래가 이루어지는 경우 또는 기업집단 간에 거래가 이루어지는 경우에 지배기업의 영향력 행사에 의한 종속기업 내지 일부의 집단기업이 불이익한 취급을 받은 경우(이하 지배·종속기업 간의

---

1)　戶川成弘, 「アメリカにおける支配株式の賣却－賣却プレミアムの歸屬を中心として」, 『法政論集 (106號)』(名古室大學, 1985.11.), 275~301頁.

2)　1934년 證券取引所法 및 各證券取引所의 상장기준이 중요한 역할을 하고 있다.

3)　예를 들면, 회사와의 경업거래(competing business with the corporation), 회사의 기회의 탈취(usurpation of corporate opportunity), 회사와의 이익상반거래(business involving a conflict of interest), 내부자거래(insider trading), 소수주주의 억압(oppression of minority shareholders), 지배권의 매각(purchase or sale of control)으로 분류된다(黑木松男, 「アメリカ會社法における會社の機會の理論の新展開(1)」, 『創價 法學(第24卷 1號)』(1995), 1~2頁).

거래로 한다) 및 지배·종속기업 간 내지 혹은 집단기업 간의 사업분야의 조정에 있어서 지배기업의 영향력 행사에 의한 종속기업 내지 일부의 집단기업의 사업기회를 잃어버렸을 경우(이하 지배·종속기업 간의 사업기회로 한다) 등을 들 수 있다.[4] 그런데 미국에서 종속기업은 경제적으로 독립한 회사로서 취급되지는 않으며, 독일의 계약콘체른처럼 지배기업의 종속기업에 대한 포괄적인 지휘권도 인정되지 않는다. 이러한 점으로부터 지배·종속기업 간의 관계의 공정성이 문제 되며, 판례법 및 학설은 이러한 충실의무 위반의 유형에 대응하여 '공정성 판단기준'을 발전시키고 있다.

따라서 이하에서는 미국에서의 지배·종속관계의 형성인 콘체른의 형성, 지배·종속기업 간의 거래에 있어서 공정의 문제, 지배·종속기업 간의 사업기회에 관한 공정의 문제, 그리고 지배·종속관계 판단의 전제로서 기업공시제도 등을 검토하기로 한다. 이를 검토함에 있어서는 종속기업 자체 및 그 주주의 보호에 초점을 두며, 종속기업 채권자의 보호는 간접적으로 고찰하기로 한다.

---

4) 결합기업의 운영에 있어서는 지배기업이 이익을 종속기업에 이전하는 것으로서 지배기업의 주주나 채권자를 해하는 것도 있다. 일본에 있어서도 순수지주회사의 해금에 의하여 이러한 문제를 현재화하는 것이 지적되고 있다(佐藤誠, 앞의 글, 214頁).

제2절 지배 · 종속관계의 형성

1. 서설

지배 · 종속관계의 형성은 미국에서 오래전부터 존재해 온 현상이다. 따라서 미국의 입법과 판례도 20세기 초 이래로 회사법, 기업법, 경쟁법, 자본시장법, 조세법 및 책임법 분야에서 콘체른에 대한 문제를 해결하기 위한 지속적인 노력을 경주하여 왔으며, 그에 대한 다양한 규정이 제정되었다. 하지만 아직까지 통일된 지배 · 종속관계를 규율하는 법은 존재하지 않는다. 이하에서는 지배 · 종속관계의 형성 과정을 살펴보면 다음과 같다.

2. 지배 · 종속관계의 형성의 태동

미국에서 지배 · 종속관계를 형성하게 된 가장 중요한 동기로는 회사법상 사원의 유한책임, 회사를 통한 다른 회사의 지분 내지 주식의 취득 허용 및 사원의 유한책임를 회사로 확대 등을 들 수 있다.[5]

1) 회사법상 유한책임

1830년대 산업화가 가장 빨리 진행된 주라고 하면 매사추세츠(Massachusetts) 주를 들 수 있는데, 이 주에서 당시 지배 · 종속관계의 형성과 관련하여 중요한 전제라고 할 수 있는 자본회사 사원의 유한책임을 둘러싸고 10년 이상 정치적 투쟁이 지속되었다. 반면 두 번째로 산업화된 Rhode Island 주에서는 1847년에 이르기까지 자본회사 사원의

---

5) 정대근, 「미국 콘체른법에 대한 개관」, 『법학연구(통권 제46호)』(부산대학교 법학연구소).

무제한적 책임을 유지하고 있었다.[6] 그 이후 이러한 자본회사 사원의 유한책임제도가 확립된 것은 20세기 전후라고 할 수 있다. 즉 자본회사의 지분 소유자가 자신이 보유하는 지분에 비례한 책임만을 부담하게 된 것이다.[7] 이 당시 대부분의 연방주들은 제정법과 회사계약에 따라서 자본회사의 지분소유자에게 자신의 출자액의 2배 내지 3배에 해당하는 금액을 그 책임액으로 부과하는 규정을 두었다.[8]

2) 회사의 다른 회사의 지분 취득

미국 법원의 최초의 입장은, 법률이나 정관의 규정에 다른 회사의 지분 내지 주식의 취득을 명백히 허용하고 있지 않는 한,[9] 회사는 다른 회사의 지분을 취득할 수 없다는 것이 지배적이었다.[10] 따라서 만약 회사가 법률이나 정관의 규정에 근거하지 않고 다른 회사의 지분을 취득하게 되면 그것은 위법이라고 하였다.

그래서 당시 회사가 기업을 설립하는 경우, 회사는 직접 그 기업의 지분을 취득하거나 기업 경영에 직접 참가하지 못하고, 단지 지분소유자 내지 자본출자자로서의 지위만을 취득하는 데 불과하였다. 하지만 회사와 설립되는 기업은 법적 조직과 경제적 조직에서 동일성을 갖는 단일체에 해당되므로 모든 기업 재산은 회사채무의 변제를 위하여 사용될 수 있는 반면, 회사는 유한책임을 통해 자신이 출자한 자본의 범위 내에서만 책임을 지므로 그 범위를 초과한 영업 손실로부터 보호를 받을 수 있게 되었다.[11]

이러한 구조상의 문제는 19세기 말 New Jersey 주의 입법에 의하여 해결되게 된다.

---

6) Mass. Act of Fed. 23, 1830, ch. 53 §8, 1830 Mass Act 325; R. I. Act of June Session 1847, R. I. Acts and Resolves 30.

7) Cal. Const. of 1849, art. Ⅳ, §36; Cal. Const. of 1879, art.   , §3(개정 1930); Cal. Civil Code §322 개정 1931); Blumberg, The Law of Corporate Groups: Substantive Common Law, §2.01.1; 정대근, 앞의 글, 290쪽 주 5 재인용.

8) James Willard Hurst, The legitimacy of the Business Corporation in the Law of the United Stastes, 1780~1970, 27(1980).

9) 당시 예외가 인정되는 경우로는 철도회사와 전신회사를 들 수 있다. 즉 전자의 예로는 Baltimore & Ohio R. R., 후자의 예로는 Western Union Telegraph Company를 들 수 있다(정대근, 위의 글, 291쪽).

10) De La Vergne Refrigerating Mach. Co. v. German Sav. Inst., 175 U.S. 40, 54~55(1899); California Nat'l Bank v. Kennedy, 167 U.S. 362, 366(1897); Louisville & N.R. co v. Commonwealth of Kentureky, 161 U.S. 577, 698(1986) Robotham v. Prudential Ins. Co., 64 N.J. Eq. 673, 682, 53 A. 842, 851~852(1903)(Blumberg, The Law of the Corporate Groups: Substantial Common Law, §3.02.1).

11) 정대근, 앞의 글, 291쪽.

즉 New Jersey 주는 1888년 지분취득 금지의 완화에 이어 1893년 New Jersey 주의 법에 의하여 다른 회사의 지분을 취득하는 것을 완전히 허용함으로써 위의 구조상의 형식과 실체의 괴리를 해결하였다.[12] 이러한 조치를 계기로 1910년에는 약 13개 주도 New Jersey 주와 마찬가지로 다른 회사의 지분 취득을 허용하였다.[13] 그 결과 New Jersey 주에서는 트러스트 체계가 재정 분야를 보충하는 데 있어서 도움이 되는 기업 취득의 도구로서 지주회사제도가 탄생하고, 점차 다수의 거대기업 형성, 즉 콘체른 기업을 형성하게 되는 현상이 나타났다. 다시 말하면, 거대기업의 형태가 기업을 운영하는 개별회사와 자본참가자에 불과한 지분소유자라는 기존의 단순한 2원적 구조에서 탈피하여 점차 복잡한 회사구조를 형성하게 된 것이다.[14]

이는 미국 회사법과 기업법(enterprise law)의 역사에 있어서 지주회사, 복합기업(Conglomerate), 지배·종속기업과 다국 간 기업의 설립을 위한 중요한 전제를 창출한 것으로 매우 중요한 의미를 갖는 사건이라고 할 수 있다.[15]

3) 회사결합 시 사원의 유한책임

위에서 살펴본 바와 같이, 19세기 중반에 확립된 자본회사 사원의 유한책임은 지배·종속관계의 형성과 더불어 20세기 초반에는 새로운 지배·종속관계 내지 콘체른인 모회사의 지분소유자에게까지 확대되었다. 하지만 경제적인 측면에서 모회사가 기업의 일부로서 자신의 자회사와 함께 콘체른 영업을 수행함에도 불구하고, 법적인 측면에서 모회사의 지분소유자가 단지 자본출자자로서의 지위에서 기업과 결합되어 있다는 사실을 거의 변화시키지 못하였다.[16]

나아가, 당시 콘체른을 법적으로 파악할 것인지 아니면 경제적인 측면에서 파악할 것인지에 대해서도 오늘날처럼 그렇게 심각하게 받아들이지 않았다. 이러한 배경 속에서, 적용되는 이론이라 함은 고작 "지분소유자는 그가 자본참가하고 있는 회사의 채무에 대

---

12) N.J. Act of Apr. 4, 1888, ch. 269, §1, 1888 N.J. Laws 385; N.J. Act of Mar. 14, 893, ch. 171, §2, 1893 N.J. Laws 301.

13) Robinson, "The Holding company(Ⅱ)", *Yale Rev*. 19(1910), p.13, 29.

14) Chandler, Strategy and Structure: Chapters in the History of the American Industrial Enterprise (Cambridge, Massachusetts: MIT Press, 1962), p.30.

15) Chandler, op.cit., p.30.

16) 정대근, 앞의 글, 292쪽.

해 책임을 지지 않는다. 모회사는 지분소유자다. 따라서 모회사는 그가 지분소유자로서 자본참가하고 있는 자신의 자회사의 채무에 대해 책임을 져서는 안 된다"는 3단 논법에 의하는 정도였다.

법원도 콘체른 관련 사건의 경우 기존의 기업구조와는 전혀 다른 구조임에도 불구하고 '실재법(entity law)'을 그대로 적용하였던 것이었다.[17] 그 결과 유한책임과 관련한 지분소유자로서 모회사의 법적 지위는 전통적인 법이론에 따른 다른 개별 지분소유자의 지위와 다르지 않았다. 하지만 모회사는 명백히 기업의 중요한 부분이며 모회사의 지분소유자가 자본출자자로서 유한책임을 통해 보호받고 있다는 사실을 고려한다면, 이러한 유한책임을 모회사에 대하여 그대로 적용할 수 없음에도 불구하고 당시 이러한 유한책임은 모회사에 대해서도 무비판적으로 확대 적용되었음을 알 수 있다.[18]

3. 지배·종속관계의 형성의 발전

지배·종속관계 내지 콘체른아 형성 및 발전을 하게 된 것은 연방법의 적용과 관련이 있다. 즉 1914년 클레이튼법 제7조에 의하여 경쟁제한적인 수평적 기업결합의 금지에 의하여 결정적인 제한을 받게 되었다.[19] 그 결과 미국 법무부의 독점금지국과 연방거래위원회(Federal Trade Commission)를 중심으로 클레이튼법 제7조의 금지를 엄격히 하여 지주회사와 19세기 이후 존속해 온 트러스트의 급격한 증가를 저지시켰다. 그러나 당시 클레이튼법 제7조는 단지 회사의 다른 회사 지분의 취득만을 금지하였고, 다른 회사의 자산취득은 금지하지 않았다.[20] 따라서 콘체른 형성은 이와 같은 법률의 흠결을 이용하여 자산취득의 방법으로써 이루어졌다.[21]

어쨌든 이를 토대로 1940년대부터 본격적으로 지배·종속관계인 콘체른을 형성하게 되었으며, 1950년대와 1960년대는 복합기업이 지배적인 현상으로 나타났으며, 1960년대 말에는 여러 국가 간의 콘체른 형성이 증가하였다.[22] 나아가, 1970년대에는 제조물책임

---

17) Berkey v. Third Ave. ry., 244. N.Y. 84, 155 N.E. 58(1926).

18) 정대근, 앞의 글, 293쪽.

19) 15 U.S.C. §18(1914).

20) Thatcher Mfg. Co. v. FTC, 272 U.S. 554(1926).

21) Lawrence Anthony Sullivan, *Handbook of the Law of Antitrust*, West Group, 1977, p.590.

22) Alfred F. Conrad, *Corporations in Perspective*, The Foundation Press, Inc., 1976, p.165.

법의 강화로 인하여 재차 콘체른의 형성을 촉진시켰는데, 그 이유는 많은 기업들이 특별히 부담하는 책임을 제조물의 개발, 수선 또는 판매를 목적으로 설립된 자신의 콘체른 회사로 이전시킴으로써 자신의 위험책임에 대한 보호막을 형성하고자 함에 있었다. 물론 오늘날 미국에서의 콘체른 형성은 훨씬 더 진척되어 있다.[23]

이와 같이 미국은 콘체른 형성을 통하여 대리비용, 공개비용 및 정보비용을 경감하고 시장에서의 경쟁력 있고 다각화된 기업을 창출하고자 하였다. 현재, 미국에서의 콘체른 형성은 자본회사 콘체른에 중점을 두고 있으며, 법인격 없는 콘체른 형성은 조세법적, 회사법적 및 다른 이유에서 예외적으로 이루어지고 있다.[24]

4. 지배·종속관계의 형성의 문제점

1) 통일된 지배·종속관계법의 부존재

미국도 독일의 경우와 같이 통일적인 법에 의하여 콘체른을 통제하려고 하지만, 아직까지 이러한 법은 형성되지 못하고 있다. 그 이유로 다음을 들 수 있다.

먼저, 연방법상의 규정이 존재하지 않는다는 점을 들 수 있다. 통상 자본회사와 그 밖의 회사 문제에 관해서는 각 주의 회사법에 따라 규율된다.[25] 나아가, 미국 연방헌법의 상거래 조항에 의하면 연방권한으로 회사법의 규정을 제정할 수 있다.[26] 그런데 실제로는 콘체른을 규율할 수 있는 포괄적이고 체계적인 법이 존재하지 않는다. 그런데 연방자본시장법과 투자자보호법과 같은 많은 다른 연방법들은 콘체른에 관한 중요한 규정을 포함하고 있다. 따라서 콘체른 형성과 관련해서 연방법에서도 이를 도외시해서는 안 된다고 본다.

둘째, 개별주 법들 간의 경쟁을 들 수 있다. 위에서 언급한 바와 같이 연방법에는 통일적이고 체계적인 법 규정이 존재하지 않고, 회사법과 기업법 영역에서의 각 주마다 개

---

23) 정대근, 앞의 글, 294쪽.
24) 정대근, 위의 글, 294쪽.
25) Ebke, Interlocking Directorates: ZGR 19(1990), S.83; 정대근, 앞의 글, 295쪽.
26) 미국 연방헌법 Art. I §8(3)에 의하면, "의회는 외국과 개별 주들 간 또는 인디언 부족과의 상거래를 규율할 권한을 갖는다"라고 규정하고 있다.

별적인 법 규정 간에 경쟁을 할 수밖에 없다.27) 따라서 이러한 영역에서 포괄적이고 종합적인 콘체른법의 형성이란 기대할 수가 없다. 물론 연방법이 전혀 관여하지 않는 것은 아니다. 즉 각 주의 개별법은 연방헌법 특히 무역규정(Commerce Clause)의 범위 내에서 독자적인 의미를 갖도록 하고 있고,28) 주식시장의 가격, 주 간 무역거래에서의 관련회사의 참가 등도 연방법의 개입을 받도록 하고 있다.29) 하지만 이러한 규정이 존재한다고 하여 개별법상의 경쟁에 대한 모든 문제를 해결할 수는 없다고 본다.

셋째, 콘체른의 사실관계를 판단함에 있어서 콘체른이 갖는 특성을 고려하고, 독자적인 회사를 전제로 하여 형성되어 있는 전통적인 법과 콘체른 현실 사이에서 갭이 존재하는데, 법원은 이를 제정법과 보통법의 해석과 적용 및 충실의무를 통하여 해결하여야 할 것이다. 물론 입법으로 해결할 수도 있지만, 그전까지는 법원도 이에 대한 해석기준을 마련해 둘 필요가 있다고 본다.30)

2) 실재법의 한계

미국 회사법은 상위회사가 콘체른에 속하는 회사의 모든 지분을 보유하고 양 회사의 이사회가 완전히 인적으로 상호 얽혀 있는 경우까지 콘체른에 속하지 않는 회사들과 마찬가지로 이해하고, 법적으로는 원칙상 독립된 권리·의무의 주체로 파악하고 있다.31)

그러나 콘체른에 속하는 회사들의 법적 독자성은 한계를 가지므로, 콘체른 사실관계를 판단하는 데 있어서는 분리된 기업 단위와는 달리 결합된 기업집단으로 검토하여야 할 것으로 보인다.32) 이처럼 콘체른에 속하는 회사들의 문제를 기업집단 차원에서 해결하려는 입장은 실재법(entity law)의 회피와 단일기업이론(Single Theory)으로 나타났다.

이러한 흐름은 우선 법인격 부인의 법리에 따른 개인책임의 문제로 나타났으며, 조세법상의 경제적 통일체 이론과 제정법상의 규정들로 나타났다. 오늘날 제정법 영역에서는 예컨대 조세법, 증권거래법, 독점금지법, 파산법, 특허법, 상표법, 저작권법, 노동법, 절차

---

27) 정대근, 위의 글, 296쪽.

28) 그렇지만 예컨대 연방법은 콘체른 조직에 대하여 규정하고, 각 주의 법은 주주와 채권자 보호에 대하여 규정한다는 의미에서의 분업은 존재하지 않는다.

29) I.R.C. §246A, 267(f), 382(l), 386(c), 1504(a)(2), 1551, 1563.

30) 정대근, 앞의 글, 298쪽.

31) Henn/Alexander, Laws of Corporations and Other Business Enterprises(1983), p.355.

32) Conrad, Corporations in Perspective(1976), p.166.

법 등 많은 법 분야에서 콘체른을 법적으로 단일한 기업으로 파악하는 많은 규정들이 늘어나고 있다.

이러한 점을 검토해 볼 때, 기존의 미국법은 경제 현실과의 갭이 존재하며 실재법상의 한계가 있음을 명백히 보여 주고 있다. 따라서 향후 경제 현실에 맞도록 제정법을 개정할 여지가 있다고 한다.

제3절 지배기업과 종속기업 간의 거래

1. 서설

미국의 전통적 주회사법에 있어서 지배·종속기업 간의 거래에 대해서는 주식 수에 따라 발생하는 회사 간의 지배·종속관계가 아니고, 회사의 업무집행과 관련하여 실제 의사결정·감독을 행하는 자의 '충실의무' 충돌이 그 규제대상이 된다.

예를 들면, 거래당사자 쌍방에 겸임이사가 존재하는 경우 양 회사 간의 거래에 관하여 당해 겸임이사가 쌍방 회사에 대하여 부담하는 충실의무가 그 대상인 것이다.[33] 그러므로 이러한 경우는 독립한 제3자 간의 거래와는 다르고 회사와 그것에 대한 충실의무를 부담하는 이사 개인과의 거래에 대하여 적용되는 것과 동등한 규제가 인정된다. 물론, 겸임이사가 존재하지 아니한 단순히 지배·종속관계가 존재하는 경우에는 특별한 규제는 하지 않는다. 이 경우에는 이사회의 권한 범위의 행위에 관하여 이사의 충실의무 충돌이 발생하지 않기 때문이다.[34]

따라서 다음에는 이사의 충실의무에 대한 일반적인 내용과 지배·종속기업의 겸임이사가 존재하는 경우 충실의무의 충돌에 대하여 판례와 제정법을 중심으로 살펴본다. 지배·종속기업 간의 거래에 관하여 종속기업의 소수주주에 의한 소송이 제기될 경우 충실

---

[33] 미국에서 겸임이사를 가지고 있는 회사 간 거래에 대하여 법규제를 상세하게 분석한 것으로는 다음을 참조 [砂田太士, 『兼任取締役と忠實義務－アメリカにおける法理の展開と日本法』(法律文化社, 1994)].

[34] 주식의 소유에 기한 지배·종속관계에 있는 회사 간의 거래를 그 자체로서 규제대상으로 인식하지 않았던 전통적 주회사법에 대하여 미국에서도 비판이 강하다. 이에 대하여 최근 주 판례(Price v. Standard Oil Co., 55 N.Y.S. 2d. 890(Sup. Ct. 1945), 제정법(South Carolina 주와 Main 주)에서는 회사의 지배·종속관계를 인정하지만 겸임이사의 존부를 문제로 하지 않고, 겸임이사를 가지고 있는 회사 간의 거래를 문제 삼고 있다(江頭憲治郎, 앞의 책, 39頁 주 2). 또한 미국에 있어서 지배주주도 충실의무를 부담하는 것은 판례이론에서 확립된 것으로 겸임이사가 존재하지 않아도 지배적 영향력의 행사가 현저하고, 독립당사자 간에 있어서 거래의 원칙을 적용하는 것이 타당하지 않는 경우 일반적 지배주주의 충실의무에 의하여 겸임이사가 존재하는 경우와 유사한 원칙을 적용하고 있다(佐藤誠, 앞의 글, 215頁).

의무가 그 중심적인 쟁점이 된다면 충실의무의 이행이 유효하고도 적정한 것인가, 즉 그 이행이 '정의 내지 형평성'의 요건을 갖추었는가를 살펴보아야 할 것이다. 이와 관련하여, 델라웨어 일반회사법 제144조, 뉴욕 사업회사법 제713조, 모범회사법 제8·31조 등에 의하면, 회사에 관하여 '공정한(fair)' 것이어야 한다는 요건을 규정하고 있는바,[35] 그에 대한 내용과 공정성 확보를 위한 제도에 대해서도 검토하기로 한다.

2. 지배기업의 지배주주와 임원의 충실의무

1) 회사법상 이사 내지 임원의 충실의무

(1) 충실의무의 개념

이사 내지 임원의 충실의무란 회사의 수탁자(fiduciary)로서의 이사는 성실하고 정직하게 회사 이익의 극대화를 목표로 전심전력을 기울여야 하는 의무로, 영국 형평법(equity law)의 신탁법리에 그 기원을 두고 있다고 할 수 있다.[36]

미국의 경우 충실의무에 대한 개념은 사법적 융통성을 위하여 가능한 한 추상적으로 정의하여 가능한 한 그 범위를 넓게 인정하려는 형식을 취하여 왔다.[37] 예를 들면, 모범사업회사법(Model Business Corporation Act)은 1976년의 제35조에서 "이사는 자기가 복무하는 이사회 내 위원회의 구성원으로서의 직무를 성실하게(in good faith) 그리고 회사에 최선의 이익이 된다고 믿을 수 있는 합리적인 방법으로(in a manner one reasonably believes to be in the best interests of the corporation)…… 행하여야 한다"고 규정하고 있었으며, 이를 개정한 1984년 법에서도 이를 그대로 수용하고 있다.[38] 또한 뉴욕 주와 캘리포니아 주도 1977년 위 모범사업회사업의 형식을 그대로 따랐다.[39]

---

35) 江頭憲治郎, 앞의 법협논문, 175~176頁.
36) 이사의 이익상반거래나 경업행위가 가장 전형적인 충실의무 위반이 될 것이고, 그 외에 자본조달수단을 이용한 부당이득이나 경영방어권, 회사기회의 이용행위 등 이사가 자신의 이익과 회사의 이익이 충돌하는 상황에 스스로를 위치시켜서는 안 될 의무라면 모두 충실의무의 범주에 들어가는 것이라고 한다(L. C. B., Gower, *Principles of Modern Company Law*, 5th, ed., London: Steven & Sons, 1992, p.576).
37) ALI－ABA Model Bus. Corp. Act § 8.42; Pa. Bus. Corp Law § 408 etc.
38) Model Bus. Corp. Act §8.30(a).

(2) 충실의무의 내용

영미에서 충실의무의 적용 범위는 매우 광범위하여, 이사, 임원, 주주가 자신의 지위를 불공정하게 이용한 경우에는 모두 충실의무 위반으로 해결하고 있다고 하여도 과언은 아니다. 이하에서는 대표적인 경우만을 살펴본다.

① 회사와의 경쟁(competing with corporation) 금지

이사는 회사에 대해 일심전념(undividend loyalty)을 하여야 할 의무를 지며, 회사와 부당히 경쟁하거나 회사의 인력, 시설, 자금을 자신의 이익을 위하여 유용해서는 아니 된다.[40] 겸직이사(interlocking director; comon director)에 의한 양 회사 간의 거래나 이사의 자기거래도 이 원리에 의하여 규제되며,[41] 다음의 회사기회 유용금지도 이로부터 파생된다.

② 회사기회유용(usurpation of corporate opportunity)의 금지

회사기회의 유용금지의 원칙에 의하여 이사는 회사에 주어진 영업상의 기회를 가로채어 자신의 이익으로 해서는 안 된다는 의무를 말한다. 이 이론은 회사에 대한 손해를 방지한다는 소극적인 자세가 아니라 사익을 도모하고자 하는 일체의 유혹을 근절하기 위한 정책적 고려에서 이사가 신의를 저버리고 얻은 이익을 모두 박탈하여 회사에 귀속시키는 것을 내용으로 한다.[42] 우리 상법상의 경업금지와 같은 법정책적 목적에서 출발한 것이라고 할 수 있다.

③ 임원의 보수(executive compensation)

미국에서는 이사 및 임원의 보수를 이사회에서 결정한다. 따라서 이사들의 보수가 과다하거나 불공정하게 책정될 때가 있을 수 있고, 때로는 일부 주주에게 보수 형식으로 이익을 부여해 주는 경우도 있다. 이러한 경우는 역시 충실의무에 위반하므로 무효가 된다.[43]

---

39) N.Y. Bus. Corp. Law §717; Cal. Gen. Corp. Law §309(a).

40) Henn Harry G. & Alexander, John R., op.cit., pp.628~632.

41) Carry, William L. & Eisenberg, Melvin A., op.cit., p.556 et. seq.

42) Guth v. Loft Inc., p.737 st. seq.

43) Solomon, Lewis D. Schwaltz, Donald E. and Bauman, Jeffrey D., Corporations Law and Policy

④ 주식거래에 따른 의무

주식거래에 있어서 진실을 은폐하거나 혹은 허위사실을 말하는 등 사기적 수단에 의하여 매매를 하는 것은 증권거래법과 증권관리위원회 규칙에 의하여 금지된다.[44] 이것은 주로 회사의 임원이나 대주주가 기업정보를 공시하지 않고 주식거래를 하여 차익을 얻음으로써 일반주식투자자가 손실을 입게 되는 불공정한 결과를 방지하기 위한 것이다. 그리고 임원, 주요주주 등의 내부자(insider)가 일정한 요건하에서 주식거래를 하여 얻은 차익은 회사에 반환하도록 하고 있다.[45]

⑤ 소수자 주주에 대한 공정의무(Fairness to minority shareholders)

지배주주와 이사가 지배적 지위를 이용하여 소수자에게 부당한 손실을 가하는 것을 방지하기 위하여 지배주주와 이사에게 부여하는 의무로서, 주로 지배주주가 지배권을 강화할 목적으로 소수자인 주주를 축출하거나 상대적으로 열세로 만들 경우 혹은 회사의 이익분배에 있어서 소수자 주주를 차별하는 경우 그 효력을 부정하는 근거가 된다. 예를 들면 지배주주가 소수자 주주의 신주인수권을 무시하고 신주를 독점하여 인수함으로써 소수자 주주의 의결권을 희석화시키거나,[46] 지배주주의 지배권을 강화하기 위하여 우선주식을 선별적으로 강제 상환하는 것 등은 이 의무에 위반하는 불공정한 행위이다.[47]

⑥ 지배주주의 매각(sale of control)과 충실의무

회사를 지배할 수 있는 수량의 주식이 한 단위가 되어 처분될 때에는 지배권의 가치가 반영되어 통상의 주가보다 높은 가액으로 거래된다. 이때 붙여지는 웃돈을 control premium이라고 한다. 지배주주가 이러한 control premium을 받고 주식을 매각하는 것이 금지되는 것은 아니지만, 지배주주는 거래 상대방에 대해 상당한 주의를 기울여 회사재산을 탈취(looting)하는 등 불법한 목적을 가진 자가 아닌가를 조사하여 거래 상대방을 선택하도록 할 의무를 진다.[48] 즉, 회사와 소수자 주주에 대한 지배주주의 충실의무인 것이다. 이 의무를 위반한 때에는 control premium은 회사 혹은 나머지 주주에게 반환하여야 한다.

Materials and Problems, 2nd ed., West Publishing, 1988, p.737 et. seq.

44) Securities Exchange Act of 1934 §10(b); SEC Rule §10(b)5.

45) Securities Exchange Act of 1934 §16(b).

46) Zahn v. Transamerica Corp., 162 F. 2d 36(3d Cir. 1947).

47) Petty v. Penntech Papers Inc., 347 A. 2d 140(Del. Ch. 1975).

48) Carry, William L. & Eisenberg, Melvin A., op.cit., p.566 et. seq

2) 지배주주의 충실의무

(1) 이사 내지 임원의 충실의무 확대

지배·종속관계에 있는 기업 간에 있어서 지배기업은 종속기업이 발행한 주식의 다수를 소유하는 지배주주로서 종속기업의 경영에 간섭을 하게 된다. 즉 지배주주인 지배기업이 종속기업과 거래를 하는 경우, 지배기업은 종속기업의 이사 선임권 등을 통하여 자신에게 필요한 이사를 선임하거나 기존의 이사에 대한 명시적 또는 묵시적 압력을 가함으로써 지배기업에 유리한 거래가격을 제시하는 등 거래에 직접 또는 간접적으로 개입하게 된다. 지배주주의 이러한 간섭으로 종속회사에 손해가 발생한 경우 종속회사의 소수주주나 채권자 등은 지배주주인 지배회사를 상대로 그 책임을 추궁할 수 있는가가 문제될 수 있다. 이에 대하여 미국은 지배주주에게 종속기업 및 종속기업의 소수주주를 위하여 수탁자(Fiduciary)로서 지배기업과의 거래에 대한 충실의무를 인정하였다. 즉 이사나 임원(officer)에 대하여 수탁자로서 회사와 자기거래를 행한 경우와 마찬가지의 의무를 부여하고 있다.[49]

(2) 판례의 처지

대주주의 소수주주에 대한 충실의무를 최초로 인정한 판례로는 1896년 Farmers' Loan & Trust Co. v. New York & Northern Railway Co. 사건[50]을 들 수 있다. 이 사건에서 뉴욕 주 대법원은 "소수주주의 이익에 관하여 법은 대주주가 회사의 관리경영을 하는 데에는 최대한 충실을 요구하므로, 이 점에 관해서 대주주는 소수주주 및 기타 모든 주주에 대하여 회사의 입장과 완전히 동일하게 하여야 한다"고 판시하였다. 또한 소수주주가 대주주를 직접 상대하여 소송을 제기할 수 있는 권리를 인정하기 위한 판례로는 1919년 Southern Pacific Co. v. Bogert 사건을 들 수 있다. 이 사건에 대하여 대법원의 프랑타이즈 판사는 "대주주는 지배권이 있으며, 이 권리를 행사하는 때에는 대주

---

49) 이사와 회사와의 거래에 대해서는 다음을 참조[Fletcher, *Cyclopedia of The Private Corpoations*, §§913ff(Perm ed., 1994)].

50) 150 N.Y. 410, 44 N.E. 1043, 1048, 34 L.R.A. 76(1896); "Where…… a majority of stosck is owned by a corporation…… [it] assumes the same trust relation towards the minority stockholders that a corporation itself usually bears to its stockholders……."

주와 소수주주의 관계는 수탁자적 관계(fiduciary relation)라고 한다"고 판시하였다.[51]

특히, 대주주와 회사와의 거래에 대하여 대주주에게 회사에 대한 충실의무를 인정한 사례로는, 1939년 Pepper v. Littont 사건의 판결이 있다.[52]

<Pepper v. Litton, 308 U.S. 295, 60 S. Ct. 238, 84 L. Ed 281(1939)>

〈사실의 개요〉

X(Pepepr)는 소외 A회사에 광산을 임대하고, 동 회사에 대하여 임대채권을 가지고 있었다. Y(Litton)는 A회사의 사장으로써 A회사의 대주주이지만, 동 회사에 대하여 5년 동안의 미지급급료 채권을 가지고 있었다. Y는 자기의 위 급료채권에 기하여 A회사의 주요한 자산에 강제집행을 신청하여 스스로 경락하고, 그 자산을 기초로 소외 B회사를 설립하였다. 더욱이 Y는 A회사를 X에 대하여 임대료의 지급을 면제하기 위하여 A회사의 주요한 자산을 B회사에 이전한 후, A회사에게 스스로 파산을 신청하였다. 그 이후 Y는 마찬가지 방법으로 A회사의 다른 채권자의 청구권을 소멸시키고, 일반채권자를 X만으로 하였다. X는 Y가 행한 강제집행을 근거로 한 판결의 승인(confession of judgement)의 부인을 구하는 소송을 제기하였다. 제1심 법원은 청구를 인용하고, 파산관재인에게 Y가 경락한, 앞에서 기술한 자산의 반환을 명하였지만, 원심 법원은 이것을 파기하고 청구를 기각하였다. 그래서 X는 상고를 하였다.

〈판결 내용〉

"이사는 수탁자이다. 마찬가지로 지배적 내지 통제적인 주주 내지 주주집단도 수탁자이다. 따라서 상대방의 권한은 신탁된 것이라고 할 수 있다. 상대방과 회사와의 거래는 법원의 엄밀한 조사에 따라야 한다. 그러한 주주와 회사의 계약이나 결정이 소송상 문제되는 경우에는 그 거래에 대하여 수탁자의 성실(good faith)의 증명뿐만 아니라 그 거래가 본질적으로 공정(inherent fairness)한 것이라는 사실을 증명하여야 하는데, 이러한 증

---

51) 250 U.S. 483, 487, 39 S. Ct. 533, 535, 63 L. Ed 1099(1919); "The majority has the right to control; bit when it does so, it occupies a fiduciary relation toward the minority, as much so as the corporation itself or its officers and directors."

52) Pepper v. Litton, 308 U.S. 295, 60 S. Ct. 238, 84 L. Ed 281(1939).

명책임은 거래를 행한 주주 측에 부과된다. 제반 사정을 고려하여 문제의 거래가 독립당사자 간의 거래의 특징을 가지고 있는지를 판단하게 되는데 이것이 본질적 공정의 판단 기준이 된다. 만약 그러한 특징을 가지고 있지 않다면, 당해 거래는 공정성에 의해서 취소되는 것으로 된다. 이사, 임원, 주주의 급료 채권을 파산법원이 인정하는 것도, 만약 다른 채권자에 대하여 공정과 형평성에 어긋난다고 법원이 판단하는 경우에는 파산한 1인 회사나 동속회사(同屬會社)에 대하여 상대방 급료채권은 인정되지 않거나 또는 다른 일반채권보다 후순위가 된다고 한다. 따라서 법원은 원심판결을 파기하고, Y가 경락한 A회사의 자산의 반환을 명한 1심법원의 판결이 정당하다"고 판시하였다.

위의 판결을 살펴보면, 연방최고법원은 "지배적 내지 통제적인 주주와······ 회사와 거래는 법원의 엄밀한 심사에 따라야 한다. 그러한 주주와 회사와의 계약이나 결정이 소송상 문제가 되는 경우에는 그 거래에 대하여 수탁자의 성실성 증명과 함께 그 거래가 본질적으로 공정(inherent fairness)하다는 사실을 증명하는 증명책임이 그러한 거래를 한 주주 측에 부여된다"고 판시하고 있다. 이러한 사실은, 연방최고법원은 대주주의 충실의무 이행에 대한 판단을 그 거래가 공정한 것이냐에 의하여 하게 되고, 그 판단은 "문제의 거래가 독립당사자 간 거래의 특징을 갖추고 있는가가 본질적 공정의 기준으로 된다"는 언급에 따라 독립당사자 간 거래를 특징으로 파악하여야 한다는 점을 명확히 하였다.

이러한 취지는 1941년의 Gerders v. Reynolds 사례[53]에서도 확인할 수 있다. 즉 "이러한 상황에서 대주주는 회사 및 소수주주에 대하여 수탁자적 관계에 있고, 대주주는 이른바 수탁자로서 요구되는 것과 마찬가지의 높은 수준의 성실과 충실의무를 이행하여야 한다"고 하고 있다. 또한 1949년 Mayflower Hotel Stockholders Protective Comm. v. Mayflower Hotel Corp. 사건[54]에서 연방항소법원은 "주식을 소유함에 의하여 자회사의 경영을 지배하는 지배기업은 종속기업과의 거래에 대하여 마땅히 엄하고도 엄격한 책임과 고도의 엄정성을 준수하여야 한다"고 판시하였다. 나아가, 1952년 Austrian 사건도 위의 법리를 확인하고 있는데, 동 사건은 대주주가 이사·임원을 통하여 회사를 희생하여 이기적 행위를 한 사실을 상세하게 보여 주고 있으며, 법리 또한 명쾌하게 서술하고 있다. 즉 동 사건은 1929년 대공황에 의하여 지주회사의 결합이 붕괴된 결과, 주식소유

---

53) Gerdes v. Reynolds, 28 N.Y.S. 2d 622(Supp. St. 1941).

54) 173 F. 2d 416, 422(D.C. Cir. 1949): "A corporation which, through stock ownership, controls and conducts the business of another is held to the strictest account and to the observance of the highest rectitude in its transactions, with its subsidiary······."

에 의한 회사지배의 문제점이 표면화된 사건 사례라는 점에서 그 의미가 있다. 동 사건 사례를 소개하면 다음과 같다.

　　<Austrian v. Williams, 103 F. Supp.64(S.D.N.Y. 1952)>

〈사실의 개요〉

　　X(Austrian)은 1942년 2월 27일에 회사갱생법의 적용이 인정된 소외 A회사(Gentral States Electric Corp.)의 관재인이었다. Y(H. Williams)는 A회사 설립 시에 모든 주주의 27.5%의 주식을 소유, 1922년에는 64%, 1924년에는 96%, 1929년에는 86%, 1930년 이후에는 50%를 다소 상회함으로써 1922년 이후 완전히 반수 이상을 소유하는 대주주이었다. Y는 1922년 3월부터 1942년까지 사이에 A회사의 이사도 임원도 아니었다. 갱생관리인인 X는 Y 및 그 지시를 따른 이사가 13건의 불공한 거래에 의하여 A회사에 손실을 발생케 하였다고 주장하고, 손해배상 등을 청구하였다.

　　뉴욕남부연방지방법원은 그중 4건의 거래에 대하여 불공정한 거래라는 사실을 인정하였다. 이하 4건의 거래는 각각 B, C, I, L이라고 칭하고 순서대로 서술하기로 한다.

　　① '거래B': 동 거래는 1929년 8월 21일에 A회사는 B회사에, C회사 주식 6만 8,423주를 1주당 167달러로 양도하는 계약을 체결하였다. 이때 A회사가 가지고 있는 C회사의 주식은 평균 1주당 11달러에 취득한 것이므로 이 계약을 수행하는 것은 (167달러 - 11달러)×68,423주 = 10,673,988달러의 이익을 얻게 되는 것이다. 그러나 Y는 스스로 지배하는 다른 4개의 회사가 가지고 있는 C회사의 주식을 B회사에 양도하고, 그 회사에 이익을 발생케 하기 위하여 A회사의 이사에 지시하여 A·B 간의 계약을 파기하도록 하였다. 그에 따라 A회사는 상기의 10,673,988달러의 손실을 입었다.

　　② '거래C': D회사는 E회사의 주식 70,195를 취득하였지만, 그 후 주가가 하락하여 8만 달러의 손실을 입었다. 그래서 D회사를 지배하는 Y는 D회사의 손실을 막기 위하여 1929년 10월 31일에 상기의 모든 주식을 1주에 당시 시가보다 7달러 높게 하여 A회사로 하여금 매입하도록 하였다. 그로 인하여 A회사는 7달러×70,195주 = 491,365달러의 손실을 입었다.

　　③ '거래I': 1923년 A회사와 F회사 사이에 체결된 계약에는 Y의 1인 회사인 F회사가 A회사의 영업의 감독을 행하였다. F회사는 A회사에 필요한 서비스를 제공하고, 그에 대

한 대가로 F회사는 A회사로부터 매월 1,500달러를 받는 것으로 약정되어 있었다. 문제가 되는 1929년 1월부터 9월까지의 대가분 13,500달러는 전술한 계약에 의하여 지급되었다. 그렇지만 1929년 10월 8일에 Y의 지시에 의하여 A회사는 집행위원회에서 "A회사와 관련 회사와의 공동 이익을 위하여 발생한 일반적 관리비용은 각각의 회사의 자력에 의하여 분담하는 것으로 하였다. 이러한 결정은 1929년 1월 1일에 소급하여 효력을 갖는다"라고 함으로써 이 결정에 따라 A회사는 F회사에 1929년 1월부터 9월까지의 일반적 관리비용으로써 85,661.79달러를 지급하였다. 그러나 1923년에 체결된 계약은 유효하지만, 새로이 정하여진 결정 중 추가로 지급된 것에 대하여 그 소급성을 인정하는 조항은 F회사만 이익이 되고 A회사는 희생하게 되는 불공정한 것으로 유효하다고 할 수 없다. 그럼에도 불구하고 A회사는 그러한 조항에 따라서 관리비용으로써 지급함으로써 85,661.79달러의 손실을 입게 되었다.

④ '거래L': 1927년 5월 21일에 Y는 A회사가 가지고 있는 C회사의 주식 4만 주를 당일의 주식시장의 최저가격이 50달러임에도 불구하고, 이를 무시하고, 1주당 46.13928 달러로 Y가 지배하고 있는 D회사에 양도하였다. 그에 따라 A회사는 (50달러 - 46.13928 달러)×4만 주 = 154,428.80달러의 손실을 입었다.

이와 관련하여 판결은 각각의 거래에 대하여 개별적으로 판시하지 않고 일관하여 서술하고 있다.

〈판결 내용〉

"Pepper v. Litton 판결에서 더글러스 판사는 다음과 같이 언급하였다. 즉 '이사는 수탁자라고 할 수 있다. 마찬가지로 지배적 내지 통제적인 주주 내지 주주집단도 수탁자라고 할 수 있다. 그들의 권한은 신탁된 권한이고, 그들의 회사와의 거래는 법원의 엄격한 심사에 따라야 한다. 그러한 주주와 회사와의 계약이나 결정이 소송상에서 문제 된 경우 그 거래에 대하여 수탁자의 성실성을 증명하여야 할 뿐만 아니라 그 거래가 본질적으로 공정하여야 한다는 사실의 증명에 대한 입증책임이 그러한 거래를 한 주주 측에 있다고 하여야 할 것이다. 모든 제반 사정을 고려하여 문제 된 거래가 독립당사자 간의 거래의 특징을 가지고 있는가가 본질적으로 공정성의 판단기준이 된다.' 경영판단의 법리에 의한 면책은 원래 문제가 독립당사자 간 거래인 것을 전제로 하고 있다. 그러나 지배적 내지 통제적인 상황에도 독립당사자 간 거래 그 자체가 존재하지는 않는다"라고 연방지방법원은 언급하고 있다. 앞에서 언급한 4형태의 거래에 의한 A회사의 손실의 합계액을 Y가 지급하여야 한다는 취지의 판결을 내렸다.

4건의 거래 중 거래 B를 제외하고 다른 3건의 거래에 대해서는 D회사가 Y에 지배되었고, F회사가 Y의 1인 회사라는 사실로부터 D회사, F회사의 이익은 Y의 이익이라고 생각되며, A회사와 Y의 이익의 충돌이 발생한 경우에는 자기거래의 유형에 해당한다고 할 수 있다. 또한 거래 B는 회사의 이익취득과 관련 기회의 침탈의 유형에 해당된다고 할 수 있다.

이 외에도 위와 같은 법리가 적용되고 있는 사건 사례로는 1959년의 Ripley 사건을 들 수 있다. 다만, 동 사건은 수탁자인 대주주가 소유하고 있는 자회사의 주식이 50% 미만인 경우에 해당한다. 그에 대한 구체적인 내용을 살펴보면 다음과 같다.

<Ripley v. International Railways of Central America, 8 A.D. 2d 310, 188 N.Y.S. 2d 62(1959)>

〈사실의 개요〉

본 사건은 X회사(International Railways of Central America)의 소수주주인 R(Ripley)에 의하여 주주대표소송이 제기되었는데, 부당하게 염가의 수송요금과 적정한 수송요금과의 차액분을 지배기업인 Y회사(United Fruit Co.)에 청구한 사건이다.

X회사는 과테말라(Guatemala)에서 주요한 지역을 연결한 철도를 경영하고 있었고, Y회사는 과테말라에서 광대한 바나나농장을 경영하고 있었다. Y회사는 X회사의 의결권부 주식의 42.67%를 소유하고, Y회사의 부사장을 X회사의 특별고문(Special Advisor)으로 하고, X회사의 이사회에도 출석하여 가장 강력한 영향력을 행사하고 있었다. 뉴욕 주 제2심 법원은 이러한 사정으로 고려하여 Y회사는 X회사와의 거래에 관해서 X회사에 대하여 수탁자적 관계에 있다고 인정하고 다음과 같이 판시하였다.

〈판결 내용〉

"X회사와 Y회사와의 수송계약은 명백히 지배기업에 의하여 지시되고 있다는 점으로부터 수송요금은 의문의 여지가 있으며, 엄밀히 조사하지 않으면 안 된다. 현실적으로 양 회사의 관계는 양 회사에 의한 독립당사자 간 거래의 가능성을 완전히 배제하고 있다. 그러한 상황하에서는 지배와 내부관계의 관점에서 X회사의 이사들이 Y회사에 대한 충성을 하지 않을 수 없으며 편향되지 않은 합리적인 판단을 행하였다고 볼 수는 없다. Y회사는 X회사에 대하여 수탁자적 관계가 있다는 사실로부터 Y회사는 거래의 공정성을 보여야 하지만, 공정성을 증명하지는 않는다. 수송요금이 불공정한 것이라는 사실에 대한 특별중재인(Special Referee)의 결론은 증거가 적정한 것으로 추정된다"고 함으로써 법원은 공정한 수송요금과의 차액 4,531,055.38달러를 Y회사가 X회사에 지급하여야 함을 인정하였다.[55]

이상에서 언급한 바와 같이, 회사경영을 지배하는 대주주와 그 회사와의 거래에 대해서는 하나의 확립된 법리가 형성되어 있다. 그것은 Pepper v. Litton사건의 판결에서 "이사는 수탁자이다. 마찬가지로 지배적 내지 통제적 주주도 수탁자이다"는 극단적이기는 하지만, 아주 명확하고 간결한 법리라고 할 수 있다. 즉 경영지배적 대주주를 이사와 동일한 수탁자로서 취급하였고, 그러한 거래에 대해서는 이른바 '자기거래의 법리'를 적용하여, 수탁자인 지배적 대주주에게 거래가 공정한 것인가의 입증책임을 부과하고 있다. 그러나 이 본질적 공정성은 Pepper 사건 이래 대부분 독립당사자 간 거래의 기준에 의하여 판단되고 있다. 또한 경영지배적 대주주가 그가 행한 거래가 공정한 것이라는 사실을 입증하는 경우에는 상대방이 회사와 회사의 소수주주에 대하여 충실의무 위반의 책임을 부담하도록 하고 있다. 나아가, 회사도 그 거래를 취소할 수 있도록 하였다.

3) 겸임이사의 충실의무

(1) 규제의 완화

겸임이사를 둔 회사 간의 거래는 무엇보다 회사들이 동일인인 이사에 의하여 운영됨으로써 이들 회사 간의 지배구조 및 업무관계를 둘러싸고 복잡한 문제가 발생하여 당사자 간의 이해관계가 충돌할 가능성이 높고, 겸임이사의 충실의무 위반을 이유로 법률적인

---

55) 상고심에서도 결론은 같다[Ripley v. International Railways of Central America, 8 N. Y. 2d 430, 209 N.Y.S. 2d 289(1960)].

분쟁이 발생할 가능성 역시 높다고 하겠다. 이러한 겸임이사의 충실의무에 대해서 미국법의 규제 태도는 크게 세 단계로 구분할 수 있다.

첫 번째 단계로는 겸임이사가 존재하는 회사 간에 이루어진 거래는 그 효력을 다투는 회사가 이를 취소할 수 있었던 시기이다. 이러한 규제는 초기 보통법 시대에 이루어진바, 겸임이사가 선의로 그 거래에 관여하여 체결된 계약이고 그에 대한 손해가 발생하지 않았다고 하더라도 그 계약을 취소할 수 있다고 하였다.[56] 그러므로 이 시기는 후술하는 계약의 공정성은 전혀 고려하지 않고, 오직 겸임이사의 거래관여 사실만을 근거로 겸임이사의 충실의무 위반 여부를 결정하였던 시기라고 할 수 있다.[57]

두 번째 단계로는 겸임이사를 둔 회사 간의 거래일지라도 이사회가 의결정족수에 겸임이사를 포함하지 아니하고 거래를 승인하였거나 겸임회사 간의 거래가 이해관계 없는 과반수 이사에 의하여 승인되었거나 또는 그 거래가 불공정하지 아니한 경우에는 그 거래는 유효하다고 판단한 시기이다. 이 시기에는 공정성이 확인된 거래인지와 관계없이 겸임이사를 둔 회사 간의 거래라는 이유만으로 취소할 수 있었던 전 단계와는 달리 그 요건을 완화하여 해석하기 시작한 때라고 할 수 있다.[58]

마지막 세 번째 단계로는 겸임이사를 둔 회사 간의 거래에 대한 법원의 엄격한 규제는 비현실적이라고 인식하여 계약의 목적이나 체결 동기 그리고 계약 내용의 공정성 등을 고려하여 관련 거래를 심사하여야 한다고 한다. 그리하여 거래 당시 공정성 등이 입증되면 그 거래는 유효하게 되고, 따라서 겸임이사도 그의 충실의무를 이행한 것으로 본다.[59]

이처럼 시대의 흐름에 따라 미국의 법원은 겸임이사를 둔 회사 간의 거래에 대한 겸임이사의 충실의무를 해석함에 있어서 점차 관대해지는 경향을 보이고 있다.[60] 현행 입법례 및 판례상의 처지를 보면 다음과 같다.

---

56) Metropolitan Elevated Railway co. v. Manhattan Elevated Rail Way Co., 1884 WL 10786(N.Y. Com. Pl. 1884); Wardrell v. Union Pacific R. R. Co., 103 U.S. 651(1880); Attalla Iron Oe co. v. Wirginia Iron, Coal & Coke co., 111 Tenn. 527, 77 S.W. 774(1903).

57) John K. Wells, Multiple Directorships: The fiduciary Duties and Conflicts of Interest that Arise When One Individual Serves More Than One Corporation, 33 *J. Marshall L. Rev*. 561, 562(2000).

58) Wells, ibid.; 김성배, 「미국법상 이사의 이익충돌거래와 충실의무」, 『비교사법(통권 제17호)』(한국비교사법학회, 2002.8.), 298쪽.

59) Wells, ibid.; 김성배, 위의 글, 298쪽.

60) Wells, ibid.; 김성배, 위의 글, 298~299쪽.

(2) 입법례 및 판례상 처지

① 주회사법의 경우

겸임이사를 둔 회사 간의 거래에 대하여 대부분 주에서는 이사와 회사 간 또는 회사와 회사 간에 이루어진 거래에 대하여 이사의 이해관계 유무를 규정하면서 이를 병행하여 규정하고 있다.

캘리포니아 회사법 제310조[61]에 의하면, ㉠ 회사와 이사 개인과의 거래 내지 이사 개인이 중요한 경제적 이해관계(a material financial interest)를 가지고 있는 다른 회사와의 거래(동조 a항), ㉡ 겸임이사를 보유하고 있는 회사 간의 거래(동조 b항)를 유효하게 하는 요건을 규정하고 있다. 그러나 위의 유효요건이 구비되어 있지 않는 경우에는 어떠한 효력이 있는지에 대해서는 명시적인 규정이 존재하지 않는다. 다만, 판례에 의하면, 일반적으로 회사의 이익을 대표하는 자(소수주주)는 계약을 취소하고, 이행거절 또는 부당이득의 반환을 청구하고, 또한 실제로는 거래가 이루어지는 가격과 그 거래의 시점에서의 정당한 가격과의 차이를 청구할 수 있는 차액청구권이 인정되는 것으로 해석하고 있다. 물론, 계약의 상대방뿐만 아니라 거래에 관여한 이사의 개인책임을 함께 추급하는 것도 가능하다.

즉 ㉠의 겸임이사가 존재하지 않는 경우에는 "주주총회의 보통결의에 의하여 그 거래가 승인되지 않는 한, 예를 들면 이사회에서 거래가 적법하게 승인된 경우에도 계약의 취소·무효를 주장하는 자는 계약내용이 승인 시에 회사에 대하여 균형을 유지하지 못했거나 비합리적(just and reasonable)인 것이다"[62]라는 사실을 주장·입증하여 계약의 유효성을 다툴 가능성이 있다. 주주총회의 승인 및 이사회의 적법한 승인을 얻지 아니한 경우에는 문언상 거래의 유효성을 주장하는 자가 거래조건이 회사에 균형을 유지하거나 합리적이 아니라는 사실을 입증하여야 할 것이다.

㉡의 경우에는 그 요건이 완화되어 있는데, 그 이유는 겸임이사가 존재하는 회사 간의 거래는 완전히 회사 간의 거래이므로 이사 개인과 회사 간의 거래와는 다르고 이사 개인의 이익이 직접 관계하는 것도 아니므로 그 폐해가 크지 않기 때문이라고 한다. 더욱이, 실제 문제에 있어서 거래상 연관 있는 회사 간에 있어서는 풍부한 경험이 이사의 지위를 겸임하고 있는 현실을 무시하지 않음이 그 이유라고 할 수 있다.[63]

---

61) Del. Gen. Corp. Law §144(a); N.Y. Bus. Corp. Law §713(a); Model Bus. Corp. Act §8.31.
62) 江頭憲治郎, 앞의 법협논문, 161~162쪽.

문제는 회사 간에 지배·종속관계가 있고, 이사가 겸임관계가 있는 경우 위에서 언급한 캘리포니아 회사법상의 ㉠과 ㉡의 어떠한 요건을 적용하여야 하는가? 이 점에 관하여 겸임이사의 경우에 요건이 완화된 이유 중 하나가 이사와 회사 간 또는 회사와 회사간의 거래 시 그 폐해가 적지 않으나, 지배·종속관계가 있는 경우에서는 직접적인 폐해가 상대적으로 크지 않다는 점을 감안하여 ㉠의 요건을 적용하여야 한다고 한다. 그러나다른 한편으로 유능한 경영자의 겸임관계의 현실에 착안하여 보면 ㉡의 요건에 의하여해결하는 것이 바람직하다고 하며,64) 그 근거로 지배·종속기업 간의 거래에 관하여 명시적인 규정을 두고 있는 주법(메인 주 등) 등에서 캘리포니아 주 회사법전 제310조 b항에서 정한 것보다 완화된 기준이 채용되고 있는 점을 들고 있다.65) 생각건대, 지배·종속관계에 있는 회사의 겸임이사에 대해서도 충실의무를 부여함이 타당하다고 보며, 그요건으로는 ㉡요건을 취함이 타당하다고 본다.

② 판례의 처지

㉠ 겸임이사의 겸임회사에 대한 충실의무의 범위

겸임이사를 둔 회사 간의 거래에 있어서 겸임이사는 이들 회사에 대하여 동일한 충실의무를 진다고 하여야 할 것이다. 하지만 겸임이사를 둔 회사 간의 거래 또는 겸임이사가 거래를 관여하였다고 하여 곧바로 이사의 충실의무를 위반하였다고 해석하지는 않는다.66) 즉 충실의무의 위반 여부에 대한 판단은 단순히 겸임이사가 관여한 거래였는가뿐만 아니라 계약의 목적이나 체결 동기 그리고 계약 내용의 공정성 등을 종합적으로 고려하여 판단하여야 하기 때문이다. 또한 동 회사의 정관상 규정이 이러한 거래를 허용하는

---

63) 江頭憲治郎, 앞의 법협논문, 162쪽.

64) 江頭憲治郎, 앞의 책, 142쪽.

65) American Law Institute, Principle of Corporate Governance: Analysis and Recommendations, Part Ⅴ Ch. 3에 의하면, 지배주주의 공정거래의무를 규정하고 있고, 제5.10조에는 지배주주와 회사와의 거래에 있어서 공정거래의무의 일반원칙과 입증책임에 대하여 규정하고 있다. b항은 거래가 이해관계 없는 이사에 의하여 사전에 승인되었지만, 이해관계 없는 주주에 의하여 승인 내지 추인된 경우에는(또는 승인을 구하지 않는 것이 회사에 대하여 중대한 불이익을 미치는 경우 포함) 당해 거래를 문제로 하는 당사자가 공정하지 않은 사실의 입증을 하여야 하지만, 승인이나 추인이 없는 경우에는 지배주주가 입증책임을 부담한다. 다만, c항에서는 당해 거래가 사업의 통상의 과정에서 이루어진 경우라면 승인의 유무를 묻지 않고 당해 거래를 문제로 하는 당사자가 거래가 불공정하다는 사실의 입증책임을 부담하여야한다. 그러므로 지배·종속기업 간의 거래에 관해서는 캘리포니아 회사법전 제310조 b항의 유형의 규제에 속한다고 할 수 있다.

66) Kutik v. Taylor, 80 misc. 2d 839, 364 N.Y.S. 2d 387(1975).

범위 내라면 당연히 상호 간에 거래할 수 있으며, 이 경우 소수 또는 과반수의 겸임이사의 존재가 겸임이사가 존재하는 회사 간의 거래를 방해하지 않기 때문이다. 나아가, 그러한 거래가 어느 일방의 회사에 대하여 불공정한 거래를 하였다고 단정해서도 안 된다.67)

ⓒ 자회사의 월권 또는 불공정한 거래

겸임이사가 고의로 불법적인 권한을 행사하여 일방 회사에 피해를 준 경우에는, 그러한 거래 행위는 현실의 사기(actual fraud)로 보아 취소할 수 있다고 하겠다. 다만, 모회사를 배제한 채 모자회사의 겸임이사와 자회사가 거래를 하였을 경우, 이 거래에 대하여 이미 성립된 모자회사 간의 신뢰관계에 배치되는 자회사의 월권거래 또는 불공정한 거래로는 보지 않는다.68)

ⓒ 입증책임 및 추정

모자회사의 겸임이사의 존재만으로는 모자회사 간에 지배·종속관계 또는 신뢰관계가 당연히 성립되는 것은 아니다. 다만, 모자회사 간의 거래는 그 공정성 및 모회사의 자회사 지배의 합리성에 대한 사법적 심사에 구속되어 모회사가 범위를 초과하여 자회사를 지배하는 경우에는 의제사기(constructive fraud)로 추정될 수 있다. 나아가, 겸임이사가 겸임회사와 거래하는 경우 거래의 공정함에 대한 입증책임은 겸임이사에게 있는 것으로 추정된다.69)

ⓒ 겸임이사의 손해배상의무

모자회사 겸임이사는 한 회사의 희생으로 다른 회사에 이익이 되는 행위를 하여서는 아니 된다. 겸임이사가 이를 위반한 경우에는 피해 회사의 손해를 배상하여야 한다. 또한 겸임이사를 둔 회사 간의 거래가 불공정함으로 인하여 소수주주에게 피해가 발생한 때에는 그 피해를 적절히 보상하여야 한다.70)

---

67) Skelly v. Dockweiler, 75 F. Supp.11(1947); San Diego Old Town & Pacific Beach R. Co. v. Pacific Beach Co., 112 C. 53, 44 p.333(1896).
68) 김성배, 앞의 글, 306쪽.
69) 김성배, 위의 글, 307쪽.
70) 김성배, 위의 글, 307쪽.

3. 공정거래기준의 전개

1) 서설

지배주주와 회사와의 거래에 대하여 미국의 판례를 살펴보면, 첫째, 지배주주가 회사에 대하여 충실의무를 성실히 이행하여야 한다는 요건과 둘째, 충실의무를 이행한다 하더라도 지배주주와 회사와의 거래가 유효하고 적정하다고 판단하기 위한 기준은 무엇인가를 문제 삼고 있다. 먼저, 충실의무의 이행에 대해서는 위에서 살펴보았다. 따라서 이하에서는 후자의 문제를 검토하기로 한다.

통상 지배주주는 주주로서의 입장을 넘어서 회사의 경영에 참여하여 영향력 행사를 하였다면 대주주로서 이사와 마찬가지로 수탁자로서의 의무를 이행하여야 한다.[71] 따라서 만약 회사에 손해가 발생하였다면 지배주주는 그에 대한 책임을 져야 한다. 즉 지배주주는 자신의 책임을 면하려면 수탁자로서의 의무인 충실의무를 다하였다는 점을 입증하지 않으면 안 된다. 그런데 이러한 충실의무는 성실성(good faith)과 공정성(fairness)을 그 요건으로 하며, 전자는 지배주주의 신뢰관계에 의하여 추정되나, 거래의 공정성은 신뢰관계의 추정을 받지 못한다.[72]

이는 Pepper v. Litton의 사건 사례를 보면 알 수 있다. 동 사례에 따르면, 과거의 행위 자체에서 파악하는 것과는 달리 거래적인 측면에서 지배주주로 하여금 회사와의 계약이 공정하다는 사실을 입증하도록 요구하고 있다.[73] 또한 최근에는 미국 법률협회(The

---

71) "a dominant or majority stockholder" does not become a fiduciary for other stockholders merely by reason of his voting power. It is only when he steps out of his role as a stockholder and begins to usurp the functions of director in the management of corporate affairs that such a duty is imposed[Gottesman v. General Motors Corp., 279 F. Supp.361, 383(S.D.N.Y. 1967)].

72) 김재형·최장현·박종력, 폐쇄회사의 소수파주주보호를 위한 미국의 전체적 공정성기준, 『상사법연구(제21권 3호)』(한국상사법학회, 2002), 349쪽.

73) Pepper v. Litton, 308 U. S.295, 60 S. Ct. 238, 84 L. Ed 281(1939). 그 구체적인 내용은 다음과 같다. X(Pepepr)는 소외 A회사에 광산을 임대하고, 동 회사에 대하여 임대채권을 가지고 있었다. 반면에, Y(Litton)는 A회사의 사장이면서 동시에 A회사의 대주주로서 동 회사에 대하여 5년 동안의 미지급급료채권을 가지고 있었다. Y는 자기의 위 급료채권에 기하여 A회사의 주요한 자산에 강제집행을 신청하여 스스로 경락하고, 그 자산을 기초로 소외 B회사를 설립하였다. 나아가, Y는 X에 대하여 임대료의 지급을 면제하기 위하여 A회사의 주요한 자산을 B회사에 이전한 후, A회사의 파산을 신청하였다. 그 이후 Y는 마찬가지의 방법으로 A회사의 다른 채권자의 청구권을 소멸시키고, 일반채권자를 X만으로 하였다. 이에 X는 Y가 행한 강제집행을 근거로 한 판결의 승인(confession of judgement)의 부인을 구하는 소송을 제기한 사건이다. 제1심 법원은 청구를 인용하고, 파산관재인에게 Y가 경락한 자산의 반환을 명하였지만, 원심 법원은 이것을 파기하고 청구를 기각하였다. 이에 X는 상고를 하였다. 동 사건에 대하여 연

American Law Institute)의 회사지배 원리(Principles of the Corporate Governance: analysis and recommencations)에는 별도의 공정거래의무(duty of Fair Dealing)에 대하여 규정하고 있다.

따라서 이하에서는 지배기업이 종속기업에 대한 영향력 행사를 함으로써 손해를 발생케 하였을 경우 그에 대한 책임추궁을 위한 전제로 ALI의 회사지배의 원리(principle of the corporate governance)에서 규정한 내용을 중심으로 회사의 공정거래의무가 무엇이며, 그러한 공정거래의무를 위반하였을 경우 종속기업의 지배주주도 종속기업의 이사나 임원 등과 마찬가지의 의무를 지는지, 또한 공정한 거래인가는 어떠한 요소에 의하여 판단할 것인가 그리고 이러한 공정거래의무를 위반한 경우 그에 대한 책임에 대하여 살펴본다.

2) 공정거래의무의 개념과 주체

(1) 개념

미국 법률협회(American Law Institute: 이하 ALI라 한다)가 제시한 회사지배의 원리 제5편에 따르면, 공정거래의무를 기존의 독립된 법인격으로서 기업뿐만 아니라 지배·종속기업 간의 거래가 이루어진 경우까지를 감안하여 규정하였다. 통상, 전통법에서는 회사와 이익이 상반되는 거래를 하였을 경우 이사 등의 충실의무(duty of loyalty)에 따라 그 문제를 해결하였다.[74] 하지만 이러한 전통법의 규정만으로는 지배·종속 간의 거래에 대한 문제를 해결함에는 한계가 있다는 점을 인식하여, ALI는 이사 등의 충실의무책임을 보다 명확하게 함[75]과 더불어 지배주주도 종속회사의 이사와 동일한 책임을 지울 수 있는 근거[76]를 마련하였는데, 그러한 제도가 공정거래의무(duty of Fair dealing)라고 할

방최고법원은 지배적 내지 통제적인 주주와…… 회사와 거래는 법원의 엄밀한 심사에 따라야 한다. 그러한 주주와 회사와의 계약이나 결정이 소송상 문제가 되는 경우에는 그 거래에 대하여 수탁자의 성실성 증명과 함께 그 거래가 본질적으로 공정(inherent fairness)하다는 사실을 증명하는 증명책임이 그러한 거래를 한 주주 측에 부여된다고 판시하였다.

74) 이에 대하여 경영판단의 원칙(the business of judgement)을 적용하는 것이 아니라 주의의무(the duty of care)와 관련한 이사의 충실의무(the duty of loyalty)에 의하여 검토되어야 한다고 한다[Sinclair Oil Corp. v. Levien, 280 A.2d 717(Del. 1971); Gevurtz, op.cit., p.321].

75) 그러나 이사 등의 충실의무를 배척하기 위한 것이 아니다[證券取引法研究會國際部會譯 編, 『コポレート・ガバナンス』(日本證券經濟研究會, 1995), 169頁].

76) 이처럼 지배주주에게도 충실의무를 지우고 있는 경우에 대해서는 다음을 참조[Guth v. Loft, Inc., 5 A.

수 있다.

즉 ALI의 회사지배의 원리에 의하면, 공정거래의무(duty of fair dealing)란 회사와의 거래 시 회사에 상반되는 이익이 존재할 경우에는 회사의 이사나 상급임원은 반드시 공정거래의무를 인식하고 그 요건에 만족될 수 있도록 하여야 할 의무를 말한다.77) 즉 이사나 상급 임원(Directors and Senior Executives)이 회사의 재산을 매도할 때 회사의 수탁자의 의무로서 행하는 공정거래는 이사나 상급 임원 개개인이 그 거래에 대한 보상을 할 때 요구되는 행위와는 구별하여 행위를 하여야 한다는 것이다. 즉 이사와 회사 간에 이익상반된 거래가 행하여질 가능성이 있다면 그 거래는 반드시 공정거래의무를 준수하여야 하며 회사에 대한 공정거래인가는 이해관계가 있는 이사뿐만 아니라 이해관계가 없는 이사 모두에게 제시된 거래가 적어도 제3자나 제3의 기업이 이용하려고 할 정도의 좋은 조건인가에 의하여 판단하여야 한다는 것이다. 나아가, 이사나 상급 임원이 아닌 지배주주(dominant shareholder)나 주주집단(shareholder group)이 회사와 이해 상반된 거래를 하는 경우에도 마찬가지라고 할 수 있다.78) 이처럼 공정거래의무를 준수하도록 하는 것은 지배·종속기업의 소수주주뿐만 아니라 일반채권자를 보호하기 위함이라고 할 수 있다.

(2) 공정거래의무의 주체

① 이사 또는 임원

ALI의 회사 지배의 원리에 의하면, 지배·종속기업의 소수주주 및 일반채권자를 보호하기 위한 이사79) 또는 상급 임원80)의 공정거래의무에 대하여 규정하였다. 즉 동 원리 §5.02는 이사 또는 상급 임원의 회사와의 거래, §5.03은 이사 또는 상급 임원의 보수, §5.04는 이사 또는 상급 임원의 회사의 재산, 정보 및 지위의 이용, §5.05는 이사 또는

2d 503, 510(Del. 1933); 1 Marsh's California Corporation Law §§11.7, 11.29(3d ed. 1990, 1991 Supp.)].

77) 공정거래의무가 무엇인지에 대해서는 회사 이사 지침(the Corporate Directors' Guidenook)에 언급하고 있다[ALI, op.cit., p.206 Chapter 1(Generla Principle) Reporter's Note 2].

78) ALI, ibid., pp.206~207 Chapter 1(General Principle), Reporter's Note B(Duty of Fairness).

79) "Director" means an individual designed as a director by the corporation or an individual who acts in place pf a orectpr under applicable law or a standard of the corporation(ALI, ibid., p.16 §1.13).

80) "Senior Executive" means an officer described in Subsection (a) or (b) fo §1.27(Officer)[ALI, ibid., p.34, §1.33].

상급 임원의 기회의 침해, §5.06은 회사와의 경업 행위, §5.07은 겸임 이사 또는 겸임 임원과 회사와의 거래, §5.08은 이사 또는 상급 임원의 관계자를 대위한 행위, §5.09는 회사기준의 효과에 대하여 규정을 하고 있다.[81] 그 내용을 구체적으로 살펴보면 다음과 같다.

ㄱ 회사와의 거래

우리나라의 경우 이사는 이사회의 승인이 있는 때에 한하여 자기 또는 제3자의 계산으로 회사와 거래를 할 수 있다고 규정하고 있다(상법 제398조). 이때의 이사는 대표권의 유무나 상근 유무와는 관계없이 현실적으로 회사와 거래를 하려고 하는 회사의 모든 이사를 의미한다. 또한 퇴임이사, 이사결원의 경우 법원이 선임한 임시이사(상법 제386조 제2항) 및 법원의 가처분명령에 의해서 선임된 이사의 직무대행자(제407조)까지도 포함된다.[82] 또한 2010년 4월 개정된 상법에 의하면, 이사 이외의 임원 및 주요주주에 대해서도 이러한 자기거래 금지의무가 적용되도록 하였다. 이처럼 최근 개정된 상법에서는 이사 이외의 임원 및 주요주주까지 자기거래 금지의무가 적용되도록 한 것은 미국법의 영향으로 보인다.[83]

나아가, 이러한 회사와의 거래에 대하여 초기 미국법은 이사와 회사 간의 이해가 충돌하는 모든 계약(이사의 자기거래)은 그 거래(계약)의 공정성에 관계없이 그 이해의 충돌 자체만으로 회사나 주주들의 소송에 의하여 취소할 수 있다고 하였다. 그러던 것이 1910년 이후부터는 이사회에서 그 거래와 이해관계가 없는 이사의 과반수에 의하여 승인되고 법원에 의하여 불공정 또는 사기적이 아니라는 사실이 입증된 경우에는 그러한 거래가 자기거래에 해당한다 하더라도 유효하다는 원칙이 확립되었다.[84]

하지만 이러한 원칙의 존재에도 불구하고 회사와의 거래에 대해서는 최근까지 계속적으로 그 유효성에 대하여 논란의 여지가 존재하였다. 이에 ALI는 이러한 사실을 인식하고 회사지배의 원리에 이를 명시적으로 규정하였다. 즉 §5.02(a)에 의하면, 이사나 상급 임원은 회사와 거래를 하는 경우 그 거래가 공정거래라면 그 거래 자체가 유효하며,[85]

---

81) ALI, ibid., p.209, Chapter 1, § 5.01(General Principle).
82) 임중호, "이사의 자기거래의 규제", 『중앙대 법학논문집: 관송 김규정 교수 화갑기념(제17집)』(중앙대학교 법학연구소, 1993.02.), 109쪽.
83) 강희갑, "미국회사법상 주식회사의 이사의 자기거래에 관한 규제", 『영남법학』(영남대, 1995.11.), 290쪽.
84) 강희갑, 위의 글, 290쪽.
85) ALI, op.cit., p.209, Chapter 2, § 5.02(Transactions with the Corporation).

기존과 같이 취소가 되는 것이 아니라는 사실을 명시하였다. 다만, 공정한 거래가 되기 위해서는 2개의 요건을 중첩적으로 만족하도록 하였다. 즉 ⅰ) 이익상반관계[§1.14(a)][86] 및 당해 거래[§1.14(b)][87]에 대한 승인자의 공시와 ⅱ) 그 거래의 공정성이 필요하다고 하였다[§5.02(a)].[88]

먼저, ⅰ)의 요건과 관련해서 이사나 상급 임원이 자신이 속한 기업과 거래를 할 경우 후술하는 독립당사자 간 거래기준(at arm's length)을 만족할 수 있는 독립한 당사자(a stranger)로서 회사와 거래하는 것은 사실상 불가능하다. 특히, 그 거래가 이해상반거래(다만, 보상이 포함된 거래는 제외)라면 공시 범위를 전자보다 훨씬 확대하여 중요한 사항 (material matters)을 공시하도록 하였다.[89] 그 내용은 §1.14에서는 공시하여야 할 요소 (elements of disclosure)를,[90] §1.25에서는 공시해야 할 중요한 사실(material facts)[91]에 대하여 언급하고 있다. 또한 그 거래의 승인은 권한 있는 회사 결정권자(decisionmaker)[92]에 의한 것이어야 한다고 규정하였다.

둘째, 회사와 이사나 상급 임원이 행한 거래를 공시하였다고 하더라도 그 거래는 공정 하여야 한다는 요건도 만족하여야 한다. 즉 ⅰ) 거래를 행할 때 그 거래는 회사에 대하 여 공정하여야 한다[§5.02(a)(2)(A)]. ⅱ) 그 거래는 사전에 인가되어야 하고, 만약 그 거 래가 이해 상반된 거래라면 사후 공시도 하여야 한다. 다만, 그 거래가 이해관계가 없는 이사나 상급 임원에 의한 것이라면 그 거래는 인가 당시에 회사에 대하여 공정하다는 합 리적인 판단에 의한 것이어야 한다[§5.02(a)(2)(B)]. ⅲ) 그 거래는 인가되고 그 거래가

---

86) A director, Senior executive, or controlling shareholders makes "disclosure concerning a conflict of interest" if the director, senior executive, or controlling shareholder discloses to the corporate decisionmaker who authorizes in advance or ratifies the transaction in question the material facts known to the director, senior executive, or controlling shareholder concerning the conflict of interest, or if the corporate decisionmaker knows of those facts at the time the transaction is authorized or ratified[ALI, ibid., p.16, §1.14(a)].

87) A director, senior executive, or controlling shareholder makes "disclosure concerning a transaction" if the director, senior executive, or controlling shareholder dsclosure, senior executive, or controlling shareholder discloses to the corporate decisionmaker who authorized in advance or ratifies the transaction in question the material facts known to the director, senior executive, or controlling shareholder concerning the transaction, or if the corporate decisionmaker knows of those facts at the time the transaction is authorized or ratified[ALI, ibid., p.17, §1.14(b)].

88) ALI, ibid., p.215 comment to §5.02(a)(1).

89) ALI, ibid., p.215. comment to §5.02(a)(1).

90) ALI, ibid., p.16, §1.15.

91) ALI, ibid., p.30, §1.25.

92) "Corporate Decisionmaker" means that corporate official or body with authority to make a particular decision for the corporation(ALI, ibid., p.15, §1.11).

체결될 당시에 공정하고 합리적이라는 판단이 내려진 경우에는 그 거래와 이해관계가 없는 이사에 의하여 사후 공시를 하여야 한다[§5.02(a)(2)(C)]. iv) 그 거래는 §1.16의 이해관계가 없는 주주에 의하여 사전에 인가되고, 사후 공시되어야 한다[§5.02(a)(2)(D)].[93] 이해관계가 있는 주주인가는 §1.23(b)에 의하여 판단한다. 즉 주주가 알고 있는 사실에 대하여, 주주와 관련하여 또는 그 주주가 이사 또는 상급 임원의 지위를 겸한 상태에서 거래를 하였다면 그 자는 이해관계가 있는 주주라고 한다. 다만, 주주들에 의하여 소송이 제기될 때 그 거래는 §1.42의 낭비된 회사 자산에 포함되지 않는다고 한다.[94]

만약 이사나 상급 임원과 회사 간의 거래에 대하여 이의를 제기한 자가 있다면 그 자 스스로 이사나 상급 임원과의 사이에 거래가 이루어졌다는 사실을 입증하여야 한다. 다만, 일방 당사자가 §5.02(a)(2)(B), §5.02(a)(2)(C), §5.02(a)(2)(D)의 요건을 만족하지 않는다는 사실을 입증한다면, 관련 이사나 상급 임원은 그 거래가 회사에 대하여 공정하다는 사실을 반대로 입증하도록 함으로써 입증책임을 전환시키고 있다.[95]

나아가, §5.02(a)(1)의 공시요건에 대해서는 만약 그 거래가 이사, 주주, 권한이 부여된 회사 결정권자(the Corproate Decisionmaker) 또는 회사 결정권자의 승계인에 의하여 사전 승인되고, 사후 공시가 이루어진 경우라면 위의 요건을 만족되는 것이라고 한다.[96]

ⓒ 이사 등의 보수

우리나라는 이사의 보수는 정관에 그 액을 정하지 아니한 때에는 주주총회의 결의로 이를 정한다(제388조)고만 규정하고 있다. 이때의 보수액은 총액 내지 최고액만을 정하며, 그 구체적인 액수는 이사회에서 결정한다고 규정하고 있다.[97]

그런데 실무상 임원의 보수를 정관으로 결정하는 예는 거의 없고, 통상 주주총회의 보통결의로 정하도록 하고 있다. 따라서 주주총회에서는 임원의 보수총액[98] 내지 최고한도

---

93) All, ibid, p.209, Chapter 2, §5.02(a)(2)(A)(B)(C).

94) A transaction constitutes "waste of corporate assets" if it involves an expenditure of corporate funds or disposition of corporate assets for which no consideration is received in exchange and for which there is no rational business purpose, or, if consideration is receives in exchange the consideration the corporation receives is so inadequate in value that no person of ordinary sound business judgement would deem it worth that which the corporation has paid[ALI, ibid, p.53, §1.42(waste of Corporate Assets)].

95) All, ibid, p.209, Chapter 2, §5.02(b)(Burden of proof).

96) All, ibid, p.209, Chapter 2, § 5.02(c)(Ratification of Disclosure or Nondisclosure).

97) 다만, 보수액의 결정 및 지급을 전적으로 이사회나 대표이사에게 위임하는 내용의 주주총회의 결의는 무효라고 한다[정찬형, 『상법강의(상)』(박영사, 2001), 793쪽; 대판 1979.11.27, 79다1599].

액만을 정하고 그 구체적인 지급액은 주주총회에서 정한 범위 내에서 이사회가 각 임원의 업무 실적 평가를 통하여 그에 상응한 보상을 결정하게 된다. 주주총회에서 임원 보수를 다루는 통상의 경우를 보면, 회사의 실무담당자가 예년의 임원보수총액, 동종업계의 지급상황, 물가앙등, 전년도 회사의 실적 등을 참고하여 총회 의제로 임원보수 의안을 준비하여 제출하여 승인을 받고 있다. 하지만 개개 임원의 보수는 주주총회의 위임에 따라 이사회에서 결정하고 그 구체적인 내역에 대한 공시는 전혀 이루어지지 않고 있다.[99]

반면 ALI의 회사지배의 원리에서는 보수의 결정시 이사나 상급 임원으로 하여금 공정거래의무를 이행하고 그에 대한 대가를 보수로 인정하고 있다. 그 구체적인 내용은 §5.03에서 언급하고 있는데, 이 규정은 이사나 상급 임원의 보수를 이해관계가 없는 주주에 의하여 결정하도록 함으로써 이사의 경영판단의 원칙을 반영하려는 점과 이해관계가 없는 주주에 의하여 승인할 당시 보수 조정을 무시한 낭비된 회사 자산을 제시하도록 하려는 법원의 의도를 충실히 반영한 것이라고 할 수 있다.[100]

즉 §5.03(a)에 의하면, 이사와 상급 임원은 그의 업무 수행에 대한 대가를 받을 때에는 그 보수와 관련하여 다음과 같은 공정의무를 이행하여야 한다고 한다.[101] 첫째, 그 보수의 승인은 회사에 대하여 공정하여야 한다. 둘째, 그 보수의 결정은 이해관계가 없는 이사나 상급 임원에 의하여 경영판단의 원칙[102]에 적합하도록 하여야 한다. 셋째, 그 보수는 경영판단의 원칙의 요건을 만족한 이해관계가 없는 이사에 의하여 승인되어야 한다. 만약 ⅰ) 보수를 받는 데 있어서 회사의 결정권자는 보수를 결정하는 데 회사를 대리하여야 하고 경영판단의 원칙에 적합하여야 하는 경우, ⅱ) 이해관계가 있는 이사나 상급 임원이 이해관계가 없는 이사나 이해관계가 없는 임원에 의하여 사전에 보수의 권한부여를 받지 않는 데 불합리한 행위를 하지 않는 경우, ⅲ) 이해관계가 없는 이사나 임원에 의하여 보수의 권한 부여를 받지 않았다 하더라도 중요한 점에서 회사의 이익에 역효과

---

98) 보수총액이란 한도액을 의미하는 것이지, 실제로 전액 지급되는 것은 아니다.

99) 그 이유는 ① 회사의 임원들과 또는 다른 회사 임원과의 비교 꺼림, ② 주주총회에서 총회꾼의 문제, ③ 세금 문제, ④ 업적평가 등은 주주총회에서의 심의 곤란, ⑥ 물가 상등 등을 들 수 있다[성승제, 『임원보수의 합리적 기준 설정에 관한 법적 연구』(한양대학교 대학원 박사학위논문, 2002). 96~97쪽].

100) ALI, op.cit., p.246. §5.03 comment a.

101) ALI, ibid, p.245, Chapter 2, § 5.03(a)(General Principle).

102) A director or officer who makes a business judgement in good faith fulfills the duty under this Section of the director or officer: (1) is not interestes in the subject of the business judgement; (2) is informed with respect to the subject of the business judgement to the extent the director or officer reasonably believes to be appropriate under the circumstances: and (3) rationally believes that the business judgement is in the best interests of the corporation[ALI, ibid., p.139 §4.01(c)].

를 가져오지 않는 경우를 말한다.[103] 또한 보수는 이해관계가 없는 주주가 사전에 권한을 부여하거나 승낙을 하며 주주의 소제기 당시에 낭비된 회사의 자산에 포함시키지 않는다.[104]

만약 이사나 상급 임원의 보수의 지급을 포함한 거래에 대하여 이의를 제기한 일방 당사자가 있다면 그는 이의 제기 사실에 대한 입증을 하여야 한다. 그러나 만약 일방 당사자가 위의 (a)(2), (a)(3), (a)(4)의 요건을 만족하지 않음을 입증한다면, 이사나 상급 임원으로 하여금 그 거래가 회사에 대하여 공정하다는 사실을 입증하여야 하도록 함으로써 입증책임을 전환시키고 있다.[105]

ⓒ 이사 등의 회사 재산, 정보 및 지위의 이용행위

우리나라의 경우 이사 등이 회사재산, 정보 및 지위의 이용을 하는 경우가 많지만, 현행 상법상 이를 규제하는 규정은 존재하지 않는다. 다만, 이사는 재임 중뿐만 아니라 퇴임 후에도 직무상 알게 된 회사의 영업상 비밀을 누설하여서는 아니 된다(상법 제382조의4)고 규정함으로써 이를 간접적으로 규정하고 있을 뿐이다. 다만, 자본시장과금융거래에관한법률 제174조 제1항에 의하면, ⅰ) 그 법인 및 그 법인의 임직원·대리인, ⅱ) 그 법인의 주요주주, ⅲ) 그 법인에 대하여 법령에 따른 허가·인가·지도·감독, 그 밖의 권한을 가지는 자, ⅳ) 그 법인과 계약을 체결하고 있거나 체결을 교섭하고 있는 자, ⅴ) 제2호부터 제4호까지의 어느 하나에 해당하는 자의 대리인(이에 해당하는 자가 법인인 경우에는 그 임직원 및 대리인을 포함한다)·사용인, 그 밖의 종업원(제2호부터 제4호까지의 어느 하나에 해당하는 자가 법인인 경우에는 그 임직원 및 대리인), ⅵ) 제1호부터 제5호까지의 어느 하나에 해당하는 자(제1호부터 제5호까지의 어느 하나의 자에 해당하지 아니하게 된 날부터 1년이 경과하지 아니한 자를 포함한다)가 미공개 중요 정보를 알게 되었을 경우에는 그 정보를 이용하거나 타인에게 이용하게 하여서는 아니 된다고 규정하고 있다.

반면에, 미국 ALI의 회사지배의 원리에 의하면, 이에 대하여 명백히 규정하고 있다.

---

103) ALI, ibid, p.245, Chapter 2, §5.03(a)(3).

104) 동 규정은 이사에게 보수 계획(compensation programs)에 적합하도록 하는 데 있어서 명목상 이해관계 없는 이사에게 법원에서 인정한 것보다 광범위한 재량권이 주어졌음을 반영하고 있다[ALI, ibid, p.253, Reporter's Note 1; Teich v. National Castings Co., 201 F. Supp.451(N.D. Ohio, 1962); Romanik v. Lurie Home Supply Center, Inc., 105 Ⅲ. App.3d 1118, 435 N.E.2d 712,, 718(1982)].

105) ALI, op.cit., p.246, Chapter 2, §5.03(b).

즉 §5.04(a)에서 이사나 상급 임원은 회사의 재산, 중요한 미공개 회사의 정보, 금전상의 이익을 보장하기 위한 회사의 지위를 이용할 수 없도록 하고 있다. 하지만 §5.04는 이사의 행위를 문제 삼는 규정으로 이사나 상급 임원과 회사와의 거래에 대한 규제 조항인 §5.02나 §5.03조와는 다르다.

어쨌든 이사나 상급 임원이 §5.04의 규정에 위반하여 손해를 입었을 경우 회사는 스스로 그로 인하여 손해를 입었다는 사실을 입증할 필요는 없고, 이사나 상급 임원이 §5.04에 위반하지 않았음을 입증하도록 하고 있다.[106] 그러나 예외적으로 다음의 경우에는 회사가 회사의 재산, 정보나 회사의 지위를 이용함으로써 회사에 손해가 발생하였다는 사실을 입증하도록 하고 있다. 다음의 경우란, ⅰ) 이용에 대한 대가가 주어지고 §5.02의 거래기준을 만족하는 경우, ⅱ) 이사나 상급 임원이 회사의 재산, 정보나 지위를 이용함이 보수에 반영되고 보수에 관련한 §5.03의 기준을 만족하는 경우, ⅲ) 그 이용이 회사의 증권거래와는 관련이 없으며 회사가 소유하고 있는 정보의 이용도 아니며 회사에 손해도 발생시키지 않는 단지 회사의 정보만의 이용에 해당하는 경우, ⅳ) 그 이용은 §5.02나 §5.03에 무관하여야 하며 이해관계 없는 이사나 주주가 사전에 권한을 부여하였거나 승낙을 하여야 하고 §5.02에서 언급하는 요건이나 공시의 기준 및 심사 요건을 만족하는 경우, ⅴ) 그 이익은 이사나 상급 임원이 아닌 주주로서 받아야 하고 다른 모든 동일한 상황에 처해 있는 주주가 평등하게 이용할 수 있는 경우 그리고 그 이용은 불법적인 것이 아닌 경우에 해당할 때를 말한다.[107]

위의 (a)의 규정에 따라 이사나 상급 임원의 행위에 이의를 제기하는 일방 당사자는 그에 대하여 입증을 하여야 한다. 다만, 회사와의 거래에 해당되고 그 거래에 대한 이익의 대가를 받는 경우에는 §5.02의 규정에 따라 그 가치가 공정한 것인지에 대한 입증책임이 배분되어야 할 것이다.[108]

이사나 상급 임원은 이 규정을 위반하였을 경우에는 그가 받은 부적절한 이익의 범위 내에서 책임을 진다. 하지만 이사나 상급 임원의 행위가 이 규정을 위반하였지만, 그렇지 않았을 경우 예상될 수 있는 손해가 이사나 상급 임원의 행위에 대한 대가로 수령한 이익의 가치를 초과하는 경우에는 그러하지 아니한다. 나아가, 이사나 상급 임원이 수령한 동일한 이익에 기초한 또 다른 책임(multiple liability)을 부과할 수는 없다.[109]

---

106) ALI, ibid, p.256, Chapter 2 §5.04 comment c.

107) ALI, ibid, p.254, Chapter 2, § 5.04(a)(General Principle)(1)(2)(3)(4)(5).

108) ALI, ibid, p.254, Chapter 2, § 5.04(b)(Burden of Proof).

㉣ 회사기회의 침해

우리나라의 경우 회사기회의 침해에 대한 규정은 2011. 5. 23. 법률 제10696호에 의한 상법의 일부개정을 통해 신설하였다. 즉, 상법 제397조의 2에 "이사는 이사회의 승인 없이 현재 또는 장래에 회사의 이익이 될 수 있는 회사의 사업기회를 자기 또는 제3자의 이익을 위하여 이용하여서는 아니 된다"고 규정하였는데, 이는 미국법상의 제도를 수용한 것으로 보인다.

통상 미국의 경우는 경업금지의무의 규정 대신 동 규정에 의하여 처리하는 경우가 많다. 즉 ALI의 회사지배원리 §5.05에 의하면, 회사의 이사 또는 상급 임원에 의한 회사기회의 침해(taking of corporate opportunity by dierectors or senior executives)를 규정하고 있다. 즉 이사 또는 상급 임원은 원칙적으로 회사의 기회(corporate opportunity)를 이용할 수 없다. 다만, 다음의 세 경우에는 이용할 수 있다. 첫째, 이사 내지 상급 임원이 우선 회사에 대하여 회사의 기회를 제공하고 이해상반거래와 회사의 기회(the conflict of interest and the corporate opportunity)에 관한 공시를 한 경우, 둘째, 회사가 회사의 기회 제공을 거절하였을 경우,[110] 셋째, ⅰ) 그 기회의 거절은 회사에 대하여 공정하거나, ⅱ) 그 기회는 이해관계가 없는 이사(§1.15) 또는 이해관계가 없는 상급 임원에 의하여 경영판단의 법칙[§4.01(c)]의 기준을 만족하는 것과 마찬가지의 방식으로 사전 거절하고, 사후 공시를 하거나, ⅲ) 그 거절은 이해관계가 없는 주주(§1.16)에 의하여 사전 인가, 사후 공시되고 그리고 그 거절은 낭비된 회사의 자산(§1.42)에 포함되지 않는 세 요건 중 최소한 하나의 요건을 만족하는 경우에는 회사의 기회를 이용할 수 있다고 한다(§5.05(a) (1)·(2)·(3)).

여기에서 회사의 기회란 다음의 경우를 의미한다고 규정하고 있다. 즉 회사의 영업활동과 관련된 기회를 이사나 상급 임원이 다음과 같이 인식하고 있는 경우를 말한다. 첫째, ⅰ) 이사나 상급 임원의 지위와 관련되거나, 이사나 상급 임원이 제공된 기회가 회사에 제공된 것이라고 믿는 것이 합리적이라고 생각되는 경우, ⅱ) 회사의 정보나 재산의 이용이지만, 그로부터 초래되는 기회는 이사나 상급 임원의 입장에서 회사의 이익을 위

---

109) ALI, ibid, p.254, Chapter 2, § 5.04(c)(Special Rule on Remedies).

110) 물론, 이 기회에 대한 회사의 거절은 다음의 세 가지 요건 중 최소한 하나의 요건은 만족하여야 한다. ① 회사의 거절은 공정하거나, ② 그 기회는 이해관계 없는 이사나 상급 임원에 의하여 사전에 제공되고, 그 이후 경영판단의 원칙[the business judgement rule: §4.10(c)]의 요건을 만족하는 방식으로 공시되거나, ③ 그러한 거절은 이해관계 없는 주주에 의하여 사전에 위임되어야 하고 그 거절은 낭비된 회사의 자산과 동등한 것이 아닐 것 등에서 최소한 하나의 요건을 만족하여야 한다[ALI, ibid., p.284. §5.05(a)(3)(A)·(B)·(C)].

한 것이라고 생각되는 경우라면 그것은 회사의 기회라고 한다[§5.05(b)(1)]. 둘째, 이사나 상급 임원이 인식(becomes aware and knows)하고 있는 회사의 영업활동과 관련된 기회가 회사의 영업과 밀접한 관련이 있거나 관련이 있는 것으로 기대되는 경우도 회사의 기회라고 한다[§5.05(b)(2)].

만약 회사의 기회를 침해했다고 주장하는 자가 있다면 그 자가 그러한 사실을 입증하여야 한다[§5.05(c)]. 그러나 만약 위의 §5.05 (a)(3)(B) 또는 (C)의 요건을 만족하지 못하는 경우에는 주장자는 그러한 사실을 입증하지 않아도 되며, 오히려 이사나 상급 임원이 회사기회의 이용이 회사에 공정하다는 사실을 반대로 입증하도록 하여 입증책임을 전환하고 있다(§5.05(c)).

또한 공시와 관련 결함 있는 공시를 하였을 경우에는 결함을 공시한 자가 선의의 자라면 그 공시는 치유될 수 있다. 즉 만약 이의 제기의 소가 제기되고 합리적인 기간을 넘지 않는 범위 내에서 이사회, 주주, 본래 회사기회의 거절을 승인한 회사의 업무결정권자 또는 그 승계인에 의하여 처음으로 회사기회의 거절이 승인되고 사후 공시된 경우라면 치유될 수 있다고 한다[§5.05(d)].

마지막으로 §5.05 (a)(1)과 관련하여 기회의 제공이 해태된 경우에는 구제될 수 있다. 그러나 다음의 경우는 예외이다. 첫째, 만약 그러한 해태가 회사 영업활동은 회사의 기회와 관련이 없다는 선의의 믿음으로부터 초래된 경우, 둘째, 이의의 소가 제기된 후 합리적인 기간 내에 회사기회를 어느 정도 회사에 제공하는 것이 가능하고 (a)의 기준에 따르는 방식으로 거절한 경우는 구제될 수 없다고 한다[§5.05(e)].

Ⓜ 회사와의 경업거래

우리나라 현행 상법에서는 이사의 경업거래와 관련하여, 이사는 이사회의 승인이 없으면, 자기 또는 제3자의 계산으로 회사의 영업 부류에 속한 거래를 하거나 동종 영업을 목적으로 하는 다른 회사의 무한책임사원이나 이사가 되지 못한다(상법 제397조 제1항)고 규정을 함으로써 원칙적으로 이사의 회사와의 경업거래를 금지하고 있다. 다만, 이사회의 승인이 있으면 경업거래가 허용된다. 그러나 이사회가 이사에 대한 경업거래를 어떠한 경우에 승인할 것인가에 대해서는 구체적으로 언급하고 있지 않다.[111]

---

111) 회사와 이사의 법률관계는 민법의 위임규정에 따르므로(상법 제382조 제2항, 민법 제681조), 이사는 선량한 관리자로서의 주의의무를 부담하며, 이사는 언제나 적극적으로 회사의 이익을 위하여 행동하여야 한다. 그러므로 이사가 그의 지위에 기하여 지득하게 된 회사의 영업에 관한 비밀을 이용하여 회사의 이익을 배제 또는 침해하고 자기의 이익을 도모하여서는 안 되는데, 이와 같은 취지를 반영한 것이 이

미국에서도 이사나 임원이 회사와 선의의 거래를 하였을 경우 그에 대한 효과에 대해서는 많은 논의가 되어 왔으며,[112] 몇몇 법원은 이에 대한 거래를 예외적으로 허용하고 있다.[113] 그런데 ALI의 회사 지배구조의 원칙에서는 이에 대한 논란의 여지를 방지하기 위한 취지에서 §5.06의 규정을 두었다. 즉 회사와 경업거래를 하여 이사나 임원은 자신 또는 제3자의 금전상의 이익을 증진시킬 수 없다. 그러나 다음의 경우에는 그러하지 아니한다. 즉 ⅰ) 이사나 임원이 경업거래를 하지 않음으로써 합리적으로 예견할 수 있는 회사에 대한 손해가 회사와의 경업행위를 함으로써 합리적으로 얻을 수 있는 이익보다 크거나 또는 그러한 경업 행위를 함으로써 회사에 발생할 수 있는 합리적으로 예견가능한 손해보다 적은 경우, ⅱ) 이익상반거래와 관련하여 그러한 경업거래를 할 수 있는 권한이 사전에 인가 또는 승낙되었고 그에 따른 사후 공시가 이루어진 경우라면 또한 이해관계가 없는 이사나 상급 임원 등에 의한 경업거래가 경영판단 원칙의 기준을 만족하는 방식에 의한 경우라면, ⅲ) 그러한 경업거래에 대하여 이해관계 없는 주주가 사전에 권한을 부여하거나 승낙하였고 그에 따른 사후공시가 된 경우라면 또한 주주의 행위는 낭비된 회사의 자산에 해당되지 않는 경우에는 그러한 거래를 할 수 있다.[114]

회사와의 경업거래를 통한 이사나 상급 임원의 금전상 이익이 증진되었을 경우 이에 대하여 이의를 제기하는 일방 당사자가 있다면 그는 그 사실을 입증을 하여야 한다. 만약 이의제기 당사자가 §5.06(a)(2)나 (3)의 요건을 만족하지 않는다고 주장한다면 이사나 상급 임원은 그러한 경업거래를 하지 않음으로써 발생할 수 있는 회사에 합리적으로 예견할 수 있는 손해가 회사가 경업거래를 함으로써 얻을 수 있는 이익보다 더 크다는 사실 또는 회사에 합리적으로 예견할 수 있는 손해가 존재하지 않는다는 사실을 입증을 하도록 함으로써 입증책임을 전환시키고 있다.[115]

사의 경업금지의무라고 할 수 있다[최준선, "이사의 경업금지의무", 『고시계(통권 476호)』(고시계사, 1996.09.), 72쪽].

112) 3 Fletcher, Cyc. Corp. §856(Rev. 1986, 1991 Supp); Guth v. Loft, Inc., 23 Del. Ch. 255, 5 A.2d 503, 514(1939).

113) 허용되는 예로는 Regenstein v. J. Regenstein Co., 213 Ga. 157, 97 S.E. 2d 693(1957)을 들 수 있는 반면 반대하는 예로는 Foley v. D'Agostino, 21 A.D. 2d 60, 248 N.Y.S. 2d 121(1964)의 사례를 들 수 있다.

114) ALI, op.cit., p.300, Chapter 2, §5.06(a)(General Rule).

115) ALI, ibid., p.301, Chapter 2, §5.06(b)(Burden of Proof).

ⓗ 겸임 이사(임원)와 회사 간의 거래

우리나라의 상법상에는 겸임 이사 또는 겸임 임원이 회사와 거래를 하여 각 회사에 손해를 발생케 하였을 경우 어떻게 처리할 것인가에 대한 별도의 규정을 두고 있지 않다. 다만, 이사의 회사에 대한 자기거래 금지의 규정을 적용할 가능성만 있다.

미국법도 마찬가지라고 할 수 있다. 이전에는 회사와 겸임 이사 내지 겸임 임원과 회사와의 사이의 거래를 별도로 구별하지도 않았기 때문에 문제가 될 여지가 없었다. 따라서 겸임 이사나 겸임 임원과 회사 간의 거래가 이루어진 경우에는 주로 §5.02에서만 문제의 여지가 남아 있었다.[116] 하지만 이제는 회사지배의 원리의 §5.07의 규정을 둠으로써, 겸임 이사나 겸임 임원이 그러한 거래를 한 경우에는 종전처럼 §5.02의 규정을 적용하지 않고, 명시적인 §5.07(a)(1)이나 동조(a)(2)에 규정을 두어 그에 따라서 판단하게 되었다.[117] 이렇게 별도의 규정을 두고 처리할 수 있는 것은 미국법상의 'Safe Harbor' 규정[118]에 그 근거를 두고 있다.[119] 구체적으로 살펴보면 다음과 같다.

즉 회사지배원리의 §5.07(a)에 의하면, 두 회사 사이의 거래는 동일한 자가 두 회사의 이사 내지 상급 임원의 지위를 겸하고 있으므로 §5.02의 자기거래에 관한 규정을 적용할 수 없다고 한다. 다만, ⅰ) 이사나 상급 임원이 두 회사 중 하나의 회사를 위하여 거래교섭 단계에 개인적·실질적으로 참가하지 않는 경우, ⅱ) 그 거래가 일방 회사의 이사회의 승인이 있고, 또한 다른 회사의 이사나 상급 임원인 그 이사회에서 그 거래의 승인에 필요한 한 표를 던지는 경우는 예외적으로 §5.02의 규정의 거래와 마찬가지로 경쟁 거래행위가 허용된다고 한다고 규정하고 있다.[120]

---

116) Ibid.

117) ALI, ibid., p.300, Chapter 2, §5.06(b)(Burden of Proof).

118) 세이프하버(safe harbor)란 1998년 10월 25일 유럽연합(EU)에서 채택한 정보보호령(Directive on Data Protection)에 대응하여 미 상무부가 미국 기업들로 하여금 EU에서 요구하는 정보보호 기준을 충족시키게 함으로써 미국과 유럽 간의 전자상거래에 장애가 발생하지 않도록 하기 위하여 개발한 안전장치를 말한다[한종선(역), 미국-EU 세이프하아버 개관, 『주간해외동향(제65호)』(2000.11.08.), http://www.nanet.go.kr/lawinfo/lawinfo_bbs/k03_foreinfo_read.html?nav=030500&gubun=03&seq=1722].

119) Safe harbor 규정 중에서 이 문제에 대하여 직접적으로 언급하고 있는 것으로는 캘리포니아 제정법을 들 수 있다. 즉 공시가 이루어지고 이해관계 없는 이사나 주주에 의하여 거래에 대한 권한을 부여하고 있다면 공정성의 검토를 제외하고 있다(ALI, op.cit., p.308, Chapter 2, §5.07 comment a).

120) ALI, ibid., p.300, Chapter 2, §5.06(a)(General Rule).

ⓧ 이사 등의 관계자를 대위한 행위

우리나라의 상법에는 이사나 상급 임원이 관계자를 대위하여 행위를 하였을 경우 어떻게 처벌할 것인지에 대한 아무런 규정도 두고 있지 않다. 반면에 미국 ALI의 회사지배의 원리에 의하면, 이사와 상급 임원이 관계자를 대위하여 한 행위에 대하여 공정거래의무를 부담하도록 하는 §5.08의 규정을 두고 있다. 그에 의하면, 이사나 상급 임원은 그들 자신을 위하여 행위를 하였을 경우 적용되는 제2장(chapter 2)과는 다른 방식에 의하여 관련자(associate)의 금전상의 이익을 알면서 증진시키는 경우에는 공정거래의무를 이행하지 않아도 된다고 하여 명시적인 규정을 두었다.[121]

그렇지만 일반법의 위임에 의한 이사나 상급 임원의 행위와 관련하여 파생된 관련자도 그 책임을 질 것이냐에 대해서는 아무런 언급도 하고 있지 않다. 따라서 과실 없는 제3자가 유상으로 구입하지 않았거나 그 거래와 관련하여 불공정한 이익을 취득한 경우가 아니라면 명목상으로는 보호된다고 하여야 할 것이다.[122]

§5.08의 코멘트에 있어서도 영업활동을 하는 회사의 지배주주가 관계자인 경우 2개 회사 간의 거래에 대한 심사는 제2장(chapter 2) §5.02조가 아니라 제3장(chapter 3) §5.10을 적용한다고 언급하고 있다. 회사와의 거래 이외의 회사의 지배주주의 활동(다만, 지위의 이용, 회사의 기회침해 또는 지배하고 있는 회사와 경업거래를 하는 경우)에 관해서 제2장(이사 또는 상급 임원의 공정거래의무)과 제3장(지배주주의 공정거래의무) 중 어떤 규정을 적용할 것인가의 판단은 이사나 상급 임원 각자가 실제상 개인적인 금전상 이익을 취득할 목적으로 본질적으로 회사의 지배주주를 꼭두각시처럼(as an alter ego) 이용하는가에 의한다고 언급하고 있다.[123]

예를 들면, A는 Y회사 이사로서 Y회사의 주식 60%를 소유하고 있음과 동시에 Y를 지배하고 있는 X회사의 이사도 겸하고 있다. 그런데 A는 의류 제조회사인 X에 생지를 납품하는 업자로서 X회사에 가장 많은 생지를 납품하고 있는 상태이다. X와 동업자인 Y의 통상의 거래로, X와 Y 간에 계약이 체결되고 있는 경우 X는 Y의 지배주주를 위하여 Y와의 거래를 하였다면, 이 경우 X · Y 사이의 거래는 §5.10조가 적용되며, §5.02조나 §5.08조는 적용될 여지가 없다고 한다.[124]

---

121) ALI, ibid., p.312, §5.08.

122) ALI, ibid., p.313. §5.08 comment c.

123) Ibid.

124) ALI, ibid., p.315 §5.08 Illustrations 4.

◎ 회사기준을 준수한 행위의 효과

회사기준(standard of the corporation)이라 함은 유효한 약정, 약관 및 주주총회에서의 주주의 결의 등을 의미한다.[125] 우리나라의 경우 이사가 이 기준을 준수하여 경영판단을 하였을 경우에는 그러한 판단행위가 논란의 여지가 있다 하더라고 일단 이사로서의 의무를 다하였다고 할 수 있으므로 그에 대한 책임을 지지 않는다고 할 수 있다.

반면에, ALI의 회사지배의 원리에서는 회사기준에 관한 §5.09의 규정을 두고 이를 준수한 이사나 상급 임원은 다음과 같은 권한을 갖는다고 규정하고 있다. 즉 ⅰ) 특정된 형태로 회사와 거래를 하고 그리고 회사와의 거래에 대한 통상적인 절차에 따라 회복할 수 있는 권한, ⅱ) 불법적이 아닌 특정한 방식으로 회사의 지위나 재산을 이용하고 그것에 대하여 회사와의 거래에 대한 거래의 통상적인 절차에 따라 회복할 수 있는 권한, ⅲ) 이사나 상급 임원이 ㉮ 이사의 권한이나 임원의 권한과 관계없이, ㉯ 이사나 상급 임원으로 하여금 기회의 제공자(the person offering the opportunity)[126]는 그 기회가 회사에 제공되기를 바란다는 사실을 신뢰하도록 합리적으로 유도하는 상태하에서 또한 ㉰ 회사의 정보나 재산의 이용을 통하여, 알고 있는 특정 형태의 회사의 기회를 이용하는 권한, ⅳ) 특정 형태로 경업행위를 할 수 있는 권한을 갖는다고 규정하고 있다.[127]

또한 이해관계가 없는 이사나 이해관계가 없는 주주에 의하여 회사기준이 사전에 부여되고, 이 거래기준이나 형태 또는 기준의 효과에 의하여 담보되는 행위에 대한 사후 공시를 하였다면, §5.02 내지 §5.06에 근거하여 일단 이해관계가 없는 이사나 이해관계가 없는 주주에 의한 행위의 권한과 마찬가지로 취급된다.[128]

② 지배주주의 공정거래의무

이사나 상급 임원이 거래를 하는 경우 전통적으로 이사나 상급 임원으로서 회사에 대한 충실의무를 부담하도록 하고 있으며, 그 내용으로 공정거래의무를 질 것을 요구하고 있다. 또한 앞에서 살펴본 바와 같이 ALI의 제2장에서도 이에 대한 상세한 규정을 두고

---

125) ALI, ibid., p.39, §1.36.

126) "Person" means (a) an individual, (b) any form of organization, including a corporation, a partnership or ant other form of association, any form of trust or estate, agovernment or ant political subdivision, or an agency, or instrumentality of government, or (c) any other legal or commercial entity(ALI, ibid., p.33, §1.28).

127) Safe harbor 규정에는 이러한 수단에 의하여 보호할 수 있는 명백한 규정은 존재하지 않지만, 기준을 이용하는 수단(technique)은 Safe harbor 규정에서도 마찬가지이다(ALI, ibid., p.316, §5.09 comment a).

128) ALI, ibid., p.315, §5.09(a)(b)(c)(d).

있다.

그러나 지배주주도 이와 같은 책임을 질 것인가에 대해서는 제정법상 아무런 언급을 하고 있지 않다. 이에 대해서는 우리나라의 상법에서도 마찬가지이다. 다만, 미국의 경우 판례에서 다소의 언급을 하고 있을 뿐이다. 이러한 문제를 감안하여 ALI의 회사지배의 원리에서는 이사나 상급 임원의 충실의무의 내용인 공정거래의무를 보다 명확하게 규정을 하고 있을 뿐만 아니라, 공정거래의무의 인적 범위를 지배주주까지 확대하여 그도 이사나 상급 임원과 마찬가지의 책임을 지도록 규정하였다.

ㄱ) 지배주주에 의한 회사와의 거래

§5.10은 지배주주와 회사 간의 거래를 하였을 경우 그 거래도 공정하여야 한다는 사실을 지배주주로 하여금 입증케 하는 법원의 견해를 반영하여 규정한 것이다.129) 뿐만 아니라 그 거래가 이해관계가 없는 주주에 의하여 권한이 부여된 경우라면 그 입증책임은 전환되어 주장자 측에서 그 거래가 회사 자산의 낭비임을 입증하도록 하고 있다.130) §5.10에서 지배주주와의 거래란 회사와 지배주주와의 사이의 거래라면 모두 해당된다.131) 그 구체적인 내용을 살펴보면 다음과 같다.

§5.10(a)는 일반 원칙(General Rule)으로서 회사와 거래를 행한 지배주주가 공정거래 의무를 지도록 하고 있다.132) ⅰ) 거래가 계약 체결 시에 있어서 회사에 대하여 공정하여야 하며, ⅱ) 거래가 이해관계가 없는 주주에 의하여 권한이 사전에 부여되고 §1.14(a)에 의한 이익상반거래와 §1.14(b)에 의한 거래에 관련하여 사후 공시가 이루어져야 한다.133) 그리고 주주가 그러한 행위를 할 때에는 낭비된 회사재산의 범위에 포함되지 않는다.134)

만약 이해관계가 없는 이사에 의하여 사전에 권한이 부여되었거나 또는 이해관계가 없는 주주에 의하여 사전 승인이 이루어지고 그 후 사후 공시가 이루어졌음에도 불구하고 그 거래에 대하여 이의를 제기한 거래 당사자가 있다면 그는 그 주장사실에 대한 입증을

---

129) Pepper v. Litton, 308 U.S. 295, 60 S. Ct. 306(1939).

130) ALI, op.cit., p.326, §5.10 comment a.

131) ALI, ibid., p.326, §5.10 comment c.

132) 이사와 회사 간의 거래에 널리 적용되는 Safe Harbor 법과는 달리 본 규정은 주주와 회사 간의 거래를 규율하는 법이 거의 존재하지 않는다는 점을 고려한 것이라고 한다(ALI, ibid., p.326, §5.10 comment a).

133) §5.10(a)의 지배주주와 회사 간에 통상적인 절차에 따라 지배주주는 §5.02에 의한 거래에서 요구하고 있는 이해상반거래와 관련한 중요한 사실에 대한 공시의무가 요구되지는 않는다(ALI, ibid., p.326, §5.10 comment d).

134) ALI, ibid., p.325, §5.10(a)(general Rule).

하여야 한다. 또한 그 거래가 이해관계가 없는 이사에 의하여 승인되었거나 사전 권한을 획득하지 못함으로 인하여 회사의 이익과 관련 손해를 발생케 하였을 경우에는 그 거래에 이의를 제기한 당사자가 그 사실에 대한 입증을 하여야 한다. 반면 그 거래가 권한이 부여되지 않거나 승인이 이루어지지 않는 경우에는 지배주주(the controlling shareholder)가 그에 대한 입증책임을 진다.[135]

다만, 지배주주와 회사와의 거래가 통상 절차에 따른 거래라면 지배주주는 위의 입증책임을 면한다. 즉 지배주주와 회사와의 사이에 거래의 통상적인 절차에 따른 거래라면, 그 거래에 대하여 이의를 제기한 일방 당사자는 스스로 그 거래가 불공정하다는 사실이나 그 거래가 이해관계 없는 이사나 주주에 의하여 사전 권한이 부여되거나 승인되지 않았는지에 대한 증거를 제출하여야 한다.[136]

ⓒ 지배주주에 의한 회사 재산, 중요한 미공개의 회사정보 또는 회사지위의 이용

§5.11의 규정은 일반적으로 기존법과 일치한다. 즉 지배주주가 금전상의 이익의 취득을 위하여 그의 지위의 이용, 회사의 재산, 중요한 비공개적 회사의 정보 등을 다루는 다양한 법원의 판단을 반영한 것이다.[137] 그 구체적인 내용은 다음과 같다.

§5.11(a)는 일반원칙을 규정한 것으로, 지배주주는 회사의 재산, 지배적 지위, 회사의 주식을 거래할 때 금전적 이익을 담보하는 중요하고 미공개된 회사의 정보를 이용할 수 없다고 한다. 즉 ⅰ) 거래의 대가가 지급되고, 그 거래가 §5.10(Transactions by a Controlling Shareholder with the Corporation)의 회사기준을 만족한 것이 아니라면 또한 ⅱ) 지배주주가 취득한 결과 이익(any resulting benefit)이 동일한 상황에 처해 있는 다른 주주도 비율적으로 이용 가능한 것이 아니라면, 그리고 주주에 의하여 얻어진 이익이 존재할 때 그것이 다른 주주에 대하여 공정하지 않다면 지배주주는 위의 회사 재산 등을 이용할 수 없다고 한다. 하지만 그러한 회사재산 등을 이용하였다고 하더라도 그것이 불법행위를 구성하는 것은 아니다(the use is not otherwise unlawful).[138]

위의 §5.11(a)를 근거로 지배주주의 행위에 대한 이의를 제기하는 일방 당사자가 있다면 그는 이의제기 사실에 대한 입증을 하여야 한다. 다만, 이익에 대한 대가가 주어졌다

---

135) ALI, ibid., p.325, §5.10(b)(Burden of Proof).

136) ALI, ibid., p.325, §5.10(b)(Transactions in the Ordinary Course of Business).

137) ALi, ibid., p.333, §5.11 comment a.

138) ALI, ibid., p.333, §5.11(a)(General Rule).

면 그 대가가 공정한 것인지에 대한 판단은 §5.10의 회사와의 거래 규정에 의하여 결정된다.139) 즉 지배주주는 이 규정에 따라 주주의 행위에 의하여 야기된 예견 가능한 손해가 이익의 대가를 초과한 것이 아니라면 부적절한 이익을 받은 범위 내에서만 그 책임을 진다. 하지만 이 이외의 동일한 이익의 수령과 관련한 다른 책임은 지지 않는다.140)

ⓒ 지배주주에 의한 관계를 대위한 행위

§5.13은 지배주주가 관계자를 대위하여 행위를 하였을 경우에 적용되는 규정이라고 할 수 있다. 즉 만약 지배주주가 관련자를 대위한 행위를 하였을 경우 지배주주와 그러한 행위에 대하여 적용되는 제3장(chapter 3, Duty of Fair Dealing of Controlling Shareholders)의 규정을 따르지 않았지만, 지배주주가 관련자의 금전상의 이익을 증진시키기 위하여 그러한 사실을 알면서 행하였을 경우에는 지배주주는 회사에 대하여 공정거래의무를 이행할 의무가 없다.141)

다만, §5.13은 지배주주가 대위한 주체인 관계자에 대한 의무에 대해서는 아무런 언급도 하고 있지 않다. 따라서 위의 원칙에 의하면, 무과실의 제3자도, 만약 그가 무상으로 구입한 것이 아니라면 또는 부당한 이익을 받는 경우가 아니라면 명목상으로 보호된다고 한다.142)

ⓓ 회사기준의 준수 효과

회사기준을 준수한 행위의 효과에 대해서는 §5.14에서 규정하고 있다. 즉 ⅰ) 특정한 형태로 회사와 거래를 하고 그 거래에 대한 통상적인 방식의 회복이 가능하도록, ⅱ) 불법적이 아닌 특정한 방식으로 지배적 지위나 회사의 재산을 이용하여 거래를 하고 그 거래에 대하여 통상적인 방식으로 회복이 가능하도록 지배주주에게 권한을 부여한 회사의 기준을 신뢰한다면 그리고 그러한 기준은 이해관계가 없는 이사나 이해관계가 없는 주주에 의하여 사전에 권한이 부여되고, 그 기준에 의하여 담보되도록 하는 그 거래의 기준이나 유형의 효과에 대하여 사후 공시가 행하여졌다면, §5.10(Transactions by a Controlling Shareholder with the corporation)이나 §5.11(Use by a Controlling Share-

---

139) ALI, ibid., p.326, §5.11(b)(Burden of Proof).

140) ALI, ibid., p.326, §5.11(c)(Special Rule on Remedies).

141) §5.13의 개념은 새로운 것이지만, §5.10 - 5.12에 따라 지배주주에게 기대되는 공정거래의무와 다른 것은 아니다(ALI, ibid., p.355, §5.13 comment a).

142) ALI, ibid., p.356, §5.13 comment c.

holder of Corporate Property, Material Non－Public Corporate Information, or Corporate Position)에 따라 이해관계가 없는 이사나 주주에 의하여 권한을 사전에 부여한 것과 마찬가지로 간주된다.[143)

3) 공정거래의 판단기준

ALI는 공정거래의무와 관련하여 위에서 언급한 바와 같이 상당히 구체적으로 규정하였다. 하지만 위의 규정을 적용하기 위해서는 그 전제로 공정거래이어야 한다. 그런데 이에 대해서는 아무런 언급을 하고 있지 않다. 이하에서는 미국의 판례를 중심으로 그 판단기준을 살펴본다.

(1) 독립당사자 간의 거래기준

미국에서 지배·종속기업 간의 거래에 있어서 그 거래가 공정한 거래인가에 대한 제1차적인 판단기준은 독립당사자 간의 거래기준이라고 할 수 있다. 즉 독립당사자 간의 거래기준(Arm's－length transaction)이란 물품의 매매에 있어서 매도인과 매수인은 서로 독립되어 있으며 상대방 당사자와의 사이에 어떠한 외부적인 압력 등을 받지 않는 거래를 말한다. 다시 말하면, 종속기업은 경제적으로 독립하고 있는 회사와 마찬가지로 운영되지 않는다는 점을 근거로 하여,[144) 회사의 독립성(independent)이나 수탁자(fiduciary)에 의한 상대방과의 사이에 일정한 거리를 둔 거래(at arm's length bargain)인가에 따라 지배·종속기업 간의 거래인가에 대한 판단을 하고 있다.[145)

이러한 독립당사자 간 기준은 이미 위에서 언급한 Pepper v. Litton 사건의 사례에서 잘 표현하고 있다.[146) 동 사건 사례에 따르면, "모든 사정을 고려하여 문제의 거래가 독립당사자 간 거래 특징을 갖추고 있는가가 본질적 공정의 기준이 된다. 만약 그러한 특징을 가지고 있지 않다면, 당해 거래는 공정성에 의하여 취소될 수 있다"고 언급하고 있다. 또한 Gottesman v. General Motors Corp. 사건 사례도 "공정한 것인가의 기준은 객

---

143) ALI, ibid., p.356, §5.14.

144) 森本慈, 『EC會社法の形成と展開』(商事法務研究會, 1984), 395頁.

145) 원래 영미법에 있어서 이익상반관계에 있는 행위자가 행한 거래의 공정성을 판단하는 기준으로서 광범위하게 채용되고 있다(江頭憲治郎, 앞의 책, 38頁).

146) Pepper v. Litton, supra note 23, at 306.

관적인 것이어야 한다. 매매가 경쟁시장 속에서 독립당사자 간 거래인지를 판단하여야 한다는 것이다. 즉 대주주가 지급한 가격이 시장가격인가 아닌가, 상품·서비스의 질은 일반시장에서 얻은 것과 동질의 것인가 아닌가", "더욱이, 불편부당한 합리적인 판단력을 가진 이사가 그러한 거래에 찬성한 것인가 아닌가" 등 서술을 함으로써 공정성에 대한 판단기준을 제시하면서,[147] 이러한 요건을 만족하는 경우 '본질적으로 공정(intrinsic fairness)'이라고 언급한다.[148] 판단기준에 대한 이러한 언급은 이후 지배·종속기업 간의 거래가 공정한 것이냐의 판단을 하기 위한 세계 각국에서 인정하는 보편타당한 원칙이 되었다.[149]

하지만 '독립당사자 간 거래기준'에 의한 공정거래의 유무를 파악하는 것이 그렇게 간단한 것만은 아니며, 그 적용에 있어서는 신중을 기할 필요가 있다는 지적이 있다.[150] 나아가, 그 판단을 위해서는 가격 면에서의 공정, 당해 거래의 필요성, 자금적 능력, 공시의 완전성 등 많은 요소를 고려하여야 한다고 한다.

(2) 예측 가능성 기준

위의 독립당사자 간 거래기준과는 또 다른 판단기준으로 예측 가능성 기준이 있다. 이와 관련하여 Ewen v. Peoria & E. Ry. Co. 사건 사례를 보면 다음과 같다. 즉 "도산회사가 종속기업이고, 지배기업·종속기업 소수주주 간에 회사의 운영에 관하여 계약이 존재하는 특수한 예에서, 지배·종속기업 간의 거래에 관하여 공정한 기준으로서 양 회사 간의 수익·비용의 배분(거래가격)에 대해서는 독립당사자 간 거래기준을 채용하고 있지만,[151] 그 이외의 사항에 대해서는 종속기업 주주의 기대와 합치되는지 아닌지에 따라

---

147) Gottesman v. General Motors Corp., supra note 28, at 385.

148) 12B Fletcher, *Cyclopedia of the Private Corporations*, § 5811.20(Perm. ed. 2000).

149) 독일 주식법상 사실상의 콘체른에 있어서 '종속기업의 이익'을 판단하는 때의 기준도 원칙적으로 이 기준에 의한다고 해석한다. 또한 1984년 EC 제9지령 제2차 제안에 있어서도 제7조 제3항(a)는 지배·종속기업 간 거래에 있어서 종속기업에 손해가 발생하였는가를 판단하는 기준으로서 '독립당사자 간 거래'기준을 명시적으로 채용하고 있다고 한다(江頭憲治郎, 앞의 책, 38頁).

150) 江頭憲治郎, 위의 책, 41~42頁.

151) 그렇지만 거래가격과 그 이외의 공정기준을 구분하는 것에 대하여 합리적인 설명은 하고 있지 않다. 그렇지만 강두 교수는 판례의 진의란 기업집단회사 간 사업분야의 조정을 '독립당사자 간 거래'기준에 의하여 행할 것을 기대하는 것이 곤란하다고는 할 수 없다고 지적한다. 그러나 거래가격에 대해서는 비교적 '독립당사자 간 거래'기준을 적용하는 것이 곤란한 경우가 적지 않으므로 반드시 당해 기준에 의하여 공정판단을 하는 것은 아니라고 한다(江頭憲治郎, 위의 책, 73~77頁).

공정성을 판단하여야 한다"고 판시하고 있다.[152]

이러한 예측 가능성 기준은 소수주주 자신이 예측하거나 예측할 가능성이 있다는 사실을 중시한다.[153] 소수주주가 문제의 종속기업의 설립 당시 주주는 아니었지만, 설립 후에 주주가 되는 경우에는 그 시점을 하나의 기준시점으로 고찰한다. 또한 소수주주가 종속기업에서 현실적으로 탈퇴한 최후의 시점도 기준시점이 된다고 한다. 그러한 기준시점을 판단함에 있어서는 법원은 소수주주가 행한 예측을 참작하여 공정성을 판단하여야 한다고 언급하였다.[154] 따라서 그 기준시점에 있어서 객관적 상황에 따라 소수주주가 예측 불가능하고 비합리적인 내용의 거래에 대해서는 불공정한 거래라고 판단하게 된다.

이 기준의 장점은 종속기업의 소수주주에 대하여 과대하지도 과소하지도 않은 적정한 보호를 할 수 있음과 동시에 지배기업 이사회의 재량의 범위를 최대한 존중한다는 점이라고 할 수 있다. 그러나 이 기준에 대해서는 소수주주가 문제의 거래에 대하여 사전에 정보를 얻은 경우에는 거래가 불공정하다고 할 수 없으며, 소수주주는 대주주의 결정에 따라서 주식의 매각 여부를 결정하게 된다는 비판이 있다.[155]

즉 이 기준도 전통적인 기준이 보유하고 있는 문제점의 많은 부분이 그대로 포함되어 있다고 할 수 있다. 사기성의 판단기준[156]과 마찬가지로 이 기준은 문제의 거래 그 자체의 성질에는 존재하지 아니하고, 거래에 관련한 제반 사정에 초점을 두고 있으며, 그 논리를 연장하여 지배기업이 종속기업의 소수주주에게 적당한 정보를 공시한다면 지배기업은 종속기업에 대하여 어떠한 행위를 하더라도 공정한 것이라는 판단을 하지 않을 수 없게 된다.

하지만 적당한 정보를 부여한다고 함은 이는 틀림없이 소수주주에게 주식을 매각할 기회를 부여하는 것이지만, 그 주식에 대하여 유동적인 시장이 존재함에도 불구하고 주식의 매수를 할 수 없는 주주에 대해서는 어떻게 보호하여 줄 것인지에 대한 구제책이 존재하지 않는다. 더욱이, 만일 장래 행하는 지배·종속기업 간의 거래 정보가 공시되고, 종속기업에 악영향을 끼친다면, 그 거래에 대한 정보는 자회사의 가격을 하락시키게 된다.

이와 관련하여, 법원이 지배기업에 대하여 반대하는 주주에게 주식에 대한 정보공시 직전의 시장가격으로 주식을 매입하도록 하는 기회를 제공한다 하더라도 문제가 해결되

---

152) Ewen v. Peoria & E. Ry. Co., 78 f. Supp.312(S.D.N.Y. 1948)

153) Comment, supra note 31, at349.

154) Ibid., at 349.

155) Note, "Fiduciary duty of Parent Corporation", 57 **Va. L. Rev**. 1223, 1234(1971).

156) Comment, supra note 31, at 341~343.

는 것은 아니다. 왜냐하면 지배기업은 주식의 시장가격을 하락시킨 후 거래에 대한 정보를 공시할 것이기 때문이다. 마찬가지로 소수주주는 정보공시 후에 주식가격이 상승할 것인지 하락할 것인지 예견함으로써 부당한 이익을 취득할 수도 있게 된다. 또한 일부 소수주주의 예측내용도 그 개인의 지식 및 주식의 취득의 시기에 따라서 상이해질 수 있으므로 특정의 소송에 있어서 예측 가능성 기준 아래 지배기업에 대한 문제를 해결하는 것은 불가능하다고 하겠다. 또한 다른 여건에 따라 주식을 취득한 자는 지배기업에 대하여 모두 상이한 입장에 서게 된다.

그럼에도 불구하고 법원은 결국 종속기업 소수주주의 통상적이고 신중하며, 합리적인 예측에 따라 해결하여야 한다는 가정적 개념을 채용하였다. 그러나 이러한 가정적 개념은 지나치게 추상적인 것으로 구체적인 문제의 해결을 위한 효과적인 기준이라고는 할 수 없다. 왜냐하면 이러한 가정적 주주는 결국 '공정'이라는 것을 예측하고 기대하는 것과 실질상 차이가 없다고 생각되기 때문이다.[157] 따라서 미국 델라웨어 주 1심법원은 Levien v. Sinclair Oil Corp. 사건에 있어서 이러한 지적에 대하여 숙고한 결과 예측 가능성의 기준을 채용하지 않았다.[158]

(3) 이익 · 불이익 기준

이 기준과 관련한 사건 사례로는 Case v. New York Central Railroad Co. 사건 사례를 들 수 있다.[159] 동 사건 사례에 의하면, 지배 · 종속기업 간의 자기거래에 있어서 공정성을 인정하기 위하여 2가지 요건을 제시하고 있다. 첫째, 지배기업이 이익을 취득할 것, 둘째, 종속기업이 불이익을 입어야 한다는 것이다. 이러한 요건 중 하나만 만족하더라도 그 거래는 불공정한 것으로 인정된다.

이 기준은 두 가지 장점을 가지고 있다. 첫째, 이 기준은 공정의 문제가 객관적으로 판단될 수 있는 유익한 기초를 가지고 있다는 점이다. 사기성의 기준이나 예측 가능성 기준과는 상이하며, 이 기준은 당사자의 주관을 문제로 삼지 않고 거래 그 자체에 초점을 두어 공정을 판단하기 위해서 객관적 · 경제적 기준을 제시하고 있다는 점이다.[160] 둘

---

157) 이와 관련 일본의 한 교수는, 소수주주의 의사 · 기대의 내용이 확실히 명확하지 아니한 경우에 '독립당사자 간 거래'기준은 아니지만 '종속기업 주주의 기대'를 공정의 기준으로서 문제를 처리하는 것은 결국은 기성사실을 묵인하게 될 위험성이 높다고 한다(江頭憲治郎, 앞의 책, 80頁).

158) 280 A.2d 717, 1971 Del.

159) Case v. New York Central Railroad Co., 15 N.Y. 2d 150, 157, 204 N.E. 2d 643, 646, 256 N.Y. 2d 607, 611(1965); Note, supra note 43, at 1235.

째로 이익·불이익 기준은 한편으로 소수주주의 보호를 위함과 더불어 지배기업의 경영정책의 결정자를 위하여 최대한 정책결정의 유연성을 확보하고 있다는 점이다.[161]

그럼에도 불구하고 이익·불이익 기준을 채용하는 것에 대해서는 논란이 있다. 왜냐하면, 거래 그 자체의 사실로부터 당사자의 일방에게 기망의 의사가 존재한다는 사실이 명백한 경우에는 거래가 본질적으로 공정하다는 사실 등의 증명책임을 부과할 이유가 없으며, 이 경우에는 이익·불이익의 존재를 판단할 중요한 사실에 대해서 주의만 기울이면 된다고 하기 때문이다.[162]

이에 대하여 이익·불이익 기준을 긍정적으로 평가하는 자들은 다음과 같이 설명을 한다.[163] 즉 "이 기준이 거래에 초점을 두고 있는 것은 지배기업이 행한 문제의 거래결정의 배후에 존재하는 경제적 이유가 무엇인지가 아니라 소수주주를 지배기업의 사취로부터 어떻게 보호할 것인가의 여부이다. 예를 들면, 종속기업(소수주주)이 이 거래의 결과에 대하여 지배기업의 이익과 종속기업의 불이익을 입증하여 지배기업이 다른 거래를 행하거나 그 거래에 대한 자신의 판단행위를 정당화하는 것을 방지하기 위함이다. 또한 지배기업은 종속기업 A에게 발생한 이득의 기회를, 스스로 이용하거나 또는 다른 종속기업 B에게 제공하여 이익을 얻게 하는 이러한 행위는 지배·종속기업 전체로서의 이익 극대화를 가져온다고 판단되기 때문에 설령 종속기업 A가 그 이득의 기회를 상실한다고 하더라도 그것은 부당한 것은 아니다"라고 주장한다.[164]

반면 이익·불이익의 기준은 다음과 같은 단점이 있어 비판의 대상이 되고 있다. 즉 매매계약 등을 고려한 경우에 이익인가 불이익인가의 그 존부를 결정하기 위해서는 결국 독립당사자 간 거래의 기준에 의하여 공정 거래라고 생각되는 것을 미리 상정하여 비교하여야 한다는 점을 지적한다. 다시 말하면, 지배기업은 이익을 획득하고, 동시에 종속기업이 불이익을 입을 경우에 지배·종속기업 간의 거래가 불공정하다는 기준은 지배기업이 이익을 얻지 아니하든가, 아니면 종속기업이 불이익을 입지 아니하든가 하는 어떤 사실이 인정되어야 비로소 그 거래가 불공정한 거래인지를 결정짓게 된다는 것이다.[165] 그런데 이 기준과 달리 독립당사자 간 거래기준은 지배기업이 이익을 얻지 않는 경우, 우

---

160) Ibid., at 1236.

161) Ibid.

162) Ibid.

163) Ibid., at 1237.

164) 이에 대해서는 후술하는 이익의 기회의 분할의 문제와 관계된다.

165) Shreiber & Yoran, supra note 6, at 246.

선은 종속기업이 불이익을 입지 아니한 경우에도 거래는 불공정한 것으로 판단할 수가 있다. 이러한 점을 고려한다면 지배기업의 이익과 종속기업의 불이익 쌍방을 요구하는 것은 이론적으로 독립당사자 간 거래기준보다도 문제가 될 수 있는 거래의 상당한 부분을 공정한 거래로 판단하게 될 수가 있다고 한다.

이익·불이익의 기준을 사건 사례를 통하여 보다 구체적으로 살펴보면 다음과 같다. 먼저, 동 기준을 최초로 소개한 사례로는 Case v. New York Central Railroad Co. 사례를 들 수 있다. 동 사건 사례의 상고심인 뉴욕 최고법원의 판결의 내용을 보면,

"Y회사의 주식 다수를 소유하여 Y회사에 영향력을 행사하는 때에는, X회사는 Y회사의 소수주주를 공정하게 취급하여야 할 의무를 부담하고, 위의 소수주주의 희생하에 불공정한 이익을 얻는 것은 허용되지 않는다. 그런데 X·Y회사 간 '법인세 과세의 분배에 관한 계약'이 체결됨으로써 Y회사는 현실적으로 지급하지 않아도 되는 268,725달러 이상의 금액을 세금으로 지급하였다. 그 결과 Y회사는 모든 절세액의 7%에 해당하는 이득을 상실하였고, 반면 X회사는 모든 절세액의 93%를 이득으로 취하였다. 이러한 사건을 판단하는 것은 어려운 문제이지만, 본 건을 검토하여 보면, X회사에는 손실이나 특별한 불이익은 발생하지 않았으며, 지배기업 또한 이익을 취득하지 않았고 충실의무위반도 없었다고 할 수 있다. 따라서 본건 '법인세 과세의 분배에 관한 계약'은 유효하다고 보고, 본건 청구를 기각한다."

고 판시하였다.[166] 이 사건은 위에서 살펴본 Austrian 사건이나 Ripley 사건의 개별적인 매매계약이나 운송청부계약을 문제로 하는 것과는 매우 다르다. 먼저, Austrian 사건 등은 종속기업이 다른 회사와 통상적으로 거래를 한다면 어떤 형태로 할 것인지의 가상적인 거래를 설정하고 그 거래가 현실의 지배기업과의 거래를 비교한다는 의미에서 독립당사자 간 거래의 기준이 비교적 적용될 수 있는 사안이라고 할 수 있다. 그런데 Case 사건 사례에서 종속기업이 절세하여 보유하고 있었던 금전이란 지배기업(종속기업 주식의 80% 이상 보유)과의 공동행위에 의하여 처음부터 현실화된 것으로, 공정한 거래인가에 대한 파악을 지배기업과 종속기업이 공동으로 실현한 이익을 어떻게 분배할 것인가에 중점을 두고 판단한 사건 사례라고 할 수 있다.

---

166) Case v. New York Central Railroad Co., 15 N.Y. 2d 150, 204 N.E. 2d 643, 256 N.Y.S. 2d 607(1965).

결론적으로 말하면, 종속기업에 발생한 이익에 대하여 그것을 지배기업에 인도하게 하는 취지의 계약을 지배기업이 종속기업을 조정하여 체결하였다고 하더라고 그것이 공정한 거래인가를 판단하는 기준이 되는 것은 아니라는 점이다.[167] 즉 Case 사건 사례의 논리는 그 사건에 사용하는 이익·불이익의 판단기준은 연결납세신고의 작성에 의하여 종속기업이 세금을 지급하는 한 그 절세분을 지배기업에 100%, 종속기업에 0% 분배하는 것도 허용된다는 것이다. 왜냐하면 종속기업은 연결납세신고서에 의하지 않고 세금을 지급하는 경우보다 다액의 소득을 확보한 것이고, 그로 인하여 불이익을 받는 것은 아니기 때문이다. 하지만 이러한 결론은 공정한 것으로 용인하기에는 설득력이 떨어진다고 할 수 있다.[168]

즉 이러한 형태로 취득한 이득이 지배기업과 종속기업의 공동행위에 의하여 발생한 것이라고 한다면, 지배·종속기업 양 회사에 발생한 회사의 이득의 기회를 어떻게 분배하는 것이 공정한 것인가 하는 문제로 접근하여 판단하여야 하기 때문이다.[169] 실제 Case 사건과 동일한 사실관계인 Meyerson v. El Paso National Gas Co.(1967)사건[170] – 지배기업이 종속기업의 손실을 이용하여 절세를 행하였지만, 그 절세분을 종속기업에 전부 이전하지 않음으로 인하여 종속기업의 소수주주가 지배기업에 대하여 종속기업에 초래된 손해와 관련하여 취득한 이익의 반환을 요구하는 주주대표소송을 청구한 사건 – 에 있어서 델라웨어 주 1심 법원은 지배·종속기업 간에 있어서 절세분의 공정한 분배의 문제로 고찰하였다.[171] 물론 동 법원은 분배의 기준을 표시하는 것은 곤란하므로 어떻게 분배하는가는 지배기업 이사회의 경영판단 문제라고 판시하였다.

(4) 소결

이상에서 살펴보았듯이 미국법에 있어서는 지배·종속기업 간 거래에 관하여 공정성 판단을 할 때 '독립당사자 간 거래'기준을 제1차적 기준으로서 하고, 이 기준에 내재한 결함('독립당사자 간 거래'기준의 내용 자체의 다의성)을 보충하기 위하여 공정기준을 판례법에서 발전시켰다.

---

167) Shreiber & Yoran, supra note 6, at 247.

168) Schreiber & Yoran, supra note 6, at 247. 더욱이 위의 논리를 비약하면, 지배기업의 이사회는 실패의 가능성이 높은 비즈니스(business)·기회(chance)를 종속기업에 할당하고, 종속기업이 실패할 때에는 그 손실이라는 세법상의 '이득'을 지배기업이 이용하는 경영정책을 채용하는 것도 가능하게 된다.

169) Ibid.

170) Meyerson v. El Paso National Gas Co., 246. 2D 789(Del. Ch. 1967).

171) Ibid., at 794.

통상 독립당사자 간 거래기준에 해당하는 거래는 공정한 거래인 것으로 본다. 그렇지만 독립당사자 간 거래기준이 공정성 기준의 하나라고 할 수 있지만, 그 기준이 공정성을 판단하는 유일한 기준이라고는 할 수 없다.[172] 특히, 비교대상인 거래가 독립당사자 간 거래로 인정되지 않는 경우에는 그 이용이 매우 곤란하다고 하겠다. 이러한 경우에는 조세법의 분야에서 발전한 '독립당사자 간 가격'기준을 참조하게 된다.[173] 일본의 江頭 교수에 의하면, 조세제도상 강제된 가격체계는 둘 이상의 가격체계를 작성·유지하는 부담으로부터 기업집단에 의해서, 세액계산 이외의 국면에서도 채용될 가능성이 높다고 한다. 그러나 조세수입 확보라는 공익적 요소를 가지고 있는 조세법과 기업 간 거래에 있어서 공정성을 확보하는 회사법상의 입법 목적이 다르다고 하여 공정성 판단기준으로 사용하지 못한다고 함은 타당하다고 할 수 없다고 주장한다. 물론 회사법상 공정기준이 경영의 효율성을 저해하지 않고 거래의 공정성 또한 확보하였다고 하더라도 이중 가격체계의 복잡성으로 인하여 작성상 어려움은 여러 가지 문제가 발생하게 된다. 때문에 江頭 교수는 회사법의 영역에 있어서도 지배·종속기업 간 거래의 공정한 판단에 관하여 독립당사자 간 거래기준에 속한 모든 방법 중 상황에 적합한 방법인 이익배분법을 사용하는 것이 적절하다고 주장한다.[174]

어쨌든, 미국법은 지배·종속기업 간 거래에 관하여 공정성 판단을 할 때 1차적으로 독립당사자 간 거래기준에 의하고, 이를 보충하기 위하여 기타의 기준을 발전시킨 것으로 보인다. 따라서 일단 독립당사자 간 거래기준에 적합한 거래는 통상 공정한 거래인 것이라고 할 수 있다. 다만, 이 기준이 공정성 판단의 유일한 기준이라고는 할 수 없다.[175] 따라서 기타의 공정성 판단기준도 함께 감안하여 판단하는 절충적인 형태가 가장 이상적이라고 본다.

---

172) 실제 '독립당사자 간 거래'기준에 속한 것으로 구체적 산정방법은 '이익배분법'에 의하고, 반드시 독립당사자 간의 거래가 도입된 자료에 의하지 않은 것이라고 할 수 있다. ALI의 Restatement에 있어서 공정거래의무에 관한 제5.02조(a)항 (2)(A)에 대한 코멘트도 거래의 공정판단 시에 전체적인 사업의 콘체른에 있어서 고려되어야 하고, "법은 이사회에 거래의 회사에 부여된 집합적 효과를 무시하고, 전체적 거래의 단일 공정 부분의 공정가격만에 초점을 두도록 하지는 않는다"고 하고 있다(佐藤誠, 앞의 글, 224頁).

173) 江頭憲治郎, 앞의 책, 48頁.

174) 江頭憲治郎, 위의 책, 58頁.

175) 실제 독립당사자 간 거래기준에 속한 것으로 구체적 산정방법은 이익배분법에 의하고, 반드시 독립당사자 간의 거래가 도입된 자료에 의하지 않은 것이라고 할 수 있다. ALI의 Restatement에 있어서 공정거래의무에 관한 제5.02조(a)항 (2)(A)에 대한 코멘트도 거래의 공정판단 시에 전체적인 사업의 콘체른에 있어서 고려되어야 하고, 법은 이사회에 거래의 회사에 부여된 집합적 효과를 무시하고, 전체적 거래의 단일 공정 부분의 공정가격만에 초점을 두도록 하지는 않는다고 하고 있다(佐藤誠, 앞의 글, 224頁).

4) 공정거래의무의 위반에 대한 책임

(1) 공정거래의무 위반의 책임

먼저, 공정거래의무를 위반하는 거래를 하였을 경우 그 책임을 누가 어떠한 방법으로 질 것인가가 문제된다.

이와 관련한 문제에 대해서는 Chelrob v. Barrett 사건 사례[176]를 들 수 있다. 즉 동 사건 사례에 의하면, 지배기업의 책임은 인정하지만 종속기업 이사의 책임은 부정한다고 하였다. 다시 말하면, 지배기업의 책임요건으로 거래조건이 객관적으로 불공정하다면 지배기업은 당해 거래에 대하여 종속기업에 발생케 한 손해에 대하여 당연히 책임을 져야 한다고 하면서 종속기업 이사는 동일한 지위에 있는 통상의 사고력을 가진 자가 동일한 상황하에서 해태하는 정도의 통상 주의의무를 해태하였다면 그 책임을 면한다고 하였다.[177]

다만, 문제는 공정성의 판단기준이 문제가 될 수 있는데, 이미 살펴보았듯이 제1차적으로는 독립당사자 간의 거래기준에 의하되, 기타의 공정거래 기준까지 감안하여 합리적이고 신중하게 파악하여야 할 것이다. 만약 그렇지 못하면 지배기업이 종속기업을 지배하여 중·장기적 관점에서 영향력을 효율적으로 행사하는 과정에서 불명확한 공정성 판단의 문제로 인하여 그 권한이 지나치게 위축될 염려가 있을 수 있다.

(2) 공정거래의무 위반에 대한 책임추궁

만약 위의 공정성 판단기준에 의하여 지배·종속기업 간 거래가 불공정한 거래로 판정될 경우 그에 대한 책임을 누가 추궁할 것인가가 또한 문제된다.

이 점에 대하여 먼저, 대표소송의 제기를 생각해 볼 수 있다. 물론 지배기업은 지배기업의 소수주주가, 종속기업은 종속기업의 소수주주가 회사를 위하여 대표소송을 제기할 수 있을 것이다. 그러나 지배기업이 종속기업의 지배주주 내지 대주주로서 영향력을 행사하고 그로 인하여 손해가 발생하였을 경우에는 그에 대한 책임추궁을 누구를 상대로

---

176) 57 N.E.2d 825, 833(N.Y. 1944).

177) 종속기업 이사의 면책에 대하여 충실의무 위반의 사실은 있지만, 개인적 이득은 얻지 않음에 의한 정책적 배려가 있는 것으로 평가된다고 한다(江頭憲治郎, 앞의 책, 98~99頁).

할 것인가가 문제될 수 있다. 일단, 종속기업의 지배주주인 지배기업의 지시하에 이사가 그러한 거래를 하였다면 그는 대표소송의 대상이 될 수 있다. 그렇지만 이사를 지시한 지배주주인 지배기업을 상대로 대표소송을 제기할 수는 없다고 본다. 따라서 장차 현행 상법 제403조 제1항…… 이사의 책임을 ……을 ……이사, 임원 및 지배주주의 책임을 ……로 확대함으로써 지배주주에 대하여 대표소송을 제기할 수 있도록 개정하여야 할 것으로 보인다.

또한 대표소송의 책임을 추궁하기 위한 자료로서 회계장부 등 열람권, 지배·종속기업 간의 거래에 관한 서류나 결산서류의 공시의무 등을 보다 구체화할 수 있도록 강화하여야 할 것으로 보인다. 특히, 공시의무와 관련하여 우리나라의 경우 회계장부 열람청구권 (3/100 이상) 등이 소수주주권으로 되어 있으나, 미국의 경우 각 주주는 판례법상 열람의 정당한 목적(for proper purpose)만 입증된다면 회사의 회계장부, 이사회, 각종 위원회 등의 의사록, 계약서 기타 서류 내지 납세신고서의 열람으로 영업소·공장 등의 시찰이 있을 때까지 회사에 대하여 청구할 수 있다고 함으로써 단독주주권으로 규정하고 있다.[178] 우리나라의 경우도 회계장부 열람청구권 등을 소수주주권으로부터 단독주주권의 형태로 완화함으로써 주주에게 감시기능을 활성화할 수 있다고 본다.

마지막으로 종속기업의 손해는 누가 입증할 것인가도 문제된다. 우리나라의 경우에 이에 대하여 아무런 규정을 두고 있지 않음으로써 소송법상 원칙을 그대로 따르고 있다. 반면에, 미국의 경우 ① 이사 개인과 회사 간의 거래·이사가 중요한 경제적 이해관계를 가지고 다른 회사와 회사 간의 거래, ② 독립한 회사 간의 겸임이사를 가지고 있는 회사 간의 거래로 구분하여 입증책임을 별도로 정하고 있다. 먼저, ①의 경우 주주총회의 보통결의의 승인을 받지 않는 한, 이사회가 그 거래를 적법하게 승인하였다 하더라도 그 계약의 유효성을 다투는 경우가 있는데, 이 경우 계약의 취소·무효를 주장하는 자가 주장 사실을 입증하여야 한다. 또한 주주총회의 승인뿐만 아니라 이사회의 적법한 승인을 받지 못한 경우에는 거래의 유효성을 주장하는 자가 그 사실을 입증하여야 한다고 한다. ②의 경우에는 이사회에서 겸임관계가 존재하지 않는 이사들에 의하여 적법하게 승인되었다면 이미 계약의 유효성에 대하여 다툼은 없다고 할 것이다. 그러나 이사회에 의한 적법한 승인이 없는 경우에는 이사의 무효·취소를 주장하는 자가 입증하여야 한다고 하며, 회사 간의 지배·종속관계가 있고, 겸임 이사가 존재하는 경우에 주로 이 기준이 채

---

178) 江頭憲治郎, 會社の支配·從屬關係と從屬會社少數株主の保護－アメリカ法を中心として, 『法學協會(第98卷 1號)』, 1981, 44·73頁.

용되고 있다. 생각건대, 이해관계가 없는 이사의 승인이 존재하는가에 의하여 입증책임을 분배하는 것이 원칙이지만, 그 타당성은 이사회에서 이해관계가 없는 이사를 어떻게 확보하며 입증책임이 회사 측에 집중되어 있는 사실에 대하여 주주 측에서 어떻게 그 정보에 액세스할 수 있는가에 의하여 판단하여야 할 것으로 보인다.

제4절 지배·종속기업 간의 사업기회

1. 회사기회의 법리

1) 회사기회의 의의

(1) 개념

회사기회의 법리라 함은 어떤 사업기회가 그 회사의 기회에 속한다고 생각되는 경우 그 회사의 이사·임원은 자기 스스로의 이익을 위하여 회사와 대립하여 그 기회를 이용하거나 탈취할 수 없다는 법리를 말한다.[179] 즉 어떤 기회가 이전부터 회사가 원하는 기회인 경우, 그 기회가 회사에 대하여 제공되고 있는 경우, 그 이익의 실현을 위하여 회사의 자금을 필요로 하는 경우 또는 회사의 설비나 인재가 그 기회에 사용되고 있는 경우 등에서 그 기회는 회사에 귀속한다는 법리를 말한다.[180]

예를 들면, 회사의 자금과 관련하여 이사는 자기의 자금을 회사에 대여할 필요는 없지만, 이사가 필요한 자금을 조달할 수 있음에도 불구하고 전력을 다하여 이를 조달하지 않음으로써 회사의 자금이 부족하게 되고 그 결과 그 기회를 이용하지 못하게 되었는데, 후에 그 회사의 이사가 개인적으로 그 이득의 기회를 이용하였을 때에는, 이 사실에 대하여 이사로서의 회사에 대한 엄격한 충실의무를 위반한 것이며 다른 한편으로는 회사의 기회를 침해한 것이 된다는 것이다.[181]

하지만 회사에 있어서 이러한 기회가 갑자기 발생하고, 그 기회를 회사뿐만 아니라 그

---

179) Welch and Turezyn, *Folk on the Delaware General corporation Law: Fundamentals*, 1994 ed., pp.181~185.

180) H. G. Henn & J. R. Alexander, *Law of Corporations*(3d. ed.), 1983. pp.632~634.

181) Irving Trust Co. v. Deutsch, 73 F. 2d 121(2d Cir. 1934).

회사의 이사 개인도 알고 있고, 또한 그 기회의 실현에 회사의 자금이 필요치 않는 경우에는, 그 기회를 반드시 회사의 기회로만 처리할 필요는 없고 이사 개인도 이를 이용할 수 있다고 하여야 할 것이다.[182] 즉 이러한 기회에 대하여 회사가 그 회사의 정관 목적 범위를 넘었다고 판단하여 이를 이용하지 않는 경우 및 회사의 기회라고 하더라도 이사회의 공정한 판단에 의하여 회사가 그 기회를 이용하지 않기로 결정한 경우에는 회사의 기회의 침해라고 할 수 없다고 한다.[183]

(2) 판례법상 기회의 법리의 전개

미국법상 회사기회의 법리와 관련한 가장 대표적인 판례로는 Equity Corporation v. Milton사건[184]을 들 수 있다. 즉 "……회사의 영업범위에 포함되어 실제적으로 회사에 유익하고, 회사가 현실적인 이익 또는 기대할 수 있는 이익을 얻을 수 있는 영업상의 기회가 그 회사의 임원의 눈앞에 존재하는 때에는 그 임원은 그 기회에 관하여 자기의 이익과 경합하는 것을 금지하고 또한 그 기회를 자기 자신을 위하여 이용하지 못한다. ……"고 판시하였다. 이러한 회사기회가 침해되었을 경우 회사는 그로 인하여 입은 손해의 회복, 그 침해된 행위를 함으로써 수탁자로서의 임원이 얻은 모든 이익의 반환, 그 이득의 기회에 관하여 성립한 권리에 대한 법정 신탁(constructive trust)의 설정 등을 당해 임원에 대하여 요구할 수 있다고 한다.[185]

이 판례 외에도 회사에 발생한 이득의 기회를 이사가 자기에게 이익이 되도록 하여 행위를 함으로써 회사의 이득을 침해하는 예로는 1900년의 알라바마 주 대법원의 Lagarde v. Anniston Lime & Stone Co. 사건,[186] 델라웨어 주의 1939년의 Guth v. Loft, Inc 사건,[187] 및 1956년의 Johnston v. Greene 사건[188]을 들 수 있다. 특히, 델라웨어 주 대법원은 Johnston v. Greene 사건에서, "이 기회가 회사의 것인가, 이사·임원 개인의 것인가의 판단은 이사·임원이 자기 자신을 위하여 그 기회를 사용하였다면 그 기회의 사

---

182) H.G. Henn & J.R. Alexander, op.cit., p.635.

183) H.G. Henn & J.R. Alexander, ibid., p.635.

184) Equity Corp. v. Milton, 221 A. 2d 494, 497(Del. 1966).

185) Henn & Alexander, op.cit., p.637.

186) 126 Ala. 496, 28 so. 199(1900); Note, Corporation Opportunity, 74 *Harv. L Rev.* 765(1961).

187) 23 Del. Ch. 255, 5 A. 2d 503(1939).

188) 121 A. 2d 919(Del. 1956).

용이 불공정(unfair)하다고 할 수 있는 합리적인 상황의 존재 여부에 의한다"라고 판시함으로써 회사기회의 법리를 공식화하였다. 또한 1971년 Kaplan v. Fenton 사건[189]은 기회가 회사에 귀속하는 것인가에 대한 판단이 불분명한 경우 이의 판단에 필요한 행동지침으로 제시하였다는 점에서 그 의미가 있다. 즉 "Guth 사건 사례에 의하면, 이득의 기회가 이사 개인적 능력으로 발생하였고, 그 기회가 회사에 대하여 중요한 것이 아니고, 회사가 그러한 기회에 관심을 두지도 않고, 더욱이 회사가 그 기회에 대하여 자금을 투자하는 것은 무리라는 잘못된 판단을 한 경우에는, 회사의 이사는 그 이득의 기회를 회사의 기회가 아닌 자신의 기회로 취급할 수 있다"라고 판시하였다.

(3) ALI의 회사기회의 이론에 관한 규정

이러한 판례와 관련하여 최근의 미국 법률협회는 회사지배의 원리에서 이 법리를 규정하였다. 즉 동 원리 §5.05(b)에서 회사의 기회를 정의하고 있으며,[190] 이사인 수탁자가 회사기회를 이용하기 위해서는 다음의 경우에 해당되어야 한다. 즉 "① 이사 또는 상급임원(director or senior executives)은 회사에 그 기회를 제공하여야 한다. 만약 임원의 이익과 회사기회 간에 갈등이 있는 경우에는 그 사실을 공시하여야 한다. ② 회사는 회사기회를 거절할 수 있다. ③ 만약 그러한 기회의 거절을 하려면 회사에 공정하여야 하며, 그 기회가 거절된 경우 회사와 이해가 상반된 거래를 하는 임원은 경영판단의 원칙이 충족될 수 있는 방식으로 공시하여야 한다"[191]고 규정하고 있다.

---

189) 278 A. 2d 834, 836(Del. 1971).

190) The ALI는 '회사 기회'를 다음과 같이 정의하고 있다. 즉 (1) Any opportunity to engage in a business activity of which a director or senior executive becomes aware, either (A) in connnection with the performance of functions as a director or senior executive, or under circumstances that should reasonably lead the director or senior executive to believe that the person offering the opportunity expects it to be offered to the corporation; or (B) through the use of corporate information or property, if the resulting opportunity is one that the director or senior executive should reasonably be expected to believe would be of interest to the corporation; or (2) Any opportunity to engage in a business activity of which a senior executive becomes aware and knows is closely related to a business in which the corporation is engaged or expects to engage[ALI, *The Principles of Corporate Governance: Analysis and Recommendations(1994)*, §5.05(b); James D. Cox · Thomas Lee Hazen · F. Hodge O'neal(이하 Cox etc이라 한다), *Corporations, Asper Law & Business*, 1997, p.241].

191) ALI, ibid., §5.05(a); Robert W. Hamilton, *Cases and Materials on Corporations*, West Group, 1998, pp.799~800.

2) 회사기회 법리의 적용기준

회사의 사업기회 법리는 위에서 언급한 바와 같이 어떤 회사의 이사·임원이 그 회사와의 사이에 경업행위를 하였을 경우에 주로 발생하는 문제라고 할 수 있다. 즉 회사의 이사나 임원이 그 회사의 특정한 기회를 이용하여 거래를 하는 경우, 그 기회가 누구에게 속하는가를 판단함은 그 회사의 이사 내지 임원이 경업행위를 위반한 것인지에 대한 판단을 할 수 있는 기준이 된다고 할 수 있다. 다만, 동 법리의 적용기준과 관련해서는 많은 논란이 있다. 이하에서는 미국 판례와 학설을 중심으로 그 판단기준에 대하여 살펴보기로 한다.[192]

(1) 판례

미국의 판례를 살펴보면, 동 법리의 적용기준으로 '이익 내지 기대 척도(interest or expectancy test)', '사업라인 척도(line of business test)', '공정 척도(fairness test)', 이 3개의 기준을 통합하여 그 적용을 2단계로 접근하는 방식(two-step approach) 및 여러 요인을 통한 복합적 분석 방식(multifactor analysis) 등이 존재한다.

① 이익·기대의 척도

이익 내지 기대 척도 또는 이익·기대이론이라 함은 어떤 기회가 회사의 기회인가를 판단하는 가장 오래된 척도라고 할 수 있다.[193] 이 척도는 다음에서 언급하는 사업라인 척도의 경우에 비하면 회사기회와 관련된 의미를 파악하는 데 대하여 그렇게 큰 관심을 두고 있지는 않다. 단지, '이익(interest)'의 개념을 회사가 그 기회를 취득하는 데 관심을 두는 것이라고 하였을 뿐이다.

먼저, 이 척도에 관하여 Blaustein v. Pan American Petroleum 사건 사례를 살펴본다. 동 사건은 X회사(대표소송의 피고)의 소수주주 A(원고)가 X회사의 주식 78%를 소유하고 있는 Y회사를 피고로 하여 X회사의 회사기회를 침해하였다고 주장하면서 대표소송을 제기한 사건이다.[194] 즉 A는 석유제품판매 사업에서 성공한 자이지만, 1923년 원유의

---

192) 최근의 견해로는 다음을 들 수 있다[Harvey Gelb, The Corporate Opportunity Doctrine-Recent Cases and Elusive Goal of Clarity, 31 *Richmond L. Rev.*, 371(1997)].

193) Robert W. Hamilton, op.cit., p.802.

획득을 목적으로 당시 해외에 유전을 보유하고 있던 X회사와 제휴관계를 체결하였다. 이 제휴관계는 1932년 X회사가 A의 사업을 흡수합병하고, A가 X회사의 발행주식 총수의 20%를 취득함으로써 완결되었다. 제휴관계를 유지해 온 약 9년 동안 Y회사가 X회사의 주식의 다수를 취득하여 X회사를 그 계열 아래 둠으로써 X회사가 그 해외유전을 제3자에게 전부 매각하였다. 물론, A는 X회사에 자기의 사업을 양도하는 것과 관련하여 그 조건으로 X회사 경영자(실질적으로는 Y회사) 간에 X회사가 장래 원유생산에서부터 석유제품의 판매에 이르기까지 영업의 전반에 대한 경영책임을 진다는 취지의 약정을 하였다. 그런데 이 합의에도 불구하고 X회사가 1935년까지 유전획득 활동을 하였고, 더욱이 그 기간에 텍사스 주 내에서 Y회사의 다른 종속기업이 다수의 유전을 취득하고, X회사가 그 원유를 구입하는 계약이 Y회사와 체결되는 사태가 발생되었다. A는 본건 대표소송에서 회사기회 법리의 침해를 근거로 하여 X회사는 Y회사를 수탁자로 하는 위 유전에 대한 법정신탁의 수탁자가 된다고 주장하였다.

제1심에서는 A가 승소하였지만, 제2심에서는 이를 파기, 상고심에서도 A는 패소하였다. 그 이유는 "첫째, X회사가 유전획득 활동을 하지 않은 것은 Y회사의 계열 아래 있는 복수 회사가 텍사스 주 내에서 원유생산을 행하는 것이 텍사스 주의 공정거래법에 위반되기 때문이고, 둘째, 텍사스 주 내의 위 유전에 대하여 X회사가 '명백한 기대'를 가지고 있어야 하는데 위의 종속기업인 X회사에게 그러한 기대가 존재하지 않았다"고 판시하였다.[195]

이 사례를 살펴보면, 지배·종속기업 쌍방이 각각 독립하여 원유의 생산에서부터 석유제품의 판매에 이르기까지 모든 사업을 현실적으로 영위하고 있으므로, 지배기업은 종속기업 측에 긴급한 유전획득의 필요가 존재하는가에 대한 의견을 묻지도 않고 종속기업을 제외하고 유전을 획득한 사안이지만, 종속기업이 '명백한 기대'를 가지고 있다고 할 수 없으므로 종속기업의 '회사기회' 성립을 부정하였다.

이처럼 동 판결은 회사사업의 기회에 대한 '명백한 기대'가 지배·종속기업 중에서 어떤 기업에 존재하는가에 의하여 판단한 것이라고 할 수 있다. 이때의 회사기회란 구체적으로 말하면, "회사가 현존하는 이익 내지 현존하는 이익으로부터 발생하는 명백한 기대

---

194) 이 외에도 Lagarde v. Anniston Lime & Stone Company, 28 So. 199(Ala. 1899); Solimine v. Hollander, 16 A. 2d 203(N.J. Ch. 1940); Tierney v. United Pocahontas Coal Co., 102 S.E. 249(W. Va. 1920); Morad v. Coupounas, 361 So. 2d 6(1978) 사건 사례 등을 들 수 있다.

195) 293 N.Y. 281, 56 N.E. 2d 705(1944); Note, "Liability of a Holding Company for Obtaining for itself Property Needed by a Subsidiary", 58 *Harv. L. Rev.* 125(1944).

(tangible expectancy)를 가지고 있고, 그 기회는 회사에 따라서는 중요한 사업기회 내지 필요한 사업기회"이어야 한다고 하겠다.[196]

그러나 첫째, 법원을 중심으로 이익을 단순히 기회의 취득이라는 의미로만 파악하는 점,[197] 둘째, 객관적인 증거에 따라 현존하는 이익 내지 명백한 기대를 입증하여야 하고 회사가 명백한 기대를 가지고 그 취득을 위하여 준비를 시작하고 있는 경우도 있을 수 있음에 불구하고, 이러한 사실에 대한 객관적인 입증이 곤란하다는 점, 셋째, 사업기회를 한번 잃어버린 경우 그 완전한 회복이 곤란하고 예방적 관점에서의 규제는 바람직하지도 않다는 점 등에 대한 지적이 있다. 이러한 점을 고려하면, 이 기준은 회사기회가 되는 범위가 너무나 좁고, 또한 너무 엄격하다는 문제점이 있다고 할 수 있다.[198]

② 사업라인의 척도

위의 회사 이익 내지 기대 척도에 비하여 그 범위가 좁은 사업라인 척도는 회사의 활동라인과 관련이 있거나 합리적으로 그 범위 내에 포함시킬 수 있는 활동라인을 중심으로 그 기회가 어디에 속하는 것인가를 파악하는 견해라고 할 수 있다.[199]

먼저, Solimine v. Hollander 사건의 사례를 보면, 새로운 '기회'가 성립하기 전부터 이사는 서로 경제적으로 독립한 두 개 이상 회사의 이사를 겸임하고, 그중 하나의 회사가 이 기회를 이용하여 이익을 얻는 경우에 다른 회사의 주주가 이 기회는 하나의 회사가 다른 회사의 기회를 침해하였다고 주장하면서 겸임이사 등을 피고로 하여 대표소송을 제기하고, 그 기회로부터 발생한 이익의 인도를 청구하는 사건이다.[200]

이 사건에 대하여, 법원은 원칙적으로 위의 기회가 어떤 회사의 '사업라인(business line)'에 속하는가를 기준으로 판단하고,[201] 만약 그 기회가 복수의 회사의 '사업라인'에 속하는 경우에도 겸임이사는 그 기회의 존재를 쌍방 회사에 개시하여 각 회사 간의 자유로운 경쟁에 위임하도록 하는 형태로 해결하였다.[202] 또한 Guth v. Loft, Inc. 사건의 경

---

196) 黑木松男, 앞의 글, 7~8頁.

197) Franklin A. Gevurtz, *Corporation Law*, West Group, 2000, p.364.

198) Franklin A. Gevurtz, *Corporation Law*, West Group, 2000, p.365.

199) Lindenhurst Drugs, Inc. v. Becker, 506 N.E. 2d 645(Ⅲ. App. Ct. 1987); Paulman v. Kritzer, 219 N.E. 2d 541(Ⅲ. App. Ct.), aff'd, 230 N.E.2d 262(Ⅲ. 1966; Graham v. Mimms, 444 N.E.2d 549 (Ⅲ. App. Ct. 1982); Lowder v. All Star Mills, Inc., 330 S.E. 2d 649(N.C. Ct. App.1985); Imperial Group(Texas), Inc., v. Scholnick, 709 S.W.2d 358(Tex. Ct. App.1986).

200) Solimine v. Hollander, 129 N.J. Eq. 264, 19 A. 2d 344(1941); Burg v. Horn, 380 f. 2d 897(2d Cir. 1967).

201) Note, "Corporate Opportunity", 74 *Harv. L. Rev*. 765, 770(1961).

우,[203] 구스(Guth)는 청량음료 및 사과를 제조·판매하는 Loft 회사의 사장이었다. 구스는 파산회사(bankrupt corporation)로부터 펩시콜라의 극비제조법(secret formular)과 상표를 매입하여, M과 함께 Loft 회사로부터 자본의 원조를 받아 새로운 회사를 설립하였다.[204] 구스사장은 Loft 회사로부터 자본, 공장설비, 원재료, 신용, 피고용인 등을 그대로 승계하여 이용하였으며, 그 생산품은 Loft 회사의 비용에 10%를 추가하여 매도하였다. 이에 대하여, 델라웨어 주 대법원은 구스는 Loft 회사에 존재하는 사업기회를 인정하였고 그것에 대한 이익의 권익은 Loft 회사에 있다고 하였다.[205] 즉 기회가 Loft 회사에 존재하는 사업활동과 아주 밀접한 관련이 있으므로, 설령 경쟁사업을 함에 Loft 회사의 생산설비나 자원을 이용하지 않았다고 하더라도, 구스는 Loft 회사에 대한 충실의무의 범위 내에서 그 직무를 수행하여야 한다고 판시하였다.[206]

위의 사례에서는 무엇을 회사사업라인의 범위에 포함시킬 수 있는가가 문제된다. 전자의 사례에서는, 사업라인 내에 있는가 아닌가는 사업확장에 관하여 그 회사가 기초적 지식·경험과 함께 자금적 능력이 회사의 합리적 욕구 내지 포부와 일치하는가에 따라 판단하여야 한다는 것이다. 즉 당해 회사가 행하거나 행할 예정인 사업과 당해 사업기회와의 사이에 긴밀한 관계가 그 기준이 된다고 한다.[207] 반면에 후자의 사례에서는 토지의

---

202) Note, ibid., p.176 note 10; Schreiber & Yoran, "Allocation of Corporate Opportunities by Management", 23 **Wayne L. Rev.** 1355, 1369(1977).

203) Guth v. Loft, Inc., 5 A.2d 503(Del. 1961).

204) 그렇지만 이 사례가 반드시 사업라인 척도와 관련된 것만은 아니다. 기대·이익 척도와도 관련이 되고 있다(Franklin A. Gevurtz, op.cit., p.366).

205) Ibid., at 510; 그에 의하면, 다음과 같이 언급하고 있다. 즉 The Rule, inveterate and uncopromising in its rigidity, does not rest upon the narrow ground of injury or demand to the corporation resulting from a betrayal of confidence, but upon a broader foundation of a wise public policy that, for the purpose of removing all temptation, extinguishes all possibility of profit flowing from a breach of the confidence imposed by the fiduciary relation. Given the relation between the parties, a certain result follows; and a constructive trust is the remedial device through which precedence of self is compelled to give way to the stern demands of loyalty. 이 외에도 Litwin v. Allen, 25 N.Y.S. 2d 667, 685~686(Supp. Ct. 1940) 사건 사례도 있다.

206) Ibid., at 514; Where a corporation is engaged in a certain businessm and an opportunity is presented to it embracing an activity as to which it has fundamental knowledge, practical experience and ability to pursue, which, logically and naturally, is adaptable to its business having regard for its financial position, and is one that is consonant with its reasonable needs and aspirations for expansion. it may properly be said that the opportunity is in the line of the corporation's business. This "Line of business"test has been identified as distinct from the first prong of the Guth decision. Recent Developments: Compare Miller v. Miller, 222 N.W. 2d 71, 79~80(Minn. Ch. 1974); Zidell v. Zidell, Inc., 560 P. 2d 1091(Or. 1977).

207) 江頭憲治郎, 『結合企業法の立法と解釋』, 有斐閣, 1995, 172頁.

일정 필지를 구입함으로써 쉽게 많은 이익을 창출할 수 있는 기회가 이전부터 검토되어 온 토지이고 그와 관련된 토지개발이라면 그것은 회사의 사업라인의 범위에 포함시킬 수 있지만,[208] 만약 회사가 과거 토지개발에 대하여 검토한 적도 없는 토지를 개발하였을 경우에는 논의의 여지가 많다고 한다.[209]

어쨌든, 위 사례처럼 판단하게 되면, 이익 내지 기대 척도의 경우와 마찬가지로 회사기회의 성립이 인정되는 범위가 넓게 되어 회사에게만 지나치게 유리하게 된다고 한다.[210] 이러한 사실은 회사가 행하는 사업은 비제한적이며, 회사의 정관 소정의 목적도 추상적으로 규정되어 있는 경우가 많기 때문으로, 사업라인 내에 있는가에 대한 기준은 실질적으로 일체의 사업기회를 포섭한다고 하여야 할 것이다.[211] 또한 서로 고유의 사업을 경영하는 지배·종속기업 간에 당해 사업기회가 어떤 사업라인에 속하는가는 제한되지 않는다. 즉 지배·종속기업이 동종의 영업을 영위하고 있으면 쌍방 사업라인에 속하는 사업기회가 있는 경우 어떤 사업라인에 속할 것인가가 문제로 된다. 또한 이러한 사업기회를 어떻게 분배를 할 것인가에 관한 원칙도 필요하게 된다.[212] 이 점과 관련하여, 이러한 상황에서 사업기회를 취득할 가능성이 없는 종속기업의 소수주주가 회사기회를 침해하였다는 것을 근거로 제기한 대표소송에서 승소한 예는 거의 없다.[213] 경영효율에 그 주안점을 둔다면, 규모가 큰 지배기업이 사업기회를 취득하는 방법이 바람직할 것으로 생각되지만, 이럴 경우 종속기업에 명백한 손해가 발생하는 경우에는 그것을 구제하여 주어야 할 것이며, 그렇지 않는다면 그것은 공정성에 반하는 것이 된다.[214]

---

208) Imperial Group(Texas), Inc. v. Scholnick, 709 S.W.2d 358(Tex. Ct. App.1986).

209) Cox etc., op.cit., p.239.

210) Robert W. Hamilton, op.cit., p.803.

211) 黑木松男, 「アメリカ會社法における會社の機會の理論の新展開(1)」, 『創價法學(第24卷 1號)』 (1995), 11頁.

212) 江頭憲治郎, 앞의 책, 174頁 이하.

213) 초기의 판례는 단순히 사업라인에 속한 것에 족하지 않고, 종속기업이 '명백한 기대'를 가지고 있는 것을 필요로 하고, 또한 근시, 지배·종속기업 쌍방에 속한 사업기회를 어떻게 취득하는가는 '경영판단'의 문제이고, 법원은 개입되지 않는 판결로 보인다. ALI의 보고서에서도 종속기업의 업무범위의 업무 활동이어도 지배주주(지배기업)의 업무범위에도 속한 것은 종속기업의 '회사의 사업기회'로는 적당하지 않다고 한대[ALI, op.cit., §5.12(b)(2)].

214) 또한 종속기업 간에 사업기회의 경합이 문제가 되는 경우에 단기적인 경영효율보다도 종속기업의 육성에 의한 기업집단 전체의 성장을 기하여 지배기업이 사업기회의 취득에 관하여 영향력을 행사한 것이라고 생각된다. 미국 판례의 경향이나 ALI의 원칙에 의하면, 이러한 유연한 대응은 곤란하다고 한다(佐藤誠, 앞의 글, 232頁).

③ 공정의 척도

공정(fairness)의 척도는 Ballantine이 처음으로 제창한 것으로 동 척도에 대하여 일부 법원은 위에서 언급한 척도와 관련하여 언급하는 경우도 있지만, 법원이 이익상반거래(conflict of interest)에 적용하는 공정 척도와 동일한 것은 아니며,[215] 회사기회의 법리와 관련하여 회사가 어떤 사업기회를 포기할 때 그 포기와 관련하여 동등한 정도의 다른 기회를 제공받았는가 하는가를 문제로 삼는 척도라고 할 수 있다.[216]

공정 척도를 채용한 예로는 Durfee v. Durfee & Canning사건 사례를 들 수 있다.[217] 이 척도에 의하면, 회사기회의 법리의 기초는 회사의 이익을 보호를 하여야 함에도 불구하고 회사의 임원이 당해 회사의 사업기회를 침해한 사건에 관하여 임원의 행위는 불공정(unfairness)하다고 판시하였다. 그러나 이 사례는 법원이 적용하는 공정 또는 형평의 윤리적 척도에 대하여, 이 요소 이외에 ㉠ 피고가 그 기회를 어떻게 알게 되었는가, ㉡ 회사를 위하여 그러한 기회를 획득하는 것이 피고의 임무 중의 일부이었는가, ㉢ 그러한 기회가 회사에 얼마나 중요한가, ㉣ 회사가 그러한 기회를 원하고 있었는가 등 다른 요소를 고려하여 파악하였다는 점을 지적하고 있다.[218] 그렇지만 동 기준에 대해서는 '공정'이라는 개념이 너무나 애매모호하다는 지적이 있다.[219]

④ 2단계 접근방식

이 접근방식은 위의 3개 기준을 결합하여 두 단계로 구분하여 적용하는 접근방식이다. 이에 대한 사례로는 Miller v. Miller의 사건을 들 수 있는데,[220] 미네소타 주 대법원(Minnesota Supreme Court)은 공정 척도에 사업라인 척도를 가미하여 두 단계로 해결하려고 하였다.[221] 제1단계는 그 사업기회가 회사에 속하는 기회인가의 문제, 즉 기존의 또는 장래의 회사활동과 관련하여 동산의 취득에 대하여 법원의 판단을 정당화할 수 있을 정도로 충분히 중요하고 밀접한 관련을 가지고 있는가이다.[222] 이러한 문제에 대한

---

215) Franklin A. Gevurtz, op.cit., p.366.

216) Franklin A. Gevurtz, ibid., p.366.

217) Durfee v. Durfee & Canning, Inc., 80 N.E. 2d 522(Mass. 1948).

218) Franklin A. Gevurtz, op.cit., pp.366~367.

219) Durfee v. Durfee & Canning, Inc., 80 N.E. 2d 522(Mass. 1948).

220) Miller v. Miller, 222 N.W. 2d 71(Minn. 1974).

221) Cox etc., op.cit., p.240.

222) The Georgia Supreme Court feared the line-of-business standard for Miller's first step may preclude former officers from competing with their former employers. It therefore modified Miller

입증책임을 지는 자는 그 취득에 대하여 문제를 제기하는 원고에게 있다. 제2단계는, 만약 그 기회가 회사의 기회라고 할 경우 이사 내지 임원이 충실의무를 위반하였는가 또한 그 기회의 조사와 관련하여 공정한 거래를 하였는가이다. 만약 그러한 의무를 위반하지 않았다면 이사 내지 임원은 그에 대한 책임은 없다고 할 것이다. 이 제2단계는 공정한 대가에 대한 구체적인 조사를 포함하며 입증책임을 부담하는 자는 그 기회를 빼앗은 이사 내지 임원이라고 한다.

이러한 견해에 대해서는 두 단계로 회사기회의 이용의 침해를 파악함으로써 오히려 불필요한 혼란만 더욱 초래한다는 지적이 있다.[223]

⑤ 복합적 분석

대다수 사례에서, 이사 내지 임원이 회사의 사업기회를 침해하였는가에 대한 판단은 수탁자의 기회 조사가 회사에 공정한 것인가 하는 요소의 범위의 고찰에 의한다. 특히, 그러한 요소의 판단은 회사를 대위하기 위하여 위임하거나 부과한 기회가 다음에 열거하는 바와 같이 회사 임원에 의하여 쉽게 침해될 수 있기 때문에 회사기회와의 사이에 구별의 어려움을 해결하는 데 중요한 의미가 있다고 한다.[224]

이와 관련된 판단요소를 열거하면 다음과 같다. 즉 ㉠ 특정되고 독특한 가치를 가지고 있는 부동산, 특허 등을 획득할 수 있는 기회에 관하여 회사가 그 사업과 사업의 확장을 위하여 필요한 것인가,[225] ㉡ 사업기회의 발견이나 정보가 회사 임원의 지위를 근거로 하여 획득된 것인가,[226] ㉢ 시장(market)에서 회사는 그러한 기회나 이익을 구하기 위하여 타협하는가, 타협을 하였음에도 불구하고 왜 그 기회나 이익을 구하기 위한 노력을 포기하였는가,[227] ㉣ 특히, 임원들은 기업을 위하여 그러한 기회의 획득과 관련된 의무

---

by adopting for the first step the "interest or expectancy" test[Southeast Consultants, Inc. v. McCrary Engg. Corp., 273 S.E. 2d 112, 117(Ga. 1980)].

223) Cox etc., op.cit., p.240.

224) Cox etc., op.cit., p.239.

225) Cental Ry. Signal Co. v. Longden, 194 F.2d 310(7th. Cir. 1952); Comedy Cottage, Inc. v. Berk, 493 N.E.2d 1006(Ⅲ. App. Ct. 1986).

226) Comedy Cottage, Inc., v. Berk, 495 N.E.1006(Ⅲ. App. Ct. 1986); BBF v. Germanium Power Devices Corp., 430 N.E.2d 1221(Mass. App. Ct. 1982).

227) Burg v. Horn, 380 F. 2d 897(2d Cir. 1967); Northwestern Terra Cotta Corp. v. Wilson, 219 N.E. 2d 860(Ⅲ. App. Ct. 1966); Lowder v. All Star Mills, Inc., 330 S.E. 2d 649(N.C. Ct. App.1985); Poling Transp. Corp. v. A&P Tanker Corp., 443 N.Y.S. 2d 895(App. Div. 1981); GST, Inc. v. Mark, 520 A. 2d 469(Pa. Super. Ct. 1987).

에 대한 책임은 지는가,228) ⑪ 임원은 그러한 기회를 획득하여 발전시키기 위하여 회사의 기금이나 시설을 사용하였는가,229) ⑭ 그 기회가 회사를 위하여 반대되거나 또는 적대적 처지(adverse and hostile position)에 있는 이사 내지 임원에 대하여 발생하였는가, ⑭ 임원은 회사에 재매매할 의도를 가지고 있는가,230) ⑩ 회사는 그 기회를 이용할 유리한 위치에 있는가 또는 재정적으로 또는 다른 이유로 그렇게 하는 것이 불가능한가231) 등을 들 수 있다. 이러한 요소는 회사의 사업기회를 판단할 수 있는 매우 중요한 요소라고 할 수 있다.

그러나 대부분의 경우 그것에 대한 효과로서 결정적이고 신속한 규칙을 두는 것은 불가능하며 오히려 본래의 취지와는 다른 다양한 결과를 초래하는 경우가 있을 수 있다는 지적이 있다.232)

(2) 학설

미국 학설 또한 이러한 판례를 기초로 하여 형성된 것으로 논란이 있을 수밖에 없다. 특히, '회사의 사업기회'의 배분을 중심으로 사업라인 척도를 기초로 판례이론을 수정하는 처지와 사업라인 척도에 의하지 않고 새로운 원칙을 제창하는 처지로 크게 대별된다.

① 사업라인의 척도를 기초로 하는 학설

동 학설은 지배기업과 이사 내지 임원 개인기업 간에 어느 일방이 타방의 '사업라인'에 배타적으로 속할 기회가 부여되었는가를 당해 회사의 기회로 삼는 원칙을 기초로 하고, 그 이외의 기회는 관련 회사 전부가 배분적 출자를 행하고 그것에 대응하여 이익배

---

228) Tovrea Land & Cattle Co. v. Linsenmeyer, 412 P.2d 47(Ariz. 1966)("The more precise test is whether the director has a specific duty to act in regard to the particular matters a representative of the company."); Poling Transp. Corp. v. A&P Tanker Corp., 443 N.Y.S. 2d 895(App. Div. 1981).

229) Graham v. Mimms, 444 N.E.2d 549(Ⅲ. App. Ct. 1982)(a core principle is that fiduciary can not use corporate funds to acquire a business opportunity); Ault v. Soutter, 570 N.Y.S.2d 280(App. Div. 1991).

230) Tovrea Land & Cattle Co. v. Linsenmeyer, 412 P. 2d 47(Ariz. 1966); Southwester Consultants v. McCrary, 273 S.E.2d 112(Ga. 1980); Patient Care Serv. S.C. v. Segal, 337 N.E.2d 471(Ⅲ. 1975).

231) A. C. Peters v. St. cloud Enter., 222 N.W. 2d 83(Minn. 1974); Ellzey v. Fyr－Pruf, Inc., 376 So. 2d 1328(Miss. 1979); Canion v. Texas Cycle Supply, Inc., 537 S.W. 2d 510(Tex. Civ. App.1976).

232) Cox etc., op.cit., p.240.

당을 취득하는 처리가 기업집단 내에서 이루어진다고 한다.[233]

예를 들면, 새로운 기회가 지배기업과 하나의 종속기업 쌍방의 '사업라인'에 속하고, 지배기업의 발행주식 총수의 시장가격의 총액이 1억 2천만 달러이고, 종속기업의 소수주주가 소유하고 있는 종속기업의 주식이 5천만 달러라고 하면, 위 기회는 120 대 5의 비율로 지배·종속기업 간에 배분되어야 한다는 것이다. 대부분 쌍방 회사의 공중주주가 소유하고 있는 주식의 시가총액에 비례하여 회사의 기회의 배분이 이루어질 것이다.[234]

이 견해는 판례의 기본적인 처지를 유지하면서 형평성이라는 관점에서 합리적으로 수정을 가한 것으로 설득력이 크다는 장점이 있다. 다만, 어떠한 기준으로 각 회사 출자의 배분을 결정할 것인가에 관해서는 문제가 있다. 즉 회사의 기회를 이용하여 달성할 수 있는 성과는 각 회사마다 다를 수밖에 없으므로 출자의 배분을 결정하기가 그렇게 쉬운 일은 아니라는 것이다. 이와 관련하여 출자의 배분을 각 회사가 발행하는 모든 주식의 시장가격의 배분에 대응하여 산정하여야 한다는 견해도 있다.[235] 하지만 이 견해 또한 산정이 간단하다는 장점은 있지만, 이미 지배·종속관계에 따른 종속기업의 가치가 현저히 저하되어 있는 경우 그 주식의 시가를 중심으로 산정한다는 것은 실질적 공정의 이념에 반한다고 지적한다.

② 사업라인의 척도를 기초로 하지 아니하는 학설

지배·종속기업 간의 회사의 사업기회의 배분을 중심으로 하여 사업라인의 척도를 기초로 하지 않는 학설로는 다음 2개를 들 수 있다.

㉠ 쉬라이버와 요란의 견해

쉬라이버와 요란(Schreiber & Yoran)은 당해 기회를 취득함으로써 기업집단(corporate group) 전체의 수익이 최대가 될 수 있는 기업에 그 기회를 제공하여야 한다는 견해이다.[236] 즉 이 견해는 회사의 이득에 대한 기회의 순현재가치를 계산하여 그에 따라 순현재가치가 최대로 될 수 있는 기업에 기회를 제공하여야 한다는 것이다. 즉 순현재가치라

---

233) Brudney & Chirelstein, "Fair Shares in Corporate Mergers and Takeovers", 88 *Harv. L. Rev*. 297, 327~330(1974).

234) Lorne, "A Reappraisal of Fair Shares in Controled Mergers", 126 *U. Pa. L. Rev*. 955, 979(1978).

235) 江頭憲治郎, 앞의 책, 179頁.

236) Shreiber & Yoran, "Allocation of Corporate Opportunities by Management", 23 *Wayne L. Rev*. 1355, 1360~1364(1977).

함은 투자가 최초의 지출비용을 뺀 것을 말한다. 즉 이득에 대한 회사의 사업기회에 투자하는 것이 n년간을 넘어서 매년 Y1의 순이익을 얻는 것으로 한다면 이 투자의 순현재가치 V는 아래와 같이 표시된다.

$$V = \frac{Y1}{1+r} + \frac{Y2}{(1+r)^2} + \cdots\cdots + \frac{Yn}{(1+r)^n}$$

(n년간을 넘는 경우 일반 이자율을 일정률 r이라고 한다)

그런데 만약 기업이 서로 상이하다면 순현재가치를 계산하기 위하여 사용하는 제반 요소, 즉 각각의 순수익(Y1)이나 당초의 지출비용 등이 상이하므로 동일한 이득의 기회가 존재한다고 하더라도 순현재가치는 각각 상이하게 될 것이다. 여기에서 이 이득의 기회가 동시에 지배기업 및 종속기업에 발생하는 경우 지배기업의 이사회는 지배기업과 종속기업에서 그 이득의 기회의 순현재가치를 각각 계산하여 보다 다액의 순현재가치를 얻을 수 있는 쪽의 회사에 그 기회를 부여하고 또한 이용하게 하여야 할 것이다. 그 결과 지배기업의 이사회가 종속기업에 발생한 이득의 기회를 지배기업이 종속기업에 대하여 배분하는 경우에는 이사회가 지배기업의 주주의 이익만을 촉진하기 위하여 배분하지 않고, 지배기업과 종속기업 전체의 이익을 최대한 증대하는 방법으로 결정하였다는 사실을 증명할 책임을 부담한다고 한다.[237]

이처럼 이 견해는 일단 기업집단에서 효율적인 사업기회의 배분을 도모할 가능성이 많다는 장점을 가지고 있다. 그러나 실제로는 회사의 사업기회를 이용할 가능성은 그 비용이 가장 저비용인 기업의 경우에 해당할 것이므로 통상적으로 규모가 크고 이미 충분한 설비투자가 이루어진 지배기업에 있다고 보는 것이 타당할 것이다. 즉 대부분 사업기회가 지배기업에 귀속된다는 판단이 될 개연성이 크다는 문제가 있고 또한 동일의 사업을 영위하는 종속기업 간의 배분에 이러한 종속기업의 성장을 지배기업이 후견적으로 원조하는 관점에서 지배기업의 영향력이 행사된다는 점을 고려하지 않았다는 문제가 있다.[238]

---

237) 柴田和史, 「大株主の忠實義務と連結納稅制度」, 『企業結合法の現代的課題と展開』(商事法務, 2002), 104~105頁.

238) 江頭憲治郎, 앞의 책, 180頁.

ⓛ 브루드니와 크라크의 견해

브루드니와 크라크(Brudney & Clack)의 견해는 지배·종속기업에서 지배기업의 이사회는 이득의 기회를 다음 두 가지 원칙에 따라 지배기업 또는 종속기업에 배분하게 된다고 한다. 첫째, 지배기업과 상이한 영업에 종사하게 되는 경우에는 이 이득의 기회는 보다 밀접한 영업라인을 가지고 있는 회사에 귀속된다. 둘째, 지배·종속기업 쌍방이 동일한 영업에 종사하거나 또는 문제가 된 이득의 기회가 쌍방 회사 모두에 관계가 없는 경우에는 그 이득의 기회는 쌍방 회사 모두에게 공평하게 배분하여 귀속되게 하여야 한다.

그런데 공평하게 배분한다는 것은 다음에 예에 의하여 설명하고 있다. 즉 지배기업의 주식의 총가치가 1억 2천만 달러이고, 일반주주가 소유하고 있는 종속기업의 주식의 총가치가 500만 달러이며, 그 영업라인에 발생한 이득의 기회는 1,000만 달러의 가치가 있다고 하자. 제2의 원칙에 의하여, 이 회사의 이득의 기회를 공평하게 배분하게 된다. 그런데 여기에서 공평성이란 지배기업 이사회가 지배기업과 종속기업을 함께 경영하는 것을 의미한다고 한다. 따라서 만약 이러한 일체의 기업경영과 관련하여 1,000만 달러의 이득의 기회가 발생하였다고 하면, 기회에 의한 이득은 쌍방 회사의 수익자인 주주에 대해서는 주식의 총 가치에 비례하여 배분하게 된다. 즉 얻은 이익은 종속기업의 일반주주가 가지고 있는 주식에 대하여 1,000만 달러×500만 달러/12,500만 달러＝40만 달러를, 지배기업의 주식에 대해서는 1,000만 달러×12,000만 달러/12,500만 달러＝960만 달러를 배분하는 것이 공평하다고 한다. 따라서 종속기업이 그 이득의 기회를 이용하였다면 종속기업은 지배기업에 대하여 현금을 지급하거나 증권을 발행하는 등의 방법에 의하여 그 이득의 기회로부터 얻은 초가 이익분(예를 들면 960만 달러)을 지급하여야 한다.[239]

다만, 이득의 기회가 지배기업과 종속기업 간에 어느 정도 배분되어야 하는가의 배분기준이 명백하지 않은 경우가 문제가 될 수 있다. 이에 대하여, 지배기업이 취득하는 방법이 상당한 정도로(substantially) 높은 경제적 가치를 가지고 있다는 것을 지배기업이 명백히 확신할 수 있는 증거에 따라 이득의 기회를 증명할 수 없는 한, 당해 기회는 '사업라인'의 어떠한 것에 해당하는가를 묻지 않고 종속기업에 귀속한다는 견해가 있다.[240]

그러나 이 견해는 '상당 정도'라는 요건이 애매모호하고 또한 종속기업 간의 배분에 관해서도 다른 회사에 귀속된 방법이 당해 기회는 상당 정도로 높은 경제적 가치를 가지

---

239) 柴田和史, 앞의 글, 107頁.

240) Brudney & Clark, "A New Look at Corporate Opportunities", 94 **Harv. L. Rev.** 997, 1055~1060(1981).

고 있다는 것을 명백한 확신을 가지고 있는 증거에 따라 증명되지 못하는 한, 지배기업의 지분 배분이 낮은 종속기업에 모든 기회가 귀속될 것[241])을 전제로 하고 있지만 현실과는 거리가 있으므로 합리적인 근거가 될 수 없다는 점이 지적되고 있다.[242])

(3) 소결

경업행위를 하고 있는 이사 내지 임원이 지배기업이나 또 다른 기업을 위하여 '회사기회' 법리의 적용 대상이 되는가는 '회사기회'라는 개념이 명확하게 파악되어야 하고, 또한 그 개념이 파악되었다 하더라도 어느 일방 기업에 그 기회가 속하는가를 명백히 하여야 하며, 나아가 어느 일방 기업에 속한 기회를 다른 기업이 이용하였을 경우 상대방 기업과의 관계 속에서 그 배분의 문제는 어떻게 해결할 것인가가 문제 되고 있다. 특히, 분배의 문제를 해결하기 위해서는 첫째, 사업기회 배분의 원칙을 '공정'하게 적용하여야 하고, 둘째, 기업집단의 경제적 효율을 저해하는 원칙은 채용하지 않아야 할 것으로 보인다.
어쨌든 제1차적으로는 '사업라인' 척도를 유지할 필요가 있지만, 사업라인의 범위가 매우 광범위하므로 명백히 특정기업의 사업라인에 속하는 것으로 인정하기란 그리 쉬운 일은 아니다. 따라서 제2차적으로는 경제적 효율이 당해 사업기회를 가장 유효하게 활용할 수 있는 회사의 기회 기준이 채용되는 것이 바람직하다고 본다. 물론 이러한 회사기회의 적용기준을 따른다 하더라도 그 전제로 각 기업집단에 사전에 충분한 정보공시가 이루어져야 하며, 사업기업의 배분에 관한 실질적 공정성이 확보되어야 할 것이다.

3) 회사기회 법리의 결정 요소

위의 판례를 통하여 회사기회의 적용기준을 살펴보았다. 다만, 본 장에서는 회사기회의 존부 판단에 대하여 법원이 구체적인 사안에 관하여 판단 근거로 삼고 있는 일체의 사실이나 상황을 검토하여 체계적으로 정리하여 보고자 한다.

---

241) Brudney & Clark, supra note 94, at 1056 n. 153.
242) 江頭憲治郎, 앞의 책, 182頁.

(1) 회사기회와 회사사업의 관계

　문제가 되는 회사의 기회가 회사의 현재 내지 장래의 사업 활동과 논리적·합리적인 관계가 존재하지 않는 경우 그 기회는 회사의 기회라고 할 수 없다. 그러나 그 정도를 넘어서 경계(border or line)에 근접함으로써 회사기회라고 판단하기가 곤란하여 법원이 적용하는 회사기회의 법리의 적용기준의 해석에 의존할 경우는 양자의 구별이 그렇게 쉽지만은 않는 것 같다. 다만, 법원이 그 기회를 회사사업에 결부한 요소로서 회사가 그 기회의 취득을 필요로 할 것,243) 회사가 그 기회를 활용하는 실제상의 능력을 가지고 있는 것 등을 그 예로 들고 있다.

(2) 회사의 자격과 개인의 자격

　회사를 위하여 특정한 기회를 취득하도록 지시하였음에도 불구하고, 이사가 자신을 위하여 그 기회를 전유(appropriation)하는 경우, 통상 이사는 수탁자로서의 충실의무를 위반한 것으로 된다. 비록 이사가 자신을 위하여 회사의 활동과 관련된 범위 속에서 그 기회를 이용한다고 하더라도 그 기회의 이용은 회사의 이익을 위하여 이용하여야 하는 명백한 의무를 무시한 것으로 이사의 행위는 충실의무를 명백하게 위반한 것으로 된다는 것이다.

　반면에 이사는 그 기회가 공정한 처지에서 회사의 이익을 위한 것인가 아니면 그와는 반대로 이사 개인의 이익을 위하여 이용하였는가를 명백히 밝히지 않는 경우도 많다.244) 미국의 판례도 항상 그 기회를 취득할 당시의 처지·자격을 문제로 다루고 있지는 않지만, 그 기회의 이용과 관련한 정보의 취득이 이사가 수탁자로서의 의무를 수행하는 과정에서 명백하게 이루어진 경우에는, 그것은 수탁자로서의 이사의 자격과 관련하여 취득한 것으로서 이사의 책임을 긍정하는 하나의 요소로서 인정되고 있다.245) 물론, 이 요소가 이사의 책임을 인정할 수 있는 결정적인 요소로 보지 않는 판결례도 많으나,246) 이사의 책임을 인정하는 하나의 요소임에는 분명하다.

---

243) Fayes, Inc. v. Kline 136 F. Supp.871, 874(S.D.N.Y. 1955).

244) Brudney & Clark, "A New Look at Corporate Opportunities", 94 *Harv. L. Rev.*, p.1009.

245) Keggigan v. Unity Sav. Ass'n. 58 Ⅲ. 2d 20, 317 NE 2d 39, 44(1974).

246) Colorado & Utah Coal Co., v. Harris, 97 Colo. 309, 49 P 2d 429(1935).

다른 한편으로 이사의 개인적인 자격에 있어서 기회가 초래되었다 하더라도 그 사실만으로 반드시 이사의 책임이 부정되는 것 또한 아니다. 다만, 그 기회가 회사의 수탁자인 이사의 지위와는 별개의 개인적 자격에서 초래되었다는 사실이 증명되는 때에는 그 책임을 면할 수 있고, 반대로 회사는 그 기회가 회사의 사업에 필요불가피한 것이라는 사실 또는 그 기회의 이용에 대하여 회사가 기대 내지는 이익을 가지고 있다는 사실을 입증하도록 하여야 할 것이다.[247]

(3) 회사재산 등의 이용

이사가 회사의 재산, 설비 내지 종업원을 기회의 취득 내지 개발을 위하여 사용하는 행위는 그 기회가 회사의 기회라고 판단을 하는 데에는 큰 문제가 없는 듯하다.

반면에 이사가 자신의 개인적 목적을 위하여 허가를 받아 회사의 재산을 사용하는 것은 회사의 기회이론과는 직접적인 관련은 없지만, 그러한 행위는 위법행위가 되어 이사의 충실책임을 발생케 할 가능성이 많고 또한 그로 인하여 회사에 손해를 발생케 하였을 경우에는 회사에 대한 손해배상책임을 질 가능성이 많다.[248] 물론, 회사의 설비나 종업원의 사용이 사소한 것에 불과한 경우에는 이사가 책임을 지는 경우는 거의 없을 것이다.

나아가, 사업상의 기회를 취득하기 위하여 회사의 자금 내지 설비를 다액으로 사용하는 경우, 법원이 회사의 기회의 침해가 있다고 판단하는 것과는 별개로, 취득된 재산에 대하여 의제신탁(constructive trust)을 인정한다.[249] 이렇게 되는 경우 이사의 회사재산의 이용은 그 기회를 회사의 사업에 이전하고, 전환하는 것으로 된다고 한다.

(4) 회사기회의 취득과 경업행위

이사가 자기 내지 제3자를 위하여 회사와의 경업을 하는 행위는 대개 회사의 기회취득의 법리와는 별개로 이사의 충실의무의 위반행위를 구성하지만, 실제로는 회사기회 법리와의 사이에 중복되는 결과가 발생하여,[250] 회사의 기회가 문제로 되는 사례 중 상당

---

247) 델라웨어 주 판례법이 인정한 입장이다[龜山孟司, 「アメリカ會社法における會社の機會の法理と競業」, 『法學新報』(中央大學法學會, 2003.3), 185頁].

248) Lowe v. Copeland, 125 Cal. App.315, 13 P 2d 522, 526(1932).

249) Higgins v. Shenago Pottery Co., 256 F. 2d 504(CA. 1958).

250) Southeast Consultants, Inc. v. McCray, Enginnering Corp., 246 Ga. 503, 273 SE 2d 112(1980);

수는 이사가 그 회사에 대한 경업행위를 하는 과정에서 회사기회의 취득을 포함함으로써 문제가 되는 경우가 많다.251) 이사의 경업 행위와 관련해서는 후술하기로 한다.

4) 회사기회의 취득 한계

위에서 언급한 바와 같이 회사의 기회법리는 회사의 이익의 보호를 목적으로 하는 것 인데 반하여 이사 및 임원 등(종업원 포함)의 개인적인 사업 활동을 존중하는 2가지 요 소의 조화를 도모하는 것을 목적으로 한다.

이사의 활동 영역에는 회사의 수임자로서 회사를 위하여 회사사업의 일반적 범위에 속 하는 영역뿐만 아니라 이사 개인적으로도 활동을 하는 영역을 포함한 광범위한 영역이 포함된다고 할 수 있다. 따라서 회사의 위임에 의하여 선임된 이사의 행위라고 하여도 모두 회사사업상의 기회라고는 할 수 없다. 특히, 사업상의 기회가 회사의 임원인 이사의 자격에 의하여 발생한 것이 아닌, 이사 개인의 자격에 의하여 발생하는 것은 회사의 기 회라고 할 수 없다.

따라서 회사의 기회법리란 회사에 유익한 것인가가 확실하게 알려져 있지 않는 어떤 재산을 이사가 구입하는 것으로부터 방해하기 위한 것이 아니라 회사가 필요하여 그 재 산을 구하려는 것으로부터 이사가 개인적으로 그 재산의 취득을 방지하기 위함이라고 할 수 있다.252) 그 결과 그 기회가 회사에 반드시 필요한 것이 아니면 또한 회사가 그 기회 에 대한 이익 내지 기대를 가지고 있지 않는 경우에는 회사의 기회라고 할 수 없다고 하 여야 할 것이다.253)

이처럼 회사의 기회는 회사가 스스로 그 기회를 이용하는 것이 아닌 경우, 그 기회의 이용 자체가 회사의 사업에 필수적이 아닌 경우 및 이사·임원이 개인적으로 그 기회를 이용하는 것이 회사의 사업과 관련하여 직접적으로 경업행위 금지의 요건을 만족하지 않 는 경우에는 부인된다고 할 수 있다. 회사의 사장인 이사가 경업회사의 주식을 매입하는

Cain v. Cain, 3 Mass. App.467, 334 NE 2d 650.

251) Guth v. Loft, Inc., 23 Del. Ch 255, 5 A 2d 503, 514(1939).

252) 회사기회의 법리는 그 기회가 회사의 현재 활동에 적합하지 않은 경우 내지는 그 기회의 취득을 촉진하 는 것이 회사의 확립된 정책으로 적합하지 않은 경우에는 적용되지 않는다[Burg v. Horn, 380 F 2d 897(1967)].

253) Equity Corp. v. Milton, 49 Del. Ch 425 213 A 2d 439; Kaplan v. Fenton, 278 A 2d 834(Del. 1971).

행위는 무효가 되지는 않지만 이러한 구입은 엄밀한 심사대상이 되어야 하며, 만약 문제가 되는 경우는 이 주식의 매입행위가 정당한 행위라는 사실을 주식의 매입자인 이사가 입증하여야 한다. 일반적으로 회사는 기존에 발생된 주식에 대해 특정의 이익을 얻지 않고 이사회가 자기 주식을 매입할 의사를 표시하지 않는 한, 이사·임원은 회사의 주식을 자유로 매입하는 것도 가능하다고 하여야 할 것이다.254) 또한 회사가 자기 주식의 매매를 하는 경우 이사 내지 임원이 자신이 보유하고 있는 회사의 주식을 매각한다 하더라도 회사의 수임자인 이사로서의 의무위반이라고는 할 수 없다. 다만, 이러한 상황하에서 그 주식의 매각이 문제의 대상이 될 경우에는 그 이사는 회사에 대한 주식의 매각이 회사에 대하여 공정하게 행하여졌다는 사실을 입증하여야 할 것으로 보인다.

2. 회사기회의 법리와 이사의 경업행위

1) 회사기회와 이사 경업행위의 관계

우리나라의 경우 "이사는 이사회의 승인이 없으면 자기 또는 제3자의 계산으로 회사의 영업부류에 속한 거래를 하거나 동종 영업을 목적으로 하는 다른 회사의 무한책임사원이나 이사가 되지 못한다"(상법 제397조 제1항)고 규정하여 경업금지의무를 규정하고 있다.

이러한 의무는 주식회사의 이사가 대표이사이거나 업무담당이사이거나 혹은 단순한 평이사인가를 불문하고, 이사회의 구성원으로서 회사의무의 의사결정에 참여하고, 영업상의 기밀에 정통하고 있기 때문에, 만일 경업을 자유롭게 하게 한다면, 내부정보나 거래관계 등 재산적 가치가 있는 회사의 정보를 개인적인 이익을 위하여 이용할 우려가 있음과 동시에 회사에 불리한 의사결정을 할 우려가 있으므로 상법은 이와 같은 위험으로부터 회사의 이익을 보호하기 위한 유효한 법적 수단으로서 이사의 경업을 금지하여, 이사로 하여금 선량한 관리자의 주의로서 회사를 유효적절하게 운영하고 그 직무를 충실하게 수행하여야 할 의무를 다하도록 경업피지의무를 규정하고 있는 것이다.255)

---

254) 상급 임원이 그 회사의 대량주식을 매입하는 옵션을 취득하는 행위는 회사의 기회는 아니라고 판시하였다(Equity Corp. v. Milton, 49 Del. Ch 425 213 A 2d 439).

255) 대판 1993.4.9, 92다53583.

그러나 이사 이외의 임원 및 종업원도 경업금지의무가 있는가에 대해서는 아무런 언급을 하고 있지 않다. 반면에 미국의 경우는 임원뿐 아니라 회사와 고용관계에 있는 종업원도 경업금지의무를 지도록 하고 있는데, 그 취지는 우리나라와 거의 마찬가지이다. 또한 ALI의 회사지배원리에 의하면, 다음에 언급하는 바와 같이 지배·종속기업에 있어서 종속기업을 지배한 지배회사이면서 지배주주도 이러한 책임을 지는 것으로 규정하고 있다.

회사의 기회 이론과 관련해서 이사 내지 임원 등의 경업금지의무 위반 여부가 문제되는 경우는 결국 이사 내지 임원 등이 회사의 기회의 이용의 범위를 초과한 경우에 문제가 될 것이다. 그 경우로는 첫째, 이사 내지 임원이 회사의 직무에 취임하기 전에 이미 다른 경쟁기업과의 사이에 이해관계가 있는 경우에는 회사의 기회가 침해당하는 것이라고는 할 수 없지만 회사에 취임한 이후에도 경업행위를 계속함에 따라 회사에 대하여 손해를 발생케 하고 그러한 사실이 경업금지의무의 요건을 만족하여 손해배상의 책임을 부담하는 경우를 들 수 있다. 둘째, 이사 내지 임원이 경쟁기업을 설립할 때 그와 관련한 회사의 자산을 유용하는 것이 아니며 회사가 그 기회의 취득에 대해 현재 내지 장래의 이익이 없는 경우라 하더라도 이 경우는 일반적으로 경업행위가 제한되는 것으로 해석된다고 한다. 셋째, 경업금지의무에 위반하는 이사 내지 임원은 경업행위에 의하여 회사가 입은 손해에 관련하여 배상책임을 부담하지만, 경업을 하는 기업이 회사의 기회를 침해하지 않는 한, 경업에 의한 이익을 분배할 필요는 없다고 한다.

구체적으로 이사 내지 임원이 회사와 경업 행위를 함으로써 회사에 손해를 발생케 한 경우에는 다음과 같은 법적 근거에 의하여 책임의 추궁을 받을 것이다. 즉 ① 경업을 하지 않는다는 특약이 존재하는 경우 그 특약조항의 위반, ② 기업비밀(예를 들면, 고객명부나 상품의 비밀제조법)의 유용행위, ③ 회사의 고객 내지 종업원에 대하여 자기가 영위하는 기업과의 거래 내지 경업을 하도록 권유하는 경우 계약관계의 불법행위책임 내지 채권침해 등을 들 수 있다.[256)

2) 이사의 경업행위에 대한 법원의 처지와 ALI의 규정

(1) 법원의 처지

이사 내지 임원의 경업행위에 대하여 법원의 판결은 유형적으로 이를 금지하려는 처지

---

256) Solomon & Palmiter, *Corporation, Example and Explanations*(2 ed.)(1994), p.375.

와 성실하게 행할 것을 조건으로 허용하는 2가지 경우로 나누어져 있다.

전자의 대표적인 예로는 뉴욕 주 법원의 Foley v. D' Agostino 사건[257] 사례를 들 수 있다. 동 사건의 원고는 D' Agostino라는 상호를 가진 슈퍼마켓을 운영하는 회사에 50%의 출자를 하고 있는 자이고, 피고는 그 회사의 이사 내지 임원이다. 그런데 그 회사의 이사 내지 임원은 경업행위라고 할 수 있는 동 회사의 슈퍼마켓과 동종의 슈퍼마켓의 체인을 개업하였다. 이에 원고는 피고가 경업금지의무의 위반이라고 주장하였다. 동 사건에 대해 뉴욕 주 법원은, 피고의 행위는 그 회사의 우월한 이익을 위한 것과는 관계가 없는 이사 내지 임원의 개인적 이익을 추구하는 것으로 경업행위는 허용되지 않는다고 판시하였다.[258]

반면에 후자는 이사가 성실하게 행동할 것을 조건으로 하여 회사와 경업을 허용하려는 처지로 이와 관련된 판례로는 Red Top Cab Co. v. Hanchette 사건,[259] Regenstein v. J. Regenstein Co 사건,[260] Lincoln stores, Inc. v. Grant 사건[261] 등을 들 수 있다. 이러한 부류에 속하는 사례의 핵심은 그 회사의 이사나 임원의 경업행위가 선의(good faith)를 구성하는 것이라고 할 수 있다. 따라서 그 회사가 이사나 임원에 대한 책임을 추궁하기 위해서는 이사나 임원의 경업행위가 선의가 아니라는 사실, 즉 악의(bad faith)라는 사실을 증명하여야 한다. 법원이 악의라고 인정한 예를 보면, ① 회사의 고객을 경업회사에 이전하는 행위,[262] ② 회사의 종업원을 경업회사로 이적시키는 행위,[263] ③ 경업회사의 이익을 위하여 회사로부터 비밀 정보를 수집하는 행위,[264] ④ 경업회사의 성공을 위하여 당해 회사의 업무수행을 해태하는 행위,[265] ⑤ 경업회사의 이익을 위하여 회사의 자산을 사용하는 행위,[266] ⑥ 당해 회사의 이사가 재임 중에 경업회사의 소유자 지

---

257) 248, N.Y.S. 2d 121(App. div. 1964).

258) 기타의 사례로는 다음을 들 수 있다[Hall v. Dekker, 115P. 2d 15(Cal. App.1941); Robert N. Brown Assocs., Inc. v. Fileppo, 327 N.Y. S.2d 133(App. Div. 1971); Aero Drapery of Ky., Inc. v. Engdahl, 507 S.W. 2d 166(Ky. App.1974)].

259) 438 F 2d 236(N.D. Cal. 1931).

260) 97 S.E. 2d 693(Ga. 1957).

261) 34 N.E. 2d 704(Mass. 1941).

262) Hall v. Dekker, 115 P. 2d 15(Cal. App.1941); Ranch Hand Foods, Inc. v. Polar Pak Foods, Inc., 690 S.W. 2d 437(Mo. App.1985).

263) Red Top Cab. Co. v. Hanchette, 48 F 2d 236(N.D. Cal. 1931).

264) Lincoln Stories, Inc. v. Grant, 34 N.E. 2d 704, 707(Mass. 1941); Rnch Hand Foods, Inc. v. Polar Pak foods, Inc., 690 S.W. 2d 437, 443(Mo. App.1985).

265) Des Moines Terminal Co. v. Des Moines U.R. Co., 52 F. 2d 616, 627(8th Cir. 1931).

266) Red Top Cab Co. at. 238; Aero Drapery of Ky., Inc. v. Engdahl, 507 S.W. 2d 166(Ky. App.1974).

위를 취득하는 행위,[267] ⑦ 경업회사를 위하여 회사의 현존하는 사업관계를 침해하는 행위[268] 등을 들고 있다.[269]

(2) ALI의 회사지배 원리 규정

ALI는 이사 내지 임원의 경업의 금지 내지 허용에 관하여 여러 가지의 문제가 존재한다는 사실을 인정하면서, 회사지배의 원리(principle of corporate governance)의 §5.06의 규정을 별도로 두고 있다. 이 규정의 성격은 판례의 중간적 처지를 취하여 한편으로는 회사 이익충돌의 실질적 요건을 두고 있지만, 다른 한편으로는 절차적인 요건도 병행하여 규정하고 있다. 그 구체적인 내용을 살펴보면 다음과 같다.

즉 회사와 경업거래를 하여 이사나 임원은 자신 또는 제3자의 금전상 이익을 증진시킬 수 없다. 그러나 다음의 경우에는 그러하지 아니하다. 즉 ① 이사나 임원이 경업거래를 하지 않음으로써 합리적으로 예견할 수 있는 회사에 대한 손해가 회사와의 경업행위를 함으로써 합리적으로 얻을 수 있는 이익보다 크거나 또는 그러한 경업 행위를 함으로써 회사에 발생할 수 있는 합리적으로 예견 가능한 손해보다 적은 경우, ② 이익상반거래와 관련하여 그러한 경업거래를 할 수 있는 권한이 사전에 인가 또는 승낙되었고 그에 따른 사후 공시가 이루어진 경우라면 또한 이해관계 없는 이사나 상급 임원 등에 의한 경업거래가 경영판단의 원칙의 기준을 만족하는 방식에 의한 경우라면, ③ 그러한 경업거래에 대하여 이해관계 없는 주주가 사전에 권한을 부여하거나 승낙하였고 그에 따른 사후공시가 된 경우라면 또한 주주의 행위는 낭비된 회사의 자산에 해당되지 않는 경우에는 그러한 거래를 할 수 있다.[270]

회사와의 경업거래를 통한 이사나 상급 임원의 금전상 이익이 증진되었을 경우 이에 대하여 이의를 제기하는 일방 당사자가 있다면 그는 그 사실을 입증하여야 한다. 만약 이의제기 당사자가 §5.06(a)(2)나 (3)의 요건을 만족하지 않는다고 주장한다면 이사나 상급 임원은 그러한 경업거래를 하지 않음으로써 발생할 수 있는 회사에 합리적으로 예견할 수 있는 손해가 회사가 경업거래를 함으로써 얻을 수 있는 이익보다 더 크다는 사실

---

267) Craig v. Graphic Arts Studio, Inc., 166 A. 2d 444(Del. Ch. 1960).
268) Raines v. Toney, 313 S.W. 2d 802(Ark. 1958).
269) Hansen, A Guide to the American Law Institute Corporate Governance Project(1995), p.70.
270) ALI, ibid., p.300, Chapter 2, §5.06(a)(General Rule).

또는 회사에 합리적으로 예견할 수 있는 손해가 존재하지 않는다는 사실을 입증을 하도록 함으로써 입증책임을 전환시키고 있다.271)

3) 이사 취임 중의 경업준비행위

종업원은 고용계약기간 중에 그 회사의 고용주와 경업행위를 하지 않는 것이 원칙이지만, 고용계약의 종료 후에는 경업을 하지 않는다는 당사자 간의 별단 특약을 하지 않는 한, 전 고용주와 동종의 영업에 관련하여 경업이 허용될 뿐만 아니라 소비자의 선택을 촉진하는 의미에서도 자유로운 경업을 인정하는 것이 사회적으로 바람직하다고 한다.272)

법원도 종업원이 고용계약을 종료한 후에 전 고용주와의 경업행위를 하지 않는다는 합의 존재 및 그 계약조항을 신중하게 심사하여 경업을 제한하는 지역 및 기간이 합리적으로 정하여져 있는 경우를 제외하고, 부당한 제한을 행하는 것은 선량한 풍속 기타 사회상규에 반하여 무효로 하고 있다.273) 이러한 법리는 종업원과 고용주 간의 관계에서뿐만 아니라 이사 내지 임원과 회사 간의 관계에 있어서도 마찬가지로 해석하여야 할 것으로 보인다.

이사 내지 임원(종업원 포함)이 회사의 이사 내지 임원으로서 재임기간 중에는 원칙적으로 경업행위를 할 수 없다는 것은 당연하다. 그러나 그가 회사의 이사 내지 임원으로서 취임 중에 회사와 경업을 하지 않는다는 원칙과 이사 내지 임원의 임기가 종료된 후에는 경업이 가능하다는 원칙과의 사이에는 모순이 존재하는 것으로 보인다. 왜냐하면 회사의 사업과 동종의 사업을 영위한다는 결의는 이직(離職) 전에 이루어지는 경우가 많고, 그 결정의 절차 속에는 경업의 실현 가능성을 조사하는 여러 가지 단계가 포함되어 있기 때문이다. 예를 들면, 새로운 사업을 시작하기 위하여 필요한 자금조달의 교섭을 할 때에는 사업의 실현 가능성과 함께 경업을 하기 위한 토대를 미리 구축하게 된다는 점을 들 수 있다.274)

이처럼 이사 내지 임원의 경업행위와 관련하여 그에 대한 계약이 존재하는 경우는 문제가 없지만, 경업행위에 관련한 계약상 제한이 없는 경우에는 이사 내지 임원이 회사와

---

271) ALI, ibid., p.301, Chapter 2, §5.06(b)(Burden of Proof).

272) Maryland Metals. Inc. v. Metzner, 282 Md 31, 382 A 2d 564(Md. App.1978).

273) Reed, Roberts Assoc. Inc. v. Strauman, 40 N.Y. 2d 303, 386 N.Y.S. 2d 677, 353, N.E. 2d 590(1976). Gevurtz, op.cit., p.385.

274) Gevurtz, ibid., p.384.

경업을 하기 위한 사전 준비를 한다고 하여 반드시 경업금지의무 위반이라고 할 수 없고, 나아가 공정거래의무275)를 위반한 것도 아니라고 할 수 있다. 중요한 점은 이사 내지 임원이 회사의 영업을 실질적으로 방해하기 위한 준비활동의 종류(성질)와 그 정도라고 할 수 있다. 상대방이 그 경업준비의 과정에 있어서 회사의 기업비밀을 유용하고, 내부의 비밀정보를 남용하거나 또는 회사의 기회를 침해하는 것이 허용되지 않는다는 것이다. 그 준비활동이 허용되는 범위를 일탈하였는가의 판단의 범위는 개별적 사업에 있어서 기업비밀의 부당한 사용이 회사기회 침해의 요소가 아닌 한, 광범위한 영역에 미친다.

어쨌든, 이사 내지 임원이 회사와 경업하는 사업을 시작하기로 결정한 때에는 가능한 한 신속히 기존의 회사를 사임하여야 할 것이다. 또한 기존의 회사에 재임 중에, 다른 동료나 종업원에게 경업을 하는 의도를 알릴 수도 있지만, 이로 인하여 새로이 시작하는 사업에 참여하도록 설득하거나, 회사의 고객을 권유하는 것은 경업금지의무에 위반하는 것으로 허용되지 않는다고 하여야 한다.276)

4) 회사의 비밀정보와 기업비밀

회사가 그 사업의 과정에 있어서 취득한 비밀정보(confidential information)는 회사가 배타적 권리와 이익을 향유하는 특수한 재산으로, 만약 이를 침해할 경우에는 법원이 그 침해행위에 대한 유지절차와 기타의 구제방법으로 보호하여야 하는 재산이다.277) 정보가 비밀의 것인가는 ① 보호된 정보가 일반적으로 알려져 있지 않는 것인가 또는 용이하게 이것을 확인할 수 있는 것이 아닌가, ② 그 정보는 명백하게 경쟁상의 이익을 제공하는 것인가, ③ 그것은 회사의 출연으로 취득된 것인가, ④ 회사는 그 정보를 은닉할 의도를 가지고 있는가 등에 의하여 판단하게 된다.278)

이러한 비밀정보에 접근하여 지득한 이사 내지 임원(종업원·주주 포함)은 자기의 사적인 이익을 위하여 이를 사용한 때에는 그 정보로부터 얻은 이익에 대하여 설명할 책임

---

275) 회사 이사 지침(the Corporate Directors' Guidenook)에 의하면, 공정거래의무(duty of fair dealing)란 회사와 거래를 할 때 회사에 상반되는 이익이 존재할 때에는 회사의 이사나 상급임원은 반드시 공정거래의무를 인식하고 그에 만족될 수 있도록 하여야 할 의무를 말한다[ALI, op.cit., p.206 Chapter 1(General Principle) Reporter's Note 2].

276) ALI., ibid., p.304.

277) Carpenter v. United States, 484 US 19.98 L Ed 275, 108 S. ct 316; FMC Corp. v. Boesky, 852 F 2d 981(CA. 1988).

278) Davis v. Eagle Products, Inc., 501 NE 2d 1099(Ind. App.).

을 부담하고,279) 회사에 입힌 손해를 배상할 책임을 부담한다. 또한 전 임원 또는 종업원 내지 제3자에 의하여 비밀정보가 남용되고, 부당하게 사용된 경우 회사는 유지청구권 기타 적절한 구제방법을 행사하는 것이 가능하다.280)

또한 상기의 비밀의 정보와 성질이 동일하지만, 그 범위가 광범위한 영업상의 비밀(trade secrets)이 있다. 영업상 비밀이란 어떤 기업이 이것을 이용함에 따라 다른 경업자보다도 유리한 지위를 누릴 기회를 가지기 때문에 물건의 제조, 처리뿐 아니라 보존의 공정, 기계 등의 설계도, 기타 비밀의 기술적 지식 내지 정보 및 고객명부, 선전상의 아이디어 등 상업상의 비밀의 지식 내지 정보의 집합을 이룬 유형・무형의 재산을 말한다.281) 이러한 영업상 비밀은 그 보유자가 일정의 방식에 따른 대세적인 배타적 권리가 인정하지 않는다는 점에서 특허(patent)와는 다르다. 특허제도는 배타적인 권리를 인정하는 대신에 제조법 등 비밀이 공개됨으로써 사회의 발전을 가져오지만, 영업상의 비밀 제도는 비밀을 독점하는 대신에 제품의 분석 기타 방법으로 비밀을 알아 버리면, 이미 법적 보호를 구할 수 없다는 점이 다르다.282)

일반적으로 회사의 이사・임원 내지 종업원은 그 재임 중에 회사의 기업비밀을 지득한 때에는 그 비밀을 다른 사람에게 누설하여 회사에 손해를 발생케 하여서는 안 된다. 기업비밀을 지켜야 할 의무는 명시적 계약으로부터 발생하는 것은 물론이고, 회사와의 신인관계로부터 묵시적인 경우에도 포함된다고 해석된다.283) 기업비밀이 침해된 회사는 법원에 그 개시의 유지명령(injunction)을 구할 수 있고, 더불어 손해배상청구도 가능하다고 할 수 있다.

3. 소결

지배・종속관계에 있는 회사 간의 사업기회 분배에 있어서 회사의 기회의 법리를 적

---

279) 이와 관련하여 우리나라의 경우는 이사의 설명의무가 존재하지 않는다. 반면 일본은 제237조의3, 독일은 AktG 제131・132조에 그 규정을 두고 있다.

280) Fletcher Sys. Corp. §857.10.

281) 龜山孟司, 「アメリカ會社法における會社の機會の法理と競業」, 『法學新報』(中央大學法學會, 2003.3), 200頁.

282) 龜山孟司, 위의 글, 200頁.

283) Lyn‒Flex West, Inc. v. Diechaus, 24 SW 3d 693(Mo. App.1999).

용함에는 회사의 기회라는 개념이 매우 불명확하다는 것이 그 문제점으로 지적되고 있다. 회사의 사업기회가 어떠한 '회사기회'에 속하는가를 판단하는 데에는 여러 가지의 원칙이 제안되고 있지만, 결합기업 간에 있어서는 결합하지 않는 단독의 회사로 있는 경우와 달리 구분하여야 할 필요가 있다. 즉 중요한 것은 첫째로 사업기회 분배의 원칙은 '공정'해야 하지만, 이러한 공정기준으로서는 '독립당사자 간 거래'기준은 채용되지 않을 것, 둘째로 기업집단의 경제적 효율을 저해하는 원칙은 채용하지 않을 것, 셋째 종속기업의 육성도 기업집단(예를 들면 콘체른) 형성 효용의 하나로 해석하여야 할 것을 들 수 있다.

요컨대, 기업집단 전체의 효율성 달성과 영세집단 기업의 육성이라는 목표는 상호 간에 존중되어야 하지만, 경우에 따라서는 대립할 수밖에 없을 수도 있다. 따라서 기업을 결합하는 경우에는 결합기업의 형성에 대한 효용의 균형을 도모하는 기준이 필요하다고 하겠다. 즉 어떤 종속회사가 지배회사의 배타적 사업라인에 속하고, 그 종속회사 스스로도 합리적인 기대를 할 수 있지만, 사업기회를 보다 효율적으로 이용할 수 있는 이유로부터 지배회사에 귀속시키는 것은 타당하지 않다고 한다.

그러나 위에서 언급한 사업라인 척도는 제1차적 기준으로서 유지되어야 한다. 물론 사업라인의 범위는 광범위하므로 지배·종속기업 간에 있어서는 명백히 지배회사의 배타적 사업라인에 속하는 것으로 인정되는 경우는 그렇게 많지는 않다. 따라서 제2차적으로는 경제적 효율이 당해 사업기회를 가장 유효하게 활용할 수 있는 회사에 귀속되는 기준이 채용되고 있다.

이와 더불어 또 다른 중요한 문제는 이에 부과하여 각 기업집단에 사전에 충분한 정보 공시가 이루어진 상태하에서 사업기회의 분배에 관한 실질적으로 공정한 원칙을 설정하여야 한다는 것이다. 그런데 이러한 요청을 충족할 수 있는 기준은 회사의 지배를 법적으로 파악하는 것이라고 할 수 없으므로 전통적 회사법이론에 도입하는 데에는 신중을 기할 필요가 있다. 즉 이러한 문제에 대해서는 회사지배의 이론과 관련하여 재검토하여야 할 것으로 보인다.

제5절 주주대표소송 및 다중대표소송

1. 주주대표소송

1) 의의

미국에서 주주대표소송이란 회사의 주주가 해당 회사에 속하는 청구권을 실현하기 위하여 해당 회사를 대신하여 제기하는 소송을 말한다. 예를 들면, 회사가 그 이사나 집행이사, 다수파 주주가 신인의무(fiduciary duty)를 위반하여 손해를 입었을 경우, 해당 회사가 해당 이사 등에 대해서 취득하는 손해배상 청구권을 실현하기 위해서 소송을 제기할 것인지의 여부에 대한 결정은 회사의 업무 집행에 관한 결정으로서 이사회의 권한에 속한다. 그렇지만 이사회는 이익상반이나 임무를 해태하여 위반행위를 시정하지 않는 경우가 있을 수 있다. 여기에서 해당 회사의 주주가 해당 회사에 대신해 소송을 제기하는 것이 판례법에 의하여 인정되고 있다.284) 이러한 주주대표소송은 이사등의 위반행위를 시정 및 예방하여 소수파 주주 및 회사의 다른 이해관계자를 보호하기 위한 중요한 구제 및 억제의 수단이라고 생각된다.285)

그러나 실제로는, 원고 및 원고 변호사가 개인적 이익(특히 변호사 보수286))을 추급하기 위해서 남용적으로 주주대표소송을 제기하는 경우도 많이 존재한다고 지적한다. 여기에서 남소를 방지하는 한편 위에서와 같은 주주대표소송의 성질을 반영하여, 동시보유

---

284) 13 William Meade Fletcher Et Al., Fletcher Cyclopedia of the Law of Private Corporations §5940 (perm. ed., rev. vol. 2004); Jesse H. Choper Et Al,, Cases and Materials on Corporations(7th ed), Aspen Publishers, Inc., 2008. 4, pp. 825-826.

285) CHOPER ET AL., op. cit., p. 826.

286) 주주대표소송에 의하여 회사가 실질적 이익을 얻는 경우에는 원고는 원칙상 회사에 대하여 변호사보수를 포함한 상당한 액의 비용의 지급을 청구할 수 있다[13 Fletcher Et Al., op. cit., §6044].

요건, 계속보유 요건, 제소청구 요건 등의 주주대표소송의 요건이 판례법에 의하여 확립되었다. 현재는 그러한 것중의 다수가 연방 민사소송규칙 및 주의 회사법 및 법원의 규칙에 의하여 명문화되어 있다.[287]

2) 요건

(1) 원고 적격

델라웨어주에 있어서, 주주대표소송을 제기하기 위해서는, 원고는 원칙으로서 문제가되는 거래를 할 때에 회사의 주주이어야 한다. 이를 동시보유요건〔contemporaneous ownership requirement〕)이라고 한다.[288] 이러한 요건은 거래를 지득한 자가 소송을 제기하기 위하여 회사의 주식을 취득하는 것을 방지하기 위함이고, 거래를 한 후에 회사의 주식을 취득한 자는 해당 거래에 의해 해당 회사가 입은 손해를 반영한 가격으로 해당주식을 취득한다고 생각하기 때문이다.[289]

또한 원고는 주주대표소송을 제기할 때에 회사의 주주이어야 할 뿐만 아니라 해당 소송을 계속하는 중도 해당 회사의 주주가 아니면 안 되는 것으로 해석되고 있다. 이를 계속보유요건(continuous ownership requirement)이라고 한다.[290] 원 주주에게 주주대표소송의 수행을 인정하더라도, 주주대표소송에 있어서 구제를 받는 것은 원고가 아니라 회사이며, 원 주주는 승소를 한다고 하더라도 본인이 이익을 얻는 것은 없으므로 원 주주는 스스로가 개인적 이익을 취득하기 위하여 부적절한 화해의 교섭을 할 인센티브를 가

---

287) 13 Fletcher Et Al., op. cit., §5940; 미국 상장회사의 6할 정도가 델라웨어주에서 설립되고 있는 점이나, 회사의 내부관계(internal affairs)에 대해서 원칙상 당해 회사의 설립 주의 법이 적용되는 등으로부터, 미국에서는 델라웨어주법의 적용이 문제로 되는 경우가 많다. 따라서 이하에서는 주로 델라웨어주의 법상 주주대표소송에 대하여 소개하기로 한다.

288) 델라웨어 회사법 327조는, 회사의 주주에 의해 제기되는 대표소송과 관련하여 원고는 제소시에 있어서 거래 당시에 해당 회사의 주주일 것, 또한 원고의 주식이 그 이후의 법의 작용에 의하여 자기에게 귀속했던 사실을 주장하지 않으면 안 된다고 규정하고 있다. 또한 델라웨어주 형평법 재판소 규칙 23.1 조 (a)항 전단은, 회사 또는 법인격이 없는 사단이 정당하게 주장될 수 있는 권리를 실현하는 것을 해태하고 있었을 경우에는 해당 회사 또는 해당 사단의 1명 혹은 복수의 주주 또는 구성원에 의하여 제기된 대표소송에 있어서는 소장에 대해, 원고가 자기가 제소시에 거래 당시에 해당하는 주주 혹은 구성원인 것 또는 원고의 주식 내지 지분이 그 후에 법의 작용에 의해 자기에게 귀속했던 것이라는 사실의 주장을 하지 않으면 안 된다고 규정하고 있다.

289) 13 Fletcher Et Al., op. cit., §5981.10.

290) 13 Fletcher Et Al., Ibid., §5981.30.

질 우려가 있다. 이러한 점에서 원고가 모든 주주의 이익을 적절하게 대표하도록 하기 위하여 이러한 요건이 부과되고 있는 것이다.[291]

그렇지만, 예를 들어, A사의 주주 B가, A사에 속하는 청구권에 대해 주주대표소송을 제기한 후 또는 제기하기 전에, A사를 소멸회사로 하는 합병에 의해 A사의 주주 자격을 상실하게 되었을 경우, ① 합병 자체가 사기의 주장의 대상인 경우 또는 ② 합병이 실질적으로 기업에 대한 B의 주식 보유에 영향을 주지 않는 조직 재편인 경우를 제외하면, B는 주주대표소송의 수행을 할 수 없게 된다.[292] 그러나 후술한 바와 같이, B가 A사를 C사의 완전자회사로 하는 합병에 의해 C사의 주주가 되었을 경우, 상기① 또는 ②의 예외에 해당하지 않는다 하더라도 B 는 A사에 속하는 청구권에 대해 다중대표소송을 제기하는 것이 가능하다고 해석된다.[293]

(2) 제소청구요건

① 원칙

델라웨어주에 있어서 주주대표소송을 제기하기 위해서는, 원고는 원칙적으로 소송을 제기하기 전에 이사회에 대해서, 문제가 되는 거래에 대한 소송을 제기하도록 청구하여야 한다.[294] 회사에 속한 청구권에 대해 소송을 제기할 것인지의 여부에 대한 결정은 이사회의 권한에 속하기 때문에 주주는 소송의 제기에 앞서, 회사 내부의 구제수단을 다하는 것, 즉 소송을 제기할 것인지의 여부에 대하여 이사회가 판단할 수 있는 기회를 줄 것이 요구된다.[295]

② 무익성의 심사기준

다만, 델라웨어주에 있어서는 제소 청구가 무익(futile)한 경우, 제소 청구가 면제된

---

291) Stephen M. Bainbridge, Corporate Law((2nd ed), Foundation Press, 2008. 11., p. 196.

292) Lewis v. Anderson, 477 A. 2d 1040,1046-1947 (Del. 1984).

293) Lewis v. Ward, 852 A. 2d 896, 906 (Del. 2004); Lambrecht v. O'Neal, 3 A. 3d 277, 282-283 (Del. 2010).

294) 13 Fletcher Et Al., op. cit., §5963; 델라웨어주 형평법 재판소 규칙 23.1조 (a)항 후단은 소장에 있어서 원고가 스스로의 바라는 행위를 이사회 또는 그에 상당하는 기관에 행하는 노력을 하였을 때에는 ··· 그 취지가 해당 행위를 할 수 없을 때에는 그 이유가 구체적으로 주장되지 않으면 안 된다고 규정하고 있다.

295) 13 Fletcher Et Al., op. cit., §5963,

다.296) 법원은 제소 청구의 무익성을 심사하거나, 그 재량을 적절히 행사하여, 주장되는 구체적인 사실에 기초하여 ① 과반수의 이사가 이해관계를 가지지 않거나 독립하고 있는 것, 또는 ② 문제가 되는 거래가 경영판단의 정당한 행사의 결과에 도달하여 합리적인 혐의가 있는지의 여부에 대한 판단을 하여야 한다고 해석하고 있다(아론슨 테스트).297)

상기 ①에서 "「이해관계를 가진다」"고 하는 것은 "대립하는 양자의 충성심(divided loyalties)"이 존재하는 경우 또는 이사가 문제있다고 생각되는 거래로부터 주주에게 평등하게 부여하는 것이 아니라 개인적 경제적 이익을 얻고 있거나 또는 얻을 권리를 가지고 있는 경우를 말한다.298)

또한 상기 ①의 "독립하고 있다"는 것은 이사의 결정이 회사 외부의 사정이나 영향에 기초를 두는 것이 아니라, 이사회에 상정된 사항에 대한 옳고 그름의 판단에 기초를 두고 있는 경우를 말한다.299) 위반행위자가 회사의 과반수의 주식을 보유하는 것을 증명하는 것만으로는 이사의 독립성 및 이사의 행위가 성실하고 회사의 최선의 이익이 된다고 하는 추정을 번복하지 못하고, 지배에 가세해 개인적 내지는 기타 관계를 통하여 이사가 지배자에 대하여 은의(恩義)를 받고 있는 것으로 보이는 사실도 주장하지 않으면 안 되는 것으로 해석되고 있다.300) 문제가 되는 거래를 승인함에 따라 개인적 책임을 추궁받을 염려가 있다는 점만으로는(해당 거래가 분명히 매우 부당한 것으로 이사회의 승인이 경영판단의 원칙을 만족한다고 할 수 없고, 이사가 책임을 질 가능성이 상당히 큰 경우가 드물게 존재한다고 해도) 이사가 독립하고 있는 것 또는 이해관계를 가지지 않은 것으로는 분쟁의 근거가 충분하지 않다고 해석되고 있다.301)

상기 ②의 「문제가 되는 거래가 경영 판단의 정당한 행사의 결과이다」라고 하는 기준은 문제가 되는 거래 및 그에 대한 이사회의 승인의 실체면에 초점을 두는 것이다.302) 그러나 제소 청구에 대해 검토하고 있는 이사회가 주주대표소송에 대해 문제가 되는 경

---

296) 13 Fletcher Et Al., op. cit., §5965; 델라웨어주 형평법 재판소 규칙 23.1조 (a)항 후단은 소장에 대해, 원고가 스스로의 바라는 행위를 이사회 또는 그에 상당하는 기관에 하게 하는 노력을 · · · 그 이유를 구체적으로 주장하지 않으면 안 된다고 규정하고 있다.

297) Aronson v. Lewis, 473 A. 2d 805, 814 (Del. 1984); Rales v. Blasband, 634 A. 2d 927, 933(Del. 1993).

298) Pogostin v. Rice, 480 A. 2d 619, 624 (Del. 1984).

299) Aronson v. Lewis, 473 A. 2d 805, 816 (Del. 1984).

300) Ibid. p. 815.

301) Ibid.

302) Pogostin v. Rice, 480 A. 2d 619, 624 (Del. 1984).

영상의 결정을 하지 않았던 경우에는 이러한 기준을 통한 심사를 하는 것이 불가능하다.303) 여기에서 이러한 경우 법원은 원고의 소장상 구체적 사실의 주장이 해당 소송의 제기시에 있어서 이사회가 제소 청구에 응할 때, 독립한 것인지 또는 이해관계가 없는지의 경영판단을 적절하게 행사할 수 있는 것에 대하여 합리적인 혐의가 있는지 없는지에 대하여 판단하지 않으면 안 되는 것으로 해석되고 있다(레이르즈 룰).304)

제소 청구의 무익성을 근거로 구체적 사실을 증명할 책임은 원고에게 부과되고 있다. 그러나 원고는 이 단계에서는, 공시 절차(discovery)을 이용하여 회사나 이사 등으로부터 정보를 수집할 수 없는 것으로 해석되고 있기 때문에,305) 상기와 같은 증명을 하는 것은 실제로 그렇게 용이한 것은 아니다.

③ 실제의 운용

델라웨어주에 있어서는, 원고가 제소 청구를 하면 제소 청구의 무익성을 근거로 사실의 흠결이 존재함을 묵시적으로 인정하는 것이 되어, 원고는 제소 청구의 무익성을 주장할 수가 없게 되는 것으로 해석된다.306) 때문에 실제로 대부분의 경우, 원고는 제소 청구를 하지 않고, 대표소송을 제기하여, 회사가 제소 청구를 흠결하였다는 점을 이유로 소의 각하 신청을 하면 원고는 제소 청구의 무익성의 항변을 하는 경향이 있다.307)

④ 제소청구가 면제되지 않는 경우

제소 청구가 면제되지 않는 경우, 원고가 제소 청구를 하지 않고 주주대표소송을 제기하는 것은 이론적으로는 재소 불가능한 소의 각하(dismissal with prejudice, 기각에 상당한)의 이유가 된다. 그러나 실제로 법원은 절차를 일시적으로 정지시키든가 또는 재소가 능한 소의 각하(dismissal without prejudice)를 하는 것에 그치므로, 원고는 그 사이에 제소청구를 하게 된다.308)

원고가 제소 청구를 한 경우, 이사회는 통상 제소 청구를 거절한다고 한다.309) 이사회

---

303) Rales v. Blasband, 634 A. 2d 927, 933-934 (Del. 1993).

304) Ibid. p. 934.

305) Ibid.

306) Spiegel v. Buntrock, 571 A. 2d 767, 775 (Del. 1990).

307) カーティス・J・ミルハウプ(編), 「米國會社法」(有斐閣、2009), 127頁.

308) Bainbridge, op. cit., p. 210.

309) Ibid., p. 211.

가 제소 청구를 거절한 경우, 제소 청구의 거절 결정이 부당하지 않은 한, 주주는 주주대표소송을 제기할 수가 없다고 해석된다.[310] 따라서 원고는 해당 결정이 부당하다고 주장을 하면서 주주대표소송을 제기하게 된다. 법원은 해당 결정이 부당한지 아닌지의 여부를 심사하여, 해당 결정에 경영판단의 원칙을 적용하는 것으로 해석되고 있다.[311] 따라서 해당 결정이 정당한 경영판단의 행사라는 추정을 번복하는 사실에 대한 입증책임은 원고에게 부과하게 된다. 그러나 원고는 이 단계에서 공시 절차를 이용하여 회사나 이사 등으로부터 정보를 수집하는 것이 불가능하다고 해석되기 때문에,[312] 원고가 위에서와 같은 증명을 하는 것은 실제로는 상당히 곤란하다.[313]

3) 특별소송위원회의 결정에 의한 소의 각하 신청

제소 청구가 면제되는 경우, 회사에 의한 소의 각하 신청은 인정되지 않고, 정식 사실심리(trial)로 이행하게 되는데, 그것에 수반한 피고 측의 부담이 증가하기 때문에, 실제로는 화해가 성립하는 경우가 많다.[314] 그러나 이사회가 화해에 의한 해결을 선택하지 않고, 독립하거나 또는 이해관계를 가지지 않는 이사에 의하여 구성된 특별소송위원회를 설치하고, 당해 위원회가 조사한 결과에 근거해, 주주대표소송은 회사에 대한 최선의 이익이 되지 않기 때문에, 회사는 소의 각하 신청을 해야 한다는 결정(권고)를 하는 경우도 있다. 이러한 경우에 법원은 회사에 의한 소의 각하 신청의 심사를 하여, 특별소송위원회의 결정을 어느 정도 존중할 것인지가 문제된다.

이 점에 대하여, 델라웨어주에 있어서는 다음과 같은 2단계의 테스트가 적용된다고 해석되고 있다. 즉, 첫 번째 단계로 법원은 위원회의 독립성, 성실성 및 합리적인 조사가 이루어진 것을 증명할 책임을 진다. 법원은 위원회가 독립하고 있어, 성실한 조사 결과 및 권고의 합리적인 근거를 보여주고 있다고 판단한 경우에는 그 재량에 따라 다음의 단계로 나아갈 수 있다. 두 번째 단계로 법원은 스스로 독립한 경영 판단(own independent business judgment)을 적용해, 소의 각하 신청이 인정될 것인지 아닌지의 여부를 판단하여야 한다. 형평법 법원은 적절한 경우에는 회사의 최선의 이익과 더불어 법률 문제 내

---

310) Zapata Corp. v. Maldonado, 430 A. 2d 779, 784 (Del. 1981).

311) Ibid., p. 784 n. 10.

312) Scattered Corporation v. Chicago Stock Exchange, 701 A. 2d 70, 77 (Del. 1997).

313) カーティス・J・ミルハウプ(編), 앞의 책, 128頁.

314) 위의 책, 128頁.

지 공서에 대하여 특별한 고려를 하지 않으면 안 된다(자파타 테스트).[315]

이처럼 제소 청구가 면제된 경우라 하더라도, 일정한 요건 아래 특별소송위원회의 결정이 존중되어 소의 각하의 신청이 긍정될 가능성이 있다.

4) 피고 적격

주주대표소송의 대상인 청구권의 상대방인 한, 회사의 이사 및 임원이 아니고, 다수파 주주 그 이외의 제3자도 피고가 될 수 있다. 주주대표소송에 있어서는 구제[316]를 받는 것은 회사이므로, 회사는 불가결 당사자(indispensable party)로 해석되고, 원고와 대립하는 자가 회사를 지배하는 경우(예를 들면, 이사회가 제소 청구를 거절하는 경우나 제소 청구가 무익한 경우)에는, 명목상의 피고가 된다.[317]

2. 다중대표소송

1) 의의

미국에서 다중대표소송이란 모회사의 주주가 자회사 또는 손회사에 속한 청구권을 실현하기 위해서 자회사 또는 손회사를 대신해 제기하는 소송을 말한다.[318]

다중대표소송은 판례법에 있어서 인정되는 제도로, 다중대표소송을 기초로 하는 이론에 대해서는 논의가 있지만, 다중대표소송에 관한 판례법은 1950년대에 확립된 것으로 언급되고 있다.[319]

---

315) Zapata Corp. v. Maldonado, 430 A. 2d 779, 788-789 (Del. 1981); 무엇보다, 지금까지의 경우에 제2단계의 테스트를 진행하는 것은 매우 드물다고 한다[カーティス・J・ミルハウプ(編), 앞의 책, 127頁].

316) 주주대표소송에 의한 구제는 금전배상뿐 만이 아니라, 금지명령, 계약의 해제·취소, 특정 이행 등에도 미친다[13 Fletcher Et Al., op. cit., §6029].

317) 13 Fletcher Et Al., Ibid., §§5987.10, 5997.

318) 13 Fletcher Et Al., Ibid., §§5939, 5977; Harry G. Henn & John R. Alexander, Laws of Corporations and Other Business Enterprises(3rd ed.), West Pub. Co., 1983, p. 1056.

319) 山田泰弘「株主代表訴訟の法理―生成と展開―」(信山社、2000), 265-272頁; 柴田和史, "二段階代表訴訟", 「竹內昭夫先生追悼論文集・商事法の展望―新しい企業法を求めて(岩原紳作＝神田秀樹編著)」(商事法務研究會、1998), 491-507頁.

다중대표소송을 기초로 하는 이론은 ① 모회사와 자회사의 법인격의 별이성(別異性)을 부인하고, 양 회사를 다중대표소송의 원고가 그 주주인 단일의 기업체(entity)로서 취급함에 의하여, 다중대표소송의 제기를 인정하는 견해(법인격 부인의 법리), ② 손해를 입은 회사와 그 주주인 회사의 쌍방이 손해를 준 사람에 의해 지배되고 있는 경우, 그 자의 양회사에 대한 지배권에 근거하여, 손해를 입은 회사에 의한 직접적인 소송의 제기 및 그 주주인 회사에 의한 주주대표소송의 제기를 방해할 수 있기 때문에, 권리침해가 시정되지 않게 될 우려가 있다는 이유에 의하여, 다중 대표소송을 인정하는 견해(공통 지배 이론), ③ 신인의무 이론에 근거하여, ⓐ 모회사와 자회사와의 사이 및 모회사의 주주와 모회사와의 사이에는, 각각 신인 관계가 존재해, 다중 대표소송에 대해, 모회사의 주주는, 제1의 신인관계의 수인자(受認者)인 자회사가 그 수익자인 모회사에 대해서 부담하는 의무로부터 발생한 권리를 실현하기 위하여, 소송을 제기하고 있다는 견해(이중 신임이론), ⓑ 주주대표소송의 제기권은, 모회사가 수인자로서 그 주주를 위해서 보유하고 있는 일종의 자산이며, 모회사가 그 실현을 부당하게 거절하면, 그것은 모회사의 자산의 낭비로 되는 한편, 모회사의 주주에 대한 신인의무 위반이 되기 때문에 모회사의 주주는 다중대표소송에 의해 주주대표소송의 제기권을 실현하는 것이 인정된다고 하는 견해(소권 자산설), ④ 위의 어떠한 견해를 취한다고 하더라도 문제가 있다고 지적하고, 통상 주주대표소송의 경우와 마찬가지로 손해의 전보와 위반행위의 억제라고 하는 정책적 목적에 이바지하는 것(다중 대표소송에 의해 자회사가 손해를 회복하면, 모회사의 주주도 간접적으로 손해를 회복하는 것 및 주주 구성이 폐쇄적인 자회사의 이사는, 적대적 매수에 의한 지배권의 상실이나 위임장 전쟁을 두려워할 필요가 없기 때문에 다중대표소송이 자회사 이사의 위반행위에 대한 유일한 현실적 견제수단으로 되는 것)을 이유로 다중대표소송을 인정하는 견해 등이 주장되고 있다.[320]

덧붙여, 소수설이지만, 다중대표소송을 부정하는 이론으로서는 모회사의 이사회가 자회사에 속하는 청구권에 대하여 소송을 제기하는 것을 거절했을 경우 모회사의 주주는 모회사의 이사에 대하여 신인의무 위반을 이유로 통상의 대표소송을 제기한다는 점에서 다중대표소송은 불필요하다는 견해 등이 있다.[321]

---

320) David W. Locascio, The Dilemma of the Double Derivative suit, 83 NW. U. L. rev. 729, 743-759(1989); 山田泰弘 위의 책, 272-275頁; 柴田和史, 위의 글, 507-515頁.
321) Locascio, Ibid., pp. 735-743.

2) 최근의 판례[322]

(1) 서설

미국의 여러 법원이 내린 판례를 살펴보면, 전통적으로 회사의 불법행위가 있거나 또는 양 회사 간에 밀접한 관련성이 있는 경우에는 정의의 관념 내지 형평의 이념에서 대체로 이들 회사에 각각의 독립된 법인격을 부여하지 않고, 하나의 통합된 주체로 취급하는 법인격 부인론(piercing the corporate veil)을 적용해 오고 있다. 이중대표소송에 관한 다양한 법리들의 이론적 근간은 대체로 법인격 부인론에 그 바탕을 두고 있으며, 이를 토대로 여러 가지 법리들이 확립되어 왔다고 할 수 있다.[323] 즉, 이중대표소송에서 지배회사의 주주는 종속회사의 형식상의 주주가 아니라 지배회사를 통해 종속회사의 주식을 소유하는 실질주주이기 때문에 이들의 이익을 보호하기 위하여 문제된 사안에 있어서만 한시적으로 종속회사의 법인격을 부인하여 지배회사 주주의 대표소송을 인정하고자 하는 것이다.

종속회사에 주주가 없는 경우뿐만 아니라 주주가 있는 경우에도 이들에 의하여 종속회사 이사에 대한 책임추궁이 이루어지지 않을 수도 있으므로 이중대표소송을 인정하고 있으며, 나아가 사실상의 지배력을 가진 경우 또는 특정인이나 지배회사가 모든 회사를 지배하고 있는 경우에는 종속회사뿐만 아니라 관계회사에 대해서도 이중대표소송을 허용하기도 한다. 이하에서는 1980년대 이후에 다중대표소송이 급격하게 발전했다고 할 수 있는 델라웨어주의 다중대표소송에 관한 판례를 소개하고자 한다.

(2) Sternberg v. O'Neil, 550 A. 2d 1105(Del. 1988)

① 사실의 개요

G사(오하이오주에서 설립되어 델라웨어주에서 외국회사로서 영업하는 것이 인정된 회

---

322) 最近の判例については、小林一郎, "デラウェア州判例が示す多重代表訴訟の實像と日本法への導入の限界", 「商事法務(1943号)」(商事法務研究會, 2011. 9. 25), 40-43頁; 北川浩, "多重代表訴訟導入に對する問題意識 – 海外子會社に關する議論の必要性を中心に–", 「商事法務(1947号)」(商事法務研究會, 2011. 11. 15), 27-29頁.

323) 법인격부인론은 아주 예외적인 경우에만 적용하는 법리이기 때문에 법인격 부인론에 기초한 이중대표소송은 그 적용이 제한적일 수밖에 없고, 특히 소송을 제기하는 주주가 입증책임을 부담해야 하기 때문에 이중대표소송의 활성화를 위하여 한계가 있다는 비판이 제기되고 있다[David W. Locassio, op. cit., p. 745]. 이와 같은 법인격 부인론이 갖는 한계는 미국에서의 이중대표소송에 관한 다양한 법리가 형성되고 확립되는데 기초가 되었다.

사)의 주주 S는, G사 및 G사의 완전자회사인 R사(델라웨어주에서 설립된 회사)의 이사 및 이사에 대하여 방송 면허의 갱신 거절의 원인과 연방 통신 위원회에 대한 보고의 해태 등 부적절한 업무 집행에 대하여 신인의무를 위반하였다고 주장하면서 이중대표소송을 제기하였다. 델라웨어주 형평법 법원은 R사의 이사 이외의 개인 피고 및 G사에 대한 인적 관할권의 근거가 소장에서 주장되고 있지 않는 점 및 G사가 불가결 당사자인 것을 이유로서 모든 피고에 대하여 소를 각하하였다. 이에 S가 델라웨어주 최고법원에 상소를 하였다. 본 판결은 델라웨어주 최고법원으로서 처음으로 이중대표소송이 인정됨을 명백히 하면서, 원 판결의 일부(G사, R사 및 R사의 이사인 비거주의 개인에 대한 S의 소를 각하한 부분)를 파기한 사건 사례이다.

② 판결 내용

"이중대표소송이란 모회사 또는 지주회사의 주주가 자회사를 대신하여 제기하는 대표소송이다. … 대상이 되는 권리침해는, 모회사가 직접 받은 것뿐만이 아니고 자회사가 권리침해를 받은 것에 대하여 모회사가 간접적으로 받은 것도 포함한다", "자회사를 피고로 하는 다중대표소송에 대해서는, 모회사는 불가결 당사자이다. 소송의 대상인 회사가 입은 손해배상의 효과가 모회사에게도 미치게 된다."

또한 "G사에 의한 R사 주식의 보유는, G사에 대한 델라웨어주 법원의 특정한 관할권의 행사를 인정하기에 충분한 델라웨어주와의 최소한의 접촉이다", "본 법원은 델라웨어주의 회사의 이사가 아닌 비거주의 개인 피고에 대한 S의 소를 인적 관할권을 흠결한 것을 근거로 하여 각하한 형평법 법원의 결정을 유지한다. … 그러나 본 법원은 델라웨어주의 회사인 R사의 이사인 비거주의 개인 피고에 대해서는 반대의 결론에 이르렀다." 라고 판시하여 이중대표소송을 인정하고 있다.

(3) Rales v. Blasband, 634 A. 2d 927(Del. 1993)

① 사실의 개요

E사는 B가 E사의 주주인 1988년에 행해진 상위 열후채의 공모에 의하여 조달된 자금의 일부로 정크채권을 구입하였지만, 가격 하락으로 인하여 고액의 손해를 입었다. 1990년에 행하여진 합병에 의하여 E사는 D사의 완전자회사가 되고, B는 E사의 주식과 교환하여 D사의 주식을 취득하였다. 1991년에 B는 R1, R2(R 형제) 및 상기 공모시의 E사

의 이사 및 집행이사에 대하여 상기 공모에 의해 조달된 자금의 일부에서 사업설명서의 기재에 반하여 정크채권을 구입한 것에 대하여 신인의무를 위반하였다고 주장하여, D사를 대신하여(D사를 명목상의 피고로 하여) 주주대표소송을 제기하였다. R형제는 합병 전부터의 E사의 이사이며, 합병 전의 E사의 보통주식의 약 52%를, 본건 당시의 D사의 보통주식의 약 44%를 보유하고 있었다. 상기 소송을 제기할 때, D사의 이사는, R1, R2, S1, EH, C, K, S2 및 L 이며, R 형제 및 C는 위반행위시의 E사의 이사이기도 하였다. 본건 당시 S1은 D사의 사장 겸 CEO이었고 그의 연봉은 약 100만 달러에 달하였다. R1은 D사의 이사회 의장이며, R2는 D회사의 집행위원회 의장이었다. EH는, R형제가 그 이사로 재직하고 또한 간접적인 지배권을 가지고 있는 W사의 사장으로, 그의 연봉은 약 30만 달러였다. EH의 두 명의 형제는 W사의 부사장이었다. 델라웨어지구 연방 지방법원은 델라웨어주법을 적용하여, B가 원고 적격을 흠결하고 있다는 사실을 이유로 소를 각하하였다. 여기에서 B가 상소를 하였다.

제3순회구 연방공소법원(Blasband v. Rales, 971 F. 2d 1034(3d Cir. 1992))은 다음과 같이 언급하면서, B의 원고 적격을 인정하고 원 결정을 취소하고, B가 제소 청구의 무익성에 대해 주장함으로써, E사를 본건 소송의 당사자로서 추가하기 위해서 소장의 변경의 신청하는 것을 허가하였다. "B는 소장에서 주장된 권리침해를 시정하기 위하여 소송을 제기하는 제1차적인 권리를 가진 E사의 모회사인 D사의 주식을 계속 보유함으로써, 본건 소송에 간접적으로 경제적 이해를 가지고 있다. 따라서 B 는 이중대표소송의 원고가 계속 보유 요건을 만족하고 있는 것과 동일한 정도의 계속보유요건을 만족하고 있다."[324]

B가 소장의 변경을 했는데, R1 등이 소의 각하를 신청한 것으로부터 델라웨어지구 연방법원은 델라웨어주 최고법원에 대하여 통상의 주주대표소송도, 이중대표소송도 아닌, 이 신종의 소송의 경우에 대하여, B가 델라웨어주의 실체법에 따라서 델라웨어주의 회사인 D사의 이사회에 대하여 제소 청구가 면제되는 것을 보여주는 사실을 주장했는가 하는 문제에 대하여 의견 조회(certification)의 절차가 취해졌다. 본 판결은 다음과 같이 언급하면서, 제소 청구에 대해 검토하고 있는 이사회가 해당 소송에 있어서 문제가 경영상

---

[324] 제3 순회구 연방 공소법원이 주식을 대가로 하는 합병에 의해 완전모회사의 주주가 된 합병 후의 완전 자회사의 모든 주주에게 해당 완전 자회사에 속하는 청구권에 대해 주주대표소송의 원고 적격을 인정한 점에 대해서, 본 판결((2)판결)은 의견 조회의 대상 외에 있었기 때문에 의견을 보류하였지만(634 A. 2d 927, 931n. 5), 아래와 같은 (3)판결은, 상기 제3순회구 연방 공소법원 판결이 루이스 사건 판결(Lewis v. Anderson)의 판단과 모순된다고 한 델라웨어주 형평법 법원의 판결을 인용하여 루이스 사건 판결의 입장을 재확인하였다(852 A. 2d 896, 903-904).

의 결정을 하지 않는 경우(예를 들면, 본 건과 같은 이중대표소송에 있어서 모회사의 이사회에 대해서 제소 청구가 이루어진 경우)에 있어서 제소 청구의 무익성의 심사 기준으로서 이른바 레이르즈 룰을 명백히 하였다.

② 판결 내용

"본건과 같은 이중 대표소송에 대해, 모회사의 주주는 자회사에 속하는 청구권에 대하여 손해배상을 요구하고 있다."

"본건 소송에 대해, D사의 이사회는 B에 의해 문제가 된 거래를 승인하지 않았다. … 아론손 사건 판결의 경우 및 그 이유에 대하여 일관성을 유지하기 위하여, 법원은, 제소 청구의 무익성에 관련한 아론손 테스트를, 제소 청구에 대해 검토하고 있는 이사회가 주주 대표소송에 있어서 문제가 되는 경영상 결정을 해서는 안 되는 경우에, 적용해서는 안 된다고 언급하였다. 이러한 상황은 3개의 주요한 시나리오에 있어서 발생한다. (1) 경영상의 결정이 있는 회사의 이사회에 의해 이루어지지만, 해당 결정을 한 이사의 과반수를 교체하였을 경우, (2) 주주대표소송의 대상이 이사회의 경영상의 결정이 아닌 경우 및 (3) 이와 마찬가지로 문제가 되는 결정이 다른 회사의 이사회에 의하여 이루어지는 경우이다."

"이러한 상황에 있어서는, … 법원은 주주대표소송의 주주의 소장상 구체적 사실의 주장이 해당 소송의 제기시에 있어서 이사회가 제소 청구에 응답하는 것고 관련하여 독립하거나 또는 이해관계를 가지고 있지 않는 경영판단을 적절하게 행사할 수 있었을 때, 합리적인 혐의가 있는지 그렇지 않은지의 여부를 판단하여야 한다. 대표소송의 원고가 이 책임을 완수했을 경우 제소 청구는 무익한 것으로 면제된다."

"이중대표소송의 원고는 자회사의 이사회에 대하여 제소 청구가 무익하다는 것을 증명하기 위하여 아론손 테스트를 만족할 것을 요구하고 있다."

"R 형제 및 C가 그 제소 청구에 대한 결정에 대하여 경제적 이해관계를 가지지 않은 것 및 S1 및 EH가 R형제와 관련이 있는 법인과의 피고용계약에 비추어 독립하여 행위를 할 수 있는 것에 대하여 합리적인 혐의가 존재하는 것에 비추어, 당 법원은 B의 변경 후의 소장의 주장이, D사의 이사회에 대한 제소청구가 면제되고 있음을 증명하는 것으로 판단한다. 따라서 의견조회의 절차가 취해진 문제에 대해서 긍정의 회답이 이루어졌다."

(4) Lewis v. Ward, 852 A. 2d 896(Del. 2004)

① 사실의 개요

A사의 주주인 L은 A사와 그 다수파 주주인 C사와의 사이에 융자 거래의 조건이 불공정하다고 주장하여, A사를 대신하여 주주대표소송을 제기하였다. 그런데 해당 소송의 계속 중에 A 사를 K사의 완전자회사로 하는 합병이 행하여지고, L이 보유하고 있는 A사 주식은 K사 주식의 교부를 받을 권리로 전환되었다. 거기에서 피고 등은 L이 이미 A사의 주주가 아니고, 원고 적격을 흠결하였다고 주장하여, 소의 각하를 제기하였다. 델라웨어주 형평법 법원은 피고 등의 신청을 인정하고 루이스 사건 판결(Lewis v. Anderson)의 일반 원칙에 대하여「사기의 예외」에 해당하는 사실을 주장하기 위하여 소장의 변경을 L에게 허가하였다. L은 소장의 변경을 하였지만, 델라웨어주 형평법 법원은 L은「사기의 예외」를 만족하기에 충분하다는 사실을 주장하지 않았다는 이유에 의하여, L의 원고 적격을 부정하고, 변경 후의 소에 대하여 재소 불가능한 각하를 하였다. 이에 L은 델라웨어주 최고법원에 상소를 하였다.

본 판결은 다음과 같이 언급하면서, 주식을 대가로 하는 합병에 의하여 완전모회사의 주주가 된 합병 후의 완전자회사의 모든 주주가, 해당 완전자회사에 속하는 청구권에 대해, 주주대표소송을 추행하는 것이 불가능하다는 점 및 이중대표소송을 제기할 수 있다는 점을 밝혔다.

② 판결 내용

"합병에 의해 회사의 주주로서의 원고의 지위가 없어지는 경우, 통상 원고가 해당 회사를 대신하여 주주대표소송 제기권을 행사할 자격도 상실한다. 주주대표소송 제기권은 법의 작용에 따라서 존속 회사에 이전하고, 해당 회사의 이사회만이 해당 소송을 추행할 권리 및 자격을 가지게 된다. 따라서 본건에 대하여 당 법원은 루이스 사건 판결(Lewis v. Anderson)의 일반 원칙 및 그 2개의 예외를 재확인한다."

"변경된 소장은, A사의 이사회가 K사와의 합병의 구성을 지시한 것 또는 A사의 이사회가 K사와의 합병을 승인했을 때에 원고의 주주대표소송 제기권에 대하여 검토한 사실조차도 주장하지 않았다. 이러한 주장을 흠결한 이상, A사 및 K사가 합병을 역삼각 합병으로 구성할 것을 선택하였다는 사실만으로는 해당 합병이 공개회사로서의 지위를 상실한 회사의 주주로부터 주주대표소송의 원고 적격을 상실하게 하기 위한 계획된 사기라고 추론할 수 있는 합리적인 근거를 제공하지 않았다고 형평법 법원이 판단한 것은 적절하다."

"본건에 대해, 원고는 주주대표소송 제기권을 행사하기 위한 구제 수단을 흠결하고 있는 것은 아니다. 그 뿐만 아니라 형평법 법원이 올바르게 인식하도록 원고는 합병 후의 이중대표소송을 제기할 수가 있었음에도 불구하고, 그러한 소송을 제기하려는 시도를 하지 않았다." 따라서 "형평법 법원의 판결은 유지된다."고 판시하였다.

(5) Lambrecht v. O'Neal, 3 A. 3d 277(Del. 2010)

① 사실의 개요

M사의 주주인 L1 및 L2 는 M사의 이사 및 집행이사에 대하여 M사를 채무 담보 증권의 인수에 참가시킨 것 및 모기지 관련 사업에 대한 리스크에 관한 경고를 무시한 것에 대하여 신인의무를 위반하였음 등을 주장하여, 각각 주주대표소송을 제기하였다. 그런데 그 후의 합병에 의해 M사는 B사의 완전자회사가 되어 L 등이 보유하는 M사 주식은 B사 주식과 교환되었다. 여기에서 뉴욕 남부지구 연방 지방법원은 L 등이 원고 적격을 상실하였다는 점을 근거로 하여 재소 가능한 소를 각하하였다. L1이 최초의 소송을 이중대표소송으로서 재소에 응하고, L2 가 새롭게 이중대표소송을 제기하였는데, 피고 등이 소의 각하의 신청을 하였는 바, 뉴욕 남부지구 연방 지방법원은 델라웨어주 최고법원에 대하여 델라웨어주법에 근거한 이중대표소송의 원고이며, 합병 전의 피매수 회사의 주주였지만 주식을 대가로 하는 합병에 의하여 합병 후의 모회사의 현재의 주주가 된 자의 피매수 회사가 주장한 위반행위 시에, ① 원고가 매수 회사의 주식을 보유하고 있는 사실 및 ② 매수 회사가 피매수 회사의 주식을 보유하고 있는 사실까지 증명할 필요가 있는가 하는 문제에 대하여 의견 조회의 절차가 취하여졌다.

본 판결은 다음과 같이 언급하면서, 이중대표소송의 성질 및 주식을 대가로 하는 합병에 의하여 완전모회사의 주주가 된 합병 후의 완전 자회사의 모든 주주가 해당 완전자회사에 속하는 청구권과 관련하여 이중 대표소송을 제기한 경우 원고 적격에 대하여 명백히 밝히고 있다.

② 판결 내용

"그 성질에 의하여, 이중대표소송은 모든 주식이 보유되고 있거나 또는 과반수의 지배를 받고 있는 자회사에 속하는 청구권을 실현하기 위해서 모회사의 주주에 의해 제기된 소송이다. 이 청구에 대해서는 통상 이사회를 통해서 행위를 하는 모회사에게만 그것을 실현할 수 있는 권한이 부여된다. 그러나 모회사의 이사회가 자회사의 청구권을 행사하는지 아닌지에 관해서 공평한 경영 판단을 할 수 없음이 증명되는 경우가 발생할 수 있다. 이러한 경우 모회사의주주는 모회사를 대신해, 즉 이중으로 대위하여(double derivatively), 해당 청구권을 실현하는 것이 인정된다."

"이중대표소송은, 일반적으로 2개의 별개의 종류로 구분할 수 있다. 첫째로는 자회사 수준에서 주장되는 위반행위 시에 기존의 완전자회사를 가지고 있는 모회사를 대신하여, 처음부터 이중대표소송으로 제기되는 소송이다. 이러한 종류에 대해서는 합병이 개재(介在)하는 것은 불가능하다. 두 번째로 소송은 처음에 어떤 회사를 대신하여 통상의 주주 대표소송으로서 제기되지만, 해당 회사가 그 후 행해지는 주식을 대가로 하는 합병에 의해 다른 회사에 매수되는 것 과 같은 사례를 포함한다."

"「스턴버그 사건 사례」(Sternberg v. O'Neil)는, 제1 유형의 전형적인 사례이며, 「루이스 사건 판결」(Lewis v. Ward) 및 본 건은 두 번째 유형의 사례이다."

"B사는 합병 후의 자회사인 M사의 100%의 주식을 보유하고 있는 점으로부터 B사를 M사의 소수파 주주인 것처럼 취급하여, M사의 합병 전의 청구권을 실현하기 위하여 대신하여 소를 제기하는 것을 B사에 요구하는 법적 또는 논리적인 근거는 없다. 자기의 이사회 또는 수권된 집행이사를 통하여 행위하는 B사는 자기의 단독주주라는 지위만에 근거하여 그 완전자회사인 M사의 합병 전의 청구권 실현에 필요한 것을 M사에 행하도록 하기 위하여 직접적인 지배권을 행사하는 권한 및 자격이 부여되고 있다. 이러한 목적을 달성하기 위하여 B사가 보유하고 있지 않으면 안 되는 M회사의 유일한 주식은, B사가 합병에 의해 취득한 것이다."

"이중대표소송에 대해, L 등의 자격은 B사의 지위에 근거하고 있다. 즉, 그들은 M사의 합병 전의 청구권을 행사한다고 하는 M사의 100%의 주주로서의 B사의 합병 후의 권리를 실현하려 하고 있는 것이다. B사가 주장하는 위반행위 시에 M회사의 주식을 보유하고 있는 것을 요구하지 않는 것과 마찬가지로 L 등도 그 때에 B사의 주식을 보유하고 있을 것을 요구하지 않는다. L 등은 그들이 B사를 대신하여 이중대표소송을 제기하려고 할 때에 B사의 주식을 보유하고 있으면 충분하다."

" 당 법원은 의견 조회의 절차가 취해진 문제에 대해서 부정의 회답을 하였다."

3) 요건

(1) 원고 적격

A사의 주주에게 B사에 속하는 청구권에 대하여 다중대표소송의 원고 적격을 인정하기 위해서 A사가 B사의 완전모회사일 필요는 없다고 해석되고,[325] 완전모회사가 아닌 A사의 주주에게 다중대표소송의 원고 적격을 인정한 예가 있다.[326] 그러나 A사의 주주에게 B사에 속하는 청구권에 대하여 다중대표소송의 원고 적격이 인정되기 위해서는 A사가 B사에 대해서 지배권을 가지고 있는 것이 필요하다는 견해가 많고,[327] A사가 B사에 대해서 지배권을 가지고 있지 않음을 이유로 하여, A사의 주주에게 다중대표소송의 원고 적격이 인정되지 않았던 예가 있다.[328] 다만, A사가 B사에 대해서 지배권을 보유하고 있지 않지만, 양 회사가 위반행위자에 의하여 지배되고 있는 경우에 A사의 주주에게 다중대표소송의 원고 적격을 인정하는 예가 있다.[329]

델라웨어주에 있어서는 B사의 주주 C가 B사를 A사의 완전자회사로 하는 합병에 의하여 A사의 주주가 되었을 경우, C는 B사에 속하는 청구권에 대해 이중대표소송을 제기할 수 있지만, 그 경우 C는 해당 소송의 제기시에 A사의 주주이면 충분하다고 해석되고 있다.[330]

(2) 제소청구 요건

다중대표소송의 원고는 다중대표소송의 제기에 앞서 모회사 및 자회사의 쌍방의 이사회에 대해서 제소 청구를 하지 않으면 안 되는 것으로 해석되고 있다.[331] 다만, 델라웨

---

325) 1 Phillip. I. Blumberg, Blumberg on Corporate Groups §44.02(2nd ed. 2007).

326) e.g., Carlin v. Brownfield, 1985 Ohio App. LEXIS 8141, at *9-*10(Ohio Ct. App. 1985)(A회사가 보유하는 B사 주식의 소유 주식 비율이 약 98%); Craftsman Finance & Mortgage Co., Inc., v. Brown, 64 F. Supp. 168, 176 (S.D.N.Y. 1945)(A사의 보유하는 B사 주식의 소유 주식 비율이 50%, 2명의 피고가 보유하는 B사 주식의 소유 주식 비율이 50%).

327) 1 Blumberg, op. cit., §44.03 ;13 Fletcher Et Al., op. cit., §5977.

328) Pessin v. Chris-Craft Industries, Inc., 181 A.D. 2d 66, 72-73 (N.Y. App. Div. 1992)(A사가 보유하는 B사 주식의 소유 주식 비율이 42%).

329) e.g., United States Lines, Inc. v. United States Lines Co., 96 F. 2d 148, 150-151 (2d. Cir. 1938); Kaufman v. Wolfson, 132 F. Supp. 733, 735(S.D.N.Y. 1955).

330) Lambrecht v. O'Neal, 3 A. 3d 277,287-293(Del. 2010).

어주에 있어서는, 람브레이트 사건 사례[332] 후에 완전자회사에 속하는 청구권에 대해서 제기된 이중대표소송의 원고는 완전모회사 수준에서만 제소 청구의 무익성을 증명하든가 또는 델라웨어주 형평법 법원 규칙 23.1조의 요건을 만족하는 것이 좋다고 해석되는데,[333] 실무상 그러한 취급이 정착하고 있는 것 같다.[334]

이중대표소송에 있어서 모회사의 이사회에 대한 제소 청구가 무익한 것으로 면제되기 위해서는 이중대표소송의 원고의 소장에서 구체적인 사실의 주장이, 해당 소송의 제기시에 있어서 모회사의 이사회가 제소청구에 응답하는 것에 즈음하여, 독립한 것인지 또는 이해관계를 가지지 않는 경영판단을 적절히 행사할 수 있는지에 대하여 합리적인 혐의가 생기지 않으면 안 된다고 해석되고 있다.[335] 원고가 상기와 같은 증명을 하는 것은 실제상 항상 용이한 것은 아니다.[336]

(3) 피고 적격

다중대표소송의 대상인 청구권의 상대방인 한, 자회사의 이사 및 임원뿐만이 아니라 다수파 주주 이 외의 제3자[337]도, 다중대표소송의 피고가 될 수 있다. 모회사 및 자회사는 불가결 당사자라고 해석되고,[338] 통상 명목상 피고로 된다.

3. 증권 클래스 액션

미국에 있어서 회사의 이사나 집행이사 등의 연방 증권 관련법 상의 민사 책임을 추궁

---

331) 1 Blumberg, op. cit., §44.05 ;13 Fletcher Et Al., op. cit., §5963.

332) Lambrecht v. O'Neal, 3 A. 3d 277, 282, 289-290 (Del. 2010).

333) Hamilton Partners, L. P. v. England, 11 A. 3d 1180, 1206-1207(Del. Ch. 2010); 小林一郎, 앞의 글, 41頁.

334) e.g., Hamilton Partners, L. P. v. England, 11 A. 3d 1180, 1207(Del. Ch. 2010); Lambrecht v. O'Neal(In re Merrill Lynch & Co.), 773 F. Supp. 2d 330, 338-339(S.D.N.Y. 2011).

335) Rales v. Blasband, 634 A. 2d 927, 934(Del. 1993).

336) 小林一郎, 앞의 글, 42頁.

337) e.g., Birch v. McColgan, 39 F. Supp. 358, 365-366(S.D.Cal. 1941); Goldstein v. Groesbeck, 142 F. 2d 422, 424-425(2d Cir. 1944).

338) 1 Blumberg, op. cit., §44.05; Sternberg v. O' Neil, 550 A .2d 1105, 1124 (Del. 1988).

하는 증권 민사소송이 제기되는 경우 해당 이사 등의 신인의무 위반 등에 근거할 책임을 추궁하는 주주대표소송이 아울러 제기되는 경우가 많다. 증권 민사소송은 많은 경우 클래스 액션(class action)의 형태를 취한다(증권 클래스 액션).[339] 이것은 클래스 액션에는 소액의 손해를 입은 다수의 피해자가 존재하는 경우라도 소액 청구의 규합에 의해 소송의 제기를 용이하게 하는 등 장점을 가지고 있기 때문이다.[340] 연방 민사소송규칙 제23조에 근거하여 연방법원에 제기되는 클래스 액션에 대해서는 일정한 요건[341] 하에 1인 내지는 복수의 클래스 구성원이 클래스 대표자로서 모든 클래스 구성원을 위하여 원고 또는 피고로서 소송을 수행하고, 법원이 당해 소송을 클래스 액션으로서 승인하여, 클래스의 범위를 확정하면, 클래스 구성원(일정한 경우에 고지를 받아 이탈을 요구하는 자를 제외)이 판결이나 법원에 의하여 승인된 화해 등에 구속되는 것으로 된다.[342]

그러나 증권 민사소송제도에 대해서는 남용의 가능성이 지적되고,[343] 1995년 사적 증권소송개혁법(Private Securities Litigation Reform Act of 1995)[344]에 의하여, 연방법원에 제기되는 증권 클래스 액션이나 증권사기소송에 대해서, 예를 들면, 다음과 같은 개정을 하였다. ① 원고가 클래스 구성원이 되어야 할 자에게 주임 원고가 되기 위한 신청을 할 수 있음을 고지한 후, 법원이 클래스 구성원의 이익을 가장 적절히 대표할 수 있는 자(클래스가 요구하는 구제에 최대의 경제적 이해를 가지는 자(통상은 기관투자가)가 가

---

339) 黒沼悦郎, 「アメリカ証券取引法(第2版)」(弘文堂、2004), 142頁.

340) 黒沼悦郎, 위의 책, 132頁.

341) ① 모든 구성원의 병합이 현실적이지 않을 정도로 클래스의 인원수가 많을 것, ② 클래스에 공통의 법률 문제 또는 사실 문제가 있을 것, ③ 클래스 대표자의 청구 또는 방어가 클래스의 전형적인 청구 또는 방어일 것 및 ④ 클래스 대표자가 클래스의 이익을 공정하고 적절히 보호할 수가 있는 것인가와 더불어, ⓐ (ⅰ) 개별의 구성원에 의한 소송 추행에서는, 일관되지 않는 개별의 판결이 상대방 당사자에게 있어 모순되는 행위규범이 될 우려가 있는 경우 혹은 (ⅱ) 개별의 판결이 실제 문제로서 비당사자의 이익을 처분하는 것으로 되는가, 비당사자의 이익을 보호하는 능력을 실질적으로 해칠 우려가 있는 경우, ⓑ 클래스에 일반적으로 타당한 근거에 따라 상대방 당사자가 작위 또는 부작위를 하고 있고, 클래스 전체에 관해서 금지구제 내지 선언적 구제가 적당한 경우 내지는 ⓒ 클래스 구성원에 공통의 법률 문제 내지는 사실문제가 개별 구성원에만 관련되는 문제보다도 지배적이고, 공정하고 효율적인 판결을 위하여 다른 이용가능한 방법보다도 클래스 액션이 우선하고 있는 경우의 어느 쪽인가에 해당하는 것이다(연방 민사소송규칙 제23조 (a)항,(b)항).

342) 淺香吉幹, 「アメリカ民事手續法」(弘文堂、2000), 37-42頁.

343) 예를 들면, ① 하이테크 기업의 주가가 급격하게 하락하면, 그 경영자나 회계사, 인수인 등에 대해서, 책임의 근거의 유무에 관계없이, 소송이 제기되어 그러한 사람이 부당하게 화해를 강요당하고 있고, ② 최초로 클래스 액션을 제기한 원고가 클래스 대표자가 되고, 그 변호사가 주임 변호사가 되는 실무에 따라, 주가가 하락하면 극히 단기간 내에 소송이 제기되는 「재판소에의 경쟁」이 생기는 등의 지적이 있다 [黒沼悦郎, 앞의 책, 143-152頁].

344) Louis Loss & Joel Seligman, 「Fundamentals of Securities regulation(4th ed.), Aspen Law & Business, 2003, pp. 1382-1392.

장 적당한 원고라고 추정되고)를 주임 원고로서 지명해, 가장 적당한 원고가 클래스를 대표하는 변호사를 선임하도록 되어 있다. ② 원고 변호사에게 지급되는 변호사 보수비용은 클래스에 현실적으로 지급되는 배상액에 대한 합리적인 비율을 초과하여서는 안 되는 것으로 되어 있다. ③ 원고가 부실표시를 주장하는 사적 소송에 대해서는, 소장은 오해를 발생케 한다고 주장하는 표시를 특정하고, 오해를 발생시키는 이유, 부실표시에 관한 주장이 정보 및 신념에 근거하여 행하여진 경우에는 그 신념을 형성한 모든 사실을 특정하여야 한다고 되어 있다. ④ 상기의 ③의 요건이 만족되지 않는 경우, 당해 소는 각하되지만, 소의 각하의 신청이 진행되는 동안, 공시절차는 정지되지 않으면 안 되는 것으로 되어 있다.

제6절 지배·종속기업 간의 기업공시

1. 서설

  위의 지배·종속기업 간의 거래가 공정한 것인지 또는 기업집단의 사업기회의 분배가 효율적으로 되었는지를 파악하기 위해서는 위의 판단기준을 명확히 하여야 함을 말할 필요가 없다. 더불어 각 기업집단에 이러한 행위를 하게 된 정보를 충분히 공시하여야 할 필요가 있다. 따라서 기업공시제도와 관련한 서류 중 지배·종속기업 간에 있어서 가장 중요하다고 할 수 있는 연결재무제표이다. 미국의 연결재무제표를 살펴보는 것은 어느 나라보다 오랜 역사를 갖고 있고 또한 가장 먼저 제도화한 나라라는 점에서 그 의미가 더욱 크다고 하겠다.[345] 나아가, 지배·종속기업 간의 거래에 관한 연결재무제표는 연결납세제도에 의하여 그 실효성이 보장되고 있다. 이하에서 그 내용을 살펴보면 다음과 같다.

2. 미국의 연결납세제도

  미국의 연결납세제도는 1916년부터 시행된 것으로 본래의 도입 목적은 과세의 공평성 제고에 두고 있다. 하지만 동 목적은 도입 취지와는 달리 대기업의 조세회피수단으로 악용될 우려가 있어 시행 초기에는 100% 소유 종속회사, 지배회사와 공동지배회사에 한하여 제한적으로만 허용되었다.

  뿐만 아니라 연결납세의 선택은 기업들이 자발적으로 연결납세와 개별납세를 선택한 것이 아니라 국세청(Internal Revenue Service)이 승인하는 기업만이 선택할 수 있었고, 납세방식은 개별 납부 시에 부과되는 법인세율에 2% 할증세율을 가산하여 세액을 납부

---

345) Prentice – Hall, *Accounting Encyclopedia*, 1962, p.87.

하도록 규제하여 연결납세의 법인세 감소효과를 낮추는 방식으로 실시되었다. 연결납세 액은 전체 연결대상회사 간의 합의에 의하여 배분되는 것이 원칙이지만 합의가 없는 경우에는 각 회사의 당기 순이익을 기준으로 배분하였다.

이후 1918년의 개정 세법(Revenue Act)에서는 연결납세의 요건 중 연결대상회사들이 유사한 영업활동을 수행해야 한다는 규정을 삭제하였고, 1921년에는 연결납세의 선택을 전적으로 연결대상회사들이 결정하도록 자율화하였다. 다만, 일단 연결과세를 선택한 기업은 국세청의 승인 없이 납세 제도를 변경할 수 없도록 규정하여 계속성 의무를 부과하였다. 또한 이 시기에는 미국인이 최대 지분을 소유하고 있는 법인을 제외한 외국 법인과 공동지배회사를 연결납세 대상에서 제외하고 연결납세 대상 지배회사의 지분율을 100%에서 95%로 완화하였으며, 연결납세지(지배회사의 본점소재지)와 연결납세기간(지배회사의 사업연도)에 관한 규정을 정비하고 연결과세소득의 계산방식(연결대상회사별로 과세소득을 계산한 후에 이를 합산하고 여기에서 미실현 내부거래손익을 제거하는 방법)을 확정하였다.

1928년에는 다른 회사를 통해 간접적으로 종속회사를 지배하는 간접지배회사를 연결납세 대상에서 제외하고 무의결권부 배당 우선주를 제외한 총 발행주식의 95% 이상을 소유하는 연결대상회사만을 연결납세 대상으로 규정하였으며, 연결대상회사 모두가 동의하는 경우에만 연결납세를 선택할 수 있도록 하였다. 1932~1938년의 세법 개정에서는 미국의 경기침체로 인한 조세수입의 급격한 감소 때문에 연결납세의 선택권을 대폭 축소하고, 연결납세 시에 부과되는 할증세율도 인상하였다. 이 시기에는 철도, 버스 등 대중교통업체에 한하여 연결납세를 허용하였다.

그러나 1942년에는 모든 업종의 기업에게 연결납세 선택권을 부여하고, 연결납세의 할증세율도 다시 2%로 낮추었다. 미국의 경기가 본격적으로 회복되기 시작한 1954년에는 연결납세 대상에 해당하는 지배회사의 지분율을 95%에서 80%로 낮추어 연결납세 대상을 대폭 늘렸으며, 새로운 연결납세액의 배분기준 네 가지를 제시하였다. 구체적으로 연결대상회사 간에 연결납세액을 배분하는 기준은 각 연결대상회사의 당기순이익과 개별 과세소득에 비례하여 연결납부세액을 배분하는 당기순이익 비례법(income method), 개별과세소득 비례법(separate return method), 연결납세로 인해 늘어난 계열회사의 조세부담을 조세부담이 경감된 계열회사가 보존해 주는 방법, 기타 국세청이 인정하는 방법 등 네 가지이다.

1955년에는 연결과세대상의 결정기준, 연결과세소득의 계산방법, 연결과세의 신고절차,

연결납세액의 배분방법 등을 비롯한 연결납세제도의 중요한 골격이 모두 정비되었다. 특히, 연결과세소득을 연결재무제표상의 연결당기순이익을 기준으로 산정하고, 연결손익계산서에 발생한 영업손실을 손실보고기업의 과세소득의 범위 내에서 과거 또는 미래 기간의 연결과세소득에서 이월 공제할 수 있도록 규정하는 것은 연결재무제표의 신뢰성과 활용 범위를 증대하는 데 크게 공헌하였다.

1957~1964년에는 연결납세 시에 부과하던 2% 할증세율을 철회하고, 법인세의 중복 감면만을 규제하는 방식으로 세법이 개정되어 연결납세를 선택하는 기업이 급증하였다. 1966년에는 연결납세 선택기업의 연결납세 포기요건을 강화하고, 미실현 내부거래손익을 연결과세소득에서 차감하는 대신에 실현시점까지 이연시키도록 하였다. 미실현손익의 이연방법은 당기에 발생한 연결대상회사 간의 내부거래손익을 모두 과세소득에 포함시켜 과세하고, 차기 이후에 내부거래손익이 실현되는 시점에서 기과세한 미실현손익 해당액을 손금 또는 익금으로 추인하는 방법으로 연결과세소득을 계산하는 방법이다. 또한 연결납세제도를 악용한 조세회피행위를 규제하기 위하여 결손금 과다 자회사를 지배회사 또는 합병회사로 하여 조세를 회피하는 역매수(reverse acquisition) 규제조항을 신설하였다.

미국의 연결납세제도는 1980년, 1984년, 1985년, 1986년과 1987년의 세법 개정을 통하여 추가적으로 정비되었는데, 이 시기에는 주로 연결납세 대상에서 제외되는 기업에 대한 규제를 강화하고 연결납세를 통한 조세회피행위를 규제하는 데 중점을 두었다. 또한 연결납세 대상의 결정 기준을 80/80 control test로 정하였는데, 이것은 연결납세 대상이 되려면 지배회사가 종속회사 주식의 80% 이상을 소유함과 동시에 지배회사 소유 종속회사 주식의 가치가 종속회사 총 주식가치의 80% 이상이어야 한다는 규정이다.

나아가, 가장 최근인 2008년 8월 27일에는 미국 증권관리위원회(SEC)는 현행 일반회계기준(GAAP)을 2단계에 걸쳐 국제회계기준(IFRS)으로 전면 전환하는 로드맵을 공표하였다. 즉 2010년 산업별 시가 총액 7억 달러 이상의 20개 대기업(약 110개 사)을 대상으로 국제회계기준을 사용한 기업재무제표 및 공시서류의 작성을 허용하였다. 이후 2011년 진행상황을 점검하여 공식적인 도입 여부를 확정하고, 2014년 미국 기업부터 미국 기업 전체를 대상으로 국제회계기준 도입을 추진하며, 시가 총액 7,500만 달러 미만의 소규모 기업들에 대해서는 2016년부터 적용하도록 하였다. 이렇게 될 경우 미국 증권거래위원회는 글로벌 단일 회계기준으로서의 전환을 통해 전 세계 기업들의 회계비용부담이 완화될 뿐만 아니라 투자자들 입장에서도 상장기업에 대한 재무상태의 파악이 용이해져 궁극적으로는 국경을 초월한 투자활성화가 촉진될 것으로 기대하고 있다.[346]

3. 연결납세제도와 연결재무제표

미국에 있어서 연결납세제도는 상당히 많이 보급되고 있다. 연결납세제도는 모자회사가 있는 기업집단을 경제적 단일조직체로 인식하여 하나의 과세단위로 삼고 있으며 기업집단이 조세보고 단위로 인식되면 기업집단의 연결이익은 과세표준으로 된다. 연결납세제도는 1916년에 최초로 제도화가 된 이후 폐지, 부활의 역사가 점철되고 있었지만, 현재는 연결납세신고를 채택하느냐 기업별 신고를 채택할 것인가에 대하여서는 기업에 맡겨 놓고 있다. 그러나 원칙으로서 기업이 한번 연결신고를 채택한 경우에는 계속하지 않으면 안 된다.347)

미국에 있어서 연결재무제표의 작성은 원래 회계실무 면에서 연유하였던 것이며 그 후 증권거래법에 입각하여 엄격한 규정과 공인회계사에 의한 감사제도를 주축으로 하여 연결재무제표제도가 확립되었다. 이러한 연결재무제표는 연방상무위원회 및 증권거래위원회, 뉴욕증권거래소 등 기관에 의하여 준법률적 지위를 부여함과 동시에 종래의 채권자에 대한 보고서의 성격보다도 투자자보호를 주목적으로 하는 기능과 성격을 향유하게 되었다. 미국회계학회(A.A.A.)뿐 아니라 미국 공인회계사회(A.I.C.P.A.)에서도 재무제표의 연결에 관한 상세한 의견을 공표한 바 있다.348) 오늘날 미국의 연결재무제표제도는 회계실무의 관행과 증권거래법 등의 엄격한 규정에 뒷받침이 되어 회계실무 면보다는 오히려 법적 규제 면에서 보다 확고한 지위를 차지하게 되었다.

미국의 주 회사법에서는 연결재무제표에 대한 규정을 두고 있는 경우도 있고 그렇지 않은 경우도 있다. 먼저, 연결재무제표에 대한 규정을 두고 있지 않는 경우로는 모범사업회사법(Model Business Corporation Act: MBCA)을 포함한 거의 대부분의 주회사법에서 이에 대한 규정을 두고 있지 않다. 반면 이에 대한 규정을 두고 있는 주의 회사법으로는 캘리포니아 일반회사법, 펜실베이니아 주 사업회사법 및 델라웨어 주의 법 등을 들 수 있다. 즉 캘리포니아 일반회사법(The California General Corporation Law)에서는 지주회사의 대차대조표에 관한 연결규정(연결은 임의로 되어 있음)을 조문화하고 있는데, 즉 동법 제3009조(지주회사의 대차대조표)에서 "지주회사의 대차대조표는 그 자체의 대차대조표에 의하거나 또는 지주회사와 그 종속기업의 연결대차대조표에 의할 수 있다"고

---

346) 주간금융브리프(17권 34호), 2008.8.30.~9.5, 16쪽.
347) Charles T. Horngren, *Accounting for Management Control*, Prentice – Hall Inc., 1970, pp.72~90.
348) 김두환, 『주식회사의 계산제도』(한국상장회사협의회, 1992), 89쪽.

규정하고 있어 회사법 자체에 제도화를 하고 있다. 또한 펜실베이니아 주 사업회사법(Pennsylvannia Business Corporation Law)은 모회사가 배당에 있어서 이익배당금이 없는 경우에 모회사와 미국 내에 설립되고 있는 모회사가 과반수의 주식을 소유하는 종속기업과의 연결이익잉여금을 한도로 하여 자본잉여금에서 배당할 수 있음을 규정하고 있다(동법 제702조 제4항). 이 외에도 델라웨어 주 법 등은 투자자보호를 위해서 주 내에서 증권이 발행되는 경우에 적용되는 청공법(Blue Sky Law)이 제정되어 있었고, 이 밖에 연방법으로 증권법(Securities Act)이 있어 연결재무제표의 작성을 의무화하고 있다.

☞ 청공법(Blue Sky Law)[349]

청공법은 증권과 관련된 제법이 제정되기 이전에 미국의 증권거래에 관하여 규제하던 법으로, 1911년 캔자스 주에서 처음으로 제정되었다. 그 이후 급속히 각 주로 파급되었으며, 1921년에는 38개 주가 제정하였고, 1933년에는 네바다 주를 제외한 모든 주에서 어떠한 형태로든 청공법을 채용하였다.

동법은 증권, 투자은행가, 증권의 판매자에게 적용되는 반사기(反詐欺)의 법률로서 동법이 적용되는 범위와 방법은 주에 따라 일정치 않다. 그러나 동법이 최종적으로 추구하는 점, 즉 사기를 의도하고 있는 자(fraudulent promoter)로부터 증권의 구매자를 보호한다고 하는 점에서는 다 마찬가지였다.

동법의 내용으로는 최초로 제정된 캔자스 주의 법이 가장 엄격한 것으로서 사기를 의도하고 있는 자뿐만 아니라 빈약한 사업계획에 현명치 않는 투자를 하는 시민을 보호할 것으로 목적으로 하고 있다. 즉 동 법률은 모든 증권발행자로 하여금 여러 가지 자료와 더불어 재무상태에 관한 계산서(an account of its financial condition)를 Bank Commissioner에 제출할 것을 요구하였던 것이었다. 따라서 "회사의 재무상태에 대한 부정표시는 벌금이나 징역에 의하여 처벌된다"고 하는 엄격한 규정을 갖고 있다. 또한 스튜어트(A. Stewart)에 의하면, 많은 주의 청공법은 증권발행회사의 재무제표에 대하여 독립회계사에 의한 감사를 요구하였다고도 한다.

---

349) 이정호, 「미국에 있어서 현대 재무공시의 기원」, 『경영논집(제35권 제1호)』(서울대학교 경영대학 경영연구소, 2001.3.), 128쪽.

4. 증권거래위원회의 규칙에 의한 연결재무제표

미국에서는 1933년 증권법(The Securities Act of 1933) 및 1934년의 증권거래법(Securities Exchange Act of 1934)이 제정되고, 이에 의하여 SEC가 1940년에 Regulation S - X[350]를 공표하여 연결재무제표의 작성을 의무화하였다. 나아가, 미국 공인회계사회는 1959년에 회계연구공보(Accounting Research Bulletin, ARB) no.51을 발표하면서, 연결재무제표는 주로 지배회사의 주주와 채권자의 효용을 위하여 지배회사와 종속회사가 경제적 단일체라는 가정하에 작성하는 것을 목적으로 하였다. 이러한 제도의 정비로 미국에서는 연결재무제표가 기업의 주재무제표로 일반화되었다.

연결재무제표의 범위는 대차대조표(B/S), 손익계산서(I/S), 주주지분변동표, 현금흐름표가 포함된다. 단, 주주의 지분변동표 내용이 복잡하지 않을 경우 이익잉여금의 변동은 I/S에 포함시켜 손익 및 이익잉여금계산서로, 주주지분의 변동 내용은 주석으로 표시하고 지배회사의 재무제표는 연결재무제표를 작성하도록 규정하고 있다.

연결의 범위에 대한 산정기준으로는 이익기준, 매출액기준 및 총자산기준이 있다. 위 기준은 우리나라(5%)와 달리 모두 10% Rule이 적용되고 있고 3개 기준 중 1개 기준에 해당될 때에도 당해 자회사는 연결의 범위에 포함시키고 있다.

연결결산일은 연결재무제표 제출회사의 결산일로 되지만 자회사의 결산일에 모회사의 결산일과 다를 경우에는 93일을 한도로 하여 자회사의 결산일을 적용할 수 있다. 연결의 범위 산정기준에 해당되지 않는 자회사, 다시 말하면, 비연결자회사 및 20%를 초과 50%까지의 연결회사 투자에 대하여서도 '지분법'의 적용이 의무화되고 있다. '지분법' 적용에 있어서 비연결자회사 및 연결회사투자에 장기대출금을 포함시킨 투자계정에 대하여 평가를 하고 대차대조표는, 예를 들면 '비연결자회사와 연결회사 추자 및 대출금'이라는 명칭으로 과목 표시를 하는 것이 일반적인 통례로 되어 있다.[351]

비연결자회사 및 관련회사투자 및 대출금의 합계가 최근일의 연결총자산 10%를 초과

---

350) http://www.sec.gov/about/forms/forms - x.pdf

351) 결산정보에 자회사를 포함하는 방법에는 지분법(equity method)과 연결법(Consolidation) 두 가지가 있다. 먼저, 지분법이라 함은 모회사의 대차대조표(B/S) 및 손익계산서(P/L)상에 자회사의 주식(B/S) 및 이익 잉여금(P/L)을 계상하여 자회사의 손익만을 취급하는 방법으로 모회사와 자회사의 B/S 및 P/L 그 자체를 합하는 것은 아니다. 반면 연결법이란 모회사와 자회사의 B/S 및 P/L을 합계하고 자산, 부채, 이익, 비용 등 모두에 대해 모회사 자회사 분의 양쪽을 합산하는 방법으로, 모자회사 간의 거래, 매출 채권, 매입 채무 등은 상쇄하여 계산한다. 지분법은 순액(純額)을 표시하는 데 비해 연결법은 모회사와 자회사의 모든 항목의 총액을 합산하여 표시하게 된다.

하고, 비연결자회사 및 관련회사의 매출액이 최근일의 연결매출액의 10%를 초과할 경우
에는 이들 회사의 재무정보를 개별 내지 총합하여 연결재무제표에 각주를 하고 공시하지
않으면 안 된다.

제7절 소결

이상 미국법에 있어서 결합기업 규제에 대하여 지배·종속기업 간 거래 및 사업기회의 분배에 있어서 공정확보에 관하여 검토하였다. 미국법은 독일법처럼 포괄적인 콘체른 규제는 하지 않지만, 그에 대하여 반드시 결합기업 규제가 충분히 이루어지고 있지 않다고 하는 것 또한 의미가 없다. 왜냐하면 비록 명시적인 규정은 존재하지 않는다 하더라도 결합기업 간의 이해조정은 주의 판례법 및 제정법에 의하여 이사 및 지배주주의 충실의무를 기초로 한 모든 법리에 따라서 행하여지고 있기 때문이다. 다만, '종속기업은 경제적으로 독립된 회사로 취급되고 있는 것은 아니다'라는 이념을 그 기초로 하였고, 지배·종속관계에 있는 회사 간 거래 기타 국면에 있어서 '공정성'을 확보하는 점이 전통적 회사법 이론과 다르다.

즉 미국법상 결합기업 규제는 고정적인 결합기업 개념을 전제로 하는 것은 아니고, 지배·종속관계에 있는 회사 간에서 회사에 대하여 충실의무를 부담하는 자가 그 의무를 부담하여야 할 것인지에 대한 갈등이 발생하는 개별 문제에 대하여 유연하게 대응하고 있다고 할 수 있다. 나아가, 결합기업 간의 이해조정기준은 종속기업의 경제적 독립성을 확보함에 따라 공정을 실현하는 것이라는 점을 그 특색으로 하고 있다.

우선, 지배·종속기업 간 거래에 있어서는 '독립당사자 간 거래'기준을 제1차적 기준으로 하고 있다. 하지만 동 기준도 그 적용의 실제를 보면 반드시 엄격하게 운용되고 있는 것은 아니다. 특히, 비교대상으로 하는 독립당사자 간 거래가 존재하지 아니하는 경우에 적용되는 기준은 '이익배분법' 등으로 독립당사자 간 거래와의 관련성이 희박한 기준이 많이 사용되고 있다. 법원도 '독립당사자 간 거래'기준의 운용 실제상 곤란하게 되는 경우가 있다는 점을 인식하고, 재판실무가 당해 기준의 경직을 시정하고 경영의 효율의 배려를 하려고 시도하고 있다.

또한 사업기회의 분배와 관련하여, 예방적 보호의 관점에서 종속기업에 그 기회가 취득되도록 하자는 견해가 있기는 하지만, 지배기업의 이익과 종속기업의 불이익이 서로 대립하지 않도록 문제를 경영판단에 위임하거나, 사실상 지배기업의 재량에 위임하는 결과를 초래하더라도 어느 회사에 그 기회를 분배할 것인지는 경영의 효율성에 따라 판단함이 바람직하다고 하겠다. 이 회사법 규제에 있어서 중요한 가치의 하나로 인식되고 있다는 점이다.

이상에서 살펴본 바와 같이 미국법은 실제로는 결합기업에 있어서 지배의 공정성과 경영의 효율성의 균형을 배려하여 결합기업 규제제도를 운용하고 있는 것으로 평가된다. 다만, 각자 종속기업을 경제적으로 독립한 것처럼 취급하는 이념이 타당하다고 하지만 동 이론이 이러한 전통적 회사법 이론을 수정하여 '독립당사자 간 거래'기준을 따른다 하더라도 경영의 효율성을 저해하는 것은 아니라고 할 수 있다. 다만, 전통법상 충실의무가 적용되는 문제로 '경영판단의 원칙'이 적용되지 않는 문제영역을 지배·종속기업 간 거래에서 '경영판단의 원칙'을 적용함은 과도하게 공정기준을 유연하게 적용하는 것이 아닌가 하는 지적이 있다.

이러한 문제가 발생하게 되는 원인은 독일법과 마찬가지로 회사법 이론에 있어서 회사의 지배가 법적인 문제로 검토되지 못하고 사실상의 문제로 파악되고, 이에 대한 규제는 남용의 억제라는 소극적 관점에서만 검토되기 때문이라고 볼 수 있다. 따라서 결합기업 경영에 있어서 집단 전체로서 경영효율을 촉진하고, 또한 지배기업·종속기업 일부의 소수주주가 불측의 손해를 입지 않도록 지배의 공정성을 유지할 수 있도록 하여야 한다고 한다.352)

---

352) 森淳二朗, 「會社法のモデル分析と株式會社支配の特質」, 『法政研究(第61卷 3・4號)』(1995), 1067~1068쪽.

제5장 일본의 결합기업 규제

제1절 총설

　일본에서는 결합기업의 규제와 관련하여 선진 각국의 비교법적 분석을 통하여, 경영의 효율과 지배의 공정이라는 양립된 결합기업 규제를 구축하기 위해서는 회사지배를 법적으로 파악할 수 있는 회사지배이론이 필요하다는 인식으로부터 출발하고 있다. 즉 전통적 이론이 회사지배를 법적으로 파악하지 못하고 있다는 점을 근거로 법인격의 별이성(別異性)으로부터 자회사 독립의 원칙이 도입되어야 한다는 점을 재검토하고, 자본다수결 제도를 주식 및 유한책임과 병행하여 주식회사의 기본원리로 함으로써 회사지배를 법적으로 파악하여 회사법 이론의 재구성을 행하는 새로운 회사지배이론을 기초로 하여 일본의 회사법상 결합기업규제의 방향을 설정하려고 하고 있다.

　결합기업규제를 구축하는 것과 관련 그 형식으로서 독일법에서는 포괄적 결합기업규제를 위한 규정을 두고 있는 것과는 달리, 현행 회사법을 유지하면서 결합기업법적 관점에서 해석을 수정하거나 또는 보완적인 입법을 행하는 방법을 취하고 있다. 그러나 어떠한 방법을 취한다 하더라도 우선 현행 회사법상 어떠한 내용의 법 규정이 흠결되어 있는지 그 자체가 명백하지 않다고 지적되고 있지만, 최근 회사법의 개정으로 이러한 결합기업의 문제에 대하여 신중한 검토를 하고 있는 것으로 보인다. 따라서 이하에서는 일본의 현행법상 결합기업규제의 내용을 검토한다.

제2절 법률상의 결합기업 규제

1. 서설

　현행 일본 회사법은 콘체른계약에 관한 직접적인 규정은 없지만, 영업양도계약, 영업임대차계약, 경영위임계약, 손익공통계약 등 계약이 다른 기업과의 사이에 체결되는 경우처럼 계약에 의한 콘체른의 형성을 간접적으로 인정하고 있다.[1]

　일본에서 콘체른을 형성하는 것은 다음과 같은 의미가 있다. 첫째, 종속기업의 존재 자체에 중요한 영향을 미치는 계약의 체결을 결의요건이 가중된 주주총회의 특별결의(일본 회사법 제309조 제2항)의 요건에 중점을 두기 보다는 오히려 소수주주의 보호에 역점을 두는 점, 둘째, 다수결의 지배에 따른 권한 남용으로부터 소수주주를 보호하기 위하여 결의에 반대하는 주주에게 주식매수청구권(일본 회사법 제469조 제1항)을 부여하여 투하자본의 회수 기회를 보장할 뿐만 아니라 회사 업무의 원활한 수행을 보장을 위한다는 점에서 그 의미가 있다.[2]

　특히, 주식매수청구권을 행사하기 위해서는 결의반대 주주는 사전에 서면으로 결의에 반대하는 의사를 통지하고, 총회에 출석하여 결의에 반대하는 의사를 표시하지 아니하면 안 된다. 그러나 사전에 주주에게 부여된 정보가 결의의 찬성과 반대를 결정하는 데 있어서 충분히 중요한 것인가에 대하여 의문의 여지가 있다. 또한 당해 계약의 내용을 통하여 자체의 공정성을 확보할 수 있도록 명문의 규정을 둘 필요가 있는데, 이에 대한 규

---

1) Vgl. Takahashi, *Konzern und Unternehmensgruppe in Japan – Regelung nach dem deutschen Miodell?*, Tübingen(1994), S.45~46.

2) 주식매수청구권은 1950년 상법 개정에 의하여 미국법상의 제도를 도입하였지만, "한편으로 회사에 의하여 중요한 행위를 원활하게 처리하고 다수파 주주의 이익을 관철하기 위함이고, 다른 한편으로는 반대파 소수주주에게 투하된 자본을 회수할 수 있는 경제적 구제를 위함으로 이면적인 의의를 가지고 있는 제도"로 경영의 효율과 지배의 공정에 배려를 한 제도라고 할 수 있다[服部榮三・星川長七(編), 『基本法コンメンタール(第4版)』(日本評論社, 1991), 262頁].

정이 존재하지 않는 점도 지적의 대상이 되고 있다.[3] 더욱이, 주식매수가격의 결정에 대해서는 '모든 사정을 고려하여 산정한 공정한 가격'[4]이어야 한다고 해석되지만, 이에 대한 구체적인 평가를 할 수 있는 명확한 기준을 두고 있지 않아 그 결정을 함에 있어서 어려움이 있다.

물론, 이러한 문제점이 현실화될 가능성은 드물다. 왜냐하면 현재 일본의 상관행에 따르면, 상기의 기업계약은 단순하게 체결되는 것이 아니기 때문이다.[5] 즉 독일법과 마찬가지로 관련 계약을 체결하지 않아도 자본참가를 기초로 하는 사실상 지배·종속관계에 의한 동일한 목적을 달성할 수 있을 것으로 생각되기 때문이다. 다시 말하면, 현행 회사법상 결합기업의 형성단계에 있어서 소수주주의 보호를 하기 위한 규제로서 또한 결합기업 경영의 효율성을 촉진하기 위한 규제로서의 충분한 기능을 할 수 있기 때문이다.

이러한 사실로부터 일본은 계약콘체른과 사실상 콘체른에 있어서 규제를 구별하는 것 그 자체가 의문의 대상이라고 한다. 그 이유는 기업의 결합 형태는 정적인 것이 아니라 변화하는 경제의 상황에 대응하여 결합의 강약, 영향력의 강약이 달라지는 동적인 성질을 가지고 있음에도 불구하고 이러한 사실을 무시하고 독일의 주식법처럼 고정적인 콘체른 개념을 정의하면서 고정적인 규제를 받도록 하고 있기 때문이라고 한다. 결국 이러한 태도는 기업활동의 유연성을 저해하고 규제의 영향을 받지 않는 공백 영역이 많이 남아 있게 되는 결과를 초래할 수 있다고 한다.[6] 이하에서는 일본의 회사법상의 규제에 대하여 살펴본다.

---

3) 森本慈, 「企業結合」, 『現代企業法講座二(企業組織)』(1985), 97, 118頁.

4) 服部榮三·星川長七(編), 앞의 책, 263頁. '모든 사정을 고려한 공정한 가격'이란 단순히 청산가격이나 그때의 시장가격은 아니고, 당해 회사의 종래 수익상황(계약의 상대방이 지배기업인 경우에는 그에 따른 영향력에 의하여 회사의 가격의 저하, 수익의 감소 등도 포함된다) 및 장래의 수익예상도 평가되어야 한다(西島弥太郎, 「株式買取請求權」, 『株式會社法講座(3卷)』, 988頁). 주식매수청구권이 소수주주의 보호조치로서 유효하게 기능하기 위해서는 보다 간이·신속하게 공정한 가격에서의 매수가 실현된 절차적 보장이 불가피하다.

5) Takahashi, a.a.O.(Fn. 2), S.46.

6) 野田博, 「企業結合と利益相反取引規制－取締役の兼任關係を介して規制する一般規定と企業結合法の間－」, 『法學研究(27號)』(一橋大學研究年報, 1995), 219, 258~259頁.

2. 최초 일본 회사법상의 규제 논의

1) 지배주주와 경업행위의 허용 여부

(1) 서설

지배기업이 선행해서 행하고 있는 종속기업과 동일한 영업부류에 속하는 거래를 행하는 경우나 지배·종속관계를 이용하여 취득한 정보(노하우, 고객리스트 등)를 이용하여 영업을 하는 경우에 그로 인하여 종속기업의 이익의 침해되는 경우가 있다.

그런데 현행법상 경업금지의무를 부담하는 것은 회사의 이사로(회사법 제356조 제1항 제1호),[7] 지배기업(지배주주)은 회사에 대하여 경업금지의무를 부담하지는 않는다. 다만, 종속기업의 영업이 선행되었을 때는 당해 회사의 이사가 경업을 행하여 지배기업 내지 자매회사의 대표이사로 취임하였을 경우나 제3자를 위하여 경업거래를 행하였을 경우에는 현행법상으로도 경업금지의무를 부담하여야 한다.[8]

그렇다면 과연 지배·종속관계를 이용하여 정보를 취득하고 취득된 정보를 영업에 활용하는 경우 지배기업 내지 지배주주는 종속기업에 대한 경업금지의무를 져야 하는 것일까? 이러한 논의는 결국 종속기업의 소수주주를 철저하게 보호할 수 있느냐에 따라 판단할 필요가 있다. 따라서 이하에서는 먼저 경업을 허용하는 경우 종속회사의 소수주주에게 불이익이 되는 경우와 이익이 있는 경우를 나누어 살펴보고자 한다.

(2) 경업의 허용에 따른 불이익

종속회사가 파산 내지 청산의 상황에 직면하여 장래적으로 기업활동을 계속하는 상황에 있는 경우, 그 종속회사와 지배회사 내지 당해 그룹 내의 다른 종속회사와의 경업 활동을 허용한다고 하면, 다음과 같은 점에서 당해 종속회사 및 그 소수주주에 대하여 불이익을 가져올 수 있다.

---

7) 회사법 제356조 제1항 제1호에는 "이사가 자기 또는 제3자를 위하여 주식회사의 사업부류에 속한 거래를 한 때에는 주주총회에 있어서 당해 거래에 대하여 중요한 사실을 공시하고, 그 승인을 받아야 한다"고 규정하고 있다.

8) 江頭憲治郎, 『結合企業法の立法と解釋』(有斐閣, 1995), 163頁.

① 종속회사의 기밀정보를 다른 회사가 이용하는 경우

먼저, 종속회사의 기밀정보를 다른 회사가 이용할 수 있다는 점을 들 수 있다. 일반적으로 개별 회사는 경쟁에 살아남기 위해서 회사의 기밀정보, 예를 들면, 산업기술 면이나 경영에 관한 것 혹은 장래 행할 예정인 거래에 관한 정보 등을 획득, 생산 내지 보유하고 있다. 그런데 지배회사는 종속회사가 보유하고 있는 유용한 정보에 쉽게 접근할 수 있는 입장에 있다. 따라서 지배회사가 종속회사와 경업을 하면서, 그러한 정보를 자신을 위하여 이용하는 경우나, 동일한 그룹 내의 경업관계에 있는 다른 종속회사에 지배회사가 그 정보를 이용하도록 하는 경우에는 당해 종속회사는 그룹 내의 경쟁에 있어서 매우 어려운 상황에 처할 수 있는 위험이 존재하게 된다.[9] 그중에서도 종속회사가 새로운 사업 내지 거래에서 우위를 차지할 수 있을 것으로 예상되는 상황에 있어서는, 그 사업기회를 다른 종속회사에 귀속시키거나 혹은 경업관계에 있는 지배회사 내지 다른 종속회사가 그것을 획득하게 함에 있어서 지배회사의 일방적인 의사에 의하여 좌우될 수 있다는 점이 문제로 지적될 수 있다.[10] 이때, 만약 종속회사가 그 사업기회를 놓치게 되면 그것은 당해 종속회사에서 큰 손실을 초래하고, 특히, 그 종속회사가 보유하고 있는 기밀정보가 지배회사 내지 다른 종속회사에 이용되는 경우에는 당해 종속회사의 소수주주에 대한 보호가 문제될 수 있다.[11]

② 하나의 기업그룹 내에서 복수의 구성 회사가 경업관계에 있는 경우

또 다른 예로 하나의 기업그룹 내에 있어서 복수의 구성 회사가 경업관계에 있는 경우, 지배회사와 종속회사와의 관계 혹은 경업하고 있는 종속회사 간의 관계가 당해 사업에 대해서 이익상반의 관계에 있을 수 있다는 점이 문제될 수 있다.[12] 즉 종속회사의 경영이 지배회사의 지휘 아래 행하여진 경우[13]에는 종속회사는 반드시 자신에게 최선이 되는 경영을 지배회사에 의하여 의도적으로 행하여지지 않을 우려가 있다.[14] 이렇게 될 경

---

9) Liebscher, Konzernbildungskontrolle, S.247(1995); Geiger, a.a.O., Fn. 3, S.65; Burgard, a.a.O., Fn. 6, S.1041.

10) Liebscher, a.a.O., Fn. 12, S.247f.

11) 이것은 이른바 '회사의 사업기회'에 관한 문제에 해당되는 것이다.

12) Geiger, a.a.O., Fn. 3, S.65.

13) 현행 독일 주식법에서는 지배회사가 그 영향력을 행사한 종속회사에 대하여 불이익을 부여한 경우에, 그 불이익을 보상하는 의무를 지배회사에 부담시키고 있지만(동법 제311조), 지배회사가 종속회사에 대하여 지배적 영향력을 행사하는 것 자체가 위법인지에 대해서는 견해의 대립이 있다[Hüffer, Aktienfesetz, 4 Auflage, §311 Rn. 6ff.(1999)].

14) Geiger, a.a.O., Fn. 3, S.65f; Burgard, a.a.O., Fn. 6, S.1041.

우 당해 종속회사는 경쟁 사업에 있어서 경쟁상의 불이익을 입을 위험성에 노출될 우려가 있다.

③ 지배회사가 경업관계에 있는 복수의 종속회사 중 한 회사와 거래를 하게 될 경우

마지막으로 지배회사가 경업관계에 있는 복수의 종속회사 중 한 회사와 거래를 하게 될 때, 만약 종속회사 간에 가격경쟁이 행하여지고 있는 경우라면, 지배회사는 거래조건의 결정 자체에 대하여 특정 종속회사에 지배적인 영향력을 행사하더라도 자기에게 유리한 조건에서 당해 거래를 할 수 있다는 점이 지적되고 있다.15) 이러한 경우에 관련 종속회사가 지배회사의 한 사업 부문에 특화되거나 또는 지배회사 이외의 자와의 거래를 할 능력을 상실하게 되는 경우라면 당해 거래 상대방에게 선택되지 않은 종속회사는 존속의 위험에 놓이게 된다.16) 또한 만일 지배회사와의 거래를 체결한 종속회사라고 하더라도 거래조건 자체가 불리하게 되어 있다면 결국 관련 종속회사는 손실을 초래하지 않을 수 없게 된다. 요컨대, 기업그룹에 있어서 경업활동에 따라 발생하는 종속회사 및 그 소수주주에 대한 불이익 내지 그 위험성은 통상 독립한 기업 간의 경업관계에는 보이지 않는 것으로 생각된다.

(3) 경업의 허용에 따른 이익

위에서처럼 경업을 허용하는 경우 여러 가지 문제점이 발생할 수 있다. 하지만 다른 한편으로 일정한 경우 경업으로 인하여 이로운 점이 존재할 수도 있다. 만약 그러한 경우가 있다면 이 또한 배려되어야 할 것으로 보인다.

① 기업그룹의 전략

먼저, 기업그룹이 지배회사에 있어서 통일적으로 지휘 내지 경영된다는 점을 전제로 하면, 어떤 업종에 있어서 경업관계에 있는 복수의 기업활동을 그 통일적 지휘에 따라서 규제를 받게 되므로 합리적인 행동을 하게 될 것이고, 그 결과 동 기업그룹의 효율성을 향상시키게 된다는 이점을 가져올 것이다.17)

---

15) Hommelhoff, Die Konzernleitungspflicht, S.7(1982).

16) Liebscher, a.a.O., Fn. 12, S.248; Geiger, a.a.O., Fn. 3, S.120.

17) Seydel, a.a.O., Fn. 21, S.175.

구체적으로 보면, 경업관계에 있는 그룹 구성회사 간에, 독립한 기업 간의 경쟁을 하는 것과 마찬가지로, 경쟁을 하도록 지배회사가 유도한다면,[18] 각 회사는 경영면이나 기술면 등에 관하여 경쟁력의 향상을 기대할 수 있을 것이다.[19] 그렇게 되면, 그 산업 자체의 시장에서 당해 기업 그룹이 경쟁상 우위에 서는 것으로 연결될 것이다. 따라서 그룹 전체의 이익이라는 점에서 볼 때, 자원이 효율적으로 잘 배분되는 것처럼 지배회사의 지시에 따라서, 그러한 경업회사 간에서 사업기회나 거래 관계의 배분이 행하여지고, 특히 경우에 따라서는 경업회사에 대하여 통폐합을 하는 결과가 초래될 수도 있을 것이다.[20]

다른 한편으로, 복수의 종속회사가 경업관계에 있다고 하더라도 지배회사의 지휘하에서 그러한 종속회사 간에서의 시장 분리 내지 직접 운영하는 제품의 개별화도 발생할 것으로 보인다.[21] 이렇게 되면 종속회사는 자신에게 부여된 분야에 전념하여 성과를 거두게 될 것이고, 이는 결국 기업 그룹 전체로서의 시장에 있어서 지위가 강화되게 될 것이다.[22]

② 경업기업의 매수

기업그룹 내에서 경업을 금지한다고 하는 것은 그룹 구성회사 중에서 어떤 회사와 경업관계에 있는 그룹 외의 회사를 그 그룹에 있어서 지배회사 등이 매수하는 행위의 금지도 포함된다.[23] 이를 역으로 살펴보면, 경업이 인정되는 경우라면 그러한 그룹 내의 외부에 있는 경업회사를 매수하는 행위에 의해서 어떤 이점을 취득한다는 것을 의미한다.

일반적으로 말하면, 기업매수는 피매수회사가 가진 자산을 새로운 매수자의 지배하에 두는 효과가 있다.[24] 이러한 점을 토대로 하여 그룹 구성회사에 대하여 경업활동을 행하는 그룹 외부의 회사를 매수하여 당해 그룹에 흡수하는 이점을 보면 다음을 들 수 있다. 즉 ㉠ 당해 경업분야에 있어서 기업그룹 전체로서 시장 점유율의 증가, ㉡ 피매수회사가 가진 노하우나 특허, 상표의 획득, ㉢ 피매수회사의 개선(Sanierung) 등을 들 수 있다.[25]

---

18) 이러한 한도 내에서는 그룹을 구성하는 종속회사에 어느 정도의 독립성을 인정하는 상황이 발생한다고 생각한다(Geiger, a.a.O., Fn 3, S.104).

19) vgl. Kropff, a.a.O., Fn. 8, Vor §311 Rn. 65.

20) Kropff, a.a.O., F. 8, Vor §311 Rn. 65.

21) 시장의 분리 내지 제품의 차별화가 이루어진다는 것은 이른바 직접적인 경업관계의 종료라고 할 수 있다 (Kropff, a.a.O., Fn. 8, Vor §311 Rn. 66).

22) vgl. Seydel, a.a.O., Fn. 21, S.79.

23) Seydel, a.a.O., Fn. 21, S.171.

24) Mütter/Birke, Das Seydel, übernahmenrechtliche Behinderungsverbot, WM 2001, 705, 707.

25) vgl. Uwe H. Schneider/Burgard, Übernahmeangebote und Konzerngrundung, DB 2001, 963~964.

우선 ㉠에 대해서는, 단순히 그 분야에서 활동하는 그룹 내의 회사의 수가 증가하는 것뿐만 아니라 종래 그 기업 그룹과 당해 분야에 있어서 경쟁관계에 있는 회사를 편입하는 효과가 있다. 또한 ㉡의 경우 경업회사가 가진 지적재산을 획득하여 이용할 수 있다는 것은 기업그룹 전체 내지 그 구성회사의 대외적인 경쟁력을 강화시키는 데 큰 의미가 있다. 나아가, ㉢은 구체적으로 피매수회사가 매수측에서 보면 잠재적인 능력을 가지고 있는 경우에는 그 회사의 경영이나 조직에 개입하여 그 잠재능력을 끌어내는 것[26] 또는 피매수회사와 경업관계에 있는 그룹 구성회사를 개선하기 위하여 피매수회사를 이용 내지 착취하게 되는 효과 등을 들 수 있다.[27] 다만, 이점은 피매수회사에 있어서 이점이 아니고 매수를 한 기업그룹 측에서의 이점이라는 점, 그리고 피매수회사를 우대하고 그 반면 매수하는 그룹 내에 있어서 피매수회사와 경업하는 종속회사를 차별한다는 두 가지 측면이 모두 포함되어 있다고 할 수 있다.

③ 기업그룹 내에서 경업의 귀결과 문제점

이상에서 볼 때, 기업그룹 내에서 경업활동이 행하여진 경우에는 최종적으로는 그러한 경업관계에 있는 그룹 구성회사 간, 말하자면, 직접적인 생존 경쟁은 해소될 수 있다는 합리적인 추론이 성립된다. 아마, 기업 그룹 전체가 지배회사의 통일적 지휘에 따라 경업하는 회사 간의 활동 영역을 분리하고 또한 경업관계를 형성하고 있는 회사 중에서 하나의 회사를 특별히 성장시키기 위하여 다른 회사를 희생하는 모습으로 가는 경우에는, 경업회사는 그룹 전체의 이익이 되도록 재편성 내지 조정될 수도 있다고 하겠다.[28]

다만, 그럴 경우에 그 희생이 되는 종속회사에서는 소수주주의 보호가 문제로 되고 또한 경업하는 회사 간에서 활동 영역이 분리되는 점에서 직접적으로는 경쟁관계가 해소된다고 하더라도 그러한 회사의 장래적인 성장이 방해된다는 문제가 남아 있다. 특히, 그룹 구성회사와 경업하는 그룹 외부 회사가 매수되는 경우에는 상술한 바에 의하면, 그 피매수회사가 매수된 그룹 내에 있어서 종속회사로 된 후에 불이익을 입을 가능성이 있다고 한다. 그래서 종전에 그룹 내에 있어서 종속회사 소수주주의 보호뿐만 아니라, 피매수회

---

26) 매수측과 피매수측과의 경쟁관계에 있는 경우에도, 매수측이 그 사업에 대하여 독자적인 지식이나 방법 또는 거래관계를 가지고 있을 것이다. 따라서 그것을 활용함에 의하여 단순히 경영이 개선되는 것 이상 으로 피매수회사의 기업가치가 높아지는 효과가 있을 수도 있다는 점에서 경업관계에 있다는 점이 중요 한 의미를 가지고 있다고 생각한다.

27) Uwe H. Schneider/Burgard, a.a.O., Fn. 32, S.964.

28) vgl. Lutter/Tim, Konzernrechtlicher Präventivschutz im GmbH－Recht, NJW 1982, 409, 412f.

사인 종속회사의 소수주주보호도 문제가 된다는 점이 지적되고 있다.

(4) 소결

이상에서 살펴본 바와 같이, 경업을 허용할 것인가의 문제는 일률적으로 결정할 필요는 없을 것으로 본다. 경업금지를 하고자 하는 바가 결국 종속기업의 소수주주를 보호하고자 함에 있다고 본다면 종속기업에 피해가 가지 않는 범위라면 굳이 경업을 금지시킬 필요는 없다고 본다. 따라서 경업을 허용할 것인가의 문제는 종속기업에 피해가 되지 않고 소수주주의 보호에도 문제가 없다면 허용하여야 할 것으로 판단된다. 반면 종속기업 내지 그의 소수주주에게 손해를 끼치는 등의 피해가 발생할 것으로 예상된다면 그러한 경우에 대해서는 경업을 허용해서는 안 된다고 본다.

2) 이익상반거래의 제한의 한계

지배·종속기업 간의 이익상반거래에 관련하여 양 회사 간에 겸임이사가 존재하는 경우에는 현행법상 이사회가 설치된 회사라면 그 거래에 관한 중요한 사항을 공시하고 이사회의 승인을 받아야 한다(회사법 제365조 제1항).[29] 나아가, 관련 이사가 특별이해관계인에 해당되는 경우에는 동 이사회에 참가하지 못한다(회사법 제369조 제2항).

이사회의 승인을 받은 거래는 법적으로 유효하다. 다만, 회사에 손해를 일으키는 부당한 거래이었을 경우에는 이사가 임무를 해태했다고 추정된다(회사법 제423조 제3항). 또한 자기를 위하여 회사와 직접거래를 행한 이사는 스스로 '귀책사유가 없다는 사실'을 주장하지 못하고[무과실책임(회사법 제428조)], 다른 이사는 자기에게 '임무해태의 사실'이 없다는 것을 주장할 수 있다고 해석된다.[30]

다른 한편, 승인을 얻지 못한 경우에는 문제가 되는 거래의 효력에 대해서는 일반적으로 회사는 이사에 대한 해당 거래의 무효 주장을 할 수 있지만, 제3자에 대해서는 그에게 악의가 있다는 사실을 주장하고, 입증할 수 있는 경우에 한하여 무효를 주장할 수 있을 뿐이라고 해석된다(상대적 무효설).[31] 또한 이사의 책임에 대해서는 법령 위반행위

---

29) 다만, 이사회가 설치되어 있지 않은 원초형 회사 등의 경우에는 주주총회의 승인을 받아야 한다(회사법 제356조 제1항 제2호·제3호).

30) 吉原和志, 「取締役等の會社に對する責任の範圍と性格」 浜田道代＝岩原紳 作, 『會社法の爭点』 (有斐閣, 2009), 155頁.

로서, 그 행위를 행한 이사는 회사에 대하여 손해배상책임을 져야 하며, 해임에 대한 정당한 사유도 된다(회사법 제339조 제1항).

　이러한 규정은 모자회사 간의 거래에 대해서 어느 정도 규제를 할 수 있을까? 전통적인 견해로는 모자회사 간에 이사의 겸임이 있는 경우로, 한편 거래가 이사의 제3자를 위한 거래로 파악할 수 있는 경우에는 회사법 제356조의 이익상반거래의 규제 적용을 할 수 있다고 생각된다.[32] 예를 들면, 자회사의 이사가 모회사의 대표이사를 겸임하고, 모회사를 대표하여 자회사와 거래를 하는 경우에는 자회사의 이사회의 승인이 필요하다. 또한 자회사의 이사가 자기의 지위를 지키기 위하여 모회사에게 유리한 조건으로 모자회사 간의 거래를 하는 경우에는 자회사와 그 자회사의 이사는 '실질적으로' 이익 상반관계에 있어서 해석상 간접거래의 규제를 적용할 수 있다는 견해도 있다.[33]

　그러나 이익상반거래의 규제는 원래 이사가 회사 이외의 이익을 도모하기 위하여 회사의 이익을 해치는 정형적인 위험이 있는 거래에 관련한 절차규제이다.[34] 이에 대하여 모자회사 간에 빈번하고 계속적으로 행하여지는 거래는 회사의 경영 정책과 관련한 특수한 거래이며,[35] 이사가 사적으로 이익을 취하는 거래와는 질적으로 다른 것이라고 할 수 있다.[36] 현행법하에서는 유형화하고 있는 모자회사 간의 거래에 대해 사전의 포괄적 승인이나 사후보고 등이 인정되어 기업결합의 특수성에 일정한 배려를 하는 것으로 보이지만,[37] 근본적으로 적절한 입법적 처리가 필요하다고 지적되고 있다.[38] 또한 간접거래 규제의 적용범위는 이사가 사실상의 당사자로서 이익을 받는 경우에 한정된다고 생각되기 때문에 해당 규제의 모자회사 간의 거래에 대한 적용은 소극적인 견해가 많다.[39] 게다가 직접거래 규제의 적용 범위도 한정되어 있다.

31) 神田秀樹, 『會社法』(弘文堂, 第13版, 2011), 212頁.
32) 龍田節, 「一人會社と利益相反行爲」 河本一郎他 『商事法の解釋と展望(上柳還曆記念)』(有斐閣, 1984), 266頁, 268頁; 近藤光男・柴田和史・野田博 著, 『ポイントレクチャー會社法』(有斐閣, 2009), 399~400頁.
33) 小松卓也, 「結合企業間取 の私法的規制」, 『六甲台論集(法學政治學 編) 47卷 1号』(2000), 92頁.
34) 森本滋, 「取締役の利益相反取引」, 『金融法の課題と展望(石田・西原・高木還曆記念)』(日本評論社, 1990), 319頁.
35) 위의 글.
36) 野田博, 「伝統的な會社法と企業結合法―特に結合企業間の利益相反取引を對象として」, 『商事法務(1400号)』(商事法務硏究會, 1995), 16頁.
37) 野田博, 「企業結合と利益相反規制―取締役の兼任關係を介して規制する一般規定と企業結合法の間」, 『一橋法學(27号)』(一橋大學法學硏究所, 1995), 226頁.
38) 森本滋, 전게 「取締役の利益相反取引」, 319頁.
39) 小松卓也, 「結合企業間取引の私法的規制」, 『六甲台論集(法學政治學 編) 47卷1号』(2000), 92頁.

예를 들어, 모회사에 그 밖의 대표이사가 있어서 그 자가 모회사를 대표하고 있는 경우에 승인이 불필요하다고 해석된다.[40] 승인을 받는다 하더라도 일본의 자회사의 이사는 독립성이 부족하다고 생각되기 때문에[41] 이사의 독립적인 판단에 따라 해당 거래의 불공정을 사전에 회피한다는 것은 기대하기 어렵고, 자회사의 이익보호의 실효성도 의심된다고 지적하고 있다.[42] 따라서 현행의 이익 상반 거래 규제는 모자회사 간의 거래의 규율로는 모자회사 간의 거래의 편의에 대한 배려와 자회사 이익보호의 어느 쪽도 적절하다고 할 수 없다는 지적이 있다.[43]

이상을 정리하면, 일본 회사법에서는 겸임 이사를 보유한 모자회사 간의 거래에 대해서는 이사회 또는 이사회가 설치되지 않는 회사의 주주총회 승인이 필요하게 될 가능성이 있다. 그리고 승인을 받았다는 것은 법원이 이사의 임무해태를 판단하는 하나의 요소에 지나지 않는다. 결국 회사법 제356조와 제365조는 결합기업에 대한 적용을 충분히 고려한 것으로 볼 수 없고, 그 적용에도 한계가 있다고 하지 않을 수 없다.[44]

3) 현행 감사의 독립성의 보장

(1) 서설

현행 일본 회사법에서는 감독 및 감사 기능을 하는 제도로 감사와 감사회를 두고 있다. 이하에서는 감사의 기능을 충실히 하도록 하기 위하여 최근 도입된 감사제도와 더불어 결합기업에서의 감사 선임 방법의 문제를 검토해 본다.

---

40) 近藤光男・柴田和史・野田博 著, 『ポイントレクチャー會社法』(有斐閣, 2009), 400頁.

41) 竹内昭夫・龍田節 編, 『現代企業法講座2：企業組織』(東京大學出版會, 1985), 116頁.

42) 野田博, 「伝統的な會社法と企業結合法—特に結合企業間の利益相反取引を對象として」, 『商事法務(1400号)』(商事法務研究會, 1995), 17頁.

43) 위의 글, 257頁.

44) 大隅健一郎・今井宏, 『會社法論(中卷)』(有斐閣, 1992), 238頁; 野田博, 「企業結合と利益相反規制—取締役の兼任關係を介して規制する一般規定と企業結合法の間」, 『一橋法學(27号)』(一橋大學法學研究所, 1995), 221頁.

(2) 현행 회사법상 감사제도

① 감사

㉠ 감사의 역할

감사는 이사의 직무의 집행을 감사하고, 그 결과를 감사보고의 형태로 공시한다(회사법 제381조 제1항, 회사규칙 제105조). 그를 위하여 조사권한을 가짐과 동시에 정관에서 감사 범위가 한정되어 있지 않다면, 이사의 위법행위를 저지하는 등 감독시정의 권한을 갖게 된다. 이사의 폭도(暴徒)를 저지하는 것이 감사의 역할이라고 해도 좋다.

위원회 설치회사 이외는 어떤 주식회사도 정관에서 정한다면 감사를 둘 수가 있다(회사법 제326조 제2항, 제327조 제4항). 원초형 회사와 같이 감사를 두지 않는 회사도 있는데, 유한회사인 경우가 그러한 예가 많다. 이사회 설치회사에는 감사를 두지 않으면 안 되는데(회사법 제327조 제2항), 그 이유는 주주총회의 권한이 협소하여(회사법 제295조) 주주를 대신하여 업무집행을 감독하는 기관이 필요하기 때문이다. 회계감사인을 설치한 회사에 감사를 요구하는 것은(회사법 제327조 제3항) 회계감사인의 독립성을 확보하고, 그 선임을 함에 있어서 감사의 동의를 받게 하기 위함이다.

다른 한편 이사회를 두지 않고 경영조직이 간소한 회사에서는 감사회를 둘 필요가 없기 때문에 감사회 설치회사에는 이사회의 설치도 필요한 것으로 되어 있다(회사법 제327조 제1항 제2호).[45]

㉡ 감사의 자격과 독립성

감사는 특별한 자격이 필요한 것은 아니다. 주주일 필요도 없고, 물론 주주에 한정될 필요도 없다. 이사와 마찬가지로, 일정한 결격사유에 해당하지 않는 자라면 충분하다.

감사가 된 자가 그 권한과 관련하여 영향을 받을 것은 감사로서의 기능을 잘 수행할 수 없다. 따라서 감사는 그 회사의 이사나 종업원이어서는 안 되고, 자회사의 이사·집행이사·회계참여나 종업원을 겸하는 것도 허용되지 않는다(회사법 제335조 제2항). 다른 한편, 이사를 퇴임하자마자 감사에 취임하거나, 사업연도의 도중에 그렇게 하는 것도 바람직스럽지 않다. 하지만 그렇게 하더라도 그것이 위법이 되는 것은 아니다. 반면 변호

---

45) 江頭憲治郎, 「會社法制の現代化に關する要綱案の解說(Ⅱ)」, 『商事法務(第1722号)』(商事法務研究會, 2005), 7頁.

사가 회사의 고문이나 소송대리를 하는 것은 감사의 지위와 모순되지 않는다. 감사의 설치회사는 감사 중 반수 이상은 사외감사로 하여야 한다(회사법 제335조 제3항).

☞ **사외감사**

　과거에 그 회사 내지 회사의 이사·집행이사·회계참여나 종업원이 되었던 적이 없는 감사이다. 누가 사외감사인가는 등기하여야 한다(회사법 제911조 제3항 제18호). 감사의 독립성을 강하게 하기 위한 자격요건이다. 1993년 개정법이 사외감사를 둘 때는, 취임 전의 5년간 이러한 지위에 있지 않아야 가능하도록 되어 있었고, 원수도 1명으로 하였다(구 상법특례법 제18조 제1항). 2001년 개정에서 요건을 강화하여 원수를 증가시켰지만, 인재의 등용을 위하여 준비기간이 필요한바 2005년 5월 1일부터 시행되었다.

---

② 감사회

㉠ 감사회의 설치

　위원회 설치회사를 제외하고는 정관의 정함에 따라서 감사회를 둘 수가 있다(회사법 제326조 제2항, 제327조 제4항). 만약 대회사가 양도제한이 없는 주식을 일부로도 발행할 수 있는 것으로 했다면, 반드시 감사회를 두어야 한다(회사법 제328조 제1항). 사회에 광범위한 영향을 미치는 그러한 회사는 강화된 감사체제를 보유하여야 하기 때문이다. 감사는 3명 이상, 그 과반수는 사외감사, 1인 이상은 상근 감사를 두지 않으면 안 된다(회사법 제335조 제3항, 제390조 제3항).

　감사의 업무가 많아지면 직무의 분담을 하여야 하기 때문에, 감사는 회사 전체의 상황을 알아둘 필요가 있다. 따라서 일찍부터 정보교환을 위하여 감사회를 설치하여 두는 회사가 많았다. 사외감사는 특히 그러한 필요성이 높다. 또한 감사회에 의하는 편이 이사에 대하여 독립한 입장에서 발언하기가 용이하기 때문이다. 이러한 취지로부터, 1993년 개정법에서 감사회를 법률상 제도로 두었던 것이었다.

　감사는 올바른가 그렇지 않은가를 판정하고, 필요한 시정조치를 취하는 역할을 담당한다. 이것은 각 감사가 독립하여 판단하여야 하는 직무이고, 다수결에 의하는 것이 아니다. 감사회를 제도화하더라도 이 독임제의 장점은 유지할 필요가 있다. 감사의 권한 행사 및 감사회의 감사보고의 기재에 대해서는 독임제의 배려로 보인다.

　ⓛ 감사회의 직무권한

　감사회는 ⅰ) 감사보고의 작성, ⅱ) 상근감사의 선임 및 해임, ⅲ) 감사 방침이나 조사의 방법 등 감사의 직무집행에 관한 사항의 결정을 행한다(회사법 제390조 제2항 본문). 이 외에도 회계감사인의 선임 및 해임에도 관여한다. 위의 ⅲ) 중에서 감사에 있어서 직무 분담을 정할 경우 그것이 합리적인 것이라면 구속력을 갖는다. 이에 대하여 감사의 권한은 각자가 행사하는 것으로, 예를 들면, 감사회가 유지청구권을 행사하지 않는다는 결정을 하더라도 각 감사는 그것에 구속되지 않고, 필요한 유지를 태만히 할 때에는 그것을 면책의 구실로 삼는 것은 불가능하다고 하겠다(회사법 제390조 제2항 단서).

　ⓒ 감사회의 회의

　감사회는 각 감사가 소집할 수 있다(회사법 제391조). 소집권자를 정하고 있다고 하더라도 다른 감사가 소집하는 것을 방해할 수 없다. 소집기간을 단축하거나 소집절차를 생략하는 것도 가능하다(회사법 제392조). 의장은 정관에서 정함에 따르지만, 비상근 감사를 의장으로 하거나 의장을 정하지 않았다고 하더라도 지장은 없다. 감사회의 결의는 원칙적으로 감사의 과반수로 한다(회사법 제393조 제1항). 이는 이사회의 결의요건보다는 중하다. 그 이유는 감사의 원수가 이사회의 구성원 수만큼 많지 않기 때문이다.

　감사ㆍ이사ㆍ회계참여ㆍ회계감사인이 감사회에 보고하지 않으면 안 되는 사항이 있더라도 그것을 감사 전원에게 통지했다면, 감사회를 개최하여 거기에서 보고를 할 필요까지는 없다(회사법 제395조).[46] 의사록의 작성, 이의를 제기하지 않는 경우의 추정이나, 비치, 열람 등은 이사회의 경우와 마찬가지이다.[47]

　(3) 감사의 선임 방법

　감사의 선임방법과 관련하여 일본은 결합기업의 형태를 다음 2가지 형태로 분류한

---

46) 감사회에 대한 보고의무는 회사법 제357조 제2항, 제375조 제2항, 제390조 제4항, 제397조 제3항을 들 수 있다.
47) 회사법 제393조 제2~4항, 제394조, 회사규칙 제109조, 제25조 제1항 제7호.

다.[48] 그 하나는 일방적 다수 자본참가에 의하여 형성된 수직적 자본참가구조를 띠는 피라미드형 콘체른이다. 또 다른 하나는 낮은 비율에 따른 자본참가를 하지만 집단 내부에는 1개의 회사에 대하여 집단으로서 지배가 가능할 정도로 자본참가가 축적된 수평적 네트워크로 이러한 유형을 '기업집단(Unternehmensgruppe)형'이라고 한다.

먼저, 피라미드형 콘체른에 있어서는 "감사는 최소한 1인은 지배기업이 의결권을 지니고 있지 않는 국외주주(局外株主)의 종류주주총회에 의하여 선임되어야 한다"고 주장한다.[49] 즉 소수주주의 이익보호를 목적으로 하는 옴부즈맨 감사제도를 도입할 것을 제안하였다. 이처럼 소수파를 대표하는 감사는 지배기업과의 개별적인 거래의 공정성에 대하여 감독하고, 영업연도 말에 감사보고서의 작성에 있어서 검사결과를 보고하여야 한다.[50] 소수파 대표 보고서는 정기주주총회의 소집통지에 첨부하여 총회일의 2주간 전에 주주에게 통지하도록 하여야 한다(동법 제299조).[51] 나아가, 소수파 감사에게 필요한 경우 소수주주의 이익을 위하여 회사에 대한 손해배상청구권을 행사할 수 있는 권한을 부여할 것을 제안하고 있다.[52]

다음으로 수평적 네트워크형으로 기업집단에 있어서는 회사법 제329조 제1항에 따른 이사회 구성원의 선임 방법과 달리 "누적투표(동법 제342조)에 의하여 감사를 선임할 수 있도록 하면서, 정관의 규정에 의하여 이를 배제할 수 없도록 한다"는 강행규정[53]을 둘 필요가 있다고 한다.[54] 또한 감사 중에는 소수파 주주의 대표도 그 구성원으로 두어야 한다는 입법 제안도 있었다. 이러한 제안은 독일에 있어서 감사회(Aufsichtsrat)가 주식회사의 필요적 기관으로 도입한 것에 따라 이루어진 것이다. 이렇게 함으로써 회사 설립에 관하여 허가주의를 취하는 국가에서는 후견적 감독을 대신하게 할 수 있고, 준칙주의를 취하는 국가에서는 자기의 이익을 스스로 지켜야 하는 주주에게 그 의미가 클 뿐만 아니

---

48) Vgl. Takahashi, a.a.O.(Fn. 2), S.4.

49) Vgl. Takahashi, a.a.O.(Fn. 2), S.98~99.

50) Vgl. Takahashi, a.a.O.(Fn. 2), S.66.

51) 다만, 공개회사가 아닌 주식회사에 있어서는 1주일간(해당 주식회사가 이사회 설치 회사 이외의 주식회사인 경우에는 이것을 하회하는 기관을 정관으로 정했을 경우에는 그 기간) 전까지, 주주에게 통지하여야 한다.

52) 현행 감사에게는 위법행위 유지청구권만이 인정된다(회사법 제385조).

53) 콘체른의 경우와 구별하는 근거로는 콘체른과는 달리 기업집단에 있어서는 1개의 회사는 집단 내의 복수의 회사에 의하여 '공동지배'되는 개별적 자본참가비율은 25%에 해당되지 않는 경우도 많다. 그를 위하여 감사의 선임에 관해 배제되는 지배기업의 의결권을 확정하는 것이 곤란하다고 한다[Vgl. Takahashi, a.a.O.(Fn. 2), S.111~112].

54) 정관상 감사의 선임에 있어서 누적투표를 배제하는 규정은 무효라고 주장한다[Vgl. Takahashi, a.a.O.(Fn. 2), S.112].

라 회사의 내부에서 회사의 자기 통제(self-control) 기능을 담보할 수 있기 때문이라고 한다.55) 즉 감사제도가 주주총회를 매개로 하는 지배적 다수파 주주에 의한 제1차적 통제가 배제되는 국외 소수주주에 의하여 경영에 대한 감시감독을 하고, 제2차적으로는 간접적 통제를 담보함으로써 감사가 국외소수파 주주의 이익대표기관이 될 수 있기 때문에 감사가 어떠한 형태로든 참가할 수 있도록 함이 매우 중요하다는 지적에서 나왔다고 할 수 있다.56)

그러나 감사제도를 소수파 주주의 이익대표로만 해결하려고 하는 것은 문제가 있으며, 오히려 감사제도란 주식회사에 있어서 모든 이해대립을 정확히 파악한 상태에서 여러 가지의 이해대립에 대응해야 한다는 지적도 있다.57) 즉 감사는 소수파 주주에 의하여 그 대표로서 선임되는 것이 아니라 자본다수결 제도에 따라 선임되고, 보수 등도 경영자의 독립성을 유지시키는 형태로 설계되어 있다는 점을 볼 때, 어느 일방의 입장에서 감사를 할 것이 아니라 중립적인 임장에서 감사업무를 수행하여야 할 것이라고 한다.58)

(4) 소결

이처럼 최근 일본에서 개정된 회사법의 내용을 보면 감사가 감사의 기능을 충실히 할 수 있도록 그들의 신분에 대한 독립성을 최대한 보장하려고 노력하고 있는 것으로 보인다. 이처럼 독립성을 보장한다고 하면 국외주주인 소수주주에게 불리하지 않게 중립적인 입장에서 감사업무를 수행할 것으로 보인다. 그러한 측면에서 현행 회사법을 보면, 감사가 되는 자격에 특별한 제한을 두고 있지 않으며, 회사의 이사나 종업원이어서는 안 되고, 자회사의 이사·집행이사·회계참여나 종업원을 겸하는 것도 금지되고 있으며, 또한 사외감사제도를 도입하는 것 등은 이러한 독립성을 보장하기 위한 조치라고 보인다. 또한 감사회를 두는 경우도 그 구성에 있어서 감사는 3명 이상이어야 하지만, 그 과반수는 사외감사, 1인 이상은 상근 감사를 두도록 하여 감사 기능을 충실히 하도록 하였고, 감사회의 성격 또한 독임제 기관임을 명시하여 감사회 구성원의 다수결에 의한 횡포를 제

---

55) 新山雄三, 「Aufsichtsratの機關として地位と任務-ドイツ株式會社法政策における「近代」と「現代」」, 『岡山大學法學會雜誌(第39卷 2號)』(1989), 56頁.

56) 新山雄三, 위의 글, 80~81頁.

57) 森淳二朗, 「會社法におけるダイナミズムの法化」, 『現代企業法の理論』(信山社, 1998), 643頁.

58) 중립감사 내지 자격감사제도의 구상에 관해서는 다음을 참조[森淳二朗, 「監査役の構成原理とシステム」, 『企業健全性確保と經營機構』(有斐閣, 1997), 67頁].

한하도록 하고 있는데, 이 또한 독립성을 보장하기 위한 조치라고 볼 수 있다.

4) 대표소송의 계속 문제

(1) 서설

통상 대표소송이라 함은 어떤 기업이 스스로 회사를 위하여 이사 등 일정한 자의 회사에 대한 책임을 추궁하기 위하여 제기하는 소송인데, 만약 어떤 기업에 있어서 대표소송이 제기된 이후 기업결합을 하는 경우에는 기업결합 이전에 제기되었던 대표소송은 과연 계속할 수 있는가, 즉 결합기업을 형성한 이후 대표소송을 계속할 수 있는가에 대하여 많은 의문이 제기되고 있다.[59] 특히, 일본에서는 흥업은행(興業銀行) 사건 사례[60]와 대화은행(大和銀行) 사건 사례[61]를 중심으로 이에 대하여 많은 논의가 있다. 이하에서는 일본에서 논의 중인 이론과 더불어 관련 사례를 검토한다.

(2) 대표소송의 확대와 현행법의 검토

① 이론적 배경

일본에서 결합기업 관계를 형성하기 위한 법제도의 정비를 요구한 것은 버블 경제 붕괴 후 불안 속에서, 과잉투자로 인한 생산설비 등의 과잉을 해소하고, 글로벌 경제 속에서 치열한 경쟁시대를 준비하면서부터이다. 즉 1997년 독점금지법상 순수지주회사 제도의 도입(독점금지법 제9조),[62] 1999년 주식교환·주식이전 제도의 도입, 2000년 회사분할제도의 도입에 따라 결합기업 관련 법제도의 정비가 급속하게 진행되었다.[63] 하지만

---

59) 그러한 예로 1997년 초 '한보철강'의 도산으로 이 회사에 거액의 대출을 하였던 제일은행도 도산사태에 직면하였다. 이에 같은 해 6월 '참여연대'라는 시민단체가 무분별한 대출을 한 행장 등 4인의 이사의 책임을 묻는 대표소송을 제기하여 각 이사에게 400억 원의 손해배상을 명하는 판결을 얻어 냈다(서울 지법 1998.7.24, 97가합39907). 이 사례가 우리나라의 최초의 대표소송 사례이며, 이후 많은 대표소송이 잇따랐다(이철송, 앞의 책, 666쪽).

60) 東京地判 2001 3月 29日 – 判例時報1748号(判例時報社, 2001.5.11.), 171頁; 金融·商事判例1120 号(経済法令研究會, 2001.7.15.), 50頁; 資料版 商事法務 205号(商事法務研究會, 2001.4.), 109頁.

61) 平成 12년(2000) 9月 20日 大阪地裁 第 10民事部判決; http://www.biwako.shiga - u.ac.jp/eml/Ronso/331/331kato.PDF, 2011.10.13.

62) 的獨占の禁止及び公正取引の確保に關する法律 第9條; http://www.houko.com/0/01/S22/054.HTM, 2011.11.11.

회사지배구조에 관한 규칙의 정비는 진행되지 않아, 결합기업에서의 경영 건전성이나 적법성을 확보하는 것이 커다란 문제로 제기되었다. 이에 지주회사 형태를 채용하는 경우에 실제로 사업을 하는 자회사의 경영을 규율하는 방책으로, 단일의 회사가 상정되고 있는 주주대표소송 제도를 응용하여, 모회사 주주가 자회사의 이사에 대한 책임을 추궁하는 소송(다중대표소송)[64]이 가능하도록 하자는 주장이 제기되었다.[65] 즉 주주대표소송의 원고적격을 확장하고, 회사의 지배구조의 지주(支柱)로서 기능을 시도하고자 하였던 것이었다.[66]

② 관련 근거

㉠ 기업실무계의 입장

일본에서 주주대표소송제도의 이용 장벽의 제거에 대한 논의는 버블경제의 붕괴를 수반한 기업의 파산 상태에 빠진 때부터라고 할 수 있다. 일본은 은행의 불량채권과 관련

---

63) 우리나라도 지주회사를 허용한 이래 공정거래위원회는 기업 지배구조개선의 한 방편으로 대기업의 지배구조를 지주회사 체제로의 전환을 유도하는 정책을 실시하고 있으며, 그 결과 국내 기업들의 지주회사 설립 또는 전환하는 비중은 크게 증가하고 있다. 향후 국내 대기업집단의 지배구조체계는 지주회사를 이용한 지배회사와 종속회사관계가 일반화될 가능성이 높다[최진이, "지배회사 주주의 종속회사 이사 등에 대한 이중대표소송 허용에 관한 연구", 「기업법연구(제23권 제3호)」(한국기업법학회, 2009.9.), 12~13쪽].

64) 다중(이중)대표소송이란 상법상 대표소송제도의 당사자 적격을 확장하여 대표소송제도를 지배회사와 종속회사 관계로 확대하는 것이다. 즉 소소주주의 대표소송권을 확장하여 모회사 등 지배회사의 소수주주가 자회사 등 종속회사를 위하여 종속회사의 이사 등의 회사에 대한 책임을 추궁하기 위하여 제기할 수 있는 제도를 말한다(최진이, 위의 글, 10쪽). 이 외에도 다중대표소송제도에 관한 글로는 다음을 들 수 있다[권재열, "이중대표소송의 허부에 대한 비교법적 검토", 「비교사법(제11권 제2호)」(한국비교사법학회, 2004); 김대연, "지배·종속회사에서의 대표소송", 「상사법연구(제19권 제2호)」(한국상사법학회, 2000) 등].

65) 미국의 경우도 다중대표소송제도를 명문으로 두고 있지는 않지만, 1879년 캔자스 주 대법원이 지배회사의 주주가 제기한 종속회사의 이사의 위법행위에 대한 손해배상청구소송에서 지배회사와 종속회사 간의 주식소유관계를 기초로 모회사 주주의 원고적격을 인정한 이래 법원은 서로 지배·종속관계에 있는 회사 간에 종속회사의 경영진의 위법한 행위로 인해 발생한 지배회사의 손실을 보상받을 마땅한 구제수단이 없다는 점 등 정의관념 내지 형평의 이념에서 개별 사건의 제반 요소들을 종합적으로 고려하여 다중대표소송제도의 인정 여부를 판단하여 오고 있다[인정 사례: Ryan v. Leavenworth, Atchison & Northwestern Railway Co. 21 Kan. 365, 404(1879); Martin v. D. B. Martin Co., 10 Del. Ch. 211, 88 A. 612(1913); United States Lines, Inc. v. Unied States Lines Co. 96 F. 2d 148(2d. Cir. 1938); Goldstein v. Groesbeck, 142 F. 2d 422(2d. Cir. 1944); Saltzman v. Birrell, 78 F. Supp.778(S.D.N.Y. 1948); Schreiber v. Carney, 447 A. 2d 17, 22(Del Ch. 1982) etc; 부정 사례: Crow v. Context Industries, Inc., 260 So., 2d 865 Fla. dist. Ct. app.1972; Untermeyer v. Valhi, Inc., 665 f. Supp.297 S.D.N.Y. 1987]. 하지만 오늘날에는 대체적으로 폭넓게 인정하고 있다(Henn & Alexander, Laws of Corporations and Other Business Enterprises 3rd ed., West Publishing Co,, 1983, p.1056).

66) 山田泰弘, 앞의 글, 119頁.

한 문제의 심각성으로 인하여 주주 옴부즈맨(Ombudsman)[67]제도를 도입하였는데, 동 제도에 의하여 상장기업에 문제가 되는 행동이 노출되면 주주대표소송에 의하여 그 경영진에 대한 책임을 추급하게 되었다. 이처럼 주주대표소송은 경영진의 경영 일반에 관한 건전성이나 적법성을 확보하기 위한 위협적인 제도로 충분한 기능을 하였다.[68]

반면 경영자집단인 산업 부문에서는 주주대표소송제도를 "건전성 확보라는 명목에 따라 이행되는 제도에 불과하다"[69]고 인식하고, 동 제도의 이용을 제한할 수 있도록 하는 규정을 둘 것을 제안하였다. 그러한 입법 제안으로는, 2005년 3월 18일 내각 제안 법률로 제162회 국회에 제출된 회사법안(閣法 第81号)을 들 수 있다.[70] 동 회사 법안에는 주주대표소송의 원고적격요건으로 새로이, 제소주주가 회사나 주주 전체의 이익에 기초하여 소송을 수행하는가에 대한 심사를 위하여 '대표적절성' 요건의 도입을 제안하였다.

구체적으로는 ⅰ) "책임추급 등의 소가 당해 주주 내지 제3자의 부정한 이익을 도모하거나 또는 당해 주식회사에 손해를 가할 목적으로 하는 경우"(국회제출 시 회사법 제847조 제1항 제1호), ⅱ) "책임추급 등의 소에 의하여 당해 주식회사의 정당한 이익을 현저히 침해하거나당해 주식회사가 과대한 비용을 부담하게 되는 기타 이에 준하는 사태가 발생할 것이 어느 정도 확실하게 예상되는 경우"(동 법안 동조 제2호)에는 주주는 임원 등에 대한 책임을 추궁할 수 있는 소를 제기할 수 없도록 하였다. 이와 관련 ⅰ)의 원고적격제한은 제소주주의 주관적인 요소를 기초로 판단되므로 그 입증이 곤란하고, 주주권 내지 소권의 남용으로 처리될 수도 있으므로 단순히 원고적격제한에 대한 법률상 근거를 부여하는 것에 지나지 않는다고 할 수 있다. 그러나 ⅱ)의 원고적격제한은 회사법 제정 시 도입된 회사에 의하여 '불제소이유의 통지' 제도(현행 회사법 제847조 제4항)[71]에 합치되는 것으로, 회사(광의의 경영진)의 의향에 근거를 두고, 주주대표소송의 제

---

67) 주주 옴부즈맨 제도란 주주의 입장에서 기업이나 경영자의 행동을 감시하는 시스템을 말한다. 일본에서는 1990년대에 들어서 버블 경제의 붕괴로 기업이 파탄한 사례가 증가되었는데, 주주 옴부즈맨 제도는 이러한 사태에 대해 전문가나 변호사, 공인회계사 등이 주주가 되어, 기업의 경영자 등이 사회적으로 잘못된 행동을 하는지를 체크하기 위해 조직된 제도라고 할 수 있다. 또한 주주로 되어 있는 기업이 파탄되거나 주주의 이익에 손실을 끼쳤다고 판단되는 경우 주주대표소송을 제기하게 된다 (http://www.weblio.jp/content/%E6%A0%AA%E4%B8%BB%E3%82%AA%E3%83%B3%E3%83%96%E3%82%BA%E3%83%9E%E3%83%B3, 2011.11.11).

68) 鹿子木康・山口和宏, "東京地判における商事事件の概況", 「商事法務(1796号)」(商事法務研究會, 2007.4.5.), 15頁.

69) 中村芳夫, "代表訴訟改正も監査役機能強化も企業システム國際化の一環である", 「金融財政事情」(金融財政事情研究會, 1997.8.18.), 26頁.

70) http://www.shugiin.go.jp/itdb_rchome.nsf/html/rchome/Horitsu/houmu3D6E 24961280263149256FDD0034DB03.htm, 2011.11.11.

기 단계에서 그 계속(係屬)의 시비에 대한 심사가 가능하도록 한 것이라고 할 수 있다.[72]

'불제소 이유의 통지'는 회사가 주주의 제소 청구일로부터 60일 이내에 책임추급 등의 소를 제기하지 않는 경우 제소주주(주주대표소송의 원고주주) 내지는 제소대상이 되는 임원 등의 청구에 의하여, 불제소 이유를 당해 청구자에게 서면으로 제출하는 제도를 말한다. 불제소 이유의 청구자는 당해 불제소 이유서를 소송 진행시 공격 방법의 증거로 법원에 제출하게 되는데, 이는 법원으로 하여금 회사가 제시한 당해 책임추급소송에 관한 이유를 판단할 수 있도록 하고자 함이다.[73]

그런데 만약 회사는 "피고(임원 등)가 회사에 초래한 손해액을 보상할 정도의 재산을 보유하지 않았고, 회사는 소송 진행에 따른 비용조차도 회복할 수 없다"고 하는 불제소의 이유를 통지한 경우, 법원은 그 임원의 의무 위반 내지 책임의 유무를 따지기 이전에 제소주주가 원고적격 제한과 관련하여 소송을 계속할 수 있는지를 먼저 파악하여야 한다. 즉 상장기업의 사업 규모가 큰 경우에는 경영진 등의 개인 재산에 의하여 회사에 발생한 손해를 보전한다는 것은 사실상 곤란하므로 통상 주주대표소송은 각하될 가능성이 많게 된다. 이러한 점을 고려하여 회사 법안을 심의하는 제162회 국회 중의원 법무위원회에서, 양당인 민주당과 무소속 의원은 정권 여당인 자유민주당·공명당의 공동 제안에 대하여 제소 시 회사 법안의 ⅱ)의 원고적격 제한 내용을 삭제하였다.[74]

이처럼 주주대표소송의 원고적격을 제한하고자 하는 업계의 제한은 불발로 종결되었다. 나아가, '불제소 이유의 통지' 제도는 당해 책임을 추궁하는 소송에서 회사의 의견을 표명하는 제도라기보다는 오히려 회사 내부 사정을 잘 몰라, 소송 자료의 수집이 어려운 원고주주가 소송을 진행하는 과정에서 주주대표소송의 비효율성을 시정하고, 독립기관인 감사 내지 감사위원회의 내부조사를 촉진하고 그 조사 내용에 관한 정보의 공유를 촉진하는 제도로서 운용될 것을 기대하였다.[75]

ⓒ 법적 근거

종래의 일본 상법 제267조 제1항(현행 일본 회사법 제847조 제1항)에 의하면, 대표소

---

71) 우리나라 상법에서는 이에 대한 규정을 두고 있지 않다.

72) 山田泰弘, "國際的潮流から見た日本の株主代表訴訟制度", 「立命館法學(314号)」(立命館大學法學會, 2007.4.), 116~117頁.

73) 山田泰弘, 위의 글, 117頁.

74) 第162回國會衆議院法務委員會(2005.5.17.) 議事錄 第18号. http://www.shugiin go.jp/index.nsf/html/index_kaigiroku.htm, 2011.11.11.

75) 江頭憲治郎, 「株式會社法」(有斐閣, 2006), 445~446頁 注6.

송을 제기할 수 있는 주주의 자격은 적어도 제소 전부터 6개월 이상의 주식을 계속하여 보유한 자이어야 하며, 소송 계속 중에도 주식을 보유하여야 한다.

그런데 만약 제소주주가 소유하고 있는 주식을 양도한 경우에는 소송 당사자적격을 상실하며 당해 대표소송은 각하되는 것으로 해석되고 있다.[76] 그 이유는 민사소송법상 대표소송은 전통적으로 자기의 권리에 근거한 것이며, 원고주주가 당사자적격을 상실하면 그 소송은 종료되기 때문이라고 한다. 물론, 다른 주주나 회사가 소송참가를 하고 있다면 (종전의 상법 제268조 제2항; 현행 일본 회사법 제849조), 그 자가 소송을 계속할 수는 있다고 한다.[77]

이처럼 주식의 '계속보유요건'에 관한 종래의 이론을 관철한다면, 대표소송이 계속 진행되고 있을 때에 주식교환·주식이전을 하면 원고주주는 이미 기존회사의 주주가 아닌 주식교환 내지 주식이전에 따른 새로운 회사의 주주가 되어 주식의 '계속보유요건'을 만족할 수 없게 된다. 따라서 원고주주는 당사자적격을 상실하게 되고,[78] 그 결과 주주대표소송도 각하하게 되는 결과가 초래되고, 그에 대한 판례도 나타났다.[79]

하지만 다수의 학설은 주식교환·주식이전에 의하여 원고주주가 당사자적격을 상실한다고 하는 것은 지나치게 형식적이라고 강력하게 비판하면서, 대표소송의 계속 중에 주식교환·주식이전이 이루어지더라도, '원고 주주의 당사자적격의 유지를 인정해야 할 특별한 이유'가 있으며, A사 주주의 대표소송의 계속을 인정하여야 한다고 주장한다.[80] 그에 대한 이유로는 ⅰ) 원고인 주주는 임의로 주주의 자격을 포기한 것이 아니며, ⅱ) 주식교환·주식이전의 실질은 회사의 조직변경에 지나지 않고, 제소주주의 투자는 대표소송 제기 후에도 일관되게 계속되며, 제소주주는 완전모회사의 주주로서 당해 회사에 관

---

76) 北澤正啓(上柳克郎ほか 編), 『新版注釋會社法(6)』(有斐閣, 1987, 367頁; 前田庸, 『會社法入門』 (有斐閣, 2002), 305頁.

77) 北澤正啓, 위의 책, 367頁.

78) 三浦州夫(河本一郎ほか 編), "株主代表\訴訟における原告の株主資格の喪失と訴訟の承継について", 『會社法・金融取引法の理論と實務』(商事法務, 2002), 100頁.

79) 이러한 하급심 판례의 단서로는 東京地判 2001.3.29, 判例時報 1748号, 171頁(日本興業銀行 株主代表訴訟事件)을 들 수 있다. 이 외에도 名古屋高判 2002.4.23(東海銀行 株主代表訴訟事件), 名古屋地判 2001.8.8(동 一審判決), 判例時報 880号, 150頁; 東京地判 2003.2.6, 判例時報 1812号 143頁(三井不動産販賣株主代表訴訟事件), 東京高判 2002.7.24, 金融商事判例 1181号 29頁(橫浜松坂屋株主代表訴訟事件) 등을 들 수 있다.

80) 우리나라의 경우도 다중(이중)대표소송의 인정 여부에 대해 견해의 대립이 있다. 즉 긍정설의 입장으로는 정동윤, 『회사법』(박영사, 2003), 471쪽; 송옥렬, "현행 상법상 이중대표소송의 허용 여부(대법원 2004.9.23, 선고 2003다49221 판결)", 『민사판례연구(제28권)』(민사판례연구회, 2006.2.); 이태종, "미국 회사법상의 이중대표소송", 『재판실무연구(제2권)』(수원지방법원, 1997), 510쪽 등을 들 수 있고, 부정설의 입장으로는 이철송, 앞의 책, 668쪽을 들 수 있다.

한 이해를 계속하고 있기 때문이며, iii) 자회사가 되는 회사의 주주는 지주회사이지만, 지주회사의 객관적인 판단에 따라서 대표소송을 제기한다는 것은 기대할 수 없으며, iv) 주식교환·주식이전을 할 때에 주식교환·주식이전 전의 회사의 주주인 원고에게는 주식매수청구권을 부여하지만(종전의 상법 제355조, 제371조 제2항; 현행 일본 회사법 제806조), 주식매수청구권의 행사로는 구제가 불충분하다는 점 등을 들고 있다.[81]

이러한 주장에 대하여 일본은 2005년 회사법의 개정으로 출자관계의 연속이 일정 범위 내에서 인정되는 경우, 주주대표소송의 계속을 인정하였다(일본 회사법 제851조 제1항 제1호, 회사법 시행규칙 제219조).[82] 즉 주주대표소송의 제기 단계에서 주주의 지위를 보유하고 있다면 출자관계의 연속성을 어느 정도 인정하고 원고적격도 인정하였다. 반면 스스로의 의사에 기초를 두지 않고 주주의 지위를 상실했다고 하더라도, 출자관계의 연속성이 단절된다면, 제소주주는 원고적격을 상실하고, 주주대표소송은 각하되는 것으로 이해되고 있다.[83] 다시 말하면, 이미 출자관계의 연속성이 단절되고, 회사의 손실 회복에 대한 이해관계가 단절된 이상, 원고가 소송을 진행하는 것은 적당하지 않다고 판단하였다.[84]

또한 최근 회사법은 기업구조 개편을 유연하게 진행하고 있는데, 이와 관련 주주대표소송을 진행하는 A회사와 H회사 사이에서 주식교환이 행하여지고, A회사 주주에게 주식 아닌 사채 등을 교부하였다면 A회사 이사에 대하여 책임을 추궁하기 위하여 주주대표소송을 제기한 원고는 A회사 주주의 지위를 상실함과 동시에 A회사에 대한 실질적 출자관계(출자의 연속 관계)도 상실하게 되고, 따라서 주주대표소송의 원고적격이 상실된다고 하겠다.[85]

또한 소수주주의 입장에서 기업구조 개편의 유연화가 진행되면 그들의 지위가 배척되기 쉬워 그들의 지위를 방어할 수 있는 수단이 결핍할 우려가 있다는 입장도, 대표소송 제기 시 주주라면 기업구조의 개편에 따라 주주의 지위를 상실하고 투자의 연속 관계가 상실된다고 하더라도 대표소송을 계속할 수 있는 권리를 인정하여야 한다고 주장하였다.[86]

---

81) 吉本健一, "判批(東京地判 2001年 3月 29日)", 「判例時報」1767号 184頁(判例評論516号 38頁)(2002), 184頁.

82) 山田泰弘,, 앞의 글, 119頁.

83) 江頭憲治郎, 앞의 책, 447頁.

84) 江頭憲治郎, 위의 책, 447頁; 株主代表訴訟研究會, "株式交換·株式移轉と株主代表訴訟(1)－原告適格の繼續", 「商事法務(1680号)」(商事法務研究會, 2004.11.25.), 14頁; 山田泰弘, 앞의 글, 74頁.

85) 浜田道代, "役員の義務と責任·責任輕減·代表訴訟.和解", 「商事法務(1671号)」(商事法務研究會, 2003.8.25.), 47頁.

③ 기업매수의 대가로 현금 등을 지급한 경우

기업구조 개편에 대한 대가를 주식 아닌 현금 등 다양한 형태로 제공하는 경우에는 소수주주의 지위가 주식을 취득하는 경우보다 더욱 쉽게 상실될 수 있다. 그런데 만약 기업구조 개편의 절차 속에서 소수주주의 이익이 충분히 보호될 수 없다면, 소수주주는 자신의 지위를 지키기 위한 제도적 보장을 요구하게 되고 또한 '투자의 연속관계'를 상실하는 경우에도 주주대표소송의 제기 내지 소송계속의 필요성이 증가하게 된다.

우선, 일본의 금융상품거래법에 의하면 상장기업을 매수하는 경우 소수주주의 이익을 보호하기 위한 조치를 마련하고 있다. 그 방법으로는 첫째로, 공개매수자가 하는 정보공시에 대하여, 지배권 취득 후의 경영방침이나 계획에 따라 구체적으로 공시할 것을 요구하고 있는데, 그 대상에는 공개매수 가격의 산정 절차까지도 공시하도록 요구하고 있다.[87] 둘째로, 주주나 투자자에 대한 정보제공의 충실이라는 관점에서, 공개매수의 대상회사는 의견표명서의 제출을 의무로 하고 있고(금융상품거래법 제27조의10 제1항), 공개매수자는 질문에 대한 회답보고서의 제출을 의무로 하고 있는데(동조 제11항), 이러한 조치는 대상자의 공개매수자에 대한 질문을 통하여 공개매수자와 대상자 간의 의견 대립이 보다 명확해져 투자자의 판단이 용이하게 될 수 있다.[88] 셋째, 공개매수를 하여야 하는 주권 등의 범위가 넓은 점(조직구조 개편 행위에 의한 것도 포함)[89]을 들 수 있다. 이처럼 공개매수 제도하에서 상장기업의 매수를 할 때에는, 당해 기업매수 계획의 개요나 매수가격 산정의 근거 등을 명확하게 표시하도록 한 것은 주주로 하여금 보유주식을 매각하고 회사로부터 이탈할 것인지를 판단을 용이하게 하도록 하기 위함이다.

다른 한편, 회사법의 개혁 과정 속에서 기업구조 개편은 주주총회의 특수결의에 의하여야 한다는 주장도 제기되고 있다. 즉 외국 기업이 주식 등을 대가로 하는 기업구조의 개편을 하는 경우 요구된 주주총회의 결의를 특수결의(당해 주주총회에 있어서 의결권을

---

86) 柴田和史, "株式移轉における株主2代表訴訟の問題", 「判例タイムズ(1122号)」(株式會社 判例タイムズ社, 2003.8.30.), 29頁.

87) 우리나라의 경우도 일본의 경우와 유사하다. 즉 자본시장과금융투자업에관한법률 시행령에 따라 그 구체적인 사항까지 공고하도록 하고 있다(동 시행령 제147조).

88) 우리나라도 자본시장과금융투자업에관한법률 제138조에서 규정하고 있다.

89) 우리나라의 경우 공개매수의 예외에 대해서는 자본시장과금융투자업에관한법률 시행령에 규정하고 있다. 즉 동 시행령 제143조에 의하면, ① 소각을 목적으로 하는 주식 등의 매수 등, ② 주식매수청구에 응한 주식의 매수, ③ 신주인수권이 표시된 것, 전환사채권, 신주인수권부사채권 또는 교환사채권의 권리행사에 따른 주식 등의 매수 등, ④ 파생결합증권의 권리행사에 따른 주식 등의 매수 등, ⑤ 특수관계인으로부터의 주식 등의 매수 등, ⑥ 동법 제78조 제1항에 따라 증권의 매매를 중개하는 방법에 의한 주식의 매수, ⑦ 그 밖에 다른 투자자의 이익을 해칠 염려가 없는 경우로서 금융위원회가 정하여 고시하는 주식 등의 매수 등의 경우에는 공개매수 대상에서 제외하였다.

행사할 수 있는 주주의 반수 이상이 출석하고, 의결권의 2/3 이상의 다수에 의한 찬성, 회사법 제308조 제3항)에 의하여야 한다는 움직임이 있었다.[90] 하지만 입법까지 요구한 것은 아니며, 그에 대한 대안으로 정보공시의무를 충실히 하도록 유도하였다(2007년 4월 25일 개정 회사법 시행 규칙 제182조, 제184조).[91]

예를 들면, 합병 등 대가를 무엇으로 할 것인지에 대한 선택의 이유(회사법 시행 규칙 제182조 제3항 제2호, 제184조 제3항 제2호)와 관련하여 대가의 상당성과 관련한 중요 사항을 공시하도록 하고 있다. 특히, 공동지배 관계에 있는 회사 간의 흡수합병 등에서 소수주주를 어떻게 배려하는지에 대한 대가의 상당성을 공시하도록 하고 있다(회사법 시행규칙 제182조 제3항 제3호, 제184조 제2항 제3호).[92] 물론 대가의 상당성을 공시하지 않았다고 하여 그 자체가 합병 무효의 원인이 되는 것은 아니다. 그렇지만 예외적으로 특별이해관계인의 의결권 행사로 인하여 합병 등의 대가가 현저히 부당하다고 판단되는 결의를 하는 경우에는 합병 등의 승인결의에 대한 취소의 원인(회사법 제831조 제1항 제3호)에 해당할 수 있다. 이 경우 소수주주 자신이 자기의 이익을 지키기 위해서는 주식매수청구권(회사법 제785조, 제787조, 제797조, 제806조, 제808조)을 행사할 수밖에 없다.[93] 물론 주식매수청구권이 남용될 위험성이 없는 것은 아니나, 위의 기능을 충실하게 수행하려면 주식매수청구권의 기동성을 확보하고 실효성을 증진시켜야 할 것이다.[94]

이처럼 소수주주를 보호하기 위한 다양한 제도가 있음에도 불구하고 소수주주의 이익을 보호할 수 없는 경우에는 대표소송의 계속을 인정하여 그들의 이익을 보호할 필요가 있다고 한다.

---

90) 2006年 10月 20日 讀賣新聞, "三角合併で買收目指す外國企業, 國內上場義務化を経団連, 政府・与党に要望へ", 山田泰弘, 앞의 글, 112頁 주 61 재인용; 우리나라의 경우에는 기업의 구조개편과 관련하여 주주총회의 특별결의를 필요로 한다. 다만, 회사의 조직변경의 경우에는 총주주의 결의에 의하게 된다.

91) 相澤哲, "合併對價の柔軟化の實現に至る経緯", 「商事法務(1801号)」(商事法務研究會, 2007.6.5.), 13頁.

92) 우리나라 상법에서는 합병 등 대가의 상당성과 관련한 규정은 존재하지 않는다.

93) 우리나라 상법 제522조의3에서도 이와 마찬가지의 규정이 존재한다. 다만, 주식매수청구권 제도의 존재가 소수주주의 구제보다는 다수주주의 결정을 규율한다는 견해도 있다[藤田友敬, "組織再編", 「商事法務(1775号)」(商事法務研究會, 2006.8.25.), 56~57頁].

94) 中東正文, "企業買收・組織再編と親會社・關係會社の法的責任", 「法律時報(第79卷5号)」(日本評論社, 2007.5.1.), 32頁.

(3) 최근의 사례 및 검토

① 사건의 개요

㉠ 흥업은행 사건

일본 흥업은행(興業銀行)의 주주 X 등은, 1999년 4월 19일 일본 채권신용은행의 재건에 대한 원조를 위하여 증자(增資)를 해 주는 등 이사로서의 주의의무를 위반하였고 그로 인하여 흥업은행에 손해를 입혔다고 주장하면서 흥업은행의 이사인 Y 등을 상대로 대표소송을 제기하였다.

그런데 이 소송이 제기된 후 2000년 9월 29일에, 흥업은행, 부사은행(富士銀行) 및 제일권업은행(第一勸業銀行)의 지주회사인 미즈호 홀딩스(みずほホールディングス)가 세 은행의 공동의 주식이전 방법에 의하여 설립되었다. 그 결과 흥업은행의 주주인 X 등은 '미즈호 홀딩스'의 주주 자격을 취득한 반면 기존 흥업은행 주주의 자격은 상실하게 되었다. 흥업은행의 이사인 Y 등은 이를 근거로 X 등이 이미 본건 대표소송의 원고적격을 상실하였다고 주장하면서 대표소송의 청구에 대한 각하를 요구하였다.

이 사건에 대하여 동경 지방법원은 "종전의 일본 상법 제267조 제1항(현행 일본 회사법 제847조 제1항)에 주주대표소송을 제기할 수 있는 자로 '6개월 전부터(이에 하회하는 기간을 정관에 정한 경우에는 그 기간) 계속하여 주식을 보유하고 있는 주주'라고 규정하고 있는데,[95] 이는 주주대표소송의 원고적격을 정한 것으로써, 위의 '주주'란 문리상 피고인 이사가 속한 회사의 주주라고 해석된다.[96] 이러한 점에 근거하여 주식이전에 의하여 원고가 흥업은행 주주의 자격을 상실했을 경우 주주대표소소송의 당사자적격이 유지되는 취지를 정한 특별한 규정은 존재하지 않으며 또한 법률의 문구에 반하여 원고의 당사자적격의 유지를 인정하여야 할 만한 특별한 이유도 없다"고 판시하여 대표소송을

---

95) 우리나라의 2009년 개정 상법은 소수주주권 행사의 활성화를 통한 기업경영의 투명성 제고를 위하여 1%의 지주요건을 완화하여 "6월 전부터 계속하여 상장회사 발행주식 총수의 0.01%(10,000분의 1) 이상에 해당하는 주식을 보유한 자"는 대표소송을 제기할 수 있다(동법 제542조의6 제6항). 또한 주권상장회사는 정관의 규정으로 대표소송을 위한 지주비율을 낮추거나 단기의 보유기간을 정할 수 있다(동법 제542조의6 제7항). 그 밖에 금융기관(은행법 제17조 제1항), 종합금융회사(자본시장과금융투자업에관한법률 제350조, 제29조 제1항), 일정 규모 이상의 증권회사(자본시장법 제29조 제1항), 일정 규모 이상의 보험회사(보험업법 제25조 제1항, 제65조) 및 자산운용회사(자본시장법 제29조 제1항)의 경우에는 그 요건이 더욱 완화되어 있다고 한다[최준선, 「회사법」(삼영사, 2011), 501쪽].

96) 山田泰弘, "國際的潮流から見た日本の株主代表訴訟制度", 「立命館法學」(立命館大學法學會, 2007.4.), 119頁.

각하하였다[97]. 하지만 이 판결은 다음의 대화은행(大和銀行)의 사건과 관련하여 많은 문제점이 있다는 점이 지적되었다.

ⓒ 대화은행 사건

동 사건 사례는 대화은행(大和銀行) 뉴욕지점에서 채용한 행원이 거의 10년 동안 기업이나 은행이 대차대조표에 기재하지 않는 금융 거래인 부외거래(簿外去來)나 불법의 재산처분을 반복함으로써 은행에 약 11억 달러의 손해를 발생시킨 사건이다.

그런데 이 과정에서 뉴욕 현지에서 채용한 행원은 이미 회사에 손해를 발생시켰다는 사실을 은행의 이사 등에게 보고하였다. 그럼에도 불구하고 동 은행의 이사 등은 미국의 관련 당국에 이러한 사실의 보고 의무를 해태하였고, 또한 이사가 이러한 보고 의무를 해태하지 않았다고 하더라도 이러한 사실이 회계장부에 기재되지 않고 누락되어 있어 이사가 이로 인하여 손해가 발생했다는 사실의 발견이 거의 불가능하였고, 따라서 관련 당국에 이에 대한 보고를 할 수 없었다고 주장하였다. 어쨌든 결과적으로 대화은행은 미국 법무부에 3억 4천만 달러의 벌금을 지급하게 되었다.

이에 대화은행의 주주들은 동 은행의 이사 등 49명을 상대로 대표소송을 제기하여 은행 관리 체제의 미비와 손해발생의 사실을 알았음에도 불구하고 미국 관련 당국에 대한 보고 의무를 해태함으로써 발생한 벌금의 지급에 대한 책임으로 은행에 끼친 14억 5천만 달러의 손해를 회사가 배상하도록 요구하였다.

이와 관련하여 대판(大阪) 지방법원은 2000년 9월 20일의 제1심에 대한 판결을 내렸다. 그 내용은 당시 대표이사 및 뉴욕 지점장인 이사가 행원의 부정행위를 방지하여 손해를 최소한으로 할 수 있도록 내부통제 시스템을 구축할 선관주의의무 및 충실의무가 있는데, 이를 해태하였고, 기타 이사 및 감사는 대표이사 등이 내부통제시스템을 구축하고 있는지 등을 감시할 선관주의의무 및 충실의무가 있음에도 불구하고 이를 해태함으로써 발생한 손해에 대하여, 피고 이사 중 11명에게 총액 7억 5천만 달러의 손해를 회사에 대해 배상하도록 판시하였다.[98] 이러한 대판(大阪) 지방법원의 판결에 대하여 위의 사실을 인정함에 있어 의문을 제기한 점, 이사 등에게 내부통제 시스템의 구축 의무를 긍정한 점에서 획기적인 판단으로 환영을 받았고, 지급의 명령을 받은 배상액의 규모와 관련하여 일본 경제계에 커다란 충격을 던져 주었다는 점에서 그 의미가 부각되었다.

---

97) 金融商事判例(1120号)(経済法令研究会, 2001.7.15.), 53頁.

98) 商事法務(1573号)(商事法務研究會, 2000.10.5.), 4頁.

어쨌든 동 판결과 관련하여 원고와 피고는 모두 대판(大阪) 고등법원에 항소를 하였다. 그런데 동 소송이 진행되고 있는 동안 대화은행(大和銀行)은 근기대판은행(近畿大阪銀行), 내량은행(奈良銀行)과 공동으로 주식이전에 의해 지주회사인 대판은행(大阪銀行) 홀딩스 - 2002년 10월 1일부터 리소나 홀딩스(りそなホールディングス로 사명을 변경함)를 설립하였다. 그 결과 흥업은행의 사건에서와 마찬가지로, 원고인 주주의 자격이 상실되었고 따라서 소송상 당사자적격이 상실되었다고 주장함으로써 소가 각하될 위험에 처하게 되었다.

하지만 대판(大阪) 고등법원에서는, 제1심에서 이사의 책임을 인정하였던 동 사건에 대하여 명백히 당사자적격이 없다는 판단을 내리는 데 주저하였다. 또한 원고 측도 주식이전에 따른 화해를 하지 않으면 안 될 수밖에 없는 사정이 발생하였다. 만약 원고인 주주가 승소할 경우 변호사 보수를 포함하여 소송상 필요하다고 인정되는 비용 상당액을 회사에 청구를 할 수 있지만(일본 상법 제268조의2 제2항; 회사법 제852조), 반대로 각하 판결이 나올 경우에는 회사에 그 상환청구를 할 수 없게 되어 소송비용마저도 회수할 수 없는 결과가 초래될 수도 있었다. 이에 법관의 주도로 화해가 진행되었고, 지주회사가 등기로 성립된 2001년 12월 12일 직전인 12월 10일에 화해가 성립하였다. 이 화해에 의하여 제1심에서 인용된 배상금 총액 7억 5천만 달러보다는 훨씬 적은 2억 5천만 엔을 피고 이사 등이 회사에 지급함으로써 이 주주대표소송 사건은 종료되었다.

② 사안의 검토

㉠ 원고의 주식계속보유의 요건에 대한 검토

우리나라나 일본의 경우 법원은 대표소송의 진행 중에 주식의 양도 등에 의하여 주주의 지위를 상실한 경우 그는 이미 당해 회사의 이사에 대한 책임을 추급함에 있어서 이익을 가지지 않으므로 주주대표소송의 원고 적격을 상실한다고 판시하였다. 즉 원고주주는 소송종료 시까지 계속하여 주주의 지위를 보유하여야 하고, 만일 소송의 계속 중에 주주의 지위를 상실하면, 당사자적격(원고적격)이 상실되어 소가 각하된다고 한다(통설).[99]

그러나 당해 회사의 이사에 대한 책임을 추급할 때에 원고주주에게 이익이 인정되거나 인정해야 할 필요가 있는 경우에는 당사자적격의 유지를 인정해야 할 필요가 있고, 그러한 경우에는 예외적으로 제소 후의 계속 보유요건의 적용을 완화할 필요가 있다고 본다.[100]

---

99) 北澤正啓, 『新版注釋會社法(6)』(有斐閣, 1987), 367頁.

이와 관련하여 미국 캘리포니아 주 회사법의 규정을 들 수 있다. 즉 동법에 의하면, 원고적격을 유지하기 위한 요건으로 ⅰ) 회사를 위하여 제기된 소송은 개연성이 높은 증거(a strong prima facie)를 가지고 있을 것, ⅱ) 다른 유형의 주주대표소송이 제기되거나 장래에도 제기될 가능성이 없을 것, ⅲ) 원고가 이사의 위법행위가 공개되기 전 또는 원고가 그것을 알기 전에 주식을 취득할 것, ⅳ) 주주대표소송이 제기되지 않는다면, 피고가 고의로 신의측 위반으로 인하여 발생하는 이득을 얻을 가능성이 있을 것, ⅴ) 원고 주주에 의한 구제조치가 회사 내지 다른 주주에 대하여 부당이익을 발생하게 하지 않을 것을 제시하고 있다.101) 또한 ALI의 규정도 보면, ⅰ) 소송제기의 대상이 되는 위법행위에 관한 실질적인 사실이 공개되기 전이거나, 주주에게 알려지기 전일 것 또는 특별한 전달이 있기 전일 것, ⅱ) 기존의 주식소유자로부터 직접적 내지 간접적으로 법에 정해진 이전에 의한 사례에 있어서는 행위 시 주식소유원칙을 적용하지 않고, 주주대표소송의 소권을 유지할 수 있도록 하고 있다.102)

이처럼 캘리포니아 회사법이나 ALI의 원칙은 이사에 의한 위법행위 이후 주식을 취득한 경우 이를 모두 무효로 하는 것이 아니라, 위법행위 사실이 공개되기 이전에 주식을 취득한 경우에는 행위 시 주식소유원칙에 대한 적용을 다소 완화하고 있다. 다만, 이 경우 유의할 점은 위법한 행위 내용은 어디까지나 회사의 손해 원인의 직접적인 요인을 말한다고 하겠다.

이러한 점을 감안한다면, 대표소송을 제기한 주주가 그 이후 주주의 자격을 상실하였다고 하더라도 회사 내지 모든 주주의 이익을 위한 경우라면 이 경우 주식의 계속 보유 요건의 예외를 인정함이 타당하다고 본다. 다만, 주주의 입장에서 이사의 경영판단 등을 방해할 목적으로 대표소송을 제기할 가능성도 존재하는 만큼 미국과 같이 그에 대한 요건을 엄격하게 규정하는 것이 바람직할 것으로 본다.

ⓒ 원고적격의 상실 여부에 대한 검토

우리나라의 경우 주주대표소송의 경우 현행 민사소송법상 채권자대위소송과 동종의 제3자 소송으로 취급되고, 소송당사자인 원고주주가 당사자적격을 상실한 경우 소송은 중단되지 않고 종료된다고 한다.103)

---

100) 新谷勝, "支柱會社の創設と株主代表訴訟の原告適格－大和銀行株主代表訴訟の和解が殘した問題点－", 「判例タイムズ(1086号)」(株式會社 判例タイムズ社, 2002.6.1.), 36頁.

101) Cal. Gen. Corporation Law §800.

102) ALI, op.cit., §7.02(a)(1).

하지만 동 소송은 주주의 개별적인 이익을 위한 것이 아니라 회사와 주주 전체의 이익을 위한 것으로 주주의 공익권에 해당되고,104) 또한 주주는 단체(회사)의 구성원으로서 단체(회사)에 대해 건전한 운영을 요구할 수 있는 권리를 모든 주주를 대표하여 행사한다는 점에서 집단소송(class action)으로서의 성질을 가지고 있다고 할 수 있다.105) 이러한 점에 근거하면, 동 소송은 주주 자신의 개인적인 권리에 의한 소송으로 취급할 것이 아니라 일정한 지위 내지 자격에 근거한 소송담당으로 처리하여야 할 것이다.106)

따라서 대표소송의 원고인 주주가 당사자적격을 상실했다고 하더라도 소송이 종료된다고 할 것은 아니며, 오히려 소송 수계의 문제가 발생하여야 한다고 한다(일본 민사소송법 제124조 제1항 제5호·제6호; 우리나라 민사소송법 제237조 제2항). 왜냐하면 다른 주주도 대표소송 제기권을 가지고 있기 때문에, 그가 스스로 소송의 수계를 하는 것은 방해할 수 없고, 만약 다른 주주도 소송의 수계의 신청이 없는 경우에는 법원은 피고인 이사의 신청에 의하여(일본 민사소송법 제126조; 우리나라 민사소송법 제241조) 또는 직권으로(동 민사소송법 제129조; 우리나라 민사소송법 제244조) 대표소송의 사실상 당사자인 회사 내지 감사에 대하여 소송의 수계를 하도록 명할 수도 있기 때문이다.107) 나아가, 회사의 대표소송의 수계는 소송법상의 의무이므로 회사 내지 감사는 일단 이것을 수계하여야 하지만, 그렇다고 하여 수계한 소송을 끝까지 이행하여야 할 의무까지 부담하는 것은 아니다. 즉 회사(감사)가 원고주주에 의한 소의 제기가 부당하다고 판단될 때에는 언제라도 피고의 동의를 얻어 소를 취하할 수 있기 때문이다.108)

이러한 점을 고려하여 보면, 만약 원고주주가 주식교환·주식이전에 의한 당사자적격을 상실하여 제기된 대표소송이 중단되거나 새로운 회사가 되는 완전모회사가 소송의 수계를 신청할 수도 있을 것이다. 뿐만 아니라 주식교환·주식이전으로 인하여 자회사로

---

103) 류승훈, 위의 책, 616~617, 735~739쪽.

104) 이철송, 「회사법강의」(박영사, 2010), 665쪽.

105) 山田泰弘, "結合企業と代表訴訟(1)", 「高崎經濟大學論集(第45卷)」(高崎經濟大學, 2002.9.), 71頁.

106) 伊藤眞, 「民事訴訟法(補訂第2版)」(有斐閣, 2002), 212頁.

107) 다른 주주의 참가가 허용되는가에 대해서는 ① 우리 상법상 주주의 참가에 관한 명문 규정이 없으므로 이를 부정하여야 한다는 견해(다수설), ② 다른 주주의 참가도 가능하다고 보는 견해, ③ 참가의 형태에 관하여 원래 대표소송을 제기할 수 있었던 주주는 공동소송참가를 할 수 있지만 그러한 자격을 갖추지 아니한 주주는 공동소송적 보조참가만을 할 수 있다는 견해 등이 대립하고 있다[①의 견해로는 손주찬, 앞의 책, 823쪽; 정찬형, 「상법강의(상)」(박영사, 2005), 882쪽(우리 상법상 회사만 참가할 수 있다는 규정에 근거를 두고 있음); ②의 견해로는 강위두·임재호, 「상법(상)」(형설출판사, 2005), 834쪽; 정동윤, 앞의 책, 469쪽(주주에게 당사자적격이 없으므로 공동소적적 보조참가에 해당한다고 함), ③의 견해로는 이태종, 「주주대표소송에 관한 연구」(서울대 박사학위논문, 1997), 199쪽].

108) 山田泰弘, 앞의 結合企業と代表訴訟(1), 72頁.

되는 사업회사(감사)도 소송을 수계할 수 있다고 하여야 할 것이다. 이 경우 주주의 대표소송은 제3자 소송담당에 가깝다고도 할 수 있을 것이다. 소송을 수계하여야 함에도 불구하고, 회사를 대표하는 감사가 소송의 수계를 결정하지 않는 경우에는, 감사의 임무해태에 따른 책임의 문제도 발생하게 된다. 특히, 원고주주가 스스로의 의사에 따라 소유하는 주식의 전부를 양도하는 경우나 사망의 경우에 이와 같이 처리하는 것은 당연하다고 할 것이다.

나아가, 대표소송의 계속 중에 원고인 주주가 당사자적격을 상실하여 소의 각하 판결이 내려졌다고 하더라도, 소송물을 둘러싼 분쟁은 종결된 것이 아니라 미해결된 상태로 남아 있으므로 다른 주주에 의하여 별소(別訴)가 제기될 가능성도 남아 있다. 이 경우에 분쟁 해결을 후소(後訴)에 위임한다면, 그것은 소송경제에 반할 뿐만 아니라 원고주주의 소송 수행의 결과 형성된 소송 상태가 의미가 없게 되어 후소(後訴)의 원고와 피고 사이의 공평이 손상될 우려도 제기된다.

뿐만 아니라 일본의 경우 자회사가 소송법상의 수계의무에 따른 소송을 수계한다고 하더라도 자회사를 대표하는 자회사 감사의 소송 수행이 적절하다고도 할 수 없다. 왜냐하면 자회사 감사가 수계한 소송 수행의 적정과 관련하여 부적절한 소송 수행을 한 경우에는 자회사에 대한 선관주의의무 위반이 되어 그 책임을 추궁받을 수도 있고 또한 주주의 소송참가(종전의 일본 상법 제268조 제2항; 일본 회사법 제849조)[109]에 의하여 그 문제가 해결될 수도 있기 때문이다.

이 외에도 완전모자회사 관계의 경우 자회사의 주주인 모회사가 반드시 적절하게 행동한다고도 할 수 없다. 청구에 이유가 있는 대표소송을 자회사가 수계한다고 하더라도 자회사를 대표하는 자회사 감사는 피고 이사와의 관계를 중시하고, 완전모회사는 그러한 자회사의 감사에 대한 책임을 추궁하지 않을 수도 있으며, 설령 자회사가 수계하더라도 적절한 처리가 보장되지 않을 수 있기 때문이다.

따라서 종전의 회사 주주에 의한 대표소송 계속 중에 주식교환·주식이전이 행하여지는 경우 자회사(감사)에게 소송을 수계시키는 방식에 따라 문제를 해결하는 것은 한계가 있다고 보며, 원고주주의 원고적격 내지 당사자적격을 상실하지 않는다고 해석함이 타당하다고 본다.

---

109) 山田泰弘, "親子會社·株式交換と多重的代表訴訟-アメリカ法における運用と正統化理論を參考にして-(一), (二·完)", 「名古屋大學法政論集(177号)」(名古屋大學, 1999.3.), 187, 211~212 頁. 주주가 소송에 참가할 수 있음을 규정한 일본의 규정은 우리나라의 현행 상법의 규정과는 차이가 있다. 우리나라의 경우에는 회사에 한하여 소송참가를 인정하고 있다(우리나라 상법 제404조 제1항).

ⓒ 주식교환·주식이전에 의한 경우

대표소송의 원고주주가 스스로의 의사에 의하여 자발적으로 주식의 양도를 하고 또 주식의 경매나 공매와 같은 원인에 의하여 주식을 상실한 경우에 당사자적격을 상실하는 것은 당연하다. 그러나 주식교환·주식이전이라는 조직법상의 행위에 의하여 주주의 지위를 상실하는 것은 스스로의 의사에 의한 것이 아니므로, 통상의 주식양도나 경매·공매의 경우와 같이 취급하는 것은 부당하다고 본다. 이 점에 대해서는 논란의 여지가 있을 수 있으나 흥은(興銀) 사건의 판결도 비판의 대상이 되고 있는 바와 같이 원고주주의 당사자 적격을 인정하는 것이 옳다고 본다.

모자회사 관계의 이용이 활발한 미국에서도, 대표소송의 제소권자는 이사의 위법행위의 발생 시 내지 발견 시부터 주식을 계속하여 소유하고 있는 주주에 한정된다고 하나, 대표소송의 계속 중에 스스로의 의사에 의하지 않고 원고적격을 상실한 경우에는 대표소송을 종료시켜서는 안 된다고 한다. 즉 미국법률협회(ALI)의 '회사지배구조(Corporate Governance)의 원리: 분석과 권고' 7.02(a)(2)에 의하면, 대표소송의 원고는 판결 시까지 주식의 소유를 계속하지 않으면 안 된다고 하면서도(계속소유요건), 주식을 계속적으로 소유할 수 없었던 것이 원고주주의 동의와 관계없는 회사의 행위 결과인 한편, 대표소송이 원고주주의 주주로서의 지위를 종료시킨 회사의 행위 이전에 제기된 경우에는, 예외적으로 원고적격을 긍정하고 있다.110) 이러한 미국의 경험을 근거로 하면, 주식교환·주식이전이 행하여지더라도, 대표소송의 원고주주의 당사자적격은 유지된다고 본다.111)

다른 한편, 소송계속 중에 제소주주가 스스로의 의사에 의하지 않고 상법상 제소자격을 상실하는 경우가 주식교환·주식이전 이외의 경우에도 존재한다면 그 경우의 제소 자격의 상실 여부를 파악하는 것도 주식교환·이전의 경우에 과연 어떻게 처리할 것인지에 대한 결론을 추론할 수 있다고 본다.112)

그러한 경우로 ⅰ) 주주가 소수주주권의 행사, 예컨대 검사인의 선임 청구의 경우(종전의 일본 상법 제294조; 회사법 제358조; 우리나라 상법 제366조)나 회계장부 열람권의 행사를 소송에 의하여 청구하는 경우(종전의 일본 상법 제293조의6, 제293조의7; 회사법

---

110) The American Law Institute, op.cit., Section 7.02.

111) Gaillard v. Natomas Co., 173 Cal. App.3d 413, 219 Cal. Rptr. 74(Cal. App.1 Dist. 1985)는 원고주주의 당사자 적격이 유지된다고 판단되었지만, Fischer v. CF & Steel Corp., 599 F Supp.340(S.D.N.Y. 1984)이나 Lewis v. Anderson, DeL Supr., 477 A.2d1040(1984)의 경우에는 원고적격이 유지되지 않는다고 판단하였다.

112) 佐合美佳, "判批(東京地判 2001年 3月 29日)", 「名古屋大學法政論集191号」(2002), 252頁.

제433조; 우리나라 상법 제466조 제1항), ⅱ) 이사의 해임청구소송(종전의 일본 상법 제27조 제3항; 회사법 제854조; 우리나라 상법 제385조 제2항)을 제기하고 있을 때에 신주발행을 하거나 당해 제소주주의 소유 주식 수가 대표소송 제기에 필요한 소정의 지분비율을 유지할 수 없게 되어 제소주주의 자격을 상실하게 되는 경우를 들 수 있다. 구체적으로 살펴보면 다음과 같다.

먼저, 검사인의 선임청구 소송의 경우에는 견해의 대립이 있다. 즉 신주발행에 의한 지분요건을 만족하지 않게 되었을 경우 당사자 적격을 상실한다고 해석하는 견해와 청구시에 지주요건(持株要件)을 갖춘다면 원고주주는 실체법상 검사인의 선임청구권을 가지고 있다고 하여, 원고적격이 유지된 소송에 영향이 미치지 않는다고 해석하는 견해가 있다. 일본의 경우 이 중에서 후자의 견해가 유력하게 주장되고 있다.[113]

둘째, 이사의 해임청구 소송의 계속 중에 신주발행이 되면 원고주주의 소유주식이 지분요건 소정의 비율을 유지하지 못한 경우에도 당해 소송의 계속에는 어떠한 영향도 미치지 않는다고 한다.[114]

위에서 살펴본 바와 같이 대표소송 계속 중에 원고주주가 임의로 주주 자격(제소 자격)을 포기하지 않는 경우에는 기존 원고주주의 당사자적격이 유지되고 있다. 따라서 주식교환·주식이전이 대표소송의 계속 중에 행하여지고, 그로 인하여 원고주주가 그의 의사에 반하여 주주의 지위를 상실한다고 하더라도 원고의 주주 적격 내지 당사자적격은 그대로 유지하여야 한다고 본다.

(4) 소결

위에서 살펴본 바와 같이, 대표소송이라 함은 어떤 기업이 스스로 회사를 위하여 이사 등 일정한 자의 회사에 대한 책임을 추궁하기 위하여 제기하는 소송인데, 어떤 기업에서 대표소송이 제기된 이후 주식교환이나 주식이전을 한 경우에는 과연 대표소송을 계속하여 진행할 수 있는가가 문제될 수 있다. 일반적으로는 주식교환이나 주식이전을 하게 되면, 주주는 주식결합을 하기 이전 기업의 주주로서의 자격을 상실하게 되고, 대표소송을 제기하였던 주주는 당사자적격을 상실하고 대표소송 또한 각하된다.

그러나 일본에서는 위에서 살펴본 사례에서와 같이 대표소송이 각하되는 결과에 대하

---

113) 山田泰弘, 앞의 結合企業と代表訴訟(1), 74頁.
114) 山田泰弘, 위의 結合企業と代表訴訟(1), 74頁.

여 의구심을 제기하고 기업결합을 한 이후에도 대표소송을 계속할 수 있도록 원고의 적격 내지 당사자적격을 인정하려고 하는 시도가 심도 있게 논의되었다. 그 결과 대표소송의 계속을 인정해야 할 필요가 있다고 하고, 그를 위해서는 ⅰ) 기존에 주식계속보유요건을 엄격하게 요구하고 있던 것을 완화할 필요가 있으며, ⅱ) 원고적격요건과 관련하여 기업결합을 한 이후 주주의 자격을 상실하더라도 대표소송을 계속할 수 있도록 그 권한을 보장하여야 한다고 주장하였다.

다만, 기존 주주에게 대표소송을 계속함은 소수주주의 이익보호를 위한 것이지만, 다른 한편으로는 소수주주가 이러한 지위를 남용할 수 있는 경우도 있을 수 있다. 따라서 소수주주의 지위 남용을 고려하면서 대표소송의 적용 범위를 확장함이 바람직하다고 본다.

3. 결합기업의 공시 제도로 연결계산제도

1) 서설

P회사는 Q회사가 발행한 주식의 전부를 보유하고 있다면, 두 회사는 경제적인 측면에서 일체라고 할 수 있다. 즉 Q사의 이익은 P사의 이익, Q사의 것은 곧 P사의 것이라고 할 수 있다. 그렇지만 두 회사 간의 거래는 독립한 두 회사 간의 거래와는 구별된다. 또한 P회사가 Q회사의 모든 주식을 소유하지 않더라도, 비록 정도의 차이는 있을 수 있지만, P사가 Q사를 지배할 수 있는 것은 마찬가지라고 할 수 있다.

그런데 이와 관련하여 계산서류를 작성할 때에는 기본적으로 각 회사마다 작성하는 것을 원칙으로 하고 있다. 그럼에도 불구하고 그룹 내의 거래 등으로 두 회사 간의 거래를 무차별적으로 일괄하여 처리한다면 두 회사의 손익 및 재산 상황을 정확하게 파악하기가 그렇게 쉬울 것으로 생각되지는 않는다. 즉 계산서류는 구분 계상이나 주기(注記) 등에 의하여 열람하는 자의 주의를 촉구하는데, 기업결합의 경우에는 사업보고에 그러한 내용이 묘사되어 있다.

첫째, 사업보고는 계산서류와 동일하게 한 베이스로 작성된다. '친숙형(なじみ型)'115)

---

115) 일본에서는 회사법상 원칙적인 형태라고 할 수 있는 '주주 총회 + 이사 1명'의 회사 조직 형태를 '원초형' 회사라고 하고, 대회사 또는 공개회사인 상장회사에서 자주 보이는 형태의 회사를 '친숙형' 회사라고 한다.

의 회사와 같은 공개회사에서는 '회사의 현황에 관한 사항' 등 내용이 구체적으로 지시되는데, 그중 한 가지는 '중요한 모회사 및 자회사의 상황'이다.[116] 연결계산서류를 작성하는 회사의 경우에 이러한 상황은 '기업집단의 현황에 관한 사항'이라고 할 수 있다.[117] 그 범위 내에서 사업 내용이나 자금조달·설비투자 등의 상황이 연결 베이스로 표시된다. '주식에 관한 사항'으로서는 발행한 주식 총수의 1/10 이상을 가지고 있는 주주가 누구인지, 각 보유주식 수가 어느 정도인지를 기재한다.[118] 대주주도 여기에 병기된다. '회사 임원에 관한 사항' 중에는 다른 법인 등의 대표자 등인 회사 임원의 중요사실이라든지, 그 연도에 있어서 회사 임원의 중요한 겸직의 상황이라는 기재 항목이 있다.[119] 또한 다른 회사의 업무집행이사·집행이사 등을 겸직하고 있는 회사 임원에 대해서는 겸직 상황의 명세를 사업보고의 부속명세서에 기재하여야 한다.[120]

둘째, '관련 당사자와 거래에 관한 주기(注記)'를 계산서류 중의 하나인 개별주기표에 기재하도록 하였다.[121] 관련 당사자 중 관계회사와의 거래에 대해서는 영업거래와 그 이외의 거래와의 각 거래량의 최고액을 손익계산서에 관한 주기로서 표시하여야 한다.[122] 또한 관계회사에 대하여 금전채권·금전채무는 대차대조표상에서 구분 표시를 하지만, 그렇지 않은 경우는 대차대조표에 관한 주기의 하나로서 표시한다.[123]

셋째, 관계회사의 주식은 '투자 기타 자산'에 편입하는 것이 원칙이나,[124] 관계회사의 주식 항목에서 대차대조표상에 구분하여 표시한다.[125] 관계회사 중 모회사의 주식은 그것을 소유하고 있는 것 자체가 이례적이므로, 적어도 금액을 주기하여야 한다.[126]

---

116) 회사규칙 제119조 제1호.

117) 회사규칙 제120조 제2항. 또한 회사의 기본방침으로서 적절한 기업집단의 형성을 향한 특별한 방법을 정하고 있는 경우에는 그것에 대한 기재도 하여야 한다. 동 규칙 제127조 제2호.

118) 회사규칙 제119조 제3항, 제122조 제1호.

119) 회사규칙 제119조 제2호, 제121조 제3호·제7호.

120) 회사규칙 제128조 제1호, 겸무의 회사가 동업종이라면 그 취지도 기재하여야 한다.

121) 계산규칙 제129조 제1항 제8호, 제140조.

122) 계산규칙 제129조 1항 제4호, 제135조.

123) 계산규칙 제129조 제1항 제3호, 제134조 제6호. 연결주기표에는 기재하지 않는다.

124) 계산규칙 제106조 제3항 제4호.

125) 계산규칙 제113조 제1항. 연결대차대조표에는 나타나지 않는다. 동조 제2항.

126) 계산규칙 제134조 제9호. 구 상법 시행규칙 제58조는 모회사 주식을 유동자산의 부에 구분계상하였다. 종래는 이 외에 자회사 주식을 투자 기타 자산의 부에 구분계상할 뿐만 아니라 부속명세서에 자회사에 대한 출자나 채권의 명세, 각 자회사가 가지고 있는 쪽의 회사 주식의 수, 특히 주식 상호 보유의 상황도 공시케 하고 있었다. 동 규칙 제73조, 제107조 제1항 제8호·제9호, 제108조 제1항 제3호. 계산규칙은 이것을 인계하지 않았다.

2) 연결회계

단체(單體)의 계산서류도 구분표시·주기 등을 주의 깊게 본다면, 그룹 기업의 실태를 조금은 파악할 수 있다. 좀 더 철저하게 그룹 전체를 하나의 기업으로 보면, 전체의 계산을 정리해 표시하는 것은 연결계산서류·연결재무제표이다. 금융상품거래법에서도 이것이 그 중심이 된다.

회사법은 회계감사인 설치회사가 연결계산서류를 작성하도록 규정함에 따라 사업연도말에 대회사 또는 유가증권 보고서 제출의무가 있는 회사는 연결계산서류를 작성하도록 하고 있다.[127] 이러한 제도는 금융상품거래법에 존재하던 제도를 회사법에서 인지하여 수용한 것이다. 만약 연결계산서류의 작성 의무가 있는 회사가 이를 작성하지 않는 경우에는 벌칙의 적용뿐만 아니라 연결 베이스에 의한 배당을 선택하는 정도여서 단체(單體)의 계산서류를 작성하지 않는 것이 결코 유리한 것만은 아니다.

(1) 연결의 범위

연결계산서류를 작성하는 때는 모든 자회사를 연결의 범위에 포함시켜야 한다.[128] 왜냐하면 적당한 정도만을 수용하는 것은 기업집단의 모습을 정확하게 반영하지 못하고 계속성을 결하고 있는 연도와의 비교도 어렵게 하기 때문이다. 이와는 달리 자회사가 아닌 회사를 연결해서는 안 된다. 지배력이 미치지 않는 회사는 동일한 그룹에 속한다고 할 수 없고, 주식의 보유비율이 낮은 회사의 계산을 통합하는 것은 왜곡된 집단상을 보여줄 수 있기 때문이다. 다만, 다음의 경우는 모든 자회사의 범위에서 제외된다.

① 지배가 일시적인 자회사[129]
② 포함시키면 이해관계인의 판단을 현저히 그르치게 할 우려가 있는 자회사[130]
③ 중요성이 결핍된 자회사[131]

---

127) 회사법 제44조 제1항 제3항. 2002년 개정이 대회사에 연결계산서류의 작성을 의무로 하였지만, 당분간은 유가증권보고서 제출회사만에 적용하는 것으로 하였다. 구 상법특례법 제19조의2, 동 2002년 개정 부칙 제9조 제1~2항.
128) 계산규칙 제95조 제1항 본문.
129) 계산규칙 제95조 제1항 제1호, 연결재무제표규칙 제5조 제1항 제1호.
130) 계산규칙 제95조 제1항 제2호, 연결재무제표규칙 제5조 제1항 제2호.
131) 계산규칙 제95조 제2항, 연결재무제표규칙 제5조 제2항.

두 개 회사 이상을 제외하는 것은 그것이 전체로서 중요성을 결핍된 것이어야 한다. 또한 계속성을 유지하기 위하여 제외된 자회사는 다음 연도 이후 상당기간에 걸쳐서 중요성이 결핍될 수 있다는 전망이 필요하다.[132]

연결자회사의 수와 주요한 연결자회사의 명칭, 주요한 비연결자회사의 명칭 및 비연결자회사를 연결의 범위에서 제외하는 이유, 특히 의결권의 과반수를 자기의 계산에서 소유하면서 자회사로 하지 않는 경우가 있다면 그 명칭과 이유도, 각각 주기하여야 한다.[133] 회사갱생 등 도산처리절차가 진행 중인 것은 각각 자회사에 포함되지 않으므로 연결의 범위에도 포함되지 않는다.

(2) 연결계산서류

회사 자신과 그 자회사에서 구성하는 기업집단의 재산 및 손익의 상황을 분명히 하는 것이 연결계산서류이고, 구체적으로는 다음 4가지로 나누어진다.[134]

① 연결대차대조표

자산의 부 및 부채의 부가 있는 것은 개별대차대조표와 마찬가지이지만, 순자산의 부에 '소수 주주지분'이라는 항목을 포함하는 점이 특색이다.[135] 자산에 계기된 주식이나 채권 또는 부채에 계기된 채무 중, 상대가 연결자회사인 것에 대해서는 상쇄 소거가 되는 것도 개별 대차대조표의 구분 계상과는 차이가 있다. 회사가 두 가지 이상의 상이한 종류의 사업을 영위하는 경우에는 자산·부채를 사업의 종류마다 구분하여 기재하는 것이 가능하다.[136]

② 연결손익계산서

매상고에서 출발하여 당기순손익 금액에 이르는 계산 과정을 표시하는 점은 개별 손익

---

132) 연결재무제표규칙 가이드라인(금융청 평성 12년 7월) 5 - 2.

133) 계산규칙 제133조 제1항 제1호 본문에서 연결의 범위로부터 제외하는 자회사의 재무사항 중에서 기업집단의 재무상태의 판단에 영향을 미치는 중요한 것의 내용에 대해서도 주기가 필요하다.

134) 회사법 제444조 제1항; 계산규칙 제93조. 연결재무제표규칙은 연결대차대조표·연결손익계산서·연결잉여금계산서·연결캐시 프로어계산서 및 연결부속명세표의 작성을 요구한다.

135) 계산규칙 제108조 제1항 제2호. 연결재무제표규칙 제41조는 부채의 부(자본의 부와의 사이)의 다음에 소수주주지분의 항목을 가지고 계기하도록 한다. 또한 개별대차대조표와 연결대차대조표를 합하여 '대차대조표 등'이라고 한다. 계산규칙 제104조.

136) 계산규칙 제105조 제3항; 연결재무제표 규칙 제19조.

계산서와 동일하지만, 매상으로서 인식하는 시점이 그룹 외에 매각될 때라는 점 등은 차이가 있다.[137] 두 가지 이사의 다른 종류의 사업을 영위하는 회사는 매상고 등을 사업의 종류마다 구분하여 기재하는 것이 가능하다고 한다.[138]

③ 연결주주자본 등 변동계산서

개별 주주자본 등 변동계산서와 비교 '소수 주주지분'이라는 대항목이 하나 더 있다.[139] 주주자본이라는 항목의 내역은 개별의 경우와 다름이 없겠지만, 거기에 있는 자기주식은 연결자회사 등이 보유하는 동 회사의 주식을 포함하기 때문에 광범위하다.[140]

④ 연결주기표

연결주기표에 특유한 것으로는 연결계산서류의 작성을 위하여 기본이 되는 중요한 사항에 관한 주기,[141] 연결주주자본 등 변동계산서에 관한 주기,[142] 지분법 적용회사도 포함하여 중요한 후발 사상(事象)에 관한 주기 등이 있다.[143]

(3) 회계연도와 결산일

연결계산서류의 작성에 관련한 기간을 연결회계연도라고 하는데, 이것은 연결계산서류를 작성하는 회사의 사업연도와 일치한다.[144] 예를 들어, P사가 연결대차대조표를 작성할 때에는 P사의 결산일(사업연도의 말일) 현재에 있어서 연결회사의 자산·부채·순자산을 기초로 하여, 연결손익계산서는 상기 연결 회계연도에 있어서 연결회사의 수익·비용 등을 기초로 작성한다.[145]

---

137) 연결재무제표규칙 제5조의2, 동 주석 22.
138) 계산규칙 제119조 제5호. 연결재무제표규칙 제50조.
139) 계산규칙 제127조 제2항 제2호.
140) 계산규칙 제127조 제3항 제2호, 제9항 제1호.
141) 계산규칙 제129조 제1항 제2호, 제133조. '주기표'는 개별주기표와 연결주기표를 총칭한다. 동 규칙 제128조. 재무제표규칙 및 연결재무제표규칙은 어느 것도 주기표에 대해서 규정하지 않고 있지만, 주기해야할 사항은 각각 명백히 규정하고 있다. 연결재무제표 규칙 제13조. 제14조에서 정한 기재가 실질적으로 가깝다.
142) 계산규칙 제137조, 연결재무제표규칙 제77~80조.
143) 계산규칙 제142조 제2항.
144) 계산규칙 제94조.
145) 계산규칙 제97조, 제98조.

P사와 그 연결자회사의 사업연도가 가장 중요하고, 결산일이 모두 같은 날인 경우에는 위의 연결계산서류 작성은 쉽다. 하지만 만약 결산일이 틀릴 때에는 어떻게 할까? 예를 들어, P사의 결산일이 3월 말인데, 연결자회사인 Q사의 결산일이 7월 말인 경우, 그 결산일의 차이가 3개월을 초과한다면, Q사는 연결의 기초가 되는 계산서류를 작성하는 데 필요한 결산을 3월 말에 행하여야 한다.[146]

(4) 연결회계의 기초

연결자회사가 다수 포함되어 있고, 그 속에서 주식의 보유가 뒤얽혀 있는 경우, 그룹 전체를 하나의 기업으로 보는 경우에 연결회계는 복잡해진다. 여기에서는 매우 기본적인 생각을 살펴보기로 한다.[147]

① 투자와 자본

P사의 자본금이 100억 엔, 완전자회사 Q의 자본금이 20억 엔이라고 하자. PQ 양사로 구성된 그룹의 연결대차대조표에, 자본금은 120억이 아니라 100억 엔이라고 표시하였다고 하면, 그 이유는 P사 자산 중의 '투자 기타 자산'에 있는 Q사주와 Q사의 자본금을 상쇄 소거했기 때문이라고 한다.[148]

② 소수주주지분

Q사가 P사의 완전자회사는 아니지만, P사는 Q사 주식 중 70%를 소유하고, 남아 있는 30%분을 보유한 것은 P사와 관계가 없는 A사라고 하자. 위의 ①에서와 같이 상쇄 소거하여 좋은 점은 P사에 속한 것은 Q사의 자본금의 70%인 14억 엔 정도이고, 남아 있는 6억 엔은 소수주주 지분으로서 순자산의 부에 게기하게 된다.[149]

---

146) 계산규칙 제96조 제1항.

147) 연결회계의 간결한 설명으로는 齋藤靜樹, 『財務會計』(有斐閣, 2004), 197~222頁을 참조.

148) 계산규칙 제100조. P사의 투자가 25억 엔이었을 경우, 차액 5억 엔은 영업권에 포함된 무형고정자산에 게기한다. 역으로 P사의 투자가 17억 엔인 경우에는 차액 3억 엔을 부(負)의 영업권에 포함된 고정부채에 게기한다. 동법 제116조, 연결재무제표규칙 제28조 제4항, 제38조 제4항. 종래는 연결조정감정으로 하고 있다.

149) 계산규칙 제108조 제1항 제2호.

③ 지분법

K사의 자본금은 40억 엔이고, 그 의결권 총수의 40%를 P사가 자기의 계산으로 소유하지만, 그 이외에는 지배를 강화시키는 요인은 없기 때문에, K사는 P사의 자회사는 아니고, 관련 회사[150]에 머무른다고 하자. 자회사가 아니기 때문에 연결의 범위에 포함되지 않지만, P사는 40%의 투자를 하고 있으므로, 만약 K사가 10억 엔의 이익을 거두었을 경우에는, 4억 엔분은 P사의 이익이 되는 반면 K사가 15억 엔의 손실을 계상하면 P사는 6억 엔분을 부담하지 않으면 안 된다. 이처럼 투자처 K의 순자산이나 손익의 변동 중, P사의 귀속분의 비율에 대응하여 투자금액을 수정하는 것을 지분법이라고 한다.[151] 지분법을 어떻게 적용하여야 하는가? 비연결자회사·관련회사로 지분법을 적용하지 아니하는 주요 회사 등의 명칭이나 적용하지 않는 이유 등은 주기하여야 한다.[152]

④ 그룹 내 거래

P사가 원가 200억 엔의 상품을 300억 엔을 받고 자회사인 Q사에 매도하였다고 하자. 그런데 이것이 모두 재고라면, 연결손익계산의 매상고에 계상해서는 안 된다.[153] Q사가 외부에 230억 엔으로 매도하였다면, 그때에 처음으로 이것을 매상고에 계상하게 된다. Q사로부터 P사에 매도한 경우도 마찬가지이다. 연결대차대조표에 있어서 PQ 양 사 간의 채권·채무는 모두 상쇄 소거하게 된다.[154]

(5) 연결계산서류를 둘러싼 절차

이렇게 작성된 연결계산서류는 친숙형(なじみ型) 회사의 경우 회계감사인과 감사인회의 감사를 받은 후, 이사회의 승인을 받아야 한다.[155] 감사를 할 때 회계감사인은 연결계산서류의 전부를 수령한 날로부터 원칙상 4주간 내에 회계감사의 보고 내용을 감사와 이사에게 통지하고, 감사는 회계감사 보고를 수령한 날로부터 원칙상 1주간 내에 감사회

---

150) 관련회사란 자회사와는 달리 지배·종속관계는 존재하지 않지만, 재무 및 사업의 방침 결정에 중대한 영향을 미칠 수 있는 상대방을 가리키는 용어이다.
151) 계산규칙 제2조 제3항 제24호.
152) 계산규칙 제133조 제1항 제2호.
153) 연결재무제표원칙 제5조의2.
154) 연결재무제표원칙 제4조의1.
155) 회사법 제444조 제4항·제5항. 위원회설치회사는 감사위원회의 감사를 받아야 한다.

의 감사보고의 내용을 이사와 회계감사인에게 통지한다.[156] 이사회의 승인을 받은 연결계산서류는 서면의 교부나 인터넷 등을 통하여 주주에게 제공하고, 연결계산서류의 내용과 감사의 결과를 정기주주총회에 보고한다.[157] 의무로든 임의로든 연결계산서류를 작성한 회사는 연결 베이스에 따라 분배가능액이 단체(單體)의 것을 하회할 때에는 단체(單體)의 분배가능액으로부터 일정한 감산을 하는 방법을 선택할 수 있다.

☞ **연결납세제도**

일본 경제계는 연결납세제도의 도입을 바라고 있다. 세법과 기업회계와의 갭을 없앤다는 의미 이외에도, 결손기업을 포함한 그룹은 네트의 과세소득이 줄어들게 되고, 납세액도 줄어들게 된다. 하지만 재정난에 빠진 정부는 세수액이 줄어들기 때문에 이러한 제도의 도입을 꺼려 왔다. 결국 정부는 세계의 추세에 등을 돌리지 못하고, 법인세법의 2002년 개정에 따라 도입되어, 2003년 3월 31일 이후에 종료하는 사업연도부터 동 제도의 적용이 개시되었다. 그러나 연결확정신고서에 포함되는 것은 완전자회사만에 한정되고 있다.[158] 또한 자회사의 이월결손금의 손금 산입을 엄격하게 제한하는 등(동법 제81조의9), 세수의 감소를 적극적으로 억제하는 조치가 취해지고 있다.[159]

---

156) 계산규칙 제158조 제1항 제3호, 제160조 제1항 제2호.
157) 회사법 제444조 제6항・제7항.
158) 법인세법 제4조의2.
159) 법인세법 제81조의9. 이 외에 연결납세도 도입 당초의 2년간(2002년 4월 1일부터 2004년 3월 31일까지의 기간에는 개시하는 각 연결 사업연도)은 연결납세를 선택한 기업에 2%의 세율이 상승하게 되었다.

제3절 결합기업의 규제를 위한 전통적 이론의 재구성

1. 서설

앞에서 살펴본 바에 의하면, 현행 회사법상 규제란 결합기업을 전제로 하여 규제되는 것은 아니므로 이것을 응용함에는 한계가 있다. 이에 대한 근본적인 원인은 현행 회사법 및 종래의 회사법학에 근거한 전통적인 회사법 이론이 '회사지배'를 직접적으로 파악하지 않았기 때문이라고 할 수 있다.[160]

따라서 여기에서는 전통적 이론의 한계를 극복하고, 새로운 결합기업의 규제를 추구하는 방법에 대한 논의를 하고자 한다. 우선, 법인격의 별이성(別異性)에 따른 자회사의 독립의 원칙을 매개함이 없이 문제를 해결하기 위해 '법인격'의 의의·역할을 재검토하고자 한다. 왜냐하면 전통적 회사법 이론에 의할 경우 '회사지배'를 직접적·법적으로 파악하지 못함으로써 지배기업에 의한 종속기업으로의 영향력 행사(콘체른 지휘)를 '사실상 영향력 행사'라고 할 수밖에 없기 때문이다.

다음으로 회사법의 모델 분석을 통하여 '회사지배' 내지 '지배주주'를 직접적으로 파악하는 회사법 이론을 재구성하는 견해를 중심으로 '회사지배'란 무엇인가, 이를 행사하는 요건은 어떻게 구성하여야 하는가에 대하여 검토하여야 할 것이다. 물론, 동 견해 또한 직접적으로 결합기업의 규제에 대한 언급은 하고 있지 않다. 그렇지만 이 새로운 회사법 이론은 지배주주를 법적으로 직접 파악하여 지배주주에 의한 부당한 영향력 행사라는 회사병리적(會社病理的) 측면과 지배주주가 주주총회의 결의에 있어서 항상 자기의 의사를 관철하는 것이 가능하다는 회사생리(會社生理) 측면이란 양 측면 모두에게 인정되는 적절한 이론이라고 할 수 있다. 나아가, 그것은 경영의 효율성과 지배의 공정성을 양립할

---

160) 전통적 회사법 이론이 '회사지배'를 인식하지 않는 것은 아니다. 다만, 인식한 것을 사실상의 것을 파악하지 못하기 때문에, 소수주주권 내지 자본다수결 남용론 등에 의하여 대응하고 법적으로 적절한 규제를 할 수 없다고 생각한다(森淳二朗, 전게 「會社法のモデル分析と株式會社支配の特質」, 1072頁).

수 있는 결합기업의 규제를 구축하기 위한 불가피한 전제가 된다는 점에서 그 의미가 있다고 하겠다.

2. 법인격 의의의 재구성

종래 지배기업에 의한 종속기업의 지휘권의 행사는 별개의 법인격을 가지고 있는 회사의 업무집행(재산관리)에 대하여 다른 회사가 참여하는 것은 허용되지 않는다는 점을 근거로 한다. 예를 들면, 100%를 보유하는 자회사에 대립되고 있다 하더라도 법률상 긍정하지 않는 견해가 일반적이다. 그 때문에 현실의 경제 실무에 있어서 같은 형태로 작용하도록 지배기업이 종속기업에 대하여 행한다 하더라도 그것은 어디까지나 사실상 현상만으로 받아들일 수 있다. 그러나 법인격의 별이성으로부터 회사의 재산관리의 독립성이 나오는 것이 아니라 법인격의 별이성과 회사 재산관리의 독립성과는 매개체가 없다고 하더라도 관계 지을 수 있다고 한다.

또한 일본의 한 교수는 동 이론과 관련 다음과 같이 언급하고 있다. 먼저, 민법의 규정에 의하면, 법인의 특색 중 하나는 '권리의무의 귀속 주체'라는 점을 들 수 있다. 즉 법인이 '자연인 이외의 권리의무의 귀속점이 된다'는 사실은 대외관계에 있어서 하나의 법기술적인 사항으로 이에 대해서는 이론의 여지가 없다고 한다. 하지만 동 교수는 한걸음 더 나아가, 법인이란 무엇을 위한 법 기술인가를 문제 삼고 있다.[161] 즉 법인이란 통상 '법률관계의 명확성·단순화'를 위한 법 기술로서 설명하지만 그 구체적인 내용에 대해서는 권리의무 관계가 '구성원 등의 이해관계자를 구별하여 처리하고, 재산관계를 구별'하는 것이며,[162] '구성원 개인과 재산관계의 구별'에 의한 구체적인 내용을 검토한 결과 '법인격'이라는 법 기술의 중심적 역할은 "구성원의 개인 재산과는 구별되지만, 채권자의 책임재산과는 구별되지 않고 법인 자체의 채권자에 대하여 배타적인 책임재산을 만드는 법 기술이다"라고 지적하고 있다.[163] 다시 말하면, 법인격으로 직접 설명할 수 있는

---

161) 星野英一, 「いわめる"權利能力なき社團"について」, 『民法論集(第1卷)』(有斐閣, 1970), 227頁.

162) 星野英一, 위의 글, 266頁.

163) 星野英一, 위의 頁, 270~271쪽. 또한 그는 법인의 '그 명의로 권리를 취득할 의무를 부담한다', '그 권리의무를 위해 그 명의로 소송당사자가 된다'는 점도 중요하지만 이러한 점은 법인의 '권리'에 관한 한, 총 구성원이 당사자로 되는 경우와 결과적으로는 변함이 없고 법인 측의 편의의 문제에 지나지 않는다고 지적한다.

것은 구성원 개인재산과 구별되는 법인 자체의 채권자에 대한 배타적 책임재산의 창설(외부관계)이라고 할 수 있고, 법인격을 취득함에 따라 창설된 배타적인 책임재산의 관리방법(내부관계)에 대해서도 법인만에 의하여 커버될 수는 없다고 한다.

종래 회사법 이론은 회사의 배타적 책임재산의 관리에 관한 이론이 불충분하여 '법인격의 별이성'과 '재산관리의 독립성'은 동일하다는 등식을 가지고 고찰하였으며, 법인재산의 관리는 법인의 업무집행의 중요한 일부라고 할 수 있었다. 또한 그 업무집행의 의사결정방법도 각종 법인에 있어서 매우 다양한 형태를 취하고 있다고 할 수 있지만, 당해 법인의 재산관리는 당해 법인의 구성원이 행하는 것이 원칙이라고 한다. 따라서 전통적 회사법이론은 주식회사의 재산관리에 대해서도 이러한 고찰방법을 그대로 유지하고 있다고 할 수 있다.

그러나 주식회사에 있어서 광범위하게 산재하고 있는 자본을 집적하여 대규모 내지 효율적인 경영을 행하기 위해서는 사원의 지위는 주식이라는 단위로 세분화하여야 하고, 업무집행 또한 자본다수결 제도에 의하여 선임된 경영자에게 위임하여야 한다고 한다. 물론 경영자는 반드시 당해 회사의 주주에 한정되는 것은 아니다(소유와 경영의 분리). 이러한 점을 고려하여 주식회사에 있어서 그 배타적 책임재산의 효율적 관리를 위하여 법인과는 별개의 재산관리 이론을 명백히 할 필요가 있다고 한다. 이렇게 법인격과 재산관리의 독립성을 별개의 것으로 본다면 지배·종속기업 간의 콘체른 지휘가 직접적으로 금지되고 있는 이유가 될 수 없다고 한다.

3. 회사지배이론의 재구성

여기에서는 전통적 회사법이론에 의하면, 회사지배를 사실적인 요소로 파악하던 것을 새로운 이념에 따라 법적으로 파악하여 '회사지배'란 무엇이며, 그 '행사요건'은 어떻게 구성할 것인지를 검토하여 보고자 한다.

1) 회사지배의 개념

전통적 회사법이론은 등질의 주주가 결합된 회사를 이념형(등질 주주결합형 모델)[164]으로 하여 구축하고 있다고 한다. 즉 동 모델에 의하면, 모든 주주가 등질이고, 그에 따라 누가 회사를 지배할 것인지는 우연히 결정된다고 한다. 그러므로 회사의 지배는 법적 개념이라고는 할 수 없고, 사실상 자본다수결을 이용하여 회사를 지배할 수 있는 자에 의하여 이것이 부당하게 행사된 경우에는 그것을 규제하면 그것으로 족한 것이라고 한다. 예를 들면, 자본다수결제도는 단순히 주주총회에 있어서 결의방법으로 이해함으로써,[165] 자본다수결 제도를 기초로 하여 구축되고 있는 전통적 회사법 이론은 회사지배를 단순히 이사 선임력을 중심으로 하여 회사의 의사결정권만으로 파악하는 것에 불과하다고 한다.[166] 또한 그에 대한 규제도 '부당한 영향력 행사'와 관련하여 억지적·소극적 규제에 불과하다고 한다.[167] 따라서 전통적 이론에 의하면, 자본다수결 제도의 이용에 의한 회사재산을 효율적으로 관리하는 회사생리(會社生理)의 측면에서의 규제를 간과하였다고 할 수 있다.

이에 대하여 새로운 모델에 의하면, 주주를 등질의 주주로 파악하지 않고, 지배주주와 일반주주라는 이질적인 주주가 결합한 회사를 이념형(이질주주 결합형 모델)으로 하여 회사지배를 파악한다.[168] 이러한 전제는 주식과 주주 간에 자본다수결 제도가 존재하지만, 주식의 균질성 그 자체가 당연히 주주의 균질성으로 귀착되지 않는다고 한다. 자본다수결 제도가 존재함에 따라 주식회사의 주주는 자본다수결을 이용함에 의하여, 특별한 제도적 이익을 향수하는 주주, 즉 자본다수결 이용주주(이른바 지배주주와 동일한 개념은 아니며, 광의로는 자기의 명의로 주식을 소유하지 않지만 과반수의 위임장을 위임받아 자본다수결을 이용할 수 있는 경영자[169]도 포함된다)도 자본다수결을 이용하지 않는 일반주주[170]로 나누어진다. 이것은 단순히 사실상 구별되는 것에 불과한 것이 아니라, 이하에서처럼 법적으로 이질적인 지위를 가지고 있는 주주의 존재를 명백히 하는 것이라고 할 수 있다.

즉 자본다수력 제도는 자본다수결의 이용주주[171]가 회사의 의사결정을 함에 있어서

---

164) 森淳二朗, 전게「會社法におけるダイナスムの法化」, 637頁.

165) 森淳二朗, 전게「會社法におけるダイナスムの法化」, 637頁.

166) 前田重行, 「株主の企業支配と監督」, 『現代企業法講座(三)』(東京大學出版會, 1985), 215頁.

167) 제247조 제1항 제3호의 특별이해관계 있는 주주의 의결권행사에 따른 부당결의의 취소 등 소수주주권이 이에 해당한다.

168) 森淳二朗, 전게「會社法におけるダイナスムの法化」, 638頁.

169) 森淳二朗, 전게「株式會社法の柔構造化」, 79~80頁.

170) 이사 선임결의에 있어서 자기의 의사를 관철할 수 없고, 회사재산관리에서 전면적으로 배제된 주주를 말한다[森淳二朗, 「會社法理論の體系的修正」, 『商事法務(1400號)』(商事法務研究會, 1995), 13頁].

171) 森淳二朗, 「會社法理論の體系的修正」, 『商事法務(1400號)』(商事法務研究會, 1995), 11頁. 지배

자기 의사를 관철하는 것을 보장하는 것과 함께(회사의 의사 통일기능), 스스로가 결정하는 것을 원칙으로 회사재산의 관리를 통하여 일반주주가 참가하지 않는 경제적 이익[172]을 향수하는 것이 가능한 우월적 지위를 제도적으로 보장하고 있다(경제적 이해조정기능).[173] 이것은 대규모 또는 효율적 경영에 적합한 주식회사에 있어서 재산관리에 관해서는 보다 다수의 자본을 갹출할 리스크를 부담한 자에 의사관철과 경제적 이익의 관점에서 우월적 지위의 보장에 따라 회사이익을 최대화할 수 있는 인센티브를 부여한 결과로서 모든 주주의 이익도 최대화되는 것이다. 즉 주식회사에서는 자본다수결 제도의 존재에 따라 효율적 경영을 위하여 회사경영의 의사결정(회사재산관리)에 대해서는 자본다수결 이용주주 및 그에 의하여 선임된 경영자가 결정권을 가지고, 일반주주는 회사재산관리의 조직을 자본다수결 관리제도라고 칭한다.[174]

이처럼 회사법 이론을 재구성함에 따라 회사지배에 관련한 이해대립을 정확하게 파악하는 것이 가능하고, 직접적으로 적절한 법적 규제를 구축하는 것이 가능한 것으로 된다. 새로운 이론을 결합 기업법적 관점에서 살펴보면, 가장 중요한 의미를 갖는 것은 주식회사에 있어서 이해대립의 파악이라고 할 수 있다. 즉 회사재산 관리·경영연합체(자본 다수결 관리제도 이용주주와 경영자의 연합체[175])와 일반주주와의 사이에 이해대립이야말로 주식회사에 가장 특유하고 기본적인 이해대립이 된다고 할 수 있다.[176] 법인에 의한 주식취득이 금지되지 않는 이상, 자본 다수결 이용주주가 다른 주식회사인 경우도 필연적으로 발생한다. 이는 지배·종속기업 간의 이해대립을 회사법이 그 조종을 위하여 규제(결합기업규제)를 준비하여야 하는 이해대립으로서 파악하기 때문이다. 이하에서는 결합기업규제의 새로운 접근의 가능성을 살펴보기로 한다.

주주라고는 할 수 없고, 자본다수결 이용주주로 칭한다.

172) '추가적 경제적 이익'이라고 칭한다. 주주는 모든 이익배당이라는 경제적 이익(고유의 경제적 이익이라고 한다)을 회사로부터 받지만, 자본다수결 이용주주는 스스로가 이사로 선임됨으로써 임원보수를 받고, 콘체른 거래에 의한 시장거래보다 안정되고, 유리한 거래를 하는 것에서 출발하는 경제적 이익도 가진다.

173) 森淳二朗, 전게 「株式會社法の柔構造化」, 78頁.

174) 森淳二朗, 전게 「會社法におけるダイナスムの法化」, 639頁.

175) 자본다수결제도를 기초로 하여 이사와 자본다수결 이용주주의 관계를 살펴보면, 이사선임결의는 항상 자본다수결 이용주주의 의사를 실현하는 것으로 이사의 선임과 동시에 이것을 선임한 주주가 자본다수결 이용주주로서 확정된다는 점으로부터 양자 간에는 논리적 연동관계가 있다고 지적한다. 즉 양자는 이 연동관계를 기초로 하여 회사재산관리의 연합체를 구성하고 있는 것으로 파악한다(森淳二朗, 전게 「株式會社法の柔構造化」, 11頁).

176) 森淳二朗, 전게 「株式會社法の柔構造化」, 11頁.

2) 회사지배권 행사의 요건과 한계

위에서 살펴본 바와 같이 자본다수결 관리제도가 제도적으로 보장되어 자본다수결 이용 주주가 우월적 지위를 누리기 위해서는 그 요건과 한계를 명백하게 파악하지 않으면 안 된다고 할 수 있다.

비록 자본다수결 관리제도가 이 제도를 이용하는 주주에게 우월적 지위를 제도적으로 보장하는 목적은 '회사지배'의 인센티브 기능을 향상시키고,[177] 회사의 효율적 경영을 촉진하여 결과적으로 모든 주주에게 이익을 증대시키는 것에 있다고 할 수 있지만, 일반주주도 출자에 따라 기업의 리스크를 부담하는 이상, 회사재산 관리에 대하여 지휘권능의 행사과정에 참가할 수 있는 기회가 보장되어야 하기 때문이다.[178] 이 점에 대하여 자본다수결 이용주주의 우월적 지휘는 지배주주(자본다수결 이용주주)의 이용권능 행사와 일반주주의 참가와의 사이에 상호 구속성에 따라 정당화되어야 한다고 지적하는 견해도 있다.[179] 하지만 동 견해는 현행 상법상 단독의 회사를 전제로 한 규제에 있어서 상호 구속성을 어떻게 보장할지에 대하여 언급하고 있지 않는 점에 대하여 의문을 제기하고 있다. 따라서 결합기업 규제와 관련하여 위의 문제점을 검토하는 것은 현행 상법상 규제를 발생시킨다는 점과 입법적 해결이 필요한 점을 밝히는 데에 그 의의를 가진다. 다시 말하면, 참가기회의 보장 형태 및 정도에 대해서는 자본다수결 관리제도 이용주주의 우월적 지위의 구체적 내용에 대응하여 검토되어야 할 것으로 보인다.

우선, "이사의 선임 내지 이를 통한 회사의 통상의 업무집행과 관련하여 이사는 주주총회에서 선임된다"(회사법 제3329조 제1항)고 규정함으로써 자본다수결 이용주주에게 주주총회에 있어서 이사의 선임에 대한 참가기회를 보장하고 있다. 하지만 자본다수결 이용주주에게 이러한 권리를 지나치게 보장하게 되면, 회사의 업무집행의 문제와 더불어 자본다수결 관리제도 이용주주의 추가적 경제적 이익이 발생하는 측면, 환언하면, 회사재산관리 연합체와 일반주주의 이익대립이 발생하는 측면에 있어서 그것이 회사 전체의 이익을 해하더라도 자기의 추가적 경제적 이익을 우선하는 현상이 발생하게 된다.[180] 따라

---

177) 보다 많은 투자리스크를 부담하는 자에 의사 관철권능 및 추가적 경제적 이익을 보장하는 것에 따라 주식회사에 대한 투자를 촉진하고, 또한 회사경영의 효율성을 증대시키는 인센티브를 촉진하는 기능을 가지고 있다.

178) 森淳二朗, 「敵對的企業買收の法的規制と會社支配理論」, 『公開會社と閉鎖會社の法理(酒卷俊雄先生還曆記念)』(商事法務研究會, 1992), 631頁.

179) 森淳二朗, 전게 「會社支配の意思本位的理論からの脫却(2)」, 23頁.

서 이를 방지하기 위하여, 자본다수결 이용주주의 구체적·추가적 경제적 이익에 대해서는 신중한 검토를 하여야 할 필요가 있다.

나아가, 이사 내지 임원의 보수에 관련하여 자기 스스로를 이사로 선임하여 임원의 보수를 받는 경우 임원의 보수에 대한 결정은 회사와의 사이에 위임계약의 이행이 곧 업무집행의 일부라고 할 수 있기 때문에 스스로 '제멋대로' 할 위험이 있다. 하지만 이 점에 대하여 현행법상 이미 이사의 보수는 정관에 특별한 정함이 없는 경우에는 주주총회의 보통결의에 의하여 정하도록 하고 있으므로 이사 내지 임원의 보수에 관련하여 일반주주의 참가기회는 충분히 보장되어 있다고 할 수 있다(회사법 제361조, 제379조, 제387조). 따라서 일반주주에 대한 참가기회의 보장의 실질적인 의미는 주주총회의 회의체로서의 기능 수행과 더불어,[181] 결의내용에 관하여 정보(여기에서는 이사의 보수의 총액 내지는 산정방법 및 그 타당성의 정보)의 충분한 개시를 요구하고, 이것을 검토하여 반론의 기회를 부여하는 기능(정보개시적 기능으로 칭한다)을 수행하게 된다고 할 수 있다.

또한 정관변경(회사법 제466조), 영업양도 기타 기업계약(동법 제467조), 해산결의(동법 제399조), 합병(동법 제783조 제1항, 제795조 제1항) 등 회사의 기초적 변경에 해당하는 경우에는 주주총회의 특별결의(동법 제309조 제2항)에 의하도록 함으로써 자본다수결의 요건이 가중되고 있다. 이처럼 요건을 가중하고 있는 이유는 이것이 회사의 이익 및 일반주주의 이익을 침해하고, 회사재산 관리연합체의 이익을 위하여 이용되는 것으로, 가령 일단 그러한 행위가 이루어진 경우에는 사후적 회복이 현저히 곤란하기 때문이라고 한다. 따라서 일반주주의 참가기회의 보장을 충실히 하고, 주주총회의 정보개시기능을 철저히 하기 위하여 설명의무를 부여하고 있다. 이 외에도 영업양도 기타 기업계약·합병의 경우에 결의에 반대하는 주주에 대하여 주식매수청구권(동법 제469조 제3항, 제785조 제1항, 제797조 제1항, 제806조 제1항 등)이 부여되고 있는데, 이 또한 정보개시가 계약 내용의 실질적 공정성을 판단하기 곤란한 점 및 공정한 가격에서 회사를 이탈할 수 있는 기회의 보장이라는 점에서 일반주주의 참가기회의 보장의 일부라고 해석된다.[182]

---

180) 森淳二朗, 전게 「會社法理論の體系的修正」, 13頁.

181) 이에 대하여 자본다수결 이용주주가 다른 사람을 이사로 선임하는 경우 주주총회는 반드시 회의체로 하여야 할 필요성은 없지만, 지배주주와 경영자의 연합체에 회사경영의 방법에 대하여 충분히 주장책임을 다하고, 일반주주는 그 주장에 대하여 충분한 검증·반증의 기회를 부여하는 장으로서 재구성하는 것을 바란다고 한다(森淳二朗, 전게 監查役の構成原理とシステム」, 1089頁).

182) 이탈의 기회와 참가의 기회는 정반대의 성질을 가지고 있는 것이라고 할 수 있다. 그러나 일반주주에게 탈퇴의 기회를 보장하는 것은 간접적으로 회사경영에 있어서 일반주주의 이익도 배려될 기회를 가지고 있다. 즉 회사에 따라 일반주주의 주식을 매입할 의무를 부담하는 것은 자본조달비용을 증대시킨다고 할 수 있다. 그러므로 탈퇴기회의 보장 일환으로서 파악되어야 한다.

하지만 모회사의 자회사에 대한 영향력을 행사함으로써 콘체른 거래의 이익을 취득하는 경우에는 모회사의 자회사에 대한 업무집행과 관련하여 지휘권의 행사 시에 자회사의 일반주주가 참가할 수 없다. 이는 현행법상 모회사가 자회사의 업무를 집행할 때 지휘권을 행사하여 콘체른 거래에 의한 이익을 자회사의 일반주주가 취득하는 것이 허용되지 않기 때문이다.183) 그러나 콘체른 경영의 효율성을 촉진하기 위해서는 중·장기적 관점에서의 콘체른 전체의 이익의 향상184)을 목적으로 하는 지휘는 허용되며, 특히 순수지주회사의 해금에 따라 이러한 지휘권의 행사는 불가피함으로 일반주주의 참가기회의 보장을 인정함이 바람직하다고 하면서 현행법의 문제점을 지적하고 있다. 즉 콘체른 경영의 효율과 공정의 조화를 도모하는 것인가는 이러한 국면에 있어서 콘체른 거래에 의한 이익의 향수라는 우월적 지위와 일반주주의 참가기회의 보장이라는 상호구속성을 어떻게 하여 실현할 것인가가 문제된다.

4. 결합기업의 경우 지배권의 행사요건

1) 콘체른의 지휘의 특성

결합기업에 있어서 회사지배, 즉 콘체른 지휘의 행사는 자본다수결 제도의 목적의 범위 내(콘체른 경영의 효율화와 집단기업 전체의 이익증대)에서 보장되어야 하고, 동시에 회사재산관리 연합체가 우월적 지위를 향수하기 위한 조건으로서 일반주주의 참가기회가 보장되어야 할 것이다. 이것이 결합기업의 지배권에 대한 공정한 행사를 위한 요건이 된다고 할 수 있다. 즉 구체적으로는 결합기업규제의 출발점선상에서 볼 때, 결합기업규제에 있어서 일반주주의 참가기회는 어느 정도 보장되어야 한다는 것이다.

그러나 자본다수결 제도가 기능하는 경우 통상 주주총회를 중심으로 하여 기능한다고

---

183) 그러므로 사실상 이러한 지휘가 이루어지고, 종속기업의 손해가 문제되는 경우, 그때의 공정기준은 '독립당사자 간 거래' 기준에 의한다고 할 수 있다(江頭憲治郞, 전게 『結合企業の立法と解釋』, 163頁).

184) 기업집단에 있어서 중요한 역할을 담당하는 종속기업을 육성하거나 경영난을 구제할 목적에서 모회사의 재산을 이전하거나, 다른 종속기업에 불리한 조건에서 거래가 이루어진 것도 경우에 따라서는 집단 전체의 경쟁력을 강화한 것으로 된다. 따라서 거래조건이 '독립당사자 간 거래' 기준을 일탈하는 이유만으로 불공정한 거래를 인정하는 것은 아니지만, 일반주주가 그 정책결정과정에 참가할 기회가 보장되는가의 관점에서 공정기준을 고려하고 있다.

생각되지만, 사실상 결합기업에 있어서 회사재산관리에 대한 지휘권능(콘체른)의 행사과정은 매우 복잡하다. 왜냐하면 회사재산관리 연합체가 형성되고(결합기업에 있어서 자본다수결 이용주주인 지배주주와 종속기업의 이사의 형태로 된다), 이것이 콘체른 지휘의 내용을 결정하고, 종속기업의 이사에 의하여 그 내용이 실현되기 때문이다.

지배기업은 상법상 모자회사관계(회사법 제135조 제1항)에 의하여 또는 순수지주회사처럼 명확히 특정하는 경우도 있지만, 소수의 주식을 소유함에 의하여 기업집단이 곤란한 경우도 있다. 또한 콘체른 지휘의 내용이 결정되는 과정도, 전자에는 원칙적으로 지배기업(또는 순수지주회사)의 이사회라고 생각되지만, 후자의 경우에는 기업집단의 대표자가 회합을 개시하는 경우도 있으며,[185] 기업집단의 중심적 역할을 담당하는 회사에 있어서 결정되는 경우도 있다.

어쨌든 콘체른 지휘내용의 결정과정에 종속기업의 일반주주를 참가시키는 것은 현실적으로 곤란하다. 따라서 종속기업의 일반주주는 단지 콘체른 지휘 내용이 구체화되는 과정에 참가할 수밖에 없다고 하여야 할 것이다. 즉 지배기업이 콘체른 지휘를 하기 위해서는 그 내용에 대하여 종속기업의 주주총회 승인을 받아야 하는데, 종속기업의 일반주주는 이 과정에서 참가할 수 있다고 하겠다. 물론, 개별적 콘체른 지휘 행사와 관련하여 종속기업의 일반주주를 참가시키는 것은 업무집행의 효율적 측면에서 방해가 될 수도 있다. 하지만 콘체른 지휘에 있어서 그 내용은 매우 복잡하고, 영업양도 기타 경영위임계약 등(회사법 제467조 제1항) 기업계약이 체결된 경우에는 필적하는 회사의 존속 및 종속기업의 주식의 가치에 중대한 영향을 미치게 되기 때문에 종속기업의 일반주주를 참가시킬 필요가 있다. 이와 관련하여 다음과 같은 규제 방안이 제안되고 있다.[186]

첫째, 지배기업은 영업연도에 콘체른 지휘의 내용에 관하여 구체적인 계획서(콘체른 지휘 계획서라고 칭한다)를 작성하고, 이것을 지배기업 및 종속기업의 정기주주총회에 제출할 의무를 부담하도록 하여야 한다(주주제안권의 의무화에 따른 정보개시적 기능의 충실). 기재할 사항은 회사법 제467조 제1항 제4호에 있어서 '경영의 위임 내지는 이것에 준한 계약'에 필적하는 동안 회사의 기본적 사항에 영향을 미치는 사항(예를 들면, 이익처분, 이사인사, 집단기업 간의 계속적 거래에 관한 거래조건이나 사업기회의 분배에 대

---

185) 기업집단의 멤버기업 사장 내지 회장이 출석한 회합인 6대 기업집단의 사장단 회의라고 생각된다. 다만, 현재 6대 기업집단의 사장단 회의는 사장·회장 간 상호 계발이나 일반적인 정보교환을 목적으로 개별기업의 업무에 대한 의논을 하거나 조정을 하는 것은 아니라고 할 수 있다[公正取引委員會事務局, 『最新日本六大企業集團の實態』(東洋經濟新報社, 1994), 13쪽].

186) 佐藤誠, 앞의 글, 272~273頁.

한 기준 등)을 고려하여야 한다. 또한 통상적으로 콘체른 지휘를 하는 관계에 있는 경우에는 콘체른 지휘의 기본적인 방침을 기재하는 것도 매우 유익하다고 한다.

둘째, 주주총회 종료 후 일정한 기간을 정하여 콘체른 지휘 계획에 반대하는 주주에 대하여 반대주주의 주식매수청구권을 보장하여야 한다(적정가격으로 이탈할 수 있는 기회의 보장에 의한 참가기회의 실질적 보장). 그 보장 절차에 대해서는 현행 회사법 제116조 제1항의 규정에 의하여야 할 것이다.

셋째, 콘체른 지휘보고서제도의 채용이다. 독일 주식법 제312조에 있어서 종속보고서 또는 이것을 보다 충실한 형태로 제안되고 있는 EC 제9지령 제2차적 제안 제7조에 있어서 특별보고서에 의한 제도(이에는 콘체른 지휘보고서라고 칭한다)를 도입할 필요가 있다. 이러한 콘체른 지휘보고서에는 콘체른 지휘권능 행사의 요건으로서 의의와 콘체른 지휘의 공정한 행사의 확보를 위한 제도로서의 의의라는 두 가지 의미가 있다. 이하 내용에 대하여 살펴본다.

2) 콘체른 지휘계획서

콘체른 지휘계획서 기재사항 등 회사의 기본적 사항에 강한 영향을 미치는 사항이라 하더라도 반드시 주주총회의 승인결의나 주식매수청구권의 보장이 필요한 것은 아니지만, 지배기업이 어떠한 영향력을 행사하는 경우 그 공정성을 사후적으로 검증 가능하도록 하기 위해서는 어떤 기록을 작성하여야 한다. 지배기업의 종속기업에 대한 조언·지휘를 하여 간섭한 경우가 이에 해당된다.

또한 콘체른 지휘계획서에 기재할 사항은 원칙적으로 기재되어야 한다. 그렇지만 당초 예기되지 않았던 사업기회가 발생하고, 콘체른 이익을 위하여 어떤 지휘가 필요한 경우도 있을 수 있다. 그러므로 콘체른 지휘계획서 기재사항 이외의 콘체른 지휘 및 긴급을 요하는 지휘는 콘체른 지휘보고서에 어떠한 콘체른 이익을 위하여 어떻게 지휘할 것인가, 구체적으로 어떠한 거래 내지 조치를 행할 것인지, 예측되는 영향, 또한 종속기업에 대하여 어떠한 보상이 이루어지는 경우에는 그 내용 등 지휘의 필요성·상당성·공정성을 개별적으로 기재하는 것이 그 요건으로 된다고 하여야 할 것이다.

(1) 지휘계획서의 작성의무

지배기업(자본다수결 관리제도 이용주주)은 중·장기적 관점에서 콘체른 이익(궁핍 집단기업의 구제, 신설 중소집단기업의 육성 등도 콘체른 이익으로 해석될 수 있다)을 배려한 계획서의 작성을 의무로 하여야 한다. 그리고 종속기업의 정기주주총회에 있어서 이것을 의안으로서 제출하도록 할 의무를 부여하여야 할 것이다. 주주총회에 있어서 콘체른 지휘계획서의 내용에 대하여 충분한 정보를 일반주주에게 부여하고 지배기업 행위의 정당성에 대하여 주장책임도 다하여야 한다. 기업집단에 있어서 지배기업을 특정하지 않는 경우라 하더라도 회사재산 관리 연합체를 형성하는 종속기업 이사회(자본다수결 이용 경영자)는 어떠한 콘체른 이익을 위하여 어떠한 거래·조치를 하였는지에 대한 계획서를 작성하고, 주주총회의 승인을 구하여야 한다. 왜냐하면 종속기업의 이사는 집단기업이 보유하고 있는 주식에 대한 의결권 행사를 위임장에 의하여 행사하는 것보다 자본 다수결관리제도를 이용하는 것이 유리하기 때문이다.

문제는 콘체른 지휘계획서를 작성하여야 할 의무가 있는 결합기업관계를 어떻게 정의할 것인가이다. 종래와 마찬가지로 결합기업관계를 주식보유기준만에 의할 경우 규제의 대상으로부터 제외되는 결합기업이 많기 때문에 결코 타당하다고는 할 수 없다. 따라서 2011년 9월 30일 내각부령 제53호로 개정된 '연결재무제표 등의 용어, 양식 및 작성방법에 관한 규칙'[187]에 채용된 자회사 및 관련회사의 범위를 검토하여 실질적인 지배력 기준 및 영향력 기준[188]에 의하여 결합기업관계를 결정하여야 할 것이다.[189] 즉 이 기준에 따라 '다른 회사 등의 의사결정기관을 지배하고 있는 회사'에 해당하는 경우 콘체른 지휘계획서의 작성의무가 있는 것으로 추정하였다. 다만, 재무상 내지 영업상 또는 사업상의 관계상에서 다른 회사 등의 의사결정기관을 지배하지 않는 것이 명백하다고 인정되는 회사 및 콘체른 지휘계획서에 기재한 사항에 대하여 어떠한 지휘도 행하지 않는 경우는 작성의무를 면한다고 해석하여야 한다. 나아가, 이러한 작성의무의 유무를 판단하는 것은 제1차적으로는 당해 회사의 경영자이므로 콘체른 지위에 대한 판단의 합리성은 감

---

187) http://law.e-gov.go.jp/htmldata/S38/S38F03401000059.html

188) 이러한 기준의 해설에 관해서는 다음을 참조[兼田克幸, 「子會社·關聯會社の範圍の見直し等に係る省令改正の槪要」, 『商事法務(1517號)』(商事法務硏究會, 1999), 19頁; 동 1518號 13頁].

189) 또한 재무제표의 용어, 양식 및 작성방법에 관한 규칙에도 동일한 규정이 있다(財務諸表の用語, 樣式及び作成方法に關する規則, 2011sus 11월 16일 내각부령 제61호, http://law.e-gov.go.jp/htmldata/S38/S38F03401000059.html).

사 내지 공인회계사 내지 감사법인에 의하여 확인되는 것은 아니다.

(2) 지휘계획서의 공시

또한 콘체른 지휘계획서는 종속기업뿐만 아니라 지배기업에 있어서도 공시되어야 한다. 왜냐하면 소위 순수지주회사의 해금과 더불어 많은 논의의 대상이 되는 지배기업(모회사)의 일반주주의 지위의 취약화, 주주권의 축소화라고 하는 문제[190]에 대한 대책으로 어떠한 콘체른 지휘가 행하여질 것인가에 대한 정보가 모회사의 일반주주에게도 개시되어 그 기초가 제공되어야 하기 때문이다.[191] 특히, 순수지주회사의 일반주주가 가진 자신의 이익의 원천은 종속기업인 사업회사의 이익배당을 위하여 순수지지회사가 사업회사를 어떻게 운영하는가가 결정적으로 중요한 정보라고 할 수 있다. 다만, 지배기업의 주주가 콘체른 지휘에 의하여 입은 영향에 대해서는 간접적인 종속기업의 소수주주에 보장된 주식매수청구권(후술 (3) 참조)을 인정할 필요는 없다고 생각한다.

(3) 지배계약의 승인

마찬가지 이유에서 종속기업이 완전자회사인 경우, 즉 소수수주가 존재하지 않는 경우, 종속기업의 주주총회에 있어서 승인결의는 생략할 수 있지만, 지배기업이 완전자회사에 대하여 지시하기 위해서는 위의 경우와 마찬가지로 콘체른 지휘계획서의 작성이 필요하고 지배기업의 주주총회의 결의에 의한 승인도 필요하다고 해석한다. 이처럼 일반주주에게는 '사전에'[192] 콘체른 지휘의 내용에 대하여 정보를 얻고 그 공정성에 대하여 검토하고 반론할 기회가 제공되어야 할 것으로 보인다.

독일 주식법상 지배계약의 승인결의에 관련해서도 이사는 지배계약서에 대하여 설명의무를 부담한다(주식법 제293조 제3항·제4항)고 규정하고 있다. 또한 EC 제9지령 제2차 제안 제18조에 있어서도 위와 마찬가지로 "회사의 지휘 기관은 지배계약 체결의 이유

---

190) 지배기업의 중요한 사업의 일부를 실질적으로 자회사에 행하는 것 등에 의하여 지배기업의 소수주주는 자회사의 사업에 대하여 의결권 기타 주주로서의 권리를 행사하는 것이 불가능한 문제가 있다.

191) 이것을 기초로 하여 지배기업 측의 일반주주 보호규제를 어떻게 구축할 것인지에 대하여 검토하여야 한다.

192) 독일의 사실상 콘체른 규제도 미국형 규제도 콘체른 지휘가 행하여지고 종속기업에 손해가 발생하였다는 주장에 대하여 규제를 발동하는 점에서 지체하여 잃어버린다고 생각한다.

및 계약의 예측된 효과에 대하여 설명하는 보고서를 작성하여야 한다"고 규정하고 있다.[193] 그렇지만 이러한 규제는 지배계약 체결 시에 보장되는 것에 지나지 않는 것이며 그 계약의 추상적인 내용에도 포함되지 않는다고 생각한다. 또한 종속기업의 일반주주에게는 지배계약체결의 인센티브를 받을 수 있도록 지배계약이 체결되지 않는 한 이러한 설명의 기회도 부여되지 않는다. 따라서 영업연도마다 이러한 계획안을 제출하여야 하고, 일반주주는 사전에 보다 구체적으로 콘체른 지휘의 내용에 대하여 정보를 얻고, 자기의 주식의 가치의 영향을 예측하고, 그것에 관련한 대응책을 강구할 수 있도록 하여야 할 것으로 보인다.

나아가, 결의요건은 주주총회의 특별결의로 하고 있지만 그 구체적인 지휘의 내용은 회사의 업무집행에 해당하고, 회사법 제467조 제1항의 열거사항과는 다르고, 종속기업 경영자의 자기 판단 여지를 상실하는 것은 아니라는 점에서 보통결의로 하여야 한다고 생각한다. 결국 승인결의 자체는 자본다수결 관리제도 이용주주의 의사가 관철되고, 경영의 효율을 저해하지 않는 것이라고 할 수 있다. 또 다른 한편으로 주주총회의 정보공시의 장으로서 기능을 강화하고, 일반주주에 어떠한 콘체른 이익을 위하여 어떠한 거래 내지 조치를 행하고, 그것이 당해 회사에 대하여 어떠한 영향을 미치는가를 공시하도록 함으로써 일반주주의 납득을 얻을 수 있다면 콘체른 지휘의 공정성도 얻을 수 있는 것이다.[194] 즉 반드시 지배·종속기업 간 거래에 대하여 '독립당사자 간 거래'기준에 의하지 않더라도 공정한 거래에 해당한다고 할 수 있다.[195] 또한 지배·종속기업 간의 사업기회의 분배에 대해서도 항상 종속기업에 사업기회를 취득할 필요도 없다고 하겠다.[196]

지배·종속관계에 있는 이상, 종속기업에 불리한 승인결의도 지배기업의 제안을 통하여 가결되는 것이라면 공정성이 확보되었다고 주장하는 것에 대한 반론이 제기될 수도 있다. 그러나 후술하는 주식매수청구권의 보장에 따라, 종속기업의 주주 대부분이 탈퇴를

---

193) 早川勝,「企業結合に關するEC第九ディレクティブ草案」,『産大法學(第23卷第2號)』(1989), 11頁.

194) 계획안의 내용에 해당 회사에 의하여 불이익을 끼치는 지휘가 포함되어 있지만, 다른 한편에서 이익을 가진 지휘도 포함되어 있으므로 그로부터 상호 간에 보완적이지만, 이익의 측면이 크다는 것을 납득할 수 있다는 내용이라면 일반주주의 승인은 얻을 수 있다. 또한 이 경우에는 독일 주식법상 사실 콘체른에 있어서 불이익보상과 같은 불이익산정이라는 곤란한 문제도 회피할 수 있다.

195) 이 거래가 당사자 간에서 공정한 것인가를 판단하는 기준은 다른 어떤 거래상대방과 거래를 하더라도 동일한 거래조건에서 행하는 경우라고 생각할 수 있다(독립당사자 간 거래기준). 그러나 이것이 유일한 공정기준은 아니고, 쌍방 당사자가 충분한(사해행위는 아니다) 정보 아래 '합의'가 이루어진 거래라면 당해 거래는 공정한 것이라고 할 수 있다.

196) 특정의 종속기업의 사업라인에 배타적으로 귀속하는 사업기회는 원칙적으로 당해 회사가 취득하는 것이다. 그러나 콘체른 전체의 이익에 비추어 다른 회사가 취득하는 것이 합의가 이루어진 경우에는 그 합의를 존중하여야 한다.

희망한다면 자금의 문제나 적대적 기업매수의 위협에 직면하기 때문에 어느 정도의 방지를 위한 대책이 필요하다. 또한 종속기업의 일반주주에게 중요한 것은 회사경영에 참가하는 것보다도 회사경영의 투명성이 확보되고 있는지를 고찰하는 것이다. 따라서 일반주주가 승인결의를 부결할 가능성이 존재하는가의 문제보다 일반주주에게 콘체른 지휘에 관한 정보가 충분히 공시되었는지가 중요하다고 하겠다. 만약, 당해 회사에 의하여 중·장기적 관점에서 보아도 객관적으로 명백히 불이익한 내용의 계획안이 가결된 경우에는 특별이해관계를 가지고 있는 주주의 의결권행사가 현저히 부당한 결의가 될 것이므로, 이는 주주총회 결의의 취소사유가 된다고 하여야 할 것이다(회사법 제831조 제1항 제3호 참조). 물론 주식매수청구권의 행사에 의한 회사가 이탈할 수 있는 기회는 보장되지만, 당해 회사에 주주로서 반대의사를 가지고 있는 주주의 구제수단으로서 콘체른 지휘계획서의 승인결의에 대한 취소가능성도 남아 있다고 하여야 할 것이다. 또한 계획안이 승인된 경우에는 그 준수를 확보하는 제도적 장치도 필요하다고 하겠다.

3) 주식매수청구권

자본다수결 관리제도 이용주주에게 자본 다수결제도의 이용과 관련하여 우월한 지위를 제도적으로 보장하는 것은 회사재산관리의 지휘권능 행사과정에서 소수주주의 참가기회의 보장이라는 상호 구속성에 따라 정당화된다. 그 참가기회의 보장의 일 형태로서, 일정한 경우 공정한 가격반환을 받은 회사가 이탈할 가능성의 보장(주식매수청구권)이 포함되어 있음은 이미 전술하였다. 즉 이러한 이탈기회가 자본다수결 관리제도의 이용주주에게 보장하는 경우 영업양도 기타 기업계약 및 합병의 과정에서 회사재산관리 연합체와 일반주주와의 사이에 이해대립이 발생하고, 당해 결의가 가결된다 하더라도 일반주주의 지위가 현저히 침해되거나 회사의 기초적 변경을 발생케 함으로써 사후적인 회복이 곤란한 경우에 대비하여 회사의 효율적 경영을 목적으로 당해 결의를 원활하게 할 필요가 있다고 해석되고 있다. 콘체른 지휘계획서의 승인결의도 이 경우에 해당된다고 할 수 있다.

다만, 주주총회의 정보공시적 기능을 충실히 하고, 일반주주가 충분한 정보를 얻을 수 있도록 하기 위한 콘체른 지휘계획서를 회사에 보존하여야 하지만, 콘체른 지휘계획서가 회사에 남아 있는가를 판단하기 위한 현행법상의 주식매수청구 절차만으로는 불충분하다고 하겠다. 또한 결의에 반대하는 주주는 주주총회가 개시되기 전에 그 반대의 취지를 통지하여야 하지만(회사법 제116조 제2항 제1호 イ), 영업양도나 합병과는 다른 콘체른

지휘계획서에 대한 사전에 배포된 자료만을 가지고 결의에 대한 찬부를 결정하는 것은 더욱 곤란하다고 하겠다. 따라서 실제로는 총회장에서의 공시된 정보를 기초로 판단하여 사전에 결의에 반대하는 의사를 통지하고, 주주총회에 출석하여 결의에 반대하는지를 묻지 않고, 결의가 총주주의 동의에 의하여 가결되지 않는 한,197) 주주총회 후 일정한 기간을 정하여, 소수주주에 주식매수청구권을 인정하여야 하는 것이 바람직하다고 한다.

폐쇄회사의 경우 매수절차도 현행법상의 절차에 따라야 할 것이다. 결의일 이전 20일 이내에 매수청구권을 서면으로 행사하고, 가격에 대해서는 회사와 협의에 의하지만, 협의가 되지 않는 경우에는 법원이 결정한 가격에 의하여 정한다(회사법 제117조).

나아가, 종속기업이 공개회사인 경우라면 주주에게 주식매수청구권을 인정하지 않는다 하더라도 반대주주는 스스로 공개시장에서 주식을 매각하여 투하자본을 회수하는 것도 가능하다. 그러므로 이 경우 주식매수청구권의 보장은 불필요한 것이 아닌가 하는 의문이 제기되기도 하나, 주식시장에서의 매각은 주가의 저하를 초래할 수 있으므로 주식매수청구권을 보장하는 것이 바람직하다고 할 수 있다.

5. 지휘계획서의 준수에 관한 검토

1) 콘체른 지휘보고서의 도입

위에서 언급한 제도를 도입한다고 할 경우 그 준수는 현행법상 어떻게 확보하여야 할지도 문제될 수 있다는 점을 지적하면서, 그에 대한 입법적 조치도 검토하였다.

먼저, 콘체른 지휘보고서는 종속기업의 이사회에 의하여 작성되는데, 이러한 지휘보고서는 지배기업 내지 콘체른 이익을 위하여 행하거나 또는 행할 것을 중지한 모든 거래(법률행위) 및 조치(사실행위)에 대한 내용을 기재하여야 한다. 나아가, 다양한 거래·행위와 관련하여 지휘계획서와의 관련성을 기재하지 않으면 안 된다.

계획서에 기재되지 않는 지휘는 원칙적으로 금지되지만, 당초 예상되지 못했던 사업기회가 발생하고, 콘체른 이익을 위하여 이에 대한 지휘를 행할 필요가 있는 경우에도 가

---

197) 총주주의 동의가 있다면 매수청구권을 행사하는 주주가 존재하지 않는 이상 매수기간을 설정할 필요가 없는 것은 당연하다. 물론 매수절차에 요하는 비용과의 균형에 따라서는 예를 들면, 4분의 3 이상 주주의 동의가 있다면 매수절차의 간략화를 인정하는 것으로 생각된다.

능하다고 하겠다. 이 경우 콘체른 지휘보고서에 어떠한 콘체른 이익을 위하여 어떠한 지휘를 하여야 하는가, 구체적으로 어떠한 거래 내지 조치를 행하여야 하는가, 그 예측된 영향 내지 종속기업에 대하여 어떠한 보상을 하는 경우에는 그 내용 등 지휘의 필요성·상당성·공정성을 개별적으로 기재하는 것을 요건으로 이행하여야 한다고 해석하고 있다.

콘체른 지휘보고서는 계산서류와 마찬가지로 감사에 의하여 감사가 이루어지고, 감사보고서가 작성되지 않으면 안 된다. 감사보고서는 주주가 열람할 수 있는 것으로서 주주총회의 소집통지에 제출하여야 한다(회사법 제436~438조). 감사는 콘체른 계획서와 콘체른 지휘보고서를 비교하여 계획과 실행된 콘체른 지휘와의 관련성(계획의 범위 내의 지휘인가)을 감사하고, 의심스러운 거래가 있다면 보고서에 이를 기재하여야 한다. 콘체른 지휘계획서에 기재되지 않고 긴급을 요하는 지휘로서 행한 발송에 관한 기재는 중점적으로 조사하고, 각 사항에 대하여 개별적으로 보고하여야 할 것이다.

콘체른 지휘보고서 자체를 주주가 직접 이용하도록 하면 한편으로는 일반주주의 이익보호에 도움이 되는 면도 있지만, 다른 한편으로는 기업비밀에 해당하는 정보가 누설될 우려가 있으며 이사회가 일부러 기재를 하지 않는 경우도 발생할 수 있다. 또한 다음에서 언급하는 감사제도의 충실과도 밀접한 관련이 있지만, 일반주주의 이익을 위하여(자본다수결에 중립한[98]) 감사제도가 기능하도록 하여야 하고, 일반주주는 이 감사와 제휴하여 자기의 이익을 지킬 수 있는 제도적 장치를 마련하여야 한다고 제안하고 있다. 만약 이러한 감사제도를 창설하지 않는다 하더라도 콘체른 지휘보고서의 작성은 회사의 이익을 위함과 동시에 소수주주의 이익보호를 위하여도 존재하므로 주주는 대표소송에 있어서 민사소송법상에서 일반의무화된 문서제출의무를 이용하는 방법도 고려하여 볼 수 있다고 하겠다.[199]

2) 감사와 정보공시 제도의 충실

결합관계에 있는 지배기업의 지배주주는 콘체른 지휘계획서에 따라 지휘를 하여야 할 것이며, 만약 이것에 반한 지휘를 함으로써 종속기업에 손해가 발생할 경우에는 종속기업으로 하여금 그 손해의 배상을 청구하기 위해서는 감사제도의 충실이 필요하다. 콘체

---

198) 예를 들면, 자격감사(공인회계사 자격시험에 합격한 자를 감사로 임명한다)라는 형태의 중립성을 확보할 것을 제안한다[森淳二朗, 전게 「監査役制度と會社支配理論」, 『昭和商法學史』(日本評論社, 1996), 241~242頁].
199) 기업비밀의 보호에 관해서는 회사소송의 비송사건화를 검토할 필요가 있다.

른 지휘계획서와 콘체른 지휘보고서의 도입에 의하여 감사가 조사할 대상을 구체적으로 밝힌다면 현행법상 제도에 비하여 감사의 감사기능에 대한 실효성이 매우 높을 것으로 기대된다.

그런데 현행법상 모든 감사는 주주총회 결의에 의하여 선임되도록 되어 있으므로(회사법 제329조 제1항, 제341조) 결국 자본다수결 관리 이용주주에 의하여 선임된다고 할 수 있다. 결과적으로 현행법상 감사는 회사재산관리 연합체와 일반주주와의 사이에 이해대립을 감사하는 데 적당하다고 할 수 없다. 따라서 이에 대한 대책으로 감사의 선임과 관련 누적투표제도를 의무화하여 반드시 그에 의하도록 하고, 일반주주의 이익대표인 감사를 선임할 가능성도 높여야 한다는 제안도 있다.[200] 나아가, 자본다수결 관리제도에 의하지 않는 선임방법으로 선임된 중립감사(내지 자격감사)를 도입하자는 제안[201] 또한 적극적으로 검토되고 있다. 어쨌든 문제는 그러한 감사가 실제로 기대된 기능을 수행하기 위해서는 선임과 관련하여 회사관계에 도움이 되는 유능한 인재를 선임할 수 있는 제도적 장치가 필요하다고 하겠다. 더불어, 그러한 감사가 그 임무를 충실히 수행케 하기 위해서는 그에 관련한 충분한 정보가 제공될 수 있는 제도적 장치 또한 구축되어야 한다고 언급하고 있다.[202]

3) 콘체른 지휘계획서 부준수의 경우의 구제

콘체른 지휘계획서의 내용과 관련성이 없는 지휘권의 행사는 원칙적으로 금지된다. 그러한 지휘권의 행사는 그 요건으로서 일반주주의 참가기회가 보장되고 있는 것이 아니기 때문이다. 또한 그것에 따라 지휘권을 행사하기 위해서는 콘체른 지휘계획서의 내용을 충실히 하도록 인센티브를 부여할 수도 있다. 다만, 콘체른 이익을 위하여 긴급하게 지휘권의 행사가 필요하게 되는 경우도 있기 때문에 콘체른 지휘보고서의 기재를 조건으로 허용함으로써 감사의 엄밀한 조사를 받도록 요구하기도 한다. 다만, 지배기업 및 종속기업의 이사의 책임요건 및 입증책임의 분배의 원칙을 유연하게 구축하여 이에 대처함이 바람직하다고 지적하고 있다.

---

200) Vgl. Takahashi, a.a.O.(Fn. 2), S.111~112.

201) 森淳二朗, 전게「監査役制度と會社支配理論」,『昭和商法學史』(日本評論社, 1996), 241~242頁.

202) 콘체른 지휘계획서 및 콘체른 지휘보고서에 의한 감사의 대상을 명확히 하여야 한다고 생각하고, 보다 당해 회사의 업무에 능통한 자(구체적으로는 종업원에 의하여 조직된 내부감사위원회 등)와 함께 하여 정보교환이 보다 용이하게 할 수 있는 제도를 구축하여야 한다.

따라서 이하에서는 콘체른 지휘에 따라 종속기업 일반주주가 손해를 입었을 때 그 배상청구와 관련 책임을 부담하는 자와 그 책임요건 내지 입증책임의 분배 원칙에 대하여 검토하여 보면 다음과 같다. 또한 현행법상 이사의 책임규정(제266조)은 획일적으로 되어 있으므로 그 해석에 의하여 결합기업관계의 실태에 대응하여 유연한 책임의 체계를 수용하려는 시도는 어려움이 있다고 지적하면서 그에 대한 입법적 조치가 수반하여야 한다고 한다.

(1) 지휘계획서에 따른 지휘상의 손해

콘체른 지휘계획서가 주주총회에 있어서 승인된 경우 그 내용의 실현에 대하여 회사재산관리 연합체와 일반주주와의 이해대립은 해소되었다고 할 수 있다. 하지만 자본다수결 관리제도 이용주주 대 이사, 즉 종래의 전통적 회사법 이론(내지 현행 회사법)이 주식회사에 있어서 기본적 이해대립을 염두에 두고 있는 소유(총주주) 대 경영(이사)의 이해대립은 그 이후에도 남아 있다고 한다.[203]

물론, 문제가 되는 종속기업의 손해는 원칙적으로 종속기업 이사의 업무집행상 고의 내지 과실에 의한 것으로서 이것에 대한 책임 규정은 현행법상에도 이미 존재한다고 한다. 즉 종속기업 이사는 선관주의의무(회사법 제330조, 민법 제644조) 내지 충실의무(동법 제355조)의 위반, 경업금지의무(동법 제356조 제1항), 이해상반거래의 제한의무(동법 제356조 제1항 제2호·제3호)의 위반에 따른 손해배상책임(동법 제423조, 제429조)을 진다. 다만, 이사회의 승인을 얻은 이사의 이익상반거래에 따른 손해가 발생한 경우에는 그 거래를 한 이사 및 회사 측에서 그 거래를 결정한 이사는 임무를 해태했다고 추정되는데(회사법 제423조 제3항 제1호·제2호), 이와 관련한 책임이 과실책임인지 무과실책임인지에 대한 논란이 있다. 다수설[204]의 입장은 무과실책임이라고 하나 이에 대해서는 검토할 여지가 있다고 하겠다. 왜냐하면 주주총회에서 통상적으로 결합기업 간의 거래에 관련한 콘체른 지휘계획서에 대한 승인을 얻는 등 일반주주의 참가기회가 보장되어 있다면 무과실을 입증할 책임을 면할 여지가 있다고 지적한다.

또한 지배기업은 종속기업 이사와 회사재산관리 연합체를 형성하는 것으로부터 이사와

---

203) 森淳二朗, 전게「會社法理論の體系的修正」, 11頁.

204) 服部榮三·星川長七(편),『基本法コンメンタール(第5版)會社法二』(日本評論社, 1994), 30頁. 물론 본 호의 책임을 과실책임이라고 주장하는 견해도 유력하다.

마찬가지의 선관주의의무를 부담한다고 해석하고 있다. 그런데 지배기업이 직접 경영을 행하는 것은 아니므로 구체적으로는 콘체른 지휘계획서의 작성에 있어서 지배기업은 콘체른 전체의 이익을 배려하여 계획을 책정할 의무 및 그 내용이 충실하게 실현되도록 각 종속기업 이사의 행위를 감독·지도하고 또는 이것에 적절한 정보를 부여할 의무도 부담한다고 보아야 한다. 따라서 종속기업에 예기치 못한 손해가 발생할 경우, 콘체른 지휘계획서의 작성과 관련하여, 일반주주의 판단이 곤란한 전문적 지식을 필요로 하는 문제에 대하여 충분한 조사(전문가에 의견을 듣는 것을 포함)를 해태하는 등 중대한 과실이 있는 것과 더불어, 콘체른 지휘의 실현 관련하여서도 종속기업의 이사에게 적절한 지도·정보제공을 해태하는 등 과실이 있는 경우에 한하여 손해배상책임을 진다고 한다. 이 경우 일반주주는 대표소송(회사법 제847조) 유사 형식에 따라 지배기업에 대하여 손해배상청구를 행할 수 있다고 본다.

어쨌든 위의 경우에 대한 책임추궁을 하는 경우, 일반주주는 콘체른 지휘계획서의 내용이 실현되어 합리적으로 발생할 수 있다는 예측이 불가능한 손해가 발생할 경우에 대한 '일응 증거'[205]의 제출 책임을 부담한다. 하지만 현행법에 의할 경우, 콘체른 지휘가 이루어지는 과정의 투명성이 현저히 낮을 뿐 아니라 불공정 거래 등 개별거래와 관련하여 손해가 발생한 것에 대한 증명을 구하는 것 또한 거의 불가능에 가깝다고 할 수 있다. 따라서 콘체른 지휘계획서 및 콘체른 지휘보고서 제도를 도입하면 입증책임과 관련하여 주주의 부담이 훨씬 완화될 수 있다고 주장한다.

또 다른 한편으로 증거의 편재 사실에 비추어 일반주주가 일응 증거(콘체른 지휘계획서가 합리적으로 예측된 범위를 일탈한 불이익이 발생하였다는 사실에 대한 증거 등)를 제출하면 종속기업의 이사 및 지배기업이 그 책임을 면하기 위해서는 업무집행과 관련하여 과실이 없다는 사실 또는 콘체른 지휘계획 책정과 관련하여 중과실, 지휘의 실행에 관련하여 과실이 없다는 사실을 증명하지 않으면 안 된다고 해석함이 공평하다고 한다.

만약 사업기회의 분배에 따라 손해액의 산정이 곤란한 경우는 당해 사업기회가 얻을 수 있는 이익에 대하여 일종의 신탁을 한 것으로 의제하고, 당해 기회를 상실한 종속기업은 그 수익자의 지위를 부여받는 방법도 가능하다고 할 수 있다(경업금지의무위반의 경우 개입권적 처리). 즉 지배기업 및 종속기업 이사의 책임 추궁과 관련하여 이 경우 또한 경영판단의 원칙의 채용이 인정되고 있다고 한다.

---

205) 江頭憲治郎, 전게 『結合企業法の立法と解釋』, 148頁.

(2) 지휘계획서에 의하지 아니한 지휘에 따른 손해

먼저, 콘체른 지휘계획서에 구체적으로 예정되지 않은 거래 및 계획서의 내용에 합리적으로 연역되지 않는 지휘권의 행사는 원칙적으로 금지된다. 그러나 당초 예정되어 있지 않았던 거래의 필요나 사업분야의 조정의 필요에 대응하여 임기응변으로 콘체른 지휘를 행하는 것을 전면적으로 금지하는 것은 타당하지 않다고 한다. 만약 이러한 경우 전술한 바와 같이 콘체른 이익을 위하여 어떠한 지휘를 할 것인가, 구체적으로 어떠한 거래 내지 조치를 행하여야 할까, 그 예측된 영향(종속기업에 발생한 불이익 등)은 어떻게 나타나는가 등과 관련하여 종속기업에 보상이 되는 경우에 그 내용 등을 개별적으로 콘체른 지휘보고서에 기재할 것을 요건으로 한다면 지휘권의 행사를 군이 부정할 필요는 없다고 생각된다.

이러한 콘체른 지휘의 결과 일반주주에 의한 종속기업에 불이익이 발생하고, 예정된 보상이 이루어지지 아니하며, 또한 보상이 공정한 관점에서 부당하게 낮다고 주장하는 경우 지배기업 및 종속기업 이사의 책임은 다음과 같이 해석을 할 수 있다고 한다. 즉 주주는 콘체른 지휘보고서에 기재된 긴급한 콘체른 지휘로부터 회사에 손해가 발생한 것 내지 당해 콘체른 지휘의 긴급성·필요성·합리성에 대한 의문이 있다는 사실 내지 콘체른 지휘보고서에 기재된 불이익 보상의 부당성 내지 불이행을 일응 증거로써 증명한다면 지배기업 내지 종속기업 이사의 책임을 추궁할 수 있다고 한다.

이에 대하여 지배기업 및 종속기업의 이사는 당해 콘체른 지휘의 긴급성·필요성 및 이행한 콘체른 지휘와의 합리적 관계 등을 증명할 책임을 부담하고, 이것이 증명됨과 더불어 그 실현과 관련하여 주의의무를 위반하였다는 사실에 대한 입증책임을 다한다면 그 책임을 면할 수 있다고 한다.

다음에, 콘체른 지휘계획서에 예정되지 않은 경우, 가령 콘체른 지휘보고서에 기재되지 않는 지시는 위법한 영향력의 행사로 허용되지 않는다고 하며, 종속기업의 이사도 이러한 지시에 따르는 것은 허용되지 않는다고 한다. 만약 이와 관련한 지시가 이루어지고 그에 따라 종속기업의 손해가 발생한 경우에는 지배기업 및 종속기업의 이사는 과실의 유무에 관계없이 연대하여 손해배상책임을 지는 것으로 하고 있다.

일반주주는 콘체른 지휘계획서가 합리적으로 도입되었음에도 불구하고 콘체른 지휘보고서에도 기재되어 있지 않은 거래가 결합기업 간(지배기업 내지 자매회사와의 사이)에서 이루어지거나[206] 또한 거래조건이 '독립당사자 간 거래'기준에 비추어 회사에 불리한 것이라는 사실을 증명하면 그것으로 족하며, 지배기업의 콘체른 지휘 및 종속기업의 이사는 그것에 따른 것으로 추정된다고 해석한다.

이러한 사실은 역으로 말하면, 종속기업의 이사가 모든 콘체른 지휘를 콘체른 지휘보고서에 기재한 것은 단순히 종속기업 일반주주의 이익만을 위한 것이 아니라고 한다. 즉 이사 자신 및 지배기업이 콘체른 지휘에 의하여 책임을 면하기 위해서도 필요한 것이라고 한다. 그러므로 지배기업 및 자기의 이익을 위하여 기재의 완전성을 기하는 인센티브가 종속기업의 이사에게 발생하고, 종속기업의 불이익의 예방적 효과도 기대된다고 하겠다.

---

206) 이것을 발견하는 역할은 주로 감사에 기대하고 있다. 이러한 점에서 자본다수결에 중립한 감사제도는 불가피하다고 하겠다.

제6장 우리나라의 결합기업 규제의 문제점과 개선방향

제1절 결합기업에 관한 법적 검토의 방법론

1. 서설

우리나라에 있어서 결합기업의 규제에 관련한 법적 검토를 함에는 어떠한 형태로 규제를 할 것인지에 대한 방법론을 먼저 검토하여야 할 것이다. 왜냐하면 제2장에서 살펴본 바와 같이 우리나라의 경우에는 결합기업에 대한 개념 정의뿐만 아니라 이에 대한 법률관계를 규율할 수 있는 규정이 전혀 존재하지 않기 때문이다. 다만, 간접적으로 이를 규율할 수 있을 뿐이다.

또한 결합기업과 관련한 문제에 대해서는 기업의 출자자인 주주를 제외한 독자적인 권리와 의무를 가진 법실체로 파악하는 전통적인 법이론에 의하여 해결할 수 없는 많은 문제점이 야기되고 있는바, 전통적인 회사법의 이론을 벗어난 새로운 이론의 정립이 필요하다. 그렇다면, 결합기업에 관련한 문제를 어떻게 해결할 것인지의 선결요건으로서 그 접근방법부터 검토하여 보아야 할 것으로 생각된다.

2. 문제의 접근방식

1) 독일형 접근방식

독일형 접근방식에는 결합기업의 규제에 관하여 입법의 형식을 통하여 관련 문제를 해결하고자 하였다. 다시 말하면, 독일 주식법 및 그것을 기초로 하고 이를 모델로 하여 규정을 두고 있는 유럽주식회사 법안을 비교 연구하여 관련법 규정을 두는 접근방식이라고 할 수 있다.207) 이러한 독일법 접근방식에 의할 경우 가장 큰 장점이라면 통일적 지휘가 가능하다는 점을 들 수 있다. 즉 독일법상 콘체른에 편입된 지배・종속기업 간에 있어서 미국법과는 달리 거래의 공정성을 객관적으로 확정하지 않는다는 점을 그 기초로 한다.

2) 미국형 접근방식

우리나라의 상법과 같이 결합기업에 관한 직접적 규정이 전혀 없는 현 단계에서 독일 주식법상의 제도를 입법론으로서 해결하려고 하는 방식을 다소 회의적으로 보는 입장으로, 오히려 회사의 지배・종속관계와 종속기업 소수주주 등의 보호를 위해서는 개별 제도의 하나하나에 대한 해석론을 검토하여 불비한 부분을 입법으로 수정하려는 것으로 가장 현실적인 접근방식이라고 한다.

이와 관련 일본의 한 교수는 미국법에 있어서 종속기업의 소수주주 등의 보호 규제에 관련한 연구의 결과 다음과 같은 점을 강조하고 있는데, 이를 참조할 만하다.[208] 즉 지배・종속기업 간의 이익상반의 문제는 종속기업이 경제적으로 독립한 회사이므로 그에 따른 행동을 하여야 한다는 전제에서 다음의 점을 강조하고 있다. ① 지배기업・종속기업과의 사이의 거래를 행할 때 공정성 판단기준은 '독립당사자 간 거래' 기준에 의하여야 한다고 하며, ② 기업집단과 관련한 상법의 고유한 영역의 확보, ③ 임원 등(특히 감사기관)의 독립성이 존재하여야 한다는 점 등을 들고 있다.[209]

3. 소결

우리나라도 이제는 결합기업을 형성하는 경우가 많이 있는 것으로 볼 때, 이러한 결합기업과 관련한 법률문제를 어떻게 해결할 것인지 고민해 보아야 할 때가 되었다고 본다. 즉 결합기업을 법적으로 규제한다면 어떠한 방식에 의하여 규제를 하여야 할 것인지를 검토하여야 할 것이다. 이와 관련 우리 법 제도와 유사한 일본의 접근방식을 살펴보면 일본은 위 두 가지 접근방식을 결합한 제3의 방식을 취하고 있다. 즉 사단법인성을 회사

---

207) 森本慈, 『EC會社法の形成と展開』(商事法務研究會, 1984), 436頁.

208) 江頭憲治郎, 「會社の支配・從屬關係と從屬會社少數株主の保護－アメリカを中心として－(八・完)」, 『法協(第99卷 2號)』(1982), 145頁.

209) 江頭憲治郎, 전게 『結合企業法の立法と解釋』(有斐閣, 1995), 17頁.

라는 기업형태의 공통의 특색으로 하고, 주식과 유한책임 및 자본만을 주식회사의 기본 개념으로서 파악하는 전통적 회사법 이론에 의할 경우, '회사의 지배'라는 문제는 법적 개념이 아니라 하나의 사실상 문제에 지나지 않는다고 한다.210) 이러한 사실은 개별의 회사는 법적 규제대상으로서 경제적으로 독립한 회사와 마찬가지로 운영되어야 함에도 불구하고 회사지배라는 인센티브 기능은 평가되지 못하고, 단순히 부정적·소극적 측면에서만 그 규제가 이루어지고 있을 뿐이라고 한다.211)

그러나 회사경영 내지 콘체른 경영의 효율성을 높이기 위해서는 회사지배의 인센티브 기능은 무시되어서는 안 되며, 결합기업의 규제에 있어서 개별 회사 자체의 이익을 집단 결합회사 내지 집단 전체의 이익과 관련하여 파악할 필요가 있으므로, 기업결합의 존재가 인정되는 법제로서 그것이 만들어 내는 경제적인 이익을 확인하여 고찰하여야 할 필요성이 있다고 한다.212) 이러한 점을 고려하여 볼 때 일본은 독일형 접근방식을 취하면서 그로 인하여 발생할 수 있는 문제의 구체적인 해결을 위해서는 미국형 접근방식을 함께 고려하고 있다고 볼 수 있다.

생각건대, 법체제가 유사한 우리나라의 경우도 일본의 경우와 크게 다르지 않다고 본다. 즉 결합기업에 대한 문제는 전통적 회사법 이론으로 해결하기에는 어려움이 있다는 점을 인식하여야 할 것으로 보이며, 결합기업의 사례가 급속히 늘어나고 있는 현실을 볼 때, 적극적이면서 신중하게 기존의 법이론을 수정할 필요가 있다고 본다. 하지만 현행 회사법 이론을 변경하는 것 또한 그렇게 쉽지 않을 것으로 보인다. 따라서 단기적 해결방법으로는 결합기업에 가장 문제가 되는 콘체른 외 주주의 보호라든가 일반채권자의 보호를 위한 기존의 법령을 개정할 필요가 있다고 본다. 하지만 이러한 방법은 부분적이며 일시적인 것으로 장기적으로 기존 전통적 회사법 이론을 수정하여 새로운 이론을 정립함으로써 전면적이고 영구적인 대책을 수립하는 것이 바람직하다고 생각한다. 물론 이러한 대책은 경영의 효율화와 지배의 공정성 확보라는 이념을 전제로 하여야 할 것으로 보인다.

---

210) 森淳二朗, 전게 「株式會社法の柔構造化」, 69頁.

211) 森淳二朗, 전게 「會社法のモデル分析と株式會社支配の特質」, 1072~1073頁.

212) 野田博, 전게 「企業結合と利益相反取引規制 – 取締役の兼任關係を介して規制する一般規定と企業結合法の間」, 『法學研究(第27號)』(一橋大學研究年報, 1995), 219頁.

제2절 결합기업의 범위

1. 결합기업 해당성의 문제

위에서 살펴본 바와 같이 선진국의 경우 결합기업의 문제에 대한 많은 연구가 이루어지고 있다. 그러나 우리나라는 다국적 기업 등 결합기업의 수가 급속도로 증가하고 있음에도 불구하고 결합기업의 문제에 대해서는 인식조차 하지 못하고 있는 실정이다. 따라서 결합기업에 관련한 법 규제를 하기 위해서는 우선 결합기업에 해당하느냐의 문제를 선결하여야 할 것으로 보인다.

결합기업의 개념에 대해서는 독일의 경우 많은 논란이 있어, 명백한 개념을 두고 있지 못하다. 하지만 미국의 경우는 결합기업에 대한 직접적인 규정은 두고 있지 않지만, 지배기업과 종속기업 관계의 해당성을 판단하기 위한 이론적 근거를 제시하고 있다. 즉 미국의 판례를 살펴보면, 결합기업에 관한 법적 규제를 문제의 대상으로 하려면 그 전제로 기업결합이 존재하여야 하고, 그 결합을 통한 지배기업의 종속기업에 대한 영향력 행사를 하여야 하며, 그 행사가 불공정한 것이어야 할 것이라는 요건을 제시하고 있는바 우리나라도 이를 회사법에서 검토해 볼 필요가 있다고 본다.

2. 거래의 공정성 판단

위에서 언급한 요건 중에서 결합기업의 법적 규제를 하기 위한 가장 중요한 문제는 과연 어떠한 경우가 불공정한 것인가에 대한 판단이라고 하고 다음과 같이 해결하고 있다. 즉 지배·종속기업 간의 거래에 대한 공정성 판단을 함에 있어서 '독립당사자 간 거래' 기준을 제1차적 기준으로 하고, 그 판단요소로는 가격 면에서의 공정, 당해 거래의 필요성, 자금적 능력, 개시의 완전성 등 많은 요소를 제시하고 있다. 하지만 이러한 여러 가지 요소에 의한 판단은 실제 공정성의 판단을 하는 데에는 어려움이 많이 존재한다는 지적이 있다. 따라서 최근 예측 가능성기준, 이익·불이익기준 등이 새롭게 제시되기도 한다. 그러나 이러한 기준 또한 앞에서 살펴보았듯이 문제가 없는 것은 아니며, 미국의 판례는 거의 대부분 독립당사자 간 거래기준을 원칙으로 하고 있다.

어쨌든 현재 미국에서는 명백한 기준이 존재하지 않는다면 독립당사자 간 거래기준을 이용하여 공정성을 판단하고 있는 점을 고려하여 볼 때 우리 나라 또한 지배·종속기업 간 거래에 대한 공정성을 판단할 때에는 미국의 독립당사자 간 거래의 기준을 참조하는 것이 유익하다고 본다. 다만, 미국의 이러한 기준 또한 여러 가지의 문제점에 대한 지적이 있으므로 동 기준을 적용할 때에는 비판 없이 수용하는 것보다는 신중한 검토를 한다음 수용을 하여야 할 것으로 보인다.

제3절 현행법규의 적용상의 문제점과 해결방안

1. 서설

만약 위에서 살펴본 바와 같이 결합기업에 해당한다면 관련법을 어떻게 적용할 것인가가 또한 문제될 수 있다.

비록 우리나라에서는 전통적 회사법이론에 의하면 결합기업에 대하여 인식조차 하지 못하고 있지만, 그렇다고 하여 현행법상으로 적용될 수 있는 규정이 전혀 존재하지 않는다는 것은 아니다. 제2장에서 살펴보았듯이 결합기업의 형태에 해당하는 영업양도, 영업의 임대 또는 경영의 위임, 타인과 영업의 손익 전부를 같이하는 계약의 체결, 기타 이에 준할 계약의 체결·변경 또는 해약, 주식의 상호 보유 등을 규정하고 있다. 하지만 이는 결합기업을 전제로 하여 지배기업과 종속기업 관계 속에서 규정한 것이 아니고, 영업을 양도한 회사, 주식의 상호 보유를 한 회사라는 단일의 법인격체에 규정할 수 있는 법 규정이라고 할 수 있다. 따라서 일단 새로운 이론의 적용 시 가장 중요한 것은 종속기업의 소수주주 및 일반채권자, 지배기업의 소수주주 및 일반채권자를 어떻게 보호할 것이며, 그렇게 함으로써 경영의 효율을 가져올 수 있으며 지배의 공정성을 확보할 수 있느냐의 문제라고 할 수 있다. 이러한 관점에서 기존의 법적용상의 문제점과 해결책을 찾아보고자 한다.

2. 현행상법상 규제제도의 개선

1) 선관주의의무 및 충실의무의 확대

현행법상 선관주의의무 및 충실의무란 회사에 대하여 선관주의의무 내지 충실의무를 부담하는 것은 이사이지만, 지배주주인 지배기업이 종속기업에 대해서도 선관주의의무 내지 충실의무를 부담하여야 하는가에 대한 규정은 존재하지 않는다. 즉 상법 제382조 제2항에 의하면, "회사와 이사의 관계는 위임에 관한 규정을 준용한다"고 함으로써 일반적 의무로서 회사에 대하여 선량한 관리자로서의 주의의무를 부담하여야 하고(민법 제681조), 제382조의3에 의하면, "이사는 법령과 정관의 규정에 따라 회사를 위하여 그 직무를 충실하게 수행하여야 한다"고 규정하여 이사의 충실의무를 규정하고 있을 뿐이다.[213]

하지만 이러한 선량한 관리자로서의 주의의무와 이사의 충실의무의 범위를 결합기업의 경우 지배주주인 지배기업에 대해서도 확대하는 것이 바람직하다고 본다. 왜냐하면 이렇게 함으로써 이사의 경업금지의무(상법 제397조), 회사의 기회 및 자산의 유용금지(동법 제397조의 2) 및 이익상반거래 제한(동법 제398조) 규정을 결합기업관계에 대응하여 개선할 때 논리적 모순을 해결할 수 있기 때문이다. 이와 관련하여 독일이나 스위스 등 유럽에서 언급되고 있는 지배기업을 종속기업의 사실상 이사(업무집행자)로 취급하여 종속기업의 이사와 동일한 의무를 부담하게 하는 '사실상의 기관(das faktische Organ)'의 이론[214] 등을 검토하는 것도 한 방법이라고 본다.

뿐만 아니라 문제는 이러한 일반적인 의무를 지배기업(지배주주)에게 부담시킨다고 하더라도 과연 그 실효를 거둘 수 있는가가 문제 된다. 왜냐하면 이러한 의무의 확대로 인하여 지배기업에게 그 의무를 부담시킨다 하더라도 실효성을 확보하기 위해서는 그 이론적 근거, 요건, 구체적 내용, 효과 등을 명확히 하지 않으면 안 되기 때문이다. 나아가, 실제로 그 의무의 이행을 확보하고 위반 시 이것을 소송에도 반영하여 시정하기 위해서는 감독기관, 공시제도, 입증책임의 분배의 배려도 불가피하다고 할 수 있기 때문이다. 따라서 이러한 문제를 해결하기 위해서는 지배기업의 선관의무 내지 충실의무의 확대와

---

213) 일본 회사법의 경우에는 "이사는 법령과 정관의 규정 및 주주총회의 결의를 준수하고 주식회사를 위하여 충실하게 그 직무를 수행할 의무를 진다"고 규정하여, 우리 상법에 비하여 총회의 결의를 준수하도록 함으로써 그 범위가 우리 상법보다 넓다고 할 수 있다(일본 회사법 제355조).

214) Vgl. U. stein, Das Faktische Organ(1984); 青木英夫,「(資料) 事實上の機關 – U. Steinの所論」,『結合企業法の諸問題』(税務經理協會, 1995), 427頁.

더불어 그 구체적인 요건 등도 마련해야 할 것으로 보인다.

2) 감독기관의 실질적 독립성 확보

위의 지배기업인 지배주주가 선관주의의무 및 충실의무를 위반하였는지를 파악하기 위해서는 그에 대한 감독기능이 매우 중요하다고 하겠다. 즉 이는 감독기관의 실질적 독립성이 확보되어야 한다는 의미이다. 구체적으로 살펴보면 다음과 같다.

첫째, 감독기관의 독립성에 관한 것으로써, 현행 상법도 1995년 이후 감사의 독립성 보장을 위한 다양한 제도가 마련되고 있지만, 그 독립성 보장이 철저하지는 못하다고 할 수 있다. 예를 들면, 보수에 대하여 정관에서 그 액을 정하지 아니한 때에는 주주총회결의에 의하여 결정하도록 한 점(상법 제388조) 등 이사회에 의하여 감사에 대한 간섭을 배제하고 주주의 이익을 위하여 그 직무를 수행하도록 한 점에서 보면 감사 지위의 독립성이 인정되고 있다고 할 수 있지만, 결합기업법적 관점에서 종속기업 소수주주의 보호를 위하여 지배기업, 즉 지배주주로부터 독립성도 필요하다고 하겠다. 왜냐하면 현행법상 감사는 모두 주주총회(보통결의)에 의하여 선임되고(상법 제409조), 이사와 이해를 공통으로 하므로 대부분 지배주주에 의존하고 있기 때문이다. 다시 말하면, 이사 후보자로 지명된 자를 지배주주가 승인하는 것이므로 일반적으로 법이 예정하는 감사 지위의 독립성이란 유명무실하다고 할 수 있다. 또한 최근 들어 감사위원회를 둘 수 있다고 규정하고 있지만, 감사위원도 이사 중 선임되고, 이사는 감사와 마찬가지로 주주총회의 보통결의에 의하여 선임되는 것으로 볼 때 감사의 경우와 특별하게 다를 게 없는 것으로 보인다. 이와 관련 일본의 최근 개정 회사법에서는 감사의 독립성을 보장하기 위하여 특정인의 감사자격 제한, 사외감사제도의 도입, 기존 감사의 동의권, 감사회의 구성에 있어서 과반수의 사외감사를 두도록 한 점, 감사회의 독임제 기관임을 인정한 점 등을 인정하였다. 다만, 일본에서도 사외감사로서 적절한 인재를 어떻게 확보할 것인가[215]와 사외감사는 누구의 이익을 보호하기 위하여 존재하는 것인지 등에 대해서는 아직 미해결상태로 남아 있다.[216]

---

215) 그에 대한 예로서 공익적 단체 등이 감사로서 적당한 인재의 리스트를 공표하고, 그중에서 각 회사가 1인 이상의 감사를 선임하는 관행을 들 수 있다(江頭憲治郎, 앞의 책, 124~125頁).

216) 실무상 비상근 사외감사는 대부분 유효한 감사활동을 기대할 수 없는데, 단순히 사외감사제도를 도입하는 것은 의미가 없다. 따라서 회사법의 기본적 입장에서 감사의 역할을 정비하고, 자본다수결의 범위에서도 회사의 재산관리를 위하여 지배주주와 일반주주와 이해대립 시 자본다수결에 중립의 입장이 재산관리를 감사하는 감사(자격감사)의 필요성을 주장한다(森淳二朗, 앞의 책, 86頁).

둘째, 결합기업에서의 감사의 선임과 관련하여 우리나라의 경우에는 이사와 마찬가지로 주주총회 보통결의에 의한다는 규정 외의 다른 규정을 두고 있지 않다. 반면, 일본은 결합기업의 형태를 위에서 살펴본 바와 같이 피라미드형 콘체른과 수평적 네트워크형이라는 2가지의 형태로 구분하고 감사의 선임방법도 그에 알맞게 개정하고자 하였다. ① 전자의 경우에 있어서는 "감사는 최소한 1인은 지배기업이 의결권을 지니고 있지 않는 콘체른 외의 주주들로 구성된 종류주주총회에 의하여 선임되어야 한다"고 주장함으로써, 소수주주의 이익보호를 목적으로 하는 옴부즈맨 감사제도를 도입할 것을 제안하였다. 이렇게 선임된 감사는 지배기업과의 개별적인 거래의 공정성에 대하여 감독하고, 영업연도 말에 감사보고서를 작성하고 그 결과를 감사의 주주총회 보고절차와 마찬가지로 보고·공시하도록 제안하고 있다. 나아가, 필요한 경우 소수주주의 이익을 위하여 회사에 대한 손해배상청구권도 행사할 수 있는 권한을 부여할 것을 제안하고 있다. 반면 후자인 수평적 네트워크형에서는 "누적투표(일본회사법 제342조)에 의하여 감사를 선임할 수 있도록 하고, 정관에 규정을 두어 이를 배제할 수 없다"고 함으로써 감사가 지배주주의 이익만을 대변할 수 없도록 할 필요가 있다고 주장한다. 그러나 다른 한편으로는, 소수파 주주의 이익대표로만 문제를 해결하려는 시도보다는 모든 이해대립을 정확히 파악한 상태에서 여러 가지의 이해대립에 대응한 감사제도의 도입이 필요하다는 지적도 있다.[217]

생각건대, 우리나라의 경우도 결합기업과 관련하여 감사의 독립성을 보장하기 위한 감사의 선임방법을 재검토할 필요가 있으며, 일본의 입법도 그 모델의 하나로 고려할 수 있다고 본다. 다만, 종속기업의 감사가 그 역할을 충실히 하기 위해서는 어떻게 정보를 수집할 것인가 뿐만 아니라 어떤 사항을 어떤 자료를 근거로 하여 감사할 것인가를 구체적으로 명확히 하지 않으면 안 된다고 본다.

3) 주주의 감독·시정권 및 정보접근권의 충실

지배·종속기업관계에서 종속기업의 불이익을 미연에 방지하고, 또한 종속기업에 발생한 손해를 회복하기 위해서는, 회사의 감독기관의 존재에도 불구하고, 주주 자신의 감독시정권을 충실하게 할 필요가 있다. 현행 상법상 주주가 경영자의 행위를 감독하고 부정을 발견·시정하기 위한 권리로는 주주의 경리검사권, 즉 상법 제466조에 의한 소수주주의 회계장부 열람권 및 제467조의 회사의 업무·재산상태를 조사하기 위한 검사인 선임

---

217) 森淳二朗,「會社法におけるダイナミズムの法化」,『現代企業法の理論』(信山社, 1998), 643頁.

청구권을 들 수 있다. 그러나 이러한 경리검사권은 단독주주권이 아닌 소수주주권이라는 점,218) 회사 측의 거절사유 범위가 광범위하고 추상적이라는 점 및 어떠한 감독·시정권도 자기 회사의 주식을 보유하고 있는 회사에 대하여 그 권한을 행사하는 것이 불가능한 것이 문제점으로 지적된다.

이에 대하여, 주주의 감독·시정권을 보다 충실히 하기 위해서는 다음과 같은 사항을 고려하여 볼 수 있다. 먼저, 일본 회사법과 같이 주주총회에서의 이사·감사의 설명의무에 관한 규정을 상법에 둘 필요가 있다.219) 즉 "이사, 회계 참여, 감사 및 집행이사는 주주총회에서 주주가 특정의 사항에 대한 설명을 요구하였을 경우에는 해당 사항에 대하여 필요한 설명을 하여야 한다. 다만, 해당 사항이 주주총회의 목적 사항과 관련되지 않고, 그 설명을 함으로써 주주 공동의 이익을 현저히 침해하는 경우 및 기타 정당한 사유가 있는 경우로서 법무성령으로 정한 경우에는 그러하지 아니한다"(일본 회사법 제314조)는 규정을 수용함으로써 주주의 감독기능을 보다 충실히 할 수 있다고 본다. 그러나 이 규정도 총회의 의제와 관련이 있는 범위 내에서 결합기업 간의 거래 등에 관하여 설명을 요구할 수 있는 것에 불과하고 설명을 거절할 수 있는 예외의 경우도 많이 있어서 문제가 없는 것은 아니다.

또 주주의 장부열람권과 관련해서는 열람권의 행사자 및 열람의 범위를 확대하는 것이 바람직할 것으로 보인다. 물론, 누구를 행사자로 할 것인가, 그 내용을 어떤 범위 내로 할 것인가에는 문제의 여지가 있으나, 먼저 법원으로 하여금 열람하게 한 다음에 그 판단에 따라 행사자와 열람의 범위를 정하는 것도 생각하여 볼 수 있다. 그러나 법원의 업무 부담의 증가문제와 함께, 법원이 고도의 기술발전을 이룩한 현대의 기업에서 영업비밀에 해당하는 정보인가에 대한 판단을 적절하게 할 수 있는 전문지식이 과연 있는가에 대해서는 의문의 여지가 있다.

이 외에도 자회사의 소수주주를 위한 법 규정에 대한 검토도 있어야 할 것이다. 이와 관련하여 일본 회사법 제358조에 의하면 주주는 법원에 대하여 검사인의 신청을 할 수 있는데, 이때의 검사인은 주식회사의 업무 및 재산의 상황을 조사할 수 있으며, 그 직무

---

218) 장부열람권은 발행주식 총수의 100분의 3 이상을 가진 주주(제466조), 업무검사권은 400분의 3 이상을 가진 주주(제467조)이어야 행사할 수 있다. 대규모 공개회사에서 100분의 3 이상의 요건은 지나치게 엄격한 것이라고 생각한다.

219) 설명의무에 관하여 우리 상법에는 명문의 규정이 없지만, 이사는 원칙적으로 이사회를 통하여 회의의 의제(목적사항)의 결정을 포함하여 총회의 소집을 결정하고, 감사는 이사가 총회에 제출하는 의안과 서류를 조사할 의무가 있으므로(제413조), 이러한 이사와 감사의 직무 일환으로 총회에서의 주주 질문에 대한 답변 내지 설명의 의무가 당연히 인정된다는 견해가 있다(이균성 외, 앞의 책, 468쪽).

를 수행할 필요가 있다고 판단되는 때에는 주식회사가 자회사의 업무 및 재산 상황도 조사할 수 있다(동법 제358조 제4항)고 규정하고 있다. 하지만 이와는 반대로 검사인에게 지배기업·자매회사도 그 조사의 대상에 포함시킬 필요가 있는데, 이에 대해서도 논의가 되고 있다.

4) 대표소송의 적용 범위 확장 필요

대표소송이라 함은 어떤 기업이 스스로 회사를 위하여 이사 등 일정한 자의 회사에 대한 책임을 추궁하기 위하여 제기하는 소송인데, 만약 어떤 기업에 있어서 대표소송이 제기된 이후 기업결합을 하는 경우에는 기업결합 이전에 제기되었던 대표소송은 과연 계속할 수 있는가, 즉 결합기업을 형성한 이후 대표소송을 계속할 수 있는가에 대하여 많은 의문이 제기되고 있다. 예를 들면, A기업에 손해가 발생하여 A기업의 주주가 A기업의 대표이사를 상대로 대표소송을 제기하였다고 하자. 그런데 그 과정에서 A기업의 대표이사가 그의 책임을 회피하기 위하여 B회사와 주식교환이나 주식이전을 한다면 A기업의 주주는 A기업의 주주 자격을 상실하고 B기업의 주주가 될 것이다. 이렇게 되었을 경우 과연 A기업의 주주로서 A기업의 대표이사를 상대로 제기하였던 대표소송을 계속할 수 있을까 하는 문제가 제기될 수 있다. 이러한 경우 통상 주주는 A기업의 주주 자격을 상실하게 되어 제소주주는 당사자적격을 상실하고 대표소송 또한 각하되어야 한다고 한다.

그런데 일본의 경우 주식교환이나 주식이전 등을 통한 기업결합을 한 이후에도 대표소송을 계속할 수 있도록 원고의 적격 내지 당사자적격을 인정하려고 하는 시도가 심도 있게 논의되었다. 그 결과 대표소송을 계속하기 위해서는 ① 기중에 주식계속보유요건을 엄격하게 요구하고 있던 것을 완화할 필요가 있으며, ② 원고적격요건과 관련하여 기업결합을 한 이후 주주의 자격을 상실하더라도 대표소송을 계속할 수 있도록 그 권한을 보장하여야 한다고 주장하였다. 다만, 이러한 논의는 소수주주의 이익보호라는 관점에서 논의된 것이지만, 다른 한편으로는 소수주주가 그의 지위를 남용할 수 있는 경우도 있을 수 있으나, 다소 신중을 기할 필요가 있다.

우리나라의 경우는 이러한 결합기업과 관련한 대표소송의 문제에 대하여 아무런 논의가 되고 있지 못하다. 하지만 향후 이러한 문제가 우리나라에서도 발생할 여지가 많다. 따라서 일본에서 진행되고 있는 논의를 잘 검토하여 우리도 대비할 필요가 있다.

3. 공정거래법과 결합기업 규제의 개선

공정거래법(독점규제및공정거래에관한법률)에서 기업의 결합을 규제하는 취지는, 기업 결합을 통하여 경쟁력이 소진된 기업이 소유·지배·경영의 주체를 혁신하여 기업의 경쟁력을 강화시키고 기업의 생산성과 자원배분의 효율성을 제고할 수 있다는 장점도 있지만, 그 반면에 독과점의 형성과 경제력 집중의 심화를 초래할 수 있고, 적대적 기업결합이 성행할 경우 경영자는 경영권의 방어와 단기적인 경영성과에 치중하게 됨으로써 장기적으로 산업발전의 위축과 실물투자의 경시풍조가 만연할 염려가 있기 때문이다.

그런데 공정거래법의 적용대상이 되려면 일정한 경우를 제외하고는 경제적 일체로서 일정한 거래분야에서 경쟁을 실질적으로 제한하는 기업결합이어야 한다(공정거래법 제7조 제1항). 이러한 규정을 보면, 공정거래법의 적용 요건을 상당히 구체적으로 언급하고 있다. 하지만 현행 상법상에서는 모자회사 관계 내지 비모자회사관계에 관한 일부의 간접적인 규정만 존재할 뿐이고 기업결합과 관련한 어떠한 규정도 없다.

또한 지배관계의 형성에 대한 판단과 관련해서도 상법의 경우는 모자회사의 경우 '50/100을 초과하여', 비모자회사의 경우 '10/100을 초과하여'라는 일률적인 지주기준(持株基準)을 두고 있다. 독점규제법에서는 추상적으로 '경쟁을 실질적으로 제한하는지'를 그 기준으로 하고 있다.

생각건대, 결합기업에서의 지배·종속기업의 관계는 독점금지법의 규제대상이 되는 경우가 많겠지만, 그 대상에서 제외되면서도 그 효과 면에서 독점과 동일한 경우가 있다는 것도 간과할 수는 없다. 따라서 지배·종속관계에 해당되는가를 판단함에는 일률적·열거적인 규정을 두는 것보다는 추상적·주의적인 규정을 두고 그 해당 여부는 객관적인 판단에 맡기는 형식의 규정을 두는 것이 타당하다고 본다. 또한 지배·종속기업의 판단에서도 관련 법규마다 그 기준이 서로 다르면 기업결합을 하고자 하는 자의 처지에서는 혼란이 초래될 수밖에 없을 것이다. 따라서 기업의 결합과 관련된 지배·종속관계에 해당하는가에 대한 판단에는 통일적인 기준이 필요한 것이다. 그러한 점에서 미국의 지배·종속기업의 판단기준을 참고할 만하다고 본다.

제4절 새로운 회사법이론의 도입

1. 서설

지금까지 기존의 법제도 아래서의 결합기업 규제에 관한 문제점과 그것에 대한 해결방안을 살펴보았다. 다음에는 전통적인 회사법 이론을 지양하고 보다 근본적인 해결책을 모색하고자 한다.

종래 회사법 이론은 회사의 배타적 책임재산의 관리에 관한 이론이 불충분하여 '법인격의 별이성(別異性)'과 '재산관리의 독립성'은 동일하다는 등식에 입각한 것이었다. 그러나 법인격과는 별개의 재산관리 이론을 바탕으로 삼아야 하고 그것에 따른 이론의 전개가 되어야 문제의 근본적인 해결을 할 수 있다고 본다.

2. 회사 개념의 수정

종래의 전통적인 회사법 이론에 의하면, 회사의 배타적 책임재산의 관리에 관한 이론이 불충분하여 '법인격의 별이성(別異性)'과 '재산관리의 독립성'은 동일하다는 등식이 지배하였다. 따라서 법인재산의 관리는 법인의 업무집행의 중요한 일부로 파악하고, 법인의 구성원이 이를 행하는 것이 원칙이라고 하는 것이다. 그 결과, 전통적인 회사법 이론은 개별 주식회사의 재산관리의 경우뿐 아니라, 나아가, 지배·종속관계에 있는 기업의 경우 지배기업의 종속기업에 대한 지휘권의 행사는 별개의 법인격을 가지고 있는 회사의 업무집행 내지 재산관리이므로, 이에 대하여 다른 회사가 참여하는 것은 허용되지 않는다고 한다.

그러나 법인격의 별이성으로부터 회사의 재산관리의 독립성이 나오는 것이 아니라, 법인격의 별이성과 회사재산 관리의 독립성과는 특별한 매개체가 없다고 하더라도 서로 달리 관련지을 수 있다고 한다. 즉 주식회사에 있어서 광범위하게 산재하고 있는 유휴자본을 집적하여 대규모적이고 효율적인 기업을 영위하기 위해서는, 사원의 지위는 주식이라는 단위로 세분화하여야 하고, 업무집행 또한 자본다수결 제도에 의하여 선임된 경영자에게 위임하여야 한다고 한다. 물론 경영자는 이른바 '소유와 경영의 분리' 원칙에 따라 반드시 당해 회사의 주주에 한정되는 것은 아니다. 이러한 점을 고려하여, 주식회사의 경우 그 배타적 책임재산의 효율적 관리를 위하여 법인과는 별개의 재산관리 이론을 명백히 할 필요가 있는 것이다. 이렇게 법인격과 재산관리의 독립성을 별개의 것으로 본다면, 지배·종속기업 간의 콘체른 지휘가 직접적으로 금지될 이유가 될 수 없다고 할 수 있다.

3. 회사지배 이론의 수정

1) 회사지배 개념의 경우

법인격과 별개의 재산관리이론을 중심으로 한 새로운 회사법 이론을 취할 경우 회사지배의 이론 또한 수정되어야 한다고 본다.

먼저, 전통적 회사법 이론은 등질의 주주가 결합된 회사를 이념형으로 하여 구축되고 있다고 할 수 있다. 즉 모든 주주는 등질이고, 그것에 따라 누가 회사를 지배할 것인가는 우연히 결정된다고 한다. 그러므로 회사의 지배는 법적 개념이라고는 할 수 없고, 사실상 자본다수결을 이용하여 회사를 지배할 수 있는 자에 의하여 부당하게 행사된 경우에 그것을 규제하면 그것으로 족한 것이라고 한다.

이에 대하여, 재산관리 이론을 근거로 한 새로운 모델에 의하면, 주주를 등질의 주주로 파악하지 않고 지배주주와 일반주주라는 이질적인 주주가 결합한 회사를 이념형(이질주주 결합형 모델)으로 하여 회사지배를 파악한다.[220] 여기서는 회사지배라 함은 회사의 업무결정에 대한 영향력의 행사는 일반주주가 아닌 지배주주가 행하는 것을 말하며, 이 경우 이질주주 간의 이해대립관계의 해소가 가장 큰 문제점이고 결합기업의 규제는 바로 이러한 이해대립관계의 해소를 목적으로 하는 것이라고 하여야 할 것이다.

---

220) 森淳二朗, 전게 「會社法におけるダイナスムの法化」, 638頁.

2) 회사지배 요건의 경우

　지배기업은 상법상 모자회사(제342조의2) 또는 순수지주회사의 경우처럼 명확히 특정 되는 경우도 있지만, 소수의 주식을 소유함으로써 형성되는 기업집단에서는 회사지배의 확인이 곤란한 경우도 있다. 또한 콘체른 지휘의 내용이 결정되는 과정도 전자의 경우에 는 원칙적으로 지배기업(또는 순수지주회사)의 이사회라고 생각되지만, 후자의 경우에는 기업집단의 대표자가 주도하는 화합으로 이루어지는 경우도 있고, 기업집단의 중심적 역 할을 담당하는 회사에서 결정하는 경우도 있다. 어쨌든, 콘체른 지휘의 내용을 결정하는 과정에 종속기업의 일반주주를 참가시키는 것은 현실적으로 곤란하다.

　그러나 결합기업에 있어서 회사지배, 즉 콘체른 지휘는 콘체른 경영의 효율화와 기업 집단 전체의 이익증대라는 자본다수결 제도아래서의 목적의 범위 내에서 보장되어야 하 고, 동시에 회사재산관리 연합체가 우월적 지위를 향수하기 위한 조건으로 일반주주의 참가기회가 보장되어야 하는 것이다. 이것이 결합기업의 지배권에 대한 공정한 행사를 보장하기 위한 요건이 된다고 할 수 있다.

　따라서 종속기업의 일반주주 등을 보호할 수 있는 제도적 장치가 특별히 마련되어야 하는 것이다. 그 방안으로는 여러 가지가 고려될 수 있을 것이다. 예컨대, ① 지배기업은 영업연도에 콘체른 지휘의 내용에 관하여 구체적인 계획서를 작성하여, 이를 지배·종속 기업의 정기주주총회에 제출하도록 함으로써 정보공시의 충실을 도모하도록 하고, ② 주 주총회의 종료 후 일정기간을 정하여 콘체른 지휘 계획에 반대하는 주주에 대한 주식매수 청구권을 인정하여 적정가격으로 기업에서 이탈할 수 있는 기회를 실질적으로 보장하여야 하며, ③ 독일법과 같은 콘체른 지휘보고서 제도를 도입하여 콘체른 지휘의 필요성·상 당성·공정성을 확보하는 데 필요한 내용의 기재를 의무화하도록 하는 것 등이다. 이와 관련된 세부적인 내용은 독일의 법제를 참작하는 것이 바람직하다.

제7장 결론

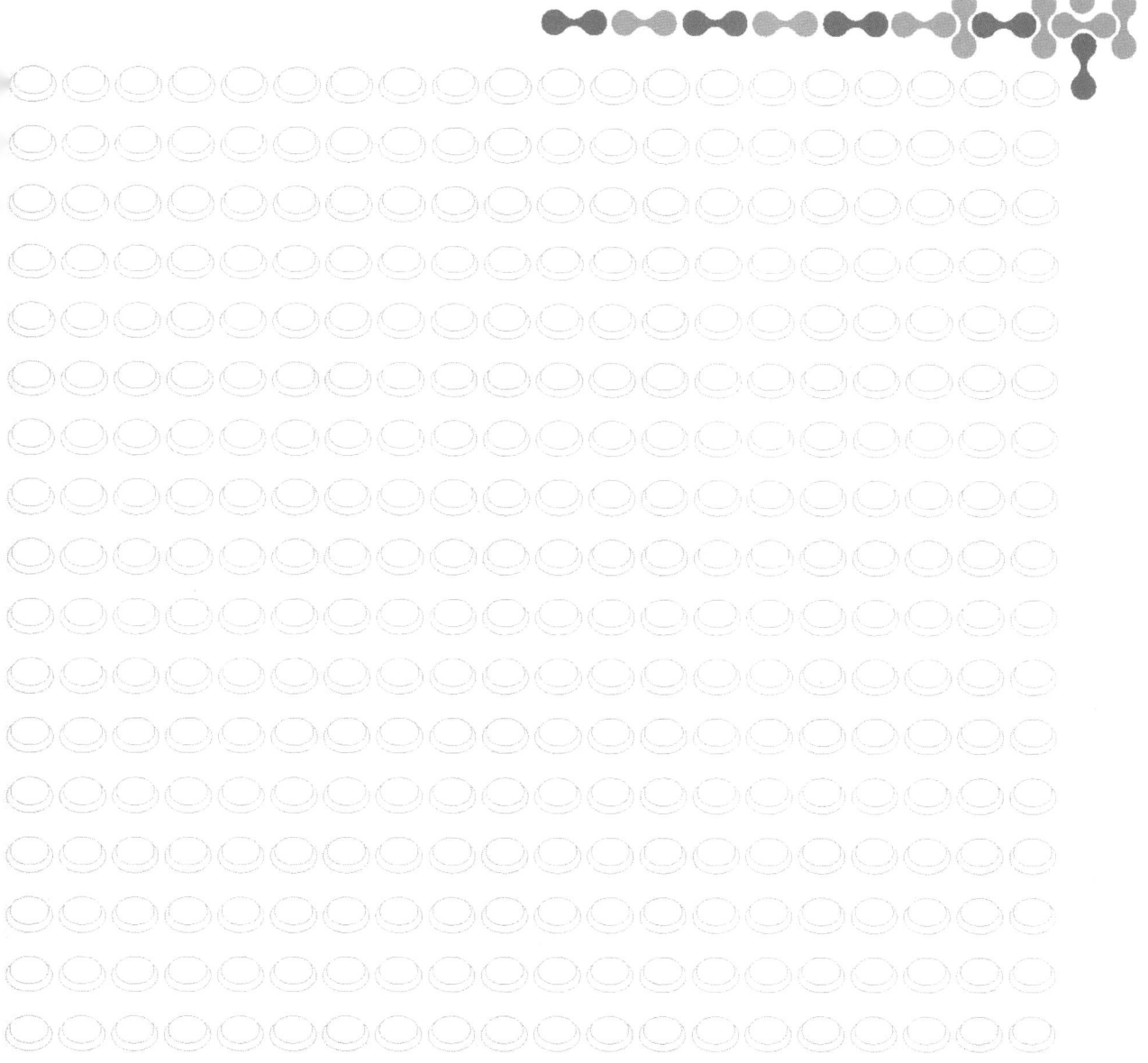

오늘날 기업사회에서는 하나의 회사가 다른 회사의 주식 내지 지분의 다수를 보유하는 방법으로 다른 회사의 경영을 지배하는 현상이 나타나고 있다. 나아가, 이러한 회사의 지배·종속관계에 의하여 형성된 결합기업은 점차 기업조직의 한 형태로 정착되어 가고 있으며, 이로써 사업규모 또한 급격하게 확대되어 가고 있다.

이러한 결합기업의 합리적 규제와 관련하여, 기존의 전통적 회사법 이론 아래서는 많은 문제가 제기된다. 특히, 경영의 효율성 확보와 지배의 공정성이라는 관점에서, 이해관계자 보호와 관련하여 특히 문제가 많은 것이다. 이제 우리나라의 경우에도 본격적으로 결합기업에 관한 법적인 문제의 중요성을 인식하고 이를 해결하는 데 관심을 기울이지 않으면 안 되게 되었다. 다만, 어떤 접근방법으로 해결할 것인가에 관해서는 신중을 기하여야 할 것이다.

이 연구에서는, 크게 기존의 법제도 아래에서의 문제 해결의 방안과 전통적인 회사법 이론의 수정을 통한 해결방안의 두 가지로 나누어 살펴보았다. 그 구체적인 내용을 요약하여 결론을 제시하면 다음과 같다.

먼저, 결합기업의 문제에 대한 전제조건으로, 결합기업의 정의 내지 범위에 관하여 살펴보았다. 결합기업으로 인정되어 규제대상이 되기 위해서는 기업의 결합이 전제가 되어야 하고, 그 결합을 통한 지배기업의 종속기업에 대한 영향력이 인정되어야 하며, 그 영향력의 행사가 불공정한 것이어야 한다. 만약 이 문제에 대한 판단이 어려울 경우에는 미국의 판례법을 통하여 형성된 독립당사자 간의 거래기준에 따라 문제 해결의 지침을 모색하는 것이 바람직하다고 생각한다.

둘째, 기존의 법제도의 관점에서는 결합기업의 지배·종속관계에서 지배기업이 종속기업에 대하여 영향력을 행사하는 데 권리남용에 해당하는 경우가 많다는 점을 전제로 하여, 지배기업의 소수주주와 일반채권자와 함께, 종속기업의 소수주주와 일반채권자를 보호할 수 있도록 현행 회사법상의 관련 제도를 보완하여야 할 것이다. 그 내용으로 이사 등의 임원에게 인정되고 있는 선관주의의무와 충실의무를 지배회사와 지배주주에게도 적용하도록 확대하여야 하고, 감사·감독 기능의 실효성을 위한 감사기관의 독립성 확보, 주주의 감독·시정권과 이를 위한 정보접근권의 충실화, 대표소송의 적용 범위의 확장 등이 실현되어야 할 것이다.

끝으로, 회사의 개념 내지 회사지배 이론에 대하여 전통적인 회사법리를 지양·수정함으로써 문제를 근본적으로 해결하여야 한다. 즉 회사의 구성원인 주주의 지위에 대하여 전통 회사법에서 회사의 구성원에 관하여 등질의 주주를 전제로 파악하던 것을 이질의 주주를 구성원으로 한다는 발상의 전환이 필요하다. 따라서 회사지배의 개념도 널리 주주 전원에 의한 의사결정이 아니라 지배주주에 의한 의사결정과 관련된 문제로 파악하여야 할 것이다. 그러나 지배·종속관계에서 지배기업의 지배가 실질적으로 있었는가를 판단하는 것은 용이하지 않으므로, 그 요건과 한계 등을 명확히 하도록 하여야 할 것이다.

참고문헌

강위두·임재호,『상법강의(상)』(형설출판사, 2006).

_____,『상법(상)』(형설출판사, 2005).

강희갑, "미국회사법상 주식회사의 이사의 자기거래에 관한 규제",『영남법학』(영남대, 1995.11).

_____, "미국회사법에 있어서 주식회사의 경영진의 충실의무론",『사회과학논총(제5집)』 (명지대학교 사회과학연구소, 1990.12).

고동수,『기업구조조정 촉진을 위한 지주회사 관련제도의 개선 방향』(KIET산업연구원 연구보고서, 2008.12).

공정거래위원회, "지주회사 관련규정에 관한 해석지침"(2009.8.12).

권오승,『경제법』(법문사, 2010).

권재열, "경영판단의 원칙의 도입에 관련된 문제점",『연세법학연구(제3집)』(1995).

_____, "독점규제법상 기업결합의 규제에 관한 소고",『사법행정』(2001.3).

_____, "벤처기업 M&A의 수단으로서의 주식교환에 관한 법적 검토",『법률신문(제 2932호)』(2000.11.23).

_____, "시장지배적 지위의 남용금지",『사법행정』(한국사법행정학회, 2001).

_____, "이중대표소송의 허부에 대한 비교법적 검토",『비교사법(제11권 제2호)』(한국 비교사법학회, 2004).

김건균, "서독 주식법상의 결합기업",『조사월보』(한국산업은행, 1976.11.7).

김건식·노혁준(편저),『지주회사와 법』(도서출판 소화, 2008.6.9).

김대연, "지배·종속회사에서의 대표소송",『상사법연구(제19권 제2호)』(한국상사법학회, 2000).

김동훈·김은경·김봉철,『공정거래법』(한국외국어대학교 출판부, 2011.8).

김두환,『주식회사의 계산제도』(한국상장회사협의회, 1992).

김성배, "미국법상 이사의 이익충돌거래와 충실의무 – 겸임이사를 둔 회사 간의 거래를 중심으로 –",『비교사법(제9권 제2호)』(한국비교사법학회, 2002.8).

김원희, "지배·종속 기준의 통일가능성에 관한 연구",『국제회계연구(제25집)』(한국국제 회계학회, 2009.3.31).

김영곤, "기업결합의 규제에 관한 연구",『법학논총; 白川吳再煥敎授 정년기념논문집』 (조선대학교 법학연구소, 1998).

김재형·최장현·박종력, "폐쇄회사의 소수파주주보호를 위한 미국의 전체적 공정성기 준",『상사법연구(제21권 3호)』(한국상사법학회, 2002).

노일석, "결합기업에 있어 기업개념",『기업법의 현대적 과제』(조세통람사, 1992).

박종민・주기종, "기업결합개념의 정립을 위한 비교법적 고찰", 『기업법연구』(한국기업법학회, 2003.12).

박해식, "과징금의 법적 성격", 『공정거래법강의Ⅱ』(권오승 편)(법문사, 2000).

방순원, 『민사소송법(상)』(한국사법행정학회, 1989.10).

성승제, "임원보수의 합리적 기준 설정에 관한 법적 연구"(한양대학교 대학원 박사학위논문, 2002).

손영화, "미국법상의 경영판단원칙과 그 도입여부에 관한 일고찰", 『상사법연구(제18권 2호)』(한국상사법학회, 1999).

손주찬, "개정상법상 주식상호보유에 관한 규제", 『월간고시』(1984.5).

_____, "개정상법 제369조에 관한 해석론과 입법론", 『고시계』(1984.5).

송옥렬, "현행 상법상 이중대표소송의 허용 여부(대법원 2004.9.23, 선고 2003다49221 판결", 『민사판례연구(제28권)』(민사판례연구회, 2006.2).

정종암, 『현대재무회계이론』(박영사, 2000).

신영수, "의식적 병행행위의 규제 논거", 『경쟁법연구』(제11권)(한국경쟁법학회, 2005).

_____, "잠재적 경쟁이론의 내용과 실제 적용", 『경쟁법연구(제10권)』(한국경쟁법학회, 2004).

신현윤, 『경제법』(법문사, 2007).

_____, 『기업결합법론』(법문사, 1999).

유진희, "결합기업의 개념과 통지의무", 『기업구조의 재편과 상사법; 회명 박길준 교수 화갑기념논문집』(1998).

_____, "계약상의 콘체른 - 독일주식법을 중심으로 - ", 『안암법학』(1995).

_____, "기업결합에 관한 회사법 규정", 『서강법학연구』(서강대학교 법학연구소, 1999.2).

이균성・홍승인・김동훈(이하 이균성 등), 『기업법강의』(인텔에듀케이션, 2004).

이기수, 『경제법』(세창출판사, 2000).

이기수・유진희, 『경제법』(세창출판사, 2009).

이남기・이승우, 『경제법』(박영사, 2001).

이동규, 『독점규제 및 공정거래에 관한 법 개론』(행정경영자료서, 1997).

이영봉, "경영판단의 법칙의 수용에 관한 검토", 『상사법연구(제19권 1호)』(한국상사법학회, 2000).

이은영, 『채권각론』(박영사, 2000).

이정호, "미국에 있어서 현대 재무공시의 기원", 『경영논집(제35권 제1호)』(서울대학교 경영대학 경영연구소, 2001.3).

이철송, 『회사법강의』(박영사, 2010).

이태로・이철송, 『회사법강의』(박영사, 1999).

이태종, "미국 회사법상의 이중대표소송", 『재판실무연구(제2권)』(수원지방법원, 1997).

_____, "주주대표소송에 관한 연구"(서울대 박사학위논문, 1997).

임중호, "이사의 자기거래의 규제", 『중앙대 법학논문집: 관송 김규정 교수 화갑기념(제17집)』(중앙대학교 법학연구소, 1993.02).

정규언, "연결재무제표의 주재무제표와 연결납세제도 도입에 관한 연구", 『상장협 연구보고서 2003－4』(한국상장회사협의회, 2003.12).

정대근, "기업결합에 따른 종속회사의 소수주주보호에 관한 연구"(부산대학교 박사학위논문, 1998).

_____, "독일주식법상 기업결합에 따른 종속회사 채권자 보호", 『법학연구(통권 제69호)』(부산대학교법학연구소, 2011.8).

_____, "독일주식법상 사실상콘체른에서의 책임구조", 『법학연구(통권 제63호)』(부산대학교 법학연구소, 2010.2).

_____, "독일주식법상 사실상콘체른에 있어서 불이익전보", 『법학연구』(부산대학교 법학연구소, 2002.12).

_____, "미국 콘체른법에 대한 개관", 『법학연구(통권 제46호)』(부산대학교 법학연구소, 1996).

정동윤, 『회사법』(법문사, 2001).

정찬형, 『상법강의(상)』(박영사, 2010).

정희철, 『상법학(상)』(박영사, 1989).

주간금융브리프(17권 34호), 2008.8.30.~9.5.

최준선, "이사의 경업금지의무", 『고시계(통권476호)』(고시계사, 1996.09).

_____, 『회사법』(삼영사, 2011).

최진이, "지배회사 주주의 종속회사 이사 등에 대한 이중대표소송 허용에 관한 연구", 『기업법연구(제23권 제3호)』(한국기업법학회, 2009.9).

한민수, 『기업구조조정 조세법론』(세경사, 1999).

한종선(역), "미국－EU 세이프하아버 개관", 『주간해외동향(제65호)』(2000.11.08).

홍대식, "독점규제법상 기업결합의 규제", 『경제법의 제문제』(법원도서관, 2000).

황인태·강선민, "연결재무제표의 주재무제표화 논의와 과제", 『상장협연구(제52호)』(한국상장회사협의회, 2006 춘계호).

江頭憲治郎, 『結合企業法の立法と解釋』(有斐閣, 1995).

_____, 『株式會社法』(有斐閣, 2006).

_____, "會社の支配·從屬關係と從屬會社少數株主の保護－アメリカ法を中心として", 『法學協會(第98卷 1號)』, 1981.

_____, "會社の支配·從屬關係と從屬會社少數株主の保護－アメリカを中心として－(八·完)", 『法協(第99卷 2號)』(1982).

慶應義塾大學商法研究會譯, 『西獨株式法(第3版)』(1982).

兼田克幸, "子會社・關聯會社の範圍の見直し等に係る省令改正の概要", 『商事法務(1517號)』(商事法務研究會, 1999).

高橋英治, 『從屬會社における少數波株主の保護』(有斐閣, 1998).

公正取引委員會事務局, 『最新日本六大企業集團の實態』(東洋經濟新報社, 1994).

龜山孟司, "アメリカ會社法における會社の機會の法理と競業", 『法學新報』(中央大學法學會, 2003.3).

近藤光男・柴田和史・野田博著, 『ポイントレクチャー會社法』(有斐閣, 2009).

金融・商事判例1120号(經濟法令研究會, 2001.7.15).

吉本健一, "判批(東京地判 2001年 3月 29日)", 『判例時報(1767号184頁)』(判例評論516号38頁)(2002).

吉原和志, "取締役等の會社に對する責任の範囲と性格", 浜田道代=岩原紳 作, 『會社法の爭点』(有斐閣, 2009).

鹿子木康・山口和宏, "東京地判における商事事件の概況", 『商事法務(1796号)』(商事法務研究會, 2007.4.5).

大隅健一郎・今井宏, 『會社法論(中卷)』(有斐閣, 1992).

藤田友敬, "組織再編", 『商事法務(1775号)』(商事法務研究會, 2006.8.25).

龍田節, "一人會社と利益相反行爲", 河本一郎他, 『商事法の解釋と展望(上柳還暦記念)』(有斐閣, 1984).

服部榮三・星川長七(編), 『基本法コンメンタール(第5版)會社法二』(日本評論社, 1994).

北澤正啓(上柳克郎ほか 編), 『新版注釋會社法(6)』(有斐閣, 1987).

砂田太士, 『兼任取締役と忠實義務－アメリカにおける法理の展開と日本法』(法律文化社, 1994).

浜田道代, "役員の義務と責任・責任輕減・代表訴訟.和解", 『商事法務(1671号)』(商事法務研究會, 2003.8.25).

山口正義, 『株主權法理の展開』(文眞堂, 1991).

山田泰弘, "國際的潮流から見た日本の株主代表訴訟制度", 『立命館法學(314号)』(立命館大學法學會, 2007.4).

_____, "結合企業と代表訴訟(1)", 『高崎経濟大學論集(第45卷)』(高崎経濟大學, 2002.9).

_____, "親子會社・株式交換と多重的代表訴訟－アメリカ法における運用と正統化理論を參考にして－(一)(二・完)", 『名古屋大學法政論集(177号)』(名古屋大學, 1999.3).

森本慈, "企業結合", 『現代企業法講座二(企業組織)』(1985).

_____, 『新版株式會社法(第2補卷)』(有斐閣, 1996).

_____, "取締役の利益相反取引", 『金融法の課題と展望(石田・西原・高木還暦記念)』

(日本評論社, 1990).

_____, 『EC會社法の形成と展開』(商事法務研究會, 1984).

森淳二朗,　"監査役の構成原理とシステム",　『企業健全性確保と經營機構』(有斐閣, 1997).

_____, "株式會社法の柔構造化－一本マスト型から三本スト型の會社法へー", 『商法・經濟法の諸問題(川又良也先生還暦記念)』(商事法務研究會, 1994).

_____, "敵對的企業買收の法的規制と會社支配理論", 『公開會社と閉鎖會社の法理(酒卷俊雄先生還暦記念)』(商事法務研究會, 1992).

_____, "取締役の善管注意義務と忠實義務", 『商法の爭點(Ⅰ)』(有斐閣, 1993).

_____, "會社法のモデル分析と株式會社支配の特質", 『法政研究(第61卷　3・4號)』(1995).

_____, "會社法におけるダイナミズムの法化", 『現代企業法の理論』(信山社, 1998).

_____, "會社法理論の體系的修正", 『商事法務(1400號)』(商事法務研究會, 1995).

三浦州夫(河本一郎ほか　編), "株主代表訴訟における原告の株主資格の喪失と訴訟の承繼について", 『會社法・金融取引法の理論と實務』(商事法務, 2002).

商事法務(1573號)(商事法務研究會, 2000.10.5).

相澤哲, "合併對価の柔軟化の實現に至る経緯", 『商事法務(1801號)』(商事法務研究會, 2007.6.5).

小松卓也, "結合企業間取引の私法的規制", 『六甲台論集(法學政治學　編)　47卷1号』(2000).

小川浩三, 『ドイツ株式法』(信山社, 2011).

宋井勝, 『證券取引法－いま問われる運用の眞價』(中央經濟社, 1993).

星野英一, "いわめる"權利能力なき社團"について", 『民法論集(第1卷)』(有斐閣, 1970).

柴田和史, "大株主の忠實義務と連結納税制度", 『企業結合法の現代的課題と展開』(商事法務, 2002).

_____, "株式移轉における株主2代表訴訟の問題", 『判例タイムズ(1122号)』(株式會社 判例タイムズ社, 2003.8.30).

新谷勝, "支柱會社の創設と株主代表訴訟の原告適格－大和銀行株主代表訴訟の和解が殘した問題点－", 『判例タイムズ(1086号)』(株式會社 判例タイムズ社, 2002.6.1).

神崎克郎, "取締役の忠實義務", [吉永先生古稀記念 進展する企業法・經濟法], 1982.

新山雄三, "Aufsichtsratの機關として地位と任務－ドイツ株式會社法政策における「近代」と「現代」", 『岡山大學法學會雜誌(第39卷　2號)』(1989).

神作俗之, "純粋持株會社における株主保護－ドイツ法を中心として－(上)", 『商事法務(第1429號)』(1996).

神田秀樹, 『會社法』(弘文堂, 第13版, 2011).

早川勝, "企業結合に關するEC第九ディレクティブ草案", 『産大法學(第23卷

2號)』(1989).

酒卷俊雄, "平成5年の商法改正の概要", 『證券代行ニュース(238號)』(1993).

中村芳夫, "代表訴訟改正も監査役機能強化も企業システム國際化の一環である", 『金融 財政事情』(金融財政事情研究會, 1997.8.18).

野田博, "企業結合と利益相反取引規制－取締役の兼任關係を介して規制する一般規定 と企業結合法の間－", 『法學研究(27號)』(一橋大學研究年報, 1995).

_____, "伝統的な會社法と企業結合法─特に結合企業間の利益相反取引を對象として", 『商事法務(1400号)』(商事法務研究會, 1995).

伊藤眞, 『民事訴訟法(補訂第2版)』(有斐閣, 2002).

資料版 商事法務 205号(商事法務研究會, 2001.4).

齋藤靜樹, 『財務會計』(有斐閣, 2004).

前田庸, 『會社法入門』(有斐閣, 2002).

前田重行, "株主の企業支配と監督", 『現代企業法講座(三)』(東京大學出版會, 1985).

田中亘, "取締役の社外活動に關する規制の構造(9)", 『法學協會雜誌(財団法人法學協會 事務所, 第120卷 第11号)』(2003).

田中誠二, 『三訂會社法細論(上卷)』(有斐閣, 1993).

井上 明, "英法上の忠實義務と佛法上の善良な家父の注意をつくすべき義務", 『成城法 學』(45號).

早川勝, "企業結合に關するヨロッパ會社法と株式公開買付規制の調整", 『ジュリスト (1104號)』(1997).

佐合美佳, "判批(東京地判 2001年 3月 29日)", 『名古屋大學法政論集(191号)』(2002).

中東正文, "企業買收・組織再編と親會社・關係會社の法的責任", 『法律時報(第79卷5 号)』(日本評論社, 2007.5.1).

株主代表訴訟研究會, "株式交換・株式移轉と株主代表訴訟(1)－原告適格の繼續", 『商 事法務(1680号)』(商事法務研究會, 2004.11.25).

竹內昭夫・龍田節編, 『現代企業法講座2：企業組織』(東京大學出版會, 1985).

證券取引法研究會國際部會譯編, 『コポレート・ガバナンス』(日本證券經濟研究會, 1995).

青木英夫, "議決權(拘束)契約", 『獨協法學(1號)』(1968).

_____, "(資料) 事實上の機關－U. Steinの所論", 『結合企業法の諸問題』(税務經理 協會, 1995).

戶川成弘, "アメリカにおける支配株式の賣却－賣却プレミアムの歸屬を中心として", 『法 政論集(106號)』(名古室大學, 1985.11).

黒木松男, "アメリカ會社法における會社の機會の理論の新展開(1)", 『創価法學(第24卷 1号)』(1995).

Albach, "Pobleme der Ausgleichzahlung und Abfindung bei Gewinnabführungsverträgen nach dem Aktiengesetz 1965", 『AG』, 11. Jg.(1966).

Alfred F. Conrad, 『Corporations in Perspective』, The Foundation Press, Inc., 1976.

Biedenkopf · Koppensteiner, 『Kölner Kommentar zum AktG』(1985).

Brudney & Chirelstein, "Fair Shares in Corporate Mergers and Takeovers", 88, 『Harv. L. Rev.』(1974).

Brudney & Clark, "A New Look at Corporate Opportunities", 94, 『Harv. L. Rev.』 (1981).

Burgard, 『Das Wettbewerbsverbot des herrschenden Aktionärs』, Festschrift für Lutter, (2000).

Carry, William L. & Eisenberg, Melvin A., 『Case and Materials on Corporations(unabridged, 7th ed.)』, 1995.

Chandler, 『Strategy and Structure: Chapters in the History of the American Industrial Enterprise』(Cambridge, Massachusetts: MIT Press, 1962).

Charles T. Horngren, 『Accounting for Management Control』(Prentice — Hall Inc., 1970).

Charkham, 『Keeping Good Company: A study of corporate governance in five countries』(Oxford, 1994).

Clark, Robert C., 『Corporate Law』(Little, Brown and company(Boston), 1986).

E. Geßler, "Leitungsmacht und Verantwortlichkeit im faktischen Konzern", 『FS für Westermann』(1974).

Franklin A. Gevurtz, 『Corporation Law』(West Group, 2000).

Escarra, 『courts de droit commercial』(nouvelle ed., 1952).

Fletcher, 『Cyclopedia of the Private Corporations』(Perm. ed. 2000).

F. M. Scherer & D. Ross, 『Industrial Market Structure and Economic Performance』 (Rand McNally & Co, U.S., 1990).

Gotz Hueck, 『Gesellschaftsrecht』(1983).

Großfeld, 『Unternehmens und Anteilsbewertung im Gesellschaftsrecht, 2.A., Köln 1987.

Gunter Henn, 『Handbuch des Aktienrechts』, 5 Aufl(1994).

Hans · Peter Müller · Klaus Rieker, "Der Unternehmensbegriff des Aktiengesetzes 1965", 『Die Wirtschaftsprufung』(1967.4.15).

Harvey Gelb, "The Corporate Opportunity Doctrine — Recent Cases and Elusive Goal of Clarity", 31, 『Richmond L. Rev.』(1997).

Henn & Alexander, 『Laws of Corporations and Other Business Enterprises(3rd ed.)』 (West Publishing Co., 1983).

Hillip I. Blumberg., 『The Law of Corporate Groups(Substantive Law)』(Little, Brown and Company, 1987).

Hommelhoff, 『Die Konzernleitungspflicht』(1982).

Hüffer, 『Aktienfesetz』, 4 Auflage(1999).

James D. Cox · Thomas Lee Hazen · F. Hodge O'neal, 『Corporations, Asper Law & Business』(1997).

James Willard Hurst, 『The legitimacy of the Business Corporation in the Law of the United Staste』(1980).

John K. Wells, "Multiple Directorships: The fiduciary Duties and Conflicts of Interest that Arise When One Individual Serves More Than One Corporation", 33 『J. Marshall L. Rev』(2000).

Koppensteiner, 『Kölner Kommentar zum Aktiengesetz』, 2. Aufl(1986).

Lawrence Anthony Sullivan, 『Handbook of the Law of Antitrust』(West Group, 1977).

L. C. B., Gower, 『Principles of Modern Company Law(5th, ed.)』(London: Steven & Sons, 1992).

Liebscher, 『Konzernbildungskontrolle』(1995).

Lorne, "A Reappraisal of Fair Shares in Controled Mergers", 126, 『U. Pa. L. Rev.』(1978).

Lutter/Tim, "Konzernrechtlicher Präventivschutz im GmbH − Recht", 『NJW』(1982).

Mütter/Birke, "Das Seydel, übernahmenrechtliche Behinderungsverbot", 『WM』(2001).

Note, "Corporate Opportunity", 74, 『Harv. L. Rev.』(1961).

____, "Fiduciary duty of Parent Corporation", 57, 『Va. L. Rev.』(1971).

____, "Liability of a Holding Company for Obtaining for itself Property Needed by a Subsidiary", 58, 『Harv. L. Rev.』(1944).

Pahike, 『Der vertragliche und faktische Konzern: Strukturanalyse und Diskussion der konzernrechtlichen Schutzvorschriffen』(1986).

Prantl, Konzernbildung, 『Konzernrecht und Minderheitenschutz in Deutschland: Eine ökonomische Analyse』(1994).

Prentice − Hall, 『Accounting Encyclopedia』(1962).

Robert W. Hamilton, 『Cases and Materials on Corporations』(West Group, 1998).

Robinson, "The Holding company(Ⅱ)", 『Yale Rev.』(1910).

Russell B. Stevenson, Jr., 『Corporations & Information』(The Johns Hopkins Univ. Press, 1980).

Schreiber & Yoran, "Allocation of Corporate Opportunities by Management", 23, 『Wayne L. Rev.』(1977).

Solomon, Lewis D. Schwaltz, Donald E. and Bauman, Jeffrey D., 『Corporations Law and Policy Materials and Problems(2nd ed.)』, West Publishing, 1988).

Solomon & Palmiter, 『Corporation, Example and Explanations(2nd ed.)』(1994).

Takahashi, 『Konzern und Unternehmensgruppe in Japan − Regelung nach dem deutschen Miodell?』(Tübingen, 1994).

Theisen M.R., 『Die Finanzwirtschaft der Holding』, in: Lutter, M. [Hrsg.]: Holding − Handbuch: Recht, Management, Steuern, Köln 1995.

Timm, "Mehrfachvertretung im Konzern", 『AcP』(1993).

U. Bälz, Einheit und Vielheir im Konzern, 『FS für Raiser』(1974).

Unternehmensrechtskommission, 『Bericht über die Verhandlungen der Untermensrechtskommission, Bundesministerium der Justiz(Hrsg.)』(1980).

U. stein, 『Das Faktische Organ』(1984).

Uwe H. Schneider/Burgard, Übernahmeangebote und Konzerngrundung, 『DB』(2001).

Welch and Turezyn, 『Folk on the Delaware General corporation Law: Fundamentals』(1994).

William E. Knepper, 『Liability of Corporate Officers and Directors(3rd ed.)』(The Allen Smith co., 1978).

http://dspace.wul.waseda.ac.jp/dspace/bitstream/2065/1820/1/A03890546 − 00 − 039020045.pdf

http://www.biwako. shiga − u.ac.jp/eml/Ronso/331/331kato.PDF

http://www.etoday.co.kr/news/section/newsview.php?SM = 0108&TM = news&idxno = 115845

http://www.facebook.com/note.php?note_id = 191579874222019&comments

http://www.fsc.go.kr

http://www.gesetze − im − internet.de/bundesrecht/aktg/gesamt.pdf

http://www.gesetze − im − internet.de/bundesrecht/gwb/gesamt.pdf

http://www.gesetze − im − internet.de/bundesrecht/hgb/gesamt.pdf

http://www.gesetze − im − internet.de/umwg_1995/BJNR321010994.html #BJNR321010994BJNG036800000

http://www.houko.com/0/01/S22/054.HTM

http://www.kasb.or.kr/korHome.nsf

http://www.nanet.go.kr/lawinfo/lawinfo_bbs/k03_foreinfo_read.html?nav = 030500&gubun = 03&seq = 1722

http://www.sec.gov/about/forms/forms − x.pdf

http://www.shugiin.go.jp/itdb_rchome.nsf/html/rchome/Horitsu/houmu3D6E24961280263149256FDD0034DB03.htm, 2011.11.11

http://www.shugiin.go.jp/index.nsf/html/index_kaigiroku.htm, 2011.11.11.

http://www.weblio.jp/content/%E6%A0%AA%E4%B8%BB%E3%82%AA%E3%83%B3
%E3%83%96%E3%82%BA%E3%83%9E%E3%83%B3, 2011.11.11.
http://www.ytn.co.kr/news/news_view.php?m_cd＝0102&idx＝68223

이준보

경기고등학교, 서울대학교 법과대학 졸업
한국외국어대학교 법과대학 대학원 졸업(법학박사)
스페인 마드리드대학교 연수
사법연수원 제12기 수료(사법시험 21회)
광주 · 대구고등검찰청 검사장
대검찰청 공안부장 · 기획조정부장(검사장)
청주지방검찰청 검사장
서울중앙지방검찰청 제3차장
대검찰청 중앙수사부 제2과장 · 공안2과장
현) 법무법인 양헌(良軒) 대표이사

「선박소유자의 책임 제한에 관한 연구」(석사)
「결합기업의 법적 규제에 대한 연구」(박사)

고재종

금호고등학교, 경희대학교 법과대학 졸업
한국외국어대학교 법과대학 대학원 졸업(법학박사)
대만 담강대학교 초빙연구원
현) 선문대학교 법과대학 교수
    기업법무협회 이사

「기업결합 전 제기된 대표소송의 기업결합 후 계속 여부」
「회사 기회의 법리와 이사의 경업행위」
「종속회사 채권자의 지배회사에 대한 책임추궁의 가능」
「미국의 기업 간 거래의 공정성에 대한 고찰」
「모회사 이사의 책임에 관한 소고」
외 다수

기업결합법 Ⅱ

초판인쇄 | 2012년 7월 18일
초판발행 | 2012년 7월 18일

지 은 이 | 이준보 · 고재종
펴 낸 이 | 채종준
펴 낸 곳 | 한국학술정보㈜
주   소 | 경기도 파주시 문발동 파주출판문화정보산업단지 513-5
전   화 | 031) 908-3181(대표)
팩   스 | 031) 908-3189
홈페이지 | http://ebook.kstudy.com
E-mail | 출판사업부 publish@kstudy.com
등   록 | 제일산-115호(2000. 6. 19)

ISBN   978-89-268-3508-1 94360 (Paper Book)
           978-89-268-3509-8 95360 (e-Book)
           978-89-268-3504-3 94360 (Paper Book Set)
           978-89-268-3505-0 95360 (e-Book Set)